개혁교회 교리교육과 설교를 위한
벨직 신앙고백 해설

개혁교회 교리교육과 설교를 위한
벨직 신앙고백 해설

초판 발행　2023. 06. 13
발행인　　김준범
저자　　　김준범
발행처　　고려서원

출판등록　제1-626호(1988. 1. 13)
주소　　　서울 종로구 송월1길 73-18(우편번호 03028)
전화　　　02-736-2312
팩스　　　02-723-0568

디자인　　디자인집 designzip.co.kr
교정·교열　송명선

가격　　　30,000원
ISBN　　　979-11-89405-04-5 03230

ⓒ 2023 김준범
본 간행물의 내용은 사전 허락 없이는 복사 또는 제작, 판매할 수 없습니다.

An Exposition of the Belgic Confession
for Teaching and Preaching of the Reformed Doctrine
written by Joon Bum Kim

Copyright ⓒ 2023 Joon Bum Kim

Published by Korea Christian Book House in 2023
Songwol1Gil 73-18, Jongro-Gu, Seoul, Korea (Post Code 03028)
Tel. (02) 736-2312
Fax. (02) 723-0568

Book Design by designzip | designzip.co.kr
Proof reader | Myeongseon Song

ISBN 979-11-89405-04-5 03230

All right reserved. Any form of reproduction of this publication is prohibited without prior permission of the publisher.

개혁교회 교리교육과 설교를 위한

벨직 신앙고백 해설

Reformed Standards 04

An Exposition of the Belgic Confession

김준범

고려서원

일러두기

이 책에 인용된 성경 말씀은 "개역한글판 성경전서"를 사용하였습니다.

이 책에 사용된 벨직 신앙고백의 조항 본문은 저자인 김준범 목사가 원문과 다양한 영역본들을 참고하여 번역하였습니다.

이 책에 인용된 웨스트민스터 신앙고백은 송용조 목사의 번역으로, 대한예수교장로회 고려개혁총회 헌법(2021)의 본문과 동일합니다.

웨스트민스터 소요리문답의 번역은 [웨스트민스터 소요리문답](고려서원, 2005)의 본문을 사용하였습니다.

하이델베르크 요리문답의 번역은 [하이델베르크 요리문답](성약출판사, 2004)의 본문을 사용하였습니다. 다만 번역 중 "성신"은 "성령"으로 바꾸어 표기하였습니다.

목차

추천사   011
서문   023

1부
벨직 신앙고백의 역사적 배경과 귀도 드 브레의 생애

서론1. 벨직 신앙고백의 역사적 배경과 그 의의   033
서론2. 귀도 드 브레의 생애와 벨직 신앙고백   041
서론3. 귀도 드 브레의 편지   053
    벨직 신앙고백서와 관련된 중요 사건 연표   062

2부
개혁교회 교리교육과 설교를 위한 벨직 신앙고백 해설

벨직 신앙고백 제1조(1). 유일하신 한 분 하나님만 계심   067
벨직 신앙고백 제1조(2). 유일하신 한 분 하나님만 계심   077

개혁교회 교리교육과 설교를 위한
벨직 신앙고백 해설

벨직 신앙고백 제2조. 우리가 하나님을 알 수 있는 방편들   091

벨직 신앙고백 제3조. 기록된 하나님의 말씀   105

벨직 신앙고백 제4조. 정경   117

벨직 신앙고백 제5조. 성경의 권위   129

벨직 신앙고백 제6조. 정경과 외경의 차이점   141

벨직 신앙고백 제7조. 성경의 완전성과 충족성   153

벨직 신앙고백 제8조. 삼위일체 하나님   165

벨직 신앙고백 제9조. 삼위일체 교리에 대한 성경의 증거   177

벨직 신앙고백 제10조. 그리스도의 신성   191

벨직 신앙고백 제11조. 성령님, 참되고 영원하신 하나님   203

벨직 신앙고백 제12조. 만물의 창조   215

벨직 신앙고백 제13조. 하나님의 섭리   227

벨직 신앙고백 제14조. 인간의 창조와 타락   239

벨직 신앙고백 제15조. 인간의 원죄   251

벨직 신앙고백 제16조. 하나님의 선택   263

벨직 신앙고백 제17조. 타락한 사람의 구원   275

벨직 신앙고백 제18조. 하나님의 아들의 성육신   287

벨직 신앙고백 제19조. 그리스도의 한 위격 속의 두 본성   299

An Exposition of
the Belgic Confession

벨직 신앙고백 제20조. 그리스도 안에 나타난 하나님의 공의와 자비　　311

벨직 신앙고백 제21조. 그리스도의 속죄　　323

벨직 신앙고백 제22조. 그리스도를 믿음으로 말미암는 우리의 칭의　　335

벨직 신앙고백 제23조. 죄인들을 의롭다 하심　　347

벨직 신앙고백 제24조. 성도의 성화와 선행　　359

벨직 신앙고백 제25조. 율법의 성취　　371

벨직 신앙고백 제26조. 그리스도의 중보　　383

벨직 신앙고백 제27조. 거룩한 보편적 교회　　397

벨직 신앙고백 제28조. 교인의 의무　　409

벨직 신앙고백 제29조. 참된 교회와 거짓 교회의 표지들　　423

벨직 신앙고백 제30조. 교회의 정치　　435

벨직 신앙고백 제31조. 교회의 직분자들　　447

벨직 신앙고백 제32조. 교회의 질서와 권징　　459

벨직 신앙고백 제33조. 성례　　471

벨직 신앙고백 제34조. 세례　　483

벨직 신앙고백 제35조. 성만찬　　499

벨직 신앙고백 제36조. 국가의 정부　　513

벨직 신앙고백 제37조. 최후 심판　　525

개혁교회 교리교육과 설교를 위한
벨직 신앙고백 해설

부록

벨직 신앙고백서 전문(全文) 541
성구 색인 584

추천사

01

구약과 신약 성경은 성령의 감동으로 기록된 하나님의 말씀이며 신앙과 행위의 유일한 규칙(법칙)입니다(웨스트민스터 대요리문답 3문, 소요리문답 2문). 라틴어로 성경은 '규범하는 규범 norma normans'이라 불리는 한편 교회가 공식적으로 인정하고 받아들인 신앙(교리) 표준서들(신앙고백, 신조, 요리문답)은 '규범된(성경에 의해) 규범 norma normata'으로 불립니다.

개혁교회의 신앙(교리) 표준서들은 '하나되는 세 가지 고백서들'인 벨직 신앙고백서(1561), 하이델베르크 요리문답(1563), 도르트 신경(1619)입니다. 장로교회가 공적으로 채택한 신앙(교리) 표준서들은 웨스트민스터 표준문서들The Westminster Standards인데, 웨스트민스터 신앙고백과 대요리문답과 소요리문답입니다.

장로교회도 개혁교회의 '하나되는 세 가지 고백서들'을 개혁 신앙(교리)의 신뢰할만한 표준서들로 인정하고 교회들과 신학교들에서 개혁 신앙을 가르치는 데 활용하고 있습니다. 교회에 귀중한 선물로 주신 신앙(교리) 표준인 신앙고백(요리문답)과 신조를 중요시하지 않는 교회는 성경의 가르침을 외면하는 교회입니다.

바른(정통) 교리는 그리스도인의 바른 신앙과 삶의 기초가 됩니다. "터가 무너지면 의인이 무엇을 할꼬"(시 11:3). 공교회의 신앙고백들(신조, 요리문답들)을 잘 알고 믿어야 그리스도인으로서 개인적 신앙생활을 바르고 견실하게 할 수 있고, 교회 공동체도 잘 유지되고 자라갈 수 있게 됩니다.

정통 교리는 교회의 가장 보배로운 자산입니다. 그러므로 신앙(교리) 표준서들인 신앙고백들과 요리문답들과 신조들을 부지런히 공부하고 잘 배워 자신의 믿음과 미래 세대들의 신앙을 정통 교리 위에 견고하게 세워나갈 수 있게 해야 합니다.

벨직 신앙고백은 신뢰할 만한 신학자요 신실한 목회자이며 순교자인 귀도 드 브레가 칼빈과 그의 동료들의 자문을 받아 작성한 것으로 칼빈의 가르침인 개혁 신앙을 좋아하는 사람들은 다 귀히 여기고 그 내용에 공감하여 기쁨으로 고백하는 것입니다. 이 벨직 신앙고백의 작성자 귀도 드 브레는 45세에 순교하였지만 그가 목숨을 걸고 증거한 성경적 교리인 이 신앙고백서는 세계의 모든 개혁 교회들과 장로교회들이 소중한 교회의 자산으로 받아 신앙(교리) 교육에 귀하게 활용하고 있습니다.

본서의 저자인 김준범 목사는 장로교회의 전통의 맥을 계승하고 있는 장로교회의 모교회라고 할 수 있는 스코틀랜드 자유교회 Free Church of Scotland 신학대학을 졸업하였으며, 장로교 전통에 충실한 미국 그린빌 장로회 신학대학원에서 신학석사와 신학박사 학위를 취득하였습니다. 서울 양의문교회 담임목사가 된 후 지금까지 십 수 년 간 주일 오후예배에서 장로교 세 가지 교리 표준서들과 개혁교회 세 가지 교리 표준서들을 사용하여 교리 설교를 계속하고 있습니다. 이번에 출간하게 된 벨직 신앙고백도 오후 예배에서 연속적으로 설교한 원고를 다듬어 펴내게 된 것입니다. 이 벨직 신앙고백 해설서는 신학을 연구하는 사람들과 교리 교육과 교리 설교를 하고 있거나 앞으로 하고자 하는 모든 목회자들과 개혁 신앙을 좋아하고 개혁 신앙을 따라 신앙생활을 하기 원하는 모든 사람들에게 크게 유익이 될 것입니다. 일평생 가까이 두고 정독할 만한 가치가 있는 책이라는 것을 알기에 이 책을 기꺼이 추천합니다.

송용조
양의문교회 원로목사

02

본서의 저자 김준범 목사의 「개혁교회 교리교육과 설교를 위한 벨직 신앙고백 해설」을 추천하게 되어 무척 기쁩니다. 다른 교리서들에 비하여 벨직 신앙고백에 대한 해설서들은 시중에 많이 나와 있지 않기에, 몇몇 권의 책들로 만족해야 하는 것이 우리의 현실입니다. 그런데 이번에 벨직 신앙고백을 자세하고도 풍성하게 이해할 수 있도록 본서가 이 세상에 나오게 되어서 가뭄에 단비를 만난 기분입니다. 본서의 저자인 김준범 목사님은 교회와 신학교에서 진실함과 순수한 열정으로 개혁신앙을 가르쳐 왔으며, 이번에 교회 강단에서 매 주일 벨직 신앙고백을 설교식으로 강론했던 것을 한국교회를 위하여 책으로 내어놓았습니다. 본서를 읽어보니 성경

교리들을 쉽게 이해할 수 있도록 해설해 주었고 또한 은혜로운 교리 해설을 통하여 기독교 진리가 얼마나 아름답고 위대한지를 느낄 수 있게 해 주었습니다.

교리를 가르치는 것은 기독교회가 역사적으로 해 오던 방식입니다. 벨직 신앙고백을 포함하여, 도르트 신조, 웨스트민스터 신앙고백, 웨스트민스터 대요리문답, 웨스트민스터 소요리문답, 하이델베르크 요리문답 등이 의미하는 바는 곧 교회들이 신자들에게 교리를 가르쳤다는 것입니다. 오늘날은 다른 어느 시대보다도 더욱더 교리교육이 절실히 필요합니다. 이 시대는 영적으로 매우 혼란스럽고 어둡습니다. 이스라엘에 왕이 없어서 사람들이 각각 자기 소견에 옳은 대로 행하였던 사사 시대처럼, 오늘날 사람들은 교리교육을 제대로 받지 못해서 성경을 자기 멋대로 해석하고 있습니다. 그렇기 때문에 우리들에게는 교리를 잘 가르치는 목회자들도 많이 필요하고 또한 좋은 교리 해설서들도 많이 출판되어 나와야 합니다. 이러한 때에 「개혁교회 교리교육과 설교를 위한 벨직 신앙고백 해설」이 출간되는 것은 시의적절하다고 하겠습니다.

벨직 신앙고백은 귀도 드 브레Guido de Bres에 의하여 작성된 교리서인데, 그는 로마 가톨릭에 의하여 극심한 핍박을 받는 가운데 이 귀한 신앙고백서를 작성하였습니다. 1559년에 나온 프랑스 신앙고백서를 참고하여 작성된 이 신앙고백은 칼빈주의를 근간으로 하고 있으며 네덜란드 전역에 흩어져 있는 성도들을 위하여 작성된 교리서입니다. 벨직 신앙고백은 개혁교회들로부터 공식적으로 인정을 받은 것입니다. 귀도 드 브레는 이 신앙고백서를 작성한 후에 순교하였는데, 그의 순교로 인하여 그가 작성한 이 신앙고백은 더욱 빛을 발합니다. 이처럼 귀한 벨직 신앙고백을 이해하기 쉽게 해설해 놓은 본서의 출간을 진심으로 환영하고 축하하며 많은 사람들이 이 책을 통하여 큰 유익을 얻고 더 굳건한 신앙으로 발돋움할 수 있게 되기를 바랍니다.

강문진
진리교회 담임목사, 한국개혁주의설교연구원 원장

03

루터가 비텐베르크 城 교회 대문에 내건 루터의 95개 조문 사건이 있던 1517년으로부터, 또는 츠빙글리가 취리히의 그로스뮌스터 교회에서 주임목사로 설교를 시작한 1519년으로부터, 벨직 신앙고백서는 한 세대가 지난 시점인 1561년에 공포된 개혁교회의 초기 신앙문서이다. 개혁교회 신앙문서는 스위스의 여러 도시 교회에서부터 만들어지기 시작했다. 처음의 것은 취리히 교회의 츠빙글리의 67개 조항(1523년)이며, 베른교회의 신조(1528년), 바젤에서 스위스 교회 대표들이 함께 작성한 제1 스위스 신앙고백서(1536년), 제네바 신앙교육서(1537, 1541년), 제네바 교회와 취리히 교회 사이의 성만찬론에 대하여 작성한 취리히 일치신조(1549년)가 이어져 나왔다. 이러한 흐름 뒤에 유럽의 주요 국가에서 거의 비슷한 시기에 교회 또는 개인에 의하여 개혁교회의 신앙문서들이 작성되었다. 이를테면 프랑스에서 프랑스 신앙고백서(1559년), 스코틀랜드에서 스코틀랜드 신앙고백서(1560년), 네덜란드에서 벨직 신앙고백서(1561년), 그리고 독일에서 하이델베르크 요리문답(1563년), 스위스에서 제2 스위스 신앙고백서(1566년) 등이다. 이 몇

마디에서 바로 알 수 있듯이, 네덜란드 교회의 표준 신앙문서인 벨직 신앙고백서의 강설은 개혁교회의 신앙을 가르치는 일에 있어서 21세기에도 여전히 유효하며 절실한 소중한 일이 아닐 수 없다. 특별히 회중을 가르치는 신앙문서의 강설은 잘 갖추어진 훌륭한 신학 연구는 물론이거니와 간결하며 명료하게 전달하는 능력이 절실하게 요구된다. 저자는 이러한 요구를 아주 잘 만족시키고 있다. 읽으면 내용을 분명하게 알 뿐만 아니라 하나님과 그리스도의 사랑을 아는 일로 가슴도 뜨거워질 것이다. 일독을 한다면 개혁교회의 신자로서 아주 잘 갖춘 신앙의 균형과 복음 이해를 갖추게 될 것이다. 주님의 교회를 위한 저자의 많은 수고들 가운데 이 책의 출판은 또 하나의 중요한 공헌이 될 것이다. 출판을 열렬히 환영하며, 가장 기쁜 마음의 확신으로 추천한다.

김병훈
합동신학대학원대학교 조직신학 교수 / 나그네교회 담임목사

04

2020년 초부터 2022년 말까지 우리는 사회적으로나 교회적으로 전대미문의 어려움을 겪었습니다. 가나안 성도나 유튜브 성도가 많아진 그러한 시기에, 고난과 핍박의 시기에 작성된 벨직 신앙고백서

를 강해한 분이 계셨고, 교회의 강단을 통하여 해명된 말씀이 더 많은 청중을 향하여 활자의 옷을 입고 나왔습니다.

최근에 벨직 신앙고백서, 혹은 네덜란드 신앙고백서에 관한 책이 몇 권 나왔는데 본서는 다음과 같은 장점들을 갖고 있습니다.

첫째, 성경적입니다. 저자는 우리의 믿는 도리를 고백하는 신앙고백서를 해설할 때에 성경의 흐름을 잘 따라가면서 해설하고 있습니다.

둘째, 역사적입니다. 벨직 신앙고백서가 작성된 역사적 배경을 다룬 서론 부분만이 아니라 신앙고백서를 해석하는 부분에서도 그 당시의 역사적 배경에서 차분히 설명하고 있습니다. 특히 귀도 드 브레가 순교당하기 전에 부인에게 쓴 편지의 전문은 그 당시의 역사적 상황을 느끼면서 이 책을 숙독하게 합니다.

셋째, 신앙고백적입니다. 벨직 신앙고백서는 하이델베르크 요리문답과 도르트 신조와 함께 '하나 되는 세 고백서'인데, 이 고백서를 해설하면서 다른 두 신조와 비교함으로써 '하나 되는 세 고백서'의 상호 연관 관계를 잘 알 수 있게 해줍니다. 그뿐 아니라 필요한 부분에서는 니케아-콘스탄티노플 신경과 칼케돈 신경, 그리고 무엇보다도 웨스트민스터 신앙고백서와 요리문답을 자유자재로 인용하면서 독자들이 한 마음으로 믿고 고백하도록 인도합니다.

넷째, 신학적인 책입니다. 저자는 성경과 신앙고백서뿐 아니라 칼빈, 바빙크, 게할더스 보스, 마이클 호튼과 같은 신학자와 대화하면서 이 신앙고백서를 해설합니다. 신앙고백서를 단순하게 읽을 뿐 아니라 신학적인 풍성함과 체계를 잘 갖추고 신앙고백의 내용을 묵상하게 만들어줍니다.

다섯째, 목회적인 책입니다. 교회의 강단에서 선포한 말씀이기 때문에 해설 과정에서 청중에 관한 고려가 두드러지게 보입니다. 특히 각 장의 마지막에 나오는 기도는 신앙고백서의 내용이 우리의 삶에서 어떻게 이루어지는지를 생생하게 보여줍니다.

끝으로, 이 책은 단단한 식물과도 같습니다. 한 자리에서 다 읽으려고 하기보다는 한 장씩 천천히 읽어야 신앙고백서의 내용을 성경적으로, 역사적으로, 신앙고백적으로, 신학적으로, 그리고 목회적으로 충분히 소화할 수 있을 것입니다.

김헌수
독립개신교회 신학교 교장

05

이번에 벨직 신앙고백서를 해설한 「개혁교회 교리교육과 설교를 위한 벨직 신앙고백 해설」이 출판된 것을 기쁘게 생각합니다. 널리 알려진 바처럼 벨직 신앙고백서Confessio Belgica란 화란 남부의 벨기에 지역에서 구이도 드 브레Guido de Bres에 의해 1561년 작성된 37개 항으로 구성된 신앙고백서입니다. 이 고백서는 하이델베르크 요리문답서(1563)와 도르트 신경(1618)과 더불어 개혁교회의 3대 신앙고백 문서이자, 개혁교회 신앙고백서 중에서 가장 훌륭한 고백서로 인정을 받아왔습니다. 그럼에도 불구하고 한국교회에는 잘 알려져 있지 않습니다. 이런 상황에서 김준범 목사님께서

이 고백서를 해설한 책을 출판하게 된 것은 매우 뜻 깊은 일이라고 생각됩니다. 제가 알기로 벨직 신앙고백서를 이처럼 간명하게 해설하되 성도들의 삶을 위해 안내하고 도전을 주는 책은 한국에서 처음이 아닌가 생각됩니다.

한국 교회에서 하이델베르크 요리문답이나 장로교회의 교리표준으로 불리는 웨스트민스터 신앙고백서와 대소요리문답은 비교적 많이 소개되었으나 벨직 신앙고백서는 진지하게 소개되지 못했습니다. 이 책에서 저자는 이 신앙고백서의 작성자이자 이 신앙 때문에 순교자의 길을 갔던 구이도 드 브레의 생애와 그 시대를 소개하고 있고, 특히 이 신앙고백서 전문을 다시 번역하고 해설하고 있습니다. 이 책 서두에 편집된 구이도 드 브레가 순교하기 50일 전에 아내에게 보낸 편지에서는 하나님의 교회를 바른 신앙의 기초 위에 건설하려는 거룩한 열정과 아내를 향한 인간적인 고뇌를 읽을 수 있는데, 450여년이란 세월의 격리감에도 불구하고 가슴 뭉클한 감동을 줍니다, 이 편지 또한 우리나라에서 처음으로 완역된 소중한 문서입니다.

김준범 목사님은 서양교회와 한국교회 전통을 깊이 연구하신 학자이자 목회자입니다. 저는 그를 대할 때마다 목회자적인 그의 인격과 교회와 성도들을 위한 깊은 애정을 보면서 감동을 받습니다. 어렵다고 느껴지는 교리적인 문제를 이처럼 쉽고 명료하게 해설한 것은 저자의 학문적 소양과 기술적(記述的) 능력의 결과라고 생각합니다. 이 책에는 한국의 교회를 개혁교회 전통에 굳게 세우고 성도들을 교리적으로 건실하게 인도하고자 하는 저자의 거룩한 열정이 드러나 있습니다. 저는 이 책이 한국 교회에 주시는 값진 선물이라고 생각합니다.

이상규
백석대학교 석좌교수 / 전 고신대학교 교수

06

　　　　주어진 삶의 여정을 다 마치고 장차 재림하실 주 예수님 앞에 갈 때, 각 그리스도인은 자신의 "믿음의 일기장"을, 각 목회자와 신학자는 자신의 "믿음의 일기장"과 "설교집"과 "저서와 논문집"을 가지고 갈 것이라고 추천자는 늘 생각해왔습니다. 왜냐하면, 글 속에는 메신저가 어떤 사람이며, 메시지가 어떤 내용인지 정직하게 고스란히 잘 담겨 있기 때문입니다.

　평소에 주님 안에서 사랑하고 존경하는 김준범 목사님의 옥저인 「개혁교회 교리교육과 설교를 위한 벨직 신앙고백 해설」을 크게 세 가지 이유로, 진심으로 그리고 강력하게, 일독을 권해드리고, 추천 드립니다. 첫째는 "메신저"messenger인 저자 자신이 김준범 목사님이라는 이유 때문이고, 둘째는 책의 내용의 "메시지"message 때문이고, 셋째는 저자와 추천자 사이의 특별한 인격적 관계 때문입니다.

　첫째, 메신저이신 김준범 목사님은 개혁교회의 고상한 인격과 돈독한 신앙과 확실한 신학을 가진 분이십니다. 현금의 다양한 국내외의 목회와 선교 현장과 신학 강단에서 개혁교회의 신앙과 신학에 큰 확신을 갖고, 열정적으로 목회와 신학을 추구하는 목회자와 신학자를 발견하는 것은 결코 쉽지 않습니다. 김준범 목사님은 개혁교회 목회자의 모범적인 아이콘입니다.

　둘째, 김준범 목사님의 옥저가 담고 있는 "메시지"는 「벨직 신앙고백」이고, 여기에 대한 매우 탁월하고, 충실한 해설입니다. 옥저의 서문에서 밝혔다시피 「벨직 신앙고백」의 저자는 귀도 드 브레Guido de Brès이며, 그는 이 신앙고백을 출판했다는 이유로 한국 교회의 주기철 목사님처럼 그의 당시 로마 천주교회에 의해서 순교 당하신 목사님이십니다. 김준범 목사님도 앞선 신앙의 선진들과 순교자들처럼 진리를 위하며, 진리만을 위하고자 하는 심정으로 이 신앙고백을 번역하고 해설하셨다는 인상을 받았습니다.

셋째, 김준범 목사님과 추천자 사이에는 특별한 인격적 관계가 있습니다. 김준범 목사님은, 추천자와 섬기는 교단도 다르고, 신학 수업이나 사역을 함께 한 적이 전혀 없는 사이였는데도 불구하고, 종교개혁자 마르틴 부처 Martin Bucer와 칼빈의 성령론으로 네덜란드에서 신학박사 학위를 받은 추천자를 양의문교회에 초청하여, 한국교회 최초로 마르틴 부처에 대한 특강을 할 수 있는 기회를 주셨습니다. 이 일을 계기로 추천자는 철저한 개혁교회의 신앙을 가지신 김준범 목사님과 양의문교회를 잘 알게 되었고, 지금까지 존경하고, 인격적 교제를 하고 있습니다.

최윤배
前 장로회신학대학교 조직신학 교수 / 現 객원교수

서문

　　　　　　　　　　이 책은 코로나19 사태가 시작되었던 2020년 봄(2020년 4월 5일)부터 그 고통스러웠던 해를 지나 2021년 첫 주일(2021년 1월 3일)까지 40주 동안 양의문교회 강단에서 연속하여 강설한 내용을 정리한 것입니다. 모두가 한 번도 경험해 보지 못했던 시대를 만나서 당황하고 힘들어할 때, 저는 목회자로서 무엇에 집중해야 할지를 고민하지 않을 수 없었습니다. 하지만 저는 이미 오래 전부터 도르트신조 해설에 이어 벨직 신앙고백 해설을 계획하고 있었기 때문에, 저는 제가 할 수 있는 일에 더욱 집중하기로 하였습니다. 주일예배를 비대면으로 진행해야 하는 초유의 사태를 겪으면서도, 하나님께서는 설교자인 저를 긍휼히 여겨주셔서, 한 주도 빠짐없이 큰 건강의 이상 없이 벨직 신앙고백 해설을 마칠 수 있게 해주셨습니다. 때로는 텅 빈 회중석을 마주한 채로 말씀을 전하기도 하였습니다. 하지만 그런 속에서도 벨직 신앙고백을 해설하는 설교는 저에게 특별한 경험이었습니다. 그 시간은 이제까지의 저의 모든 신학 지식을 다시 한 번 정리하고 체계화하고, 그 교리적 내용들을 우리의 실제 삶에 어떻게 적용해야 하는지를 다시 한 번 묵상하며 고민하고 배우는 시간이었습니다.

양의문교회는 칼빈을 위시한 16-17세기의 종교개혁자들의 개혁 신앙의 노선에 서 있는 장로교회로서 개교회적으로뿐만 아니라 양의문교회가 속해 있는 총회도 교단적으로 고대 교회들이 보편적으로 받아들였던 세 문서, 곧 사도신경과 니케아신경과 아타나시우스신경을 보편 교회의 교리 표준으로 받아들이는 것은 물론이고, 웨스트민스터 교리 표준The Westminster Standards이라고 불리는 세 문서, 곧 웨스트민스터 신앙고백과 웨스트민스터 대요리문답과 웨스트민스터 소요리문답을 교리 표준으로 받아들이는 동시에, 소위 "하나 되는 세 고백서Three Forms of Unity"로 불리는 개혁교회의 세 문서, 곧 벨직 신앙고백, 하이델베르크 요리문답, 도르트신경을 교리 표준문서로 함께 받아들여서 교회의 정관과 교단의 헌법에 명시하고 있습니다. 그리고 우리는 그것을 정관과 헌법에만 두지 않고 매주일 가르치고 설교하고 있습니다.

양의문교회의 원로목사이신 송용조 목사님께서는 1990년대부터 개혁교회의 소중한 전통인 교리 설교를 회복하는 일에 많은 힘을 기울이시면서 주일 오후마다 교리 설교의 실제와 모범을 보여주셨고, 이제 저도 송용조 목사님의 뒤를 이어 지난 16년 동안 부족하지만 주일 오후 시간마다 개혁교회 교리 표준 문서들을 중심으로 강설하고 있습니다. 그리하여 양의문교회의 강단에서는 하나님의 크신 은혜 가운데 지난 30여년 간 매주 오후예배 시간에 장로교회의 교리 표준문서인 웨스트민스터 신앙고백과 대·소요리문답과 개혁교회의 교리 표준문서인 벨직 신앙고백, 하이델베르크 요리문답, 도르트신경이 계속 반복되어 강설되고 있습니다. 교리는 유익한 것이지만, 교리를 설교하는 것은 언제나 어렵습니다. 교리 설교는 자칫 잘못하면 신학적인 강의가 되기 쉽고, 너무 성경 본문에 의존하면 일반적인 본문설교나 강

해설교가 되기도 쉽습니다. 저 역시 부족한 설교자로서 지나온 날들을 돌이켜보면 부끄러움뿐이지만, 모든 능력은 하나님의 말씀에 있으며 오직 그 말씀에만 있음을 알기에, 그리고 역사하시는 분은 성령님이심을 믿기에 강단에 설 때마다 힘을 내고 소망을 가집니다.

어떤 분들은 모든 것이 너무나도 빠르게 변하고 복잡하게 얽혀있는 21세기의 교회와 성도들이 수백 년 전에 작성된 신앙고백서나 요리문답서들을 되풀이해서 읽고 공부하는 일이 현실 생활에 얼마나 도움이 되겠느냐고 말하기도 합니다. 하지만 이러한 신앙고백서와 같은 교리 표준을 읽고 공부하는 일이 불필요하다면 성경을 읽고 공부하는 일도 불필요할 것이고 설교를 듣고 되새기는 일도 불필요할 것입니다. 성경은 우리의 신앙과 삶의 유일한 기준과 규칙입니다. 그러므로 성경의 교훈을 잘 요약하여 가르치고 있는 신앙고백서들과 요리문답서들과 같은 개혁교회의 교리 표준문서들을 읽고 공부하는 일은 우리와 우리 자녀들의 삶에 있어서 절대적으로 필요한 일입니다. 저는 양의문교회의 강단에서 이러한 교리 설교의 전통이 절대로 중단되지 않기를 기도합니다.

벨직 신앙고백은 위대한 종교개혁의 세기였던 16세기에 하나님께서 벨기에 땅에 세워주셨던 종교개혁자 귀도 드 브레에 의해 작성된 신앙고백서로, 하이델베르크 요리문답과 도르트신경과 함께 도르트 회의에서 공인되어 지금까지도 "하나 되는 세 고백서Three Forms of Unity"로 불리며 개혁교회의 교리 표준문서로 받아들여지고 있는 귀한 신앙고백서입니다. 16-17세기에 많은 신앙고백서들과 요리문답서들이 작성되었지만, 그중에서도 벨직 신앙고백은 특별한 사랑을 받아왔습니다. 벨직 신앙고백은 종교개혁의 불길이

한참 일던 16세기 유럽의 한복판에서 박해 아래 있던 교회와 성도들을 위로하시고 붙들어주시기 위하여 성령 하나님께서 주신 놀라운 선물과도 같은 신앙고백서입니다. 귀도 드 브레는 목숨을 내놓고 이 신앙고백서를 작성했고 또 그것을 박해 받는 교회를 위하여 천명하였습니다. 이 신앙고백서를 통해서 수많은 교회들이 유익을 받아왔는데, 순교자의 피는 교회의 씨앗이라고 했던 터툴리안의 말을 입증이라도 하듯, 벨직 신앙고백은 귀도 드 브레의 순교 이후에 오히려 더 힘을 떨쳤고 지금까지도 빛을 발하고 있습니다.

벨직 신앙고백은 개혁교회의 소중한 유산임에 틀림없습니다. 벨직 신앙고백은 성경의 가르침, 곧 신학과 복음의 대요大要를 탁월하게 요약하는 신앙고백서입니다. 벨직 신앙고백에는 신학과 성경 사이의 불필요한 간극이 없습니다. 벨직 신앙고백은 수많은 성경을 자구 그대로 인용하거나 간접적으로 인용하며 암시하는 매우 성경적인 신앙고백서이면서도, 첨예한 교리와 신학의 내용을 끊임없이 제공하는 매우 신학적인 신앙고백서이고, 교회사에 나타났던 수많은 시행착오들을 되풀이하지 않도록 경종을 울려주는 매우 실천적인 신앙고백서입니다. 벨직 신앙고백서는 성경에서 모든 근거를 찾으며, 교리적으로 적확하고, 역사적으로 해박하며, 실천적으로 적실합니다.

얼마 전 본 해설서의 원고 교정까지 탈고한 후 이 책의 머리말을 준비하고 있던 중, 양의문교회의 예배에 참석하셨던 중국계 미국인 부부와 차담을 나눌 기회가 있었습니다. 그분들은 미국의 개혁교회에 속해서 신실하게 신앙생활을 하고 계시는 그리스도인들이었는데, 그분들과 이야기를 나누던 중, 우리가 흔히 사용하는 "개혁"이라는 개념을 중국 교회에서는 "귀정歸正"이라는 용어로 설명한다는 말씀을 들었습니다. 돌아갈 귀歸, 바를 정正! 저는 이제까지 "Reformed(개혁)"라는 개념을 "귀정"이라는 단어로 정의한 것을 한 번도 들어보지 못했습니다. 저는 어쩌면 이 단어가 "개혁"의 의미를 훨씬 더 정확하게 정의하며 번역하고 있다는 생각을 하면서 그분들의 말씀에 깊이 공감하게 되었습니다. "끊임없이 옳은 것으로 돌아가는 것", 그것이 개혁입니다. 옳고 바른 곳으로 돌아가는 길이 옛적 길 곧 선한 길로 가는 것입니다(렘 6:16).

물론 우리의 영원한 "정正"은 성경입니다. 그래서 성경을 가리켜 "정경正經"이라고 부르기도 하는 것입니다. 우리의 신앙과 삶은 언제나 하나님의 말씀인 성경에 기반하는 것이어야 하며 성경으로부터 나오는 것이어야 하고 성경으로 돌아가는 것이어야 합니다. 그러나 동시에 우리에게는 성경의 가르침을 보다 바르고 분명하게 설명하고 가르치는 선생님들이 필요합니다. 우리의 큰 선지자이신 그리스도께서는 우리를 진리 가운데로 인도하시기 위하여 보혜사 성령님을 보내주셨고, 성령님께서는 우리에게 복음의 설교자들과 교사들을 보내주셔서 성경의 참뜻을 가르쳐서 주님의 교회를 세우시는 일을 지금까지 하고 계십니다. 특별히 16세기는 위대한 종교개혁의 세기로, 성령님께서는 그 시대에 종교개혁자들을 일으켜 주셨고, 그들은 탁월한 신학자이자 목회자로서 바른 신학의 체계를 세우고 그 결과물들을 다양한 신앙고백과 요리문답들로 요약하였습니다. 그러므로 벨직 신앙고백서는 개혁교회의 여러 교리 표준문서들과 함께 우리가 끊임없이 성경으로 "귀정"하도록 만들고 성경을 향하도록 만들어주는 귀한 길잡이가 됩니다. 그리고 이 해설서는 그 길잡이들이 우리에게 증거하려고 했던 것이 무엇인지를 안내하고 설명하는 한 권의 가이드북입니다.

교회는 진리의 기둥과 터입니다(딤전 3:15). 진리란 무엇입니까? 한 마디로 진리란 그리스도에 대한 참된 신앙고백이라고 말할 수 있습니다. "너희는 나를 누구라 하느냐?"(마 16:15) 하고 물으셨던 예수님의 질문에 대해 베드로가 "주는 그리스도시요 살아계신 하나님의 아들이시니이다."(마 16:16)라고 대답하자, 주님께서는 베드로에게 이렇게 말씀하셨습니다. "바요나 시몬아 네가 복이 있도다. 이를 네게 알게 한 이는 혈육이 아니요 하늘에 계신 내 아버지시니라. 또 내가 네게 이르노니 너는 베드로라. 내가 이 반석 위에 내 교회를 세우리니 음부의 권세가 이기지 못하리라"(마 16:17-18). 예수님께서 베드로에게 하셨던 이 약속은 베드로라고 하는 개인 위에 주님의 교회를 세우시겠다는 약속이 아니었습니다. 베드로는 한 연약한 인간일 뿐이었습니다. 물론 베드로가 예수님에 대하여 그러한 신앙고백을 한 것은 참으로 놀라운 일이었습니다. 하지만 그것을 알게 한 이는 혈육이 아니라 "하늘에 계신 내 아버지시니라"고 하셨습니다. 주님은 그 반석 곧 베드로가 했던 그 위대한 신앙고백 위에 주님의 교회를 세워주실 것을 약속하신 것입니다. 예수 그리스도에 대한 신앙고백 위에 교회가 세워진다는 말은 결국 그리스도 위에 교회가 세워진다는 뜻입니다. 그리스도께서는 교회의 "반석"이십니다(고전 10:4; 벧전 2:7). 아무리 경건하고 탁월한 사람이라고 하더라도 한 개인은 교회의 터전이나 표준이 될 수 없습니다. 교회의 터는 그리스도 한 분뿐이며 그리스도 한 분뿐이어야 합니다. 모든 교회는 그리스도를 터로 삼으며, 그리스도의 터 위에 세워진 교회입니다. 한 개교회도, 한 교단도, 모두 그리스도에 대한 참된 신앙고백의 터 위에 세워져야 합니다. 그렇게 할 때에, 우리가 비록 교파나 교단이 다르고 속해있는 교회가 다르더라도 보편 교회의 한 지체됨을 풍성하게 누리고 경험할 수 있을 것입니다. 이 책이 교회와 성도들을 진리 위에 굳게 세우시는 주님의 손에 들려서 귀하게 쓰임 받게 되기를 기도

합니다.

　끝으로, 이제까지 부족한 목사의 부족한 목회와 설교를 인내하면서 저를 위해 기도해 주시고 저를 사랑해 주신 양의문교회 모든 성도님들에게 깊이 감사드립니다. 양의문교회 성도들은 지난 30여년 동안 매주일 오후마다 흐트러짐 없이 교리 설교를 경청하며 교리 설교를 듣고 공부하는 일에 언제나 진심이었습니다. 또한 지난 30여년 동안 성경교육선교회를 통해 문서 선교가 꾸준히 이루어질 수 있도록 후원해 주신 성경교육선교회의 모든 회원분들에게도 감사의 말씀을 전합니다. 아울러 이 책의 출판을 위해 수고해주신 모든 손길들에도 감사드립니다. 그리고 제 곁에서 저를 위해 기도하고 도와주는 아내와 아들 현민에게도 사랑하고 고맙다는 말을 전하고 싶습니다. 이들은 언제나 제가 쓰는 모든 글들의 첫 번째 독자이자 교정자입니다. 끝으로, 저를 낳아 사랑과 신앙으로 길러주시어 참된 부모의 본을 보여주신, 지금은 천국 안식에 들어가신 아버지 김한극 장로님과 지금도 병상에서 길고도 힘겨운 투병 중에 계신 어머니 이기훈 권사님께, 그리고 제 어린 시절부터 지금까지 저를 그리스도의 복음과 사랑으로 품고 가르쳐주셨고 지금도 참된 목자의 본을 친히 보여주고 계시는 송용조 목사님과 조귀련 사모님께 이 책을 헌정합니다. 그리고 모든 영광은 하나님께만 돌립니다.

2023년 4월 25일
인왕산 자락에서 김준범 목사

개혁교회 교리교육과 설교를 위한
벨직 신앙고백 해설

1부

벨직 신앙고백의 역사적 배경과 귀도 드 브레의 생애

서론 1

벨직 신앙고백의 역사적 배경과 그 의의

> 157 나를 핍박하는 자와 나의 대적이 많으나 나는 주의 증거에서 떠나지 아니하였나이다
>
> 시편 119편 157절

우리에게는 장로교회의 교리 표준문서인 웨스트민스터 표준문서만 있는 것이 아니라, 소위 "하나 되는 세 고백서 Three Forms of Unity"로 불리는 개혁교회의 교리 표준문서들이 있습니다. 유럽 대륙 전체에 흩어져 있는 개혁교회는 이 고백서들에 담겨져 있는 중요한 교리들이 기독교 신앙에 있어서 근본적인 교리들임을 인식하고 더욱 하나되어 성경적으로 바른 개혁교회를 흔들림 없이 이루어나가자는 취지로 그것을 공인하였고, 사람들은 이 세 문서를 일컬어 "하나 되는 세 고백서"라고 부르기 시작했습니다. 그 중에서도 벨직 신앙고백은 역사적으로 가장 먼저 작성된 신앙고백서이며(1561년), 그 다음으로는 하이델베르크 요리문답이 작성되었습니다(1563년). 그리고 세 문서 중에 제일 마지막에 작성된 문서가 도르트신경입니다(1618-19년). 이 세 고백서를 교회적으로 함께 공인한 것은 도르트신경을 작성한 도르트 회의에서였습니다.

벨기에 개혁교회

벨직 신앙고백 또는 벨기에신앙고백은 네덜란드신앙고백으로 일컬어지기도 합니다. 본래 16세기 네덜란드는 지금의 네덜란드와 벨기에와 룩셈부르크에 걸친 17개주를 통칭하는 이름이었습니다. 이 지역은 산이 거의 없고 국토의 삼분의 일 정도는 해수면보다 낮아서 홍수나 해일의 피해가 많은 지역이었기 때문에, 사람들은 이 지역을 "저지대Low Land"라고 불렀습니다. "네더Neder"는 낮다는 뜻이고 "란트Land"는 땅이라는 뜻으로, 결국 네덜란드Nederland는 "낮은 땅, 저지대"라는 뜻입니다. 본래 이 저지대 네덜란드는 오늘날의 네덜란드(화란)와 벨기에와 룩셈부르크를 모두 포함하는 17개주로 구성된 하나의 지역이었지만, 나중에 북부의 7개주가 스페인으로부터 독립하여 네덜란드 왕국을 세웠고, 남부 10개주는 독립을 하지 못하고 가톨릭 국가였던 스페인의 지배에 남아 있다가 훗날 두 개의 나라(벨기에와 룩셈부르크)로 분리되었습니다. 벨기에는 나중에 독립 국가를 이루면서 국호를 "벨기에Belgium"로 붙였습니다. 벨기에라는 이름은 본래 이 지역에 오래 전부터 살았던 민족의 이름인 "벨가에Belgae"에서 유래한 것으로 보입니다. 이 세 나라는 지금은 각각 독립된 국가로 존재하지만, 한 때 네덜란드라는 하나의 이름으로 있었기에 다른 나라들에 비해 정서적으로 더 가깝다고 할 수 있으며, 지금도 이 세 나라는 국호의 앞글자를 따서 베네룩스 3국이라고 불리기도 합니다. 이 세 나라는 일찍이 비관세동맹을 맺는 등 지금까지도 협력 관계를 맺고 있습니다.

벨직 신앙고백이 작성되던 시기는 이 나라들이 서로 나누어지기 전이었기 때문에, 네덜란드에서는 이 신앙고백을 네덜란드신앙고백이라고 부르기를 좋아하고 벨기에에서는 벨직 신앙고백(벨기에신앙고백)이라고 부르기를 좋아합니다. 그럼에도 불구하고 보편적으로 이 신앙고백이 "벨직 신앙고백"이라고 불리는 이유는, 실제로 이 신앙고백서가 지금의 벨기에 지역에서 태어난 벨기에 사람 귀도 드 브레Guido de Bres, 1522-1567에 의해서 벨기에에서 작성되었기 때문입니다.

당시 저지대라 일컬어지던 네덜란드 지역에 언제부터 개혁교회가 세워졌는지는 정확한 년도를 특정하기 어렵습니다. 마르틴 루터Martin Luther 1483-1546가 독일에서 95개조 반박문 또는 95개조 논제를 비텐베르크 성체교회당Schlosskirche 정문에 게시한 때가 1517년 10월 31일이니까, 네덜란드의 종교개혁도 독일의 종교개혁보다 앞설 수는 없을 것입니다. 루터가 95개조 반박문을 게시한 이후, 먼저는 독일에서 종교개혁 운동이 활발하게 일어났고, 그 다음으로는 독일과 인접해 있던 네덜란드로 루터의 종교개혁 사상이 들어갔습니다. 그러므로 독일 다음으로 종교개혁이 일어난 곳을 꼽으라고 한다면 네덜란드를 들 수 있습니다. 물론 체코, 폴란드, 헝가리 같이 독일의 동쪽으로도 이 운동이 퍼져나갔고, 독일의 북쪽인 북유럽 지역(덴마크, 스웨덴, 노르웨이, 핀란드)으로도 강력하게 퍼져나갔지만, 루터의 종교개혁 사상이 시기적으로 가장 먼저 퍼져나간 곳은 서쪽인 네덜란드 지역이었습니다.

루터의 사상은 프랑스, 스위스, 오스트리아 같은 독일 남쪽으로도 퍼져나가기는 했지만 다른 곳에 비해 상대적으로 많이 확산되지 못했습니다. 왜냐하면 프랑스 같은 지역은 가톨릭의 영향이 너무나 강했기 때문이고, 스위스 같은 곳은 마르틴 루터와 거의 동시대에 울리히 츠빙글리Ulrich Zwingli, 1484-1531가 스위스의 종교개혁, 교회개혁 운동을 주도해 나갔기 때문입니다. 츠빙글리는 루터와 연대해서 교회개혁을 이루어가 보려고도 했지만, 루터와 츠빙글리 사이에는 신학적으로 여러 이견들이 존재하고 있었습니다. 두 사람은 개신교 진영의 연합과 일치와 연대를 위해 1529년에 마르부르크Marburg에서 회담을 열기도 하였지만(마르부르크 회담, Colloquy of Marburg) 끝내 성찬론과 관련한 문제에서 견해 차이를 극복하지 못하여 회담은 결렬되었고, 스위스 개혁교회는 루터교회와 거리를 두게 되었습니다. 이후 스위스는 츠빙글리의 주도 하에 스위스대로의 교회개혁을 해나가게 됩니다.

츠빙글리는 마르부르크 회의가 결렬된 지 2년만인 1531년에 갑작스럽게 죽었습니다. 스위스의 자치주들cantons 가운데 여전히 가톨릭에 속해 있는 주들이 츠빙글리의 교회개혁에 반발해서 일종의 내전을 일으켰고, 츠빙글리가 목회했던 취리히의 군대가 크게 패하면서 츠빙글리는 카펠 전투에서 취리히의 군대와 함께 죽게 되었던 것입니다. 츠빙글리의 죽음으로 스위스의 종교개혁은 큰 충격을 받았고 힘이 약해졌습니다. 하지만 츠빙글리의 후계자였던 하인리히 불링거Heinrich Bullinger, 1504-1575는 취리히를 중심으로 계속해서 교회 개혁을 이끌었습니다. 그는 탁월한 설교자로, 그의 교리 설교집은 지금까지도 읽혀지고 있을 정도입니다. 불링거는 [제2스위스 신앙고백서Second Helvetic Confession, 1566]의 작성자로도 유명합니다. 불링거는 "자신이 따라서 살다가 따라서 죽기를 원하는 신앙고백서"를 이미 작성해 두었는데(1562년), 하이델베르크 요리문답을 반포한 팔츠의 선제후 프리드리히 3세의 요청을 받고는 자신이 개인적으로 정리한 신앙고백서를 전달하였습니다. 당시 황제 막시밀리안 2세는 팔츠 지방에서 개혁파적 요소를 뿌리 뽑으려 하였고, 위기의식을 느낀 프리드리히는 불링거의 도움을 받아 제2스위스 신앙고백서의 내용을 토대로 자신의 신앙을 변호할 수 있었습니다. 제2스위스 신앙고백서는 스위스 교회의 공식적인 신앙고백으로 받아들여졌습니다. 그리하여 취리히에서는 츠빙글리에 이어 불링거에 의해 스위스의 종교개혁이 진행되고 있었습니다.

뿐만 아니라 스위스의 또 다른 자치주들 중 하나였던 제네바가 개신교 사상을 가지고 독립을 선언하면서, 제네바를 중심으로 스위스의 종교개혁은 크게 힘을 얻게 됩니다. 제네바의 종교개혁은 기욤 파렐Guillaume Farel, 1489-1565과 존 칼빈John Calvin, 1509-1564을 중심으로 이루어졌습니다. 특별히 종교개혁자 존 칼빈은 1537년 제네바에 와서 교회 개혁을 시작한 후, 잠시 스트라스부르크로 망명했던 3년(1538-1541년)을 제외하고는 줄곧 제네바를 중심으로 해서 유럽 전역의 종교개혁을 이끌었습니다. 이에 유럽의 많은 개신교 목사들이 칼빈으로부터 신학을 배우고 교회 개혁의 정신을 이어받기 위하여 제네바로 몰려들었고, 제네바는 훌륭한 개혁파 신학자들과 설교자들을 배출하는 산파의 역할을 감당하게 됩니다.

칼빈의 개혁 사상을 배운 이들은 이후 각자의 고국으로 돌아가서 종교개혁과 교회 개혁을 이끄는 지도자들이 되었습니다. 스코틀랜드 종교개혁을 이끌었던 존 낙스John Knox, 1514(?)-1572가 그 대표적 인물입니다. 낙스는 1554년 1월에 영국을 떠나서 제네바로 망명하여 1559년까지 6년 가까이 제네바에 머물면서 칼빈에게서 개혁 신학과 교회 개혁의 실제를 많이 배운 후에 스코틀랜드 교회를 지상에서 가장 온전한 장로교회로 개혁하는 일에 주된 역할을 감당하였습니다. 하이델베르크 요리문답의 작성자로 잘 알려진 자카리아스 우르시누스Zacharias Ursinus, 1534-1583 역시 한때 제네바에 머물면서 칼빈주의 신학과 개혁교회의 진면목을 보며 깊은 인상을 받은 것으로 전해집니다. 이처럼 스위스의 제네바에서는 칼빈을 중심으로 하는 종교개혁 운동이 힘을 발휘하고 있었습니다. 그리하여 루터교회는 스위스에서는 뿌리를 잘 내리지 못했던 것입니다.

네덜란드 교회는 종교개혁의 자연스러운 순서를 따라서 루터의 사상으로부터 교회 개혁을 시작하였습니다. 로마 가톨릭교회의 영향력 아래에 있던 네덜란드는 시기상으로 볼 때에 루터의 종교개혁을 통해서 개신교회로의 방향 전환을 제일 먼저 시작한 것입니다. 네덜란드(저지대) 지역은 일찍이

루터파의 영향을 받아서 1518년에 이미 루터의 저서들이 화란어로 번역되기 시작했고, 또 1523년에는 신약성경이 화란어로 번역되었으며, 1523년부터 화란의 개신교도들이 순교를 당하기 시작했습니다.[1] 1530년까지는 루터교회가 네덜란드 지역에 많은 영향을 끼쳤다면, 1531년부터 1540년 중반까지는 급진적인 재세례파가 네덜란드(저지대) 지역의 개신교회를 주도해 나갔다고 할 수 있습니다. 그리고 1540년 중반부터 칼빈의 가르침을 따르는 개혁교회가 네덜란드(저지대) 지역에 본격적으로 영향을 끼치기 시작했습니다. 벨직 신앙고백은 바로 이 저지대 네덜란드 지역에 칼빈주의가 꽃을 피우고 있던 시기에 귀도 드 브레에 의해 작성된 문서입니다. 벨직 신앙고백은 신앙의 자유를 찾아서 투쟁하였던 북쪽 네덜란드(화란)에서 작성된 것이 아니라, 여전히 스페인으로부터 독립을 하지 못하여 스페인의 지배를 받으면서 가톨릭교회의 영향력 아래에서 신음하던 남쪽 벨기에 지역에서 작성된 고백서입니다. 비록 스페인의 박해와 탄압이 극심하였지만, 벨기에 지역에 뿌려진 종교개혁의 씨앗이 싹을 틔우고 생생한 생명력을 발휘하던 중에 맺게 된 한 열매가 바로 벨직 신앙고백서입니다.

나는 주의 증거에서 떠나지 아니하였나이다

우리는 벨직 신앙고백서가 큰 박해의 시기에 가톨릭의 땅에서 작성된 신앙고백서였다는 사실을 기억할 필요가 있습니다. 하이델베르크 요리문답 역시 편안한 때에 나온 것이 아니라 신학적인 큰 논쟁이 있던 때에 작성되었고, 도르트신경도 네덜란드로 보아서는 80년 독립전쟁 중에 작성되었고, 교회적으로는 알미니안주의자들과의 첨예한 신학논쟁 중에 작성되었습니다.

---

1) 하인리히 뵈스(Heinrich Voes)와 요한 에쉬(Johann Esch).

웨스트민스터 신앙고백과 대소요리문답도 잉글랜드가 왕당파와 의회파로 나뉘어져서 내전이 벌어지던 와중에 작성된 문서입니다. 벨직 신앙고백도 그러합니다. 벨직 신앙고백이 작성된 때도 큰 핍박의 시대였고 많은 사람이 신앙을 지키다가 죽어가던 큰 시련의 때였습니다. 귀도 드 브레 자신도 이 신앙고백을 작성하고 6년 뒤에 붙잡혀서 사형선고를 받고 교수형에 처해져서 순교를 당했습니다.

귀도 드 브레는 시편 119:157의 말씀처럼 "나를 핍박하는 자와 나의 대적이 많으나 나는 주의 증거에서 떠나지 아니하였나이다." 하는 심정으로, 또는 시편 119:161의 말씀처럼 "방백들이 무고히 나를 핍박하오나 나의 마음은 주의 말씀만 경외하나이다." 하는 심정으로, 어려움이 많고 환란이 많으나, 자신의 신앙을 고백하기 위하여, 그리고 후생 세대의 영적 번성을 위하여 증거를 남긴 것입니다. 교회의 역사는 이렇게 유지되어 왔습니다. 교회의 역사는 편안한 역사였던 적이 없었습니다. 언제나 신앙의 투쟁이 그 가운데 있었고, 핍박과 대적이 많이 있었습니다. 그러나 교회는 그런 속에서도 주의 말씀의 증거에서 떠나지 말아야 합니다. "주의 모든 계명은 신실하기"(시 119:86) 때문입니다.

오늘날 우리도 개인적으로나 가정적으로, 교회적으로나 국가적으로, 지역적으로나 전 세계적으로 많은 어려움들을 만나고 있습니다. 우리는 항상 여러 가지로 어렵고 곤고한 일들을 만나게 됩니다. 특별히 우리가 사는 이 시대, 우리를 둘러싼 영적인 환경은 신앙을 지켜 나가기에 여러 면으로 어려운 환경입니다. 하지만 우리의 신앙은 오히려 이러한 어려움의 때에 더욱 연단을 받고 빛을 발할 수 있음을 생각해야 합니다. 벨직 신앙고백서가 바로 그 증거입니다. 하나님이 은혜를 주시면, 오히려 우리는 이 어려움의 때에 신앙적으로 크게 성장할 수 있고 영적으로 더 도약할 수 있음을 믿습니다. "나를 핍박하는 자와 나의 대적이 많으나 나는 주의 증거에서 떠나지 아니하였 나이다."(시 119:157)라고 하였고 "방백들이 무고히 나를 핍박하오나 나의 마음은 주의 말씀만 경외하나이다"(시 119:161)라고 하였습니다. 우리도 이러한 중심을 가지고 우리의 신앙을 지키며 고백할 때, 우리는 바로 지금을 우리의 신앙의 황금기로 만들 수 있을 것입니다.

하나님 아버지, 감사합니다. 우리에게 귀한 신앙의 유산인 벨직 신앙고백을 허락해 주신 것을 감사합니다. 종교개혁자이자 순교자였던 귀도 드 브레를 하나님께서 일으켜 주시고, 참으로 어려움도 많고 두려움도 있었을 터인데, 굴하지 않고 하나님의 진리의 말씀을 후생 자손들에게 전하여 그리스도의 교회를 진리 위에 세우고자 하였던 열망을 가지고 자신이 따라서 살기도 하고 따라서 죽기도 할 신앙고백을 작성하게 하시고 그 위대한 유산을 우리에게 남기도록 하신 이 은혜와 섭리를 감사드립니다. 우리도 하나님의 말씀을 따라 살기도 하고 죽기도 하는 복된 인생들이 되게 하여 주시옵소서. 예수님의 이름으로 기도하옵나이다. 아멘.

서론 2   귀도 드 브레의 생애와 벨직 신앙고백[2]

> 28 몸은 죽여도 영혼은 능히 죽이지 못하는 자들을 두려워하지 말고 오직 몸과 영혼을 능히 지옥에 멸하시는 자를 두려워하라
>
> 마태복음 10장 28절

16세기 종교개혁이 유럽에서 시작되자마자, 네덜란드와 벨기에 지역에 거의 곧바로 종교개혁 사상이 영향을 미치기 시작했습니다. 네덜란드에 종교개혁 사상이 이렇게 빨리 유입될 수 있었던 것은 지리적이고 경제적인 요인들도 한몫을 했습니다. 네덜란드는 당시 유럽 무역의 중심지로, 유럽에서 가장 큰 무역항이었던 안트베르펜Antwerpen도 네덜란드에 있었습니다. 많은 사람들과 물자들이 그곳으로 몰렸고, 그들과 함께 루터와 칼빈과 같은 종교개혁자들의 사상도 들어오게 되었습니다. 네덜란드 사람들은 대부분 글을 읽고 쓸 수 있는 사람들이었습니다. 네덜란드는 인쇄술이 가장 발달한 나라

---

[2] 귀도 드 브레의 생애와 벨직 신앙고백의 작성 배경과 관련해서는 다음의 책들을 주로 참고하였음을 밝힌다. David Engelsma, *The Belgic Confession, A Commentary*. Vol. 1. (Jenison: Reformed Free Publishing Association, 2018), 14-30; 테아 반 할세마, 「하이델베르크에 온 세 사람과 귀도 드 브레」, 강변교회 청소년학교 도서위원회 옮김 (서울: 성약출판사, 2006), 113-163; 허순길, 「벨기에 신앙고백 해설」, 셈페르 레포르만다 (광주: 셈페르 레포르만다, 2016), 39-57; 얀 판 브뤼헌, 「네덜란드 신앙고백 해설」, 김진흥 옮김 (서울: 성약출판사, 2021), 32-38; 클라렌스 바우만, 「벨직 신앙고백서 해설」, 손정원 옮김 (서울: 솔로몬, 2016), 35-52.

였습니다. 1522년에 벨기에에서 신약성경이 화란어로 번역되어 출판될 정도였고, 많은 사람들은 책을 읽을 수 있었습니다. 영국의 성경번역자였던 윌리엄 틴데일William Tyndale, 1494-1536이 박해를 피해서 마지막까지 성경 번역을 했던 곳도 바로 벨기에의 안트베르펜이었습니다. 그래서 네덜란드와 벨기에에서는 일찍이 개혁신앙이 전해지고 꽃을 피울 수 있었습니다.

벨직 신앙고백은 네덜란드와 벨기에 지역에 칼빈주의 신학이 20여년 동안 꽃을 피운 뒤에 1561년에 벨기에에서 작성된 신앙고백서입니다. 벨직 신앙고백은 공교회의 회의를 통해서 작성된 문서가 아니라 귀도 드 브레Guido de Bres, 1522-1567라는 한 개인에 의해서 작성된 신앙고백 문서입니다. 귀도 드 브레는 벨기에 개혁교회의 순교자입니다. 귀도 드 브레는 우리가 생각하는 것 이상으로 훌륭한 목사님이었고 탁월한 설교자였고 위대한 신학자였습니다. 스코틀랜드에 존 낙스가 있었다면 벨기에에는 귀도 드 브레가 있었습니다. 벨직 신앙고백의 작성자인 귀도 드 브레는 16세기의 빛나는 종교개혁자들 가운데 한 분이고, 우리가 반드시 기억해야 할 이름들 중 하나입니다.

귀도 드 브레의 생애

귀도 드 브레는 1522년 벨기에 남부의 몽스Mons 지역에서 태어났습니다. 몽스는 프랑스와 접경지대에 위치해 있는 곳이었습니다. 벨기에 지역은 전 유럽이 그랬듯이 전통적인 가톨릭 국가였고, 그의 집안 역시 가톨릭 집안이었습니다. 그 지역은 로마 시대부터 "왈룬"이라고 일컬어지는 종족이 살고 있어서 왈룬 지역으로 일컬어지는 곳이기도 했습니다. 그래서 훗날 벨직 신앙고백은 왈룬 신앙고백Walloon Confession of Faith이라고 불리기도 합니다. 그의 어머니는 특별히 독실한 가톨릭 신자였습니다. 그의 어머니는 귀도 드 브레를 출산하기 전에, 임신 중에 몽스의 거리에서 순회 수도사의 설교를 들었는데, 그 설교를 들으면서 속으로 이렇게 기도했다고 합니다. "오, 나의 하나님, 왜 저에게는 이 사람과 같은 아들을 주시지 않으셨습니까? 제 뱃속의 아이는 저런 주님의 말씀의 설교자가 되기를 바랍니다." 귀도 드 브레의 어머니는 그 이야기를 어린 귀도에게 자주 이야기해주었던 것으로 보입니다. 귀도 드 브레의 아버지는 금속이나 유리에 색을 칠하는 스테인드글라스 기술을 가진 염색업자로서 자기 자녀들에게 기본적인 교육을 시키고 자신의 기술을 아들들에게 가르쳤다고 합니다.

가톨릭교회에서 자라났던 귀도 드 브레가 언제 어디에서 어떻게 개신교 신앙을 접하게 되었는지에 대해서는 정확하게 알려진 바가 없습니다. 기록을 통해 우리가 알 수 있는 것은, 그가 적어도 24살을 전후하여(1546/7년) 개혁신앙, 특별히 칼빈의 가르침을 따르는 개신교도가 되었다는 사실입니다. 당시 저지대(네덜란드와 벨기에) 지역에는 루터의 책들뿐만 아니라 개혁신앙에 입각한 여러 책들이 많이 소개되고 있었기 때문에, 귀도 드 브레는 10대 후반부터 여러 경로로 종교개혁 사상을 먼저 접했던 사람들을 통해 종교개혁자들의 책들과 개혁신앙을 접할 수 있었을 것으로 생각됩니다.

그러나 당시 벨기에에서 개혁신앙을 받아들인다는 것은 위험한 일이었습니다. 그가 태어나던 해 바로 이듬해(1523년)부터 네덜란드 지역에서는 개혁신앙을 고백하는 신자들이 순교를 당하기 시작했고, 1540년대의 벨기에는 개신교도들에 대한 박해가 본격적으로 이루어지던 시기였기 때문에(종교재판), 개혁신앙을 가지고 살기에는 굉장히 위험한 시기였습니다. 특별히 로마 가톨릭의 세력이 강했던 남부 저지대에서 개혁신앙을 가진다는 것은 더없이 위험한 일이었습니다. 일례로, 1548년에 두 목사 부부가 제네바에서부터 영국으로 가기 위해 몽스에 며칠 동안 머무르는 일이 있었습니다. 그들은 그 지역에서 개혁신앙에 관심을 가진 몇 사람을 만나 모임을 가졌는데,

그 일로 인해 당국에 잡힌 두 목사는 화형을 당하고, 두 부인 중 한 명은 산 채로 매장을 당하는 끔찍한 일이 있었습니다. 이들의 순교를 목격한 몽스의 사람들은 자신들이 개혁신앙을 가지게 될 때 어떤 값을 치러야 하는지를 알게 되었습니다. 하지만 그들은 뒤로 물러나지 않았습니다. 벨기에의 개혁교회는 참으로 많은 박해를 받았기 때문에 "십자가 아래 있는 교회"로 불렸습니다. 이 즈음에 청년 귀도 드 브레는 망명을 결심합니다. 하나님께서는 귀도 드 브레를 벨기에의 교회와 개혁교회 전체를 위하여 귀하게 쓰시기 위하여 특별하게 그를 훈련시키시고 기이한 섭리로 이끄셨습니다.

귀도 드 브레의 3차례의 망명과 벨기에 사역

귀도 드 브레가 개혁신앙을 받아들인 이후, 그의 생애는 세 차례의 망명 시기와 세 차례의 벨기에 사역 시기로 뚜렷하게 나누어집니다. 하나님께서는 이 모든 과정 속에서 기이한 섭리로 귀도 드 브레를 보호하시고 인도하셨습니다.

1차 망명 시기(1548-1552, 잉글랜드). 귀도 드 브레는 1548년에 잉글랜드로 망명을 떠나서 1552년까지 그곳에서 머물게 됩니다. 이것이 그의 1차 망명 시기입니다. 지도상으로 보면 벨기에와 영국은 도버해협을 사이에 두고 거의 붙어있다고 할 수 있을 정도로 가깝습니다. 그는 왜 잉글랜드로 갔던 것입니까? 당시 잉글랜드에 새롭게 즉위한 왕은 에드워드 6세였습니다. 에드워드 6세는 아홉 살이라는 어린 나이에 왕위에 올랐고 그에게는 정치적인 고문관 역할을 하던 이들 두 명이 있었는데, 그들은 모두 칼빈주의 사상을 가진 공작들이었습니다(서머셋 공작 에드워드 세이무어와 노섬벌랜드의 공작 존 더들리). 뿐만 아니라 에드워드 6세 옆에는 영국의 초기 종교개혁을 주도했던 토머스 크랜머Thomas Cranmer, 1489-1556가 있었습니다. 그리하여 에드워드 6세가 치리하던 시기의 잉글랜드는 유럽의 종교개혁자들에게는 더없이 좋은 안식처가 되었습니다. 당시 영국에는 유럽 각국에서 신앙의 자유를 찾아서 피신해 온 개신교도들이 1만 5천명 정도나 있었다고 합니다. 에드워드 6세의 조력자들은 유럽 대륙의 저명한 신학자들을 잉글랜드로 대거 초빙했습니다. 그래서 이 기간에 굵직굵직한 대륙의 신학자들이 잉글랜드로 많이 모여 들었습니다. 그들 중에 대표적인 인물로는 마르틴 부처Martin Bucer, 1491-1551, 케임브리지, 이탈리아의 종교개혁자 피터 버미글리Peter Martyr Vermigli, 1499-1562, 옥스퍼드, 폴란드 출신의 종교개혁자 요하네스 아 라스코Johannes a Lasco, 1499-1560, 런던가 있었습니다. 하나님의 섭리로 귀도 드 브레는 이런 개혁파 신학자들이 있었던 잉글랜드에서 4년 동안 머물면서 그들에게 신학과 교회의 질서를 배웠습니다.

1차 벨기에 사역 시기(1552-1556, 릴을 중심으로). 귀도 드 브레는 1552년에 벨기에로 돌아옵니다. 그는 자신의 조국 벨기에를 사랑했습니다. 그래서 그들에게 참된 복음을 전하고자 하는 열정을 가지고 릴을 본거지로 두고서 벨기에 전역을 비밀리에 순회하며 설교하는 순회 설교자가 되었습니다. 그들은 가정집에서 비밀리에 모여 예배하며 말씀을 공부했습니다. 그렇게 4년 동안을 순회 설교자로 지내면서, 그는 틈틈이 글을 써서 [기독교 신앙의 표지]라는 책을 출판하기도 했습니다. 그 책이 출판되던 해인 1556년은 펠리페 2세가 스페인의 황제로 즉위하던 해였습니다. 펠리페 2세는 개신교도들을 증오하였고, 그리하여 벨기에 전역에 무자비한 박해가 시작되었습니다. 펠리페 2세는 아버지 카를 5세보다 훨씬 더 잔인하게 개신교도들을 탄압하면서, 자신의 왕국을 가톨릭 국가로 세워나가려고 하였습니다.

2차 망명 시기(1556-1559, 프랑크푸르트와 스위스 로잔과 제네바). 박해가 심해지자, 귀도 드 브레는 지하교회 신자들을 모아서 집단 망명을 제안했고, 그들은 독일의 프랑크푸르트로 무사히 피신할 수 있었습니다. 그때가 1556년 5월이었습니다. 그로부터 4개월 뒤인 1556년 9월에, 종교개혁자 칼빈이 프랑크푸르트에 있던 프랑스 피난민 교회를 방문하기 위해 그곳에 갔다가 거기에서 귀도 드 브레를 만나게 됩니다. 칼빈의 권유를 받은 것으로 여겨지는 드 브레는 좀 더 체계적인 신학 수업을 받기 위하여 데오도르 베자Theodor Beza, 1519-1605가 있던 스위스 로잔으로 가서 2년 동안 베자의 지도를 받으며 신학을 공부했고, 2년 뒤인 1558년에 베자와 함께 제네바로 가서 1년 동안 그곳에 머무르게 됩니다. 귀도 드 브레는 주일마다 성 베드로 교회에서 칼빈의 설교를 들었고, 주중에는 칼빈의 신학 강의를 계속 들었습니다. 이렇게 귀도 드 브레는 스위스에서 총 3년 동안 칼빈주의 신학을 배우게 됩니다. 그것도 칼빈과 베자에게 직접 말입니다! 귀도 드 브레는 칼빈과 베자에게서 신학을 공부하면서 벨직 신앙고백서의 틀을 더 구체적으로 잡아나간 것으로 여겨집니다.

2차 벨기에 사역(1559-1561, 도르닉을 중심으로). 귀도 드 브레는 1559년에 다시 조국 벨기에로 돌아가기로 결심하였습니다. 귀도 드 브레는 도르닉이라는 도시(몽스에서 24km 떨어진 도시로, 프랑스와의 접경지대)로 가서 그 지역의 비밀 지하교회였던 "종려나무 교회"의 목회자가 되었습니다. 그의 나이 37살 때였습니다. 도르닉에 세워진 그 교회는 일찍이 여러 명의 개신교 목회자를 모셨지만, 그들은 하나같이 화형을 당했고 그곳의 신자들도 참수형을 당하는 등 극심한 박해를 받아온 교회였습니다. 하지만 종려나무 교회의 성도들은 목회자가 없는 가운데에서도 꿋꿋하게 신앙을 지켜오고 있었습니다

다. 귀도 드 브레는 그 교회에서 설교 사역을 하였고, 그 교회의 교인이었던 경건한 여인 카뜨린느 라몽과 결혼하는 복을 누리기도 했습니다. 그는 도르닉을 거점으로 해서 그의 고향 몽스, 이전에 사역했던 릴, 그리고 유럽 최대의 항구도시였던 안트베르펜 등을 순회하면서 벨기에의 교회들을 돌아보고 세우는 일을 하였습니다. 그는 박해를 피해 다니면서 변장을 하였고, 자신의 이름도 본명이 아닌 "제롬"이라는 가명을 사용했습니다.

귀도 드 브레는 칼빈의 가르침대로 장로와 집사들을 뽑고, 성찬을 행하고 유아세례를 베풀었습니다. 존 낙스가 1559년에 스코틀랜드로 돌아가서 1560년에 스코틀랜드 종교개혁을 이루었던 것처럼, 귀도 드 브레도 벨기에의 종교개혁을 시작한 것입니다. 그러나 귀도 드 브레의 개혁운동은 존 낙스의 개혁운동과는 다르게 흘러갔습니다. 도르닉의 지하 교회 성도들 중 일부가 자신들의 신앙을 공개적으로 드러냄으로써 도시 전체를 복음으로 변화시킬 수 있을 것이라고 생각하여 도르닉의 주요 거리들을 행진하면서 시편찬송을 부르는 등의 돌발 행동을 한 것입니다. 도르닉의 교회는 한 순간에 큰 위험에 처하게 되었습니다. 총독은 그런 일을 행한 자들을 색출해 내라고 명령했지만, 다음날에도 수백 명의 지하 교회 성도들이 모여서 도르닉의 주교 대리가 사는 집 앞에서 시편찬송을 불렀습니다. 도르닉의 주교는 이 소식을 듣고는 네덜란드 전체의 섭정이었던 마가렛(펠리페 2세의 이복누이)에게 보고하였고, 마가렛은 분노하여 도르닉 시의 비밀 지하교회의 정체를 파악하게 하였습니다. 주동자들은 이미 도르닉을 빠져나간 뒤였고, 그들이 알아낸 것은 제롬이라는 목회자가 도르닉에서 활동하고 있다는 사실이었습니다. 하지만 그들은 제롬이 누구인지 도통 알 수 없었습니다. 도르닉의 지하 교회 개신교도들은 황제의 반역자라는 낙인이 찍히게 되었고, 벨기에에서의 종교개혁은 좌초할 위험에 빠졌습니다.

벨직 신앙고백이 세상에 나오다. 귀도 드 브레는 이런 상황에서 자신이 할 수 있는 일은 자신들이 반역자들이 아니고 참되고 성경적인 복음 진리를 믿는 사람들이라는 것을 알리는 일이라고 생각했습니다. 그리하여 귀도 드 브레는 자신들이 무엇을 믿는 사람들인지를 변호하고 밝히고자 그간 자신이 정리하였던 [신앙고백서]를 인쇄하여 도르닉의 총독과 더 나아가서는 스페인의 펠리페 왕에게 보내기로 결심합니다. 귀도 드 브레는 도르닉의 총독의 성벽 너머로 그 신앙고백서를 던져 넣었습니다. 그 신앙고백서가 바로 지금 우리가 알고 있는 [벨직 신앙고백서]입니다.

1561년에 인쇄된 이 신앙고백서에는 맨 앞에 펠리페 왕에게 보내는 공개 편지가 있습니다. 귀도 드 브레는 펠리페 왕에게 보내는 편지에서, 네덜란드의 개신교도들은 반역자들이 아니라 평화를 사랑하는 사람들이고, 정부에 순복하는 자들이라는 사실을 진술하면서, 다만 신앙을 변호하기 위하여 말할 수 있는 권리를 줄 것을 요청하였습니다. 또한 신앙고백서 뒤에는 지방의 행정관들에게 친필로 쓴 간곡한 편지도 있었는데, 그 편지에서 귀도 드 브레는 "여러분은 하나님이 정하셔서 그 자리에 있습니다. 그러므로 이제껏 여러분이 행해 왔던 대로, 죄 없는 사람들을 정죄하고 죽이는 대신 공정하게 다스리는 것이 여러분의 의무입니다."라고 권면하면서, "당신들은 도르닉이나 저지대의 종교개혁을 막지 못합니다. 만약 당신들이 사람들을 죽여서 막으려고 한다면 한 사람이 죽을 때마다 그 자리에 백 사람이 새로 생겨날 것입니다."라고 경고하였습니다.

1561년 11월 2일에 성벽 너머로 던져진 꾸러미가 발견되었고, 3일 뒤 마가렛은 [신앙고백서]를 가지고 있거나 배포하는 자는 누구든지 체포하여 처벌하라고 명령했습니다. 드 브레는 한 달 더 도르닉에 은닉하여 있다가 12월에 도르닉을 빠져나갔습니다. 그러나 그 이듬해 1562년 1월 10일에 그가 머물던 하숙집 근처에서 불이 나서, 그가 은신처로 사용했던 두 방과 그의 서재가 드러나게 되었습니다. 거기에서 신앙고백서 250여 권과 존 칼빈에게서 온 편지 한 통, 그 외 여러 대륙의 신학자들과 주고받은 편지들, 그가 쓴 논문들과 설교문들이 다량으로 발견되었습니다. 왕립 위원들은 그것을 마가렛에게 보고했고, 마가렛은 귀도 드 브레와 관련된 모든 자료들을 공개적으로 불태워버리라고 명령했습니다. 그래서 1월 21일 귀도 드 브레를 허수아비로 만들어서 그의 책들과 함께 불태우는 화형식이 도르닉의 시장터에서 있었습니다. 이 때문에 귀도 드 브레에 대한 자료는 아쉽게도 많이 소실되었습니다. 하지만 드 브레는 무사히 국경을 넘어 프랑스로 탈출했습니다.

3차 망명 시기(1561-1566, 프랑스 세당을 중심으로). 이제 그의 세 번째 망명 시기가 되었습니다. 그는 저지대와 프랑스 국경 근처의 프랑스 마을들에서 2년을 살았습니다. 프랑스에는 위그노들이 있었습니다. 그래서 드 브레는 위그노들의 목사로서 몇몇 회중을 위해서 봉사했습니다. 이곳에서 비로소 가족들과 함께 잠시나마 지내면서 자녀를 낳았습니다. 하지만 프랑스에서도 위그노들에 대한 박해가 있었고, 1563년부터는 예배의 자유가 선언된 세당이라고 하는 도시에서 3년 동안 머물며 많은 설교와 서신 왕래를 하면서 집필 활동을 하였습니다. 하지만 그는 여전히 자신의 조국 벨기에와 그곳에 두고 온 지하 교회 성도들을 잊을 수 없었습니다. 그래서 그는 망명 생활을 하는 동안 3번이나 도르닉에 은밀하게 방문하였습니다. 뿐만 아니라 그는 안트베르펜이나 브뤼셀과 같은 벨기에의 도시들도 자주 방문했습니다. 그러던 중 1566년 5월에 저지대 개혁교회들의 첫 번째 총회라고 할 수 있는 모임이 안트베르펜에서 열렸습니다. 그리고 이 첫 번째 총회에서 귀도 드 브레의 [신앙고백서]가 믿음의 신조로 채택되었습니다.

3차 벨기에 사역과 순교(1566-1567, 발랑시엔을 중심으로). 귀도 드 브레는 망명 생활 중에도 벨기에의 여러 도시들을 순회하였고, 그곳의 지하 교회들을 도와 설교와 가르침의 사역을 계속하였습니다. 당시 벨기에에는 종교개혁의 기운이 점점 고조되고 있었고, 도시마다 수천 명의 개신교도들이 폭발적으로 일어나고 있었습니다. 그러던 중에 벨기에의 남부에 있던 발랑시엔이라는 도시의 교회가 드 브레에게 와서 자신들의 목회자가 되어달라고 청원하였고, 그는 용기를 내어 벨기에의 종교개혁을 완성하고자 하는 소원을 가지고 그곳의 목사로 부임하게 됩니다.

발랑시엔에서는 다행히 가톨릭 세력이 크게 힘을 떨치지 못하고 있었습니다. 그가 그곳에 도착하였을 때, 수천 명의 사람들이 그의 설교를 듣기 위하여 들판으로 운집하게 되었고, 벨기에의 종교개혁은 금방이라도 성공할 것 같이 보였습니다. 하지만 펠리페의 군대는 이를 방관하지 않았고, 이들을 돕기로 했던 네덜란드의 오렌지 공도 도움의 손길을 보내지 않아서, 발랑시엔은 1567년 종려주일(3월 23일)에 포격을 맞기 시작했습니다. 성벽과 도시로 포탄이 떨어지는 상황 속에서 귀도 드 브레는 성 제리 교회에서 마지막 설교를 했고, 그곳에서는 "나의 하나님, 나의 하나님, 어찌하여 나를 버리셨나이까?" 하는 시편 22편의 찬송이 울려 퍼졌습니다. 그 주일에 발랑시엔은 함락되었습니다. 천신만고 끝에 그 도시를 빠져나와 프랑스로 피난을 가던 귀도 드 브레는 그를 알아본 한 사람의 신고로 붙잡혀서, 총독의 관저가 있던 도르닉의 성채로 끌려와서 14일 동안을 머물다가 발랑시엔의 감옥으로 옮겨져서 7주 동안 모진 고문과 학대를 받았습니다. 그는 갇혀 있는 동안 자신의 아내와 자신의 어머니에게, 그리고 성도들을 향하여 여러 통의 편지를 썼습니다. 그 편지는 지금까지 남아있는데, 그 내용은 참으로 감동적입니다. 그는 1567년 5월 31일 발랑시엔의 시청 앞 시장 광장에서 교수형을 받았습니다.

　예수님께서는 예수님의 머리에 귀한 향유 한 옥합을 부어 예수님의 장사를 준비하였던 여인을 두고 "내가 진실로 너희에게 이르노니 온 천하에 어디서든지 이 복음이 전파되는 곳에는 이 여자의 행한 일도 말하여 저를 기념하리라"(마 26:13)고 하셨는데, 개혁신앙이 전파되고 벨직 신앙고백서가 가르쳐지는 곳마다 귀도 드 브레의 행한 일도 함께 말하여 그를 기념해야 할 것입니다. 귀도 드 브레는 참으로, 몸은 죽여도 영혼은 능히 죽이지 못하는 자들을 두려워하지 않고 오직 몸과 영혼을 능히 지옥에 멸하시는 자를 두려워한 사람이었습니다(마 10:28). 그는 예수님을 영접한 후, 한편으로 하나님의 말씀을 끊임없이 배우고 익히면서 말씀의 사람이 되어갔고, 다른 한편으로 그는 성도들을 말씀으로 세우고 격려하고 도우며 교회를 섬기는 삶을 중단 없이 살았습니다. 그는 위험도 개의치 않았습니다. 그런 속에서 보석과도 같이 빛나는 벨직 신앙고백이 나올 수 있었습니다. 그를 도왔던 벨기에의 교회들도 같은 희생을 아끼지 않았습니다.

　우리는 희생 없이 신앙생활을 하며 살아가려고 하지는 않습니까? 우리는 우리의 신앙을 지키고, 어떻게든 성도들과 교회를 바른 말씀의 터 위에 세우기 위하여 수고와 희생을 아끼지 않고 있습니까? 신앙을 지키기 어려운 때는 지금도 계속 되고 있습니다. 하지만 두려워하지 맙시다. 우리의 머리털까지도 다 세신 바 되었습니다(마 10:29-31). 누구든지 사람 앞에서 주님을 시인하면 주님께서도 하늘에 계신 아버지 앞에서 그를 시인할 것이라고 하셨습니다(마 10:32). 어려움 가운데에서도 이렇게 복음의 증인의 삶을 신실하게 살아가다보면 우리에게서도 보석과 같은 귀한 열매들이 맺히게 될 것입니다. 그런 우리 개인과 가정과 교회가 되기를 소원합니다.

하나님 아버지, 감사합니다. 하나님께서 사랑하시고 귀히 사용하셨던 종 귀도 드 브레의 생애를 살펴볼 수 있게 해주신 것을 감사하옵나이다. 맹렬한 박해와 고난 앞에서도 굴하지 않고, 몸은 죽여도 영혼을 죽이지 못하는 자들을 두려워하지 않고 몸과 영혼을 능히 지옥에 던져 멸하실 수 있는 하나님을 진정으로 두려워하면서, 사람 앞에서 하나님을 부인하지 않고 그리스도를 모른다 하지 않고 복음의 대의를 위해 싸웠던 귀도 드 브레와 우리의 앞선 수많은 믿음의 선진들 앞에 우리가 서 있다는 사실을 기억하면서, 우리도 그들 앞에서 부끄럽지 않은 복음의 증인들로 살아가게 하여 주시옵소서. 예수님의 이름으로 기도하옵나이다. 아멘.

서론 3 　　　　　　**귀도 드 브레의 편지**

**종교개혁자이자 순교자, 귀도 드 브레가
그의 아내를 위로하기 위해 옥중에서 쓴 편지**[3]

> 이 편지는 귀도 드 브레가 순교하기 불과 50일 전 그의 아내 카트린느에게 마지막으로 보낸 유언과도 같은 편지입니다. 이 편지의 존재에 대해서는 익히 잘 알려져 있었고 여러 분들에 의해서 편지의 일부분이 번역되어 소개된 적이 있지만 이 편지의 전문이 우리말로 번역되지는 못하였는데, 이렇게 번역하여 소개할 수 있게 된 것을 뜻 깊게 생각합니다. 귀도 드 브레의 글들은 그의 순교 이후에 대부분 소각되어 소실되었지만, 이 편지는 하나님의 섭리 가운데 보존되어 우리에게 귀도 드 브레의 신앙의 자태와 기품과 기백을 너무나도 생생하게 잘 보여주고 있습니다.

　선하신 우리 하나님, 하늘에 계시는 우리 아버지의 은혜와 자비와 그의 아들 우리 구주 예수 그리스도의 사랑이 사랑하는 당신과 함께 하기를 빕니다.

---

3)　이 편지는 「Procedures Held With Regard to Those of the Religion of the Netherlands」(출판 정보 없음)에 번역되어 있는 것을, 캐나다 개혁교회의 목사인 웨스 브레덴호프(Wes L. Bredenhof) 목사께서 *Bibliotheca Reformatoria Neerlandica*, Volume 8, pp.624-628에 있는 프랑스어 원본을 참조하면서 여러 번역문들을 비교하고 수정하여 영어로 번역한 것을 김준범 목사가 우리말로 번역한 것임을 밝힌다. 브레덴호프(Bredenhof) 목사님의 수고에 감사드리며, 영어번역본 원문은 아래에서 읽을 수 있다. https://ia800208.us.archive.org/19/items/BredenhofArticlesI/AReformationMartyrComfortsHisWife.pdf

우리 주 예수 그리스도 안에서 나의 사랑하고 사랑하는 아내요 자매인 카트린느 라몽,

당신의 고뇌와 슬픔이 나의 기쁨과 마음의 즐거움을 흩트리고 어지럽히기에 나는 우리 둘 모두의 위로를 위해, 특히 당신의 위로를 위해 이 글을 씁니다. 당신은 항상 깊은 애정으로 나를 사랑하였지만, 주님께서는 우리가 떨어져 있게 하시기를 기뻐하셨습니다. 나는 당신이 이러한 이별로 인해 얼마나 슬퍼하고 있을지를 절실히 느낍니다. 하지만 나는 당신이 이 이별로 너무 괴로워하지 않기를 바랍니다. 그것이 하나님을 노하시게 할까 두렵기 때문입니다. 당신은 나와 결혼했을 때 그 생명이 어떻게 될지 불확실한, 죽을 남편 a mortal husband을 맞이했음을 알고 있었습니다. 하지만 하나님께서는 우리가 7년 동안이나 함께 살도록 허락하셨고, 우리에게 다섯 자녀를 주셨습니다. 우리가 더 오래 함께 살기를 주님께서 원하셨다면 그 길을 마련해 주셨을 것입니다. 그러나 하나님께서는 그것을 기뻐하지 않으셨으니, 그분의 뜻이 이루어지기를 바랍니다.

내가 원수의 손에 빠진 것은 결코 우연이 아니라 지극히 작으나 크나 만물을 주관하시고 다스리시는 나의 하나님의 섭리로 된 줄을 기억하십시오. 그리스도께서 이렇게 말씀하시지 않았습니까? "몸은 죽여도 영혼은 능히 죽이지 못하는 자들을 두려워하지 말고 오직 몸과 영혼을 능히 지옥에 멸하시는 자를 두려워하라. 참새 두 마리가 한 앗사리온에 팔리는 것이 아니냐? 그러나 너희 아버지께서 허락지 아니하시면 그 하나라도 땅에 떨어지지 아니하리라. 너희에게는 머리털까지 다 세신 바 되었나니 두려워하지 말라. 너희는 많은 참새보다 귀하니라." 이 하나님의 지혜의 말씀은 하나님께서 나의 머리털까지 다 계수하셨다고 말씀합니다. 그렇다면 하나님의 명령과 섭리가

없이 어떻게 나에게 이러한 해害가 올 수 있었겠습니까? 하나님이 더 이상 하나님이 아니라고 말하지 않는 한 그런 일은 일어날 수 없습니다. 그래서 선지자는 여호와께서 시키심이 아니고야 재앙이 어찌 성읍에 임하겠느냐고 말한 것이 아니겠습니까?[4)]

우리보다 먼저 살았던 많은 성도들이 이 교리(섭리 교리- 역자 주)로 고난과 환난 중에서 스스로를 위로했습니다. 형들에게 팔려 애굽으로 끌려간 요셉은 이렇게 말했습니다. "당신들은 나를 해하려 하였으나 하나님은 그것을 선으로 바꾸셨습니다. 하나님께서는 당신들의 유익을 위하여 나를 당신들보다 먼저 애굽에 보내셨습니다"(창 50장). 다윗도 시므이가 그를 저주했을 때 이것을 경험했습니다. 욥과 그 밖의 다른 많은 성도들의 경우에도 마찬가지였습니다. 그래서 복음서 기자들은 우리 주 예수 그리스도의 고난과 죽음에 대해 매우 주의 깊게 기록하면서 "이는 그에 대하여 기록된 것을 이루려 함이니라."는 말을 덧붙였습니다. 그리스도에게 그러하다면, 그리스도의 모든 지체에게도 동일할 것입니다.

인간의 이성은 이 교리에 반항하고 할 수 있는 대로 그것에 저항합니다. 나 자신도 이것을 매우 강하게 경험했습니다. 내가 체포되었을 때 나는 이렇게 혼잣말을 했습니다. "우리들은 (박해를 피해 여행할 때) 많은 인원이 함께 몰려다니지 말아야 했는데! 우리는 이 사람 아니면 저 사람에 의해서 배신을 당한 거야! 우리는 체포되지 않아야 했어!" 그러한 생각은 곧 나를 압도했습니다. 하지만 나는 하나님의 섭리를 묵상하면서 다시 정신을 차렸고, 그 때 내 마음에는 큰 안식이 임하기 시작했습니다. 그리고 나는 이렇게 말하기

[4)] 아모스 3:6을 가리키는 것으로 보인다 - 역자 주. "성읍에서 나팔을 불게 되고야 백성이 어찌 두려워하지 아니하겠으며 여호와의 시키심이 아니고야 재앙이 어찌 성읍에 임하겠느냐"(암 3:6).

시작했습니다. "나의 하나님, 하나님께서는 하나님이 정하신 때에 제가 이곳에 태어나도록 하셨나이다. 하나님께서는 제 일평생 동안 저를 지키시고 큰 위험에서 보호해 주셨으며 이 모든 것에서 저를 건져주셨나이다. 이제 제가 하나님께로 가야할 저의 때가 왔다면 당신의 뜻이 이루어지기를 원하나이다. 하나님, 저는 당신의 손에서 벗어날 수 없사오며, 혹 제가 벗어날 수 있다 하더라도 저는 그렇게 하지 않겠나이다. 당신의 뜻에 따르는 것이 저의 행복이 되나이다." 이런 생각들이 나를 기운 나게 해주었습니다.

나는 나의 사랑스럽고 신실한 동반자인 당신도 하나님께서 하신 일에 대해 나와 함께 감사할 수 있기를 기도합니다. 그분은 불의한 일은 하나도 행하지 않으시고 철저히 공정하시니, 이 모든 것이 나의 유익과 평안을 위한 것임을 믿으십시오. 당신은 나의 수고와 십자가와 박해, 내가 견뎌야 했던 고난을 친히 목격하고 느꼈으며, 나의 망명 생활 중에 나와 함께 여행할 때에는 그러한 고난을 함께 받기도 했습니다. 이제 나의 하나님께서 그의 복된 나라로 나를 영접하시기 위해 그의 팔을 펴셨습니다. 나는 당신보다 먼저 그것(하나님의 복된 나라의 영광-역자 주)을 보게 될 것이고, 주님이 원하시는 때가 오면 당신도 나의 뒤를 따르게 될 것입니다. 우리의 작별은 영원한 작별이 아닙니다. 주님께서는 우리 머리되신 예수 그리스도 안에서 우리가 다시 만날 수 있도록 당신을 또한 영접하실 것입니다.

이곳은 우리의 영주처가 아닙니다. 우리의 영주처는 하늘에 있습니다. 이곳은 우리의 순례지일 뿐입니다. 이것이 우리가 참된 본향인 천국을 대망하는 이유입니다. 우리는 하늘에 계신 우리 아버지 하나님의 집으로 영접되어, 우리의 형제요 우리의 머리되신 구주 예수 그리스도를 뵈옵고, 거기에서 족장들과 선지자들, 사도들과 수천수만의 순교자들의 고귀한 무리를 만나게 되기를 갈망합니다. 나는 나의 주 예수 그리스도께 받은 나의 사명을 마친 후에 바로 그 무리들 중 한 사람으로 영접되기를 소망합니다.

사랑하는 부인, 이러한 것들을 묵상함으로 당신 자신을 위로하기 바랍니다. 하나님께서 당신에게 베푸신 영예를 생각하십시오. 하나님께서 당신에게 주신 남편은 하나님의 아들의 일꾼일 뿐만 아니라 하나님이 너무나 귀히 여기셔서 순교자의 면류관을 받아 쓰도록 하신 남편입니다. 그것은 하나님께서 천사들에게도 주신 적이 없는 영예입니다.

나는 행복합니다. 내 마음은 가볍고 환난 중에서도 부족함이 없습니다. 나에게는 내 하나님의 풍성한 부요가 차고 넘쳐 내가 증거할 수 있는 모든 사람과 나누고도 남음이 있습니다. 그리하여 나는 나의 하나님께서 그의 포로된 나에게 그의 자비하심을 계속 베풀어 주시기를 기도합니다. 내가 신뢰하는 그분께서 그것을 행하실 것을 나는 압니다. 이는 하나님께서 그를 신뢰하는 자들을 결코 떠나지 않으실 것을 내가 경험으로 알기 때문입니다. 나는 하나님이 나같이 가련한 피조물에게 이렇게 친절하시리라고는 결코 생각하지 못했습니다. 나는 나의 주 예수 그리스도의 신실하심을 느낍니다.

나는 지금 내가 다른 사람들에게 설교한 것을 실천하고 있습니다. 고백하건대, 이전에 나는 내가 지금 실제로 경험하고 있는 것(주를 위한 고난과 박해와 죽음- 역자 주)에 대해 설교할 때에, 마치 맹인이 색깔에 대해 말하듯이 설교했습니다. 그러나 내가 체포되어 옥에 갇힌 후에 나는 나의 지난 평생 동안 얻었던 것보다 더 많은 유익을 얻었고 평생 배웠던 것보다 더 많은 것을 배웠습니다. 나는 지금 아주 좋은 학교에 있습니다. 성령님께서 끊임없이 나를 감화시켜 주시고 이 전투에서 무기를 사용하는 방법을 가르쳐 주십니다. 다른 편에는 하나님의 모든 자녀의 대적인 사탄이 있습니다. 그는 으르렁거리는 성난 사자와도 같습니다. 사탄은 끊임없이 나를 둘러싸고 해를 입히려고 합니다. 그러나 "두려워 말라 내가 세상을 이기었노라."고 말씀하신 분께서 나를 이기게 하십니다. 그리고 이미 나는 주님께서 사탄을 내 발 아래 두신 것을 보며, 내가 약할 때에 하나님의 능력이 온전하게 되심을 느낍니다.

우리 주님께서는 한편으로는 나의 작음과 연약함을 드러내 보여주셔서 내가 이 땅 위에 있는 매우 작고 깨어지기 쉬운 그릇에 불과한 자라는 것을 깨닫게 하심으로 나를 겸손하게 하시며 승리의 모든 영광을 하나님께만 돌리게 하십니다. 반면에 그는 믿을 수 없이 놀라운 방식으로 나를 굳세게 하시고 나를 위로하십니다. 나는 복음의 반대자들보다 더 편안합니다. 나는 그들보다 더 잘 먹고 더 잘 마시고 더 잘 쉬고 있습니다. 나는 매우 삼엄한 감옥에 갇혀 있는데, 이곳은 매우 춥고 음침하고 어둡습니다. 이 감옥은 "브뤼넹 Brunain"[5]이라는 암울한 이름으로 알려져 있습니다. 이곳의 공기는 탁하고 악취가 납니다. 내 손과 발에는 크고 무거운 족쇄가 채워졌습니다. 이것들은 내 가엾은 뼈까지 파들어가는 끊임없는 지옥입니다. 간수장은 내가 도망칠까봐 하루에 두세 번씩 내 족쇄를 확인하러 옵니다. 감옥 문 앞에는 40명의 경비병들 중 3명이 나를 지키고 있습니다.

나는 드 아메드 경 Monsieur de Hamaide[6]의 접견을 받기도 했습니다. 그의 말에 의하면, 그는 나를 보기 위해서, 나를 위로하기 위해서, 인내하라고 권면하기 위해서 왔다고 했습니다. 하지만 그는 저녁식사를 마치고 나에게 왔는데, 진탕 먹고 술에 잔뜩 취한 상태였습니다. 당신은 그러한 위로가 무엇인지 상상할 수 있을 것입니다. 그는 나를 위협하며 내가 도망치려는 의도를 보

---

5) 이 단어의 정확한 의미는 파악되지 않으나 귀도 드 브레의 말처럼 마치 돼지우리를 연상시키는 더럽고 음산한 무언가를 의미할 것으로 여겨진다. 참고로 귀도 드 브레가 갇혀 있던 방은 감옥의 맨 아래층으로 감옥의 하수구가 끝나는 지점이었다.

6) 드 아메드(Monsieur de Hamaide)는 발랭시엔의 치안 판사로서, 귀도 드 브레의 재판을 주재하고 그에게 사형을 선고한 인물로 여겨진다.

이면 목과 몸과 다리를 사슬로 묶어 손가락 하나도 움직일 수 없게 할 것이라고 말했습니다. 그 외에도 그는 그런 식으로 많은 말을 했습니다. 그러나 이 모든 상황 속에서도 나의 하나님은 그의 약속을 폐하지 아니하시고 내 마음을 위로하셨고 나에게 지족하는 마음을 주셨습니다.

이런 일이 있었으니 나의 사랑하는 자매이자 신실한 아내여, 나는 당신이 고난 중에서도 주님의 위로를 찾고 당신의 짐을 주님께 맡기기를 간구합니다. 그분은 모든 믿는 과부들의 남편이시요 가난한 고아들의 아버지이십니다. 내가 확신하노니, 그분은 결코 당신을 떠나지 않을 것입니다. 그대는 항상 그래 왔던 것처럼 하나님을 두려워하는 가운데 신실한 그리스도인 여인으로 행하십시오. 그대의 남편이 선포했던 하나님의 아들의 교리를 그대의 선한 생활과 말로써 빛내십시오.

당신이 항상 큰 사랑으로 나를 사랑했듯이 우리의 어린 자녀들도 이러한 사랑으로 계속 사랑하여 그들에게 참되신 하나님과 그의 아들 예수 그리스도를 아는 지식을 가르쳐주기를 바랍니다. 당신이 우리 아이들의 아버지도 되어주고 어머니도 되어주어서, 하나님께서 당신에게 주신 적은 것들을 그들이 정직하게 사용하도록 돌보아 주십시오. 하나님께서 당신에게 호의를 베푸셔서 내가 죽은 후에도 당신이 홀로라도 우리 아이들과 함께 살도록 허락해주신다면 더 바랄 것이 없겠소. 그러나 만일 당신이 생계가 여의치 않아서 그렇게 할 수 없다면 선한 사람, 신실하고 하나님을 경외하는 사람에게 가십시오. 나도 이곳의 여건이 허락될 때, 우리의 친구들에게 당신을 부탁한다고 편지를 쓰겠습니다. 그들은 당신이 아무것도 부족함이 없도록 잘 돌보아 줄 것입니다. 주님께서 나를 데려가신 후에는 당신의 일상으로 돌아가십시오. 당신에게는 곧 장성하게 될 우리 딸 사라^{Sarah}가 있지 않습니까? 사라는 당신의 동무가 되어 당신이 어려움을 만날 때에 당신을 잘 도와줄 것입니다. 당신이 환난을 만날 때에 사라는 당신을 위로할 것이고 무엇보다 주님께서 당신과 항상 함께해 주실 것입니다. 우리의 좋은 친구들에게 안부를 전해 주시고, 하나님께서 나에게 힘을 주시고 입술의 말과 지혜와 능력을 더하여 주셔서 내가 마지막 숨을 쉴 때까지 하나님의 아들의 진리를 끝까지 붙들 수 있게 해 주시도록 나를 위해 기도를 부탁한다고 전해주십시오.

잘 계시오, 내 사랑 카트린느. 나의 하나님께서 당신을 위로하시고 그의 선하신 뜻 안에서 당신에게 만족을 주시기를 간구합니다. 내가 이 편지를 쓸 수 있게 된 것은 하나님께서 베풀어주신 큰 은혜라고 생각되는데, 하나님께서는 이 가련한 세상에 서 있는 당신이 위로를 받게 하시려고 당신의 유익을 위해 이런 은혜를 주신 것이 아닌가 생각됩니다. 나를 기억할 수 있게 이 편지를 잘 보관해 주십시오. 글씨가 엉망인 것을 이해해 주십시오. 보다 더 잘 쓰고 싶었지만 이것이 이곳에서 내가 할 수 있는 최선이었습니다. 나의 사랑하는 어머니에게도 인사를 전해주십시오. 하나님께서 허락해 주신다면 어머니에게도 위로의 글을 쓰고 싶습니다. 내 착한 누이에게도 문안해 주십시오. 그녀가 자신의 고통을 하나님께 맡길 수 있기를 바랍니다. 하나님의 은혜가 당신과 함께하기를 소원합니다.

1567년 4월 12일, 옥중에서

발랑시엔Valenciennes의 하나님의 말씀의 목사이자
지금은 하나님의 아들을 위해 앞서 말한 장소에 수감되어 있는

당신의 신실한 남편 귀도 드 브레Guy de Brès

(귀도 드 브레는 1567년 5월 31일 교수형에 처해져 순교했다.)

번역 김준범

벨직 신앙고백서와 관련된 중요 사건 연표

1517. 10. 31	루터의 95개조 반박문 게시(독일)
1518	루터의 저서 화란어로 번역 시작(네덜란드 지역)
1519	스위스 종교개혁 시작(울리히 츠빙글리의 설교)
1522	신약성경 화란어로 번역
1522	귀도 드 브레 출생(벨기에 남부 몽스)
1523	화란의 첫 번째 개신교 순교자
	(하인리히 뵈스와 요한 에쉬)
1529	마르부르크 회담(Colloquy of Marburg)
1531. 10. 11	츠빙글리의 죽음
1536	제1스위스 신앙고백서(하인리히 불링거)
1536. 10. 6	윌리엄 틴데일(William Tyndale)의 순교
	(벨기에 안트베르펜에서 화형으로, "하나님, 영국 왕의 눈을 뜨게 하소서"라는 마지막 기도를 남기고)
1536-1538	칼빈의 제네바 종교개혁(제1차 시기)
1541-1564	칼빈의 제네바 종교개혁(제2차 시기)
1546/7	귀도 드 브레가 개혁신앙을 받아들임(몽스를 중심으로)

1547	잉글랜드 에드워드 6세 즉위(1547~1553년)
1548-1552	귀도 드 브레 1차 망명 시기(잉글랜드)
1552-1556	1차 벨기에 종교개혁 운동 시기(릴을 중심으로)
1556-1559	귀도 드 브레 2차 망명 시기(스위스)
1559-1561	2차 벨기에 종교개혁 운동 시기(도르닉을 중심으로)
1561-1566	귀도 드 브레 3차 망명 시기(프랑스)
1563. 1. 17	하이델베르크 요리문답 승인
1564. 5. 27	칼빈의 죽음
1566-1567	3차 벨기에 종교개혁 운동 시기(발랑시엔을 중심으로)
1567. 5. 31	귀도 드 브레의 순교(발랑시엔에서 교수형으로)

개혁교회 교리교육과 설교를 위한
벨직 신앙고백 해설

2부

개혁교회 교리교육과 설교를 위한
벨직 신앙고백 해설

벨직 신앙고백 제1조(1)
유일하신 한 분 하나님만 계심

우리 모두는 오직 단일하고 영적인 존재이신 한 분 하나님, 곧 영원하고 불가해하며 보이지 않고 불변하며 무한하고 전능하며 완전히 지혜롭고 공의로우며 선하고 모든 선이 흘러나오는 원천이신 하나님이 계신 것을 마음으로 믿고 입으로 고백합니다.

우리는 하나님을 믿습니다

3 영생은 곧 유일하신 참 하나님과 그의 보내신 자 예수 그리스도를 아는 것이니이다

요한복음 17장 3절

우리는 "하나님을" 믿는다

벨직 신앙고백이 "우리는 하나님을 믿습니다." 하는 말로 시작하는 것은 어쩌면 너무나도 당연한 일입니다. 그리스도인들은 한 마디로 "믿는 사람들(신자)"입니다. 그렇다면 그리스도인들은 무엇을 믿는 사람들이고, 누구를 믿는 사람들입니까? 그리스도인들은 한 마디로 "하나님을 믿는 사람들"입니다.

많은 사람들은 "나는 하나님을 믿는다. 나도 신을 믿는다."고 스스로 생각합니다. 그러나 정작 "당신이 믿는 하나님은 어떤 하나님입니까? 당신이 믿는다고 하는 신은 도대체 어떤 신입니까?" 하고 물으면, 그 하나님(신)이 어떤 분인지 알지 못하고, 그저 막연하게만 하나님을 믿는다고 말합니다. 사람들은 "하나님이 계시느냐? 신이 존재하느냐?"라고 묻습니다. 철학자들도 오랫동안 그런 질문을 던져왔습니다. 사람들은 수천 년 동안 그런 방식으로 묻고 사색하고 추론하였지만, 그것으로는 하나님이 계신지 안 계신지조차

알 수 없었습니다. 만일 "하나님이 계시느냐?"고 질문을 던질 때에, 마치 우리가 "저 은하계에 어떤 별이 있느냐 없느냐?"라고 묻거나, 현미경으로 무엇을 관찰하면서 "이 안에 어떤 물질이 있느냐 없느냐?"라고 묻거나, 실험실에서 무언가를 실험하면서 "이것이 그러하냐 그렇지 않으냐?"라고 묻듯이 무언가를 판별해 내고자 하는 태도로 "하나님이 계시느냐?"는 질문을 던진다면, 우리는 절대로 제대로 된 답을 얻을 수 없습니다. 우리는 그런 방식으로는 하나님을 "알아낼 수" 없습니다. 왜냐하면 하나님은 언제나 우리보다 크신 분이시기 때문입니다.

우리는 탐구하고 관찰하는 것으로 하나님을 찾아낼 수 없습니다. 왜냐하면 하나님은 우리의 탐구와 관찰을 초월하시는 하나님이시기 때문입니다. 행여 우리가 스스로 과학자처럼 관찰하고 탐구해서 또는 철학자처럼 사색하고 추론해서 하나님에 관하여 조금 알아낸다고 하더라도, 우리는 하나님에 대해서 온전하게 알지 못하고 언제나 부분적으로 알 뿐이고, 그 나머지에 대해서는 우리의 상상과 추론으로 메꿀 뿐입니다. 그러므로 혹 누군가 그런 방식으로 "나는 하나님을 알았다, 나는 하나님을 믿는다."고 말한다 하더라도, 그가 말하는 그 하나님이 도대체 어떤 분이신지에 대해서 우리는 전혀 신뢰할 수 없고 확신할 수 없습니다. 그런 방식으로는 언제나 왜곡된 하나님만을 가지게 될 것이기 때문입니다. 우리는 하나님이 어떤 분이신지를 분명하게 알기 전까지는 하나님을 바로 믿을 수 없습니다.

그렇다면 우리는 하나님을 어떻게 알 수 있습니까? 우리의 눈으로 하나님을 볼 수도 없고, 관찰할 수도 없으며, 우리가 아무리 사색하고 추론한다고 해도 알 수 없다면, 우리는 도대체 하나님에 대하여 어떻게 알 수 있습니까? 하나님께서 알게 해주시지 않으면 아무도 하나님에 대해서 알 수 없습니다. 우리의 지성만으로는 하나님을 아는 지식에 이를 수 없습니다. 하나님이 자신을 우리에게 알려주셔야 합니다. 하나님께서 자신을 알리신 그 계시 곧 성경에 의존할 때에만 우리는 참되신 하나님을 알고 믿을 수 있습니다. 하나님이 자신을 알려주시지 않았는데, 누가 어떻게 하나님에 대해서 알 수 있다는 말입니까? 성경이 있다고 해서 누구나 하나님을 믿을 수 있는 것도 아닙니다. 성령님께서 우리의 어두운 마음에 빛을 주시고 그 빛으로 밝혀 주셔야만, 성경이 증거하는 하나님을 우리가 알 수 있고 믿을 수 있습니다. 신앙고백은 성경이 하나님에 관하여 우리에게 알려주신 바를 성령의 조명을 받은 경건한 사람들이 잘 요약하여 우리에게 증거해주는 것입니다. 이것이 신앙고백의 가치입니다.

우리는 하나님을 "믿는다"

또한 우리는 하나님을 "믿습니다." 벨직 신앙고백 제1조는 "우리 모두는 하나님이 계신 것을 마음으로 믿고 입으로 고백한다."고 했는데, 우리는 "우리가 하나님을 믿는다."는 말이 무엇을 의미하는지를 바로 알아야 합니다. 이 말은 단순히 신의 존재를 인정한다는 말이 아닙니다. 벨직 신앙고백 제1조는 그 하나님이 어떤 하나님이신 것을 설명하고 있습니다. "**단일하고 영적인 존재이신 한 분 하나님, 곧 영원하고 불가해하며 보이지 않고 불변하며, 무한하고 전능하며 완전히 지혜롭고 공의로우며 선하고 모든 선이 흘러나오는 원천이신 하나님이 계신 것**"(벨직 신앙고백 제1조)을 믿는 것이 하나님을 믿는 것입니다. 하나님에 관한 그 내용을 바로 알고 바로 "그런 하나님"을 마음으로 믿는 것이 하나님을 믿는 것입니다. 우리는 하나님을 추상적으로 믿지 않습니다. 우리가 믿는 하나님은 내용이 없는 추상적인 하나님이 아닙니다. 우리는 하나님에 대한 분명한 내용을 가지고 하나님을 믿습니다. 그 믿음은 우리의 지식과 함께 우리의 모든 신뢰를 수반하는 믿음입니다.

이 세상에서도 사람들은 모종의 신념을 가지고 살아갑니다. 신념信念이란 "어떤 사상이나 생각을 진실한 것으로 승인하고 수용하며 그것을 실현하려는 의지"를 가리킵니다. 하지만 모든 신념이 다 옳은 것은 아닙니다. 잘못된 신념도 있고 어리석은 신념도 많이 있습니다. 잘못된 사상을 진실한 것이라고 승인하고 믿어서 자기 신념으로 가진 사람은, 나름대로 신념을 가지고 소신 있게 살지만, 결국 어리석은 삶을 살게 됩니다. 엉뚱한 것을 믿는 사람들도 많이 있습니다. 미국에는 사탄을 숭배하는 사람들이 10만 명이나 되는데, 그들의 목표는 하나님을 모욕하고 하나님을 믿는 사람들에게 고통을 주는 것이라고 합니다. 그래서 그들은 그런 믿음을 따라서 그런 신념을 가지고 살아갑니다. 공산주의 사상을 믿는 사람들은 종교를 탄압하고 지상 낙원(유토피아)을 건설하는 것을 삶의 목표로 삼고 살아갑니다. 그들이 그러한 목표를 가지는 까닭은 그들이 공산주의를 믿기 때문입니다. 돈과 쾌락을 인생 최고의 가치로 믿는 사람들도 있습니다. 그렇게 믿는 사람은 그 신념을 지키기 위해서 아주 일관되게 살아갑니다. 거기에 인생을 겁니다. 왜 그렇게 삽니까? 그렇게 믿기 때문입니다. 우리가 볼 때에 그렇게 헛된 것을 믿는 사람들도 매우 소신 있게, 일관되게, 전적으로 자기 인생을 겁니다. 물론 그보다 좀 더 고상한 가치와 신념을 위해서 소신 있게 살아가는 사람들도 있습니다. 국가와 민족의 안녕을 위해서, 자유 민주주의 가치의 실현을 위해서, 또는 어떤 학문적 발전과 성취를 위해서 일평생을 바치고 죽음도 마다하지 않고 싸우는 사람들도 있습니다. 이처럼 무언가를 믿는 사람들은 소신을 가지고 있습니다. 그렇게 믿기 때문에 그 믿음대로 (때로는 잘못된 소신이라도) 소신 있게 나가는 것입니다.

사람의 어떤 생각이나 사상을 믿는다는 것도 이러한데, 하물며 하나님을 믿는 것은 어떻겠습니까? 하나님을 믿는다는 것은 그저 단순히 "나는 하나님이라는 분이 계신다는 것을 믿고 인정합니다. 그런 하나님이 계신다고 받아들이겠습니다. 하지만 그런다고 뭐가 달라집니까?" 하는 식의 한가로운 이야기가 아닙니다. 그것은 하나님을 믿는 것이 아닙니다. 자유 민주주의가 옳다는 것을 믿을 때 그렇게 한가롭게 믿습니까? 아닙니다. 공산주의를 믿는 사람도 그렇게 한가롭게 믿지 않고, 이단을 믿는 사람들도 그렇게 한가하게 믿지는 않습니다. 우리가 하나님을 참으로 믿는 사람들이라면 우리는 제대로 믿고 열심히 믿어야 합니다. 제대로 믿는다는 것은 우리가 믿는 하나님이 어떤 하나님이신지를 바로 알고 믿어야 한다는 말입니다. 자유 민주주의의 가치를 믿는 사람이라면 먼저 자유 민주주의가 무엇인지 제대로 알아야 할 것입니다. 자유 민주주의가 무엇인지 제대로 알지도 못하면서 자유 민주주의를 믿는다고 말할 수는 없습니다. 먼저 제대로 알고 믿어야 합니다. 그리고 그 가치를 진정으로 믿는다면 열심히 믿어야 합니다. 민주주의가 그렇게 소중한 가치를 가진 것이라고 정말 믿는다면, 그 가치의 실현을 위해 열심히 살 것입니다. 큰 희생을 치르더라도 그 삶을 아까워하지 않을 것입니다.

하나님을 믿는다는 것은 더욱 그러합니다. 우리는 하나님을 믿되, 바르게 믿고 열심히 믿어야 합니다. 하나님을 바르게 믿기 위하여 우리는 하나님을 알아야 합니다. "그러므로 우리가 여호와를 알자, 힘써 여호와를 알자"(호 6:3)고 하셨고, "나는 인애를 원하고 제사를 원치 아니하며 번제보다 하나님을 아는 것을 원하노라"(호 6:6)고 하셨습니다. "영생은 곧 유일하신 참 하나님과 그의 보내신 자 예수 그리스도를 아는 것이니이다."(요 17:3)라고 하셨습니다. 하나님을 아는 것과 예수 그리스도를 아는 것이 곧 하나님을 믿는 것입니다. 하나님을 믿되, 하나님을 바르게 알고, 하나님을 더욱 힘써 알아갑시다. 하나님이 계신 것과, 하나님이 어떤 분이신 것과, 하나님이 행하신 일이 무엇인지를 알아야 합니다. 우리는 하나님이 왜 우리를 하나님의 형상대로 창조하셨는지, 우리에게 무엇을 요구하시는지, 우리에게 주시겠다고 약속하신 구원이 무엇인지를 알아야 합니다. 하나님을 믿는 사람으로서 어떻게 살아야 하는지를 알고 마음을 다하여 믿어야 합니다. 우리는 하나님 사상으로 가득해야 합니다. 하나님을 제대로 알아야 합니다. 그래야 이 믿음을 가지고 열심히 살 수 있습니다. 하나님을 바르게 믿을 때 우리는 하나님을 열심히 믿을 수 있습니다. 이런 믿음을 가진 사람들은 그 믿음을 따라 소신 있게 살 수 있습니다. 그러므로 하나님을 믿는 사람들은 이런 점에서 신념이 강한 사람들이어야 하고, 소신이 분명한 사람들이어야 합니다. 무엇을 위하여 살아야 하는지를 아는 사람들이어야 하고, 어떻게 살아야 하는지를 아는 사람들이어야 합니다. 그리스도인들은 막연하게 하나님을 믿는 사람들이 아닙니다. 제대로, 열심히 하나님을 믿어야 합니다. 벨직 신앙고백 제1조는 우리는 하나님을 "마음으로, 마음을 다하여" 믿는 사람이라고 하였습니다. 우리는 마음을 다하여, 전심으로 하나님을 믿고 있습니까?

우리는 우리의 신앙을 입으로 고백한다

마지막으로 우리는 우리의 믿는 바를 입으로 고백할 수 있어야 합니다. "네가 만일 네 입으로 예수를 주로 시인하며 또 하나님께서 그를 죽은 자 가운데서 살리신 것을 네 마음에 믿으면 구원을 얻으리니 사람이 마음으로 믿어 의에 이르고 입으로 시인하여 구원에 이르느니라."(롬 10:9-10)고 하셨습니다. 우리는 마음으로 하나님을 믿고 입으로 시인합니다. 사람은 누구나 자기의 믿는 바를 입으로 말하게 되어 있습니다. 입으로 시인하고 고백하는 믿음이 참된 믿음이요 구원의 믿음입니다. 신앙고백은 먼저 우리 자신에게 우리가 믿는 바가 무엇인지를 보다 선명하게 만들어줍니다. 우리는 우리가 알고 믿는 하나님을 우리의 입으로 고백해야 합니다. 따라서 교회는 언제나 자신이 믿는 바가 무엇인지를 명확하게 진술하는 신앙고백을 가지고 있어야 합니다.

또한 신앙고백은 우리로 하여금 보다 명확하게 하나님을 증거할 수 있게 만들어 줍니다. 우리의 신앙은 우리 마음속에 비밀스럽게 간직만 해야 하는 어떤 것이 아닙니다. "너희 마음에 그리스도를 주로 삼아 거룩하게 하고 너희 속에 있는 소망에 관한 이유를 묻는 자에게는 대답할 것을 항상 예비하되 온유와 두려움으로" 하라고 하셨습니다(벧전 3:15). 신앙고백은 우리가 왜 하나님을 믿고 섬기며 우리가 왜 그리스도를 주로 섬기는지, 우리 속에 있는 소망의 이유를 묻는 자들에게 어떻게 대답해야 하는지를 준비시켜 줍니다. 우리는 우리의 믿음을 증거해야 합니다. 우리가 믿는 하나님은 우리가 증거해야 하는 하나님입니다. 우리가 하나님을 증거하려면 하나님을 제대로 알아야 할 것입니다. 우리는 하나님을 바르게 알 수 있게 해달라고 하나님의 은혜를 구해야 합니다. 하나님이 우리에게 하나님을 알게 하시고 믿게 하신 것은 우리만을 위함이 아니라 우리를 통해서 하나님을 만나고 하나님을 믿어야 할 만민을 위함입니다. 우리는 하나님이 어떤 분이신지를 사람들에게 알려야 하는 자들입니다. 그래서 성경은 언제나 우리에게 복음을 전파하라고 하십니다. "너희는 만민에게 복음을 전파하라."(막 16:15)고 하셨고, "너는 말씀을 전파하라 때를 얻든지 못 얻든지 항상 힘쓰라."(딤후 4:2)고 하셨으며, "내가 너희에게 어두운 데서 이르는 것을 광명한 데서 말하며 너희가 귓속으로 듣는 것을 집 위에서 전파하라."(마 10:27)고 하셨습니다.

우리가 하나님을 우리의 입으로 고백할 때, 그것은 하나님께 찬송과 송영이 됩니다. 데이빗 엥겔스마David Engelsma는 벨직 신앙고백 제1조의 해설을 마치면서, "제1조의 신앙고백은 하나님께 대한 송영이다Their confession in article 1 is a doxology."⁷⁾라고 하였습니다. 하나님에 대한 바른 신앙고백은 하나님을 높이는 찬송과 송영이 됩니다.

그리스도인은 하나님을 믿는 사람들입니다. 우리에게 하나님을 알게 해주신 은혜에 감사합시다. 하나님을 아는 이 지식은 모든 사람이 다 가진 것은 아닙니다(고전 8:7). 하나님을 믿되, 참된 믿음에서 나오는 확신에 찬 신념과 소신을 가지고 살아갑시다. 신념이 뚜렷하고 소신이 분명한 그리스도인으로 살아갑시다. 하나님을 우리의 입으로 고백하고 힘 있게 증거할 수 있게 해달라고 은혜를 구합시다. 그리하여 우리의 고백과 우리의 삶이 하나님께 찬송이 될 수 있기를 소원합니다.

하나님 아버지, 감사합니다. 참되고 살아계신 한 분 하나님을 우리에게 알려주시고 하나님을 믿을 수 있는 믿음을 우리에게 선물로 주신 것을 참으로 감사합니다. 하나님, 우리의 남은 때에 하나님을 더욱 힘써 알게 하여 주시옵소서. 하나님을 알고 믿는 보배로운 믿음을 주신 것에 대해 더욱 감사하게 하여 주시옵소서. 이 복된 믿음을 아직 받아 가지지 못하여, 헛된 신념과 헛된 소신에 사로잡혀 살아가는 이들에게는, 하나님을 바르게 알고 바르게 믿는 믿음과 이 믿음으로부터 나오는 참된 신념과 소신을 주셔서, 영예롭고 복된 인생으로 살아갈 수 있게 하여 주시옵소서. 우리의 모든 신앙고백이 하나님께 드려지는 송영이 되게 하여 주시옵소서. 예수님의 이름으로 기도하옵나이다. 아멘.

---

7) David J. Engelsma, *The Belgic Confession, A Commentary*, Vol. 1.,(Jenison, MI: Reformed Free Publishing Association, 2018), 58.

벨직 신앙고백 제1조(2)
유일하신 한 분 하나님만 계심

우리 모두는 오직 단일하고 영적인 존재이신 한 분 하나님, 곧 영원하고 불가해하며 보이지 않고 불변하며 무한하고 전능하며 완전히 지혜롭고 공의로우며 선하고 모든 선이 흘러나오는 원천이신 하나님이 계신 것을 마음으로 믿고 입으로 고백합니다.

영원하신 한 분 하나님을 믿습니다

> 9 너희는 옛적 일을 기억하라 나는 하나님이라 나 외에 다른 이가 없느니라 나는 하나님이라 나 같은 이가 없느니라
>
> 이사야 46장 9절

우리는 하나님을 믿는 사람들입니다. 우리는 하나님을 믿는 사람들이기 때문에, 하나님이 어떤 분이신지를 바르게 알고 하나님을 바르게 믿어야 합니다. 그래야 하나님을 바르게 예배할 수 있습니다. 하나님을 믿는다고 하면서 하나님이 어떤 분이신지를 알지 못한다면 그는 진정으로 하나님을 믿는 사람이라고 할 수 없습니다. 벨직 신앙고백은 우리가 믿는 하나님이 어떤 하나님이신지를 잘 요약하여 우리에게 가르치고 있습니다. 벨직 신앙고백 제1조는 하나님에 관한 중요한 세 가지 진리를 우리에게 가르치고 있습니다. 첫째는 하나님이 계시다는 사실이고, 둘째는 하나님은 단일하고 영적인 존재인 한 분이시라는 사실이며, 셋째는 하나님은 여러 가지 고유한 속성들을 가지고 계신다는 사실입니다.

하나님은 계신다

첫째, 하나님은 계십니다. 하나님에 대하여 우리가 알고 믿어야 할 가장

우선하고 중요한 진리는 "하나님은 계시다$^{\text{There is God}}$, 하나님은 존재하신다 $^{\text{God exists}}$"는 사실입니다. 하나님은 계십니다. 성경은 하나님이 계시다는 사실을 입증하려고 하지 않고 하나님이 계시다는 것을 당연한 진리로 받아들이면서 시작합니다. "태초에 하나님이 천지를 창조하시니라"(창 1:1). "하나님께 나아가는 자는 반드시 그가 계신 것과 또한 그가 자기를 찾는 자들에게 상 주시는 이심을 믿어야 할지니라."(히 11:6)고 하셨습니다. 성경은 하나님이 없다고 말하는 자들을 향해 어리석은 자들이라고 말합니다(시 14:1, 53:1). 하나님이 없다고 말하는 사람들은 하나님에 대해 잘 알지 못하기 때문에, 하나님의 존재에 대해서도 아무런 확신을 가지지 못하는 것입니다. 그래서 그들은 "하나님이 없다"고 말하는 것입니다. 이 세상에는 여러 주의主義, 주장主張, 사상思想이 많이 있는데, 그 중에서 가장 악하고 해로운 사상은 바로 하나님이 없다고 말하는 무신론 사상입니다. 스티븐 차녹 목사님은 그의 책 [하나님의 존재와 속성]에서, "하나님이 없다"(시 14:1)고 말하는 무신론적 사상은 "세상의 모든 악한 행위들의 근원"[8]이라고 했습니다. 무신론으로부터 온갖 부패와 가증한 악들이 흘러나옵니다.

    하나님은 계십니다. 사실 사람들은 하나님이 계시다는 것을 어느 정도 다 알고 있습니다. "하나님을 알되 하나님으로 영화롭게도 아니하며 감사치도 아니하고 오히려 그 생각이 허망하여지며 미련한 마음이 어두워졌나니"(롬 1:21)라고 하셨습니다. 사람들은 하나님이 계시다는 사실을 "알면서도" 그들의 마음은 어두워서 참 하나님이 누구인지를 바르게 알지 못하고 하나님을 영화롭게 하지도 않고 하나님을 섬기지도 않으며, 오히려 썩지 아니하는 하나님의 영광을 썩어질 사람과 금수와 버러지 형상의 우상으로 바

---

8)   스티브 차녹, 『하나님의 존재와 속성 1』, 송용자 옮김 (서울: 부흥과개혁사, 2015), 41.

꾸었습니다(롬 1:21-23). 이는 하나님에게 문제가 있는 것이 아닙니다. 참 하나님이 누구이신지를 알지 못하는 사람들의 어두운 마음이 문제인 것입니다. 많은 사람들이 참 하나님을 섬기는 대신 우상을 믿고 섬기는 이유가 바로 여기에 있습니다.

하나님이 계시다는 지식, 곧 참 하나님이 누구신지에 대한 바른 지식은 누구에게나 있는 것은 아닙니다(고전 8:7). 하나님이 계시는지를 알 수 있는 것은 단순히 인간의 탐구나 관찰이나 사색이나 추론으로 "알아낼 수" 있는 것이 아닙니다. 하나님이 계시다는 이 지식, 하나님에 대한 이 참된 지식은 성령의 조명과 순전히 은혜로 주시는 믿음으로만 가질 수 있고 확신할 수 있는 복된 지식입니다. 여러분에게 하나님을 아는 지식이 있습니까? 그렇다면 여러분은 참으로 놀라운 지식을 가진 것입니다. 이 지식을 인해 우리는 깊이 감사해야 하고 이 지식을 우리는 귀히 여겨야 합니다.

하나님은 단일하며 영적 존재이신 한 분 하나님이시다

둘째, 우리는 성경이 말하는 오직 단일하고 영적인 존재이신 한 분 one only simple and spiritual Being 하나님을 믿습니다. 우리는 "하나님"이라고 부르는 바로 그분을 믿는데, 벨직 신앙고백은 그 하나님을 "단일하며 영적인 존재이신 한 분 하나님"이라고 가르칩니다.

단일하신 하나님. 하나님은 단일하신 하나님이십니다. 단일하다는 말은 영어로는 "simple"입니다. 우리는 하나님의 단일성 simplicity을 잘 이해해야 합니다. 하나님의 단일성을 이해하는 것은 쉽지 않습니다. 단일성이란 복합성과 반대되는 것을 의미합니다. 간단히 말하자면 하나님은 여러 요소들이 합쳐져서 복합적으로 존재하시는 분이 아니라는 뜻입니다. 하나님은 어떤 식으로든지 나누어질 수 있는 분이 아닙니다. 이것은 하나님의 다른 속성들을 말할 때에도 적용이 됩니다. 하나님의 모든 속성들, 곧 하나님의 공의와 사랑과 능력과 진실하심과 선하심과 같은 하나님의 속성들에 대해서 말할 때에도, 그러한 다양한 속성들이 마치 기계의 부품들처럼 조립이 되어서 하나님의 존재를 구성하는 것이 아니라는 말입니다. 따라서 우리는 하나님의 어떤 속성이 다른 속성보다 더 크거나 작다, 더 우월하거나 열등하다는 식으로 말할 수 없습니다. 또한 하나님이 그러한 속성들로 "이루어져 계신다"라고도 말할 수 없습니다. 화란의 신학자 게할더스 보스는 그의 책 [개혁교의학]에서 하나님의 단일성을 이렇게 설명했습니다. "하나님은 어떤 복합도 없이 단순하시다. 하나님 안에는 존재와 본질... 실체와 그 속성들이 분리되지 않는다."[9)] 하나님은 하나님이시요, 하나님의 하나님 되심은 하나요, 그 하나에 많은 것이 포함되어 있는 것이지, 하나님의 존재와 속성이 분리되는 것도 아니요, 하나님이 어떤 다른 다양한 요소들로 복합적으로 구성되는 그런 분도 아니라는 말입니다. 이것이 하나님의 단일성입니다.

영적 존재이신 하나님. 또한 하나님은 영적인 존재 spiritual Being이십니다. "하나님은 영이시니 예배하는 자는 신령과 진정으로 예배할지니라."(요 4:24)고 하셨습니다. 하나님은 영이십니다. 하나님은 물질로 된 어떤 몸(육체)을 갖고 있지 않은 분이십니다. 사람은 몸과 영혼을 가지고 있지만, 하나님은 영이십니다(요 4:24). 그래서 우리는 육체의 감각(오감)으로는 결코 하나님을 인식할 수 없습니다. 사람은 하나님을 눈으로 볼 수 없고, 귀로도 들을 수 없고, 손으로 붙잡을 수도 없습니다. 하나님은 영적 존재이십니다.

---

9) 게르할더스 보스, 「개혁교의학」, 김영호 역 (서울: 솔로몬, 2016), 42.

그런데 성경에는 마치 하나님이 입이 있으시고 손이 있으시고 발과 귀가 있으신 것으로 말씀하는 구절들을 자주 볼 수 있습니다. 하나님께서는 인간과 같은 몸이 없는 분이신 데도, 성경은 마치 하나님께서 몸을 가지고 계신 것처럼 말씀합니다. 신인동형론 anthropomorphism이라고 불리는 이런 표현 방식은, 사람으로 하여금 하나님과 하나님의 하시는 일들을 인간의 개념으로 이해할 수 있도록 하시기 위해서 하나님의 모든 행위를 사람의 행위에 빗대어서 표현하는 것일 뿐, 하나님에게 그러한 실제 몸이 있는 것은 아닙니다.

하나님은 영이십니다. 영은 무인격적 정신 mind이나 힘이나 에너지를 가리키는 것이 아니라 인격적인 영 Spirit을 말합니다. 그러므로 우리는 하나님과 인격적인 관계를 맺고 교제할 수 있습니다. 우리는 시대정신이나 과학정신과 인격적인 교제를 할 수는 없습니다. 그러나 영이신 하나님과는 교제할 수 있습니다. 이것이 하나님이 영이시라는 말의 뜻입니다. 하나님은 죽은 우상과는 대조되는 살아계신 하나님이십니다(시 115편). 우리 하나님은 사시고 참되신 하나님이십니다(살전 1:9).

한 분 하나님. 하나님은 한 분입니다. 이사야서에는 이런 말씀이 있습니다. "너희는 옛적 일을 기억하라. 나는 하나님이라. 나 외에 다른 이가 없느니라. 나는 하나님이라. 나 같은 이가 없느니라"(사 46:9). 하나님께서는 "나 외에 다른 이가 없느니라."고 거듭 말씀하십니다. "이스라엘의 왕인 여호와, 이스라엘의 구속자인 만군의 여호와가 말하노라. 나는 처음이요 나는 마지막이라. 나 외에 다른 신이 없느니라"(사 44:6). 하나님께서 시내산에서 이스라엘 백성들과 언약을 맺으실 때에 십계명의 맨 처음 계명에서도 한 분 하나님만 계시다고 선언합니다. "너는 나 외에는 다른 신들을 네게 있게 말지니라"(출 20:3). 성경은 참 하나님은 여호와 하나님, 곧 아담과 아벨과 셋과 노아와 아브라함과 이삭과 야곱과 요셉과 모세와 온 이스라엘 백성들에게 자신을 구원의 하나님으로 알리신 여호와 하나님 한 분 외에는 없음을 거듭 말씀합니다. "그런즉 너는 오늘날 상천하지에 오직 여호와는 하나님이시요 다른 신이 없는 줄을 알아 명심하"(신 4:39)라고 하셨습니다. 성경에 계시된 바로 그 "여호와 하나님" 외에는 다른 신이 없는 줄을 알아야 합니다. "이스라엘아 들으라 우리 하나님 여호와는 오직 하나인 여호와시니 너는 마음을 다하고 성품을 다하고 힘을 다하여 네 하나님 여호와를 사랑하라"(신 6:4-5). "또한 하나님은 한 분밖에 없는 줄 아노라… 우리에게는 한 하나님 곧 아버지가 계시니"(고전 8:4b, 6a)라고 하셨습니다.

하나님의 속성들을 바로 알라

셋째, 하나님에게는 고유한 속성들이 있습니다. 우리는 하나님의 속성들을 통해서 하나님이 어떤 분이신가 하는 것을 더욱 바르게 알고 믿을 수 있습니다. 영이신 하나님은 비인격적 절대자가 아니라 살아계시는 하나님이요, 인격적인 하나님이십니다. 벨직 신앙고백 제1조는 하나님을 영원하고 불가해하며 보이지 않고 불변하며 무한하고 전능하며 완전히 지혜롭고 공의로우며 선하고 모든 선이 흘러나오는 원천이 되시는 분으로, 하나님의 속성을 열 가지로 요약해서 진술하고 있습니다.

1) 영원하고. 하나님은 영원하십니다. 사람은 존재하기 시작한 어떤 시점을 가지기 때문에 유한한 존재이지만, 하나님은 영원 전부터 스스로 계시며 (자존성)aseity 영원토록 계십니다. 하나님은 시작도 없고 끝도 없이 존재하는 분, 곧 시간을 초월하시는 분이십니다(히 7:3; 계 22:13 참조). 하나님은 스스로 계시며, 영원부터 영원까지 있으며, 무한히 그러하십니다. "산이 생기기 전,

땅과 세계도 주께서 조성하시기 전 곧 영원부터 영원까지 주는 하나님이시니이다"(시 90:2).

2) 불가해하며. 하나님은 불가해한 분이십니다. 하나님은 우리보다 크십니다. 따라서 우리는 하나님이 어떤 분이신지 다 이해할 수 없고, 하나님의 하시는 일들도 우리는 다 파악할 수 없습니다. 하나님의 존재하심도 우리는 다 이해할 수 없습니다. 불가해한 면이 많이 있습니다. 하나님의 존재하심이 얼마나 어렵습니까? 삼위일체의 교리는 어렵고 불가해합니다. 그리스도의 한 위격 안에 그리스도의 신성과 인성 이 두 본성이 서로 구분을 가지지만 분리되지 않고 하나로 연합되었다는 신인양성일위의 교리는 또 얼마나 불가해합니까? 생명의 원천이 되시는 제2위 성자 하나님께서 죽음의 권세 아래 사흘 동안 계셨다는 것을 이해하는 것이 얼마나 어려운 일입니까? 우리 하나님은 우리보다 크시기 때문에 우리는 다 이해할 수 없는 면들을 가지고 계십니다. 하나님의 하시는 일도 우리가 다 이해하지 못합니다. 전도서에 가장 많이 등장하는 말 가운데 하나가 "알지 못한다, 모르겠다"는 말입니다. "하나님의 모든 행사를 살펴보니 해 아래서 하시는 일을 사람이 능히 깨달을 수 없도다. 사람이 아무리 애써 궁구할지라도 능히 깨닫지 못하나니 비록 지혜자가 아노라 할지라도 능히 깨닫지 못하리로다"(전 8:17; 전 8:14, 9:1 참조). 이것이 다 하나님의 불가해성입니다. 하나님은 불가해한 분입니다.

3) 보이지 않고. 하나님은 보이지 않는 하나님입니다. 하나님은 영이시기 때문에 사람의 눈으로 볼 수 없는 분입니다. "만세의 왕 곧 썩지 아니하고 보이지 아니하고 홀로 하나이신 하나님께 존귀와 영광이 세세토록 있어지이다 아멘."(딤전 1:17)이라고 하셨고, "본래 하나님을 본 사람이 없으되 아버지

품속에 있는 독생하신 하나님이 나타내셨느니라."(요 1:18)고 하셨습니다. 하나님은 "가까이 가지 못할 빛에 거하시고 아무 사람도 보지 못하였고 또 볼 수 없는 자"(딤전 6:16)이십니다.

4) 불변하며. 하나님은 불변하시는 분이십니다. 모든 것이 변하고 변동되는 세상에서 우리 하나님이 불변하시다는 사실은 우리에게 큰 위로가 됩니다. 하나님은 변함이 없으시며 신실하신 하나님입니다. 하나님은 그의 언약을 이행함에 있어서도 변함이 없으십니다. 하나님은 신실하십니다. 하나님은 어제나 오늘이나 영원토록 동일하신 분이십니다(히 13:8). "각양 좋은 은사와 온전한 선물이 다 위로부터 빛들의 아버지께로서 내려오나니 그는 변함도 없으시고 회전하는 그림자도 없으시니라"(약 1:17). 하나님은 여상(如常)하십니다. "주께서 옛적에 땅의 기초를 놓으셨사오며 하늘도 주의 손으로 지으신 바니이다. 천지는 없어지려니와 주는 영존하시겠고 그것들은 다 옷 같이 낡으리니 의복 같이 바꾸시면 바뀌려니와 주는 여상하시고 주의 연대는 무궁하리이다"(시 102:25-27). 피조물은 낡아지고 늙어지고 쇠하고 변동합니다. 하지만 하나님은 늙거나 자라거나 쇠하거나 변하지 않으십니다. 인간은 자주 변합니다. 사람의 몸도 변하고 사람의 마음도 변합니다. 그러나 하나님의 존재하심과 뜻과 성품은 하나님 안에서 혹은 어떤 환경에 의해서도 변동되지 않습니다. 하나님은 불변합니다. 그래서 하나님의 작정도 불변입니다. 하나님의 사랑도 불변입니다. 하나님은 참으로 신실하신 하나님, 변함이 없으신 하나님이십니다.

5) 무한하고. 하나님은 무한하십니다. 하나님은 그의 존재하심에 있어서 아무런 제한을 받지 않으시는, 무한하신 하나님이십니다(시 145:3). "네가 하

나님의 오묘를 어찌 능히 측량하며 전능자를 어찌 능히 온전히 알겠느냐 하늘보다 높으시니 네가 어찌 하겠으며 음부보다 깊으시니 네가 어찌 알겠느냐 그 도량은 땅보다 크고 바다보다 넓으니라"(욥 11:7-9). 그의 지혜와 지식과 권능과 선하심과 사랑과 공의와 진실하심이 무한하십니다. "깊도다 하나님의 지혜와 지식의 부요함이여, 그의 판단은 측량치 못할 것이며 그의 길은 찾지 못할 것이로다"(롬 11:33). 우리는 언제나 하나님에 관해 아는 것보다 알지 못하는 것이 더 많고, 알아야 하는 것보다 무지한 채로 있는 것이 더 많습니다. 그럼에도 불구하고 유한한 존재인 인간이 성경을 통해서 무한하신 하나님을 알고 믿을 수 있게 된 것은 전적으로 하나님의 크신 은혜입니다.

6) **전능하며.** 또한 하나님은 전능하십니다. 하나님께서는 자신을 아브라함에게 소개하실 때에 "나는 전능한 하나님이라."(창 17:1)고 소개하셨습니다. 하나님에게는 능치 못한 일이 없습니다(렘 32:17). 하나님의 권능 역시 그의 창조와 섭리와 구속에 잘 드러나 있습니다. 아무 것도 없는 가운데 모든 것을 말씀으로 창조하신 것은 하나님의 권능을 보여줍니다. 또한 하나님은 오늘도 그의 능력의 말씀으로 만물을 붙들고(히 1:3) 계시며, "모든 육체에 식물을 주"시며(시 136:25), 모든 육체가 그를 힘입어 숨 쉬고 살며 기동하며 존재하게 하시면서도 전혀 피곤해 하지 않으십니다(사 40:28-31). 그는 모든 연약한 자들에게 큰 힘을 주시고도 언제나 힘으로 넘치시는, 능력의 근원이신 하나님이십니다. 인간을 구속하실 때에도 죽은 자들 가운데에서 다시 살리시는 그 권능이 심히 크고 무한하십니다. 죄인들을 부르시고 죽었던 우리를 성령으로 거듭나게 하시는 그 능력이 심히 크십니다.

7) **완전히 지혜롭고.** 하나님은 완전히 지혜로우십니다. 하나님은 단순히

모든 것을 세시고, 이름을 아시고, 모든 정보를 다 가지고 계시는 것에 그치는 분이 아니라, 그 모든 것이 어떻게 될 것이며, 어떻게 그것들을 다스리고 통치해야 가장 복되게 될 것인지를 아시는 분, 곧 지혜로운 분입니다. 인생들은 헛똑똑이들입니다. 그러나 하나님은 지혜로우십니다. 모든 참된 지식과 지혜는 하나님에게서 오는 것이며, 여호와를 경외하는 것이 지혜와 지식의 시작입니다(잠 1:7, 9:10). 하나님의 지혜는 이 세상의 창조와 섭리적 통치에 잘 드러납니다. 기묘하고 아름답고 광대하고 조화롭게 지어진 하나님의 창조 세계와 모든 피조물의 움직임들을 주관하셔서 결국 하나님의 뜻과 선을 이루고, 그의 자녀들의 구원에 유익되도록 하는 일에 합력하게 하시는 하나님의 섭리의 통치는 하나님의 지혜를 증거합니다. 우리 하나님은 지혜의 하나님이십니다(엡 3:10). 장차 모든 성도들이 하나님을 영원히 찬송할 때에도 하나님의 지혜를 찬송할 것입니다. "가로되 아멘 찬송과 영광과 지혜와 감사와 존귀와 능력과 힘이 우리 하나님께 세세토록 있을지로다 아멘 하더라"(계 7:12).

8) 공의로우며. 하나님은 의로우십니다. 하나님은 정의와 공의를 사랑하실 뿐만 아니라(시 33:4-5), 하나님은 친히 의의 기준이 되십니다. 하나님은 모든 것을 정당하게 처리하시고 판단하시고, 상 줄 자에게 상을 주시고 심판하실 자에게 정확하게 심판을 내리시는 하나님이십니다. 모든 것을 정확하게 갚아주시는 하나님이십니다(대하 19:7; 신 32:4 참조). 하나님의 공의는 특별히 죄인들을 구원하시기 위하여 그의 아들을 보내주신 사건에서 가장 잘 드러납니다. "하나님이 우리의 죄악을 그의 아들에게 지우셨을 때, 그의 아들에 대해 그의 공의를 나타내셨"습니다(벨직 신앙고백 제20항).

9) 선하시며. 하나님은 선하십니다(시 107:1; 나 1:7). 하나님은 능력과 지혜만 많고 위대하기만 한 분이 아니라, 선하신 분입니다. 하나님의 선하심은 하나님 안에 있는 것이요 하나님의 본성에 속하는 것인 동시에 모든 피조물들을 향하는 어떤 것이기도 합니다. 특별히 하나님의 최고선은 택하신 자들의 구원을 계획하시고 이루시는 일에서 가장 강력하게 드러납니다. 하나님의 선하심은 우리에게는 말할 수 없는 위로요 안심입니다. 하나님의 모든 뜻은 선하며, 하나님의 모든 행동도 선합니다. 하나님이 선하시니 하나님이 하시는 모든 것이 선할 수밖에 없습니다. 이것이 우리에게 큰 위로와 안심입니다. "대저 여호와는 선하시니 그 인자하심이 영원하고 그 성실하심이 대대에 미치리로다"(시 100:5). "여호와께 감사하라 그는 선하시며 그 인자하심이 영원함이로다"(시 136:1).

10) 모든 선의 원천이십니다. 하나님은 모든 선의 원천이시며 모든 선의 기준이 되십니다. "각양 좋은 은사와 온전한 선물이 다 위로부터 빛들의 아버지께로서 내려오나니"(약 1:17). 모든 좋은 것이 하나님에게서 나옵니다. 죄 사함과 영원한 생명도 하나님에게서 나오고, 믿음도 하나님에게서 나오고, 모든 좋은 것이 하나님에게서 나옵니다. 우리의 구원과 복은 하나님에게서 옵니다. 이 땅의 만물과 아름다운 계절도 하나님에게서, 우리의 사랑하는 가족들과 이웃들, 모든 선한 제도와 질서가 다 하나님에게서 왔습니다. 참으로 하나님은 만복의 근원이 되시는 분입니다.

하나님은 참으로 위대하신 하나님이며 완전하신 하나님입니다. 그의 모든 존재와 성품에 있어서 부족한 것이 없습니다. 하나님의 모든 속성은 완전합니다. 부족한 것이나 나쁜 것이 조금이라도 있으면 그것은 완전한 것이 아닙니다. 그러나 하나님의 모든 속성은 완전합니다. 우리는 이 하나님의 완전하심을 하나님의 거룩이라고 부르기도 하고 하나님의 영광이라고 부르기도 합니다. 이 하나님을 가장 잘 나타내 보여주시는 분은 바로 예수님이십니다. 예수님은 하나님의 영광을 드러내 보여주시는 분이십니다. 예수님께서는 "나를 본 자는 아버지를 보았거늘"(요 14:9)이라고 말씀하셨습니다. 예수 그리스도의 얼굴에는 하나님의 영광을 아는 빛이 드러나 있습니다(고후 4:6).

우리가 마음으로 믿고 입으로 고백하는 하나님은 바로 이런 하나님이십니다. 우리 하나님은 얼마나 좋으신 하나님이며, 얼마나 위대하신 하나님이십니까? 얼마나 능력이 있으시며 얼마나 거룩하시며 얼마나 높으신 하나님이십니까? 이런 하나님을 믿지 않는다면 도대체 누구를 믿어야 한다는 말입니까? 이 하나님에게 우리의 관심을 기울입시다. 이 하나님을 믿읍시다. 이 하나님을 사랑합시다. 이 하나님께 우리의 온 삶을 맡깁시다. 이 하나님을 바르게 예배합시다.

하나님 아버지, 감사합니다. 인간의 마음이 허망하여지고 어두워져서 하나님에 대하여 전혀 알지 못하였지만, 하나님께서 우리에게 친히 자신을 알리셔서 우리로 하여금 하나님을 참되게 알고 믿을 수 있게 해주신 것을 감사드립니다. 살아계신 한 분 하나님, 영원하고 불가해하며 보이지 않고 불변하며 무한하고 전능하며 완전히 지혜롭고 공의로우며 선하고 모든 선이 흘러나오는 원천이 되시는 하나님께서 우리의 하나님이 되시니 감사드립니다. 우리의 남은 날들 동안 하나님 안에서 살며 하나님께 우리의 온 삶을 맡기면서 하나님의 영광을 위하여 살아가게 하여 주시옵소서. 예수님의 이름으로 기도하옵나이다. 아멘.

벨직 신앙고백 제2조

우리가 하나님을
알 수 있는 방편들

우리는 두 가지 방편으로 하나님을 알 수 있는데, 첫째는 우주의 창조와 보존과 통치를 통해서입니다. 이는 사도 바울이 로마서 1장 20절에서 말하는 것처럼, 우주는 한 권의 아름다운 책과 같이 우리 눈앞에 있고, 그 안에 있는 모든 크고 작은 피조물들은 우리로 하여금 하나님의 보이지 않는 것들, 곧 그의 영원한 능력과 신성을 생각하게 만들어주는 활자와도 같아서 이 모든 것들은 사람들을 정죄하고 핑계할 수 없도록 하기에 충분하기 때문입니다. 둘째, 하나님은 하나님의 영광과 우리의 구원을 위하여 금생에서 우리에게 필요한 만큼 그의 거룩하고 신적인 말씀을 통해 더욱 분명하게 자신을 알리십니다.

하나님이 자기를 알리시는
두 가지 방편

1 하늘이 하나님의 영광을 선포하고 궁창이 그 손으로 하신 일을 나타내는도다

시편 19편 1절

10 오직 하나님이 성령으로 이것을 우리에게 보이셨으니 성령은 모든 것 곧 하나님의 깊은 것이라도 통달하시느니라 11 사람의 사정을 사람의 속에 있는 영 외에는 누가 알리요 이와 같이 하나님의 사정도 하나님의 영 외에는 아무도 알지 못하느니라 12 우리가 세상의 영을 받지 아니하고 오직 하나님께로 온 영을 받았으니 이는 우리로 하여금 하나님께서 우리에게 은혜로 주신 것들을 알게 하려 하심이라 13 우리가 이것을 말하거니와 사람의 지혜의 가르친 말로 아니하고 오직 성령의 가르치신 것으로 하니 신령한 일은 신령한 것으로 분별하느니라

고린도전서 2장 10-13절

우리는 하나님을 알기 위해서 계시에만 의존한다

하나님은 보이지도 않고 하나님의 음성은 들리지 않는데, 우리는 하나님을 어떻게 알 수 있습니까? 우리는 하나님을 알기 위해서 철저하게 하나님

의 자기 계시에만 의존합니다. 벨직 신앙고백 제2조는, 하나님께서는 크게 두 가지 방편을 사용하셔서 하나님 자신을 우리에게 알리신다고 가르칩니다. 하나님은 우리의 관찰이나 탐구나 사색이나 추론을 통해 알 수 있는 분이 아닙니다. 우리가 하나님을 알 수 있는 것은 하나님께서 우리에게 자신을 알려주실 때에만 가능합니다.

하나님이 자신을 알리시는 것을 가리켜 우리는 "하나님의 계시revelation" 또는 "자기 계시self-revelation"라고 부릅니다. 계시啓示란 "열어서 보여준다"는 뜻입니다. 마치 커튼을 열어서 감추어져 있는 어떤 것을 보여주듯이 하나님께서 하나님 자신에 관하여 열어서 보여주신다는 뜻입니다. 인간은 스스로 하나님을 보지 못하고 알지 못하기 때문에, 하나님께서는 자신을 우리에게 알려주시기를 기뻐하셨습니다. 많은 사상가들과 철학자들은 인간이 스스로 하나님에 대해 알 수 있다고 믿습니다. 하지만 인간은 자기의 지혜로는 하나님을 알 수 없습니다. 이 세상은 자기의 지혜로 하나님을 알지 못한다고 하셨습니다(고전 1:21; 고전 2:11 참조). 그러므로 인간은 자기의 지혜로는 하나님을 알 수 없으며, 누구든지 하나님을 알고자 한다면 그는 철저하게 하나님의 자기 계시에만 의존해야 합니다. 하나님에 관한 모든 논의는 바로 여기에서부터 시작되어야 합니다.

하나님께서는 자신을 알리시는 두 가지 방편(두 가지 계시)을 마련하셨습니다. 첫 번째 방편은 "일반계시general revelation" 또는 "자연계시natural revelation"라고 불리며, 두 번째 방편은 "특별계시special revelation" 또는 "초자연계시supernatural revelation"라고 불립니다. 이 두 계시 외에 하나님을 알 수 있는 다른 길은 전혀 없습니다. 하나님께서 자신을 알리신 이 두 가지 계시를 통해서만 우리는 참되신 하나님을 알고 믿을 수 있습니다. 이 두 계시 외에 하나님을 알 수 있는 다른 계시가 있다고 주장하거나 다른 계시를 받았다고 주장하는 것은 모두 비성경적인, 이단적인 주장입니다. 다른 계시, 새로운 계시는 없습니다.

자연계시에 관하여

첫째는 일반계시 또는 자연계시입니다. 자연계시는 한마디로 "우주의 창조와 보존과 통치를 통한 계시"라고 할 수 있습니다. 우주는 하나님에 대하여 알려주는 한 권의 아름다운 책과 같이 우리 눈앞에 있습니다. 그리고 우주 안에 있는 모든 만물은 그 책을 이루는 활자와도 같습니다. 이것을 우리는 한 마디로 자연계시라고 부릅니다. 자연계시의 내용은 크게 둘로 나누어서 생각할 수 있습니다. 게할더스 보스Geerhardus Vos는 이렇게 말했습니다. "자연계시가 나오는 자연은 두 가지 근원으로 되어 있으니, 내부의 자연 nature within과 외부의 자연 nature without이 그것이다. 하나님께서는 종교적 의식과 도덕적 양심을 통해서 사람의 내적 지각에 자기 자신을 계시하신다. 그는 또한 외부의 자연 세계에서도 자기 자신을 계시하신다. 여기서 분명한 것은 후자가 전자에 근거할 수밖에 없다는 점이다. 본래부터 타고난 신지식神知識이 먼저 있지 않으면, 아무리 자연을 관찰한다 해도 적절한 신 개념에 이르지 못할 것이기 때문이다. 모든 신지식의 전제는 바로 사람이 하나님의 형상으로 창조되었다는 사실에 있다."[10]

웨스트민스터 대요리문답도 자연계시를 둘로 나누어서 설명하고 있습니다. 자연계시를 이루는 첫 번째 요소는 내부의 자연계시, 곧 사람 안에 있는 본성의 빛light of nature in man입니다. 이것은 다른 말로 사람 안에 내재되어 있는 하나님에 대한 지식을 가리키는데, 이것을 사람의 종교성 내지는 종교의

---

[10] 게할더스 보스, 「성경신학」, 원광연 옮김 (고양: 크리스챤다이제스트, 2005), 32.

씨앗이라고도 부릅니다. "이는 하나님을 알만한 것이 저희 속에 보임이라 하나님께서 이를 저희에게 보이셨느니라."(롬 1:19)고 하셨습니다. 하나님께서 인간을 창조하실 때에 하나님의 형상대로 만드시고 그 안에 하나님을 알만한 것을 빛으로 넣어주신 것입니다. 하나님에 대한 이러한 내적 지식은 사람의 마음과 양심에 쓰여진 법입니다(롬 2:14-15). 하나님께서는 모든 인간에게 하나님이 계시다고 하는 내적 지식, 곧 하나님이 존재하신다는 것을 인정하는 지식을 넣어주셨습니다. 인간에게 이성 reason이 내재되어 있는 것처럼, 하나님에 대한 지식 역시 내재되어 있습니다. 그래서 우리에게는 자연계시의 한 부분인 내부의 계시가 있다는 것을 먼저 알면 좋습니다.

사실 모든 사람들은 하나님에 대해 타고난 지식을 가지고 있습니다. 이것을 가리켜 사람들 안에 내재되어 있는 하나님에 대한 지식이라고 부릅니다. 웨스트민스터 신앙고백은 이것을 가리켜서 "자연의 빛 light of nature" 또는 "본성의 빛"이라고 불렀습니다(신앙고백 1장 1항). 하나님에 대한 타고난 인식 또는 지식을 사람에게 주셔서 하나님을 알 수 있도록 해주셨다는 말입니다. 그래서 사람들은 신의 존재를 인식하고 있습니다. 민족들은 저마다의 종교를 가지고 있고 신을 숭배하는 것은 보편적인 현상입니다. 무신론자들조차도 신에 대하여 이야기합니다. 그들은 신을 부정하는 방식으로 신의 존재에 대한 그들의 인식을 드러냅니다. 신에 대한 인식이 전혀 없다면 "신이 없다, 하나님은 없다."는 말조차도 할 수 없었을 것입니다. 사람들 안에는 하나님에 대한 타고난 지식뿐만 아니라, 죄와 벌, 심판과 종말에 대한 본능적인 인식도 있습니다.

그러나 이런 본능적인 인식과 타고난 지식만으로는 우리는 참되신 하나님을 알 수 없습니다. 자연의 빛 또는 본성의 빛만 가지고서는 하나님에 대한 참된 지식에 이를 수 없습니다. 왜냐하면 인간의 마음이 어두워져 있어서 하나님에 대한 지식이 모두 뒤틀리고 왜곡되었기 때문입니다. "하나님을 알되 하나님으로 영화롭게도 아니하며 감사치도 아니하고 오히려 그 생각이 허망하여지며 미련한 마음이 어두워졌나니"(롬 1:21)라고 하셨습니다. 사람의 생각은 허망하여졌고 미련한 마음은 어두워졌습니다. 사람들은 하나님이 계시다는 사실을 "알면서도" 그들의 마음이 어두워서 참 하나님이 누구인지를 바르게 알지 못하여 온갖 것들을 신으로 숭앙합니다. 이것이 다 하나님을 영화롭게 하지도 않고 하나님을 섬기지도 않으며, 오히려 썩지 아니하는 하나님의 영광을 썩어질 사람과 금수와 버러지 형상의 우상으로 바꾸는 것입니다(롬 1:21-23).

자연계시를 이루는 두 번째 요소는 외부의 자연계시, 곧 하나님의 창조와 섭리의 일을 통한 계시입니다. 우리는 우리를 둘러싸고 있는 하나님의 창조 세계를 볼 때 하나님의 존재하심과 그의 지혜와 능력과 솜씨를 볼 수 있습니다. 하나님이 지으신 우주는 그의 영원하신 능력과 신성을 나타내고 있습니다(시 19:1; 롬 1:19-21). "하늘이 하나님의 영광을 선포하고 궁창이 그 손으로 하신 일을 나타내는도다."(시 19:1)라고 하셨습니다. 가장 큰 망원경으로 관찰할 수 있는 하늘의 별들과, 전자현미경으로만 볼 수 있는 가장 작은 입자가 다 그들의 창조주이신 하나님을 드러냅니다. 우리는 들의 꽃과 나무, 풀벌레와 곤충들, 짐승과 새들, 해와 달과 별들과 같은 우주만물의 모습을 보며 이 모든 것들을 창조하신 창조주 하나님의 탁월한 솜씨와 지혜와 능력을 보게 됩니다. 어떤 인간도 이런 것들을 만들지 않았고 또 어떤 과학 지식으로도 만들 수 없고 기를 수 없습니다.

또한 하나님은 그의 보존과 통치, 곧 섭리의 사역을 통해 자기를 알리십니다. 하나님께서는 하늘과 땅의 모든 피조물들을 여전히 보존하고 다스리십니다. 이른 비와 늦은 비를 적당하게 주시고, 온갖 것을 그 쓰임에 적당하게 지으셨습니다(잠 16:4). 하나님께서는 참새 한 마리가 날아가거나 땅에 떨어지거나 먹거나 쉬거나 하는 모든 일을 섭리로 주관하십니다. 하나님께서는 참새의 생명만 보존하시고 다스리시는 것이 아니라 모든 인간, 모든 사회, 모든 국가, 온 우주를 섭리로 보존하시고 다스리시고 계십니다. 하나님께서는 이 세상을 악한 자들의 생각과 계획에 맡기지 않으셨습니다. 이 세상은 여전히 하나님의 섭리의 손길 안에서 보존되고 있습니다. 세상에서 일어나는 모든 일을 볼 때에 인간의 기대나 예측이나 노력이나 계획대로 되지 않으며, 그렇다고 해서 다수의 여론대로 되는 것도 아님을 보게 됩니다. 다수가 전쟁을 원하지 않아도 때로 전쟁이 일어나며, 다수가 천재지변을 원하지 않아도 천재지변이 일어납니다. 비와 가뭄, 폭풍과 지진, 전쟁과 질병, 이러한 모든 일들은 사람의 뜻대로 움직일 수 있는 것이 아닙니다. 그러므로 이 모든 것들은 모든 것을 보존하고 다스리시는, 보이지 않으시는 하나님에 대한 증거를 제공합니다. 참으로 하늘에 계신 나의 아버지의 뜻이 아니면 머리털 하나도 땅에 떨어지지 않도록 나를 보호하시며, 참으로 모든 것이 합력하여 나의 구원을 이루도록 하십니다(하이델베르크 요리문답 제1문답).

내부의 자연과 외부의 자연을 통한 계시를 통틀어 한 마디로 자연계시라고 부릅니다. 이 자연계시는 모두 하나님께서 우리에게 넣어주시고 보여주신 계시입니다. 하나님과 하나님의 뜻에 관한 이러한 자연계시는 다 하나님에게서 온 것인데, 모든 인간들에게 그들의 죄에 대한 어떤 핑계도 할 수 없도록 하기에 충분합니다(롬 1:20-21).

그러나 자연계시만으로는 인간이 구원을 얻기에 충분한, 하나님과 하나님의 뜻에 관한 참된 지식에 이를 수 없습니다. 죄악된 인간의 눈에는 이것이 잘 안 보이고 하나님의 섭리의 손길을 잘 이해할 수 없기 때문입니다. 자연계시 자체가 문제가 있는 것은 아닙니다. 자연계시는 자연계시대로 하나님께서 계심을 우리에게 보여주고 있습니다. 자연계시가 사람을 구원으로 이끌기에 충분하지 못하게 된 것은 하나님이 처음 계시하신 자연계시 자체가 어떤 결함이 있거나 열등한 계시이기 때문이 아닙니다. 자연계시도 하나님 계심을 명백하게 선포하고 있습니다. 그러나 자연계시만으로 부족하게 된 것은, 인간이 범죄하여 암매하게 되어 인간에게 그 효과와 빛이 약해지고 왜곡되었기 때문입니다.

특별계시에 관하여

둘째, 우리는 하나님의 거룩하고 신적인 말씀을 통해서 하나님을 바르고 분명하게 알 수 있습니다. 하나님께서는 우리 인생들에게 자신을 알리시기를 원하셨습니다. 하나님의 계시의 중요한 목적은 하나님의 영광과 우리의 구원을 위한 것이라고 분명하게 밝히고 있습니다. 인간을 구원하시기 위한 계시입니다. 이를 위해 하나님은 인간에게 자신을 계시하셔야 했습니다. 그러면 어떤 방식으로 인간에게 계시하셨습니까? 여러분이 하나님이라면 어떻게 인류에게 여러분 자신을 계시하였겠습니까? 모든 인류에게 한꺼번에 동시에 가시적으로, 압도적으로 자신을 계시하겠습니까? 아니면 하늘에 커다란 손가락을 두시고 모든 사람들이 볼 수 있도록 허공에 글을 쓰시거나 큰 음성이 나서 그것을 모든 사람들이 듣도록 그렇게 자신을 계시하겠습니까? 하나님께서는 어떤 특정한 사람들에게 자신을 계시하시고, 그 계시를 받은 사람들이 그 계시의 내용을 기록하게 하심으로 자신을 알리셨습니다.

하나님께서는 우리에게 자신을 특별하게 알리시기 위하여 역사 가운데에서 활동하셨습니다. 이를 가리켜 "하나님의 자기 계시 활동"이라고 부릅니다. 하나님은 먼저 역사의 사건을 통해서 자신을 알리셨습니다. 그것을 특별계시의 역사라고 부를 수 있습니다. 하나님께서 자신을 알리시기 위하여 특별하게 선택하신 역사가 있습니다. 아담과 하와에게서 시작된 이 특별계시의 역사는 에덴동산에서부터 시작되었고, 이어서 아벨과 셋과 노아와 셈과 아브라함과 이삭과 야곱, 그리고 야곱의 열 두 아들들과 그 언약의 자손들인 이스라엘 백성들의 역사 속에서 계속 되었습니다. 하나님은 역사 속에서 특별계시의 활동을 계속 하셨습니다. 이러한 일련의 사건들을 통해서 하나님은 자신이 누구이신지를 드러내셨습니다. 우리는 이것을 "행위 계시$^{act\ revelation}$"라고 부릅니다.

성경에는 하나님의 발화^{發話}, 즉 하나님이 직접 어떤 말씀을 하신 것이 아니라, 이스라엘 백성 전체 또는 아브라함이나 룻과 나오미와 같은 개인에게 일어난 사건들을 보고하듯이 써내려간 부분들이 많이 있습니다. 이는 하나의 사건을 기록한 역사적 서술^{narrative}이라고 할 수 있습니다. 예를 들면, 창세기 1:1에는 "태초에 하나님이 천지를 창조하시니라."는 말씀이 있습니다. 이것은 하나님께서 천지를 창조하신 활동에 대한 진술입니다. 또한 하나님께서는 이스라엘 백성들을 애굽에서 건져내시기 위하여 열 가지 재앙을 내리셨고, 홍해를 가르셨습니다. 그것이 출애굽기에 기록되어 있습니다. 룻기는 룻이 시어머니 나오미를 따라 유대 땅 베들레헴으로 와서 이삭을 줍다가 보아스를 만나 결혼하여 다윗 왕의 가문을 형성하게 된 과정을 진술해 놓은 책입니다. 에스더서는 에스더가 어떻게 페르시아 제국에서 아하수에로 왕의 왕후가 되고, 하만의 계략에도 불구하고 하나님께서 어떻게 에스더와 모르드개를 통해서 온 유다인의 생명을 구원하셨는지 그 역사를 기록하고 있습니다. 우리는 이러한 모든 기록들을 하나님의 말씀이라고 부릅니다. 어떻게 이러한 사건들의 진술이 하나님의 말씀이 됩니까? 왜냐하면 하나님께서는 이러한 사건들을 통해서 하나님 자신이 어떤 분이신 것을 나타내 주셨기 때문입니다. 그러므로 성경의 사건들은 "특별계시로서의 사건"입니다.

그 다음으로 하나님께서 우리와 소통하실 때에, 하나님은 인간의 말로 우리와 소통하셨습니다. 이를 가리켜 우리는 "말씀 계시Word revelation"라고 부릅니다. 이는 인간의 언어로 우리에게 전달되는 계시입니다. 하나님은 계시의 내용을 보여주시고, 그리고 우리에게 말씀해 주셨습니다. 예수님의 부활을 보여주셨고, 그것에 대해 말씀해 주셨습니다. 이 둘은 모두 하나님이 자신을 특별하게 알리시는 계시 행위라고 말할 수 있습니다. 하나님은 자기를 알리시는 계시 활동들 속에서 끊임없이 말씀해 주셨습니다. 그래서 성경에는 "하나님이 가라사대, 여호와께서 말씀하시기를, 이는 여호와의 말씀이라, 예수께서 입을 열어 가르쳐 가라사대, 내가 진실로 진실로 너희에게 이르노니"라는 말씀들로 가득합니다.

인간은 범죄하기 전에도 하나님의 말씀을 통해서 하나님과 하나님의 뜻을 더 알아가야 하고 배워가야 했지만, 범죄하여 타락한 이후에는 절대적으로 하나님의 특별계시의 말씀을 필요로 하게 되었습니다. 하나님께서 말씀으로 하나님 자신과 하나님의 뜻을 알려주시지 않았다면 어떤 인간도 하나님을 알 수 없었을 것이며 구원의 길도 찾을 수 없었을 것입니다.

그래서 하나님께서는 아담의 창조 직후부터 여러 시대에 여러 모양으로 말씀하셨습니다. 그것이 모두 다 특별계시입니다. 하나님께서는 천사들을 통해, 또는 직접 음성으로 말씀하시기도 하셨고, 꿈이나 환상이나 이적을 통해, 또는 이스라엘의 역사와 선지자들을 통해 말씀하셨고, 특별히 그의 아들 예수 그리스도를 보내시고 또한 사도들을 통해 말씀하셨습니다. 역사에 나타난 모든 특별계시가 오늘날 다 우리에게 주어진 것은 아닙니다. 그 모든 특별계시의 내용들을 낱낱이 기록하려 한다면 이 세상에 그 모든 기록을 두기에 부족할 것입니다(요 21:25). 다만 하나님께서는 우리가 하나님을 섬기며 구원을 이루는 데에 필요한 것들을 성령의 감동하심을 입은 사람들에게 하나님의 말씀으로 허락하시고 그것을 신구약성경으로 기록하게 하셔서 우리에게 전해 주신 것입니다. 그러므로 오늘날 신구약 66권 성경 외에는 우리에게 다른 특별계시가 없다는 것을 기억해야 합니다. 성경은 우리를 구원으로 인도하기에 필요한 모든 것을 충족하고도 효과적으로 계시하고 있습니다. 인간은 오직 하나님의 말씀을 통해서만 하나님과 그리스도에 관하여, 사람과 죄에 관하여, 그리고 구원에 관하여 참된 지식에 이를 수 있습니다.

구원에 필요한 모든 것을 정확하게 알려주는 것이 특별계시인 성경뿐이라고 해서 사람 안에 있는 본성의 빛이나 피조 세계나 하나님의 섭리의 역사 같은 것을 무가치한 것으로 취급하지는 말아야 합니다. 우리에게 더 이상 일반계시는 필요 없다고 생각하지 말아야 합니다. 비록 인간이 타락하였기에 일반계시만으로는 하나님을 바로 알 수 없고 특별히 구원의 길을 바로 찾을 수도 없기에 그것은 무익하나, 특별계시(성경)를 통해서 일반계시를 바라볼 때 우리는 하나님과 하나님의 영광에 대한 보다 풍성한 지식에 이를 수 있습니다. 예를 들면 우리는 들의 꽃과 나무, 풀벌레와 곤충들, 짐승과 새들의 세계, 해와 달과 별들과 같은 우주만물의 모습을 보며 이 모든 것들을 창조하신 창조주 하나님의 탁월한 솜씨와 지혜와 능력을 헤아려 알게 됩니다. 이런 의미에서 일반계시는 특별계시와 상보적 관계에 있다고 말할 수 있습니다. 일반계시보다 특별계시가 우리에게 더 밝은 빛을 던져주고 더 결정적이고 우월하고 완전하고 분명한 계시의 빛을 주고 있다고 할 수 있지만, 그렇다고 해서 일반계시가 필요없다고 말해서는 안 됩니다. 존 칼빈은 말하기를 우리는 자연 세계를 성경이라는 안경을 통해서 이해해야 한다고 말했습니다.[11]

---

11) 존 칼빈, 「기독교강요」, 문병호 옮김 (서울: 생명의말씀사, 2020), I.vi.1.

거듭난 그리스도인들이 성경이라는 안경을 쓰고 이 자연 만물을 보면 우리는 거기에서 하나님의 영광을 보며, 하나님의 권능의 경이로운 것을 볼 수 있게 됩니다.

무엇보다 성령의 조명하심이 필요하다

일반계시와 특별계시가 있다고 해서 누구나 하나님을 알게 되고 믿게 되는 것은 아닙니다. 문제는 우리의 어두움과 부패함이기 때문에, 성령님께서 우리의 어두운 마음에 빛을 주시고 그 빛으로 밝혀 주셔야만, 성경이 증거하는 하나님을 우리가 알 수 있고 믿을 수 있습니다. 우리 앞에는 두 권의 책이 있습니다. 한 권은 자연계시의 책이고, 다른 한 권은 특별계시의 책입니다. 이 책의 내용은 참 좋은 내용들로 가득합니다. 우리가 이 책을 읽고 이해할 수 있으려면 우선 눈이 필요합니다. 그러나 눈만 있다고 해서 책을 읽을 수 있는 것은 아닙니다. 우리에게는 빛, 곧 조명illumination이 필요합니다. 아무리 눈이 좋고 똑똑한 사람이라 하더라도 캄캄한 방에 들어가서 책을 읽을 수는 없습니다. 책도 있어야 하고 시력도 있어야 하지만, 우리에게는 무엇보다 빛이 있어야 합니다. 하나님을 아는 것에도 마찬가지입니다. 우리에게는 계시도 필요하지만 계시를 볼 수 있는 빛도 필요합니다. 우리는 책의 저자가 아니며, 빛의 주인도 아닙니다. 신구약성경은 하나님에 대하여 우리에게 증거해 주는 계시의 책이요, 이 책의 저자는 하나님 자신입니다. 그러므로 우리가 성경을 읽기 위해서는 특별한 조명이 필요합니다. 그 조명이 바로 성령의 조명입니다. 우리는 이 계시에 전적으로 의존하며, 성령의 조명에 전적으로 의존하는 자들입니다(고전 2:6-14 참조).

하나님께서 우리에게 자연계시와 특별계시를 주신 것이 얼마나 감사한지요! 하나님의 특별계시가 인간의 언어로, 말씀으로 기록되게 해주셨을 뿐만 아니라 이 계시의 책을 읽고 이해할 수 있도록 우리에게 성령을 보내주시고 성령의 조명을 허락해 주신 것에 감사합시다. 기록된 특별계시의 말씀인 성경을 통해서 하나님을 바르고 분명하게 알고 믿을 수 있게 해주신 것을 인해 감사합시다. 하나님의 모든 말씀은 하나님 자신의 영광을 우리에게 알리시기 위해서 우리에게 주어졌고 또한 우리의 구원을 위해서 주어졌음을 기억하고, 성경을 펴서 읽을 때마다, "주여 내 눈을 열어서 주의 법의 기이한 것을 보게 하소서"(시 119:18) 하고 기도하며 하나님의 은혜를 구합시다.

하나님 아버지, 감사합니다. 하나님께서 자연계시와 특별계시의 활동을 통하여 여러 부분과 여러 모양으로 우리에게 자신을 알려주시되, 선지자들과 사도들을 통하여 친히 말씀하시고 무엇보다 아들로 우리에게 말씀하시고, 그 말씀이 인간의 언어로 기록되게 하신 것을 감사드립니다. 또한 우리에게 성령님을 보내주셔서 성령의 조명으로 이 책을 언제든지 펴서 읽고 묵상하며 교훈을 받을 수 있게 해주신 것을 감사드립니다. 하나님, 이 책을 더욱 부지런히 읽고 묵상하는, 책의 사람들이 되게 하여 주시고, 성령의 조명하심을 늘 의지하여 살아가는 저희 모두가 되게 하여 주시옵소서. 예수님의 이름으로 기도하옵나이다. 아멘.

벨직 신앙고백 제3조

기록된 하나님의 말씀

이 하나님의 말씀은, 베드로가 말하는 것처럼 "사람의 뜻으로" 주어지거나 전달된 것이 아니라 "오직 성령의 감동하심을 입은 사람들이 하나님께 받아 말한" 것임을 우리는 고백합니다. 그 후에 하나님은 우리와 우리의 구원을 위한 특별한 돌보심으로써 그의 종들, 곧 선지자들과 사도들을 명하셔서 이 계시된 말씀을 기록하도록 하셨으며, 하나님께서도 친히 자신의 손가락으로 율법의 두 돌판을 기록하셨습니다. 그러므로 우리는 그러한 기록들을 거룩하고 신적인 성경이라고 부릅니다.

성경은 기록된
하나님의 말씀입니다

> 21 예언은 언제든지 사람의 뜻으로 낸 것이 아니요 오직 성령의 감동하심을 입은 사람들이 하나님께 받아 말한 것임이니라
>
> 베드로후서 1장 21절

성경이 기록되기 이전의 하나님의 말씀의 상태

벨직 신앙고백 제2조는 하나님께서 자신을 계시하신 두 가지 방편에 관한 고백이었습니다. 하나님이 자신을 알리신 것을 "계시"라고 부릅니다. 우리에게 계시가 필요한 것은, 하나님께서 자신을 우리에게 알리시기 전까지는 우리가 하나님에 대해서 아무 것도 알 수 없기 때문입니다.

하나님의 계시에는 크게 두 가지, 곧 자연계시와 특별계시가 있습니다. 자연계시에는 "내부의 자연nature within"을 통한 계시와 "외부의 자연nature without"을 통한 계시가 있습니다. 내부의 자연이란 하나님께서 우리 안에 하나님을 알만한 지식을 주신 것을 말하며, 외부의 자연이란 모든 피조 세계를 통해 하나님의 영광을 나타내 계시하여 주신 것을 말합니다. 또한 특별계시에는 "사건을 통한 계시"와 "말씀을 통한 계시"가 있다고 했습니다. 우리는 "특별계시"라고 하면 곧바로 "신구약 66권 성경이 하나님의 말씀이고, 성경

이 곧 특별계시이다."라고 대답하는 것에 익숙하기 때문에, 특별계시를 "사건을 통한 계시"와 "말씀을 통한 계시"로 구분하는 것에 어려움을 느낄 수 있습니다. 하지만 이것은 그렇게 어려운 이야기가 아닙니다.

신구약성경이 하나님의 말씀이요, 성경이 특별계시인 것은 맞습니다. 하지만 특별계시에는 성경으로 기록되기 이전의 특별계시가 있고, 성경으로 기록된 이후의 특별계시가 있다는 것을 알아야 합니다. 우리는 이 둘 다를 "하나님의 말씀"이라고 부를 수 있습니다. 성경으로 기록되기 이전의 특별계시는 두 가지 방식으로 주어졌습니다. 하나는 "사건"을 통해서 주어졌고, 다른 하나는 "말씀"을 통해서 주어졌습니다. 그래서 벨직 신앙고백 제2조는 기록되기 이전의 특별계시를 가리켜서 "하나님의 말씀"이라고 불렀습니다.

"사건"으로 말씀하셨다는 것은, 하나님께서 하나님 자신과 구원의 뜻을 알려주시기 위하여 특정한 역사와 그 역사 속의 여러 사건들을 특별계시의 사건이 되도록 하셔서, 하나님 자신을 계시하신 것을 말합니다. 이것을 가리켜 "행위 계시act revelation"이라고 부릅니다. 또한 "말씀"으로 말씀하셨다는 것은, 하나님께서 그의 특별계시를 수납하였던 거룩한 사람들, 곧 족장들과 선지자들과 사도들에게 인간의 언어를 사용하셔서 꿈이나 환상이나 천사를 통해서, 아니면 직접 말씀하시는 등의 언어적 방식으로 소통하시며 자신을 계시하신 것을 말합니다. 이것을 가리켜 "말씀 계시word revelation"또는 "발화發話,uttering 계시"라고 부릅니다.

예를 들면, 모세는 모세오경을 기록했습니다. 그렇다면 모세는 언제 모세오경을 기록했습니까? 우리는 모세오경의 기록 연대를 출애굽(주전 1440년경) 이후의 어느 시점, 곧 주전 1400년대로 봅니다. 그런데 창세기에 기록된 사건들은 모세가 태어나기 적어도 4~500년 전에서 많게는 몇 천 년 전에 일어난 일들입니다. 하나님이 아담과 노아와 아브라함에게 말씀하신 내용들이나 야곱과 요셉의 삶에 일어난 사건들은 모세 시대보다 훨씬 이전의 일들이라는 말입니다. 하나님은 역사 가운데 일어난 여러 일들과 사건들을 통해서도 자신을 알리셨고, 친히 족장들에게 말씀하심으로도 자신을 알리셨습니다. 하나님께서 홍수로 세상을 심판하는 행위를 통해서 하나님 자신을 알리셨고, 또 그러한 사건들 중에 노아에게 직접 말씀하심으로써 하나님 자신을 알리시기도 하셨습니다. 이 두 가지(사건을 통한 자기 계시와 발화를 통한 자기 계시)가 모두 하나님의 특별계시입니다.

성경에 기록된 역사는 다른 일반적인 역사가 아니라 특별한 역사요, 특별계시의 역사였습니다. 모세는 창세기에 기록된 그 모든 사건을 직접 목격하지는 못했습니다. 하나님께서 아브라함에게 "네 본토 친척 아비집을 떠나 내가 네게 지시할 땅으로 가라."고 말씀하셨을 때에, 모세가 그 옆에서 하나님의 말씀을 듣고 그 자리에서 받아 적은 것도 아니었습니다. 하나님은 아브라함에게 말씀하셨고 아브라함에게 계시해 주셨습니다. 그것이 "기록된 말씀의 형태"로, 즉 모세를 통해 창세기로 우리에게 주어지기까지는 매우 긴 시간이 걸렸습니다. 성경을 기록한 인간 저자들은 하나님의 그 모든 계시 행위가 끝난 후 어느 정도의 시간이 지난 후에 하나님의 계시를 글로 기록한 것입니다. 그래서 우리는 성경이 기록되기 이전과 성경이 기록된 이후에 주어진 모든 계시를 하나님의 말씀이라고 부를 수 있는 것입니다. 그러니까 하나님의 특별계시는 글로 기록되기 이전에 이미 주어진 것이 됩니다.

하나님은 하나님의 행위 계시와 발화發話 계시의 사건이 끝난 후 얼마간의 시간이 지난 뒤에, 성경을 기록한 인간 저자들을 통해 그 계시하신 내용이 글로 기록되게 하셨습니다. 그러므로 시간적으로 엄밀하게 말하자면, 성경이 글로 기록되기 전에 이미 하나님께서 자신을 알리시는 행위, 곧 계시 행위가 있었다는 말입니다. 그러한 하나님의 계시 행위는 역사 속에서 하나님의 특별한 섭리 가운데 "사건"으로도 주어졌고 하나님이 친히 족장들과 선지자들과 사도들에게 말씀해 주신 "발화" 행위를 통해서도 주어졌습니다. 그리고 그 계시가 최종적으로 글로 기록되게 하셔서, 기록된 성경을 "하나님의 말씀"이라고 부르게 된 것입니다. 성경은 이런 과정을 거쳐서 기록되어 우리에게 전해지게 되었습니다.

성경의 저자들은 하나님께로부터 말씀을 받았다

벨직 신앙고백 제3조는 베드로후서 1:21을 인용하여 "이 하나님의 말씀은, 베드로가 말하는 것처럼, '사람의 뜻으로' 주어지거나 전달된 것이 아니라 '오직 성령의 감동하심을 입은 사람들이 하나님께 받아 말한' 것임을 우리는 고백합니다."라고 하였습니다. 하나님의 말씀은 사람의 뜻으로 난 것이 아닙니다. 하나님의 말씀은 하나님이 자신을 계시해 주신 내용들이요, 모든 계시는 하나님께로부터 온 것입니다. 하나님이 역사 가운데에서 드러내 주시지 않았으면 있을 수 없는 사건들이고 들을 수 없었던 말씀들입니다. 하나님이 아담에게 선악을 알게 하는 나무의 실과를 만드시고 그것을 통해 계시해 주시지 않았더라면, 창세기 2장이 기록될 수 없었을 것입니다. 하나님께서 범죄한 인간에게 여자의 후손에 대한 말씀으로 계시해주시지 않았더라면, 창세기 3장이 기록될 수 없었을 것입니다. 그러니까 모든 성경의 내용들은 다 하나님으로부터 온 것들이요, 하나님의 계시입니다. 하나님께서는 성경이 기록되기 전에 특별계시의 사건들과 말씀들을 통해서 먼저 하나님의 백성들에게 하나님 자신을 알리셨습니다.

하나님은 하나님의 말씀을 받은 사람들 중에서 하나님께서 택하신 하나님의 사람들로 하여금 그 말씀을 기록하게 하셨습니다. 베드로 사도는 그것을 두고 "하나님께 받아 말한 것"(벧후 1:21)이라고 하셨습니다. 그렇다면 성경의 저자들은 하나님의 말씀을 어떻게 받았다는 말입니까? 성경의 저자들은 하나님의 말씀을 기록할 수 있기 위해서 먼저 하나님의 계시를 받아야 했습니다. 성경의 저자들은 여러 경로로 하나님의 말씀을 받았습니다. 때로는 계시 사건을 목격하고 경험하게 하심으로써, 때로는 꿈이나 환상 같은 것을 통해서, 아니면 목격자들의 증언을 통해서, 때로는 하나님이 친히 나타나셔서 말씀하시는 말씀을 들음으로써 하나님의 말씀을 받아서 간직하고 있었습니다. 사도들은 말씀(로고스)이신 예수님을 직접 뵈옵고, 예수님이 하신 일들을 직접 목격하고, 예수님이 하신 말씀들을 직접 듣기도 함으로써 하나님의 말씀을 받았습니다. 그래서 사도 요한은 이렇게 말했습니다. "태초부터 있는 생명의 말씀에 관하여는 우리가 들은 바요 눈으로 본 바요 주목하고 우리 손으로 만진 바라… 우리가 보고 들은 바를 너희에게도 전함은 너희로 우리와 사귐이 있게 하려 함이니 우리의 사귐은 아버지와 그 아들 예수 그리스도와 함께 함이라"(요일 1:1,3).

하나님의 말씀을 제일 먼저 받은 사람은 누구입니까? 아담이 제일 먼저 받았고, 그 다음에 아담의 후손들 가운데에서도 셋의 계통, 그리고 셋의 후손들 가운데에서도 노아의 계통, 그리고 노아의 후손들 가운데에서도 셈의 계통, 그리고 셈의 후손들 가운데에서도 아브라함의 계통, 곧 이삭과 야곱과 야곱의 열 두 아들의 후손들인 이스라엘 백성들이 그 말씀을 계속 받아서 간직하고 있었습니다. 하지만 족장들의 시대에는 아직 창세기가 기록되기 전이었습니다. 그럼에도 불구하고 하나님의 말씀은 그들에게 주어졌고, 그들은 여러 방식으로 그 말씀을 받아서 간직하고 있었습니다.

그 모든 계시 사건을 목격하고, 또 그 모든 말씀을 들은 사람들이 어떻게 했겠습니까? 둘 중 하나였습니다. 그 계시의 내용을 말로 증언하든지, 아니면 조금이라도 기록으로 남겼을 것입니다. 하나님의 말씀을 받은 사람들은 주로 그들의 자손들에게 자신들이 받은 하나님의 말씀을 계속해서 전해 주었습니다. 그들은 그들의 자손들에게 때로 구전口傳, oral tradition 으로, 또는 가능한 경우라면 어떤 기록들을 통해서 증거를 남겼을 것입니다. 요즘 같았으면 사진을 찍거나 녹음을 하거나 녹화를 해서 증거를 남겼겠지만, 그때는 그렇게 하지 못하였기에, 주로 말과 글로 증언했던 것입니다. 처음에는 돌에다가도 새겼을 수도 있고, 진흙 토판이나 짐승의 가죽 같은 곳에다 기록을 남겼을 수도 있습니다. 문서 작업이 훨씬 자유로웠던 신약 시대에는 붓을 들어 기록을 남기는 일이 더 수월했을 것입니다(눅 1:1-4 참조). 여하튼 그들은 그런 방식으로 증거를 남겼고, 그 증거를 받은 그 자손들 역시 하나님의 말씀을 하나님께로부터 받은 사람들이 되었습니다. 이런 식으로 사람들은 아직 성경이 기록되기 전에도 구술의 형태로나 단편적인 기록의 형태로 하나님의 말씀을 받을 수 있었습니다.

성경, 성령의 감동하심으로 기록된 하나님의 말씀

하나님께서는 계시해 주신 하나님의 말씀을 "받은" 사람들로 하여금 성경을 기록하게 하셨습니다. 벨직 신앙고백 제3조는 이렇게 고백합니다.

하나님은 우리와 우리의 구원을 위한 특별한 돌보심으로써 그의 종들, 곧 선지자들과 사도들을 명해서서 이 계시된 말씀을 기록하도록 하셨으며...

하나님은 우리와 우리의 구원을 위한 특별한 돌보심으로 계시된 하나님의 말씀이 기록되게 하셨습니다. 하나님의 말씀을 직접 보고 들은 사람들이라고 해서 다 성경을 기록할 수 있었던 것은 아닙니다. 아담이나 노아도 책을 남기지 않았고, 아브라함도 창세기를 기록하지 않았습니다. 예수님의 이적을 직접 목격하고 예수님의 말씀을 직접 들은 제자들이라고 해서 다 성경의 저자가 된 것도 아닙니다. 하나님께서는 그 가운데에서 몇 사람을 택하시고 구별하셔서 하나님의 말씀을 글로 기록하게 하셨습니다.

하나님께서는 하나님의 사람들, 곧 선지자들과 사도들로 하여금 하나님의 말씀을 기록하게 하셨습니다. 그래서 "예언은 오직 성령의 감동하심을 입은 사람들이 하나님께 받아 말한 것임이니라."(벧후 1:21)고 하셨습니다. 사람들이 하나님께로부터 받아 말하였다는 사실과, 이들이 성령의 감동하심을 받아 말하였다는 사실을 말씀하고 있습니다. 이 두 가지는 모두 중요합니다. 먼저 그들은 하나님께 받아 말하였습니다 spoke from God. 그런 점에서 선지자들과 사도들은 하나님의 대변인spokesman이었습니다. 성경의 저자들은 성경을 기록할 때에 마음대로 기록한 것이 아니라 하나님으로부터 말씀을 받아 기록했습니다. 성경의 모든 기록은 일점일획도 사람의 자의대로 쓴 것이 아닙니다(마 5:17-18 참조). 하나님께서는 성경의 모든 말씀이 하나님의 특별한 돌보심 가운데에서 기록되게 하셨습니다. 아무 사람이나 하나님의 말씀을 기록하도록 하신 것이 아니고, 아무렇게나 쓰도록 하신 것도 아닙니다. 하나님께서는 이미 계시하신 내용을 글로 기록하도록 하나님의 사람들을 택하셔서, 그들을 성령으로 감동시켜 주셨습니다. "오직 성령의 감동하심을 입은 사람들이 하나님께 받아 말한 것"입니다.

성령님께서는 성경의 모든 기록 과정을 특별하게 간섭하시고 주장하여 주셨습니다. 선지자들과 사도들이 하나님의 말씀을 기록할 때에, 자기의 마음대로 성경을 기록한 것이 아닙니다. 또는 정반대로 자기의 생각이 전혀 없이 마치 기계처럼, 하나님의 타자기처럼 그냥 받아 적은 것도 아닙니다. 그들은 스스로의 의식을 가지고, 자신들의 지성과 감성과 의지와 경험과 성향 모두를 온전히 다 사용하여 성경을 기록했습니다. 그래서 바울 서신과 요한 서신의 내용과 문체가 서로 다른 것입니다.

하나님께서 모세를 부르셔서 말씀하실 때에, 모세가 말씀을 들으면서 동시에 노트에 받아 적거나 한 것은 아닙니다. 모세는 먼저 하나님의 말씀을 받았고, 그 이후 어느 시점에 그 내용을 기록했는데, 그 모든 기록의 과정을 성령님께서 간섭하여 주시고 붙들어 주셔서 그 모든 내용이 잘 기억나게도 하시고, 기록해야 할 내용들을 잘 간추리고 요약할 수 있도록 힘을 주시고, 그들이 이제까지 받았던 모든 교육과 그들의 모든 경험과 그들의 모든 어휘를 자유롭게 사용하되, 역사적인 진술이나 하나님에 대한 모든 진술에서 오류가 없도록 해주셨습니다. 성령님께서 성경 전체가 쓰여지기까지 인간 저자들의 말과 생각과 자료 수집과 모든 과정을 감독하시고 주관하시고 이끄셔서, 오류가 없이 하나님의 뜻과 의도대로 정확하게 기록되도록 간섭하셨습니다. 그들은 이 모든 말씀을 기록할 때에 성령의 "감동하심" 곧, 성령의 완전한 이끌림을 받아서 기록하였습니다. 이것을 가리켜서 "성경의 영감 the inspiration of Scripture"이라고 부릅니다. 성경은 사람이 마음대로 상상해서 쓴 소설이 아닙니다. 사람이 추론하고 사색해서 쓴 철학책도 아닙니다. 성경에 기록된 일들은 역사 가운데에서 실제로 있었던 일들이며, 그 일들은 모두 특별한 일들이요, 하나님께서 자신을 알리시기 위한 방편으로 있게 하신 일들이었습니다.

저는 하나님께서 "말씀하신 하나님"이신 것이 참 좋습니다. 우리 하나님이 전능하신 하나님이신 것도 좋고, 사랑의 하나님이신 것도 좋고, 영원하신 하나님이신 것도 좋고, 거룩하신 하나님이신 것도 좋고, 우리를 구원하시는 하나님이신 것도 말할 수 없이 좋지만, 말씀하신 하나님이신 것이 참 좋습니다. 하나님께서 말씀해 주시지 않았으면 우리가 그 하나님의 사랑과 능력과 구원을 어떻게 알 수 있었겠으며, 우리가 어떻게 구원을 받을 수 있었겠습니까? 하나님께서 우리가 알아들을 수 있는 말로 말씀해 주신 것도 감사합니다. 하나님께서 천상의 말로 우리에게 계시하여 주셨다면 우리는 아무도 그 뜻을 알 수 없고 그리스도를 만날 수도 없었을 것입니다.

하나님은 성경의 하나님이십니다. 하나님께서 그의 특별계시의 말씀이 기록되게 하셔서 영구히 보존될 수 있도록 해주신 것이 얼마나 큰 은혜인지 모릅니다. 하나님께서는 그의 말씀이 기록되는 것을 얼마나 간절히 바라셨는지, 성경의 한 부분(십계명)은 돌판 위에 하나님의 손가락으로 친히 써주시기까지 하셨습니다. 하나님은 하나님의 말씀이 기록되어서 영구히 보존되게 해주셨고, 원하는 자는 누구든지 성경을 펴서 얼마든지 읽게 해 주셨습니다.

우리는 성경이 기록된 하나님의 말씀인 것을 믿습니다. 그리고 그 성경은 "우리와 우리의 구원을 위하여 있는 성경"인 것을 믿습니다. 성경은 우리를 살리는 생명의 말씀이요 구원의 말씀입니다. 그러므로 성경을 멀리했던 죄를 회개하고, 성경을 사랑하고, 성경을 가까이 하여 읽고 묵상하고 공부합시다. 탁월한 성경교사이자 전도자였던 D. L. 무디는 마치 보물을 찾는 것처럼 성경을 철저히 연구하며 되풀이해서 읽어야 한다고 했습니다.[12] 우리가 소중히 여기는 반지나 값비싼 보석을 잔디밭에서 잃어버렸다면, 그것을 찾기 위하여 해가 지도록 그곳을 서성이며 유심히 찾고 또 찾으려고 하지 않겠습니까? 성경을 읽을 때에 그렇게 읽읍시다. 성경의 한 구절 한 구절 뜻을 새기며 읽고 묵상하고, 설교를 통하여 말씀을 더 잘 알아가고, 말씀을 받았다

---

12) D. L. 무디, 「성경을 즐거워하라」 (서울: 생명의 말씀사, 2014), 70.

면 그 말씀을 신실하게 증거하는 증인으로 살아갑시다.

하나님의 말씀을 가진 우리는 제일 큰 부자요 성공자요 행복자입니다. 우리는 말씀을 통해서 하나님의 모든 좋은 것을 받습니다. 그래서 다윗은 "주의 입의 법이 내게는 천천 금은보다 승하니이다."(시 119:72)라고 했습니다. 하나님의 말씀에서 우리는 하나님의 뜻도 발견하고, 세상이 줄 수 없는 위로와 소망도 발견할 수 있습니다. 우리에게 이런 성경이 주어진 것은 하나님의 크신 은혜입니다. 그러므로 성경을 소중히 여깁시다. 성경을 대할 때에 보물을 대하듯이 귀히 여깁시다.

하나님 아버지, 우리에게 말씀하여 주신 것을 감사합니다. 금보다 귀하고 꿀보다 더 달콤한 말씀이 기록되어서 보존되게 해주시고, 그 말씀이 우리의 손에 들려서 읽혀질 수 있게 해주신 것을 감사합니다. 말씀을 멀리했던 우리의 죄와 불충을 용서하여 주옵시고, 믿음의 선진들이 하나님의 말씀을 받은 후에 신실한 말씀의 증인들로 살았던 것처럼, 우리도 성경을 부지런히 읽고 바르게 배워서, 성경이 계시하는 하나님과 하나님의 구원을 신실하게 증거하는 증인으로 살아가게 하여 주시옵소서. 우리의 자녀들과 함께 하나님의 말씀을 읽고 공부하게 하시고, 말씀 속에서 세상이 주지 못하는 교훈과 위로와 빛을 발견하게 하시며, 이 말씀 위에 우리의 삶을 지혜롭게 건축하게 하여 주시옵소서. 예수님의 이름으로 기도하옵나이다. 아멘.

벨직 신앙고백 제4조
정경

우리는 성경이 두 부분, 즉 구약과 신약으로 되어 있으며 이것들이 정경이라는 사실에 그 어떤 이의도 있을 수 없다고 믿습니다. 하나님의 교회에서 이 책들의 목록은 다음과 같습니다:

구약성경으로는 모세오경인 창세기, 출애굽기, 레위기, 민수기, 신명기와; 여호수아, 사사기, 룻기, 사무엘상하, 열왕기상하, 역대상하, 에스라, 느헤미야, 에스더; 욥기, 다윗의 시편과 솔로몬의 세 책인 잠언, 전도서, 아가; 네 권의 대선지서인 이사야, 예레미야(예레미야 애가 포함), 에스겔, 다니엘; 그리고 나머지 열 두 권의 소선지서인 호세아, 요엘, 아모스, 오바댜, 요나, 미가, 나훔, 하박국, 스바냐, 학개, 스가랴, 말라기입니다.

신약성경으로는 사복음서인 마태복음, 마가복음, 누가복음, 요한복음과; 사도행전과; 바울의 열 네 서신인 로마서, 고린도전후서, 갈라디아서, 에베소서, 빌립보서, 골로새서, 데살로니가전후서, 디모데전후서, 디도서, 빌레몬서, 그리고 히브리서; 다른 사도들의 일곱 서신인 야고보서, 베드로전후서, 요한1,2,3서, 유다서; 그리고 요한계시록입니다.

신구약성경 66권만이 하나님의 말씀입니다

18 내가 이 책의 예언의 말씀을 듣는 각인에게 증거하노니 만일 누구든지 이것들 외에 더하면 하나님이 이 책에 기록된 재앙들을 그에게 더하실 터이요 19 만일 누구든지 이 책의 예언의 말씀에서 제하여 버리면 하나님이 이 책에 기록된 생명나무와 및 거룩한 성에 참예함을 제하여 버리시리라

요한계시록 22장 18-19절

정경이란 무엇인가?

벨직 신앙고백 제4조는 기록된 하나님의 말씀인 성경의 범위를 말해줍니다. 성경은 구약성경과 신약성경으로 되어 있으며, 그 책들을 우리는 "정경canon"이라고 부릅니다. "캐논"이라는 말은 원래 헬라어 "카논(κανών)"에서 나온 말입니다. 헬라어 "카논(κανών)"은 "표준, 척도, 규례, 규범"이라는 뜻을 가지고 있습니다(갈 6:16). 라틴어나 영어도 이 단어를 그대로 사용해서 정경을 캐논canon이라고 불러왔습니다. 무엇이든 표준이 매우 중요합니다. 시간에도 표준시標準時, standard time라는 것이 있습니다. 표준시간이 왔다갔다하면 굉장히 혼란해지고 위험해질 것입니다. 성경을 말할 때에도 마찬가지입니다. 정경성canonicity은 굉장히 중요한 문제입니다. 왜냐하면 이것을 표

준으로 해서 우리의 모든 신앙과 생활이 그 위에 세워지게 되기 때문입니다. 정경이란 어떤 책이 "진짜 성경"인지를 표시하는 용어입니다. 성경은 우리의 신앙과 순종의 유일한 표준이기 때문에, 모든 성경은 정경이어야 합니다. 언제든지 표준이 정확해야 합니다. 표준이 잘못되면 우리의 신앙과 삶이 매우 혼란하게 되기 때문입니다.

벨직 신앙고백이 우리가 너무나도 잘 알고 있는 신구약성경 66권의 목록을 굳이 신앙고백의 한 조항으로 삼아서 열거한 이유는, 정경에 대해서 서로 다른 견해들이 존재하기 때문입니다. 동방정교회와 가톨릭교회와 개혁교회는 정경에 대해서 조금씩 다른 견해를 가지고 있습니다. 동방정교회나 가톨릭교회는 신구약성경 66권의 책 외에도 소위 "외경"이라고 불리는 책들을 "제2정경"이라는 이름으로 받아들이고 있습니다. 하지만 개혁교회는 오직 66권의 성경만을 정경으로 인정하였습니다. 따라서 벨직 신앙고백의 저자 귀도 드 브레는 그 차이를 분명하게 천명할 필요가 있었습니다. 무엇을 표준으로 삼느냐 하는 것은 매우 중요합니다. 정경이 무엇인지를 분명히 하기 전에는 우리는 아무 것도 확정지을 수 없습니다. 우리는 하나님의 말씀에만 정초해서 교리를 세워나갈 수 있고 우리의 삶을 세워나갈 수 있습니다. 정확한 하나님의 말씀이 아니면 우리는 그 어떤 것에도 확신을 가질 수 없습니다.

신구약성경의 정경화 canonization 과정

지금 우리가 가지고 있는 신구약성경은 "정경화 과정"을 거쳐서 교회의 정경으로 수납되고 확증된 책들입니다. 그렇다면 성경은 어떤 과정을 거쳐서 현재 우리가 가지고 있는 최종 형태의 정경으로 완성되고 받아들여지게 된 것입니까?

성경의 책들이 정경으로 받아들여질 수 있기 위해서는, 먼저 하나님의 말씀이 기록되어야 했습니다. 하나님의 말씀을 받은 사람들은 매우 긴 시간 동안 성경의 책들을 기록했습니다. 하나님의 말씀이 우리에게 처음 주어진 때는 우리의 시조 아담과 하와 때부터였습니다. 하나님의 특별계시의 말씀은 인류가 존재하기 시작한 직후부터 주어지기 시작했습니다. 아담과 하와 이후, 아벨과 셋, 노아와 셈, 아브라함과 이삭과 야곱 등 매우 소수의 사람들과 야곱의 후손들인 이스라엘 민족에게 하나님의 말씀은 계속해서 주어졌습니다. 그리고 그 말씀이 기록된 형태로 우리에게 전해지기 시작한 것은 모세 때부터였습니다. 하나님의 말씀이 처음으로 책의 형태로 기록된 것은 모세에 의해서 기록된 모세오경, 곧 창세기, 출애굽기, 레위기, 민수기, 신명기입니다. 모세는 주전 1500년대에 태어나서 1400년대에 주로 활동했던 인물입니다. 그러니까 인류가 성경을 처음으로 가지게 된 것은 지금부터 약 3500여년 전이라고 할 수 있습니다.

하나님께서는 이 책들을 "하나님의 말씀"으로 존중하고 받아들일 것을 명령하셨습니다. "이스라엘아 이제 내가 너희에게 가르치는 규례와 법도를 듣고 준행하라. 그리하면 너희가 살 것이요 너희 조상의 하나님 여호와께서 너희에게 주시는 땅에 들어가서 그것을 얻게 되리라. 내가 너희에게 명령하는 말을 너희는 가감하지 말고 내가 너희에게 내리는 너희 하나님 여호와의 명령을 지키라"(신 4:1-2). 구약의 교회라고 할 수 있는 이스라엘 백성들은 이 모세오경을 하나님의 말씀으로 존중하고 받아들였습니다. 그리고 모세 시대 이후에도 하나님의 말씀은 계속해서 더해졌습니다. 구약성경만 놓고 보면 거의 1500년 동안 선지자들이 계속해서 일어나서 하나님의 말씀을 대언하고 또한 기록하였습니다.

수많은 선지자들 중에 누가 참된 선지자인지는 어떻게 알 수 있습니까? 참된 선지자라면 가장 먼저 기록된 정경이라고 할 수 있는 모세오경, 곧 율법의 이치에 맞는 말을 하는 자여야 했습니다. 하나님께서는 그가 보내신 선지자가 참된 선지자라는 것을 알려주시기 위해서 때로는 이적으로 그들의 선지자됨을 확증해 주시기도 하셨고(예를 들면 엘리야와 엘리사), 때로는 그들이 선포하고 예언한 말씀대로 모든 일이 역사 가운데에서 성취되는 것을 통해 그들의 선지자됨을 확증해 주시기도 하셨습니다. 하나님께서는 그들의 모든 말이 헛되이 땅에 떨어지지 않도록 권위 있게 하셨습니다. "내 입에서 나가는 말도 헛되이 내게로 돌아오지 아니하고 나의 뜻을 이루며 나의 명하여 보낸 일에 형통하리라"(사 55:11). 그래서 누구든지 거듭난 성도라면 선지자의 말을 듣고 그들의 글을 읽을 때에, "아, 과연 저 사람이 하나님의 선지자이고, 그의 말이 곧 하나님의 말씀이로구나!" 하고 인정하고 그것을 하나님의 말씀으로 수납할 수 있도록 하셨습니다. 그리하여 역사 가운데 일어났던 모든 하나님의 선지자들의 글들은 차례차례 하나님의 말씀으로 의심의 여지없이 받아들여지게 되었습니다.

물론 오늘 우리가 가지고 있는 형태의 구약성경으로 수집된 것은 구약성경의 맨 마지막 책이 기록된 이후 어느 정도의 시간이 지난 뒤일 것으로 추론하는 것이 합리적입니다. 구약성경이 헬라어로 번역된 것이 주전 250-200년경이므로, 적어도 주전 300년을 전후해서는 유대인들 사이에서 "성경"이라고 부를만한 책들이 모두 수집되어 회람되고 있었던 것이 분명합니다. 왜냐하면 70인역에는 구약 39권의 책이 하나도 빠짐없이 다 포함되어 있기 때문입니다. 물론 거기에는 소위 "외경"이라고 부르는 책들도 함께 번역되어 있지만, 중요한 것은 팔레스타인 지역의 전통적인 유대인들은 이러한 외경들을 자신들의 정경에 포함시키지 않았다는 사실입니다. 유대인들은 정경의 개념을 분명히 가지고 있었습니다. 이집트의 알렉산드리아와 같은 곳에 흩어져 있던 디아스포라 유대인들 사이에서 외경이 사용되기는 했지만 단

지 "2등급 정경"의 지위만을 부여받았다는 것을 보여주는 증거들이 나타나고 있습니다.[13]

구약성경은 이상과 같은 과정을 거쳐서 교회의 정경으로 수집되고 수납되었습니다. 분명한 것은 예수님 당시에 이미 "성경"이라고 부를 수 있는 책이 유대인들에게 수집되어 한 권의 책으로 묶여져 있었다는 사실입니다. 예수님께서도 그러한 "성경"의 존재를 언급하셨고 그 권위를 인정하셨습니다. "예수께서 대답하여 가라사대 너희가 성경도, 하나님의 능력도 알지 못하는 고로 오해하였도다"(마 22:29). "내가 만일 그렇게 하면 이런 일이 있으리라 한 성경이 어떻게 이루어지리요 하시더라"(마 26:54). "내가 날마다 너희와 함께 성전에 있어서 가르쳤으되 너희가 나를 잡지 아니하였도다 그러나 이는 성경을 이루려 함이니라 하시더라"(막 14:49). "예수께서 그 자라나신 곳 나사렛에 이르사 안식일에 자기 규례대로 회당에 들어가사 성경을 읽으려고 서시매"(눅 4:16; 24:32,45; 요 2:17, 5:39 참조).

신약성경에는 50번 정도 "성경" 또는 "경"이라는 말씀이 사용되었습니다. "성경"을 의미하는 헬라어 "그라페"는 "그 글들"을 의미합니다. "읽는 성경 귀절은 이것이니 일렀으되 저가 사지로 가는 양과 같이 끌리었고 털 깎는 자 앞에 있는 어린 양의 잠잠함과 같이 그 입을 열지 아니하였도다"(행 8:32; 행 13:29, 17:2 참조). "베뢰아 사람은 데살로니가에 있는 사람보다 더 신사적이어서 간절한 마음으로 말씀을 받고 이것이 그러한가 하여 날마다 성경을 상고"하였습니다(행 17:11). 신약성경에서 성경이라고 했을 때에는 대부분 구약성경을 의미하는 것이 명백하였지만, 베드로후서 3:16과 같은 곳에서는 바울서신을 성경으로 지칭하고 있습니다(딤후 3:16 참조).

---

13) R. C. 스프로울, 「웨스트민스터 신앙고백 해설 1」, 이상웅, 김찬영 공역 (서울: 부흥과개혁사, 2011), 22.

구약성경의 책들이 선지자들을 통하여 기록되었다면, 신약성경의 책들은 사도들을 통하여 기록되었습니다. 신약성경의 정경성 여부를 결정하는 중요한 요소는 사도성apostolicity이었습니다. 초대교회의 성도들과 교부시대의 교회들이 오늘 우리가 정경으로 인정하고 있는 책들을 거룩하고 권위 있는 하나님의 말씀으로 받아들일 때의 중요한 기준은 사도성이었습니다. 다시 말해서, 그 책이 사도적 관련성을 가진 사도적 저자(저자가 사도이거나 사도들과의 밀접한 관계 속에서 사도들의 증언을 기초로 하여 말씀을 기록한 이들)에 의해서 기록되었는지를 매우 중요한 기준으로 삼았다는 말입니다.

신약성경이 기록되는 데에도 어느 정도의 시간이 걸렸고, 신약성경이 한 권의 책으로 수집되는 데에도 어느 정도의 시간이 걸렸고, 성경이 정경으로 받아들여지는 데에도 긴 시간이 필요했지만, 초대교회는 일찍이 신약성경의 대부분의 책들을 하나님의 말씀으로 받아들였던 것이 분명합니다. 주후 2세기 후반의 것으로 추정되는 신약성경의 사본인 "무라토리의 단편 Muratorian Fragment"은 (비록 앞부분이 훼손되었지만) 복음서와 사도행전, 13편의 바울서신, 유다서, 2편의 요한서신과 요한계시록을 포함하고 있습니다. 유세비우스(주후 265-340년경)는 사복음서와 사도행전, 그리고 14권의 바울서신(히브리서 포함)과 베드로전서와 요한일서, 요한계시록 등이 교회에서 정경으로 받아들여지고 있다고 증언하면서, 야고보서, 유다서, 베드로후서, 요한이서, 요한삼서를 놓고도 정경 여부에 대한 논란이 있지만, 대부분의 사람들은 그러한 책들도 정경으로 인정한다고 말했습니다.[14] 4세기 중반의 신약성경 사본인 시내산 사본Codex Sinaiticus은 오늘날 우리가 가지고 있는 신약성경을

---

14) 유세비우스 팜필루스, 「유세비우스의 교회사」, 엄성옥 역 (서울: 은성, 1990), 162-6; F. F. 브루스, 「신약성경은 신뢰할 만한가?」, 홍찬혁 옮김 (서울: 좋은씨앗, 2017), 40.

모두 포함하고 있습니다. 주후 367년 알렉산드리아의 아타나시우스가 부활절에 쓴 편지에서 신약성경의 정경의 목록을 열거하며 언급했을 때 거기에 대해 어떠한 잡음도 없었으며, 주후 397년 카르타고 공의회에서는 신구약 66권의 목록을 정경으로 확정하기도 하였습니다. (시내산 사본의 내용이나 카르타고 공의회의 결정과 관련해서는 외경의 문제가 남아있는데, 외경에 대해서는 제6조를 공부할 때에 좀 더 자세히 살펴보도록 하겠습니다.) 그러므로 우리는 벨직 신앙고백 제4조의 고백처럼, 구약성경은 모세가 기록한 5권의 책(모세오경)과 12권의 역사서, 5권의 시가서, 5권의 대선지서, 12권의 소선지서로 총 39권, 그리고 신약성경은 4권의 복음서와 1권의 사도행전, 14권의 바울서신, 7권의 일반서신, 1권의 요한계시록으로 총 27권, 도합 66권만이 기록된 하나님의 말씀, 곧 정경인 것을 믿습니다.

성경 자체의 빛과 교회의 증언

우리는 "신구약 66권만이 정경이다."라고 말할 때에 한 가지 기억해야 할 것이 있습니다. 그것은 신구약 66권이 정경으로 받아들여진 것은 어떤 개인의 주장 또는 교회 회의의 결정에 의한 것이 아니었다는 사실입니다. 교회는 신구약 66권의 자기확증적인 특질을 인식하고 인정했을 뿐, 교회로 하여금 스스로의 정경성을 인정하도록 강요한 것은 다름 아닌 바로 성경 자체입니다. 예를 들어, 매우 아름답게 조각된 예술품이 있다고 했을 때, 우리가 그 예술품을 보고 "이 조각품은 정말 걸작이다."라고 주장했다고 해서, 또는 많은 사람들이 회의를 통해서 결정했다고 해서 그 작품이 비로소 걸작이 되는 것은 아닙니다. 그것은 본래부터 걸작품이었습니다. 맛있게 만들어진 음식을 우리가 눈으로 보고 입으로 맛본 후에 "이 음식은 천하일품이다."라고 선언함으로써 비로소 그것이 맛있는 음식이 되는 것은 아닙니다. 그것은 본래부터 맛있는 요리였습니다. 단지 우리는 그것을 보고 그것이 걸작품이요 일품이라는 것을 알고 인정하고 받아들이게 된 것뿐입니다. 성경도 마찬가지입니다. 신구약 66권이 정경으로 받아들여진 것은 그것이 하나님의 말씀이기 때문이요, 성경 자체가 하나님의 말씀으로서 가지고 있는 빛과 아름다움과 능력을 발산하고 있기 때문입니다. 웨스트민스터 신앙고백 1장 5항이 고백하고 있는 것처럼, 신구약성경의 "내용의 천상적인 성격, 교리의 효능, 문체의 장엄함, 모든 부분들의 일치, 전체의 의도(모든 영광을 하나님께 돌리는 것), 인간 구원을 위한 유일한 길에 대한 충분한 발견, 다른 많은 비할 데 없는 탁월한 속성들, 그리고 그것의 전체적인 완전성은 성경이 하나님의 말씀이라는 사실을 풍성하게 증명하는 증거들"이 되고 있는 것입니다.

그렇다고 해서 신구약 66권을 정경으로 증언하는 교회의 증언이 중요하지 않은 것은 아닙니다. 여행을 떠나면 여행 가이드들이 우리를 명소에 데려다 주고 설명을 해줍니다. 그들은 명소에 대해서 잘 알고 그곳으로 가는 길도 잘 알고 있습니다. 그래서 좋은 가이드를 잘 따라다니다 보면 명소를 보고 여행지에 대한 좋은 설명도 들을 수 있습니다. 그런 것처럼 우리보다 앞서 하나님의 말씀의 빛을 보고 성령의 인도하심을 받은 교회의 증언은 귀합니다. 우리는 그들의 증언을 통해 어떤 책들이 정경인지에 관한 증거를 들을 수 있게 됩니다. 따라서 우리는 그들의 증언을 존중하고 귀 담아 들어야 합니다. 그것이 안전합니다. 그래서 웨스트민스터 신앙고백 제1장 5항은 또한 이렇게 가르칩니다. "우리는 교회의 증거를 통해 감동과 권유를 받고 성경을 고상하고 존귀하게 여기게 될 것이다(딤전 3:15)."

우리는 신구약 66권만이 정경이라는 사실을 굳게 믿습니다. 정경은 선지자들과 사도들이 특별계시인 하나님의 말씀을 받아서 기록한 이후, 더 이상

추가되거나 더해지거나 수정되거나 제해질 수 없습니다. 요한계시록 22:18-19이 이것을 잘 말씀하고 있습니다. "내가 이 책의 예언의 말씀을 듣는 각인에게 증거하노니 만일 누구든지 이것들 외에 더하면 하나님이 이 책에 기록된 재앙들을 그에게 더하실 터이요 만일 누구든지 이 책의 예언의 말씀에서 제하여 버리면 하나님이 이 책에 기록된 생명나무와 및 거룩한 성에 참예함을 제하여 버리시리라"(계 22:18-19). 지금도 자신이 하나님의 계시를 받았다고 하는 사람들이 종종 나오지만, 그들의 주장은 모두 거짓입니다. 하나님은 신구약성경 66권에 무언가를 더하는 죄를 심히 미워하십니다.

그러므로 하나님께서 우리에게 성경을 주신 것에 대해 감사합시다. 바른 표준인 정경이 무엇인지를 확실히 해야, 그 위에서 성경을 바르게 해석할 수도 있고, 바른 교리도 세울 수 있고, 우리의 모든 생활도 바르게 세워나갈 수 있습니다. 그러므로 정경이 무엇인가 하는 이 주제는 결코 작거나 가벼운 주제가 아닙니다. 신구약 66권 외에 다른 기준canon은 없음을 분명히 합시다. 우리에게 정경이 주어져서, 우리가 바른 기준을 가지고 신앙생활을 할 수 있게 된 것은 참으로 감사한 일입니다. 우리에게 신앙과 삶의 표준이 있다는 것은 매우 중요한 일입니다. 이 말씀을 주야로 읽고 묵상하는 사람은 복이 있습니다(시 1:2). 이 말씀 위에 신앙과 삶을 세워나가는 개인과 가정과 교회는 반석 위에 세운 집과 같아서 비가 내리고 창수가 나고 바람이 불어 그 집에 부딪혀도 무너지지 않을 것입니다(마 7:24-25). 성경(정경) 위에 세워지지 않은 모든 교리, 모든 실천은 거품입니다. 우리의 신앙이 성경에 정초定礎할 수 있게 해달라고 하나님의 은혜를 구합시다.

하나님 아버지, 우리 신앙과 생활의 유일무이하고 정확무오한 표준으로서 신구약 66권의 책을 우리에게 허락하여 주신 것을 감사합니다. 한권 한

권이 다 하나님의 말씀이라는 사실을 기억하게 하시고, 각 권에 담아서 우리에게 전하여 주신 하나님의 말씀에 귀 기울이게 하시고, 그 말씀에 입각한 바른 교리를 굳게 붙들게 하시고, 말씀 위에 우리의 삶도 세워주셔서, 우리를 통해서 이 땅 위에서 영광을 받으시고자 하는 하나님의 뜻이 밝히 드러나게 해주시옵소서. 말씀대로 살아서 복 있는 사람들로 살아가는 우리가 되게 하여 주시옵소서. 하나님의 말씀을 선포할 신실한 설교자를 이곳에 끊임없이 일으켜 주셔서, 이 강단에서 선포되는 모든 말씀들이 결코 헛되이 땅에 떨어지지 않고 많은 영혼들을 구원하고 살리고 먹이고 위로하고 교훈하는 생명의 말씀이 되게 하여 주시옵소서. 예수님의 이름으로 기도하옵나이다. 아멘.

벨직 신앙고백 제5조

성경의 권위

우리는 이 모든 책들을, 그리고 오직 이 책들만을 우리의 믿음을 규정짓고 세우고 굳세게 하는 거룩한 정경으로 받아들입니다. 우리가 이 책들에 담겨진 모든 것을 아무 의심 없이 믿는 것은, 교회가 그것들을 정경으로 받아들이고 승인하기 때문이라기보다는, 무엇보다 이 책들이 하나님에게서 온 것임을 성령님께서 우리 마음에 증거하시기 때문이며, 또한 이 책들 스스로가 하나님에게서 온 것을 입증하고 있기 때문입니다. 맹인이라도 이 책들에서 예언된 것들이 성취되는 것을 볼 수 있습니다.

성경은 권위 있는 하나님의 말씀입니다

16 모든 성경은 하나님의 감동으로 된 것으로 교훈과 책망과 바르게 함과 의로 교육하기에 유익하니 17 이는 하나님의 사람으로 온전케 하며 모든 선한 일을 행하기에 온전케 하려 함이니라

디모데후서 3장 16-17절

벨직 신앙고백 제5조는 성경의 권위에 대한 조항입니다. 우리는 신구약 66권의 모든 책들을 권위 있는 하나님의 말씀으로 믿고 받아들입니다. 성경만이 우리의 믿음을 규정짓고 세우고 굳세게 하는 유일한 책입니다. 성경은 하나님의 말씀으로서의 권위를 가집니다. 성경은 우리가 무엇을 믿어야 하는지를 알려주고, 참된 믿음이 무엇인지를 규정해주고, 우리의 믿음을 끊임없이 세우고 굳세게 해줍니다. 우리는 성경의 권위를 믿고 인정합니다. 특별히 우리는 세 가지 면에서 성경의 권위를 생각할 수 있습니다.

성경의 출처가 권위 있다

첫째, 성경의 출처origin가 권위 있습니다. 벨직 신앙고백 5조에는 "이 책들이 하나님에게서 온 것"이라는 표현이 두 번이나 나옵니다. 성경의 출처

는 하나님입니다. 성경은 하나님에게서 온 하나님의 말씀이기 때문에, 이 세상의 그 어떤 책들보다 권위가 있고 그 어떤 말보다도 권위가 있습니다. 모든 성경은 하나님의 감동으로 된, 하나님의 말씀입니다. "모든 성경은 하나님의 감동으로 된 것으로 교훈과 책망과 바르게 함과 의로 교육하기에 유익하니"(딤후 3:16)라고 하셨는데, "하나님의 감동으로 되었다"는 말은 헬라어 "데오프뉴토스"의 번역입니다. 이 말은 하나님을 뜻하는 "데오스"라는 말과 숨breath을 뜻하는 "프뉴마"라는 말의 합성어로, 이 단어의 문자적인 의미는 "하나님께서 내쉬신 날숨"입니다. "모든 성경은 하나님의 감동으로 되었다"(딤후 3:16)고 하셨을 때, 성경의 영감이란 시인이나 화가 같은 예술가들이 어떤 영감을 받아서 작품을 만들어낸다고 할 때의 그런 영감과는 다른 것입니다. 완성된 성경책에 어떤 영감을 불어넣으셔서 그것이 하나님의 말씀이 되게 하셨다는 뜻도 아닙니다. 하나님께서 성경 자체를 발하셨고 내쉬셨음을 뜻합니다. 모든 성경은 하나님의 날숨이요 하나님에게서 온 말씀이라는 말입니다. 물론 하나님께서는 성경을 기록한 선지자들과 사도들에게도 성령의 감동하심을 입혀 주셨습니다(벧후 1:21). 하지만 동시에 하나님께서는 성경의 모든 말씀을 친히 발하셨습니다. 모든 성경은 하나님의 날숨입니다.

하나님은 말씀하시고 명령하실 수 있는 권리와 권위를 가지고 계십니다. 하나님과 인간 사이에는 기본적인 질서가 있는데, 하나님은 말씀하시는 위치에 계시고 인간은 듣는 위치에 있으며 하나님은 명령하시는 위치에 계시고 인간은 순종하는 위치에 있습니다. 이것이 하나님과 인간 사이의 기본적인 질서입니다. 성경은 하나님의 말씀이기 때문에 권위가 있습니다. 웨스트민스터 신앙고백 1장 4항은 성경의 권위에 관하여 이렇게 말합니다. "마땅히 믿고 순종해야 할 성경의 권위는 어느 사람이나 교회의 증언에 달려 있지 않고, 그것의 저자이신 (진리 자체이신) 하나님께 전적으로 의존한다. 그러므로 성경을 받아들여야 하는 이유는 성경은 하나님의 말씀이기 때문이다 (벧후 1:19,21; 딤후 3:16; 요일 5:9; 갈 1:11,12; 살전 2:13)." 성경의 신적 기원divine authorship이 성경의 권위의 궁극적인 이유입니다.

성경이 하나님에게서 온 진리가 아니라면, 성경에 관한 모든 말은 다 헛말에 불과합니다. 설교자가 강단에서 전하는 모든 설교도 다 부질없는 말에 불과합니다. 설교자가 성경을 읽고 성경의 내용을 설교한다 하더라도, 그가 붙들고 있는 성경이 하나님에게서 온 것이 아니라 단지 사람에게서 온 말이라면, 그 설교자의 설교가 무슨 의미가 있겠습니까? 존 프레임 John Frame 교수는 "성경 권위의 절대성은 하나님의 권위가 절대적이기 때문이며 또한 성경은 우리에게 말씀하시는 그분의 인격적인 말씀이기 때문"[15]이라고 했습니다. 어거스틴은 "만일 성경의 신적 권위가 흔들린다면 신앙은 비틀거릴 것이다."[16]라고 했습니다. 바빙크 Herman Bavinck도 이렇게 말했습니다. "진실로 성경의 권위가 기초할 수 있는 단 하나의 토대가 있는데, 그것은 성경의 영감이다. 이것이 무너지면 성경의 권위도 끝장난다. 이런 경우 성경은 우리 신앙과 삶의 기준이 되기에는 전혀 자격도 없는, 단지 인간적인 글들만을 포함할 뿐이다."[17] 그러므로 성경은 그 출처에 있어서 이 세상의 다른 모든 책들과 근본적으로 구별되는 권위를 가집니다.

성경의 내용 자체가 권위 있다

둘째, 성경의 내용 자체가 권위 있습니다. 벨직 신앙고백 제5조는 "이 책

---

15) 존 M. 프레임, 「성경론」, 김진운 역 (서울: 개혁주의신학사, 2014), 271.
16) Augustinus, *De doctrina christiana*, I. 37; 헤르만 바빙크, 「개혁교의학 1」, 박태현 옮김 (서울: 부흥과개혁사, 2011), 605에서 재인용.
17) 바빙크, 「개혁교의학 1」, 606.

들 스스로가 하나님에게서 온 것을 입증하고 있기 때문"에 우리는 성경을 권위 있는 하나님의 말씀으로 믿고 받아들인다고 하였습니다. 이것을 우리는 "성경의 자증自證, self-attestation"이라고 부릅니다. 성경 스스로가 하나님의 말씀으로서의 권위를 나타냅니다. 신구약 66권의 책이 정경으로 받아들여진 것은 그것이 하나님의 말씀이기 때문이요, 성경 자체가 하나님의 말씀으로서 가지고 있는 빛과 아름다움과 능력을 발산하고 있기 때문입니다. 웨스트민스터 신앙고백 1장 5항은 신구약성경의 "내용의 천상적인 성격, 교리의 효능, 문체의 장엄함, 모든 부분들의 일치, 전체의 의도(모든 영광을 하나님께 돌리는 것), 인간 구원을 위한 유일한 길에 대한 충분한 발견, 다른 많은 비할 데 없는 탁월한 속성들, 그리고 그것의 전체적인 완전성은 성경이 하나님의 말씀이라는 사실을 풍성하게 증명하는 증거들"이 된다고 고백하였습니다.

성경의 모든 내용은 사실이고 진리이기 때문에 권위가 있습니다. 무엇이 성경을 권위 있게 만듭니까? 성경은 그 내용이 참되며 철저하게 진실을 기록하고 있다는 점에서 권위 있습니다. 사실이 아니면 그것은 다 거짓이고 권위가 없습니다. 사람도 거짓이 없는 사람, 진실한 사람의 말이 권위가 있습니다. 계속해서 거짓말로 둘러대는 사람은 신뢰할 수 없습니다. 얼마 전에 "착해 보이는데 절대로 결혼하면 안 되는 사람의 특징"이라는 제목의 기사를 보았습니다. 한 심리학자의 책을 소개하는 기사였는데, 그 두 번째 유형의 사람은 "작은 거짓말을 하는 사람"이었습니다. 아무리 착해 보여도 거짓말을 자주 하는 사람과는 절대 결혼하지 말라는 것입니다. 그런 사람들은 거짓말이 드러나게 되더라도 이런저런 변명으로 자기 합리화를 합니다. 그런 사람들은 조금이라도 자기가 불편하게 되는 것을 회피하기 위해서 자기에게 불편하게 되는 상황이 되면 언제든지 크고 작은 거짓말을 할 수 있다는 것입니다. 그렇게 계속 거짓말을 하는 사람들은 결국 주변 사람들에게 상처를 주고, 건강한 관계를 세워나갈 수 없게 됩니다. 그런 사람의 말은 권위가 없고 믿을 수도 없습니다.

성경이 권위가 있는 것은 그 내용이 참되고 진실하기 때문입니다. 아무리 진정성이 있고 정직하게 말한다고 하더라도 그 내용이 참이어야 하고 진리여야 합니다. 그 내용이 참되지 못하다면, 아무리 진정성 있게 말한다 하더라도 그것은 진리가 아니기 때문에 아무 것도 아닙니다. 성경에는 모두 다 옳은 말, 참말만 기록되어 있습니다. 성경은 정확하게 선한 것을 선하다고 말씀하고 있고 악한 것을 악하다고 선언합니다. 이것을 성경의 "규범적 권위"라고 부릅니다. 성경에 맞으면 선하고 옳은 것이고 성경에 안 맞으면 악하고 틀린 것입니다. 성경은 이것을 정확하게 판가름할 수 있기 때문에 권위가 있습니다. 성경이 기준이요 척도입니다. 성경의 내용은 역사적으로도 참됩니다. 창조부터 심판까지 성경에 기록된 모든 것은 역사적 사실이며, 또한 장차 반드시 이루어질 일들에 대한 예언입니다. 우리는 이것을 성경의 "역사적 권위"라고 부릅니다. 성경은 규범적 권위와 역사적 권위로 엮여있어서, 우리의 모든 신앙과 생활을 규정짓고 세우고 굳세게 합니다. 그러므로 성경은 그 내용 자체가 권위를 입증하고 있습니다.

성경의 효력이 권위 있다

셋째, 성경은 그 효력과 능력 면에서 권위가 있습니다. 성경은 효력 있는 말씀입니다. 성경에는 힘이 있습니다. 성경은 사람을 구원하는 힘을 가지고 있으며 사람을 변화시키는 힘을 가지고 있습니다. 성경은 사람을 완전히 바꾸어놓습니다. 성경은 사람을 지혜롭게 합니다. 성경은 사람에게 빛을 줍니다. 성경은 사람에게 큰 힘과 위로를 줍니다. 성경은 사람에게 소망도 주고 담대함도 주고 용기도 줍니다. 성경의 그 힘이 바로 하나님의 말씀의 권위입니다. 예수님께서 말씀하셨을 때에 사람들이 놀랐습니다. 왜냐하면 예수님께서는 가르치시는 것이 권세 있는 자와 같고 서기관들과 같지 않으셨기 때문입니다(마 7:29). 사도 바울은 복음을 하나님의 능력이라고 불렀습니다. "내가 복음을 부끄러워하지 아니하노니 이 복음은 모든 믿는 자에게 구원을 주시는 하나님의 능력이 됨이라. 첫째는 유대인에게요 또한 헬라인에게라"(롬 1:16). 성경은 사람을 구원하는 힘을 가지고 있습니다.

성경은 그 힘과 효력에 있어서 권위가 있습니다. 하나님의 말씀은 강력합니다. "나 여호와가 말하노라. 내 말이 불같지 아니하냐? 반석을 쳐서 부스러뜨리는 방망이 같지 아니하냐?"(렘 23:29). 하나님의 말씀은 불이요 방망이입니다. 하나님의 말씀은 강력합니다. 하지만 거짓 선지자들의 말은 힘이 없습니다. 그들의 말은 사람의 말일 뿐이요, 그들의 말은 바람에 나는 겨와 같습니다. 그들은 하나님이 보내시지도 않았는데도 혼자서 달음질하며 하나님께서 그들에게 말씀해 주시지 않았는데도 혼자서 예언합니다. 그러므로 거짓 선지자들의 말은 듣지 말아야 합니다(렘 23:16). 그들의 책도 읽지 말고, 그들의 유튜브 영상도 보지 말아야 합니다. 거짓 선지자들은 언제나 있어왔고, 하나님께서는 그들을 미워하십니다. 거짓 선지자들이 힘을 얻으면 언제나 교회는 약해지고 그릇되게 됩니다. 하나님의 효력 있는 말씀을 전하는 참된 선지자들과 설교자들을 귀히 여기고 그들의 말을 들어야 합니다.

성령의 내증內證과 교회의 외증外證

우리는 성경의 권위를 믿습니다. 성경은 출처나 내용이나 효능에 있어서 그 신적 권위를 뚜렷하게 나타내고 있습니다. 하지만 우리가 하나님의 말씀으로서의 성경의 권위를 인식하고 믿고 받아들일 수 있는 것은 결코 자연스럽게 이루어지는 것은 아닙니다. 우리 자신의 지혜와 능력을 잘 발휘한다고 해서 되는 것도 아닙니다. 벨직 신앙고백 제5조의 고백처럼, "우리가 이 책들에 담겨진 모든 것을 아무 의심 없이 믿는 것은… 무엇보다 이 책들이 하나님에게서 온 것임을 성령님께서 우리 마음에 증거하시기 때문"입니다. 우리가 성경의 권위를 인식하고 믿을 수 있는 것은 성령님이 우리 마음에 증거해 주시기 때문입니다. 이것을 우리는 "성령의 내증(內證)"이라고 부릅니다. 성령님께서 우리 마음에 성경이 하나님의 말씀이라는 사실을 증거해 주시고 일깨워주실 때에만 우리는 성경의 권위를 믿고 받아들일 수 있습니다. 거듭나지 않은 자연인은 어둡고 우준한 상태에 그대로 머물러 있기 때문에, 그는 보아도 보지 못하고 들어도 듣지 못하고 깨닫지 못합니다. 그렇지만 성령님의 증거로 인해 우리는 성경의 권위를 인정할 수 있게 되었고 성경의 권위 아래에서 복종할 수 있게 되었습니다. 그러므로 우리에게는 성령님의 내증, 곧 성령님의 조명하시고 깨닫게 하시고 믿게 하시는 은혜가 필요합니다.

성령님은 진리의 영이십니다. 성경이 기록될 수 있도록 선지자들과 사도들을 감동시키신 분도 성령님이시며(벧후 1:21), 성경을 읽는 자들이 그것을 하나님의 말씀으로 받아서 읽고 깨달을 수 있게 하시는 분도 성령님이십니다. 죄인의 마음속에 참된 믿음을 불러일으키시고(엡 1:17), 우리의 마음눈을 밝히사 하나님을 알게 하시고 하나님의 부르심의 소망이 무엇이며 그의 능력의 지극히 크심이 어떤 것을 우리에게 알게 하시는 분도 성령님이십니다(엡 1:17-19). 성령님은 증거의 영이십니다. "증거하는 이는 성령이시니 성령은 진리니라"(요일 5:7)고 하셨습니다. 성령님께서는 하나님의 특별계시의 말씀인 성경이 참되다고 우리 안에서 증거해 주심으로써 우리로 하여금 하나님의 말씀을 믿을 수 있도록 하시는 분입니다. 그러므로 죄인이 구원에 이르는 진리를 이해하고 사용할 수 있기 위해서는 성경 자체의 증언과 함께 성령께서 마음을 조명하여 주시는 것이 필요합니다. 성령님만이 우리에게 하나님을 충족하고 효과적으로 계시하여 우리를 구원에 이르게 하십니다.

그러나 거듭난 그리스도인이라고 해서 성령께서 직접 가르쳐 주시기 때문에 우리 안에서 증거하시는 성령님의 가르치심만 잘 받으면 되고 사람에게는 배울 필요가 없다고 생각해서는 안 됩니다. 성령의 내적 증언으로 인해 우리가 성경의 권위를 믿고 받아들일 수 있게 되는 것은 사실입니다. 하지만 성령님의 가르치심과 인도는 통상적으로 말씀을 전하는 사람들을 통해서 우리에게 주어집니다. 그래서 교회의 증언 또한 필요하며 중요합니다. 우리보다 앞서 하나님의 말씀의 빛을 보고 성령의 인도하심을 받은 교회의 증언은 결코 하찮은 것이 아닙니다. 그러므로 우리는 교회의 증언을 통해 어떤 책들이 권위 있는 하나님의 말씀인지에 대한 증거를 들을 수 있어야 합니다. 이것을 가리켜서 "교회의 외증外證"이라고 부를 수 있습니다. 우리는 교회의 증언을 존중하고 귀담아들어야 합니다. 그것이 안전합니다. 그래서 웨스트민스터 신앙고백 제1장 5항은 또한 이렇게 가르칩니다. "우리는 교회의 증거를 통해 감동과 권유를 받고 성경을 고상하고 존귀하게 여기게 될 것이다(딤전 3:15)." 벨직 신앙고백 제5항도 "교회가 그것들을 정경으로 받아들이고 승인하기 때문이라기보다는"이라고 고백함으로써, 교회의 증언과 승인이 성령의 내증만큼 결정적인 요소가 되지 않는다고는 하였지만, 교회의 외증 역시 무시할 수 없는 중요한 요소임을 밝히고 있습니다.

성경은 권위 있는 하나님의 말씀입니다. 그러므로 우리 그리스도인들은 성경의 권위를 굳게 믿어야 합니다. 오늘날 교회가 권위와 신뢰를 잃어가고 있다면 그 이유는 무엇일까요? 오늘날 그리스도인들이 많은 사람들로부터 존경과 신뢰를 받지 못하고 권위를 인정받지 못하고 있다면 그 이유는 무엇일까요? 교회가 하나님의 말씀을 그 어떤 시대보다 충실하게 붙들고 그 권위를 인정하며 복종하고 있기 때문입니까? 아니면 교회가 하나님의 말씀인 성경을 충실하게 붙들지 못하고 그 권위에 온전히 복종하지 못하고 있기 때문입니까? 우리가 성경을 하나님의 권위 있는 말씀으로 믿는다면, 성경은 먼저 우리 안에서 권위 있게 되어야 합니다. 하나님의 말씀이 우리 안에서 권위 있게 되지 못하고, 우리가 그 말씀의 권위 아래에서 순종하지 못한다면, 우리는 실제로는 하나님의 말씀의 권위를 인정하고 있지 않는 것입니다.

우리는 성경의 권위에 대한 확신을 되찾아야 합니다. 성경은 권위 있는 하나님의 말씀입니다. 하나님의 말씀을 전하는 자는 성경을 권위 있는 하나님의 말씀으로 확신하면서 성경을 바르게 설교해야 합니다. 또한 말씀을 받는 자들은 설교를 들을 때에 하나님의 말씀을 듣고자 하는 열망을 가지고 들어야 합니다. 우리가 교회에 모이는 것은 고작 사람의 말을 듣기 위함이 아닙니다. 우리가 모이는 것은 하나님의 말씀을 듣기 위함입니다. 그러므로 말씀을 전하는 자는 하나님의 말씀을 전할 때에, 하나님의 말씀의 권위를 확신하면서 성경을 충실하게 전해야 합니다. 또한 말씀을 받는 자들도 하나님의 말씀의 권위를 확신하면서, 사람의 말이 아니라 하나님의 말씀으로 받아야 합니다. 그렇게 하나님의 말씀이 권위 있게 될 때에야, 교회는 잃어버렸던 빛과 권위를 되찾을 수 있을 것입니다.

우리 가운데에서 하나님의 말씀을 신실하게 전할 수 있는 좋은 설교자들을 계속해서 많이 일으켜 달라고 기도합시다. 또한 하나님의 말씀이 선포될 때에, 그 말씀을 사람의 말로 받지 말고 하나님의 말씀으로 받게 해달라고 하나님의 은혜를 구합시다. 성경을 하나님의 말씀으로 받읍시다. "이러므로 우리가 하나님께 쉬지 않고 감사함은 너희가 우리에게 들은 바 하나님의 말씀을 받을 때에 사람의 말로 아니하고 하나님의 말씀으로 받음이니 진실로 그러하다. 이 말씀이 또한 너희 믿는 자 안에서 역사하느니라."(살전 2:13)

고 하셨습니다. 하나님의 말씀의 권위를 실제로 인정하면서 살아가는 우리 모두가 되기를 소원합니다.

　하나님 아버지, 맹인이라도 이 책들에 예언된 것들이 성취되고 있는 것을 볼 수 있도록 우리에게 성경을 허락하여 주심을 감사드리옵나이다. 성경 자체의 자증과 성령의 내증과 교회의 외증을 통하여 성경이 하나님의 말씀이요 권위 있는 말씀인 것을 우리에게 알게 하여 주심을 감사드립니다. 그럼에도 불구하고 성경의 권위를 실제로는 부인하며 살았던 것을 용서하여 주시옵소서. 성경이 우리에게서 권위 없는 말씀이 되지 않게 하여 주시고, 성경이 먼저 우리 안에서 권위를 되찾게 하여 주시옵소서. 하나님의 말씀을 받을 때에 사람의 말로가 아니라 하나님의 말씀으로 받을 수 있게 하여 주시옵소서. 우리를 말씀의 권위 아래 두시고, 말씀의 사람들로 빚어주시옵소서. 하나님의 말씀은 불이요 방망이라고 하셨사오니, 그 말씀이 우리 안에서 능력 있게 역사하게 하여 주시옵소서. 예수님의 이름으로 기도하옵나이다. 아멘.

벨직 신앙고백 제6조

정경과 외경의 차이점

우리는 이 거룩한 책들을 외경들, 즉 에스드라3,4서, 토빗서, 유딧서, 지혜서, 집회서(시락서), 바룩서; 에스더서의 부록, 풀무불 속의 세 청년의 노래, 수산나; 벨과 용, 므낫세의 기도, 마카비서 상하와 구별합니다. 교회는 정경에 일치하는 한에서만 이 책들을 읽고 거기에서 교훈을 얻을 수 있습니다. 그러나 외경은 우리가 그 증거를 토대로 믿음이나 기독교 신앙의 내용을 확증할만한 그 어떤 권위나 효력을 가지고 있지 않습니다. 또한 이 외경은 거룩한 책들의 권위를 손상시키는 데 사용될 수는 더더욱 없습니다.

외경은 하나님의 말씀이 아닙니다

> 13 너는 그리스도 예수 안에 있는 믿음과 사랑으로써 내게 들은바 바른 말을 본받아 지키고 14 우리 안에 거하시는 성령으로 말미암아 네게 부탁한 아름다운 것을 지키라
>
> 디모데후서 1장 13-14절

정경 외에도 외경이 있다

벨직 신앙고백 제6조는 외경을 다루는 조항으로, 낯선 책들의 제목이 열거되어 있습니다. 앞서서 벨직 신앙고백은 정경의 범위(목록)와 그 권위에 대해 논하였습니다. 성경을 논하면서 "정경"이라는 용어를 사용하는 것을 보면, 정경이 아닌 비정경의 범주에 속하는 책들도 있음을 알 수 있습니다. 바로 그 비정경의 범주에 속한 책들 중에는 "외경"이 있습니다.

외경은 구약성경의 기록이 끝나고 신약성경이 기록되기 전까지의 중간 시기에 주로 기록되었습니다. 우리는 그 시기를 "신구약 중간기the intertestamental period"라고 부릅니다. 유대인들은 그 시기에 특별히 많은 책들을 기록했는데, 우리는 그 책들 가운데 약 14권의 책들을 가리켜 "구약 외경" 또는 "외경Apocrypha"이라고 부릅니다. 이 14권의 책들이 특별한 주목을 받게 된 것은 그 14권의 책들이 구약성경의 헬라어 번역인 [70인역The

Septuagint]에 포함되면서부터입니다. [70인역]은 프톨레미 2세였던 필라델푸스 왕(주전 285-247년)이 구약성경의 역사적, 문학적, 종교적, 철학적 가치를 인정하여, 72명의 유대인 학자들에게 구약성경을 헬라어로 번역할 것을 요청하여 번역된 것으로 여겨집니다.[18] 그런데 이 [70인역]에 구약성경과 함께 외경의 책들이 포함된 것입니다.

[70인역]은 나중에 히에로니무스 Eusebius Hieronymus (영문명은 제롬 Jerome, 주후 347-420년)에 의해서 라틴어로 번역되었는데, 우리가 불가타 성경(또는 벌게이트 성경)이라고 부르는 그 성경에는 이 14권의 책들이 포함되었고, 그 이후 로마 가톨릭교회는 외경의 책들 대부분을 [제2정경]이라는 이름으로 계속 받아들이게 되었습니다. 종교개혁자들은 이 외경을 계속해서 하나님의 말씀으로 받아들일 것인지, 또는 외경을 하나님의 말씀으로 받아들이지 않는다면 외경의 위치와 역할을 어떻게 이해해야 하는지를 판단해야 했습니다. 귀도 드 브레는 외경에 대한 종교개혁자들의 견해를 벨직 신앙고백 제6조에서 정리하여 진술하였습니다. 귀도 드 브레는 제4조에서 정경의 목록을 분명하게 밝힌 후에 제6조에서 외경의 목록을 열거하면서, "외경은 우리가 그 증거를 토대로 믿음이나 기독교 신앙의 내용을 확증할만한 그 어떤 권위나 효력을 가지고 있지 않습니다. 또한 이 외경은 거룩한 책들의 권위를 손상시키는 데 사용될 수는 더더욱 없습니다."라고 선언했습니다.

외경의 책들은 어떤 내용을 담고 있나?

그렇다면 외경에 속하는 책들은 어떤 책들이며 그 내용은 어떠합니까? 벨직 신앙고백 제6조에서 제일 먼저 언급된 [에스드라 3서]는 일종의 역사

---

18) J. N. Birdsall, "사본과 역본," 「새성경사전」, (서울: 기독교문서선교회, 1996), 748-9.

서로, 포로기 이후 스룹바벨과 에스라 시대에 성전을 재건하는 과정에서 일어난 사건들을 주로 기록한 책입니다. [에스드라 4서]는 역사서가 아니고, 일종의 묵시문학입니다. 이 책은 7개의 환상을 통해서, 요시야 왕과 예루살렘의 멸망부터 유대인의 포로 귀환까지를 예언함으로써, 유대인들을 향한 하나님의 사랑을 강조합니다. [토빗서]는 북왕국 이스라엘이 앗수르로 끌려간 이후 니느웨에서 토빗이라는 사람과 그의 아들 토비아스에게 있었던 일들을 이야기체로 담은 책입니다. [유딧서]는 느부갓네살 왕의 장군 중 한 명에 의해 마을이 파괴될 위기에서 믿음으로 자기의 마을을 구한 것으로 전해지는 유딧의 영웅적인 이야기를 기록한 책입니다.

[지혜서]는 솔로몬이 작성한 "제2의 전도서"와 같은 성격의 책입니다. [집회서(시락서)]는 총 51장으로 이루어진 긴 책으로, 잠언과 비슷한 형식과 내용을 가진 책입니다. [바룩서]는 예레미야 선지자의 친구이자 동역자였던 바룩이 죄에 대한 자각과 회개를 촉구하면서, 슬픔 가운데 있는 예루살렘을 위로하는 내용의 책입니다. [바룩서] 안에는 "예레미야의 편지"가 포함되어 있는데, 이 내용을 따로 떼어서 [예레미야의 편지]를 독립된 한 권의 책으로 부르기도 합니다. 이런 경우 외경은 총 15권이 됩니다.

[에스더서의 부록]은 에스더서에 추가되어야 한다고 주장되는 내용을 담은 짧은 책으로 에스더서의 역사적 배경이나 에스더의 기도, 아하수에로 왕이 유대인들을 복권시키는 편지 등을 담고 있습니다. [풀무불 속의 세 청년의 노래]는 풀무불에 들어갔던 세 청년 중 한 명인 아벳느고의 노래를 담고 있습니다. [수산나]는 경건한 여인 수산나가 모함을 당하였을 때에 어떻게 믿음을 지키고 위기에서 건짐을 받았는지에 대한 이야기를 기록한 책입니다. [벨과 용]은 다니엘이 벨이라는 우상에게 바친 제물을 벨이 아니라 벨을 섬기는 사제들과 그 처자들이 다 먹고 마신다는 사실을 밝혀서 우상숭

배의 어리석음을 알린다는 내용과, 또한 다니엘이 큰 뱀[용]을 숭배하는 바벨론의 사람들 앞에서 그 뱀을 죽임으로써 그 뱀이 신이 아니라는 것을 드러내었다는 내용을 담고 있습니다. [풀무불 속의 세 청년의 노래]와 [수산나]와 [벨과 용]은 다니엘서에 포함되어야 한다고 주장되기도 합니다.

[므낫세의 기도]라는 책은 바벨론으로 잡혀간 므낫세 왕이 한 것이라고 주장되는 회개의 기도를 기록한 책입니다. [마카비서 상]은 셀류쿠스 왕조 안티오쿠스 4세 에피파네스에 대항한 유대인들의 독립 운동과 그 이후의 일들을 기록한 역사서입니다. 노인 제사장 맛타디아스와 그의 다섯 아들들의 용맹으로 이스라엘이 독립하여 "마카비 왕조"를 세우고 유지해 나간 실제 역사를 다룬 책입니다. [마카비서 하] 역시 [마카비서 상]과 거의 동일한 사건과 시대를 다루고 있는 책으로, 유다 마카비와 그의 형제들이 유대교를 위하여 용감하게 싸운 일과 그 신학적 양상들을 강조하고 있는 책입니다. 이상의 14권이 구약의 외경입니다.

가톨릭교회는 이 14권의 책을 모두 다 받아들이지는 않습니다. 가톨릭교회는 [에스드라3,4서]와 [므낫세의 기도]를 뺀 나머지 11권을 [제2정경]이라는 이름으로 구약성경의 부록처럼 수록합니다. 러시아 정교회는 [므낫세의 기도]를 받아들입니다. 그리스 정교회는 14권을 모두 받아들일 뿐만 아니라 [마카비 3,4서], [시편 151편] 등과 같은 위경들도 받아들입니다. 그러므로 외경을 바라보는 시각도 매우 다양하다는 것을 알 수 있습니다.[19]

---

19) 외경에 대해 요약된 설명은 크레이그 A. 에반스, 「신약성경 연구를 위한 고대 문헌 개론」, 김주한, 박정훈 옮김 (서울: 솔로몬, 2018), 55-86을 보라.

외경은 왜 정경으로 받아들여지지 않는가?

그렇다면 우리는 왜 외경을 하나님의 말씀으로 받아들이지 않는 것입니까? 크게 두 가지 이유를 들 수 있는데, 첫째는 역사적 이유입니다. 외경은 역사적으로 지지를 받지 못하고 있습니다. 전통적으로 유대인들은 외경을 하나님의 말씀의 권위를 가진 정경으로 받아들이지 않았으며, 오늘날까지도 대부분의 유대인들은 외경을 자신들의 정경으로 받아들이지 않습니다. 요세푸스도 구약성경의 목록을 말할 때에 외경을 언급하지 않았습니다. 무엇보다 예수님이나 사도들이 외경을 직접적으로 인용하신 적이 없고 그 권위를 인정하신 적도 없습니다. 불가타 성경을 번역한 제롬도 불가타 성경의 서문에서 외경을 "교회의 책"이라고 정경과 구분하여 언급하였으며, 이 책들에 대하여 "읽어서 신앙에 유익하지만 교리를 도출하면 안 된다."라고 하여, 외경의 역할과 권위를 제한하였습니다.

두 번째는 교리적인 이유입니다. 외경에는 신구약 66권의 전체적인 가르침과 맞지 않는 교훈들이 발견됩니다. 예를 들면, 토빗서 6장에는 토빗의 아들 토비아가 길을 가다가 발을 씻으려고 물가에 내려갔을 때에 커다란 물고기가 물에서 뛰어올라 그의 발을 잘라 먹으려고 했을 때의 일이 기록되어 있습니다. 그때 천사 라파엘은 소년에게 그 물고기를 놓치지 말고 붙잡으라고 하였고, 토비아가 그 물고기를 붙잡자오자 천사 라파엘은 그 물고기의 배를 갈라서 쓸개와 염통과 간을 꺼내어 잘 보관하라고 하였습니다. 이에 토비아가 천사 라파엘에게 물고기의 염통과 간과 쓸개는 도대체 어디에 쓸 것인지를 묻자, 천사는 그 물고기의 염통과 간은 악마를 퇴치하는 데 쓸 것이라고 대답했다고 합니다.

마카비서 하 12장에는 죽은 자들을 위한 기도와 제사를 옹호하는 내용이 나옵니다. 제사장 맛타디아스의 아들이었던 유다가 유대의 독립을 위하여 전쟁을 하던 중에 전사한 부하들의 몸에서 우상의 부적이 발견된 것을 보고, 죽은 자들이 범한 죄를 모두 용서해 달라는 기도를 드리고, 또한 죽은 자들을 위해서 속죄의 제물을 바쳐서 그 죽은 자들이 죄에서 벗어날 수 있게 하려 했다는 기록이 있습니다(마카비서 하 12:42-45). 이런 내용들은 성경 전체의 가르침과는 교리적으로 맞지 않습니다. 그래서 외경은 그 교리적인 권위를 인정받지 못합니다.

어떤 이들은 외경의 내용들 중 일부가 신약성경에서 인용되었다고 주장하며 외경을 정경으로 받아들여야 한다고 주장합니다. 하지만 성경에서 단순히 인용되었다고 해서, 그 자료들이 모두 정경의 권위를 가지는 것은 아닙니다. 사도행전 17:28에는 사도 바울이 아테네의 시민들에게 복음을 전하면서 헬라 시인의 말을 인용한 것이 기록되어 있지만, 그렇다고 해서 헬라 시인의 시가 정경의 권위를 가지는 것은 아닙니다.[20] 성경의 저자들은 그런 보통의 자료들을 사용할 수 있었습니다. 서신서는 외경의 범주에조차 포함되지 않는 위경pseudepigrapha의 일부분을 인용하거나 암시하면서 사용하기도 했습니다.[21] 사도들이 혹 외경의 한 두 구절을 인용하였다고 하더라도, 그 사실이 외경을 정경으로 받아들여야 한다는 논리를 성립시킬 수는 없습니다.

---

20) 사도 바울은 사도행전 17:28에서, 크레타 섬의 시인 에피메니데스(Epimenides, BC 6세기)의 시구의 일부였던 "우리는 당신 안에서 살고, 움직이며, 존재합니다"를 인용하였으며, 또한 바울과 같이 길리기아 출신으로 스토아 시인이었던 아라투스(Aratus, BC 315-240)가 제우스를 찬양하기 위해 썼던 시 "하늘의 현상"이라는 시에서 "우리는 진실로 그의 소생이기 때문이다"라는 구절을 인용하였다. F. F. 브루스, 「사도행전」, 김장복 옮김 (서울: 부흥과개혁사, 2017), 443-4. 하지만 성경에 두 헬라 시인의 말이 인용되어 기록되었다고 해서 헬라 시인들의 시가 정경의 권위를 가지는 것은 아니다. 마치 구약성경에서 열왕기상하의 저자들이 "이스라엘의 역대지략"과 "유대의 역대지략"을 언급하면서 사용하였다고 해서 역대지략이 정경이 될 수 없는 것처럼 말이다.

21) "위경(僞經)"이란 말 그대로 "가짜 표제를 가진 책"이라는 뜻으로, 주로 구약 시대의 유명한 인물들의 이름을 책의 제목으로 앞세웠지만 출처가 불분명하고 그 내용의 신빙성이 의심받는 책들을 지칭한다. 예를 들면, 유다서 14,15절의 내용은 구약 위경들 중 하나인 [에녹1서]의 내용과 관련이 있어 보이며, 디모데후서 3:8은 [모세의 승천기]의 내용과 일치하는 부분이 있다.

우리는 외경에 대해 어떤 태도를 가져야 하는가?

그렇다면 우리는 외경에 대해 어떤 태도를 가져야 합니까? 외경은 우리가 절대로 보아서도 안 되고 만져서도 안 되는 금서입니까? 외경은 거짓말로만 가득한 책입니까? 그렇지는 않습니다. 우리는 외경이 완전히 거짓말로 가득한 책이라고 주장하지는 않습니다. 그렇다면 우리는 외경을 대할 때에 어떤 태도를 가져야 합니까?

첫째, 우리는 외경을 읽을 때에 그것을 하나님의 말씀으로 여기면서 읽지는 말아야 합니다. 벨직 신앙고백 제6조가 가르치고 있는 것처럼, 외경은 우리의 믿음을 규정짓고 세우고 굳세게 하는 기준이 될 수 없으며, 우리의 믿음과 기독교 신앙의 내용을 확증할 수 있는 권위나 효력도 가지고 있지 않다는 것을 기억해야 합니다. 외경은 절대적인 권위를 가진 하나님의 말씀이 아닙니다. 물론 외경에는 읽으면 은혜로운 부분도 있고, 역사적으로 사실에 부합되는 내용도 많이 기록되어 있습니다. 마카비서 같은 책에는 이스라엘의 역사에 대한 중요한 사료史料들이 많이 포함되어 있습니다. 하지만 은혜로운 내용들을 많이 담고 있고 역사적인 사실들을 많이 기록하고 있다고 해서 그 책이 다 하나님의 말씀이 되는 것은 아닙니다.

둘째, 우리는 정경에 일치하는 범위 내에서만 외경을 읽을 수 있고 외경에서 여러 교훈을 받을 수도 있습니다. 벨직 신앙고백 제6조에서 밝히고 있는 것처럼 "교회는 정경에 일치하는 한에서만 이 책들을(외경) 읽고 거기에서 교훈을 얻을 수 있다."는 원칙을 가지고 외경을 대해야 합니다. 비록 외경은 정경이 아니지만, 그렇다고 해서 아무런 가치가 없는 것은 아닙니다. 우리는 외경 외에도 다양한 기독교 관련 문헌들을 읽을 수 있습니다. 예를 들면 유대인 철학자였던 필로Philo나 유대인 역사가였던 요세푸스Josephus가 쓴 책들을 읽을 수 있습니다. 비록 그 모든 책들이 성경은 아니지만, 우리는 여전히 그들이 남긴 책을 읽을 수 있습니다. 그렇다면 하나님을 믿고 섬겼던 유대인들이 신앙적인 내용을 담아서 기록한 외경을 읽는 것을 크게 두려워하거나 완전히 금기시할 필요는 없습니다. 다만, 우리는 이러한 문헌들을 대할 때에 한 가지 원칙을 지켜야 합니다. 우리는 외경을 읽을 때에, 하나님의 말씀이 아닌 "교회의 증언"을 담은 책으로 알고, 성경의 가르침의 빛 아래에서, 정경에 일치하는 한에서만 외경의 책들을 읽어야 합니다.

그렇다면 우리는 외경을 통해서 어떤 유익을 얻을 수 있습니까? 먼저 우리는 외경을 통해서 성경의 배경이 되는 유대 민족과 유대교의 역사를 이해할 수 있습니다. 외경은 매우 중요한 역사적 가치를 가지고 있습니다. 우리는 외경의 책들을 통해서 신약성경의 정치적, 사회적, 경제적, 종교적 배경을 이해하는 데 큰 도움을 받을 수 있습니다. 예를 들면, [마카비서 상하]는 주전 167년 안티오쿠스에 대항했던 유대인의 혁명과 마카비 왕조에 대해서, 그리고 그 이후에 등장한 헤롯 가문과 나머지 유대 역사에 대해 매우 중요한 정보를 제공하고 있습니다. 또한 우리는 외경을 통해서 성경에 사용된 다양한 단어들의 의미를 파악하는 데 많은 도움을 얻을 수 있습니다. 구약성경을 헬라어로 번역한 70인역을 통해서도, 히브리어와 헬라어 단어의 의미와 구문 등을 이해하는 데 큰 도움을 얻을 수 있습니다.

셋째, 우리는 외경을 읽을 때에 정경의 가르침에서 벗어난 교훈들을 잘 분별할 수 있어야 합니다. 벨직 신앙고백 제6조는 "외경은 거룩한 책들의 권위를 손상시키는 데 사용될 수는 더더욱 없다."고 하였습니다. 하나님은 하나님의 말씀이 아닌 것을 하나님의 말씀으로 여기고 읽고 가르치는 것을 미워하십니다. 하나님의 말씀의 권위를 주장한다고 해서 다 하나님의 말씀이 되는 것은 아닙니다. 하나님의 말씀이 아닌데도 하나님의 말씀인 것처럼 전해지는 책들이나 설교는 옛적부터 많이 있어왔습니다. 예레미야 27-28장에는 예레미야 선지자가 하나님께로부터 말씀을 받아서 시드기야 왕 앞에 가서 그 말씀을 전했던 사건이 기록되어 있습니다. 그때 예레미야 선지자는 목에 줄과 멍에를 메고 시드기야 왕 앞으로 가서, 바벨론 왕의 멍에를 메려고 하지 않는 자는 칼과 기근과 염병으로 벌하실 것이라고 선포했습니다 (렘 27:8). 그러자 예레미야 선지자의 말씀을 들은 하나냐라는 선지자가 제사장들과 모든 백성들 앞에서 말하기를 "만군의 여호와 이스라엘의 하나님이 이같이 말씀하여 가라사대 내가 바벨론 왕의 멍에를 꺾었느니라"(렘 28:2) 고 하면서, 하나님께서 2년 안에 바벨론으로 옮겨간 유다의 모든 포로들과 성전의 기구들을 돌아오게 하시고 바벨론 왕의 멍에를 꺾으실 것이라고 말씀하셨다고 선포하였습니다(렘 28:3-4). 그런 뒤에 하나냐는 예레미야의 목에서 멍에를 취하여 꺾었습니다. 그때 하나님께서는 예레미야 선지자를 통해서 하나냐에게 이렇게 말씀하셨습니다. "하나냐여 들으라. 여호와께서 너를 보내지 아니하셨거늘 네가 이 백성으로 거짓을 믿게 하는도다. 그러므로 여호와께서 말씀하시되 내가 너를 지면에서 제하리니 네가 여호와께 패역하는 말을 하였음이라 금년에 죽으리라 하셨느니라"(렘 28:15-16). 그리고 선지자 하나냐는 그 해 칠 월에 죽었습니다(렘 28:17). 하나님은 하나님의 말씀이 아닌데도 하나님의 말씀을 빙자하고 하나님의 말씀의 권위를 주장하는 것을 이토록 미워하십니다. 그런 말들은 다 "여호와께 패역하는 말"입니다. 우리는 하나님의 말씀과 하나님의 말씀이 아닌 것을 잘 분별해서, 하나님의 말씀의 권위를 손상시키지 말아야 합니다.

사도 바울은 "너는… 내게 들은 바 바른 말을 본받아 지키고 우리 안에 거하시는 성령으로 말미암아 네게 부탁한 아름다운 것을 지키라."(딤후 1:13-14)고 하였고, 또한 "미쁜 말씀의 가르침을 그대로 지켜야 하리니 이는 능히 바른 교훈으로 권면하고 거스려 말하는 자들을 책망하게 하려 함이라"(딛 1:9)고 하였습니다. 하나님의 말씀이 아닌 다른 말을 하는 자가 "거스려 말하는 자"입니다. "거룩한 선지자들이 예언한 말씀(구약성경)과 주 되신 구주께서... 사도들로 말미암아 명하신 것(신약성경)"(벧후 3:2)만을 굳게 붙듭시다.

우리는 외경뿐만 아니라 이 세상의 모든 주장들, 사상들, 책들, 설교들을 성경으로 분별해야 합니다. 그들의 모든 주장들 속에 감추어진 비진리들을 잘 분별할 수 있어야 합니다. 비진리가 우리의 믿음과 실천을 규정하지 못하게 해야 합니다. 그렇게 함으로써 우리 안에서 하나님의 말씀인 성경의 권위가 손상되지 않게 해야 합니다. 하나님의 진리의 말씀을 우리에게 주신 것에 대해 감사하면서, 하나님의 말씀만이 우리 가운데에서 굳게 서게 해달라고 은혜를 구합시다.

자비하신 하나님, 우리에게 성경을 허락해 주셔서 진리를 알고 확신하면서 진리 가운데 거할 수 있게 해주신 것을 감사드립니다. 하나님의 말씀을 진리로 여기고 굳게 붙들 수 있는 분별력과 지혜와 믿음을 우리에게 더하여 주시옵소서. 하나님의 말씀이 아닌데도 하나님의 말씀인 것처럼 주장되는 모든 주장들, 사상들, 책들, 설교들을 잘 분별하게 하여 주시옵소서. 그런 것들로 인해 우리 가운데에서 하나님의 말씀의 권위가 조금이라도 손상되지 않게 해주시옵소서. 또한 우리와 우리의 자녀들이 하나님의 말씀의 권위 아래에 잘 복종할 수 있게 하여 주시옵소서. 예수님의 이름으로 기도하옵나이다. 아멘.

벨직 신앙고백 제7조

성경의 완전성과 충족성

우리는 이 성경이 하나님의 뜻을 완전하게 담고 있고, 사람이 구원을 받기 위해 믿어야 할 모든 것을 그 속에서 충분히 가르치고 있다고 믿습니다. 성경에는 하나님께서 우리에게 요구하시는 섬김service의 모든 방식이 매우 길고 상세히 기록되어 있기 때문에, 누구라도-사도 바울이 말한 것처럼, 사도나 심지어 하늘로부터 온 천사라고 할지라도- 성경이 우리에게 이미 가르친 것과 다르게 가르쳐서는 안 됩니다(갈 1:8). 하나님의 말씀에 무엇이든 가감하는 것을 금지하신 사실은(신 12:32; 계 22:18-19) 성경의 가르침이 모든 면에서 완전하고 완성된 것임을 분명하게 입증합니다.

그러므로 우리는 사람의 글들을-그 저자들이 얼마나 거룩한 자들이었는지와 관계없이- 신성한 성경과 동등한 것으로 생각하면 안 되며, 관습이나 다수성majority이나 고대성age이나, 시대와 사람의 계승이나, 공회나 교령decrees이나 공적 결정들을 하나님의 진리 위에 두지 말아야 합니다. 왜냐하면 진리는 모든 것 위에 있으며, 모든 사람은 본성상 거짓되며 입김보다 가볍기 때문입니다(시 62:9). 그러므로 우리는 사도들이 우리에게 가르친 대로, 이 무오한 규범에 일치하지 않는 모든 것들을 전심으로 거절합니다. 사도들은 "영들이 하나님께 속하였나 분별하라"(요일 4:1)고 하였고, "누구든지 이 교훈을 가지지 않고 너희에게 나아가거든 그를 집에 들이지도 말고 인사도 하지 말라"(요이 1:10)고 하였습니다.

성경은 완전하며 충분합니다

14 그러나 너는 배우고 확신한 일에 거하라 네가 뉘게서 배운 것을 알며 15 또 네가 어려서부터 성경을 알았나니 성경은 능히 너로 하여금 그리스도 예수 안에 있는 믿음으로 말미암아 구원에 이르는 지혜가 있게 하느니라 16 모든 성경은 하나님의 감동으로 된 것으로 교훈과 책망과 바르게 함과 의로 교육하기에 유익하니 17 이는 하나님의 사람으로 온전케 하며 모든 선한 일을 행하기에 온전케 하려 함이니라

디모데후서 3장 14-17절

성경은 하나님의 뜻을 완전하게 담고 있음

벨직 신앙고백 제7조는 성경의 충족성(충분성, 완전성)에 관한 조항입니다. 벨직 신앙고백 제7조는 이렇게 시작합니다. "우리는 이 성경이 하나님의 뜻을 완전하게 담고…있다고 믿습니다." 성경은 하나님의 뜻을 충분하고도 완전하게 담고 있습니다. 이것을 성경의 완전성 또는 충족성이라고 부릅니다. 하나님께서는 성경에서 무엇이든 가감하지 말라고 명령하심으로써 성경은 그 자체로 완전한 책이라는 사실을 친히 보증하십니다. "내가 너희에게 명하는 이 모든 말을 너희는 지켜 행하고 그것에 가감하지 말지니라"(신

12:32)고 하셨고, "만일 누구든지 이것들 외에 더하면 하나님이 이 책에 기록된 재앙들을 그에게 더하실 터이요 만일 누구든지 이 책의 예언의 말씀에서 제하여 버리면 하나님이 이 책에 기록된 생명나무와 및 거룩한 성에 참예함을 제하여 버리시리라"(요 22:18-19)고 하셨습니다.

성경은 하나님의 뜻을 완전하게 담고 있는 책이며, 따라서 성경에서 나온 가르침도 모든 면에서 완전합니다. 성경은 하나님의 완전하고도 완성된 계시의 책입니다. "완전하다"는 것은 완벽하다perfect는 것을 의미하고, "완성되었다"는 것은 완성되어complete 모자람이 없는 상태를 말합니다. 위대한 요리사가 모자람도 없고 넘침도 없는, 더없이 훌륭한 맛을 내는 요리를 만들었을 때, 우리는 그 음식을 먹으면서 "완벽하다perfect"고 말합니다. 위대한 화가가 명화名畫를 완성하였을 때, 우리는 그 그림을 보면서 "완성되었다complete"고 말합니다. 만일 그때 누군가가 그 그림을 더 좋게 만들어보겠다고 그 위에 조금이라도 덧칠을 하거나 그 그림에서 무언가를 지운다면, 그 순간 그는 그 걸작품을 망가뜨리게 되는 것입니다. 위대한 장인이 어떤 기계를 만들었을 때, 우리는 그 기계에서 어떤 작은 부품도 빼서는 안 되며, 거기에 무언가를 더해서도 안 됩니다. 그렇게 하는 것은 다 어리석은 행동입니다. 완성되었다면 아무것도 가감하지 말아야 합니다. 성경은 완성된 계시이며, 성경은 하나님의 걸작품입니다. 거기에는 어떤 모자람도 없습니다. 하나님께서 성경에 아무것도 가감하지 말라고 금지하신 것은, 성경이 완전하고 완성된 책이라는 사실에 대한 하나님의 보증입니다. 그러므로 우리는 성경에 아무 것도 더하지도 말고 빼지도 말아야 합니다.

벨직 신앙고백은 성경이 하나님의 뜻을 완전하게 담고 있다고 선언한 후에, 하나님의 뜻을 크게 두 가지로 요약하여 가르칩니다. "우리는 이 성경이 하나님의 뜻을 완전하게 담고 있고, 사람이 구원을 받기 위해 믿어야 할 모든 것을 그 속에서 충분히 가르치고 있다고 믿습니다. 성경에는 하나님께서 우리에게 요구하시는 섬김service의 모든 방식이 매우 길고 상세히 기록되어 있기 때문에…" 벨직 신앙고백은 성경에 계시된 하나님의 뜻을 크게 두 가지로 설명하고 있습니다. 하나님의 뜻의 첫 번째 중요한 내용은 "사람이 구원을 받기 위해 믿어야 할 모든 것"이고, 하나님의 뜻의 두 번째 주요한 부분은 "하나님께서 요구하시는 섬김의 모든 방식"입니다. 웨스트민스터 소요리문답 제3문답은 성경이 가장 중요하게 가르치는 것을 이렇게 두 가지로 요약하였습니다. "성경이 가장 중요하게 가르치는 것은 사람이 하나님에 대하여 믿을 것은 무엇이며, 하나님께서 사람에게 요구하시는 본분은 무엇인가 하는 것입니다."

성경은 사람이 구원을 받기 위해 믿어야 할 모든 것에 대해 충분하게 증거함

하나님의 뜻의 첫 번째 주요한 내용은 "사람이 구원을 받기 위해 믿어야 할 모든 것"입니다. 성경은 사람이 구원을 받기 위해 믿어야 할 모든 것에 대해 충분하게 증거하고 있습니다. 하나님은 우리가 하나님의 이 뜻에 대하여 잘 알게 되기를 원하셨습니다. 그래서 성경이 기록되게 하셨고 우리에게 성경을 주신 것입니다. 성경은 구원을 위하여 우리가 믿어야 할 모든 것을 그 속에서 충분히 가르치고 있습니다.

구원을 받기 위해 믿어야 할 것들은 참으로 많이 있습니다. 사람이 구원을 받기 위해서는 무엇보다 먼저 하나님에 대하여 알아야 합니다. 하나님은 어떤 분이시며 어떤 일들을 행하시는지, 하나님의 존재와 속성과 사역에 관해서 알아야 합니다. 성경은 하나님에 관하여, 그리고 하나님의 행하신 일들과 관련해서, 우리가 알아야 하고 믿어야 하고 붙잡아야 할 것들을 모두 빠짐없이 충족하게 기록한 책입니다. 또한 우리는 인간에 대하여 바로 알고 바로 믿어야 합니다. 인간이 하나님의 형상대로 지음을 받은 피조물이라는 사실로부터 시작해서, 인간이 어떻게 죄인이 되었는지, 죄는 무엇이며 죄의 결과는 무엇인지에 대하여도 알아야 합니다. 성경은 인간과 죄에 관하여 충분하게 증거하고 있습니다. 또한 우리는 죄인이 어떻게 구원을 받을 수 있는지, 그 구원 도리에 대해서 알아야 합니다. 우리의 구원자 예수 그리스도를 믿는 믿음으로 어떻게 구원을 받을 수 있는지를 알아야 합니다. 이를 위해 우리는 예수님의 인격과 사역, 특별히 그리스도의 십자가의 죽음과 부활이 무엇을 의미하는지 알아야 합니다. 성경은 바로 이러한 복음 약속에 대하여서 충분하게 기록하고 있습니다.

사람들은 저마다 하나님을 잘 안다고 말하고, 인간에 대해서도 매우 잘 아는 것처럼 말합니다. 인생이란 이런 것이다 저런 것이다 저마다 말도 많이 하고, 구원이란 이런 것이다 저런 것이다 하며 저마다 주장합니다. 그들은 자신이 무언가 대단한 것을 스스로 깨우치고 발견이라도 한 것처럼 책도 쓰고 강연도 합니다. 하지만 그들의 주장은 정말로 참됩니까? 그들은 정말로 무엇을 알고 있기라도 한 것입니까? 인간이 어떤 존재인지, 철학자마다 말하는 것이 다 다르고 종교마다 가르치는 것이 다 다릅니다. 그렇다면 무엇이 진리입니까? 사람이 구원을 받기 위하여 알아야 하는 진리는 아무나 쉽게 알 수 있는 것이 아닙니다. 많이 배우고 똑똑하다고 알 수 있는 것도 아니고 부자라고 해서 알아지는 것도 아닙니다. 사람은 하나님에 대해서도 무지하며, 인간 자기에 대해서도 잘 모르고, 구원의 길도 모릅니다. 사람들이 저마다 주장하는 주장들은 (미안하지만) 다 궁극적으로는 허탄한 신화요 일종의 "개똥철학"이요 우상숭배일 뿐입니다. 오직 하나님의 계시의 말씀인 신구약 66권 성경만이 사람이 구원을 받기 위하여 믿어야 할 모든 것에 대해 완전하고 충분하게 증거합니다.

성경은 하나님께서 요구하시는 섬김의 모든 방식에 대해 충분하게 증거함

하나님의 뜻의 두 번째 주요한 부분은 "하나님께서 요구하시는 섬김의 모든 방식"입니다. 성경은 "하나님께서 우리에게 요구하시는 섬김의 모든 방식에 관하여" 알아야 할 모든 것을 매우 길고 상세하게 기록하고 있습니다. 여기에서 말하는 "섬김의 모든 방식"이란 단순히 "예배의 방식"만을 가리키는 것이 아니라, 성도의 삶의 모든 면에서 하나님을 어떻게 섬겨야 할 것인지, 그리스도인으로서 어떻게 살아야 할 것인지, 그 섬김의 삶의 모든 방식을 가리킵니다. 물론 여기에는 예배의 방식도 포함됩니다. 예배는 성도의 가장 중요한 의무입니다. 우리는 하나님을 어떻게 예배해야 하는지에 관해서, 예배의 대상과 방식과 태도와 날(시간)에 관해서, 철저하게 성경의 지도를 받아야 합니다. 그러나 성경에 계시된 하나님의 뜻은 단지 하나님을 예배하는 일에만 국한되는 것이 아닙니다. 우리 그리스도인들은 삶의 모든 방식에서 성경의 지도를 받아야 합니다. 특별히 십계명은 하나님께서 사람에게 요구하시는 본분의 중요한 내용을 담고 있습니다. 부모를 공경하고, 형제를 마음으로 미워하지 말고, 음행하지 말고, 압제하거나 착취하지 말고, 도적질하지 말고, 거짓 증언하지 말고, 불의하게 재판하지 말고, 이웃의 것을 탐내지 말고, 동족이 빈한하게 되어 어려운 형편에 처한 것을 보면 할 수 있는 대로 도와주고, 타국인을 학대하지 말고 자기같이 사랑하라고 하신 말씀들에서 우리는 우리의 삶 방식, 그리스도인의 섬김의 모든 방식을 발견하게 됩니다.

성경의 충족성과 완전성은 성경에 모든 것이 세세하게 다 담겨있다고 말하는 것은 아닙니다. 성경에는 의학, 물리학, 경제, 법학 등에 대한 백과사전적인 지식이 다 담겨있는 것은 아닙니다. 하지만 성경은 신자의 삶의 큰 목표와 삶의 모든 방식에 대한 큰 원칙들과 모범들을 매우 길고 상세하게 기록하고 있습니다. 그래서 우리는 성경의 계명에 비추어볼 때에 우리의 삶에서 무엇을 선택하고 어떻게 살아야 하는지에 대한 해답을 충분히 얻을 수 있습니다. 특별히 십계명에 비추어보면 우리가 어떻게 하나님을 사랑하고 이웃을 사랑하면서 살아야 하는지, 그 섬김의 모든 방식을 발견할 수 있습니다.

물론 성경은 삶의 모든 것을 세세하게 구체적으로 규정해 주지는 않습니다. 우리가 오늘 몇 시에 일어나서, 아침 식사는 무엇으로 해야 하는지, 어떤 교통편을 이용해야 하는지, 누구와 결혼해야 하는지, 어느 집으로 이사해야 하는지, 어디로 여행을 해야 하는지 등등에 관하여 구체적인 명령을 주고 있지는 않습니다. 성경은 그런 의미의 백과사전이 아닙니다. 하지만 성경에 기록된 큰 원칙과 모범들에 비추어보면 필요한 답을 충분히 얻을 수 있게 하셨습니다. 예를 들면, 우리 몸을 가리켜 성령이 거하시는 전이라고 하셨고, 생명을 소중히 여기라고 하셨으며, 부지런하며 게으르지 말라고 하셨으니, 우리의 건강을 잘 지키고 증진시킬 수 있는 음식을 택해서 자유롭고 적절하게 먹고, 안전한 교통수단을 이용하고, 음주운전 같은 행동은 하지 않는 것이 하나님의 뜻에 맞다는 것을 쉽게 알 수 있게 됩니다. 성경 말씀에 비추어서 생각해 보면 필요한 것은 다 있습니다. 그래서 웨스트민스터 신앙고백 1장 6항은 성경의 충족성에 대해서 이렇게 진술하고 있습니다.

> 하나님 자신의 영광과, 사람의 구원과, 그리고 신앙과 삶을 위하여 필요한 모든 것에 관한 하나님의 온전한 도모(계획)counsel는 성경에 분명히 제시되어 있거나, 타당하고 필연적인 추론에 의해 성경으로부터 도출될 수 있다. 성령의 새로운 계시나 인간의 전통 같은 것에 의해 그 어떤 것도 그 어떤 경우에도 성경에 더해져서는 안 된다(딤후 3:15-17; 갈 1:8,9; 살후 2:2). 그럼에도 우리는 말씀에 계시된 것들을 이해하여 구원에 이르기 위해서는 성령의 내적 조명이 필수적인 것임을 인정한

다(요 6:45; 고전 2:9-12). 또한 하나님을 예배하는 것과 교회의 치리에 관하여는 인간에게 공통된 행사들이나 사회마다 사정들이 있을 수 있으므로 상황을 고려하되 언제나 순종해야 하는 말씀의 일반적인 규칙에 따라, 자연의 빛과 그리스도인의 신중한 분별에 의해 규정해야 한다(고전 11:13,14, 14:26,40).

구원을 받은 성도들은 말씀의 일반적인 규칙에 따르되, 이를 신중하게 분별함으로써 우리가 어떻게 거룩하신 하나님을 섬기며 살아야 하는지 충분히 배울 수 있습니다. 성경 전체는 우리가 어떻게 하나님을 사랑하고 이웃을 사랑하며 섬김의 삶을 살 수 있는지, 섬김의 모든 방식을 매우 길고 상세하게 기록하고 있습니다. 성경은 이렇게 "하나님의 뜻을 완전하게 담고" 있습니다. 성경은 사람이 구원을 받기 위해 믿어야 할 모든 것을 충분히 가르치고 있고, 하나님께서 우리에게 요구하시는 섬김의 모든 방식을 매우 길고 상세하게 기록하고 있습니다. 우리는 이것을 "성경의 충족성the sufficiency of Scripture"이라고 부릅니다.

성경의 충족성에 대한 확신을 가지고, 성경대로 믿고 가르치고 살라

만일 우리가 성경의 충족성을 믿는다면, 성경을 대하는 우리의 태도는 어떠해야 하겠습니까? 첫째, 우리는 성경의 완전성과 충족성에 대한 확신을 회복해야 합니다. 특별히 이 확신은 하나님의 말씀을 선포하는 모든 설교자들에게 필요하며, 동시에 하나님의 말씀을 받는 모든 청중들에게 필요합니다. 오늘날 많은 설교자들은 성경의 가르침만을 전하는 것에 대해 오히려 많은 부담을 가지고 있는 듯합니다. 성경의 가르침만으로는 사람들의 마음을 열 수 없고, 성경만으로는 사람들을 구원할 수 없을 것으로 생각하여, 성경이 아닌 다른 것으로 사람들의 마음을 열고 사람들을 그리스도께 이끌기 위한 다양한 시도를 합니다. 하지만 우리는 성경으로 충분하다는 확신을 견지해야 합니다. 성경만으로는 역부족이라고 생각하지 말아야 합니다. 모든 그리스도인들은 성경의 가르침을 따라 사는 것으로 충분하다는 확신을 회복해야 합니다. 성경대로 공부하고, 성경대로 가정을 세우고, 성경대로 사업하는 것이 성공이라는 확신을 가져야 합니다. 성경대로만 해서는 안 된다는 생각은 자신이 하나님보다 더 지혜롭다고 생각하는 교만입니다. 성경으로 안 된다면 무엇으로 된다는 말입니까? 성경은 부족하거나 모자란 책이 아닙니다. 성경은 완전하고 완벽하며 충분합니다. 그러므로 우리는 성경의 완전성과 충족성에 대한 확신을 먼저 가져야 합니다.

이것이 종교개혁자들의 확신이었고 종교개혁의 핵심이었습니다. 종교개혁자들은 "우리의 구원을 위하여 우리는 무엇을 믿어야 하며, 우리는 어떻게 살아야 하는가?"라는 질문에 대해 이렇게 답했습니다. "오직 성경sola Scriptura!" 16세기 종교개혁자들은 성경의 충족성과 완전성에 대한 확신에서 조금도 물러서지 않았습니다. 그랬을 때, 하나님께서는 그들을 복 주셨습니다.

둘째, 그 누구도 성경이 우리에게 이미 가르친 것과 다르게 가르치지 말아야 합니다. "누구라도-사도 바울이 말한 것처럼, 사도나 심지어 하늘로부터 온 천사라고 할지라도- 성경이 우리에게 이미 가르친 것과 다르게 가르쳐서는 안 됩니다(갈 1:8)."

자꾸만 성경을 인간적인 잣대로 비평하고, 심지어 성경의 오류를 지적하는 사람들도 있습니다. 하지만 성경은 아무런 비평이나 비판을 받을 것이 없습니다. 성경에는 수정할 아무런 오류도 없습니다. 성경은 하나님의 완전한 걸작품입니다. 성경을 자의적으로 해석하고, 성경의 가르침을 바꾸는 사람들도 있습니다. 그들은 말하기를 이제는 시대가 변했으니 성경의 해석도 바뀌어야 한다고 주장합니다. 모든 종교는 다 같으니 어떤 종교를 믿더라도 모두 다 구원을 얻는다고 주장하는 상대주의, 종교다원주의, 보편구원론, 자기 자신이 하나님이라고 주장하는 뉴에이지 운동, 또는 성례를 받지 않으면 구원을 받을 수 없다고 주장하는 성례주의, 그리고 그밖에 온갖 불건전한 이단 사설들이 교회 안팎에서 목소리를 높이고 있습니다. 하지만 우리는 성경의 무오한 규범에 일치하지 않는 모든 것들을 전심으로 거절해야 합니다. 그러한 모든 주장들은 성경이 우리에게 이미 가르친 것과 다르게 가르치는 것입니다. 그러므로 그런 가르침이 교회에 뿌리를 내리지 않도록 해야 합니다. 그것이 아무리 오래된 관습이든, 아무리 많은 사람이 찬성하는 것이든, 아무리 유명한 신학자의 견해이든, 어떤 권위 있는 공회의 결정이든 말입니다.

관습이나 다수성majority이나 고대성age이나, 시대와 사람의 계승이나, 공회나 교령decrees이나 공적 결정들을 하나님의 진리 위에 두지 말아야 합니다. 왜냐하면 진리는 모든 것 위에 있으며, 모든 사람은 본성상 거짓되며 입김보다 가볍기 때문입니다(시 62:9). 그러므로 우리는 사도들이 우리에게 가르친 대로, 이 무오한 규범에 일치하지 않는 모든 것들을 전심으로 거절합니다.

교회에는 여러 가지 문제들이 발생할 수 있습니다. 하지만 교회를 어지럽히는 것 중에 가장 큰 것은 다른 복음, 곧 거짓 교훈과 교리적 오류와 잘못된 신학이라는 것을 알아야 합니다. 잘못된 교훈과 신앙고백과 변질된 신학은 교회의 존립에 가장 치명적인 것이 됩니다. 그래서 사도 바울은, 사도들이 전하여준 복음 외에 "다른 복음"을 전하는 자들은 저주를 받을 것이라고 하였습니다(갈 1:7-9). 하나님은 하나님의 말씀에 무언가를 더하거나 빼는 자들에게 저주가 있을 것이라고 하였습니다(계 22:18-21 참조). 이러한 경고는 오늘 우리 시대에도 여전히 유효합니다. 사도들이 살아서 목회하던 시기에도 이런 거짓 교훈들이 교회를 어지럽게 했다면, 오늘 우리 시대에도 이런 위험들이 여전히 계속되고 있다는 사실을 기억해야 합니다. 다른 복음은 없습니다(갈 1:7). 단 하나의 사도적 복음만이 있을 뿐입니다.

성경은 하나님의 뜻을 완전하고 충분하게 담고 있습니다. 하나님의 뜻은 사람이 구원을 받기 위하여 믿어야 할 모든 것과 하나님께서 사람에게 요구하시는 섬김의 모든 방식에 대하여 매우 길고 자세하게 기록하고 있습니다. 성경의 충족성과 완전성에 대한 확신을 회복하고, 성경에 맞지 않게 가르치는 것은 전심으로 거절합시다. 사도들이 전하여준 도리, 우리가 붙잡아야 할 도리와 신학이 무엇인지 끊임없이 배우고 붙들고 나갑시다. 성경대로 믿고, 성경대로 배우고, 성경대로 가르치고, 성경대로 살아가는 우리 모두가 되기를 기도합니다.

하나님 아버지, 감사합니다. 하나님의 뜻을 완전하게 담고 있는 성경을 우리에게 주신 것을 감사합니다. 사람이 구원을 받기 위하여 알아야 할 모든 것을 우리에게 충분하게 증거하여 주셨고, 하나님께서 요구하시는 섬김의 모든 방식에 대하여 상세하게 증거하여 주셨사오니, 성경의 충족성에 대해 확신하면서, 성경에서 벗어난 것은 전심으로 거절하고, 오직 신구약 66권에 합한 가르침만을 배우고 믿고 가르치며 살아갈 수 있는 성경의 사람들로 살아가게 하여 주시옵소서. 예수님의 이름으로 기도하옵나이다. 아멘.

벨직 신앙고백 제8조

삼위일체 하나님

우리는 이 진리되는 하나님의 말씀에 따라 하나의 단일 본질one single essence이신 한 분 하나님을 믿으며, 그 안에는 삼위의 고유한incommunicable(공유할 수 없는) 특성에 따라 실제로, 참으로, 그리고 영원히 구별되는 세 위격, 곧 성부와 성자와 성령이 계신 것을 믿습니다. 성부는 보이는 것과 보이지 않는 만물의 원인과 근원과 시초이십니다. 성자는 말씀과 지혜이시며, 성부의 형상이십니다. 성령은 성부와 성자로부터 나오시는 영원한 능력이자 권능이십니다. 그럼에도 불구하고 이러한 구별이 하나님을 세 분으로 나누는 것은 아닙니다. 왜냐하면 성경은 성부와 성자와 성령이 각자의 특징들로 구별되는 실재subsistence를 가지시나, 이 삼위는 그러한 방식으로 유일한 한 분 하나님이신 것을 우리에게 가르치기 때문입니다.

그러므로 성부는 성자가 아니고, 성자는 성부가 아니며, 마찬가지로 성령은 성부나 성자가 아니신 것이 분명합니다. 비록 이 삼위는 구분은 되지만, 나누어지거나 뒤섞이거나 혼합되지는 않습니다. 왜냐하면 성부는 육신을 취하지 않으셨고 성령도 육신을 취하지 않으셨으며, 오직 성자만이 육신을 취하셨기 때문입니다. 성부는 성자가 없이 계신 적이 없고, 성령이 없이 계신 적도 없었으니, 이는 삼위 모두가 하나의 동일한 본질 속에서 영원히 동등하시기 때문입니다. 또한 여기에는 (삼위 간의) 처음 되거나 나중 됨이 있을 수도 없으니, 이는 삼위 모두가 진리와 능력과 선하심과 자비하심에 있어서 하나이시기 때문입니다.

삼위일체 하나님을 믿습니다

> 4 이스라엘아 들으라 우리 하나님 여호와는 오직 하나인 여호와시니 5 너는 마음을 다하고 성품을 다하고 힘을 다하여 네 하나님 여호와를 사랑하라
>
> 신명기 6장 4-5절

> 19 그러므로 너희는 가서 모든 족속으로 제자를 삼아 아버지와 아들과 성령의 이름으로 세례를 주고 20 내가 너희에게 분부한 모든 것을 가르쳐 지키게 하라 볼지어다 내가 세상 끝날까지 너희와 항상 함께 있으리라 하시니라
>
> 마태복음 28장 19-20절

벨직 신앙고백 8조부터 11조까지는 삼위일체 하나님에 대한 신앙고백입니다. 8조와 9조는 삼위일체 교리의 내용과 그 성경적 근거에 대해서 설명하고 있고, 10조는 예수 그리스도께서 참되고 영원하신 하나님이신 것을, 그리고 11조는 성령님이 참되고 영원한 하나님이신 것을 설명하고 있습니다.

삼위일체 교리는 매우 핵심적인 기독교 교리이다

삼위일체 교리는 기독교 신앙에 있어서 매우 핵심적인 교리입니다. 오늘

날 많은 교회들이 삼위일체 교리에 대해서 어렵게만 생각하고, 이 교리를 가르치거나 설교하는 일을 잘 하지 않거나, 이 교리에 대해서 무관심하거나, 우리의 신앙생활에 크게 필요하지 않은 교리, 골치만 아프게 만드는 교리쯤으로 생각하는 경향이 있는데, 그것은 매우 잘못된 태도이고 어리석은 생각입니다. 왜냐하면 우리는 삼위일체 교리를 통하지 않고는 성경을 이해할 수 없고 복음을 이해할 수 없기 때문입니다.

　삼위일체 교리는 모든 성경, 모든 교리를 이해하는 골격입니다. 삼위일체 교리에 대한 이해가 없이는 복음을 온전히 이해할 수 없습니다. 예를 들면, 예수님을 우리의 구주로 믿는 우리는 예수님을 어떤 분으로 생각하고 믿는 것입니까? 그리스도인들은 예수님을 하나님의 아들로 믿고 고백하지 않습니까? 예수님이 하나님이 아니고 단지 위대한 사람에 불과한 것이라면, 성경의 복음이 우리에게 어떻게 복음이 될 수 있겠습니까? 예수님이 하나님이 아니고 예수님이 하나님의 독생자가 아니라면, 예수님께서 행하신 수많은 이적들과 특별히 십자가의 죽으심과 부활이 우리에게 무슨 위로를 줄 수 있겠습니까? 예수님을 하나님으로 믿지 않는다면 우리는 도대체 무엇을 믿는다고 말할 수 있겠습니까? 삼위일체 교리를 믿지 않는다면 우리는 복음의 논리를 알지도 못하고 믿지도 못하는 것입니다. 성령 하나님은 또 어떻습니까? 우리가 삼위일체 교리를 믿지 않는다면, 우리 안에 성령님이 내주하시며 우리를 이끄신다는 성경 말씀을 어떻게 생각할 것입니까? 성령님이 하나님이 아니고 단지 강력한 힘이나 권능에 불과한 것이라면, 우리는 성령님을 어떻게 의지할 수 있겠습니까?

　그리스도인들은 한 분 하나님을 믿는 사람들이며, 동시에 성부의 하나님 되심과 성자의 하나님 되심과 성령의 하나님 되심을 믿는 사람들입니다. 그러므로 우리는 먼저 삼위일체 하나님에 대한 바르고 정확한 성경적인 지식을 분명히 가져야 합니다. 칼빈이 말한 것처럼, 삼위일체 교리는 우리의 믿음의 뿌리가 되는 교리이기 때문입니다. 기독교 신앙의 모든 교리는 삼위일체 교리에 연결되어 있습니다. 삼위일체 교리가 없는 기독교는 엄밀하게 말하자면 기독교가 아닙니다. 삼위일체를 말하지 않는 복음은 복음이라고 할 수 없습니다. 그러므로 삼위일체 교리는 매우 중요하며 핵심적인 교리입니다.

그래서 벨직 신앙고백도 제일 먼저 "우리는 유일하신 한 분 하나님을 믿습니다."(1조)라고 선언하고, 제2-7조에서 그 하나님에 대한 계시인 성경에 관한 교리들을 다룬 후에, 제일 먼저 "삼위일체 하나님"에 대한 신앙고백을 언급하였습니다. 우리가 하나님을 믿는다는 것은 먼저 성경을 하나님의 말씀으로 믿는 것이고, 그 다음으로는 하나님의 말씀인 성경이 우리에게 계시하는 대로의 하나님을 믿는 것입니다. 우리가 삼위일체 교리를 믿는 것은 성경이 하나님에 대해 그와 같이 우리에게 증거하고 있기 때문입니다. 삼위일체 교리는 성경이 우리에게 계시하고 있는 대로의 하나님에 대한 매우 중요한 내용을 담고 있습니다. 우리가 믿는 하나님이 어떤 하나님이신지를 바로 알지 못한다면, 우리는 하나님을 바로 믿는다고 말할 수 없습니다.

삼위일체 교리는 성경적 교리이다

우리가 삼위일체 교리를 믿고 가르치는 것은 진리되는 하나님의 말씀 곧 성경이 하나님을 그렇게 소개하고 증거하기 때문입니다. 삼위일체 교리는 성경적 교리입니다. 삼위일체 교리는, 인간이 하나님을 추상적이고도 난해한 분으로 가르치기 위하여 만들어낸 이론도 아니고, 하나님의 본질에 대한 과학적인 분석과 설명을 하기 위해서 만들어낸 가설도 아닙니다. 헤르만 바빙크는, "삼위일체를 다루는 일은 곧, 하나님 자신을 대하는 일이요, 유일하시며 참되신 하나님을, 그의 말씀 속에서 그렇게 자신을 계시하시는 그분을 대하는 일"[22]이라고 하였습니다. 자신을 아브라함의 하나님, 이삭의 하나님, 야곱의 하나님으로 계시하신 그 하나님께서 또한 그의 말씀 속에서 자신을 성부, 성자, 성령으로 우리에게 계시하시고 드러내셨기 때문에, 우리는 삼위일체 하나님을 믿고 이 삼위일체 교리를 가르칩니다.

성경은 하나님을 한 분 하나님으로 증거합니다. "이스라엘아 들으라 우리 하나님 여호와는 오직 하나인 여호와시니"(신 6:4)라고 하셨고, "나는 여호와라 나 외에 다른 이가 없나니 나밖에 신이 없느니라."(사 45:5; 사 44:6, 46:9 참조)고 하셨습니다. 또한 "우리가 우상은 세상에 아무것도 아니며 또한 하나님은 한 분밖에 없는 줄을 아노라."(고전 8:4)고 하셨고, "하나님은 한 분이시요"(딤전 2:5), "오직 하나님은 하나이시니라."(갈 3:20)고 하셨습니다.

동시에 성경은 예수님을 하나님이라고 부르기도 합니다. "조상들도 저희 것이요 육신으로 하면 그리스도가 저희에게서 나셨으니 저는 만물 위에 계셔 세세에 찬양을 받으실 하나님이시니라 아멘"(롬 9:5)이라고 하셨고, "복스러운 소망과 우리의 크신 하나님 구주 예수 그리스도의 영광이 나타나심을 기다리게 하셨으니"(딛 2:13)라고도 하셨습니다. 또한 성경은 성령님을 하나님이라고 부르기도 합니다. 성령은 하나님의 영(롬 8:9; 고전 2:11; 요일 4:2)이라고도 불리며 또한 그리스도의 영(롬 8:9; 벧전 1:11)이라고 불립니다. 아나니아와 삽비라가 성령을 속인 것은 곧 하나님을 속인 것이었습니다(행 5:3-4).

성경은 하나님의 삼위를 동시에 언급하기도 합니다. 성자 하나님이신 예수님께서 세례 요한에게 세례를 받으실 때에, 성령은 비둘기같이 임하셨으며, 성부는 "이는 내 사랑하는 아들이요 내 기뻐하는 자라"고 말씀하셨습니다(마 3:16-17). 예수님께서는 "내가 아버지께 구하겠으니 그가 또 다른 보혜

---

22) 헤르만 바빙크, 「개혁교의학 개요」, 원광연 옮김 (고양: 크리스천다이제스트, 2004), 168.

사를 너희에게 주사 영원토록 너희와 함께 있게 하시리니"(요 14:16)라고 하셨습니다. "그러므로 너희는 가서 모든 족속으로 제자를 삼아 아버지와 아들과 성령의 이름으로 세례를 주고"(마 28:19)라고 하셨고, "주 예수 그리스도의 은혜와 하나님의 사랑과 성령의 교통하심이 너희 무리와 함께 있을지어다."(고후 13:13)라고 하였습니다. 이러한 성경의 증언들을 통해, 우리는 성부와 성자와 성령 하나님이 한 분 하나님이신 것을 분명히 알게 됩니다.

칼빈은 "믿음도 하나이요 세례도 하나이요 하나님도 하나이시니"라고 하신 에베소서 4:5-6의 말씀이 삼위일체 교리의 중요한 성경적 증거가 된다고 하였습니다. 칼빈이 말하고자 하였던 취지는 바로 이것이었습니다. 만약 믿음이 여러 개라면 하나님도 여러 분이 되신다고 말해야 하겠지만, 믿음이 하나라고 하셨으니 하나님도 한 분인 것이 분명하다는 말입니다. 또한 세례도 하나라고 하셨는데, 성경은 또한 성부와 성자와 성령의 이름으로 세례를 주라고 명하셨으니, 세례를 받는 자는 성부와 성자와 성령을 믿어야 하는 것이 분명합니다. 그러므로 성부와 성자와 성령은 한 분 하나님이라는 것이 입증된다는 말입니다.[23] 우리는 성경의 증언을 따라서 삼위일체 교리를 성경적인 교리로 받아들이며, 하나님을 삼위일체 하나님으로 믿고 고백합니다. 삼위일체 교리는 기독교 신앙의 근간입니다. 이 삼위일체 교리에 대한 부정확하고 희미한 이해는 언제나 교회를 위험에 빠뜨릴 것입니다.

하나님은 한 분이시며, 한 분 하나님은 삼위이시다

우리는 삼위일체 하나님을 믿습니다. 삼위일체 교리를 가장 간단하게 표현하자면, "하나님은 한 분이시며, 한 분 하나님은 삼 위three persons이시다."

---

23) 칼빈, 「기독교강요」, I.xiii.16.

입니다. 언뜻 들으면 간단하고 쉬운 말처럼 들리지만, 이 말이 무엇을 의미하는지에 대해 답하는 것은 그렇게 간단하지도 않고 쉽지도 않습니다. 인간의 이성으로는 삼위일체 교리를 이해할 수 없습니다. 유한한 인간이 무한하신 하나님의 존재하심에 대해 모두 이해하는 것은 처음부터 불가능한 일입니다. 삼위일체 교리는 이해하기 어려운 교리이지만, 그럼에도 불구하고 모든 참된 그리스도인들은 언제나 하나님을 삼위일체 하나님으로 믿고 고백했습니다. 이는 참으로 놀라운 하나님의 은혜가 아닐 수 없습니다. 삼위일체 교리는 기독교 신앙의 핵심입니다. 그래서 삼위일체 교리를 부인하거나 훼손한 자는 언제나 이단으로 간주되었습니다. 벨직 신앙고백은 "성부는 성자가 아니고, 성자는 성부가 아니시며, 마찬가지로 성령도 성부나 성자가 아님이 분명하다."라는 아타나시우스 신경의 고백을 그대로 받아들였습니다.

벨직 신앙고백 제8조는 우리가 믿는 한 분 하나님은 "하나의 단일 본질one single essence"이시라고 고백합니다. "본질essence" 또는 "본체substance"를 의미하는 헬라어는 "우시아ousia"입니다. 신학이나 철학에서 "본질(우시아)"이란 영원하고 자존적인 존재, 즉 순수 존재를 지칭합니다.[24] 하나님은 그 존재하심에 있어서 모든 피조물과는 근본적으로 구별되는 참 하나님이시며 하나의 단일 본질이시기에 어떤 식으로도 나누어질 수 없습니다.

또한 우리는 하나의 단일 본질이신 한 분 하나님 안에는 고유한 특성을 가지고 구별되는 세 위격, 곧 성부와 성자와 성령이 계신 것을 믿습니다. 하나님께서 그의 본질에 있어서는 하나이시고 그의 위격들에 있어서는 셋이라고 말할 때, 세 위격이란 한 본질 안에 구별되는 세 실재가 있다는 뜻입니다. 이것을 고대 교부들은 "휘포스타시스hypostasis"라는 헬라어 단어로 표현

---

24) 스프로울, 『웨스트민스터 신앙고백 해설 1』, 102.

했습니다. 이것은 우리말로는 "위격"으로 번역되고, 영어로는 "person"으로 번역됩니다. 휘포스타시스는 단순히 "실존"이나 "인격"을 의미하는 말이 아닙니다. 우리는 한 분 하나님에게 "세 실존"이 있다고 말하거나 하나님은 "세 인격"을 가진 하나님이라고 말하지 않습니다. 위격이란 "역할"이나 "직분office"이나 "양태modes"를 의미하는 것도 아닙니다. 휘포스타시스라는 말은 "실재subsistence" 또는 "실체"를 의미하는 단어입니다. 이 단어는 "~아래에(휘포) 서 있는 것(스타시스)"을 의미합니다. 위격이란 "하나님의 한 본질 아래(또는 안에) 있는 실재"를 말합니다. 칼빈은 위격을 정의하기를 "신적 본질 안의 실재a subsistence in the Divine essence"라고 하였습니다.[25] 하나님 안의 이 실재를 "위격person"이라고 부릅니다.

삼위는 각각의 고유한 특성을 따라 영원히 구별되고 구분된다

삼위는 동일한 본질과 동일한 능력과 동일한 영원성을 가지면서도, 동시에 삼위는 서로 공유할 수 없는 특성을 따라 영원히 구별됩니다. 성부와 성자와 성령은 각각의 고유한 특성을 가집니다. 벨직 신앙고백 제8조는 삼위의 특성을 다음과 같이 요약하였습니다. "성부는 보이는 것과 보이지 않는 만물의 원인과 근원과 시초이십니다. 성자는 말씀과 지혜이시며, 성부의 형상이십니다. 성령은 성부와 성자로부터 나오시는 영원한 능력이자 권능이십니다."

우리는 벨직 신앙고백의 용어를 오해하지 말아야 합니다. 벨직 신앙고백은 성부를 "만물의 원인과 근원과 시초"라고 하였고, 성자는 "말씀과 지혜, 그리고 성부의 형상"이라고 불렀으며, 성령을 가리켜서는 "성부와 성자로부

---

25) 칼빈, 「기독교강요」, I.xiii.6.

터 나오시는 영원한 능력이자 권능"이라고 불렀습니다. 이러한 모든 호칭들은 삼위가 가지는 고유한 특성들을 성경의 용어로 설명한 것입니다. 성부를 "만물의 원인과 근원과 시초"라고 한 것은 성부가 "원인, 시초" 등과 같은 어떤 추상적인 개념과 같은 존재라고 가르치는 것이 아닙니다. 성자를 가리켜 "말씀"이라고 하신 것은 성자를 비인격적이고 추상적인 "말씀"이라고 가르치는 것이 아닙니다. 또한 성령을 능력이라고 부른 것은, 성령께서 비인격적인 "힘, 에너지" 같은 분이라고 가르치는 것이 아닙니다.

우리는 삼위의 이러한 호칭들의 의미를 잘 이해해야 합니다. 성경이 예수님을 "말씀"(로고스)이라고 하신 것은, 성자는 하나님과 하나님의 구원을 가장 분명하게 계시하시는 분이요 계시의 절정이 되시는 분이기 때문입니다. 그래서 예수님에게 붙여진 성경의 별칭이 로고스입니다(요 1:1,14; 요일 1:1). 또한 "성부의 형상(아이콘)"이라는 호칭은 예수님께서 보이지 않는 하나님을 가장 찬란하고 분명하게 보여주시는 분이라는 뜻으로 붙여진 성경적 호칭입니다(고후 4:4; 골 1:15). 성령님을 하나님의 능력으로 부른 것도 마찬가지입니다. 예수님께서는 제자들에게 성령을 보내주실 것을 약속하시면서 이렇게 말씀하셨습니다. "볼지어다. 내가 내 아버지의 약속하신 것을 너희에게 보내리니 너희는 위로부터 능력을 입히울 때까지 이 성에 유하라 하시니라"(눅 24:49). 승천하시기 전, 예수님께서는 제자들에게 이렇게 말씀하셨습니다. "오직 성령이 너희에게 임하시면 너희가 권능을 받고 예루살렘과 온 유대와 사마리아와 땅끝까지 이르러 내 증인이 되리라"(행 1:8). 성령님께서는 하나님의 구원의 은혜를 각 성도들에게 그의 놀라운 능력과 권세로 입혀주시는 분이기 때문에 하나님의 권능이라고 불립니다. 성령님의 또 다른 호칭은 "보혜사"이기도 한데, 많은 영어성경은 "보혜사"를 "도우시는 분 the Helper"으로 번역합니다 ESV, NAS, NKJ.

이러한 모든 호칭들은 각 위격의 고유한 특성을 나타내는 호칭들이요 성경적인 별칭들입니다. "그러므로 성부는 성자가 아니고, 성자는 성부가 아니며, 마찬가지로 성령은 성부나 성자가 아니신 것이 분명합니다." 이 삼위는 동일한 본질과 능력과 영원성을 가집니다. 또한 삼위는 서로 공유할 수 없는 고유한 특성을 따라 구별과 구분은 되지만, 나누어지거나 뒤섞이거나 혼합되지는 않으며, 삼위 간에는 우열도 없고 선후도 없습니다. 삼위일체 교리는 하나님을 세 분으로 나누지 않습니다. 왜냐하면 삼위는 동일한 본질이시기 때문입니다(빌 2:6). 삼위는 진리와 능력과 선하심과 자비하심에 있어서는 하나이십니다.

　　하나님께서 신성에 있어서는 하나이고 위격에 있어서는 셋이라는 이 삼위일체 교리는 일위일체적 존재인 우리의 경험칙에 맞지 않기 때문에 이해하기 매우 어렵습니다. 그러나 성경은 성부, 성자, 성령 하나님이 한 분 하나님이심을 증거합니다. 삼위일체 교리는 하나님을 이 세상의 모든 신들과 궁극적으로 구별합니다. 삼위일체 하나님과 같은 신은 이 세상에 없습니다. 삼위일체 하나님은 오직 성경의 하나님뿐입니다. 이 삼위일체 하나님을 알지 못하면 복음의 논리를 이해할 수 없으며 참된 믿음을 가졌다고 말할 수 없습니다. 삼위일체 하나님을 믿는지 믿지 않는지를 보면 모든 종교적 주장들의 진위를 분별할 수 있습니다. 우리는 우리의 모든 기독교 신앙의 뿌리가 되는 교리인 삼위일체 교리에 대해서 계속해서 공부하고 묵상해야 합니다. 또한 우리는 생각도 자꾸만 삼위일체적으로 하려고 노력해야 합니다. 하나님을 성부와 성자와 성령 하나님으로 알고, 삼위 하나님에 대한 우리의 감사와 신앙을 고르게 고백해야 합니다. 성경 전체를 삼위일체의 빛으로 이해할 때, 우리의 감사는 더욱 깊어지고 우리의 믿음은 더욱 견고하게 될 것입니다.

하나님 아버지, 감사합니다. 한 분 하나님이 성부와 성자와 성령 하나님이신 것을 성경에서 계시하여 우리로 하나님을 바르게 알고 믿을 수 있게 해 주시니 감사합니다. 성경이 우리에게 가르쳐주는 진리의 빛을 따라서 삼위일체 하나님을 더욱 바르게 알고 믿게 하여 주시옵소서. 그리하여 삼위일체 하나님께 대한 우리의 감사는 더욱 깊어지게 하시고 우리의 믿음은 더욱 견고하게 하여 주시옵소서. 예수님의 이름으로 기도하옵나이다. 아멘.

벨직 신앙고백 제9조

삼위일체 교리에 대한 성경의 증거

우리는 이 모든 것을 성경의 증거를 통해서 알 뿐만 아니라, 삼위의 활동을 통해서, 특별히 우리 안에서 감지할 수 있는 삼위의 활동을 통해서 압니다. 이 거룩한 삼위일체 하나님을 믿도록 우리를 가르치는 성경의 증거들은 구약성경에도 많은 곳에 기록되어 있지만, 이를 일일이 열거하는 것은 불필요하며, 다만 신중하게 몇 구절을 선택하자면 다음과 같습니다.

하나님께서는 창세기에서 이렇게 말씀하십니다. "우리의 형상을 따라 우리의 모양대로 우리가 사람을 만들자." 그리하여 "하나님이 자기 형상, 곧 하나님의 형상대로 사람을 창조하시되 남자와 여자를 창조"하셨습니다(창 1:26-27), 또한 "보라, 이 사람이 선악을 아는 일에 우리 중 하나 같이 되었으니"(창 3:22)라고 말씀하십니다. 하나님께서 "우리의 형상을 따라 우리가 사람을 만들자"라고 하신 말씀을 볼 때 하나님의 신격Deity(본체) 안에 복수plurality의 위격이 계시다는 것이 드러나며, 그 후에 "하나님이 창조하셨다"고 하신 말씀을 볼 때 하나님이 한 분이신 것이 드러납니다.

하나님은 여기에서 얼마나 많은 위격들이 있는지 말씀하지 않으신 것이 사실이나, 구약에서 우리에게 어느 정도 뚜렷하지 않던 것이 신약에서 매우 뚜렷하게 되었습니다. 왜냐하면 우리 주님께서 요단강에서 세례를 받으실 때, "이는 내 사랑하는 아들이요"(마 3:17)라는 성부의 음성이 들렸으며, 성자는 물에서 올라오셨고, 성령은 비둘기 같은 형상으로 나타나셨기 때문입니다. 그리하여 그리스도께서는 모든 믿는 자들에게 "아버지와 아들과 성령의 이름으로"(마 28:19) 세례를 베풀라고 명령하셨습니다. 누가복음에서는 천사 가브리엘이 우리 주님의 모친 마리아에게 "성령이 네게 임하시고 지극히 높으신 이의 능력이 너를 덮으시리니, 이러므로 나실 바 거룩한 자는 하나님의 아들이라 일컬어지리라."(눅 1:35)고 말했습니다. 또한 성경 다른 곳에서는 "주 예수 그리스도의 은혜와 하나님의 사랑과 성령의 교통하심이 너희 무리와 함께 있을지어다."(고후 13:13)라고 말씀하였습니다. 이 모든 성경 구절들에서 우리는 하나의 유일한 신적 본질 안에 세 위격이 있다는 것에 관하여 충분히 가르침을 받습니다.

비록 이 교리가 모든 인간의 이해를 훨씬 넘어선다 하더라도, 지금 우리는 장차 하늘에서 이것을 충만하게 알고 누리게 될 것을 기다리면서, 말씀에 근거하여 이 교리를 믿습니다. 더 나아가 우리는 우리와 관계하여 이 삼위의 특별한 사역들과 활동들에 주목해야 합니다. 성부는 그의 능력으로 인해 우리의 창조주로 불리고, 성자는 그의 피로 인해 우리의 구주와 구속주로 불리며, 성령은 우리의 마음에 거하심으로 인해 우리를 거룩하게 하시는 분our Sanctifier으로 불립니다. 이 거룩한 삼위일체 교리는 사도 시대부터 오늘날까지 참 교회에서 늘 유지되어 왔으며, 유대인들, 무슬림들, 그리고 경건한 교부들에 의해 정당하게 정죄된 마르시온, 마니, 프락세아스, 사벨리우스, 사모사타의 바울, 아리우스 등과 같은 거짓 그리스도인들과 이단들을 논박하여 왔습니다. 그러므로 이 교리 안에서 우리는 세 가지 보편 신조ecumenical creeds, 곧 사도신경, 니케아 신경, 그리고 아타나시우스 신경뿐만 아니라, 고대 교부들이 이 신조들과 일치하여 결정한 것들을 기꺼이 받아들입니다.

삼위일체 교리의
성격적 근거

16 예수께서 세례를 받으시고 곧 물에서 올라 오실새 하늘이 열리고 하나님의 성령이 비둘기 같이 내려 자기 위에 임하심을 보시더니 17 하늘로서 소리가 있어 말씀하시되 이는 내 사랑하는 아들이요 내 기뻐하는 자라 하시니라

마태복음 3장 16-17절

13 주 예수 그리스도의 은혜와 하나님의 사랑과 성령의 교통하심이 너희 무리와 함께 있을지어다

고린도후서 13장 13절

벨직 신앙고백 제9조는 삼위일체 교리에 대한 성경의 증거를 다루는 조항으로, 크게 세 부분으로 나누어서 살펴볼 수 있습니다. 첫째, 이 조항은 우리가 어떻게 삼위일체 교리를 알게 되고 믿게 되는지에 관하여 설명합니다. 둘째, 이 조항은 삼위일체 교리를 받아들이지 않았던 대표적인 이단들과 개인들을 열거하면서 이들이 참된 교회와 경건한 교부들에 의해서 정죄되어 왔음을 밝히고 있습니다. 셋째, 이 조항은 사도 시대부터 오늘날까지 참 교회에서 삼위일체 교리가 언제나 보호되고 유지되어 왔음을 말합니다.

우리는 성경의 증거를 통해서 삼위일체 하나님을 안다

벨직 신앙고백 제8조에서 우리는 삼위일체 하나님을 믿는다고 고백했습니다. 그렇다면 우리는 하나님께서 삼위일체이신 것을 어떻게 알고 믿고 확신할 수 있습니까? 벨직 신앙고백 제9조는 여기에 대해 제일 먼저 "성경의 증거를 통해서 압니다."라고 답하고 있습니다. 우리는 이 모든 것을 성경의 증거를 통해서 압니다. 벨직 신앙고백 제8조에서도 "우리는 이 진리 되는 하나님의 말씀에 따라... 성부와 성자와 성령이 계신 것을 믿습니다."라고 하였습니다. 벨직 신앙고백 제9조 역시 "지금 우리는 이 모든 것을 성경의 증거를 통해서 알 뿐만 아니라... 말씀에 근거하여 이 교리를 믿습니다."라고 고백합니다. 우리는 삼위일체 하나님에 관한 모든 것을 성경을 통해서 알고, 성경의 말씀에 근거하여 이 교리를 믿습니다. 우리는 삼위일체 교리뿐만 아니라 모든 교리를 다 이렇게 알고 믿어야 합니다. 우리는 어떤 교리든지 "진리되는 하나님의 말씀에 따라" 알아야 하며, "이 말씀에 근거하여" 믿어야 합니다. 우리는 성경의 증거를 통해서만 모든 진리, 모든 교리를 알아야 합니다. 성경의 증거가 없이는 우리는 아무것도 알 수 없고 확신할 수 없습니다.

삼위일체에 대한 성경의 증거는 구약성경에서보다 신약성경에서 더 분명해지고 확연해집니다. 하나님의 특별계시는 점진적인 성격progressiveness을 가집니다. 성경이 가르치는 모든 교리는 처음에는 (구약성경에서) 약간 희미하게 보이다가도, 시대가 지나가고 계시가 더해질수록 (신약성경에서) 점점 그 계시가 분명해지는 특징을 가집니다. 예를 들면, 구원자를 보내주시겠다고 하신 하나님의 약속이 그러합니다. 하나님께서는 창세기 3장에서 "여자의 후손"을 보내주실 것을 약속하시면서, 그가 뱀의 머리를 깨뜨리실 것이라고 말씀하셨습니다. 그러나 우리는 창세기 3장만 읽어서는 도대체 이 여자의 후손이 누구인지, 언제 어느 여자의 후손으로 온다는 것인지, 뱀의 머리를 깨뜨린다는 것은 무엇인지, 그가 어떤 방식으로 뱀의 머리를 깨뜨린다는 것인지 알 수 없습니다. 아직 모든 것이 희미하고 불분명합니다. 그러나 시대가 지나가고 계시가 더해가면서 메시아에 대한 계시는 점점 풍성해졌고 구체적으로 드러나게 되었습니다(히 1:1-2). 그리하여 우리는 메시아에 대하여 이전보다 더욱 밝히 알 수 있게 되었습니다. 삼위일체 교리도 그와 같습니다.

벨직 신앙고백 제9조는 삼위일체 하나님에 대한 성경의 증거가 많이 있다고 말하면서, 그 첫 번째 증거로 창세기 1장을 제시하였습니다. 하나님은 사람을 창조하실 때에, "우리의 형상을 따라 우리의 모양대로 우리가 사람을 만들자"(창 1:26)고 말씀하셨습니다. 하나님은 하나님 자신을 가리켜 "우리"라고 부르셨습니다. 그런데 이어지는 창세기 1장의 말씀은 하나님을 계속 단수로 말합니다. 그러므로 이 두 사실을 종합해볼 때, 우리는 하나님의 신격 또는 본체 안에 (아직 정확하게 그 수를 다 말할 수는 없지만) 단수가 아닌 복수의 위격이 있음을 알게 됩니다. 하지만 우리는 창세기 1장만을 가지고서는 하나님의 위격이 몇인지 아직 명확하게 알 수 없습니다.

그러나 신약성경에 접어들면 모든 것이 분명해집니다. 신약성경은 하나님의 삼위를 매우 명백하게, 그리고 동시에 언급하기 때문입니다. 벨직 신앙고백 제9조는 예수님께서 세례 요한에게 세례를 받으시던 장면을 그 대표적인 증거로 꼽았습니다. 성자 하나님이신 예수님께서 세례 요한에게 세례를 받으셨는데, 그때에 성령은 비둘기같이 임하셨으며, 성부는 하늘에서 "이는 내 사랑하는 아들이요 내 기뻐하는 자라"고 말씀하셨습니다(마 3:16-17). 삼위가 동시에 함께 나타나고 있는 것입니다. 또한 예수님께서는 "내가 아버지께 구하겠으니 그가 또 다른 보혜사를 너희에게 주사 영원토록 너희와 함께 있게 하시리니"(요 14:16)라고 하셨습니다. 성자가, 성부에게, 성령을 보내주시기를 구하였던 것입니다. 그 외에도 신약성경에는 하나님의 삼위를 동시에 언급하는 구절이 많이 있습니다. 예수님께서는 "너희는 가서 모든 족속으로 제자를 삼아 아버지와 아들과 성령의 이름으로 세례를 주고"(마 28:19)라고 하셨고, 사도 바울은 "주 예수 그리스도의 은혜와 하나님의 사랑과 성령의 교통하심이 너희 무리와 함께 있을지어다."(고후 13:13)라고 하였습니다. 이러한 성경의 증언들을 통해, 우리는 하나의 유일한 신적 본질 안에 세 위격이 있다는 것에 관하여 충분한 가르침을 받습니다.

우리는 삼위의 활동을 통해서 삼위일체 하나님을 안다

우리는 성경의 증거뿐만 아니라 삼위의 활동을 통해서, 특별히 우리 안에서 감지할 수 있는 삼위의 활동을 통해서 하나님이 삼위일체 하나님이신 것을 압니다. 하나님이 창조하신 온 세상 만물과 세상의 역사를 볼 때마다, 우리는 이 모든 것의 시작과 근원이 되시는 성부 하나님을 생각하게 됩니다. 또한 우리는 예수님께서 행하신 일들을 볼 때마다 예수님이 하나님이신 것을 알게 됩니다. 예수님께서는 자신을 믿지 않던 유대인들에게 이런 말씀을 하셨습니다. "만일 내가 내 아버지의 일을 행치 아니하거든 나를 믿지 말려니와 내가 행하거든 나를 믿지 아니할지라도 그 일은 믿으라. 그러면 너희가 아버지께서 내 안에 계시고 내가 아버지 안에 있음을 깨달아 알리라"(요 10:37-38). 예수님께서 하나님으로서 하시는 일들을 보고 예수님을 믿으라는 말씀입니다. 우리는 예수님의 사역과 활동을 통해서 예수님이 하나님이신 것을 알 수 있습니다. 마찬가지로 우리는 성령님의 사역과 활동을 통해서 성령님이 하나님이신 것을 알고 믿게 됩니다. 성령님께서는 구약성경의 예언(욜 2:28-32)과 예수님의 약속대로(요 14:16, 15:26, 16:13; 행 1:8) 오순절에 강림하셨습니다. 성령님께서 오순절에 강림하신 사건은 성령님이 하나님이신 것을 강력하게 증거합니다.

특별히 우리는 삼위 하나님의 활동을 우리 안에서 감지할 수 있고 경험할 수 있습니다. 우리는 우리 자신이 하나님의 피조물로 존재하고 있다는 사실을 날마다 온몸으로 느낍니다. 또한 우리는 나 같은 죄인을 위하여 피 흘리시고 죽임 당하신 그리스도와 사망의 권세를 이기고 부활하신 그리스도를 바라볼 때마다 그리스도가 하나님이신 것을 감지할 수 있습니다. 또한 성령님께서 우리 안에 내주하시면서 그의 놀라운 능력으로 우리의 어두운 마음눈을 밝히시고, 우리를 거룩으로 이끄시고, 우리를 진리로 위로하시고, 우리의 믿음을 붙들어주시고, 기도하게 하시는 활동을 통해, 우리는 우리 안에 계신 성령님이 하나님이신 것을 감지하게 됩니다. 그러므로 우리는 삼위의 고유한 활동, 특별히 우리 안에서 감지할 수 있는 삼위의 사역을 통해서 하나님이 삼위일체 하나님이라는 것을 알고 믿을 수 있습니다.

삼위일체 교리를 부인하는 개인들과 이단들은 교회의 정죄를 받는다

하지만 삼위일체 교리는 기독교 역사 가운데에서 가장 맹렬한 공격을 받아왔습니다. 벨직 신앙고백 제9조는 삼위일체 교리를 부인하고 왜곡하다가 정죄된 종교와 개인들을 언급하고 있습니다. 유대교도들, 무슬림들, 마르시온, 마니, 프락세아스, 사벨리우스, 사모사타의 바울, 아리우스 등이 그 대표적인 경우입니다.

유대교나 이슬람교는 삼위일체 교리를 부인합니다. 유대교는 구약성경을 가지고 있지만 예수님을 메시아로 믿지 않으며, 삼위일체 교리를 신성모독으로 여겨 부인합니다. 무슬림들도 예수님의 신성을 부인함으로써 삼위일체 교리를 거부합니다. 꾸란은 예수님이 알라의 사신일 뿐이며, 그의 영혼은 알라에 의해 창조되었다고 명시합니다. 그러면서 "하나님과 선지자들을 믿되 삼위일체설을 말하지 말라("3"이라고 말하지 마라.) 너희에게 복이 되리

라. 실로 알라는 오직 한 분이시니 그분에게는 아들이 있을 수 없노라."(꾸란 4:171)라고 함으로써 삼위일체 교리를 명백하게 부인합니다.

그 외에도 많은 이단들과 개인들이 삼위일체 교리를 왜곡하거나 부인해 왔습니다. 마르시온Marcion은 주후 2세기의 이단자로, 하나님을 구약의 하나님과 신약의 하나님으로 나누어서 두 하나님이 계시다고 주장하였습니다. 마르시온은 영혼은 선하고 육체는 악하다고 하는 이원론적 세계관을 가진 영지주의의 영향을 받아서, 그리스도의 성육신과 육체의 부활을 부인하였으며, 그리스도는 신약의 하나님께서 환상의 몸을 입은 분이라는 가현설을 주장하다가 일종의 양태론의 오류에 빠짐으로써 삼위일체 교리를 부인했습니다.[26]

마니Mani는 영지주의의 영향을 받아 예수님의 성육신과 부활을 부인하였으며, 기독교와 불교와 조로아스터교의 교리를 혼합하여 나름대로의 종교 체계를 만든 3세기의 이단자입니다.[27] 그는 하나님을 일위일체一位一體로 가르쳤습니다.

프락세아스Praxeas는 2세기와 3세기에 거쳐 활동했던 인물로, 영지주의와 양자론을 모두 거부하기는 하였지만, 대신 그리스도의 신성을 강조하려다가 예수님은 성부께서 인간이 되신 분이었다고 가르침으로써 양태론의 오류에 빠지고 말았습니다. 프락세아스는 결국 성부와 성자의 각 위격의 구분을 부인함으로써 정통 삼위일체 교리를 거부하였습니다.

사벨리우스Sabellius는 삼위일체 교리를 부인하였던 3세기의 대표적인 인물로, 성부와 성자와 성령은 한 분 하나님의 세 가지 다른 이름이라고 주장

---

26) J. L. 니이브, 「기독교교리사」, 서남동 역 (서울: 대한기독교서회, 1965), 106.
27) 저스틴 홀콤, 「이단을 알면 교회사가 보인다」, 이심주 역 (서울: 부흥과개혁사, 2015), 87.

하면서, 한 분 하나님이 우리에게 나타나는 방식만을 달리했다는 소위 "양태론적 단일신론"을 주장하였습니다. 사벨리안주의자들은 성부와 성자와 성령이라고 하는 이름은 명목상의 이름에 불과하며, 이 세 이름은 하나의 동일한 인격을 다양한 양상과 관계에 따라 부르는 이름들이라고 주장합니다.[28] 사벨리우스에 따르면, 마치 태양이 빛과 열과 둥근 형체를 가지고 있으나 오직 하나의 태양이 있는 것처럼, 구약의 여호와 하나님, 십자가에 달리신 예수 그리스도, 그리고 오순절 이후에 임하신 성령님은 모두 동일한 분이며 거기에는 어떤 위격의 구별도 없습니다.[29]

사모사타의 바울[Paul of Samosata]은 3세기 안디옥의 감독으로, 그는 "하나님의 한 분 되심"을 강조하다가 예수님의 온전한 신성을 부인하였습니다. 그는, 예수님께서 사람으로 태어나셨지만, 하나님께서 그에게 주신 말씀(로고스)이 예수님의 인격에 완전히 침투하여 그가 신적 존재가 된 것이며, 하나님이 사람이 되신 분이 아니라고 주장하다가 면직되었습니다.

예수님의 신성을 부인했던 대표적 이단자인 아리우스[Arius](주후 250-336 추정)는 하나님에게는 오직 하나의 신적 위격만이 있다고 가르쳤습니다. 아리우스는, 보통 사람이신 예수님이 하나님의 아들이 된 것은, 하나님께서 예수를 양자로 입양하였기 때문이라는 양자론[adoptionism]을 주장했습니다. 아리우스는 주장하기를 성자(그리스도)는 성부의 행동으로 존재하게 되었으니 그리스도는 피조물이고 성부는 창조주이며, 따라서 그리스도는 존재론적으로는 성부보다 열등하다고 하였습니다. 아리우스는 "아들이 존재하지 않았던 때가 있었다(there was a time when the son was not.)"라고까지 말했습

---

28) William Cunningham, *Historical Theology*, Vol. 1., (Reprint, Edmonton: Still Waters Revival Books, 1991), 272; 윌리엄 컨닝함, 「역사신학 1」, 서창원 역 (서울: 진리의 깃발, 2017), 478.

29) 니이브, 「기독교교리사」, 182.

니다.[30] 또한 아리우스는 성령을 하나님께로부터 나오는 능력과 힘power으로 이해함으로써 성령의 신성 역시 거부하였습니다. 여호와의 증인들도 이러한 양자론을 주장하면서 예수님의 신성을 거부합니다.

이 외에도 교회 역사에는 삼위일체 교리를 부인하거나 왜곡했던 이단들과 개인들이 많이 있었습니다. 모든 종교는 삼위일체 교리로 판가름 납니다. 예수님을 유일한 구원자로 받아들이지 않는 모든 이단들도 결국은 삼위일체 교리에서부터 어긋난 것입니다. 우리는 이런 모든 주장들을 배격해야 합니다.

삼위일체 교리는 참 교회의 공적이고 보편적인 신앙고백이다

삼위일체 교리는 사도신경과 니케아 신경과 아타나시우스 신경 등과 같은 고대 보편신조들에 명시되어 있습니다. 삼위일체의 교리는 사도시대 이후 참 교회에서 항상 유지되어 왔습니다. 그러므로 우리도 이 교리를 믿어야 합니다. 삼위일체 교리를 받아들인다는 것은, 고대 교회의 세 가지 신경, 즉 사도신경과 니케아 신경과 아타나시우스 신경을 기꺼이 받아들인다는 뜻입니다. 사도신경은 가장 오래되고 보편적인 사도들의 가르침을 요약한 교회의 신경입니다. 니케아 신경은 아리우스의 이단적 가르침을 반박하고 정죄하기 위하여 모인 니케아 공의회에서 작성된 신조입니다(주후 325년). 아타나시우스 신경은 삼위일체론을 확립하는 데 큰 역할을 감당했던 아타나시우스(293-373년)의 이름을 딴 신경으로, 칼케돈 회의(451년)의 결정을 배경으로 삼위일체 교리와 그리스도의 신인양성일위 교리를 주된 내용으로 삼고 있는 신조입니다. 고대의 경건한 교부들은 이 세 가지 신조들을 받아들였고, 이

---

30) James McGoldrick, *Christianity and It's Competitors* (Fearn, Ross-shire: Christian Focus Publication, 2006), 86.

신조들과 일치하게 가르쳤습니다. 이런 고대 교부들 가운데에는 터툴리안, 아타나시우스, 어거스틴과 같은 분들이 있습니다. 이들은 삼위일체 교리를 체계화하고 굳게 세우는 일에 많은 수고와 투쟁을 하였습니다. 교회는 이 세 신경을 언제나 귀하게 받아들였습니다. 종교개혁자 루터와 칼빈, 그리고 그들의 뒤를 따르는 개혁교회들도 사도신경과 니케아 신경과 아타나시우스 신경을 교회의 신조로 받아들였습니다. 그러므로 우리는 이 신조들을 귀하게 받아들이며 존중해야 합니다. 아타나시우스 신경은 맨 마지막 문장에서 이렇게 선언합니다. "이상이 공적(보편) 신앙입니다. 누구라도 신실하고 확고하게 믿지 않으면, 구원을 받지 못할 것입니다." 삼위일체 교리는 구원을 받을 수 있느냐 없느냐를 결정하는 교리입니다.

하나님께서 자신을 삼위일체 하나님으로 알려주신 것은 하나님께서 삼위일체 하나님이시기 때문입니다. 우리가 외국어를 배우거나 외국인이 우리말을 배울 때, 도무지 이해할 수 없고 설명할 수 없는 문법들이 있습니다. 하지만 우리는 그것을 문법적 사실로 받아들여야만 합니다. 마찬가지로 하나님께서도 우리에게 삼위일체 교리를 받아들일 것을 요구하십니다. 왜냐하면 하나님은 삼위일체 하나님이시요, 그것이 하나님에 관한 "신학적 진실 theological truth" 또는 "하나님의 사실 divine fact"이기 때문입니다. 하나님께서는 이 교리로 자신을 모든 거짓 신들과 구별하시며, 참된 종교를 모든 거짓 종교들과 구별하십니다. 그러므로 우리는 이 삼위일체 교리를 굳게 믿어야 합니다. 우리가 지금은 삼위일체 하나님에 대해서 다 이해할 수 없으며, 이 교리는 모든 인간의 이해를 훨씬 넘어서지만, 우리는 하나님의 말씀에 근거하여 이 교리를 믿으며, 장차 우리는 이 교리의 충만함을 알고 누리게 될 것입니다.

하나님 아버지, 감사합니다. 하나님이 삼위일체 하나님이신 것을 성경의 증거와 삼위의 활동을 통하여 우리로 하여금 알고 믿게 해주시니 감사합니다. 삼위일체 교리로 모든 거짓 종교와 거짓 신앙을 분별하게 하여 주시고, 삼위일체 하나님에 대해서 우리가 더욱 바르게 알게 하여 주시옵소서. 비록 우리의 이해를 뛰어넘지만, 이 땅에 사는 동안 성경에 근거해서 삼위 하나님의 활동을 주목하여 보며 삼위 하나님을 찬송하는 삶을 살다가 장차 하늘에서 삼위일체 하나님의 영광을 충만하게 보며 즐거워하게 하여 주시옵소서. 모든 영광을 삼위 하나님께 돌리오며 예수님의 이름으로 기도하옵나이다. 아멘.

벨직 신앙고백 제10조
그리스도의 신성

우리는 예수 그리스도께서 그의 신성을 따라 영원히 나신 하나님의 독생자이신 것과, 지음을 받거나 창조된 분이-만일 그렇다면 그는 피조물이 되시기에- 아니신 것을 믿습니다. 그는 성부와 동일 본질이시며, 동일하게 영원하며, 성부의 본체의 형상이시며, 하나님의 영광의 광채이시며(히 1:3), 모든 것에서 성부와 동등하십니다.

그리스도께서는 우리의 본성을 취하신 때에 비로소 하나님의 아들이 되신 것이 아니라 영원에서부터 하나님의 아들이시니, 다음의 (성경의) 증거들이 서로 연결되어 이 진리를 우리에게 가르치고 있습니다. 모세는 "하나님이 천지를 창조하시니라."(창 1:1)고 말하고 있고, 요한은 말씀 곧 그가 하나님이라고 불렀던 그 말씀으로 말미암아 만물이 창조되었다고 말합니다(요 1:1-3). 사도는 "하나님이 그의 아들로 말미암아 모든 세계를 지으셨다"(히 1:2)라고 하며, 또한 만물이 다 그리스도로 말미암아 창조되었다고 말합니다(골 1:16). 그러므로 하나님, 말씀, 아들, 예수 그리스도라고 불리는 그분은 만물이 그분에 의해 창조되었던 그때 이미 존재하고 계셨음이 분명합니다. 그러므로 선지자 미가는 그리스도의 근본은 "상고부터"라고 말합니다(미 5:2). 또한 사도는, 이 아들은 "시작한 날도 없고 생명의 끝도 없다"(히 7:3)고 말합니다. 따라서 그분은 우리가 간구하고 예배하며 섬기는 전능하신 하나님, 곧 참되고 영원하신 하나님이십니다.

예수 그리스도,
참되고 영원하신 하나님

1 태초에 말씀이 계시니라 이 말씀이 하나님과 함께 계셨으니 이 말씀은 곧 하나님이시니라 2 그가 태초에 하나님과 함께 계셨고 3 만물이 그로 말미암아 지은 바 되었으니 지은 것이 하나도 그가 없이는 된 것이 없느니라

요한복음 1장 1-3절

예수님은 참되고 영원하신 하나님이시다

우리는 하나님을 믿는 사람들이기 때문에 하나님에 대해서 잘 알아야 합니다. 하나님에 대해서 알아야 할 가장 중요하고 근본적인 지식 중에 하나는 바로 하나님께서 삼위일체 하나님이시라는 사실입니다. 삼위일체 교리는 기독교 신앙의 가장 근본적인 교리입니다. 사시고 참되신 하나님은 한 분 하나님이시요, 그 한 분 하나님은 삼위일체 하나님이십니다. 하나님은 삼위일체의 하나님이시기 때문에, 하나님은 우리에게 자신을 삼위일체 하나님으로 알려주셨습니다. 하나님께서는 삼위의 각 위격의 이름과 칭호를 알려주셔서, 우리가 하나님을 대할 때에 그 칭호를 따라서 그 삼위를 위격으로 알고 구별하여 부르고 대할 수 있도록 하셨습니다. 그 칭호가 성부, 성자, 성령입니다. 그러므로 성부와 성자와 성령, 삼위에 관하여 바르게 아는 것이 곧

하나님을 바르게 아는 것이 됩니다.

삼위의 호칭은 삼위 간의 관계를 설명해줍니다. 삼위는 한 분 하나님이시면서, 그 위격 간에는 "낳으심"과 "나오심"의 방식으로 위격상의 구분을 가지십니다. 성부와 성자와 성령은 한 분 하나님이며, 한 본질을 가지시며, 동일하게 영원자존하시지만, 성자는 성부에게서 영원히 나심으로써(영원 발생), 그리고 성령은 성부와 성자에게서 영원에서부터 나오심으로써(영원 발출) 그 위격상의 구별을 가지십니다. 성부와 성자와 성령이라는 이 칭호는 삼위의 관계와 그 위격적인 구별을 우리에게 가르쳐줍니다. 벨직 신앙고백 제10조는 예수 그리스도께서 하나님이신 것을 설명하면서 이렇게 시작하고 있습니다.

우리는 예수 그리스도께서 그의 신성을 따라 영원히 나신 하나님의 독생자이신 것과, 지음을 받거나 창조된 분이(그렇다면 그는 피조물이 되시기에) 아니신 것을 믿습니다. 그는 성부와 동일 본질이시며, 동일하게 영원하며, 성부의 본체의 형상이시며, 하나님의 영광의 광채이시며(히 1:3), 모든 것에서 성부와 동등하십니다.

예수님은 성부와 동일한 본질이시며 동일하게 영원하신 분이며, 성부와 동등하신 하나님이십니다. 또한 벨직 신앙고백은 제10조는 예수님을 "하나님의 영광의 광채시요 그 본체의 형상"이라고 하신 히브리서 1:3을 인용하여 예수님을 "성부의 본체의 형상이요 하나님의 영광의 광채"라고 하였습니다. "성부의 본체의 형상"이라는 표현에서 "본체"로 번역된 헬라어 단어는 "휘포스타시스(ὑπόστασις)"로, 삼위일체 교리에서 매우 중요한 개념인 "위격 person"을 의미하는 단어입니다. 그래서 킹제임스역KJV에서는 이 단어를 "실체, 본체, 위격" 등을 의미하는 "person"으로 번역했습니다. 그런데 이렇게 번역하면 마치 제2위 성자 하나님은 제1위 성부 하나님의 "위격의 형상"이 되시는 분으로 단순하게 오해되거나 불필요한 신학적인 논쟁을 불러일으킬 소지가 있어서, 대부분의 영어성경에서는 이를 "본성nature, ESV, NAS" 또는 "존재being, NIV, NAB"로 번역하고 있습니다. 또한 "형상"으로 번역된 헬라어 단어 "카락테르(χαρακτὴρ)"는 "정확한 표현exact representation" 또는 "완전히 닮음exact likeness"을 의미합니다. 예수님은 보이지 않는 하나님을 가장 찬란하고 분명하게 보여주시는 분이라는 뜻입니다. 그런 의미에서 예수님은 하나님의 형상이십니다. "그리스도는 하나님의 형상(εἰκὼν)이니라"(고후 4:4)고 하셨고, "그는 보이지 아니하시는 하나님의 형상이요"(골 1:15)라고 하셨습니다. "영광의 광채"라는 호칭도 이와 같은 맥락입니다. 예수님은 하나님의 영광을 가장 찬란하게 드러내 보여주시는 분이십니다(고후 4:6 참조).

예수님께서 참되고 영원하신 하나님이시라는 사실에 대한 성경의 증거들

예수님께서 참되고 영원하신 하나님이라는 사실에 대한 성경의 증거는 많습니다. 벨직 신앙고백 제10조는 그리스도께서 하나님이시며, 영원 전부터 계셨고 영원히 계실 영원하신 하나님이심을 증거하는 대표적인 증거 본문으로 여섯 구절을 제시합니다. 이 증거들은 서로 긴밀하게 연결이 되어 있어서, 그 모든 증거들을 잘 종합해서 생각해 보면 그리스도가 참되고 영원하신 하나님이요, 삼위일체의 제2위 성자 하나님이신 것을 분명하게 알 수 있습니다. 이러한 증거들은 예수님에 대한 씨줄과 날줄처럼 서로 긴밀하게 연결되어 있어서, 이를 서로 잘 종합해 보면 바른 결론에 이르게 됩니다.

첫 번째 증거는 "태초에 하나님이 천지를 창조하시니라."(창 1:1)고 하신 성경의 맨 처음 구절입니다. 우리는 하나님께서 천지를 창조하신 분이신 것을 믿습니다. 두 번째 증거는 요한복음 1장에 있습니다. 요한은 말씀 곧 그가 하나님이라고 불렀던 그 말씀으로 말미암아 만물이 창조되었다고 말합니다(요 1:1-3). 사도 요한은 예수님을 말씀이라고 불렀고, 그 말씀이 곧 하나님이시라고 했습니다. 사도 요한은 증거하기를, 태초에 말씀이 계셨고 그 말씀이 하나님과 함께 계셨는데, 그 말씀이 곧 하나님이시라고 하였습니다(요 1:1). "하나님과 함께"로 번역된 전치사구는 문자 그대로 번역하면 "하나님을 향하여"라는 뜻입니다. 이는 곧 성자 하나님께서 성부 하나님을 "향하여", 즉 "성부 하나님과 얼굴과 얼굴을 마주 대하여" 친밀한 상태로 계신 것을 의미합니다. 이것은 성자 하나님과 성부 하나님의 복되고 영광스럽고 영원하고 친밀한 관계를 나타내는 말씀입니다. 예수님은 성부 하나님을 향하고 계신 하나님이셨습니다. 그런데 사도 요한은 이어지는 요한복음 1:3에서 "만물이 그로 말미암아through 지은 바 되었으니 지은 것이 하나도 그가 없이는 된 것이 없느니라."(3절)고 하였습니다.

세 번째 증거는 히브리서 1장에 있습니다. 히브리서 기자는 사도 요한의 증거에 이어서 "하나님이 그의 아들로 말미암아 모든 세계를 지으셨다"(히 1:2)고 하였습니다. "아들로 말미암아" 곧 아들을 통하여through 모든 세계를 지으셨습니다. 또한 네 번째 증거는 골로새서 1장에 있는데, 사도 바울은 "만물이 다 그리스도로 말미암아 창조되었다."(골 1:16)고 증거하였습니다. 골로새서의 말씀은 보다 분명하고 직접적입니다. 골로새서 1:16은 만물이 다 그리스도에 의하여by 창조되었다는 뜻입니다. 태초에 "하나님"이 천지를 창조하셨다고 했는데(창 1:1), 요한복음이나 히브리서나 골로새서는 그리스도로 말미암아through 그리스도에 의하여by 만물이 창조되었다고 하였으니 예수님은 곧 하나님이신 것이 드러나게 되는 것입니다. 그리하여 예수님은 성부 하나님과 위격적인 구별을 가지시나 동일한 본질이신 제2위 성자 하나님이심이 드러납니다. 그리고 성자 하나님은 만물이 창조되었던 때에, 아니 만물이 창조되기도 전에 이미 존재하고 계셨음이 분명해집니다. 이것을 가리켜 우리는 "그리스도의 선재하심Pre-existence of Christ"이라고 부릅니다.

그리스도의 선재하심에 대한 성경의 증거도 적지 않습니다. 벨직 신앙고백 제10조는 그리스도의 선재하심 또는 그리스도의 영원하심에 대한 대표적인 성경 구절을 구약과 신약에서 각각 한 절씩 소개하고 있습니다. "그러므로 선지자 미가는 그리스도의 근본은 "상고부터"라고 말합니다(미 5:2). 또한 사도는, 이 아들은 "시작한 날도 없고 생명의 끝도 없다"(히 7:3)고 말합니다." 이것이 벨직 신앙고백 제10조가 그리스도가 참되고 영원하신 하나님이시라는 사실에 대한 성경의 증거로 제시하고 있는 다섯 번째와 여섯 번째 증거입니다. 벨직 신앙고백이 소개하고 있는 구절들 외에도 그리스도가 참되고 영원하신 하나님이시라는 증거는 성경에 많이 있습니다. 세례 요한은 예수님을 가리켜 "내 뒤에 오시는 이가 나보다 앞선 것은 나보다 먼저 계심이니라."(요 1:15)고 증거하였습니다. 예수님 자신도 "진실로 진실로 너희에게 이르노니 아브라함이 나기 전부터 내가 있느니라Before Abraham was, I am."(요 8:58)고 말씀하셨습니다. "내가 있느니라 I am"는 말은 "나는 스스로 있는 자니라."는 말로도 번역됩니다. 이는 위대한 하나님의 이름입니다(출 3:14). 예수님께서는 자신을 "스스로 있는 자"라고 소개하심으로써, 자신이 하나님이신 것을 증거하셨습니다. 또한 예수님께서는 "아버지여 창세 전에 내가 아버지와 함께 가졌던 영화로써 지금도 아버지와 함께 나를 영화롭게 하옵소서."(요 17:5)라고 기도하셨습니다. 이 외에도 예수님이 영원부터 계시는 하나님이시라는 성경의 증언은 넘칩니다. 이 모든 성경의 증언을 종합해보면, 우리는 예수님께서 참되고 영원하신 하나님이신 것을 알 수 있습니다.

예수님은 하나님이시요 말씀이시며 아들이시요 그리스도이시다

벨직 신앙고백 제10조는 "하나님, 말씀, 아들, 그리스도"라는 호칭으로 예수님에 대한 신앙고백을 요약하고 있습니다. 예수님을 하나님으로, 말씀으로, 하나님의 아들로, 그리스도로 아는 것이 예수님을 바로 아는 것이요 하나님을 바로 아는 것이며 복음의 핵심을 바로 아는 것입니다. 예수님을 이렇게 알고 믿지 않는 사람에게는 구원과 영생이 없습니다.

성경은 매우 분명하게 예수님을 "하나님"이라고 부르고 있습니다. 예수님의 이름 자체가 바로 그가 하나님이신 것을 밝히 증거합니다. 그분께서 이 땅에 육신을 입고 사람으로 나실 때에 성부 하나님께서 친히 지어주신 이름은 "예수Jesus"였습니다. "예수"라는 이름은 "여호와"와 "구원"이라는 두 말을 합한 말로, "여호와께서 구원하신다" 또는 "구원하시는 여호와"라는 뜻입니다. 그러므로 "예수"라는 이름은 그가 하나님으로서 우리의 구원을 위해 아기로 태어나신 우리의 구원자이신 것을 우리에게 알려주고 있습니다. 예수님께서 하나님이신 것을 성부 하나님께서 친히 증거해 주신 것입니다. 사도들도 예수님을 하나님으로 분명하게 증거하였습니다. 도마는 부활하신 예수님께 이렇게 고백했습니다. "나의 주시며 나의 하나님이시니이다"(요 20:28). 사도 바울은 "그리스도가 그들에게서 나셨으니 저는 만물 위에 계셔 세세에 찬양을 받으실 하나님이시니라 아멘"(롬 9:5)이라고 하였으며, 또는 "복스러운 소망과 우리의 크신 하나님 구주 예수 그리스도의 영광이 나타나심을 기다리게 하셨으니"(딛 2:13)라고 하였습니다(히 1:8 참조). 사도 요한은 예수님을 가리켜서 "그는 참 하나님이시요 영생이시라"(요일 5:20)고 했습니다.

또한 성경은 예수님을 "말씀"으로 증거합니다. "태초에 말씀이 계시니라 이 말씀이 하나님과 함께 계셨으니 이 말씀은 곧 하나님이시니라"(요 1:1). 성경이 예수님을 "말씀"(로고스)이라고 하신 것은, 성자는 하나님과 하나님의 구원을 가장 분명하게 계시하시는 분이요 계시의 절정이 되시는 분이기 때문입니다. 그래서 예수님에게 붙여진 성경의 별칭이 로고스입니다(요 1:1,14; 요일 1:1). 사도 요한은 바로 그 말씀이신 분께서 육신을 입고 우리 가운데 거하셨고, 그분이 바로 하나님이시라고 선언하고 있습니다. 그러므로 "말씀"이라는 예수님의 칭호는 그분이 영원하신 하나님이시면서 성부 하나님과 위격적인 구별을 가지시는 성자 하나님이신 것을 우리에게 가르쳐 줍니다.

또한 성경은 예수님을 "하나님의 아들"로 증거합니다. 예수님께서 제자들에게 "너희는 나를 누구라 하느냐?"(마 16:15)고 물으셨을 때, 사도 베드로는 "주는 그리스도시요 살아계신 하나님의 아들이시니이다"(마 16:16)라고 고백하였고, 예수님은 그 고백을 승인하셨습니다(마 16:17-18). 예수님께서 세례 요한에게 세례를 받으실 때에, 성부 하나님께서는 "너는 내 사랑하는 아들이라. 내가 너를 기뻐하노라"(막 1:11)고 말씀하심으로써 예수님이 하나님의 아들이신 것을 친히 증거해 주셨습니다(시 2:7,12 참조). 또한 예수님께서 베드로와 야고보와 요한을 데리고 높은 산에 올라가셨을 때, 구름 속에서 소리가 나서 이르기를 "이는 내 사랑하는 아들이요 내 기뻐하는 자니 너희는 저의 말을 들으라."(마 17:5)고 하였습니다. 사도 요한은 예수님을 가리켜서 하나님의 품속에서 영원 전부터 계시는 독생자라고 증거하였으며(요 1:18), 아버지와 아들을 부인하는 자는 적그리스도라고 하였습니다(요일 2:22; 요일 4:15 참조). 심지어 마귀도 예수님을 보고 그에게 절하면서 "지극히 높으신 하나님의 아들 예수여" 하며 큰 소리로 부르짖었습니다(막 5:6-7).

또한 성경은 예수님을 "그리스도"로 증거합니다. 예수님은 그리스도, 곧 기름부음을 받으신 왕과 제사장과 선지자로서 우리의 구주가 되십니다. 사도 베드로는 "주는 그리스도시요 살아계신 하나님의 아들이시니이다"(마

16:16)라고 고백하였습니다. "그리스도Christ"란 "기름 부음을 받은 자"라는 뜻으로, 히브리어 "메시아Messiah"를 헬라어로 번역한 호칭입니다. 구약 시대에는 왕과(삼상 16:13; 삼하 2:4), 제사장과(출 29:29; 레 6:22, 16:32), 선지자가(왕상 19:16) 세움을 받을 때에 기름 부음을 받았습니다. 구약 시대의 왕과 제사장과 선지자들은 장차 오실 "그 기름 부음 받은 자(메시아, 그리스도)"를 예표하는 자들이었습니다(시 2:2, 18:50; 사 61:1-3). 예수님께서 공생애 사역 초기에 나사렛의 회당에서 이사야 61장의 말씀을 찾아 읽으신 것은 우연이 아니었습니다(눅 4:17-19).

예수님을 그리스도로 아는 것이야말로 예수님을 바르게 아는 것입니다. "그리스도"라는 이 호칭은 예수님을 세상의 모든 위인, 세상의 위대한 철학자나 왕들과 구별되게 만드는 또 하나의 결정적인 호칭입니다. 예수님은 그런 자들과 근본적으로 구별되는 "그리스도", 곧 구약성경에서 약속된 "그 기름 부음 받은 자"이십니다. 예수님을 그리스도로 알고 믿고 고백하는 것은 참으로 중요한 문제입니다. 그리하여 사도들은 계속해서 "예수는 그리스도"라 증거하는 일을 멈추지 않았습니다. 사도 요한은 요한복음을 기록한 이유가 예수님이 하나님의 아들 그리스도이심을 믿게 하려 함이라고 하였습니다(요 20:31). 사도들은 날마다 성전에 있든지 집에 있든지 예수는 그리스도라 가르치기와 전도하기를 쉬지 않았습니다(행 5:42; 행 9:22 참조). 바울은 고린도에서 "하나님의 말씀에 붙잡혀 유대인들에게 예수는 그리스도라 밝히 증거"하였습니다(행 18:5).

예수님을 참되게 알고 믿은 성도들은 모두 예수님을 "하나님"과 "말씀"과 "아들"과 "그리스도"로 알고 믿었으며 또 그렇게 고백하고 전파했습니다. 예수님을 그렇게 고백할 때, 우리는 예수 그리스도께서 삼위일체의 제2위 하나님, 곧 참되고 영원하신 하나님이라고 고백하는 것입니다. 그러므로 하나님을 믿는 것과 예수님을 믿는 것은 분리할 수 없습니다. 그리스도가 참되고 영원하신 하나님이요 하나님의 아들이라는 사실을 이해하지 못한 자는 아직 하나님을 알지 못한 자요, 아직 복음을 이해하지 못한 사람입니다. 우리는 예수 그리스도에 대하여 바로 알아야 합니다. 예수님에 대한 참되고 바른 지식과 고백이 없다면, 거기에는 구원 얻는 믿음도 없기 때문입니다.

예수님께 기도하고 예수님을 예배하며 다만 그를 섬기라

예수님이 참되고 영원하신 하나님이신 것을 알게 되었다면 우리는 어떻게 해야 합니까? 우리는 예수님께 기도하고, 예수님을 예배하며, 예수님을 섬겨야 합니다. 예수님은 우리의 기도와 예배와 섬김의 대상이 되십니다. 이것이 바로 벨직 신앙고백 제10조의 결론입니다. "**따라서 그분은 우리가 기도하고 예배하며 섬기는 전능하신 하나님, 곧 참되고 영원하신 하나님이십니다.**" 예수 그리스도께서 참되고 영원하신 하나님이신 것을 생각할 때, 우리는 예수님을 우리의 주와 구주로 믿지 않을 수 없고 예수님을 예배하지 않을 수 없습니다. 예수님의 모든 사역이 그분께서 하나님으로서 이루신 일이라는 것을 생각할 때, 우리는 예수님을 믿지 않을 수 없습니다. 예수님의 성육신과 그의 모든 지상 생애, 그리고 우리를 대신하여 십자가에 달려 죽으신 일이 얼마나 자비롭고 크고 놀라운 일이었는지 깨닫게 됩니다. 또한 예수님께서 사망의 권세를 깨뜨리시고 부활하신 것과, 부활하신 후에 승천하셔서 본래부터 계셨던 영광의 하늘로 다시 오르신 것을 생각하면(요 13:3, 16:28), 우리는 예수님께서 하나님이신 것을 믿지 않을 수 없고, 그 예수님을 예배하며 섬기지 않을 수 없게 됩니다.

예수님이 하나님이신 것을 알게 될 때, 우리는 예수님을 우리의 구주로 믿고 신뢰할 수 있습니다. 또한 우리는 하나님의 영원하신 독생자 예수님을 믿음으로써 하나님의 자녀가 되는 권세를 얻을 수 있게 된다는 사실로 인해 큰 위로를 얻을 수 있습니다(요 1:12 참조). 그러므로 예수님이 하나님이신 것을 믿읍시다. 예수님은 곧 말씀이시며, 하나님의 아들이시며, 그리스도(메시아)이신 것을 믿고, 예수님을 더욱 신뢰하고 사랑하며 섬기고 예배하는 우리 모두가 되어야 하겠습니다.

거룩하신 하나님 아버지, 하나님이시요 말씀이시며 아들이시요 그리스도이신 예수님을 우리에게 보내주신 것을 감사합니다. 예수 그리스도를 통하여 하나님의 영광을 더욱 밝히 보여주신 것을 감사합니다. 예수님께서 하나님이시요 하나님의 아들이시며 우리의 주와 구주가 되시는 분이신 것을 분명하게 증거하여 주셨지만, 여전히 예수님을 바르게 알지 못하여 하나님의 독생자이신 것을 부인하고 왜곡시키는 거짓 교훈과 거짓 선생들이 많이 있습니다. 하나님, 우리를 모든 거짓 교훈과 거짓 선생들로부터 보호하여 주시옵소서. 예수님이 참되고 영원하신 하나님이시요 말씀이시며 아들이시요 그리스도이신 것을 더욱 밝히 알게 하여 주시고, 예수님을 더욱 바르게 알고 믿으며, 예수님을 더욱 잘 예배하며 섬기며 증거하는 저희가 되게 하여 주시옵소서. 예수님의 이름으로 기도하옵나이다. 아멘.

벨직 신앙고백 제11조

성령님,
참되고 영원하신 하나님

우리는 성령님께서 영원히 성부와 성자로부터 나오신다는 것을 또한 믿고 고백합니다. 그분은 지음을 받거나 창조되거나 나시지 않았으며, 다만 성부와 성자로부터 나오시는 분입니다. (삼위의) 순서에 있어서는, 성령님은 성경이 우리에게 가르치는 것처럼 삼위일체의 세 번째 위격으로서, 성부와 성자와 함께 하나의 동일한 본질과 위엄과 영광을 가지신, 참되고 영원한 하나님이십니다.

성령님, 참되고 영원하신 하나님

> 26 내가 아버지께로서 너희에게 보낼 보혜사 곧 아버지께로서 나오시는 진리의 성령이 오실 때에 그가 나를 증거하실 것이요 27 너희도 처음부터 나와 함께 있었으므로 증거하느니라
>
> 요한복음 15장 26-27절

우리는 삼위일체 하나님을 믿습니다. 우리는 구별된 삼위, 곧 성부와 성자와 성령이 참되고 영원하신 한 분 하나님이신 것을 믿습니다(하이델베르크 요리문답 제25문). 그러므로 삼위일체 하나님을 바르게 알고 믿기 위해서는 성부 하나님과 성자 하나님뿐만 아니라 성령 하나님에 대해서도 잘 알아야 합니다. 우리는 성부 하나님과 성자 예수님에 관해서는 비교적 잘 알고 있지만, 성령 하나님에 대해서는 잘 알지 못하기도 하고, 잘못 알고 오해하고 있는 경우도 많이 있기 때문입니다. 벨직 신앙고백 제11조는 성령님이 어떤 분이신지를 요약하여 가르치고 있습니다.

성령님은 영원에서부터 성부와 성자로부터 나오시는 하나님이시다

벨직 신앙고백 제11조는 성령님에 대해서 제일 먼저 이렇게 고백합니다.

"우리는 성령님께서 영원히 성부와 성자로부터 나오신다는 것을 또한 믿고 고백합니다." 성령님께서 성부와 성자로부터 "영원히(영원에서부터) 나오신다"고 할 때, 성령의 "나오심(발출)procession"이 무엇을 의미하는 것인지에 대해서 우리는 잘 알아야 합니다. 성령님의 나오심이 무엇인지를 잘 이해할 때, 우리는 삼위 간의 관계를 좀 더 바로 이해할 수 있게 되기 때문입니다.

우리는 성령의 "나오심"을 가리켜서 "발출(또는 출래)發出, procession"이라고 부릅니다. 우리가 성령님을 "나오시는 분"으로 고백하는 것은 성경의 증언, 특별히 예수님의 말씀에 근거합니다. 예수님은 이렇게 말씀하셨습니다. "내가 아버지께로서 너희에게 보낼 보혜사 곧 아버지께로서 나오시는 진리의 성령이 오실 때에 그가 나를 증거하실 것이요"(요 15:26). 예수님께서 성령님을 "아버지께로서 나오시는 진리의 성령"이라고 우리에게 가르쳐주셨기 때문에, 우리는 성령님을 "아버지(성부)에게서 나오시는 분"이라고 고백합니다.

이것은 고대 교회가 성령님을 이해한 방식이기도 했습니다. 사도신경이나 니케아 신경(325년)은 성령님에 대해 "성령을 믿습니다"라고 짧게 고백하였는데, 콘스탄티노플 공의회(381년)에서는 성령님에 대한 니케아 신경의 조항을 좀 더 길게 보충하면서 "아버지로부터 나오시는 분"으로 고백했습니다. 다만, 우리가 지금 사용하고 있는 니케아 신경은 성령님을 이렇게 고백하고 있습니다. "그리고 우리는 주님이시며 생명을 주시는 분이신 성령을 믿습니다. 그분은 아버지와 아들로부터 나오시며, 성부와 성자와 함께 경배와 영광을 받으실 분이며, 선지자들을 통하여 말씀하셨습니다." 그래서 우리는 성령님이 성부와 성자에게서 나오시는 분이라고 고백합니다. 그런데 본래 381년에 작성된 니케아-콘스탄티노플 신경에는 "아버지로부터 나오시며"로만 되어있지 "~와 아들로부터and the Son"는 없었습니다. 그렇다면 "~와 아들로부터"라는 구절은 언제, 어떻게 니케아-콘스탄티노플 신경에 포함된 것입니까? 이것을 이해하기 위해서는 다소 길고 복잡한 역사를 알아야 합니다.

필리오케 논쟁 Filioque Controversy

니케아 신경이 작성된 이후 로마를 중심으로 하고 있던 서방교회에서는 성자와 성령의 관계에 대한 논의가 계속되었습니다. 성령께서 성부에게서만 나오시고 성자에게서는 나오시지 않는다면 성자와 성령은 어떤 관계에 있는지에 대한 논의가 계속 있었습니다. 로마 교회(서방교회)는 오랜 연구와 논의 끝에 성령은 성부에게서만 나오시는 분이 아니라 성자에게서도 나오시는 분이라는 결론을 내리고 소위 성령의 "이중 발출double procession"을 가르치기 시작했고, 589년 톨레도 제3차 종교회의에서 공식적으로 성령은 아버지와 아들로부터 나온다고 선포하였습니다. 그리하여 본래 니케아-콘스탄티노플 신경에는 "그분은 아버지로부터 나오시며qui ex Patre procedit"로만 되어 있었던 것을, "아버지" 뒤에 "그리고 아들and the Son"이라는 문구를 추가하였는데, "그리고 아들"에 해당하는 라틴어가 바로 "필리오케Filioque"입니다. 이처럼 교회는 성령이 누구에게서 나오시느냐 하는 이 문제를 놓고 오랫동안 논쟁하였는데, 그 논쟁을 일컬어서 우리는 "필리오케 논쟁Filioque controversy"이라고 부릅니다. 동방교회와 서방교회는 이 문제를 두고 첨예하게 대립하였고, 급기야 1054년에 교회는 대분열the Great Schism을 맞게 됩니다.[31] 물론 동방교회와 서방교회가 꼭 필리오케 논쟁 하나만을 인해서 분열했다고 말하기는 어렵고, 거기에는 다른 여러 정치적인 문제들도 함께 얽혀있었지만, 여하튼 필리오케 논쟁은 대분열의 주요한 이유 가운데 하나였습니다. 성령님이

---

31) 교회가 분열하게 되면서, 로마를 중심으로 했던 서방교회는 자신들만이 참된 보편 교회라는 뜻으로 스스로를 "가톨릭교회(Catholic church)"라고 불렀고, 동방교회는 자신들이 참된 정통 교회라는 뜻으로 스스로를 "정통교회(Orthodox church, 정교회)"라고 불렀습니다.

누구에게서 나오시느냐 하는 것은 중요한 문제였습니다. 이것은 삼위 간의 관계를 어떻게 이해하느냐에 관한 문제요, 하나님이 어떤 분이신가에 관한 문제였기 때문입니다.

종교개혁자들은 서방교회의 "필리오케"의 입장을 수용하였고, 벨직 신앙고백 또한 이 입장을 따랐습니다. 왜냐하면 성경이 이것을 지지하고 있기 때문입니다. 성령님께서 성부와 성자로부터 나오시는 분이라는 것에 대해서 성경은 두 가지 큰 증거를 우리에게 제시해 줍니다. 첫째, 성경은 누가 성령을 보내주시느냐는 질문에 대해 성부와 성자 모두 성령을 보내신다고 증거하고 있기 때문에 우리는 성령님께서 성부와 성자에게서 나오시는 분이심을 믿습니다. 우선, 성경은 성부 하나님께서 성령을 보내신다고 말씀합니다. "보혜사 곧 **아버지께서 내 이름으로 보내실 성령**, 그가 너희에게 모든 것을 가르치시고 내가 너희에게 말한 모든 것을 생각나게 하시리라"(요 14:26). 그런데 아들이신 예수님께서도 성령을 보내실 것이라고 하셨습니다. "**내가 아버지께로서 너희에게 보낼 보혜사** 곧 아버지께로서 나오시는 진리의 성령이 오실 때에 그가 나를 증거하실 것이요"(요 15:26). 성부가 성령을 보내신다는 것이 성령이 성부로부터 나오심을 의미한다면, 성자가 성령을 보내신다는 것 역시 성령이 성자로부터 나오심을 의미하는 것이 아니겠습니까? 따라서 성령님은 "나오시는 분"이요, "보냄을 받으시는 분"입니다. 성경은 성령님을 누가 보내시느냐고 했을 때에 아버지께서 보내신다고도 하셨고 예수님께서 보내신다고도 하셨습니다. 그래서 성령님은 성부와 성자로부터 보냄을 받으시는 분인 것입니다. 우리는 이것을 "이중적 보내심double sending"이라고 부릅니다. 바로 이 이중적 보내심이 성령의 "이중 발출"을 지지합니다.

둘째로, 성경은 성령을 하나님의 영이라고 부르기도 하고 동시에 그리스도의 영이라고 부르기도 한다는 점에서, 우리는 성령이 성부와 성자에게서 나오시는 분이라고 고백합니다. 성경은 여러 곳에서 성령님을 "하나님의 영"으로 부르고 있습니다. "사람의 사정을 사람의 속에 있는 영 외에는 누가 알리요 이와 같이 하나님의 사정도 하나님의 영 외에는 아무도 알지 못하느니라."(고전 2:11)고 하셨고, "그러므로 내가 너희에게 알게 하노니 하나님의 영으로 말하는 자는 누구든지 예수를 저주할 자라 하지 않고 또 성령으로 아니하고는 누구든지 예수를 주시라 할 수 없느니라."(고전 12:3)고 하셨습니다(고후 3:3 참조). 구약성경에서는 성령을 "여호와의 신", "내 신" 혹은 "성신"이라고 불렀습니다. "사무엘이 기름 뿔을 취하여 그 형제 중에서 그에게 부었더니 이 날 이후로 다윗이 여호와의 신에게 크게 감동되니라"(삼상 16:13). "또 내 신을 너희 속에 두어 너희로 내 율례를 행하게 하리니 너희가 내 규례를 지켜 행할지라"(겔 36:27; 욜 2:28 참조). "나를 주 앞에서 쫓아내지 마시며 주의 성신을 내게서 거두지 마소서"(시 51:11).

성경은 또한 성령님을 "그리스도의 영" 또는 "아들의 영"으로 부르기도 합니다. "만일 너희 속에 하나님의 영이 거하시면 너희가 육신에 있지 아니하고 영에 있나니 누구든지 그리스도의 영이 없으면 그리스도의 사람이 아니라"(롬 8:9). "자기 속에 계신 그리스도의 영이 그 받으실 고난과 후에 얻으실 영광을 미리 증거하여 어느 시, 어떠한 때를 지시하시는지 상고하느니라"(벧전 1:11). "너희가 아들인고로 하나님이 그 아들의 영을 우리 마음 가운데 보내사 아바 아버지라 부르게 하셨느니라"(갈 4:6). 그러므로 이 모든 증거들은 성령님께서 성부와만 관계를 가지시거나 성부에게서만 나오시는 분이 아니라 성자에게서도 나오시는 하나님임을 알려줍니다.

성령님은 성부와 성자로부터 나오시되, 성부와 성자로부터 "영원히" 곧 "영원에서부터" 나오시는 분입니다. 그의 나오심은 시작도 없고 끝도 없습니다. 태초에 성령님이 계셨고, 성령님은 성부와 성자 하나님과 함께 계셨고,

성령님은 하나님이셨습니다. 그러므로 성부에게 성령이 없으셨던 때가 없고, 성자에게 성령이 없으셨던 때도 없습니다. 성령님은 지음을 받거나 창조되신 분이 아니며, 성자처럼 나신 분도 아니며, 성부와 성자로부터 영원히 나오시는 분입니다. 그러므로 성령님은 참되고 영원하신 하나님이십니다.

성령님은 성부와 성자와 함께
하나의 동일한 본질과 위엄과 영광을 가지신 하나님이시다

삼위의 순서에 있어서 성령님은 삼위일체의 세 번째 위격으로 불립니다. 이것은 성경의 용례를 따른 것이며, 또한 하나님이 자기를 계시하신 큰 경륜을 반영한 것이라고 할 수 있습니다. 성경에서 성령님은 통상적으로 성부와 성자의 뒤에 이어서 언급됩니다. 예수님께서는 마태복음 28:19에서 이렇게 말씀하셨습니다. "그러므로 너희는 가서 모든 족속으로 제자를 삼아 아버지와 아들과 성령의 이름으로 세례를 주고"(마 28:19). 사도 바울은 고린도후서 13:13에서 "주 예수 그리스도의 은혜와 하나님의 사랑과 성령의 교통하심이 너희 무리와 함께 있을지어다."라고 하였습니다. 하지만 이러한 순서는 삼위 간의 선후나 우열을 가리기 위한 것이 아니라, 하나님이 자기를 계시하신 큰 경륜을 반영한 것입니다.

벨직 신앙고백 제11조는 "성부와 성자와 함께 하나의 동일한 본질과 위엄과 영광을 가지신, 참되고 영원한 하나님이십니다."라고 고백합니다. 성령님은 성부와 성자와 본질이 동일하시며, 영광과 권능이 동등하신 하나님이십니다. 성령님은 단순한 하나님의 능력이나 하나님의 현존의 한 방식(양태) mode이 아닙니다. 성령님은 어떤 비인격체나 추상적인 개념도 아닙니다 성령님은 인격적인 하나님이십니다. 헬라어에서 성령은 "프뉴마"입니다. 헬라어에는 모든 명사가 남성과 여성과 중성, 이 셋 중 하나의 성性을 가집니다. 그래서 명사를 대명사로 받을 때에는 당연히 그 명사의 성을 따른 대명사를 붙입니다. 예를 들면, "교회"라는 명사는 "에클레시아"로 여성명사입니다. 그래서 교회를 대명사로 표시할 때에는 "그녀^{she}"라고 표시합니다. 그런데 성령을 지칭하는 "프뉴마" 명사는 중성명사입니다. 그래서 문법 원칙을 따라서 성령님을 대명사로 표시하려면 "그것^{it}"이라는 중성 인칭대명사로 받아야 하는데, 성경은 언제나 그렇게 하지 않고 남성형 인칭대명사인 "그분^{He}"으로 표시합니다(요 14:17,26; 16:14; 고전 12:11). 이것은 무엇을 의미합니까? 성령님은 단순히 하나님의 능력이나 기운이 아니라 위격성을 가지신 "하나님"이심을 의미합니다.

물론 성령님이 하나님의 "능력"으로 불리기도 합니다(벨직 신앙고백 제8조). 예수님께서는 제자들에게 성령을 보내주실 것을 약속하시면서 이렇게 말씀하셨습니다. "볼지어다. 내가 내 아버지의 약속하신 것을 너희에게 보내리니 너희는 위로부터 능력을 입히울 때까지 이 성에 유하라 하시니라"(눅 24:49). 예수님은 승천하시기 전에도 제자들에게 이렇게 말씀하셨습니다. "오직 성령이 너희에게 임하시면 너희가 권능을 받고 예루살렘과 온 유대와 사마리아와 땅끝까지 이르러 내 증인이 되리라"(행 1:8). 성경이 성령님을 "능력, 권능"에 빗대어 말씀하신 것은, 성령님께서는 하나님의 구원의 은혜를 각 성도들에게 그의 놀라운 능력과 권세로 입혀주시는 분이기 때문입니다. 그것은 마치 예수님께서 하나님 자신과 하나님의 뜻을 가장 잘 드러내주시는 계시의 절정이 되시는 분이기에 "말씀"이라고 불리는 것과 같습니다.

성부와 성자만 동일 본질이신 것이 아니라, 성령과 성부도 동일 본질이십니다. 성령님은 성부와 동일한 위엄과 영광을 가지신 하나님이십니다. 그래서 성경은 성령님에게 하나님의 이름과 영예를 돌립니다. 성경은 성령님을 하나님으로 부릅니다. "너희가 하나님의 성전인 것과 하나님의 성령이 너희 안에 거하시는 것을 알지 못하느뇨"(고전 3:16)고 하셨을 때, 성령을 하나님으로 부르신 것입니다. 또한 "베드로가 가로되 아나니아야 어찌하여 사단이 네 마음에 가득하여 네가 성령을 속이고 땅값 얼마를 감추었느냐 땅이 그대로 있을 때에는 네 땅이 아니며 판 후에도 네 임의로 할 수가 없더냐 어찌하여 이 일을 네 마음에 두었느냐 사람에게 거짓말 한 것이 아니요 하나님께로다."(행 5:3-4)라고 하셨습니다.

성령님은 하나님의 모든 속성을 가지고 계십니다. 예를 들면, 성령님은 어디에나 계십니다(편재하심). "내가 주의 신을 떠나 어디로 가며 주의 앞에서 어디로 피하리이까"(시 139:7). 성령님은 모든 것을 아시며 하나님만 아실 수 있는 하나님의 사정을 아십니다(전지하심). "오직 하나님이 성령으로 이것을 우리에게 보이셨으니 성령은 모든 것 곧 하나님의 깊은 것이라도 통달하시느니라. 사람의 사정을 사람의 속에 있는 영 외에는 누가 알리요 이와 같이 하나님의 사정도 하나님의 영 외에는 아무도 알지 못하느니라"(고전 2:10-11). 또한 성령님은 영원하십니다. "하물며 영원하신 성령으로 말미암아..."(히 9:14).

성령님은 하나님의 능력으로 하나님의 일을 하신다

성령님은 하나님이 아니시면 하실 수 없는 일들을 하십니다. 성령님은 창조의 일에 함께하셨습니다. "여호와의 신은 수면에 운행하시니라"(창 1:2). 성령님은 죄인들을 거듭나게 하시는 분입니다. "예수께서 대답하시되 진실로 진실로 네게 이르노니 사람이 물과 성령으로 나지 아니하면 하나님 나라에 들어갈 수 없느니라"(요 3:5). 성령님은 사람들의 마음에 예수님을 믿는 믿음을 일으켜 주십니다(하이델베르크 요리문답 제21문). "하나님의 영으로 말하는 자는 누구든지 예수를 저주할 자라 하지 않고 또 성령으로 아니하고는 누구든지 예수를 주시라 할 수 없느니라."(고전 12:3)고 하셨습니다. 성령께서는 우리를 그리스도와 연합되게 하시고 우리를 그리스도의 지체가 되게 하십니다(고전 6:11, 12:13). 성령님은 우리를 인도하시며 우리를 거룩하게 하시며 우리로 하여금 성령의 열매를 맺게 하십니다(갈 5:22-23). 성령님은 하나님의 말씀인 성경을 기록하게 하셨습니다(벧후 1:21). 성령님은 우리에게 진리를 가르치시고 우리를 진리 가운데로 인도하십니다(요 16:13-14). 또한 성령님은 교회와 함께하시면서 우리를 돕고 위로하십니다(요 14:16). 교회의 참된 위로는 성령님에게서 옵니다(행 9:31). 성령님은 우리 안에서 말할 수 없는 탄식으로 우리를 위하여 기도하시며 우리를 도우십니다(롬 8:26). 또한 성령님은 거듭난 모든 그리스도인들에게 은사를 나누어 주셔서 주님을 섬기도록 하십니다(고전 12:4-31, 14:1-33; 롬 12:3-13; 엡 4:7-12; 벧전 4:10-11 참조). 이 성령님은 세상 끝날까지, 그리고 영원히 우리와 함께하시면서, 인내하게 하시고 견디게 하십니다. 이처럼 성령님은 하나님의 권능으로 하나님의 일을 하십니다.

그러면서도 삼위 간에는 구분이 있으며, 삼위 간의 교제와 교통도 있습니다. 성령은 성자가 아니며 성부도 아닙니다. 성령님은 육신을 입고 이 세상에 오시지 않으셨고, 성령님은 독생자를 세상에 보내시지도 않으셨습니다. 성부가 성령을 보내셨고 성자도 성령을 보내셨습니다. 예수님께서 동정녀 마리아에게 잉태되실 때에 성령으로 잉태되셨습니다(눅 1:35). 예수님께서 세례를 받으실 때에 성령이 비둘기 같이 내려 예수님 위에 임하셨습니다(마 3:16). 예수님께서는 성령을 힘입어 천국 복음을 전하시며 공생애 사역을 감당하셨습니다(마 12:28; 요 3:34 참조). 예수님께서는 성령을 힘입어 기도하셨습니다. 성령님은 자신을 드러내거나 높이시는 법이 없으시고, 언제나 성부와 성자를 증거하심으로 성부와 성자를 높이고 드러내십니다. 성령님은 증거하시는 분입니다. "증거하는 이는 성령이시니 성령은 진리니라"(요일 5:7). 예수님께서는 이렇게 말씀하셨습니다. "내가 아버지께로서 너희에게 보낼 보혜사 곧 아버지께로서 나오시는 진리의 성령이 오실 때에 그가 나를 증거하실 것이요 너희도 처음부터 나와 함께 있었으므로 증거하느니라"(요 15:26-27).

성령님은 하나님이십니다. 성령님은 성부와 성자에게서 나오셔서 우리에게로 보내지신 분입니다. 성부와 성자와 함께 하나의 동일한 본질과 위엄과 영광과 능력을 가지고 오늘도 우리 안에 거하시면서 그리스도를 증거하시며 우리를 거룩하게 하시며 우리를 위로하시고 우리를 위하여 기도하시며 우리를 진리 가운데로 인도하시는 성령님을 인해서 우리는 깊이 감사해야 합니다. 또한 우리는 늘 성령님의 거룩한 임재를 의식하고 두려워해야 합니다. 또한 우리는 성령님을 좇아 행하여 성령의 인도하심에 잘 순종해야 합니다(갈 5:16,25). 성령님의 위로와 인도를 따라 복된 인생으로 살아가는 우리 모두가 되기를 소원합니다.

하나님 아버지, 성부와 성자로부터 영원히 나오시는 성령님을 우리에게 보내주시고 우리에게 하나님 아버지와 우리 주 예수 그리스도의 영광을 끊임없이 증거해 주시오니 참으로 감사드리옵나이다. 성령님께서 우리와 함께 하시면서 우리를 위로하시고 거룩하게 하시고 인도하시는 것을 생각하면서 성령님을 더욱 의지하고 두려워하면서 성령님의 인도하심에 순종하여 나아가는 저희들이 되게 하여 주시옵소서. 우리가 성령 하나님의 복된 임재와 거룩한 다스리심 아래 계속 거할 수 있도록 우리를 늘 진리로 권고하여 주시고 붙들어 주시옵소서. 예수님의 이름으로 기도하옵나이다. 아멘.

벨직 신앙고백 제12조

만물의 창조

우리는 성부께서 보시기에 좋으신 때에, 아무것도 없는 중에서 하늘과 땅과 모든 피조물들을 말씀으로 곧 그의 아드님으로 말미암아 창조하신 것과, 모든 피조물에게 그 존재와 형태와 모양을 주시고, 또한 다양한 기능을 주셔서 그들의 창조주를 섬길 수 있도록 하신 것을 믿습니다. 또한 하나님께서는 지금도 그의 영원한 섭리와 무한한 능력을 따라 모든 피조물을 계속 붙드시고 다스리심으로, 만물은 사람을 섬기도록 하시고 사람은 하나님을 섬기도록 하시는 것을 우리는 믿습니다.

하나님께서는 또한 천사들을 선하게 창조하셔서, 그들이 하나님의 사자使者, messengers들이 되도록, 또한 택하신 자들을 섬기도록 하셨습니다. 그 천사들 중 일부는 하나님께서 그들을 창조하실 때에 주신 그 고귀한 지위에서 영원한 파멸로 떨어졌지만, 나머지 천사들은 하나님의 은혜로 그들의 처음 지위를 계속 유지하며 그 지위에 머물러 있습니다. 마귀들과 악령들은 심히 부패하여 하나님과 모든 선한 것들의 원수가 되었습니다. 그들은 그들의 전력을 다해서 악한 계략으로 교회와 교회의 모든 지체들을 다 무너뜨리고 변질시키기 위하여 마치 강도들처럼 숨어 기다리고 있습니다. 이런 이유로 그들은 자신들의 악을 인하여 영벌을 선고 받아 날마다 끔찍한 고통을 기다립니다.

그러므로 우리는 영들과 천사들의 존재를 부정하는 사두개인의 오류를 거부하며, 또한 마귀들은 창조된 것이 아니라 그들의 독자적인 기원을 가지며 부패된 적이 없이 그들의 본성상 악하다고 말하는 마니교의 오류를 혐오합니다.

창조주 하나님을 믿습니다

> 26 너희는 눈을 높이 들어 누가 이 모든 것을 창조하였나 보라 주께서는 수효대로 만상을 이끌어 내시고 각각 그 이름을 부르시나니 그의 권세가 크고 그의 능력이 강하므로 하나도 빠짐이 없느니라
>
> 이사야 40장 26절

 벨직 신앙고백 제12조는 하나님의 창조 사역에 관한 신앙고백입니다. 우리는 하나님을 믿는 사람들이기 때문에 하나님에 대해서 바로 알아야 합니다. 하나님에 대해서 알고자 한다면, 무엇보다 우리는 하나님의 존재하심과 그의 삼위일체 되심에 대해서 잘 알아야 합니다. 또한 우리는 하나님께서 하시는 일, 곧 하나님의 사역을 잘 알아야 합니다. 하나님의 가장 첫 번째 주요한 사역은 창조입니다. 물론 하나님께서는 창조의 일을 하시기 전에 모든 것을 주권적으로 작정하시는 일을 하셨습니다. 그리고 그의 작정을 이루시기 위하여 가장 먼저 창조의 일을 하셨습니다.

하나님께서 주권적 작정을 따라 권능의 말씀으로 세상을 창조하셨다

 벨직 신앙고백 제12조는 이렇게 시작합니다.

우리는 성부께서 보시기에 좋으신 때에, 아무것도 없는 중에서 하늘과 땅과 모든 피조물들을 말씀으로 곧 그의 아드님으로 말미암아 창조하신 것…을 믿습니다.

하나님께서 이 세상과 만물의 창조가 언제 개시되었는지, 성경은 그 정확한 시와 때를 우리에게 말씀하지 않고, 다만 "태초에, 시작에in the beginning" 시작되었다고만 말씀합니다(창 1:1). 바로 그때가 하나님께서 보시기에 좋으신 때였습니다. 하나님께서 선하게 여기신 때에 주권적으로 만물을 창조하셨습니다.

하나님의 창조는 무로부터의ex nihilo 창조입니다. 하나님께서는 아무것도 없는 중에서 하늘과 땅과 모든 피조물을 창조하셨습니다. 하나님의 창조에는 보이는 것과 보이지 않는 모든 것이 다 포함됩니다. "만물이 그에게 창조되되 하늘과 땅에서 보이는 것들과 보이지 않는 것들과 혹은 보좌들이나 주관들이나 정사들이나 권세들이나 만물이 다 그로 말미암고 그를 위하여 창조되었고"(골 1:16)라고 말씀하셨습니다.

또한 하나님은 말씀으로 만물을 창조하셨습니다. 하나님께서는 아무것도 없는 중에서 하늘과 땅과 그 가운데 있는 모든 만물을 그의 권능의 말씀으로 창조하셨습니다. 이 말씀은 하나님의 작정의 선언입니다. 하나님께서는 작정하셨고, 그 작정하신 것을 말씀으로 선언(선포)하셨습니다. 예를 들면, 하나님께서는 빛을 창조하실 것을 작정하신 후에, "빛이 있으라"(창 1:3)고 선언하셨습니다. 그러자 하나님이 계획하신 대로 빛이 생겨나게 되었습니다. 그것이 하나님의 말씀이요 말씀의 권능입니다. 하나님께서 하고자 하셨다면 "빛이 있기를 원한다."고 생각만 하셨어도 말씀이 없이 얼마든지 빛을 창조하실 수 있었을 것입니다. 그러나 하나님께서는 자신이 창조의 하나님이신 것을 온 세상에 선포하시기 위하여 말씀으로 만물을 창조하셨습니다. 그래서 성경은 하나님께서 세상을 창조하실 때에 말씀으로 창조하셨다고 거듭해서 우리에게 증거합니다. "하나님이 가라사대"라는 말씀은 창세기 1장에서만 10번이나 반복됩니다(3,6,9,11,14,20,24,26,28,29절). 시편 33편은 하나님의 창조에 대해서 이렇게 노래합니다. "여호와의 말씀으로 하늘이 지음이 되었으며 그 만상이 그 입 기운으로 이루었도다...저가 말씀하시매 이루었으며 명하시매 견고히 섰도다"(시 33:6,9).

하나님을 섬기도록 만물을 창조하셨다

하나님께서는 만물을 창조하실 때에, 모든 피조물들에게 그 존재와 형태와 모양과 다양한 기능을 주시고, 또한 다양한 기능을 주셔서 그들이 자신들의 창조주를 섬길 수 있도록 하셨습니다. 하나님은 창조 사역을 통해서 모든 피조물들에게 존재being를 주셨습니다. 사람은 사람으로, 천사는 천사로, 짐승은 짐승으로 존재할 수 있도록 존재 자체를 주셨습니다. 또한 각각의 피조물들에게 다양한 형태form와 모양appearance과 기능function을 주셨습니다. 이 세상의 피조물들을 보면 형형색색, 각양각색입니다. 남극이나 북극이나 열대 우림의 생태계, 물고기나 새들이나 곤충이나 짐승들의 세계를 보면 별난 것도 많고, 우리가 보기에 우스꽝스럽게 생긴 것도 있고, 못생긴 것도 있고, 잘생긴 것도 있고, 아름다운 것도 있고, 단단한 것도 있고, 부드러운 것도 있고, 크고 웅장한 것도 있고, 작고 아기자기한 것도 있습니다. 정말 별별 피조물들이 많이 있습니다. 각각의 피조물들이 왜 그러한 형태와 모양과 기능을 가지게 되었는지 우리는 다 이해할 수 없습니다. 하나님이 우리 인생들에게도 왜 이렇게 다양한 외모와 은사를 주셨는지도 우리는 다 이해할 수 없습니다. 하지만 벨직 신앙고백 제12조에서 여러 차례 반복되는 강조를 통해 우리가 분명히 아는 것은, 하나님께서 만물을 창조하시고 특별히 사람을 창조하신 목적이 "하나님을 섬기도록" 하시기 위함이라는 사실입니다. "하나님을 섬기도록!" 이것이 하나님의 천지 창조의 목적입니다. 하나님은 그의 택하신 자들이 하나님을 더욱 잘 섬길 수 있게 하시려고 모든 피조 세계를 창조하셨습니다.

하나님은 아무 뜻과 계획과 목적 없이 이 세상을 만드시지 않았습니다. "무릇 내 이름으로 일컫는 자 곧 내가 내 영광을 위하여 창조한 자를 오게 하라. 그들을 내가 지었고 만들었느니라"(사 43:7). 하나님의 창조 목적은 분명합니다. 하나님은 자신의 영광을 위하여, 그리고 우리가 하나님을 잘 섬길 수 있도록 만물을 창조하셨습니다. 우리는 바로 이 지점에서 "하나님은 어떤 분이신가?"라는 질문에 대한 답을 얻을 뿐만 아니라 "인간이 누구인가?"라는 근본적인 질문에 대한 답을 얻습니다. 하나님이 우리의 창조주이시니, 우리는 하나님의 피조물입니다. 이것이 인간의 가장 근본적인 정체성입니다. 누군가가 우리에게 "인간은 누구인가? 당신은 누구인가?"라고 묻는다면 우리는 제일 먼저 이렇게 대답할 수 있어야 합니다. "나는 하나님의 피조물입니다. 하나님께서 나를 지으셨습니다."(어린이를 위한 요리문답 제1문답). 우리는 하나님을 섬기도록 창조된 존재라는 것을 늘 잊지 말아야 합니다.

창조 신앙으로 인생의 목적을 분명히 하라

하나님의 창조에 관한 교리는 삼위일체 교리와 함께 기독교 신앙의 가장 근본이 되는 진리입니다. 그래서 성경은 이 진리를 성경의 맨 앞에서 선포하였습니다. "태초에 하나님이 천지를 창조하시니라."(창 1:1). 창조주 하나님과 하나님의 창조를 믿지 않는 사람은 하나님을 믿는 사람이라고 할 수 없습니다.

창조 신앙이 없는 인생은 방황하게 됩니다. 자신이 누구인지를 모르는데 인생의 목적을 어떻게 바로 알 수 있겠으며 삶의 의미를 어디에서 찾을 수 있겠습니까? 내가 어디에서 왔는지, 누가 나의 주인인지, 내가 무엇을 위해서 살아야 하는지를 모르는데 어떻게 방황하지 않을 수 있겠습니까? 창조 신앙이 없는 인생은 삶의 의미를 찾기 위하여 여기저기 기웃거려보지만 무엇에 자기 인생을 투자해야 하는지, 무엇을 추구하며 살아야 하는지를 잘 찾지 못합니다. 그래서 당장 잘 먹고 잘 사는 것을 제일로 여기다가 극도의 쾌락주의와 방탕주의에 빠지기도 합니다. 세상만을 바라보면서 살다가 극도의 허무주의에 빠지기도 합니다. 사람들은 자기가 하고 싶은 대로, 자기 감정에 이끌리는 대로 살다가 죽는 것이 행복이라고 생각합니다. 또는 유물론이나 공산주의 같은 사상을 자기의 종교로 삼고 신기루 같은 유토피아에 다다르기 위하여 일평생 속아서 살기도 합니다. 이처럼 창조 신앙이 없는 인생은 방황하게 됩니다.

그러나 창조 신앙은 인생의 목적을 분명하게 해줍니다. 인간이 누구인지를 분명하게 말해줍니다. 창조 신앙을 분명히 할 때에만, 인생의 목적도 분명해지고 우리의 인생을 어디에 정초해야 하는지를 알게 됩니다. 우리는 하나님을 섬기도록 창조되었고 하나님의 영광을 위하여 창조되었습니다. 이것을 알지 못하는 사람은 아직도 인생의 목적과 삶의 의미가 무엇인지를 발견하지 못한 사람이고, 이 세상과 역사에 대해서도 이해하지 못한 사람입니다.

보호하는 천사들과 파괴하는 악마들

벨직 신앙고백 제12조는 천사들의 창조에 대해서도 설명하고 있습니다. 하나님께서는 보이는 피조물들뿐만 아니라 보이지 않는 피조물들 곧 천사들도 창조하셨습니다(골 1:16). 하나님은 천사들을 하나님의 사자messenger로 창조하셔서 하나님을 수종 들도록 하셨습니다. "능력이 있어 여호와의 말씀을 이루며 그 말씀의 소리를 듣는 너희 천사여 여호와를 송축하라. 여호와를 봉사하여 그 뜻을 행하는 너희 모든 천군이여 여호와를 송축하라. 여호와의 지으심을 받고 그 다스리시는 모든 곳에 있는 너희여 여호와를 송축하라. 내 영혼아 여호와를 송축하라"(시 103:20-22). 하나님께서 천사들을 창조하신 목적도 만물을 창조하신 목적과 같습니다. 하나님은 천사들이 하나님의 사자로서 택하신 자들을 섬기는(돕는) 일꾼들이 되도록 창조하셨습니다. "모든 천사들은 부리는 영으로 구원 얻을 후사들을 위하여 섬기라고 보내심이 아니뇨"(히 1:14)라고 하셨습니다. 모든 천사들은 택하신 자들을 섬기도록 창조되었고, 택하신 자들은 하나님을 더욱 잘 섬기도록 창조되고 구속 받은 것입니다. 천사들은 구원 얻을 후사들을 위하여 계속해서 보내지는(헬라어로 ἀποστελλόμενα, 현재시제 수동태 분사) 존재입니다. 천사는 계속해서 우리에게 보내져서 우리를 섬기고 돕습니다(시 34:7, 91:11; 눅 16:22 참조).

그런데 천사들 중 일부는 하나님께서 그들을 창조하실 때에 주신 그 고귀한 지위에서 영원한 파멸로 떨어졌습니다. 그래서 타락한 천사들이 생겨난 것입니다. 벨직 신앙고백은 그러한 천사들을 "마귀들과 악령들"이라고 불렀습니다. 성경은 타락한 천사에 대해서 분명하게 증거합니다. "또 자기 지위를 지키지 아니하고 자기 처소를 떠난 천사들을 큰 날의 심판까지 영원한 결박으로 흑암에 가두셨으며"(유 6)라고 하셨고, "하나님이 범죄한 천사들을 용서하지 아니하셨다."(벧후 2:4)고 말씀하셨습니다. 마귀들과 악령들은 하나님의 원수가 될 뿐만 아니라 모든 성도들의 원수가 되어서, 전력을 다해서, 악한 계략으로, 교회와 교회의 모든 지체들을 다 흔들고 무너뜨리고 파괴하고 변질시키기 위하여 강도들처럼 숨어서 우리를 지켜보면서 기다리고 있습니다. 이들은 할 수만 있으면 택한 자들이라도 미혹하고 흔들고 넘어뜨리기 위하여(마 24:24) 온 힘을 기울입니다(엡 6:12 참조). 그래서 베드로 사도는 깨어서 근신하며, 마귀를 대적하라고 하였습니다. "근신하라. 깨어라. 너희 대적 마귀가 우는 사자같이 두루 다니며 삼킬 자를 찾나니 너희는 믿음을 굳건하게 하여 그를 대적하라"(벧전 5:8-9).

루터는 그의 탁상담화 중에 "보호하는 천사들과 파괴하는 악마들"이라는 글에서 이렇게 말했습니다. "천사들은 우리와 매우 밀접하며 하나님의 명령에 따라 우리와 그분의 다른 피조물들을 보호합니다. 천사들은 우리를 보호하기 위해서 긴 팔을 가지고 있기 때문에 사탄이 우리를 해하려고 시도할 때 사탄을 쉽게 쫓아버릴 수 있습니다. 그들은 하나님 앞에, 그리고 태양 옆에 서 있지만, 문제없이 재빠르게 우리를 도우러 옵니다. 악마들 역시 우리와 아주 가까이 있습니다. 매순간 그들이 우리의 생명과 행복을 빼앗으려는 음모를 꾸미고 있지만, 그들이 우리를 해롭게 하는 것을 천사들이 막고 있습니다. 그러한 까닭에 악마들은 항상 우리가 해를 받는 것을 원하지만, 언제나 그들은 우리에게 해로움을 주지 못한다는 말입니다."[32]

루터는 우리를 돕는 천사들에게는 긴 팔이 있다고 하였습니다. 마귀들과 악령들이 우리를 해하려고 할 때 그 긴 팔을 가진 천사가 신속하게 우리에게로 와서 우리가 상하지 않도록 우리를 보호해 줍니다. 마귀들과 악령들은 자신들의 악을 인하여 영벌을 선고 받아 날마다 끔찍한 고통을 기다리고 있습니다. 마귀들은 자기의 때가 얼마 남지 않을 것을 알고 우리 가운데에서 크게 분노하며 역사하고 있습니다(계 12:12).

---

[32] 마르틴 루터, 「탁상 담화」 (루터전집 54권), 김민석, 정애성 옮김 (서울: 컨콜디아사, 2017), 255.

사두개인과 마니교의 오류를 거부하며 혐오함

벨직 신앙고백 제12조는 하나님의 창조와 관련해서 우리가 배격해야 할 두 가지 이단적 가르침을 언급하고 있습니다. 첫째는, 영들과 천사들의 존재를 부정하는 사두개인의 오류입니다. 사두개인들은 부활도 없고 천사도 없고 영혼도 없다고 주장했습니다(행 23:8). 오늘날에도 이런 사두개인들이 많이 있습니다. 사람에게 영혼이 없다고 생각하고, 사람이 죽으면 그것으로 다 끝이 나고 존재는 소멸된다고 주장합니다. 사두개인의 오류로부터 "내일 죽을 터이니 오늘 먹고 마시자." 하는 식의 쾌락주의, 방탕주의, 유물주의가 나오게 되며, 천사도 없고 부활도 없다고 생각하니 영적 세계와 영적 싸움에 대해서 둔감해질 수도 있습니다.

둘째는, 마귀들은 창조된 것이 아니라 그들의 독자적인 기원을 가지며 부패된 적이 없이 그들의 본성상 악하다고 말하는 마니교의 오류입니다. 마니교는 마니Mani라는 사람이 만든 이단 종교로, 그들은 선과 악이란 각각 선한 신과 악한 신에 의해 창조된 것이고, 처음부터 선한 신과 악한 신이 따로 존재했다고 가르쳤습니다. 지금도 이름을 달리한 마니교들이 많이 있습니다. 그들은 악이나 죄는 잘못된 것이 아니라 원래부터 독자적으로 있는 자연스러운 성향이라고 주장합니다. 그들은 마귀와 하나님이 동등한 입장에서 투쟁하고 있다고 생각합니다. 그러나 사탄은 철저하게 하나님의 통제 아래에 있습니다. 욥기에 보면, 마귀는 하나님께서 허락하신 범위 안에서만 일을 할 수 있었다는 것을 알 수 있습니다(욥 1:12). 하나님이 허락하지 않으시면 마귀는 우리의 머리털 하나도 건드리지 못합니다. 오늘날에도 잘못된 죄론, 잘못된 마귀론들이 많이 있습니다. 죽은 사람의 혼이 떠돌아다니면서 귀신이 되고 마귀가 된다고 믿는 사람들도 많이 있고, 온갖 미신들도 많이 있습니다. 이런 것들은 다 하나님의 창조를 잘못 알고 오해하는 데에서 오는 오류들입니다. 하나님께서는 보이지 않는 피조물들도 창조하셨고, 영계의 모든 존재들도 모두 하나님의 통치 아래 있습니다.

창조 신앙이 가져다주는 유익과 위로

창조 신앙은 인생의 방황을 끝나게 해주고 인생의 목적을 분명하게 만들어줍니다. 인간은 하나님을 섬기도록 창조된 하나님의 피조물입니다. "하나님을 섬기도록" 만물을 창조하셨고 사람을 창조하셨다는 것을 생각합시다. 우리가 하나님의 피조물이라는 사실을 기억하고, 인생의 목적을 분명히 합시다. 창조 신앙은 우리 인생의 좌표를 분명하게 알려줍니다.

또한 창조 신앙은 우리를 위로합니다. 우리가 섬기는 하나님이 이 세상의 창조주요 이 세상의 주인이심을 생각해 보십시오. 우리는 하나님의 피조물이며, 강하고 부요하신 하나님은 나의 하나님과 나의 아버지가 되십니다. 하나님은 나의 이름과 나의 형편을 아시며, 나의 작은 신음소리에도 응답하십니다. 우리의 하나님께서 그의 영원한 섭리와 무한한 능력을 따라 모든 피조물들과 함께 우리를 계속 붙드시고 다스리십니다. 이것을 생각할 때 우리의 마음은 언제나 든든합니다. 비록 마귀가 강도들처럼 숨어 기다리면서 교회와 교회의 모든 지체들을 무너뜨리고 변질시키기 위해서 온갖 궤계를 쓰고 전력을 다하지만, 우리에게는 우리를 돕는 팔이 긴 천사가 있고, 우리를 섬기는 모든 피조물들이 있고, 무엇보다 우리 뒤에는 우리 하나님이 계셔서 우리를 위하시니 누가 우리를 대적할 수 있겠습니까(롬 8:31)?

또한 창조 신앙은 우리의 경건을 증진시킵니다. 창조 신앙은 우리로 하여금 하나님을 더욱 경외하게 만들고 하나님을 더욱 높이게 만들어줍니다. 창조 신앙을 바르게 가진 사람은 한편으로 하나님을 두려워하지 않을 수 없고 다른 한편으로 하나님을 찬송하지 않을 수 없습니다. 하나님께서 지으신 모든 만물을 볼 때 거기에서 우리는 하나님의 놀라운 손길을 발견하며 하나님을 경배하지 않을 수 없습니다. 창조 신앙이 없으면 자기만 알고 이 세상의 보이는 것에만 사로잡혀서 사는 이기적이고 교만하며 탐욕적인 인간이 됩니다. 하지만 창조주 하나님을 알고 믿는 사람은 보이는 대로 이 세상을 판단하지 않습니다. 창조 신앙을 가지게 되면, 하나님이 창조하신 모든 것을 소중히 생각하게 되고, 겸손하게 되며, 모든 것을 사랑할 수 있게 됩니다. 특별히 같은 믿음을 가지고 신앙생활하는 택하신 자들을 더욱 귀히 여기고 깊이 사랑할 수 있게 됩니다. 창조 신앙으로 하나님을 더욱 경외하며 교회와 이웃과 만물을 더욱 깊이 사랑하는 우리 모두가 되기를 소원합니다.

하나님 아버지, 감사합니다. 하나님께서 이 세상을 창조하실 때에 모든 피조물에게 존재와 형태와 모양과 다양한 기능을 주셔서 하나님을 섬길 수 있게 해주신 것을 감사합니다. 우리를 섬기도록 모든 피조물들을 우리에게 허락하시고 우리에게 천사들까지 보내주셔서 하나님을 섬기도록 하셨는데, 하나님을 온전히 섬기지 못한 것을 용서하여 주시옵소서. 창조 신앙으로 인생의 목적을 바르게 세우게 하여 주시옵소서. 하나님이 우리를 위하고 계심을 생각하고 이 불확실한 세상 가운데에서도 큰 위로와 확신을 가지고 살아가게 하여 주시옵소서. 창조 신앙으로 하나님과 교회와 이웃과 만물을 더욱 깊이 사랑하며 사는 저희들이 되게 하여 주시옵소서. 예수님의 이름으로 기도하옵나이다. 아멘.

벨직 신앙고백 제13조

하나님의 섭리

우리는 이 선하신 하나님께서 만물을 창조하신 후에 만물을 운명이나 우연에 맡겨두지 않으시고 그의 거룩하신 뜻대로 그들을 인도하시고 다스리시는 것과, 그의 명령이 없이는 이 세상에서 어떤 일도 일어나지 않는다는 것을 믿습니다. 하지만 하나님은 일어나는 죄의 조성자author가 아니시며, 죄에 대한 책임을 져야 할 분도 아니십니다. 하나님의 권능과 선하심은 너무나도 위대하고 측량할 수 없기에, 하나님은 가장 탁월하고 정의롭게 그의 사역을 미리 정하시고 시행하시며, 심지어 마귀와 악인들이 불의하게 행할 때도 그러하십니다. 우리는 사람의 이해를 초월하여 일하시는 하나님의 역사에 대하여 부당한 호기심을 가지고 우리의 능력이 허락하는 이상으로 묻기를 원치 않습니다. 다만 우리는 모든 겸손과 경외심으로 우리에게 감추어져 있는 하나님의 의로우신 판단을 찬송할 뿐이며, 하나님이 그의 말씀에서 우리에게 보여주시는 것들만을 배우고 말씀의 경계 밖으로 넘어가지 않는 그리스도의 제자가 되는 것으로 만족합니다.

이 교리는 우리에게 말할 수 없는 위로를 주는데, 이는 이 교리가 어떤 일도 우리에게 우연히 일어날 수 없고 오직 우리의 은혜로우신 하늘 아버지의 명령으로만 일어난다는 것을 우리에게 가르치기 때문입니다. 하나님은 자애로운 아버지의 돌보심으로 우리를 감찰하시되, 그의 주권 아래 만물을 보존하시어, 우리의 머리털 하나도(그가 다 세어두셨기에), 또는 참새 한 마리도 우리 아버지의 뜻이 없이는 떨어지지 않도록 하십니다(마 10:29-30). 우리는 하나님께서 마귀들과 우리의 모든 원수를 통제하시므로 하나님의 허락과 뜻이 없이는 그들이 결코 우리를 해할 수 없다는 것을 알기에, 이러한 생각으로 우리는 안식을 얻습니다.

이런 이유로 우리는 하나님께서 어떤 일에도 관여하지 않으시고 모든 것을 우연에 맡기신다고 주장하는 에피쿠로스주의자의 가증스러운 오류를 거부합니다.

하나님의 섭리를 믿습니다

> 29 참새 두 마리가 한 앗사리온에 팔리는 것이 아니냐 그러나 너희 아버지께서 허락지 아니하시면 그 하나라도 땅에 떨어지지 아니하리라 30 너희에게는 머리털까지 다 세신 바 되었나니 31 두려워하지 말라 너희는 많은 참새보다 귀하니라
>
> 마태복음 10장 29-31절

하나님의 섭리란 무엇인가?

벨직 신앙고백 제13조는 하나님의 섭리에 대하여 가르칩니다. 우리는 "섭리"가 무엇을 의미하는지를 잘 알아야 합니다. "섭리攝理, providence"란 "붙들 섭攝"자와 "다스릴 리理"자를 써서 "굳게 붙들고 다스린다"는 뜻입니다. 라틴어에서 어원을 가지는 이 말은 "미리"를 의미하는 "프로pro"와 "본다"라는 뜻의 "비데레videre"의 합성어로 여겨집니다. 섭리라는 말은 "통치"라는 말로 대신할 수도 있습니다. 1559년에 작성된 프랑스 신앙고백(갈리아 신앙고백)The French Confession of Faith은 제7장에서 "창조, 하나님의 사역"에 관한 신앙고백을 진술한 뒤에, 이어지는 제8장에서 하나님의 섭리에 관한 내용을 다루면서 그 제목을 "하나님의 통치Government of God"라고 붙였습니다. 프랑

스 신앙고백 제8장의 내용은 벨직 신앙고백 제13조의 내용과 매우 비슷한데, 프랑스 신앙고백 제8장은 이렇게 시작됩니다. "우리는 하나님께서 만물을 창조하셨을 뿐만 아니라 주관하시고 다스리시며, 그의 주권적인 뜻을 따라 세상에서 일어나는 모든 일을 처리하시고 정하심을 믿습니다."

"섭리"라는 단어 자체는 "삼위일체"의 경우처럼 성경에서는 사용되지 않았지만, 성경 전체는 하나님께서 역사를 주관하시고 홀로 통치하신다는 말로 가득합니다. "여호와께서 통치하시니 스스로 권위를 입으셨도다. 여호와께서 능력을 입으시며 띠셨으므로 세계도 견고히 서서 요동치 아니하도다"(시 93:1). "여호와께서 통치하시나니 땅은 즐거워하며 허다한 섬은 기뻐할지어다"(시 97:1). "시온아 여호와 네 하나님은 영원히 대대에 통치하시리로다 할렐루야"(시 146:10). "또 내가 들으니 허다한 무리의 음성도 같고 많은 물소리도 같고 큰 뇌성도 같아서 가로되 할렐루야 주 우리 하나님 곧 전능하신 이가 통치하시도다"(계 19:6).

하나님은 창조의 하나님만 되시는 분이 아니라, 온 세상을 통치하시는 섭리의 하나님이십니다. 하나님의 섭리는 창조와의 연속성을 가집니다. 하나님은 세상을 창조하신 후에 다른 아무 일도 하지 않고 세상을 내팽개치시는 분이 아닙니다. 하나님은 사람을 운명이나 우연에 맡겨두시는 분이 아닙니다. 하나님은 참새 한 마리도 그렇게 내버려두시지 않습니다. 그래서 벨직 신앙고백 제13조에서도 "우리는 이 선하신 하나님께서 만물을 창조하신 후에 만물을 운명이나 우연에 맡겨두지 않으시고 그의 거룩하신 뜻대로 그들을 인도하시고 다스리시는 것과, 그의 명령이 없이는 이 세상에서 어떤 일도 일어나지 않는다는 것을 믿습니다."라고 고백하였습니다.

하나님의 섭리는 크게 두 가지로 설명할 수 있습니다. 하나님의 섭리는 모든 피조물과 그 모든 행동을 가장 거룩하고 지혜롭고 능력 있게 보존하시며 통치하시는 것입니다(웨스트민스터 소요리문답 제11문답). 보존과 통치, 이것이 하나님의 섭리의 주요한 내용입니다. 전능하시고 선하신 하나님께서는 그가 지으신 만물을 운명이나 우연에 맡겨 내버려두시는 분이 아니라, 그의 거룩하신 작정과 뜻에 따라 지으신 만물을 붙드시고 보존하시고 통치하시는 분입니다. 하나님에게는 돌발변수가 없으며, 하나님의 허락과 지시가 없이는 이 세상에서 어떤 일도 일어날 수 없도록 완전하게 모든 상황을 통제하십니다. 칼빈은 하나님의 섭리를 설명하면서 이렇게 말했습니다. "섭리의 의미는 하나님이 땅에서 무엇이 일어나는지 한가하게 하늘로부터 지켜보시는 데 있지 않고 그가 열쇠의 보유자로서 모든 사건을 다스리시는 데 있다... 그러므로 그것(섭리)은 그의 두 눈에 못지않게 두 손에 속한다."[33] 하나님은 모든 역사의 열쇠를 쥐고서 모든 사건을 다스리시는 분입니다. 그래서 우리는 하나님께서 세상을 만드신 후에 이 세상의 역사에 간섭하지 않으신다고 주장하는 이신론Deism을 배격합니다. 하나님은 그의 작성과 뜻을 따라 지으신 모든 만물을 다스리십니다(시 33:11).

하나님의 섭리의 내용

첫째, 하나님의 섭리에는 하나님의 보호의 행위가 있습니다. 하나님은 지으신 모든 피조물들을 붙드시고 보호하시는 분입니다. 하나님은 피조 세계를 보존하시기 위하여 참으로 많은 일을 하십니다. 하나님은 생명들을 이 땅에 나게 하시고 생존할 수 있는 환경을 조성하시며 먹을 양식과 마실 물을 공급해 주십니다. 하나님은 생명을 주시기도 하시고 거두어가시기도 하십니다. "여호와는 죽이기도 하시고 살리기도 하시며 음부에 내리게도 하시

---

33) 칼빈, 「기독교강요」, I.xvi.4.

고 올리기도 하시는도다. 여호와는 가난하게도 하시고 부하게도 하시며 낮추기도 하시고 높이기도 하시는도다"(삼상 2:6-7). 하나님은 열매가 맺게도 하시지만 썩게도 하십니다. 땅 위에는 해마다 많은 열매들이 나오는데, 그것들이 다 제때에 썩지 않으면 어떻게 되겠습니까? 루터는 말하기를, 인간이 배출하는 쓰레기들이 썩지 않았다면 우리의 배설물들이 하늘에까지 가득 쌓이게 되었을 것이라고 하였습니다.[34] 썩게 하시는 것도 넓은 의미에서 하나님의 보존의 행위에 포함됩니다. 하나님은 열매를 맺게도 하시고 썩게도 하시고, 또 생명이 태어나게도 하시고 또 생명을 거두어가시기도 하십니다. 하나님은 동시에 이 모든 일들을 하십니다. 하나님의 보존의 섭리를 생각하면, 하나님의 위대하심을 다시 한 번 느끼게 됩니다.

둘째, 하나님의 섭리 행위에는 하나님의 통치의 행위가 있습니다. 하나님은 다스리시는 왕이십니다. 하나님은 인생들을 가르치시고, 일을 이루시고, 사람들의 마음을 주장하십니다. 하나님께서는 역사의 방향을 잡고 하나님의 뜻대로 이끌어가십니다. 하나님은 이끄시는 하나님이십니다. 다니엘은 느부갓네살에게 이렇게 말했습니다. "왕이 사람에게서 쫓겨나서 들짐승과 함께 거하며 소처럼 풀을 먹으며 하늘 이슬에 젖을 것이요 이와 같이 일곱 때를 지낼 것이라 그때에 지극히 높으신 자가 인간 나라를 다스리시며 자기의 뜻대로 그것을 누구에게든지 주시는 줄을 아시리이다"(단 4:25). 모든 일은 인간의 뜻과 노력으로 되는 것이 아니라 하나님의 다스림으로 이루어집니다.

하나님께서는 이 모든 역사 속에서 택하신 자들을 구원하시는 일을 차질 없이 행하십니다. 우리는 그것을 하나님의 특별 섭리라고 부릅니다. 하나

---

34) 루터, 「탁상 담화」(루터전집 54권), 192.

님의 섭리에는 일반적인 섭리와 특별한 섭리가 있습니다.[35] "우는 까마귀 새끼에게 먹을 것을 주시는"(시 147:9) 것은 하나님의 일반적 섭리입니다. 하지만 하나님의 택하신 자들을 구원하시는 것은 하나님의 특별한 섭리입니다. 한 사람이 태어나고 자라서 복음을 듣고 그리스도께 나아오기까지 전 역사를 움직이시고 주장하셔서 그가 구원에 이르도록 다스리시는 것은 하나님의 특별한 섭리입니다. 하나님은 자기 백성을 보호하시고 인도하시고 은혜로 다스리십니다. 하나님은 그의 오른손으로 우리를 붙드십니다. "곧 거기서도 주의 손이 나를 인도하시며 주의 오른손이 나를 붙드시리이다"(시 139:10). 주님께서는 세상 끝날까지 모든 성도들, 곧 그의 몸된 교회와 항상 함께 계시면서(마 28:20), 그의 교회를 친히 세우실 것입니다(마 16:18).

그러므로 "우리는 하나님께서 어떤 일에도 관여하지 않으시고 모든 것을 우연에 맡기신다고 주장하는 에피쿠로스주의자의 가증스러운 오류를 거부합니다." 칼빈은 이렇게 말했습니다. "나는 하나님이 한가하시고 무기력하시다는 몽상에 빠진, 언제나 세상에 넘치는 전염병과 같은 에피쿠로스주의자들과 하나님이 공중의 상층부는 통치를 받게 하셨으나 하층부는 운명에 남겨두셨다고 허구를 일삼았던 옛날 사람들에 대해서는 여기서는 아무 말도 하지 않겠다. 저 말 못하는 피조물들까지도 이토록 명백한 광기에 맞서서 충분히 외치고도 남을 것이기 때문이다."[36]

언제나 우리의 이해를 초월하는 하나님의 섭리

하지만 우리는 하나님의 섭리를 다 이해하지 못합니다. 비록 우리는 하

---

35) 헤르만 바빙크, 「개혁교의학 2」, 박태현 옮김 (서울: 부흥과개혁사, 2011), 753.
36) 칼빈, 「기독교강요」, I.xvi.4.

나님께서 그의 거룩하신 뜻대로 모든 피조물들을 다스리시는 것을 믿으며, 그의 명령이 없이는 이 세상에서 그 어떤 일도 일어나지 않는다는 것을 믿지만, 하나님의 섭리는 언제나 우리의 이해를 초월합니다. 그래서 벨직 신앙고백 제13조는 "우리는 사람의 이해를 초월하여 일하시는 하나님의 역사에 대하여 부당한 호기심을 가지고 우리의 능력이 허락하는 이상으로 묻기를 원치 않습니다."라고 하였습니다. 혹 하나님께서 하나님의 섭리의 이유들을 우리에게 알려주신다고 하더라도 우리는 하나님의 하시는 일을 다 이해할 수 없습니다. 이 세상에는 우리가 보기에 너무나도 불합리해 보이고 불공평해 보이는 일들도 많습니다. 어떤 사람은 굉장히 악하고 불의한데 부유하고, 어떤 사람은 굉장히 선하고 의로운데 가난합니다. 또한 이 세상은 예측불가합니다. 우리는 내가 살 것인지 죽을 것인지도 알지 못합니다. 사람들은 저마다 나름대로 자기의 미래를 꿈꾸며 계획해 보지만 삶은 절대로 우리의 계획과 생각대로 되지 않습니다. 하나님의 섭리는 언제나 사람의 이해를 초월합니다. 우리는 하나님의 섭리에 대해서 우리가 아는 것보다 모르는 것이 훨씬 더 많다는 것을 인정해야 합니다.

칼빈은 이렇게 말했습니다. "육체적 이성은 이 모든 것을 순경이든 역경이든 운명에 돌릴 것이다. 그러나 "너희에게는 머리털까지 다 세신 바 되었나니"(마 10:30)라고 그리스도의 입으로 가르침을 받은 사람은 더 나아가 그 원인을 찾고자 할 것이며, 일어난 일이 무엇이든 그 모두가 하나님의 숨겨진 계획에 의해서 통치된다는 교훈을 받게 될 것이다."[37] 모든 일은 하나님의 숨겨진 계획에 의해서 이루어지고 있습니다. 그러므로 우리는 부당한 호기심을 가지고 묻지 말아야 하고, "다만 우리는 모든 겸손과 경외심으로 우리에게

---

37) 칼빈, 「기독교강요」, I.xvi.2.

감추어져 있는 하나님의 의로우신 판단을 찬송"해야 합니다.

성경은 하나님이 이 모든 것을 지으시되, 때를 따라 "아름답게" 하셨다고 말씀합니다(전 3:11). 우리의 인생살이와 이 세상을 바라보노라면 세상살이는 아름답기보다는 피곤하고 비참해 보입니다. 야곱의 고백처럼 우리는 지금 "험악한 세월"(창 47:9)을 보내고 있습니다. 그럼에도 불구하고 성경이 모든 것을 아름답다고 말씀하는 것은, 하나님께서 이 모든 세상의 역사를 주관하셔서 구원의 크고 위대한 일을 이루심에 있어서 한 치의 오차가 없고, 하나님의 자녀들을 거룩하게 하심에 있어서 가장 탁월한 방식으로 일하시기 때문입니다. 우리의 삶과 이 세상의 역사는 하나님의 주권적인 섭리의 통치의 아름다움을 나타내고 있습니다.

하나님의 섭리와 악의 문제

하나님께서는 세상의 모든 일을 통제하시며, 그의 허락과 뜻이 아니면 이 세상에서 어떤 일도 일어날 수 없습니다. 그렇다면, 이 세상에서 일어나는 모든 악한 일들과 비참한 일들까지도 하나님의 통치에 속하는 것입니까? 이는 하나님의 섭리와 악의 문제가 어떻게 조화를 이룰 수 있느냐 하는 질문입니다. 오늘 우리가 살고 있는 세계에서 일어나고 있는 일들을 볼 때에, 하나님의 섭리를 인정하기 어려운 면들이 있을 수 있습니다. 선하신 하나님이 살아계시다면 어떻게 이런 악한 일이 일어날 수 있을까 하는 생각이 들 때가 많습니다. 그러나 분명한 것은 하나님은 악의 조성자나 원인자가 아니라는 사실입니다. 벨직 신앙고백은 이렇게 말합니다. "하지만 하나님은 일어나는 죄의 조성자author가 아니시며, 그 죄들에 대해 책임을 져야 할 분도 아니십니다." 하나님은 사람들로 하여금 죄를 짓도록 하시는 분도 아닙니다. 죄를 짓는 것은 사람이며, 그 죄에 대한 책임 또한 전적으로 사람에게 있음을 알아야 합니다.

요셉의 형들이 요셉을 미워하고 종으로 판 것은 요셉의 형들이 저지른 큰 악이고, 보디발의 아내가 요셉을 모함하여 옥에 갇히게 한 것도 보디발의 아내의 큰 죄였습니다. 그러나 그러한 악들이 횡행하는 가운데에서도 하나님께서는 그의 일을 차질 없이 행하셨습니다. 그래서 요셉은 자신을 애굽으로 보내신 분도 하나님이고, 자신을 애굽의 총리로 세우신 분도 하나님이시라고 고백했습니다(창 45:8). 하나님께서는 요셉의 형들이나 보디발의 아내의 악을 선으로 바꾸셔서 만민의 생명을 구원하게 하셨습니다(창 50:20). 죄 없으신 주님을 부당하게 십자가에 못 박아 죽인 자들은 큰 악을 저지른 것이며, 그 악에 대한 책임은 전적으로 그들에게 있습니다. 그렇지만 성경은 그 일도 하나님의 뜻에 따라 이루어진 일이라고 말씀합니다. "그가 하나님의 정하신 뜻과 미리 아신 대로 내준 바 되었거늘 너희가 법 없는 자들의 손을 빌려 못 박아 죽였으나"(행 2:23). 이 모든 일들은 하나님의 정하신 뜻과 미리 아신 대로 이루어진 것입니다. 그러므로 하나님의 섭리 안에 모든 것이 다 포함되어 있습니다. 하나님은 위대하고 측량할 수 없는 권능과 선하심을 가지고 계신 분이기 때문에, 마귀와 악인들이 불의하게 행하는 중에서도 하나님은 가장 탁월하고 정의롭게 모든 것을 다스리십니다.

그러므로 우리는 사람의 이해를 초월하여 일하시는 하나님의 역사에 대하여 부당한 호기심을 가지고 우리의 능력이 허락하는 이상으로 묻지 말아야 합니다. 다만 우리는 가장 큰 겸손과 경외심으로 우리에게 감추어져 있는 하나님의 공정하신 판단을 칭송하면서, 하나님이 그의 말씀으로 우리에게 보여주시는 것들만을 배우고 그 한계 이상을 넘지 않는 그리스도의 제자가 되는 것으로 만족해야 합니다. 하나님의 생각은 우리의 생각과 다르며, 하나님의 길은 우리의 길과 다릅니다(사 55:8).

섭리 교리가 우리에게 가져다주는 위로

벨직 신앙고백 13조는 "이 교리는 우리에게 말할 수 없는 위로를 준다."고 가르칩니다. 왜냐하면 이 교리는 어떤 일도 우리에게 우연히 일어날 수 없고, 오직 우리의 은혜로우신 하늘 아버지의 명령arrangement으로만 일어난다는 것을 우리에게 가르치기 때문입니다. 하나님은 자애로운 아버지와 같은 돌보심으로 우리를 감찰하시되, 그의 주권 아래 만물을 보존하시어서, 두 앗사리온에 팔리는 참새 한 마리도, 아니 우리 머리털 하나라도 우리 아버지의 뜻이 없이는 떨어지지 않도록 하십니다(마 10:29). 우리는 이러한 생각으로 안식을 얻습니다. 왜냐하면 우리는 우리를 보존하시고 다스리시는 섭리의 하나님께서 선하고 은혜롭고 자애로운 우리의 아버지이신 것을 또한 알고 믿기 때문입니다. 그분은 그의 전능의 능력으로 모든 만물을 통치하시되, 사탄과 우리의 모든 원수들을 억제해서서, 하나님의 허락과 뜻이 없이는 그들이 결코 우리를 해할 수 없다는 것을 우리는 믿습니다.

하나님의 섭리를 믿는다는 것은 나의 삶이 전능하신 하나님 아버지의 손 안에 있음을 믿는 것입니다. 우연히 일어나는 일은 없습니다. 하나님의 섭리에서 벗어나 있는 것은 하나도 없습니다. 우리 하나님 아버지는 결코 무능력한 아버지가 아닙니다. 그는 전능의 능력으로 모든 것을 다스리시는 전능의 하나님이십니다. 하나님의 섭리는 언제 어디서나 모든 피조물에 미치는 전능의 보존과 통치입니다. "그리하여 잎새와 풀, 비와 가뭄, 풍년과 흉년, 먹을 것과 마실 것, 건강과 질병, 부와 가난, 참으로 이 모든 것이 우연이 아니라 아버지와 같은 그의 손길로 우리에게 임합니다"(하이델베르크 요리문답 제27문답).

신앙의 사람들은 모두 하나님의 섭리를 굳게 믿었습니다. 우리는 삶의 불확실성의 이면에 있는 하나님의 섭리를 알고 신뢰할 때에만 안식할 수 있고 평안할 수 있습니다. 우리가 하나님의 손안에 있으며, 하나님께서 우리를 붙잡고 보호하고 돌보시면서 우리의 구원이 이루어지도록 만물을 주장하고 계시다는 사실을 생각할 때에 모든 것이 불안하고 불확실한 세상 속에서도 우리는 안심할 수 있습니다. 우리가 만일 이 놀라운 섭리 교리를 굳게 믿는다면 우리의 미래를 하나님 아버지의 손에 맡기게 될 것이며, 어떤 일과 형편을 만나든지 하나님을 신뢰함으로 평안을 누릴 수 있을 것입니다. 이러한 생각으로 안식을 얻읍시다.

우리의 머리털 하나도 다 세시고, 참새 한 마리도 하나님의 뜻과 허락이 없이는 땅에 떨어지지 않도록 하시는 하나님. 우리를 창조하실 뿐만 아니라 보존하시고, 보존하실 뿐만 아니라 다스리시는 하나님. 그 가운데에서도 택하시고 구원하신 하나님의 자녀들을 특별하게 돌보시고 이끄시는 하나님. 우리의 인생의 행보를 우연이나 운명에 맡겨두시지 않고 아버지의 자애로운 손길로 이끌어주시니 감사합니다. 하나님, 이 생각으로 우리의 마음이 안식을 얻게 하여 주시옵소서. 우리의 남은 미래를 전적으로 하나님께 맡기고 살아가게 하여 주시옵소서. 예수님의 이름으로 기도하옵나이다. 아멘.

벨직 신앙고백 제14조
인간의 창조와 타락

우리는 하나님이 사람을 땅의 흙으로부터 창조하신 것과, 그의 형상과 모양을 따라 사람을 선하고 의롭고 거룩하게 만드시고 조성하셔서 그들의 의지가 모든 면에서 하나님의 뜻을 따를 수 있게 하신 것을 믿습니다. 그러나 그들은 이 고귀한 지위에 있을 때 그것을 깨닫지 못하고 자신의 탁월함을 인식하지도 못했습니다. 오히려 그들은 마귀의 말에 귀를 기울임으로써 고의로 자신을 죄에 굴복시켰고, 그 결과 사망과 저주에 굴복당했습니다. 그들은 그들이 받은 생명의 계명을 범하였고, 그 죄로 인해 참된 생명이신 하나님과 분리되었으며, 그들의 전 본성whole nature은 부패하게 되었습니다. 그리하여 사람은 몸과 영혼의 사망에 처해졌으며, 사악하게 되고 비뚤어지게 되었으며, 모든 면에서 부패하게 되어, 그들이 하나님께로부터 받았던 모든 탁월한 선물들을 잃어버렸고, 다만 변명할 수 없을 만큼의 흔적만을 간직하게 되었습니다. "빛이 어둠에 비취되 어둠이 깨닫지 못하더라"(요 1:5)라고 하신 말씀처럼, 우리 안에 있는 빛은 모두 어둠으로 변했습니다. 여기에서 요한은 인류를 "어둠"이라고 불렀습니다.

그러므로 우리는 인간의 자유 의지에 관하여 이와 반대되게 가르치는 모든 가르침을 거절합니다. 왜냐하면 인간은 죄의 종이고, 하늘로부터 받지 않으면 아무 것도 할 수 없기 때문입니다(요 3:27). 그리스도께서 말씀하시기를 "나를 보내신 아버지께서 이끌지 아니하시면 아무도 내게 올 수 없다"(요 6:44)고 하셨으니, 누가 감히 스스로 선을 행할 수 있다고 뽐낼 수 있겠습니까? "육신의 생각은 하나님과 원수가 된다"(롬 8:7)는 사실을 안다면, 도대체 누가 자기의 의지를 자랑할 수 있겠습니까? "육에 속한 사람은 하나님의 성령의 은사를 받지 않는다"(고전 2:14)는 사실을 생각한다면, 누가 자기의 지식에 대해 말할 수 있겠습니까? 우리 스스로는 우리 자신에 관해서 어떤 것도 생각할 수 없으며 "우리의 만족은 오직 하나님으로부터 난다"(고후 3:5)는 말씀을 안다면 누가 감히 한 생각이라도 주장할 수 있겠습니까? 그러므로 우리 안에서 역사하시는 하나님께서 자기의 기쁘신 뜻을 따라 우리로 하여금 소원을 두고 행하게 하신다고(빌 2:13) 하였던 사도의 말씀은 마땅히 확고하고 변함없이 세워져야 합니다. 왜냐하면 그리스도께서 "나를 떠나서는 너희가 아무것도 할 수 없음이라"(요 15:5)고 우리에게 가르치신 것 같이, 그리스도께서 역사하시지 않는 한 하나님의 지식과 뜻에 일치하는 어떤 지식이나 뜻도 있을 수 없기 때문입니다.

인간의 창조와 타락

> 9 그러면 어떠하뇨 우리는 나으뇨 결코 아니라 유대인이나 헬라인이나 다 죄 아래 있다고 우리가 이미 선언하였느니라 10 기록한바 의인은 없나니 하나도 없으며 11 깨닫는 자도 없고 하나님을 찾는 자도 없고 12 다 치우쳐 한가지로 무익하게 되고 선을 행하는 자는 없나니 하나도 없도다
>
> 로마서 3장 9-12절

인간은 누구인가?

벨직 신앙고백 제14조는 인간의 창조와 타락에 관한 조항입니다. 인간은 하나님이 누구신지에 대해서도 잘 알아야 하지만, 인간이 누구인지에 대해서도 잘 알아야 합니다. 하나님을 아는 지식은 인간을 아는 지식과 함께 주어지는 것입니다. 칼빈은 이렇게 말했습니다. "궁극적으로 참되고 견실한 지혜로 여겨질 만한 우리 지혜의 요체 거의 전부는 하나님을 아는 지식과 우리 자신을 아는 지식, 두 부분으로 이루어진다."[38] 그러므로 참된 지식과 지혜의 첫째 부분은 하나님을 아는 지식이고, 참된 지식과 지혜의 둘째 부분

---

38) 칼빈, 「기독교강요」, I.i.1.

은 인간을 아는 지식이라고 할 수 있습니다.

벨직 신앙고백은 성경과(1-7조), 삼위일체 하나님에 대해서(8-13조까지) 살펴본 후에, 곧바로 인간에 대한 지식을 다루기 시작합니다. 인간에 대한 지식은 참으로 중요합니다. 우리는 인간이 누구인지 잘 알아야 합니다. 사람들은 자신이 인간이기 때문에 누구보다 자신들이 인간을 더 잘 알고 있다고 생각합니다. 하지만 인간은 인간에 대해서 모르는 것투성이입니다. 인간이 어디에서 왔는지, 인생의 목적은 무엇인지, 사람은 어떻게 살아야 하는지 사람들은 잘 모릅니다. 인간은 하나님을 아는 지식이 없이는 인간 자신이 누구인지 아무것도 바르게 알 수 없습니다. 벨직 신앙고백 제14조는 인간에 대해서 우리가 알아야 하는 중요한 진리들을 크게 세 가지로 요약해서 가르치고 있습니다. 그 세 가지는 다음과 같습니다. 첫째, 인간은 하나님의 형상대로 지음을 받은 하나님의 피조물이라는 사실입니다. 둘째, 인간은 하나님의 명령을 어김으로 죄인이 되었다는 사실입니다. 셋째, 인간은 전적으로 부패하여 죄의 종이 되었고 선을 행하기에는 전적으로 무능하게 되었다는 사실입니다. 이것이 인간에 대한 가장 근본적이고 중요한 지식입니다.

인간은 하나님의 피조물이다

첫째, 인간은 하나님의 영광을 위하여 창조된, 하나님의 피조물입니다. 벨직 신앙고백 제14조는 이렇게 시작됩니다. 우리는 하나님이 사람을 땅의 흙으로부터 창조하신 것과, 그의 형상과 모양을 따라 사람을 선하고 의롭고 거룩하게 만드시고 조성하셔서 그들의 의지가 모든 면에서 하나님의 뜻을 따를 수 있게 하신 것을 믿습니다. 이것이 인간에 대해서 우리가 제일 먼저 알아야 할 진리입니다. 하나님께서는 창조의 맨 마지막에 창조의 절정으로 인간을 창조하셨습니다. 그런 의미에서 인간은 하나님의 창조의 최고 걸작품입니다.

하나님께서 창조하신 첫 사람은 아담이었고, 아담은 인류의 시조가 되었습니다. 하나님께서는 사람을 지으실 때에 "땅의 흙으로부터" 창조하셨습니다. "아담Adam"이라는 이름은 히브리어로 "붉은 흙"이라는 뜻을 가진 명사 "아다마(אֲדָמָה)"에서 파생된 이름입니다. 하나님께서 첫 사람의 이름을 "아담"으로 지으신 것은, 사람이 흙으로 창조된 것을 우리로 오래도록 기억하게 하시기 위함일 것입니다. 우리는 다 붉은 흙으로 지음을 받은 아담의 후손이라는 사실을 잊지 말아야 합니다. 사람이 대단한 것처럼 보이지만, 사람은 붉은 흙으로 지음을 받았을 뿐입니다. 하나님은 흙으로 사람을 지으시고 그 코에 생기를 불어넣어주셔서 사람이 생령, 곧 살아있는 존재 a living being가 되어 살게 하셨습니다. "여호와 하나님이 흙으로 사람을 지으시고 생기를 그 코에 불어 넣으시니 사람이 생령이 된지라"(창 2:7). 하나님이 주신 생명이 없었다면 인간은 붉은 흙일 뿐입니다. 사람이 고귀한 존재인 것은, 사람이 대단해서가 아니라 하나님께서 인간에게 생명을 불어넣어주셨기 때문입니다. 하지만 아직도 이것을 모르는 사람들이 많이 있습니다. 그들은 인간이 하나님의 피조물이라는 사실을 부인합니다. 그러나 인간은 하나님의 피조물이요, 하나님의 생명을 받은 고귀한 피조물입니다.

인간은 하나님의 형상대로 창조된 고귀한 피조물입니다(창 1:26-27). 인간은 하나님의 형상대로 창조되었습니다. 하나님의 형상대로 창조된 피조물은 인간뿐입니다. 사람이 하나님의 형상대로 창조되었다는 것은, 사람이 하나님을 닮은 인격적인 존재로 지음 받았음을 의미합니다. 사람은 지성과 도덕성과 의지와 영적 본성과 같은 면에서 하나님을 닮은 것을 가지고 있습니다. 이것을 두고 벨직 신앙고백 제14조는 인간이 "선하고 의롭고 거룩하게" 지음을 받았다고 표현했습니다. 웨스트민스터 소요리문답 제10문답은 하나님께서 사람을 지으시되 자기 형상대로 "지식과 의와 거룩함"이 있게 하셨다고 설명했습니다. 첫 사람 아담이 창조되었을 때에, 아담에게는 하나님과 인간과 세상에 대한 바르고 온전한 지식이 있었습니다. 아담은 하나님을 자신의 창조주로 잘 알고 있었고, 이 세상이 하나님의 창조물이라는 사실도 잘 알고 있었습니다. 아담은 각각의 짐승들에게 하나님의 뜻에 맞는 적절한 이름을 지어줄 수 있을 정도로 온전한 지식과 통찰력을 가지고 있었습니다(창 2:19). 무엇보다 아담은 무죄한 상태로 지음을 받은 순결한 존재였습니다. 하나님은 사람을 정직하게 지으셨습니다(전 7:29). 인간은 거룩하신 하나님을 알고 하나님과 교제할 수 있는 거룩성을 가지고 있었습니다. 이 모든 것들은 인간이 하나님의 형상대로 지음 받은 고귀한 피조물임을 말해줍니다. 이렇게 인간은 하나님의 형상대로 고귀한 피조물로 지음을 받았기에, 하나님의 소생이요 하나님의 소유라고 불릴 만합니다. 따라서 인간은 자신을 창조하신 하나님을 바르게 알고 섬겨야 할 존재입니다. 이것이 인간의 좌표座標입니다.

인간은 하나님 앞에서 죄인이다

둘째, 모든 인간은 하나님 앞에서 죄인입니다. 벨직 신앙고백 제14조는 인간이 어떻게 죄를 짓고 타락하여 죄인이 되었는지를 이렇게 간략하게 설명합니다.

그러나 그들은 이 고귀한 지위에 있을 때 그것을 깨닫지 못하고 자신의 탁월함을 인식하지도 못했습니다. 오히려 그들은 마귀의 말에 귀를 기울임으로써 고의로 자신을 죄에 굴복시켰고, 그 결과 사망과 저주에 굴복당했습니다. 그들은 그들이 받은 생명의 계명을 범하였고,

그 죄로 인해 참된 생명이신 하나님과 분리되었으며, 그들의 전 본성 whole nature은 부패하게 되었습니다.

인간이 죄인이라는 사실은 인간을 이해하기 위해서 알아야 하는 절대적이고도 근본적인 진리입니다. 인간이 죄인이 된 것은 첫 사람 아담과 하와가 자신들의 고귀한 지위를 깨닫지 못하고 오히려 마귀의 말에 귀를 기울임으로써 고의로 자신을 굴복시켰기 때문입니다. 그 결과 모든 인생은 사망과 저주 아래 처하게 되었습니다. 그래서 하나님께서는 모든 사람이 하나님 앞에서 다 죄인이라고 선언하셨습니다. "모든 사람이 죄를 범하였으매 하나님의 영광에 이르지 못하더니"(롬 3:23)라고 하셨고, 또한 "의인은 없나니 하나도 없으며 깨닫는 자도 없고 하나님을 찾는 자도 없고 다 치우쳐 한 가지로 무익하게 되고 선을 행하는 자는 없나니 하나도 없도다."(롬 3:10-12)라고 하셨습니다. 자기가 죄인이면서도 죄를 죄로 모르고, 자신에게는 죄가 없다고 하는 것이 인간의 치명적인 오류입니다. 자기가 죄인인 것을 알지 못하는 사람은 인간에 대한 지식의 첫 단추를 잘못 끼웠기 때문에 다른 진리를 올바로 세워나갈 수가 없습니다. 모든 인간이 죄인이라는 사실은 인간에 대한 가장 근본적인 진리입니다.

하지만 인간이 죄인이라는 것을 부인하는 사람들이 여전히 많이 있습니다. 그렇다면 인간이 죄인이요 부패한 존재라는 것을 입증하는 것이 쉽겠습니까? 아니면 인간이 의인이요 깨끗한 존재라는 것을 입증하는 것이 쉽겠습니까? 인간이 죄인이라는 것에 대한 증거는 온 세상에 가득합니다. 세상을 한 번 보십시오. 죄는 이 세상에서 버젓이 살아서 활보하고 있으며, 악인들이 처처에 횡행하고 있습니다. 온 세상이 죄로 인해 병 들었고 신음합니다. 이 세상은 음행과 더러운 것과 호색과 우상숭배와 술수와 원수 맺는 것과 분쟁과 시기와 분냄과 당 짓는 것과 분리함과 이단과 투기와 술 취함과 방탕함으로 가득합니다(갈 5:19-21). 사람들은 이 모든 것을 보고 들으면서도 죄라고 하는 개념 자체를 부인합니다. 하지만 그것은 억지요 궤변입니다. 죄가 없다고 말하는 사람들의 주장이 맞다면 이 세상에는 죄가 정말 없어야 할 것입니다. 하지만 죄는 있습니다. 죄 같은 것은 없다고 말하는 궤변은 인간을 죽이는 인류 최악의 거짓말입니다. 죄는 있습니다. 죄의 엄연한 실체가 있고, 죄의 증거가 있고, 죄의 결과가 있습니다. 인간이 부패한 본성, 죄악된 성향을 가지고 있다는 것은 우리가 세상에서 늘 목격하는 바입니다.

인간이 죄인이라는 사실은 우리가 반드시 알아야 할 진리이지만, 한편으로 이 진리는 우리에게 매우 절망적인 소식이기도 합니다. 왜냐하면 모든 죄는 죗값을 치러야 하기 때문입니다. 사람의 법을 어겨도 사람이 정한 법에 따라 죗값을 치러야 하듯이, 하나님의 법을 어기면 하나님의 정한 법에 따라 죗값을 치러야 하는데, 죄의 값은 사망입니다(롬 6:23). 하나님께서는 모든 죄인들을 향해 "네가... 정녕 죽으리라."(창 2:17)고 선언하십니다. 그러므로 모든 인간은 멸망할 죄인입니다. 하나님께서 우리를 구원하여 주시지 않는다면 인간은 모두 멸망할 수밖에 없는 가련한 죄인입니다. 그런 의미에서 모든 인간은 "구원받아야 할 죄인"입니다. 이것이 인간에 대하여 알아야 할 가장 중요한 진리 가운데 하나입니다. 모든 사람은 구원을 필요로 합니다. 구원을 필요로 하지 않는 사람은 아무도 없습니다. 그렇다면 인간은 스스로를 구원할 수 있습니까?

전적으로 타락하고 전적으로 무능한 인간

셋째, 죄인 된 인간이 스스로를 구원할 능력을 가지고 있느냐는 질문에 대한 답은 "아니오, 결코 그렇지 않습니다."입니다. 인간은 전적으로 부패하고 전적으로 무능한 존재입니다. 사람은 죄로 인해 몸과 영혼의 사망을 맞게 되었고, 모든 면에서 사악하게 되고 비뚤어졌으며, 그의 전 본성whole nature 은 부패하게 되었고, 구원에 있어서는 전적으로 무능한 인간이 되었습니다. 도르트신조 셋째·넷째 교리의 제1조는 "타락이 사람의 본성에 끼친 영향" 에 대해 이렇게 진술하고 있습니다. "사람은 본래 하나님의 형상대로 창조되었습니다. 사람은 지성에 창조자와 영적인 것들에 대한 참되고 이로운 지식을 공급받았고, 마음과 의지에는 의로움을, 그리고 모든 감정에는 순수함을 공급받았습니다. 따라서 전인이 거룩했습니다. 그러나 마귀가 부추기자 사람은 자유 의지로 하나님을 떠남으로써 이런 탁월한 선물들을 스스로 상실했습니다. 도리어 사람의 지성은 무지와 지독한 어둠, 허망, 어그러진 판단에 사로잡히게 되었고, 마음과 의지는 악하고 반항적이고 완악하게 되었으며, 사람의 모든 감정은 불순하게 되었습니다." 다시 말해서, 인간은 전적으로 타락하고, 전적으로 부패하고, 전적으로 무능하게 되었습니다. 인간의 지성도 어두워졌고, 의지도 비뚤어졌으며, 정서도 부패하고 더러워졌습니다.

사도 요한은 그러한 인류를 "어둠darkness"이라고 불렀습니다. 벨직 신앙고백 제14조는 그러한 인간을 가리켜 "죄의 종(노예)"이라고 불렀습니다. 인간의 의지는 죄의 노예 된 의지가 되었고, 구원에 있어서는 전적으로 무능하게 되었습니다. 그 결과 인간은 몸과 영혼의 사망, 곧 육신의 죽음과 영적 사망spiritual death을 맞게 되었습니다. 영적 사망이란 참된 생명의 원천이신 하나님과의 생명적 관계가 끊어진 것을 말합니다. 거듭나지 못한 자연인은 전적으로 타락했고 전적으로 부패했으며 전적으로 무능하여 오직 죄만 지을 뿐이요, 선을 행할 능력이 없으며, 특별히 구원에 있어서 전적으로 무능합니다.

그렇다고 해서 인간의 전적 타락, 전적 부패, 전적 무능의 교리가 인간이 짐승이 되었다고 가르치는 것은 아닙니다. 인간은 타락했지만, 인간은 여전히 인간입니다. 비록 하나님의 형상은 깨어졌고, 인간의 지성은 무지와 거짓으로 부패했고, 도덕적인 순결도 상실했고, 영적으로도 무능하게 되었지만, 그럼에도 불구하고 인간은 여전히 고귀한 피조물입니다. 하나님께서 노아와 언약을 맺으시면서, 사람의 피를 흘리는 것을 금하신 것도(창 9:6) 인간이 하나님의 형상대로 지음 받은 고귀한 존재이기 때문입니다. 비록 인간은 하나님께 받았던 모든 탁월한 선물들을 잃어버렸지만, 타락 후에도 사람 안에는 본성의 빛에 대한 흔적이 있습니다. 물론 그것은 우리를 죄에서 구원하기에는 전적으로 무능하며 불충분합니다. 그런 의미에서 인간은 죄로 인해 파산破散하였습니다. 그것은 마치 파선破船한 배가 어느 정도 배의 형상은 가지고 있으나 전혀 배로서 기능할 수 없고 항해할 수 없어서 곧 침몰하는 것과 같습니다. 파산한 인간에게 남아있는 본성의 빛은 사람을 구원하는 데 무능력하며 부적당합니다.

벨직 신앙고백은 인간의 이러한 전적 무능력을 입증하기 위하여 성경에서 일곱 구절을 들어 인용하였습니다. 첫째, 인간은 하늘로부터 받지 않으면 아무것도 받을 수 없습니다(요 3:27). 둘째, 주님께서는 "나를 보내신 아버지께서 이끌지 않으면 아무도 내게 올 수 없다."고 하셨습니다(요 6:44). 셋째, 육신의 생각은 하나님과 원수가 되어서(롬 8:7) 하나님의 뜻과는 항상 반대로만 간다고 하셨습니다. 우리의 의지는 참으로 구제불능입니다. 그러니 누가 자기의 의지를 자랑할 수 있겠습니까? 넷째, "육에 속한 사람은 하나님의 성령의 일을 받지 아니하나니 저희에게는 미련하게 보임이요 또 깨닫지도 못하나니 이런 일은 영적으로라야 분변함이니라."(고전 2:14)고 하셨으니, 누가 자기의 지식을 자랑할 수 있겠습니까? 우리의 지성은 "어둠darkness"일 뿐입니다. 다섯째, 우리 스스로는 우리 자신에 관해서 어떤 것도 생각할 수 없으며 "우리의 만족은 오직 하나님으로부터 난다"(고후 3:5)는 말씀을 안다면 누가 감히 한 생각이라도 주장할 수 있겠습니까? 우리는 아무것도 내세울 것이 없고 자랑할 것이 없습니다. 우리의 구원은 전적으로 하나님께서 하시는 일입니다. 여섯째, 우리 안에서 역사하시는 하나님께서 자기의 기쁘신 뜻을 따라 우리로 하여금 소원을 두고 행하게 하신다고(빌 2:13) 하였던 사도의 말씀은 참으로 옳습니다. 일곱째, 왜냐하면 그리스도께서 "나를 떠나서는 너희가 아무것도 할 수 없음이라."(요 15:5)고 말씀하신 것 같이, 그리스도께서 역사하시지 않는 한 우리는 하나님의 뜻에 일치하는 어떤 지식이나 뜻도 가질 수 없고 깨달을 수도 없기 때문입니다. 우리는 하나님을 떠나서는 아무것도 할 수 없습니다. 우리는 하나님을 떠나서는 우리의 구원을 위해서 무언가를 할 수 있기는커녕 우리의 손가락 하나도 움직일 수 없고 한 호흡도 들이마시거나 내쉴 수 없습니다. 이처럼 인간은 전적으로 부패하고 전적으로 무능한 존재입니다.

그러므로 인간은 하나님의 형상대로 지음을 받은 고귀한 피조물이라는 것을 기억합시다. 인간은 하나님의 피조물입니다. 인간은 죄인이기 이전에 하나님의 피조물입니다. 비록 인간이 타락하였다 하더라도, 인간은 여전히 하나님의 형상대로 지음 받은 고귀한 피조물이요 여전히 하나님의 형상의 담지자擔持者입니다. 사람은 하나님의 형상대로 지음 받은 고귀한 피조물입니다. 그러나 동시에 모든 인간은 하나님 앞에서 죄인입니다. 인간은 어둠이 되었고 죄의 종이 되었습니다. 인간에게는 죄 문제를 해결할 수 있는 능력이 없으며 스스로를 구원할 수 있는 능력이 없습니다. 인간은 이 일에 있어서 전적으로 부패하였고 전적으로 무능합니다. 오, 그렇다면 전적으로 부패하고 무능한 우리는 이제 어떻게 하면 좋다는 말입니까? 우리는 죄 문제의 해결이 하나님의 구원에만 있음을 알고, 우리에게 하나님의 구원을 알려주는 복음에 귀를 기울이고 복음이 제시하는 그리스도를 붙잡아야 합니다. 여기에만 모든 인간의 살길이 있습니다.

　거룩하신 하나님 아버지. 인간을 하나님의 형상대로 고귀한 피조물로 창조하여 주셨지만, 저희는 하나님께 범죄하고 타락하여 죄의 종이 되었습니다. 저희는 전적으로 부패하고 무능하여 스스로는 아무 것도 할 수 없는 가련한 인생들입니다. 하나님, 모든 인생들은 멸망할 죄인이요 구원을 필요로 하는 죄인들이라는 사실을 일깨워주셨사오니, 우리 모두 인간에 대한 바른 이해를 가지고 살아가게 하여 주시옵소서. 인간에 대한 모든 환상을 버리게 하여 주시고, 복음이 제시하는 그리스도께 피하며 자타의 구원을 갈망하며 살아가는 저희들이 다 되게 하여 주시옵소서. 예수님의 이름으로 기도하옵나이다. 아멘.

벨직 신앙고백 제15조
인간의 원죄 原罪

우리는 아담의 불순종에 의해 원죄가 전 인류에게 확산되었음을 믿습니다. 원죄는 인간의 전全 본성의 타락이자 모태 속의 유아들까지 오염시키는 유전적인 부패이며 인간 안에서 온갖 종류의 죄를 산출하는 뿌리입니다. 그러므로 원죄는 하나님이 보시기에 심히 사악하고 거대하여 인류를 정죄하기에 충분하며, 원죄는 없어지지 않으며, 심지어 세례로도 근절되지 않는데, 이는 죄가 오염된 샘으로부터 솟아오르는 물처럼 끊임없이 흘러나오는 것을 보면 알 수 있습니다. 그럼에도 불구하고 원죄는 하나님의 자녀에게는 정죄를 위해 전가되지 않고, 그들은 하나님의 은혜와 자비로 용서를 받습니다. 이 말은 신자들을 (죄 가운데에서) 평안하게 잠들게 하기 위한 것이 아니라, 이러한 부패함을 깨달아 이 사망의 몸으로부터 자유하게 되기를 갈망하며 자주 탄식하게 하기 위한 것입니다. 따라서 우리는 죄를 단지 모방의 문제라고 말하는 펠라기우스주의자들의 오류를 거부합니다.

인간의 원죄

12 이러므로 한 사람으로 말미암아 죄가 세상에 들어오고 죄로 말미암아 사망이 왔나니 이와 같이 모든 사람이 죄를 지었으므로 사망이 모든 사람에게 이르렀느니라

로마서 5장 12절

하나님을 바로 믿고 신앙생활을 바로 하기 위해서는 무엇보다 죄가 무엇인지를 분명히 알아야 합니다. 하나님을 믿는다는 것은 단순히 하나님이 계시다는 사실만을 추상적으로 믿고 마는 것이 아닙니다. 하나님을 믿는다는 것은 하나님이 우리의 창조주이심을 믿는 것이요, 또한 우리가 하나님의 피조물이라는 사실을 믿는 것입니다. 우리가 하나님의 피조물이라는 것은, 곧 인간이 하나님의 피조물로서 하나님의 뜻과 명령에 순종해야 하는 위치에 있는 존재라는 것을 의미합니다. 인간이 하나님의 뜻과 명령을 거스르고 불순종하는 것이 바로 죄입니다. 하나님을 인정하지 않는 사람들은 죄를 인정하지 않지만, 그들은 여전히 죄책감으로 힘들어 하며 죄로 인한 형벌을 당할 것을 두려워하는 모순을 안고 살아갑니다.

죄는 하나님의 명령을 어기는 것입니다. 하나님이 하라고 명하신 것을 하지 않는 것이 죄이고, 하나님이 하지 말라고 금하신 것을 행하는 것이 죄입

니다. 성경은 모든 인간이 죄인이라고 선언합니다. "그러면 어떠하뇨 우리는 나으뇨 결코 아니라 유대인이나 헬라인이나 다 죄 아래 있다고 우리가 이미 선언하였느니라"(롬 3:9). 그것이 앞선 벨직 신앙고백 제14조의 고백이었습니다. 그렇다면 우리는 당연히 이러한 질문을 던지게 됩니다. "그렇다면 인간은 어쩌다가 모두 죄인이 되었는가?" 벨직 신앙고백 제15조는 바로 이 질문에 대해 대답하고 있습니다. 이 질문에 대한 대답을 가장 간추려서 하자면, "인간은 아담 안에서, 아담과 함께, 아담의 불순종에 의해서, 아담의 불순종으로 말미암아 모두 죄인이 되었다."입니다.

아담의 불순종으로 발생한 원죄가 온 인류에게 확산되었다

아담의 첫 범죄로 말미암아 온 인류가 죄인이 되었다는 사실을 아는 것이 참으로 중요합니다. 이것이 원죄 교리의 핵심입니다. 이렇게 알고 이렇게 믿는 사람들이 그렇게 많지 않습니다. 원죄 교리를 부인하면 인간론 전체가 비뚤어지게 되고, 인간론이 삐뚤어지면 올바른 구원관을 가질 수 없게 됩니다. 많은 사람들이 아담의 첫 범죄로 모든 사람이 타락하여 함께 죄인이 되었다는 사실을 잘 믿으려 하지 않고, 자신에게 원죄가 있다는 것을 부인합니다. 하지만 성경은 우리에게 분명하게 말씀합니다. 로마서 5:12에서도 "이러므로 한 사람으로 말미암아 죄가 세상에 들어오고 죄로 말미암아 사망이 왔나니 이와 같이 모든 사람이 죄를 지었으므로 사망이 모든 사람에게 이르렀느니라"고 하셨습니다. 이 "한 사람"이 바로 아담입니다.

아담의 첫 범죄로 인해 죄의 모든 오염이 그 모든 후손들에게 임하게 되었고, 인류는 온통 죄로 물들게 되었습니다. 아담과 하와는 하나님이 금지하신 동산 중앙의 나무의 실과를 먹음으로 생명의 언약을 어기고 범죄하여 타락하게 되었습니다. 아담의 첫 범죄는 아담 한 사람의 스캔들이 아니라, 인류 전체의 스캔들이었습니다. 왜냐하면 아담의 첫 범죄는 인류 전체의 타락을 초래하였기 때문입니다. 성경은 아담의 불순종으로 인해서 모든 사람이 죄인이 되고 모든 사람이 죽었다고 분명하게 말씀합니다. "한 사람의 순종치 아니함으로 많은 사람이 죄인된 것 같이 한 사람의 순종하심으로 많은 사람이 의인이 되리라"(롬 5:19)고 하셨고, "아담 안에서 모든 사람이 죽은 것 같이 그리스도 안에서 모든 사람이 삶을 얻으리라"(고전 15:22)고 하셨습니다.

아담 안에서 내가 함께 죄인이 되었다는 사실을 믿지 못하면, 그리스도 안에서 내가 의인이 되었다는 사실도 믿을 수 없습니다. 토마스 맨톤Thomas Manton은 "우리는 십자가 위에서 내가 그리스도와 함께 있었다고 고백하는 것처럼, 아담과 함께 에덴동산에서 선악과를 먹었다고 고백해야 합니다."라고 했습니다. 아담은 온 인류를 대표하여 하나님과 언약을 맺었다가 그 언약을 깨뜨렸기 때문에, 아담의 범죄는 아담 한 사람의 문제로 끝나는 것이 아니라 온 인류의 문제가 되었습니다. 웨스트민스터 소요리문답 16문답은 하나님께서 아담과 맺으신 언약의 성격과 아담의 범죄의 성격에 대해서 이렇게 잘 요약하고 있습니다. "아담과 언약을 세우신 것은 그만 위하여 하신 것이 아니고 그 후손까지 위하여 하신 것이므로, 그로부터 보통 생육법으로 출생하는 모든 사람은 아담의 첫 범죄 시에 아담 안에서 죄를 지었으며, 그와 함께 타락하였습니다."라고 하였습니다. 그리하여 모든 사람은 아담 안에서 죄인이 되었고, 인간이 이렇게 가지게 된 죄성을 가리켜서 "원죄原罪, original sin"라고 부릅니다.

웨스트민스터 소요리문답 18문답은 원죄를 구성하고 있는 요소들을 크게 세 가지로 설명하였습니다. 아담의 첫 범죄의 죄책guilt과, 원의가 없는 것과, 온 성품이 부패한 것을 가리켜서 보통 원죄라고 부릅니다. 첫째는 죄책guilt입니다. 죄책이란 "유죄, 유죄 상태"를 의미합니다. 재판장이 법정에서 선언할 때, 유죄가 아니면 무죄, 둘 중 하나입니다. 한 죄인에게 유죄라고 선언할 때에 그 사람에게는 죄책이 함께 머물게 되는 것입니다. 아담이 하나님의 언약을 깨뜨렸고 그 유죄 상태를 아무도 복구하지 못했기 때문에 그 유죄 상태가 계속 우리에게도 주어진다는 말입니다. 둘째는 사람이 창조시에 받았던 원의原義, original righteousness의 상실입니다. 하나님께서 사람을 거룩하고 선하고 의롭게 창조하셨지만, 죄로 인하여 그 거룩성이 깨어지고 원래의 의를 상실한 것이 원죄의 내용입니다. 그리고 셋째는 온 성품의 부패입니다. 사람의 전 성품, 우리의 지, 정, 의 모두가 다 전적으로 부패하게 된 것입니다. 그리하여 사람은 단순히 명목상의 죄책만을 가지게 된 것이 아니라, 실제로 죄에 오염되고 죄로 인해 그 본성이 실제로 부패하게 되었습니다. 벨직 신앙고백 제15조는 사람의 원죄를 이야기하면서 이렇게 시작하고 있습니다.

> 우리는 아담의 불순종에 의해 원죄가 전 인류에게 확산되었음을 믿습니다. 원죄는 인간의 전全 본성의 타락이자 모태 속의 유아들까지 오염시키는 유전적인 부패이며 인간 안에서 온갖 종류의 죄를 산출하는 뿌리입니다.

펠라기안주의자들은 원죄 교리를 부정했고, 원죄의 전가 교리도 부정했습니다. 그들은 인간이 나면서부터 죄인으로 태어난다는 원죄 교리를 부정하면서, 인간이 죄를 짓는 것은 다른 사람의 죄를 모방한 것이라고 주장했습니다. 그들은 죄는 아담이 지었는데, 온 인류가 아담의 한 범죄로 모두 함께 죄인이 되었다는 것은 매우 불합리하다고 생각합니다. 하지만 우리는 한 사람으로 모든 사람이 죄인이 되었다는 성경의 증거를 굳게 믿습니다(롬 5:18-19). 아담의 한 범죄로 모든 사람이 다 죄인이 되었다는 것이 성경의 선언입니다. 도르트신경 제2조 역시 사람은 타락한 이후에 부패하였고, 사람은 부패한 아버지로서 부패한 자녀를 낳았다고 선언합니다.

인간은 태어날 때부터 죄인으로 태어나는 것이지 살면서 조금씩 조금씩 죄를 짓다가 비로소 죄인이 되는 것이 아닙니다. 인간은 아담과 함께 죄인이 되어서 죄인으로 태어나는 것입니다. 다윗은 인간이 죄악 중에 잉태되고 죄악 중에 출생한다는 것을 분명하게 증거했습니다. "내가 죄악 중에서 출생하였음이여 모친이 죄 중에 나를 잉태하였나이다"(시 51:1). 욥도 이렇게 말했습니다. "누가 깨끗한 것을 더러운 것 가운데서 낼 수 있으리이까 하나도 없나이다"(욥 14:4). 타락한 부모는 타락한 자녀를 낳습니다. 그래서 "우리는 아담의 불순종에 의해 원죄가 전 인류에게 확산되었음을 믿습니다." 원죄는 자녀들에게 전달되고 퍼져나가고 확산됩니다.

원죄로부터 온갖 죄가 샘물처럼 끊임없이 흘러나온다

벨직 신앙고백 제15조는 원죄에 대해서 이렇게 설명합니다.

그러므로 원죄는 하나님이 보시기에 심히 사악하고 거대하여 인류를 정죄하기에 충분하며, 원죄는 없어지지 않으며, 심지어 세례로도 근절되지 않는데, 이는 죄가 오염된 샘으로부터 솟아오르는 물처럼 끊임없이 흘러나오는 것을 보면 알 수 있습니다.

원죄는 심히 사악하고 거대하여 온 인류를 정죄하기에 충분하며, 없어지지 않으며, 세례로도 그 뿌리가 뽑히지 않습니다. 원죄는 참으로 사악한 것이고 끈질긴 것입니다. 모든 인간은 이 점에 있어서 다 똑같습니다. 물론 거듭난 하나님의 자녀들은 죄의 노예가 아니라는 점에서 거듭나지 못한 자들과는 다르지만, 그럼에도 불구하고 이 원죄의 죄성은 신자에게나 불신자에게나 없어지지 않고 그 뿌리가 뽑히지 않습니다.

무엇보다 이 원죄로부터 온갖 죄가 오염된 샘으로부터 솟아오르는 물처럼 끊임없이 솟구쳐 올라옵니다. 원죄를 말하지 않고서는 인간에게서 샘솟듯 나오는 인간의 죄의 원천에 대해서 설명할 길이 없습니다. 인간은 얼마나 많은 죄를 짓는지 모릅니다. 온갖 죄가 참으로 많습니다. 죄의 가짓수는 헤아릴 수 없이 많으며, 별별 희한한 죄도 많습니다. 사람은 생각으로도 죄를 짓습니다. "여호와께서 사람의 죄악이 세상에 관영함과 그의 마음의 생각의 모든 계획이 항상 악할 뿐임을 보시고"(창 6:5)라고 하셨습니다(마 5:28 참조). 이 세상에 죄악이 관영하게 된 배경을 사람이 마음의 생각으로 짓는 죄라고 하셨습니다. 또한 말로도 헤아릴 수 없이 많은 죄를 짓습니다. 욕하는 말, 다른 사람들의 명예를 훼손하는 말, 흉보는 말, 이간질하는 말, 음탕한 말, 속이는 말, 허탄한 자랑, 저주의 말, 원망의 말, 불평의 말들이 다 말로 짓는 죄들입니다(마 5:22, 12:36-37; 약 3:6 참조). 행동으로도 많은 죄를 짓습니다(시 51:4; 마 7:23 참조). 은밀한 중에 짓는 죄도 있고 공개적으로 짓는 죄도 있습니다. 알고도 고의로 짓는 죄도 많고(시 19:13) 무지해서 부지부식 간에 모르고 짓는 죄도 많습니다. 불신자들은 하나님을 알지 못하고 하나님의 계명을 알지 못해서, 무지해서 죄를 짓는다고 할 수 있겠지만, 신자들은-특별히 신앙생활을 오래한 신자들은- 알고도 많은 죄를 짓습니다. 사람들은 죄를 지을 때 그것이 죄인 줄 알지만, 욕심에 끌리고 미혹을 받아서 죄를 짓는 것입니다. 이러한 온갖 죄가 다 원죄로부터 샘솟듯 솟구쳐 올라오는 것입니다.

그러므로 우리는 인간이 원죄를 가진 죄인이요, 이 원죄로부터 온갖 죄가 언제든지 올라올 수 있다는 것을 생각해야 합니다. 우리 그리스도인들도 여전히 죄인이라는 사실을 늘 인식해야 합니다. 또한 인간은 짓지 못할 죄가 없는 죄인이라는 사실도 늘 기억해야 합니다. 그래야 우리가 건강하고 균형 잡힌 인간론을 가지고 현실감 있게 다른 사람들을 상대할 수 있습니다. 그럴 때에 우리는 우리 자신을 인해서도 낙망하지 않고 다른 사람으로 인하여 실족하지 않을 수 있습니다. 우리는 사람 때문에 실망도 하고 사람 때문에 분노도 합니다. 하지만 우리는 인간이란 원죄를 가지고 있는 죄인이요, 이 원죄는 근절되지 않으며, 이 원죄로부터 온갖 죄가 솟구쳐 올라오며, 사람은 못 지을 죄가 없는 인간이라는 사실을 늘 생각해야 합니다. 모든 인간에게 원죄라고 하는 죄의 큰 뿌리가 있다는 사실을 생각할 때에, 우리는 "다른 사람도 아니고 어떻게 저 사람이 저런 죄를 지을 수 있을까? 저 사람이 어떻게 나한테 이럴 수가 있을까?" 하면서 다른 사람들의 죄로 인해 큰 상처를 받거나 충격을 받거나 낙망하지 않을 수 있습니다. 부모와 자식 간에, 부부 간에, 형제 간에, 교인 간에 깊은 상처를 피할 수 있습니다. 모든 인간은 원죄를 가지고 있는 죄인이기 때문에 그런 일들이 벌어지는 것입니다. 죄인이기 때문에 상처 주는 말도 하고 의도했든 의도하지 않았든 실수도 하고 죄도 짓는 것입니다. 모두 다 죄인이기 때문입니다.

자기가 죄인인 줄 알면, 회개를 더 잘 하는 그리스도인이 될 수 있습니다. 하나님과 사람 앞에서 우리가 다 부족함이 많은 죄인이요, 회개할 것이 많은 죄인이라는 것을 알아야 회개를 잘 할 수 있습니다. 신앙생활은 회개생활입니다. 회개를 부지런히 잘 해야 성화를 더 잘 이룰 수 있습니다. 우리는 기도 시간에 우리의 죄를 찾아서 회개해야 합니다. 기도 시간에 생각해야 할 자기 죄는 생각하지 않고 남의 죄만 떠올리고 남의 죄만 생각하는 사람이 있습니다. 다른 사람이 나에게 섭섭하게 하고 죄를 지은 것을 생각하며 분을 품느라 오히려 기도시간에 시험에 드는 사람들도 있습니다. 하지만 우리에게 그런 생각이 들 때, 우리가 모두 죄인이라서 그런 줄 알고 그 사람을 위해서 한 번 더 기도하면 됩니다. 그러면 상처받을 것도 없고 충격 받을 것도 없습니다.

모든 인간이 죄인이라는 사실을 알면, 다른 사람을 지나치게 비난하거나 비판하지 않을 수 있습니다. 다른 사람의 잘못을 조금도 용납하지 못하는 사람들이 있습니다. 마치 자기는 완전한 사람인 것처럼 다른 사람의 잘못을 지적하는 데에 선수인 사람들이 있습니다. 그런 사람들은 다른 사람이 조금이라도 잘못하는 모습을 보면 맹폭을 가합니다. 말 한마디라도 잘못하면 대역죄인으로 만들어 버립니다. 하지만 살다보면 자기도 잘못할 때가 있고, 자기도 실수할 때가 있습니다. 늘 다른 사람을 비난하고 비판하는 그 사람은 자기가 비판하는 그 비판으로 비판을 받게 될 것이고 자기가 헤아리는 그 헤아림으로 헤아림을 받게 될 것입니다(마 7:2). 우리 자신이 비난받지 않기 위해서 남을 비판하지 말라는 것이 아니라, 우리 모두가 죄인이라는 사실을 알고 비난을 삼가라는 것입니다. 다른 사람의 눈에 티끌이 있다면 우리 눈에는 들보가 있습니다(눅 6:41-42). 이런 것을 생각하면 우리는 더욱 겸손해질 수 있습니다. 이처럼 원죄 교리는 우리를 겸손하게 만들어주며, 다른 사람들을 보다 깊이 이해하게 만들어 줍니다. 우리는 형제의 연약함에 대해서 안타까워하고 함께 마음 아파하며 그를 위해 기도할 수 있어야 합니다.

이 사망의 몸으로부터 자유하게 되기를 갈망하라

그리스도인들에게도 원죄가 있고 원죄가 전가되어 있습니다. 하지만 신자들에게는 원죄가 정죄condemnation를 위해서 전가되지는 않습니다. 벨직 신앙고백 제15조는 이렇게 고백합니다. "그럼에도 불구하고 원죄는 하나님의 자녀에게는 정죄를 위해 전가되지 않고, 그들은 하나님의 은혜와 자비로 용서를 받습니다." 우리 그리스도인들은 원죄뿐만 아니라 자범죄 모두에 대하여 하나님의 은혜와 자비로 용서를 받습니다. 그리스도인들은 그리스도 안에서 원죄 문제가 해결되고, 또 원죄로부터 솟아나오는 모든 죄악들에 대해서도 하나님의 은혜와 자비로 용서를 받습니다. 누구든지 우리를 위하여 세워주신 한 분 구원자, 우리 주 예수 그리스도에게 나아오면, 죄 용서함을 받을 수 있습니다. 그렇다고 해서 이 원죄 교리는 우리를 죄악 중에서 평안하게 살도록, 죄악 중에서 편안히 먹고 쉬고 잠들도록 하기 위한 것은 아닙니다. "나도 죄인이고 너도 죄인이고, 믿어도 죄인이고 안 믿어도 죄인이고, 우리 모두 죄인이니 우리가 다 어쩔 수 없이 죄를 지을 수밖에 없지 않느냐? 우리에게 원죄가 있는 걸 우리가 어쩌겠느냐? 이런 우리 자신이라는 것을 받아들이고, 죄 안 지으려고 너무 애쓰지 말고, 그냥 생긴 대로 편안하게 살자" 하는 식의 안일주의나 패배주의에 빠져서는 안 됩니다.

오히려 원죄 교리는 우리가 우리 자신의 "이러한 부패함을 깨달아 이 사망의 몸으로부터 자유하게 되기를 갈망하며 자주 탄식하게 하기 위한" 것입니다. 이 원죄가 우리의 정죄를 위해서 전가되는 것은 아닙니다. 하지만 이 원죄는 여전히 우리에게 있기 때문에, 우리에게 죄가 있고 부패함이 있다는 사실을 깨닫게 되면 우리는 탄식하지 않을 수 없습니다. 사도 바울이 "오호라 나는 곤고한 사람이로다 이 사망의 몸에서 누가 나를 건져내랴"(롬 7:24) 하고 탄식했던 것처럼, 우리는 우리의 부패함과 우리 안에서 솟구쳐 올라오는 죄를 발견할 때마다 자주 탄식하면서, 이 사망의 몸으로부터 좀 더 자유하게 되기를 갈망해야 합니다. 하나님께서 명하신 명령에 순종하지 못했던 죄도 너무 많고 하나님이 하지 말라고 금하신 것을 어기고 행했던 죄도 너무 많기 때문에, 우리는 우리의 연약함을 인해서 날마다 탄식해야 합니다. 거듭난 성도들에게는 반드시 이러한 탄식과 갈망이 있습니다. 이러한 탄식이 없다면, 자신이 정말로 거듭난 그리스도인인지를 다시 확인해 보아야 합니다.

또한 우리는 우리 자신의 죄만을 인하여 탄식하는 것이 아니라 우리의 가족들과 자녀들의 성화를 놓고도 기도해야 합니다. 또한 우리는 여전히 죄에 매여 살아가는 우리의 이웃들과 이 사회를 바라볼 때에 자주 탄식하면서, 그들도 죄의 종노릇하는 데에서 자유하게 되기를 갈망해야 합니다.

원죄 교리를 기억합시다. 우리 모두에게는 죄가 한 뿌리씩 있으며, 세상의 넘치는 온갖 죄들이 원죄라고 하는 샘에서 솟구쳐 나오고 있음을 생각하고, 인간과 인간의 죄에 대한 바른 이해를 가지고 우리 자신을 바라보고 다른 사람들과 이 세상을 상대해야 하겠습니다. 우리와 타인의 죄로 인하여 놀라거나 상처를 받거나 낙망하거나 체념하기보다는 자주 탄식하면서 죄에서 좀 더 자유하게 되기를 갈망하며 살아가는 우리 모두가 되기를 소원합니다.

하나님 아버지, 인간에게 근절되지 않는 이 죄성, 이 원죄로부터 이 세상에 넘쳐나고 있는 온갖 죄가 흘러나오고 있음을 바로 알게 해주시고, 죄의 뿌리가 다른 이들에게 있다고 말하기 이전에 바로 우리 자신에게 이 뿌리가 여전히 살아있음을 생각하게 하여 주시옵소서. 우리가 그리스도 안에서 용서 받은 사실을 인하여 오히려 죄 가운데서 평안하게 잠들지 말게 하시고, 오히려 죄로부터 좀 더 자유로워지기를 갈망하면서 하나님 앞에서 우리의 곤고함을 인해 자주 탄식하며 기도하는 저희들이 되게 하여 주시옵소서. 또한 모든 사람에게 한 뿌리씩 있는 죄성을 생각하여, 다른 사람들의 죄를 인하여 놀라거나 실망하거나 상처 받지 말게 하시고, 오히려 다른 이들을 위하여 자주 탄식하며 기도하게 하여 주시옵소서. 예수님의 이름으로 기도하옵나이다. 아멘.

벨직 신앙고백 제16조

하나님의 선택

우리는 첫 사람 아담의 범죄로 인하여 아담의 모든 후손이 영벌과 파멸에 빠졌을 때, 하나님께서 자신의 모습, 곧 그의 자비하심과 공의로우심을 나타내셨음을 믿습니다. 하나님의 자비하심은 하나님께서 사람의 행위(공로)를 고려하지 않으시고, 오직 그의 영원불변하신 작정과 그의 순전한 호의로, 우리 주 예수 그리스도 안에서 선택되고 뽑힌 자들을 멸망으로부터 구출하시고 구원하심에 있습니다. 하나님의 공의로우심은 다른 이들을 그들이 스스로 빠져든 파멸과 타락 가운데 내버려두시는 데에 있습니다.

우리를 택하신 하나님의 자비

3 찬송하리로다 하나님 곧 우리 주 예수 그리스도의 아버지께서 그리스도 안에서 하늘에 속한 모든 신령한 복으로 우리에게 복 주시되 4 곧 창세 전에 그리스도 안에서 우리를 택하사 우리로 사랑 안에서 그 앞에 거룩하고 흠이 없게 하시려고 5 그 기쁘신 뜻대로 우리를 예정하사 예수 그리스도로 말미암아 자기의 아들들이 되게 하셨으니 6 이는 그의 사랑하시는 자 안에서 우리에게 거저 주시는바 그의 은혜의 영광을 찬미하게 하려는 것이라

에베소서 1장 3-6절

선택 교리는 성경적인 교리이다

벨직 신앙고백 제16조는 하나님의 선택 교리를 다루고 있습니다. 우리는 벨직 신앙고백을 공부하고 있는 중인데, 이제까지의 흐름을 잘 파악하는 것이 좋습니다. 벨직 신앙고백 제1조는 "우리는 영원하신 한 분 하나님을 믿습니다."라고 선언하였고, 제2-7조는 하나님의 계시에 관하여, 특별히 기록된 하나님의 말씀인 신구약 66권 성경에 관한 내용을 다루었습니다. 제8-13조는 삼위일체 하나님에 관하여, 그리고 하나님의 창조와 섭리에 관한 신앙고

백의 내용을 다루었습니다. 그리고 제14-15조는 인간의 전적 타락과 전적 무능, 그리고 인간의 원죄에 대한 성경의 가르침을 요약하였습니다. 이제 우리가 살펴보게 되는 제16조는 하나님의 선택 교리를 다루고 있고, 이어지는 제17조는 "타락한 사람의 구원"을 다룹니다. 우리는 하나님의 선택 교리가 "인간의 타락과 인간의 원죄" 교리와 "타락한 사람의 구원" 교리 사이에 위치해 있는 것에 주목할 필요가 있습니다.

하나님의 선택 교리를 다루는 벨직 신앙고백 제16조가 인간의 타락과 전적 부패와 무능과 원죄를 다루는 제14-15조와 타락한 사람의 구원 문제를 다루는 제17조 사이에 위치한 것은 의미가 깊습니다. 이는 하나님의 선택을 논하지 않고 죄인들의 구원을 논할 수 없음을 말해줍니다. 타락한 사람의 구원은 인간 편에서는 불가능한 것이고 오직 하나님 편에서만 가능한 것이기 때문입니다. 모든 사람이 구원을 받는 것이 아니요 모든 사람이 죄 사함을 받는 것도 아닙니다. 따라서 우리는 "그렇다면 전적으로 무능한 죄인들 중에 누가 구원을 받을 수 있는가?" 하고 묻지 않을 수 없고, 이에 대해 우리의 신앙고백은 "하나님의 택하심을 받은 자들"에게만 하나님의 구원이 주어진다고 가르치고 있습니다. 우리는 모든 인류가 아담의 범죄로 인하여 영벌과 파멸에 빠져 있었다는 것을 기억해야 합니다. 하나님의 택하심은 인간의 전적 타락과 하나님의 구원 사이의 거대한 골짜기(갭)를 메꾸어주고 연결시켜 주는 하나님의 놀라운 은혜의 행위입니다.

선택 교리는 성경적인 교리이며, 기독교 신앙의 핵심적인 교리입니다. 예나 지금이나 선택 교리를 부인하는 사람들이 교회 안팎에 많이 있습니다. 하지만 우리는 선택 교리가 성경적인 교리라는 사실을 먼저 확실히 해야 합니다. 성경은 하나님의 택하심에 대해서 수없이 말씀하고 있습니다. "너는 여호와 네 하나님의 성민이라 네 하나님 여호와께서 지상 만민 중에서 너를 자기 기업의 백성으로 **택하셨나니 여호와께서 너희를 기뻐하시고 너희를 택하심은 너희가 다른 민족보다 수효가 많은 연고가 아니라 너희는 모든 민족 중에 가장 적으니라**"(신 7:6-7). "너는 너의 하나님 여호와의 성민이라 여호와께서 지상 만민 중에서 너를 택하여 자기의 기업의 백성을 삼으셨느니라"(신 14:2). "나의 종 야곱, 나의 **택한 이스라엘아** 이제 들으라"(사 44:1). "너희가 나를 택한 것이 아니요 **내가 너희를 택하여 세웠나니**…"(요 15:16). "또 그때에 저가 천사들을 보내어 자기 **택하신 자들**을 땅 끝으로부터 하늘 끝까지 사방에서 모으리라"(막 13:27). "누가 능히 하나님의 **택하신 자들**을 송사하리요 의롭다 하신 이는 하나님이시니"(롬 8:33) "하나님의 사랑하심을 받은 형제들아 너희를 **택하심**을 아노라"(살전 1:4). "오직 너희는 **택하신 족속**이요"(벧전 2:9). 성경은 하나님의 택하심에 대해 수없이 반복해서 강조하고 있습니다. 선택 교리가 성경의 지지를 받는 성경적인 교리라는 것을 입증하기 위해 더 많은 증거가 필요합니까? 그러므로 하나님이 그의 백성들을 택하셨다고 가르치는 선택 교리는 지극히 성경적인 교리입니다.

선택 교리에 관하여 알아야 할 여섯 가지 진리

선택 교리는 기독교 신앙에 있어서 매우 핵심적인 교리들 중 하나입니다. 선택 교리는 인간의 구원에 관한 중요한 진리를 담고 있습니다. 그러므로 우리는 선택 교리의 내용에 관하여 잘 알고 있어야 합니다. 우리는 선택 교리에 관하여 알아야 할 중요한 진리를 육하원칙에 입각해서 설명할 수 있습니다.

첫째, 누가Who 우리를 택하셨습니까? 하나님께서 우리를 택하셨습니다. 우리가 하나님을 택한 것이 아니라, 하나님께서 우리를 택하신 것입니다. "너희가 나를 택한 것이 아니요 내가 너희를 택하여 세웠나니…"(요 15:16)라고 하셨습니다. 에베소서 1:3에서도 "찬송하리로다 하나님 곧 우리 주 예수 그리스도의 아버지께서... 창세 전에 그리스도 안에서 우리를 택하사"라고 하셨습니다. 벨직 신앙고백 16조에서도 "하나님께서... 오직 그의 영원불변하신 작정과 그의 순전한 호의로" 우리를 우리 주 예수 그리스도 안에서 택하시고 elected 뽑으셨다 chosen고 하였습니다. 도르트신경도 "선택은 변하지 않으시는 하나님의 뜻으로, 그 뜻에 의하여 하나님께서는... 그분의 주권적인 선하신 기쁘심을 따라, 순전히 그분의 은혜로" 택하신 것이라고 하셨습니다(도르트신경 1장 7항). 하나님께서 택하셨습니다.

둘째, 하나님은 언제 When 우리를 택하셨습니까? 하나님께서는 창세 전에(영원 전에) before the foundation of the world 우리를 택하셨습니다. "찬송하리로다 하나님 곧 우리 주 예수 그리스도의 아버지께서... 창세 전에 그리스도 안에서 우리를 택하사..."(엡 1:3-4). 하나님은 이 세상이 만들어지기 전에, 영원에서부터 우리를 택하셨습니다. 바울은 이것을 두고 "하나님이 처음부터 너희를 택하셨다."고 표현했습니다. "주의 사랑하시는 형제들아 우리가 항상 너희를 위하여 마땅히 하나님께 감사할 것은 하나님이 처음부터 from the beginning, NAS 너희를 택하사 성령의 거룩하게 하심과 진리를 믿음으로 구원을 얻게 하심이니"(살후 2:13). 하나님의 선택은 급조된 계획이 아닙니다. 하나님은 그의 영원한 작정을 따라 창세 전에, 처음부터 구원을 얻을 자들을 택하셨습니다.

셋째, 하나님은 무엇을 What 또는 누구를 Whom 택하셨습니까? 하나님께서는 어두운 데에 있던 죄인들을 택하셨으며(벧전 2:9), 죄와 허물로 죽은 자들을 택하셨습니다(엡 2:1). 본래 그의 백성이 아니었고 본래 그의 자녀가 아니었던 자들을 택하셨습니다(벧전 2:10). 하나님은 세상의 미련하고 약한 자들, 천하고 멸시 받고 없는 자들을 택하셔서, 아무도 하나님 앞에서 자랑하지 못하게 하셨습니다(고전 1:26-29). 하나님은 죄인들을 부르시고 택하셨습니다(마 9:13). 한 마디로 하나님께서는 "나 같은 죄인"을 택해 주셨습니다. 이런 점에서 하나님의 선택은 사람의 선택과 다릅니다. 사람은 좋은 것, 잘난 것, 똑똑한 것, 아름다운 것을 뽑으려고 합니다. 그러나 하나님은 못나고 더럽고 약한 우리, 어두운 데 있던 죄인, 하나님과 원수된 우리를 택하시고 뽑으셨습니다. 하나님께서는 "본성상 다른 이들보다 나은 것이 없고 좋은 것을 받을 만한 자격이 없으며 다만 다른 이들과 마찬가지로 한 비참에 다 같이 빠져있었던 확정된 특정한 사람들을"(도르트신경 1장 7항) 택하셨습니다.

넷째, 어떻게How 우리를 택하셨습니까? 하나님께서는 오직 그의 영원하시고 불변하신 작정과 그의 순전한 호의로 우리를 택하셨습니다. 하나님의 주권적 작정과 그의 놀라운 은혜와 사랑으로 우리를 택하셨습니다(요일 4:9; 요 3:16 참조; 도르트신경 제1장 2항). "여호와께서 너희를 기뻐하시고 너희를 택하심은... 다만 너희를 사랑하심을 인하여..."(신 7:7-8)라고 하셨습니다. 하나님의 택하심에는 다른 이유가 없습니다. 우리의 행위나 공로와는 관계없이, 하나님이 원하셨기 때문에 순전히 은혜로 우리를 택하신 것입니다. 하나님께서 이스라엘을 택하시고 예루살렘을 그의 거처로 택하신 것에도 다른 이유가 없었습니다. 오직 하나님이 그것을 원하셨기 때문이었습니다. "이는 나의 영원히 쉴 곳이라 내가 여기 거할 것은 이를 원하였음이로다"(시 132:14). 이것이 바로 하나님의 주권적인 은혜의 택하심입니다.

다섯째, 하나님은 어디에서Where 우리를 택하셨습니까? 하나님은 "그리스도 안에서in Christ" 우리를 택하셨습니다. "그리스도 안에서... 창세 전에 그리스도 안에서 우리를 택하사"(엡 1:3,4). 하나님께서는 그리스도 안에 있는 그 풍성한 구속에 근거해서, 그리스도 안에서 우리를 택하셨습니다. 그리스도의 십자가의 구속의 은혜가 없다면, 하나님의 택하심이 효력을 발휘할 수 없을 것입니다. 그리스도 안에 죄의 해결(용서)이 있고, 그리스도 안에 하나님의 의가 있고, 그리스도 안에 영생이 있습니다. 그리스도 안에는 우리의 구원에 필요한 모든 것이 있습니다.

여섯째, 하나님은 왜Why 우리를 택하셨습니까? 하나님께서는 하늘에 있는 신령한 복으로 우리에게 복을 주셔서 우리를 거룩하고 흠이 없게 하시려고 우리를 택하셨습니다(엡 1:3-4). 다시 말하자면, 하나님께서는 택하신 자들을 구원하시기 위하여 택하신 것입니다. 하나님의 택하심은 반드시 우리의 구원으로 연결됩니다. 이것이 하나님의 택하심의 목적인데, 이 목적은 반드시 이루어지게 되어 있습니다. 그리하여 하나님께서는 하나님의 택하심이 택하신 자 한 사람 한 사람에게 성공적으로 잘 이루어지도록 그의 성령을 보내시고, 복음 전하는 자들을 일으켜 주십니다. 하나님께서는 그의 택하신 자들이 복음을 듣고 하나도 잃어버려지지 않고 그리스도께 나아와서 구원을 얻을 수 있도록 이끄십니다(살후 2:13-14 참조). 이것이 하나님의 택하심의 권능입니다. 택하신 자들을 구원으로 이끄시는 권능에 하나님의 택하심의 관하여 도르트신경은 이렇게 가르치고 있습니다. "그리고 사람들을 믿음으로 데리고 오시기 위해 하나님께서는 자비롭게 그분이 뜻하시는 사람에게, 그분이 뜻하시는 때에, 이 지극히 기쁜 소식을 전하는 사자들을 보내신다. 하나님께서는 이들의 봉사를 사용하셔서 사람들을 십자가에 못 박힌 그리스도를 믿고 회개하라고 부르신다"(도르트신경 1장 3항).

또한 하나님께서는 하나님의 은혜의 영광을 찬미하게 하시려고(엡 1:6,12,14) 우리를 택하셨습니다. 이것이 하나님의 택하심의 궁극적인 목적입니다. 하나님께서는 우리를 어두운 데서 불러 그의 기이한 빛에 들어가게 하신 자의 아름다운 덕을 선전하게 하시려고 우리를 택하셨습니다(벧전 2:9).

타락한 인류에게 그의 자비하심과 공의로우심을 나타내신 하나님

벨직 신앙고백 제16조는 하나님의 선택에는 두 가지 중요한 하나님의 성품이 나타난다고 하였습니다. 하나는 하나님의 자비하심이고, 다른 하나는 하나님의 공의로우심입니다. 벨직 신앙고백 제16조는 먼저 하나님의 선택에 나타난 하나님의 자비하심에 대해서 이렇게 진술합니다. "아담의 모든 후손이 영벌과 파멸에 빠졌을 때... 하나님의 자비하심은 하나님께서 사람의 행위(공로)를 고려하지 않으시고, 오직 그의 영원불변하신 작정과 그의 순전한 호의로, 우리 주 예수 그리스도 안에서 선택되고 뽑힌 자들을 멸망으로부터 구출하시고 구원하심에 있습니다."

하나님께서는 적절한 때에 택함을 받은 자들에게 복음이 들려지게 하시고 믿음을 선물로 주셔서 다른 사람들은 받지 못하는 구원을 우리는 받을 수 있도록 해주십니다. 하나님께서는 그런 방식으로 우리에게 유효하게 하나님의 구원의 은혜를 가져다주셔서, 택하신 자들을 반드시 구출하시고 구원하시고야 마십니다. 여기에서 우리는 하나님의 자비하심을 보게 됩니다. 신자 한 사람 한 사람은 하나님의 자비하심의 놀라운 증거입니다.

반면, 하나님의 선택에는 하나님의 공의로우심도 나타납니다. 벨직 신앙고백 제16조는 선택에 나타난 하나님의 공의에 대해서 이렇게 진술합니다. "하나님의 공의로우심은 다른 이들을 그들이 스스로 빠져든 파멸과 타락 가운데 내버려두시는 데에 있습니다." 하나님의 택하심을 받지 못한 사람들은 그들의 악함과 완고함 가운데 그대로 내버려진 사람들입니다(롬1:28). 그리하여 그들은 그들이 자초한 영벌과 파멸에 이르게 되는 것입니다. 바로 이것이 선택에 나타난 하나님의 공의로우심입니다. 여기에 대해 도르트신경 제6조는 이렇게 고백합니다. "반면 선택하지 않으신 자들은 하나님의 의로운 심판에 따라 그들 자신의 악함과 완고함 가운데 그대로 내버려 두십니다. 똑같이 멸망당해야 할 사람을 구별하시는 심오하고 자비로우면서 동시에 의로운 뜻이 특히 여기에서 우리에게 나타났습니다. 이는 곧 하나님의 말씀에 계시된 선택과 유기의 작정입니다. 패역하고 불순하고 요동하는 자들은 이 선택과 유기의 작정을 왜곡하여 스스로 파멸에 이르는 반면, 거룩하고 경건한 자들에게 이 작정은 말로 다할 수 없는 위로를 줍니다."

하나님께서 어떤 이들은 구원 얻을 수 있도록 선택하신 반면에 어떤 이들은 멸망 가운데 버려두시는 것은 독단적이며 불공평한 것이라고 주장하는 사람들도 있습니다. 하지만 우리는 하나님의 택하심에 있어서 하나님의 주권을 인정해야 합니다. 하나님께서 왜 다른 사람이 아니라 나를 구원 얻을 자로 선택하셨는지 우리는 그 이유를 다 알 수 없습니다. 다만 우리는 우리가 구원을 받게 된 것은 하나님이 먼저 우리를 택하셨고 그 기쁘신 뜻대로 우리를 예정하셨기 때문이라는 것을 믿고 고백할 뿐입니다. 하나님의 선택은 부당한 것이 아닙니다. 하나님의 선택을 불공평한 것이라고 비난할 수 있는 사람은 없습니다. 하나님의 선택에 나타난 하나님의 자비하심과 공의로우심은 사람들이 좌지우지하거나 불평할 수 있는 문제가 아닙니다. 죄인을 구원하시는 것은 하나님의 자비이고 죄인들을 심판하시는 것은 하나님의 공의입니다. 우리가 말할 수 있는 것은 하나님의 선택은 하나님의 주권적 은총이라는 사실입니다.

선택 교리를 믿는 사람들이 가져야 할 합당한 태도

그렇다면 선택 교리를 믿는 우리는 하나님의 선택을 생각하면서 어떤 마음과 태도를 가져야 하겠습니까?

첫째, 우리는 하나님의 택함을 받은 사람들이라는 사실을 생각하고 먼저 깊이 감사하면서 모든 영광을 하나님께 돌려야 합니다. 세상에서는 잘난 사람, 똑똑한 사람, 가문 좋은 사람, 문벌 좋은 사람, 흠 없는 사람들이 뽑힙니다. 그러나 하나님은 못난 죄인들을 뽑으시고 택해 주셨습니다. 우리가 아직 죄인 되었을 때에, 하나님께서 우리를 택해주셨습니다(롬 5:7-8). 그러므로 우리는 나 같은 죄인을 택하시고 뽑아주신 것을 생각할 때에 일평생 하나님의 은혜와 호의를 찬송하며 감사해야 합니다. 또한 우리는 우리가 받은 구원에 대하여 우리 자신을 내세우거나 자랑하는 모든 자랑과 교만을 멈추어야 합니다. 내가 구원을 얻게 된 것은 하나님의 주권적인 작정과 그의 순전한 호의와 사랑으로만 된 것임을 알고, 하나님의 은혜만 자랑하고 하나님의 사랑만 자랑해야 합니다. 그러므로 선택 교리는 하나님의 은혜만 찬송하게 만들어주며, 하나님께만 모든 영광을 돌리게 해줍니다. 우리를 택하시고 구원하신 하나님의 주권적 은혜에 감사하며 찬송합시다.

둘째, 우리는 하나님께서 우리를 왜 택하여 주셨는지를 늘 깊이 생각하고 거룩을 추구해야 합니다. 하나님은 우리를 거룩하게 하시려고 택해주셨으니, 하나님의 택하심을 받은 자들은 날마다 거룩을 추구하고 성화를 더욱 힘써야 합니다. 우리가 선택 교리를 믿는다면 더욱 더 우리의 성화에 힘써서, 하나님의 부르심과 택하심이 우리의 삶에서 더욱 확연하게 드러나게 해야 합니다(벧후 1:10). 택하심을 우리의 게으름의 근거로 삼아서는 안 됩니다. 불신자들은 선택 교리를 가지고 자신의 불신앙을 핑계 삼지 말고, 오히려 구원을 갈망하면서 회개의 기회가 아직 남아있을 때에 복음을 듣고 속히 돌이켜 하나님의 택하심을 확실하게 해야 합니다.

셋째, 우리는 우리의 구원의 완성에 대한 확신과 소망을 가지고, 구원의 궁극적인 근거가 우리 자신에게 있는 것이 아니라 하나님에게 있음을 생각하고 우리의 구원을 확신해야 합니다. 또한 우리는 비록 택하신 사람이 누구인지 아직은 다 모르지만 택하신 자들은 반드시 다 믿게 해주실 것을 확신하면서, 우리 자신의 구원만이 아니라 다른 이들의 구원을 확신하면서 누구에게나 열심히 구원의 복음을 전파해야 합니다. 그러므로 선택 교리를 믿는 자들은 더욱 힘써 전도해야 합니다. 선택 교리는 선교 열정을 더욱 뜨겁게 만드는 교리이며 전도를 촉진시켜 주는 교리입니다. 누가 택함을 받은 자인지 우리는 알 수 없고 오직 하나님만 아시며, 우리가 아는 것은 하나님께서는 오늘도 복음 선포를 통해서 죄인들을 구원으로 인도하신다는 것이니, 우리는 때를 얻든지 못 얻든지 복음 전하는 일을 게을리할 수 없습니다.

선택 교리는 인간의 부패와 하나님의 구원을 연결시켜 주는 위대한 은혜의 교리입니다. 하나님의 택하심에는 하나님의 자비하심과 공의로우심이 밝히 나타납니다. 우리는 순전히 은혜로 선택되고 뽑힌 자들이요, 하나님의 택하심은 구원으로 반드시 연결된다는 것을 생각하며 날마다 하나님의 은혜를 찬송해야 합니다. 하나님의 택하심의 목적은 우리의 거룩이라는 것을 생각하고 날마다 거룩을 추구해야 합니다. 또한 우리의 구원을 확신하면서, 전도와 선교의 열정을 날마다 더해가는 우리 모두가 되기를 소원합니다.

하나님 아버지, 어둠 가운데 있던 저희를 택해주셔서 하나님의 자녀와 백성이 되고 영원토록 하나님의 은혜의 영광을 찬미하는 예배자들이 되게 해주신 것을 감사드립니다. 우리의 일평생 하나님의 택하심의 은혜에 대하여 감사하게 하시고, 하나님의 택하심의 목적을 깊이 생각하여 거룩을 추구하게 하시고, 하나님의 구원의 은혜에 대해 알지 못하는 자들에게 때를 얻든지 못 얻든지 복음을 전하고자 하는 전도의 열정이 더욱 뜨거워지게 하여 주시옵소서. 예수님의 이름으로 기도하옵나이다. 아멘.

벨직 신앙고백 제17조

타락한 사람의 구원

우리는 우리의 선하신 하나님께서 사람이 스스로를 육적, 영적 죽음에 빠뜨리고 자신들을 완전히 비참하게 만든 것을 보시며, 그의 놀라운 지혜와 선하심으로 친히 그들을 찾기 시작하신 것을 믿습니다. 비록 사람들은 떨며 하나님에게서 도망하였지만, 하나님께서는 그들에게 뱀의 머리를 깨뜨리고 사람을 복되게 할 그의 아들을 주실 것이라고 하시면서 그 아들이 여인에게서 태어날 것(창 3:15; 갈 4:4)이라고 약속하심으로 그들을 위로하셨습니다.

죄인들의 구원을
약속하신 하나님

15 내가 너로 여자와 원수가 되게 하고 너의 후손도 여자의 후손과 원수가 되게 하리니 여자의 후손은 네 머리를 상하게 할 것이요 너는 그의 발꿈치를 상하게 할 것이니라 하시고

창세기 3장 15절

비참한 죄인들을 찾기 시작하신 하나님

하나님은 죄인들의 구원을 약속하신 하나님이십니다. 하나님은 온 인류가 아담 안에서 죄인이 되었을 때에, 인류를 죄와 비참의 상태에 그대로 내버려두시지 않고, 그 가운데 어떤 이들을 뽑으시고 택하셔서 구원에 이르도록 하셨습니다(16조). 우리의 구원은 하나님의 주권적인 은혜의 택하심에서부터 시작되어 우리에게 주어지게 된 것입니다. 하나님의 택하심은 죄인들의 구원으로 이어집니다. 그래서 벨직 신앙고백서는 하나님의 택하심을 이야기한 후에(16조), 하나님의 구원에 대해서 이야기하는 것입니다(17조).

벨직 신앙고백 제17조의 주제는 "타락한 사람의 구원"입니다. 인류는 죄로 인하여 완전히 비참하게 되었습니다. 벨직 신앙고백 제17조는 이것을 "육적, 영적 죽음"과 "완전한 비참"으로 표현했습니다. 인간은 하나님과의 관계를 완전히 파탄 내었고, 회복의 가능성을 모두 상실했습니다. 하나님은 이러

한 사람의 완전한 비참을 보셨으며 아셨습니다. 하나님께서는 이렇게 비참하게 된 인생들을 내버려두시지 않으시고, 그의 놀라운 지혜와 선하심으로 친히 그들을 찾기 시작하셨습니다.

하나님께서는 택하신 자들을 찾으십니다. 하나님은 왜 그들을 찾으시는 것입니까? 하나님께서는 그들을 구원하시기 위하여 그들을 찾으십니다. 누군가를 구원하려면 먼저 구원할 자를 찾아야 하지 않겠습니까? 하나님께서는 완전한 비참에 빠진 인간을 내버려두시지 않으셨습니다. 하나님은 택하신 자들을 구원하시려는 구원의 계획을 가지고 계셨습니다. 인간이 타락하여 비참함에 빠졌을 때, 하나님은 그들의 비참함을 보시고 그들을 찾으시기 시작하셨습니다. 그리하여 하나님의 찾으심이 역사 가운데에서 시작되었습니다. 하나님께서 그의 놀라운 지혜와 선하심으로 친히 죄인들을 찾기 시작하신 것은 하나님을 두려워하여 동산 나무 그늘 사이에 숨은 아담과 하와를 찾아가신 데에서부터 시작되었습니다.

사실, 그전까지 하나님은 인간을 특별하게 찾으실 필요가 없었습니다. 왜냐하면 하나님께서는 아담과 하와를 창조하신 후에 그들을 에덴동산에 두시고 언제든지 그들과 대면하시며 그들을 만나주셨기 때문입니다. 인간도 하나님을 피해 다니지 않았으며, 늘 하나님과 사랑의 교제를 누리고 있었습니다. 하지만 아담과 하와가 선악을 알게 하는 나무의 실과를 먹은 직후, 그들은 하나님을 만나는 것을 두려워하여 떨며 하나님에게서 도망하기 시작하였습니다. "선악을 알게 하는 나무 the tree of the knowledge of good and evil"는 인간이 하나님의 피조물로서 하나님의 명령에 복종해야 하는 존재라는 사실을 상기시켜 주는 나무였습니다. 그 나무는 하나님의 명령을 순종하는 것이 선이고 하나님의 명령을 거스르는 것이 악임을 상기시켜 주는 나무였습니다. 그러므로 아담은 그 나무를 볼 때마다, 자신이 하나님의 명령을 지키며 살아야 할 존재임을 늘 기억해야 했습니다.

하지만 아담은 하나님의 금령을 어기고 그 나무의 실과를 먹었습니다. 아담은 하나님의 명령을 어긴 직후부터 죄를 범한 대가가 매우 혹독할 것을 알고 본능적으로 두려워하기 시작하였습니다. 왜냐하면 하나님께서 "네가 먹는 날에는 정녕 죽으리라."(창 2:17)고 엄히 말씀하셨기 때문입니다. 이제 아담은 하나님을 순종하면서 살았던 것이 선이고 하나님의 금령을 깨뜨린 것이 악이라는 것을 경험적으로 알게 되었습니다. 그래서 그는 하나님의 음성이 들릴 때에 두려워서 하나님의 낯을 피하여 동산 나무 사이에 숨었습니다(창 3:1-8).

바로 그때 하나님은 아담에게 찾아오셨습니다. 하나님께서 아담을 찾아주신 것은 크고 놀라운 은혜였습니다. 하나님의 찾으심은 그를 멸망시키시기 위함이 아니라 그를 구원하시기 위함이었습니다. 하나님께서 진노 중에 찾아오셔서 영원한 사망과 저주의 형벌을 당장 내리신다고 해도 아담에게는 아무런 할 말이 없었습니다. 그러나 하나님은 두려워하며 떨고 있는 아담에게 찾아오셔서 "아담아, 네가 어디에 있느냐?" 하고 그를 부르셨습니다. 이것을 두고 스펄전 목사님은 "하나님께서 죄인에게 가지시는 거룩한 관심"이라고 불렀습니다. 하나님께서 아담에게 이렇게 찾아오신 것은, 범죄한 아담을 책망하시기 위함도 있지만, 또한 범죄한 아담에게 구원의 살길이 있다는 것을 알려주시기 위함이었습니다. 찾아오지 않으셔도 되는 분이 찾아오시고, 불러 주시지 않아도 되는 분이 불러주셨으니, 이것이 얼마나 은혜로운 일입니까?

아담은 자신의 죄와 벌거벗은 수치가 드러나게 되자 두려운 마음에 숨은 채로 떨면서, "아, 나는 하나님의 명령을 깨뜨리고 죄를 범하였으니 죽게 되었구나, 이제 어쩌면 좋다는 말인가?" 하고 탄식하고 있었습니다. 아담에게는 자신의 이러한 상황을 해결할 수 있는 능력이 없었습니다. 그래서 그는 두려워 떨고 있었던 것입니다. 그러나 하나님은 택하신 자들을 찾기 시작하셨습니다. 하나님의 찾으심은 이렇게 역사 가운데에서 시작되었습니다. 하나님은 그의 택하신 자들을 다 아시고 역사 가운데에서 하나하나 다 찾으십니다. 하나님께서는 떨며 도망한 인생들을 찾아오십니다.

그리스도인들은 모두 하나님께 발견된 자들입니다. 인생들은 모두 하나님을 두려워하여 떨며 하나님에게서 도망하였습니다. 그러나 하나님은 우리를 찾아주셨고, 우리는 하나님께 발견되었습니다. 우리가 하나님께 발견된 것이 곧 우리의 구원입니다. 우리가 깊은 산속에서나 망망대해에서 길을 잃고 헤매고 있다가 구조대에 발견되면 우리는 살게 됩니다. 누군가 우리를 적극적으로 찾아주지 않으면 우리는 발견될 수 없으며, 발견되지 못하면 우리는 구원을 받을 수 없습니다. 우리는 우리 자신도 발견하지 못한 사람들이었습니다. 우리는 우리가 누구인지, 우리가 어떤 비참에 있는지조차 똑바로 알지 못하던 자들이었습니다. 그러나 하나님의 찾아주심으로 우리는 그리스도 안에서 발견되었습니다. 우리를 찾아주신 하나님을 찬양합시다!

구원을 약속하시는 말씀으로 죄인들을 위로하신 하나님

하나님께서는 두려움에 떨면서 하나님에게서 도망한 인생들에게 찾아오시기만 하신 것이 아니라, 그들에게 가장 필요한 말씀, 곧 구원을 약속하시는 말씀을 주시어 그들을 위로하셨습니다.

비록 사람들은 떨며 하나님에게서 도망하였지만, 하나님께서는 그들에게 뱀의 머리를 깨뜨리고 사람을 복되게 할 그의 아들을 주리라고 하시면서 그 아들이 여인에게서 태어날 것(갈 4:4)이라고 약속하심으로 그들을 위로하셨습니다.

하나님에게는 택하신 자들을 구원하시려는 원대한 구원의 계획이 있었습니다. 하지만 인간은 그것을 알지 못하고 있었습니다. 그래서 하나님께서 그의 택하신 자들에게 찾아오셔서 그들에게 구원을 약속하시고 구원자를 주실 것을 약속하시는 말씀, 곧 복음 약속의 말씀을 들려주심으로써 그들의 마음을 위로하셨습니다. 그들로 하여금 산 소망을 갖게 하신 것입니다.

하나님에게는 그의 공의와 그의 자비를 모두 만족시키면서 죄인들을 구원하실 수 있는 구원의 방책, 구원의 계획이 있었습니다. 그리고 그것은 곧 그의 아들을 통해서 이루어질 것이었습니다. 하나님께서는 뱀을 저주하시는 말씀을 선언하실 때에, 그의 구원의 계획을 처음으로 드러내 보여주시면서 이러한 복음을 들려주셨습니다. "내가 너로 여자와 원수가 되게 하고 너의 후손도 여자의 후손과 원수가 되게 하리니 여자의 후손은 네 머리를 상하게 할 것이요 너는 그의 발꿈치를 상하게 할 것이니라 하시고"(창 3:15). 하나님께서는 뱀에게 심판과 저주의 말씀을 선언하시면서 동시에 아담에게 이렇게 말씀하고 계시는 것입니다. "내가 장차 여자의 후손을 보낼 것인데, 그가 오면 이 불구대천의 원수 사탄의 머리를 깨뜨릴 것이다. 그는 구원자이며, 그는 구원을 가져다줄 것이다. 그러니 이 약속을 믿고 위로를 받으라." 하나님은 이 위로의 말씀을 아담과 하와에게만 아니라, 비참 아래 있는 모든 인생들에게도 주셨습니다. 이것이 복음입니다.

창세기 3:15에서 시작된 이 위로의 말씀은 그리스도께서 때가 차서 이 땅에 오시기까지, 참으로 여러 부분과 여러 모양으로 주어져서 죄인들의 마음을 위로했습니다. 아브라함에게는 이런 말씀이 주어졌습니다. "내가 네게 큰 복을 주고 네 씨seed로 크게 성하여 하늘의 별과 같고 바닷가의 모래와 같게 하리니 네 씨가 그 대적의 문을 얻으리라 또 네 씨로 말미암아 천하 만민이 복을 얻으리니 이는 네가 나의 말을 준행하였음이니라 하셨다 하니라"(창 22:17-18; 창 12:1-3 참조). 모세에게는 이런 말씀으로 위로하셨습니다. "네 하나님 여호와께서 너의 중 네 형제 중에서 나와 같은 선지자 하나를 너를 위하여 일으키시리니 너희는 그를 들을지니라"(신 18:15). 다윗에게는 이런 말씀으로 위로하셨습니다. "내가 네 몸에서 날 자식을 네 뒤에 세워 그 나라를 견고케 하리라 저는 내 이름을 위하여 집을 건축할 것이요 나는 그 나라 위를 영원히 견고케 하리라"(삼하 7:12-13). 시편에도 그리스도의 오심에 관하여 이런 예언의 말씀이 있습니다. "내가 나의 왕을 내 거룩한 산 시온에 세웠다 하시리로다"(시 2:6). "여호와께서 내 주에게 말씀하시기를 내가 네 원수로 네 발등상 되게 하기까지 너는 내 우편에 앉으라 하셨도다. 여호와께서 시온에서부터 주의 권능의 홀을 내어보내시리니 주는 원수 중에서 다스리소서"(시 110:1-2; 눅 20:42-44; 막 12:35-37 참조).

이사야에게는 이런 말씀이 주어졌습니다. "그러므로 주께서 친히 징조로 너희에게 주실 것이라 보라 처녀가 잉태하여 아들을 낳을 것이요 그 이름을 임마누엘이라 하리라"(사 7:14). 이사야 선지자는 특별히 그리스도의 고난과 죽음에 대하여 많이 예언했습니다. 이사야 53장이 대표적입니다. "그가 찔림은 우리의 허물을 인함이요 그가 상함은 우리의 죄악을 인함이라. 그가 징계를 받음으로 우리가 평화를 누리고 그가 채찍에 맞음으로 우리가 나음을 입었도다... 그가 곤욕을 당하여 괴로울 때에도 그 입을 열지 아니하였음이여 마치 도수장으로 끌려가는 어린 양과 털 깎는 자 앞에 잠잠한 양같이 그 입을 열지 아니하였도다"(사 53:5,7). 예레미야에게는 이런 말씀으로 위로하셨습니다. "나 여호와가 말하노라 보라 때가 이르리니 내가 다윗에게 한 의로운 가지를 일으킬 것이라 그가 왕이 되어 지혜롭게 행사하며 세상에서 공평과 정의를 행할 것이며 그의 날에 유다는 구원을 얻겠고 이스라엘은 평안히 거할 것이며 그 이름은 여호와 우리의 의라 일컬음을 받으리라"(렘 23:5-6; 렘 33:15 참조). 에스겔에게는 이런 말씀으로 위로하셨습니다. "내가 한 목자를 그들의 위에 세워 먹이게 하리니 그는 내 종 다윗이라 그가 그들을 먹이고 그들의 목자가 될지라. 나 여호와는 그들의 하나님이 되고 내 종 다윗은 그들 중에 왕이 되리라 나 여호와의 말이니라"(겔 34:23-24).

다니엘에게는 이런 위로의 말씀이 주어졌습니다. "내가 또 밤 이상 중에 보았는데 인자 같은 이가 하늘 구름을 타고 와서 옛적부터 항상 계신 자에게 나아와 그 앞에 인도되매 그에게 권세와 영광과 나라를 주고 모든 백성과 나라들과 각 방언하는 자로 그를 섬기게 하였으니 그 권세는 영원한 권세라 옮기지 아니할 것이요 그 나라는 폐하지 아니할 것이니라"(단 7:13-14). 미가 선지자에게는 이런 위로의 말씀이 주어졌습니다. "베들레헴 에브라다야 너는 유다 족속 중에 작을지라도 이스라엘을 다스릴 자가 네게서 내게로 나올 것이라 그의 근본은 상고에, 태초에니라"(미 5:2). 스가랴 선지자에게는 이런 위로의 말씀이 주어졌습니다. "고하여 이르기를 만군의 여호와께서 말씀하시되 보라 순이라 이름하는 사람이 자기 곳에서 돋아나서 여호와의 전을 건축하리라 그가 여호와의 전을 건축하고 영광도 얻고 그 위에 앉아서 다스릴 것이요..."(슥 6:12-13).

그 외에도 하나님께서는 여러 부분과 여러 모양으로, 곧 구약의 여러 제도와 인물과 사건들을 통해서 메시아를 보내주실 것을 약속하심으로 우리를 위로하셨습니다(히 1:1). 성막과 성전, 제사와 제사장 제도, 유월절 어린양과 어린양의 피, 출애굽 사건 등도 장차 오실 그리스도와 그의 구원을 약속하시는 위로의 말씀들이었습니다. 놋뱀 사건(민 21장)도 그런 사건 가운데 하나였습니다(요 3:14). 이런 말씀들은 마치 우리 귀에 노래 소리와도 같이 달콤하게 들립니다. 그래서 예수님께서는 부활하신 후에 제자들에게 모세와 및 모든 선지자의 글로 시작하여 모든 성경에 쓴 바 자기에 관한 것을 자세히 설명하시면서 이렇게 말씀하셨습니다. "또 이르시되 내가 너희와 함께 있을 때에 너희에게 말한바 곧 모세의 율법과 선지자의 글과 시편에 나를 가리켜 기록된 모든 것이 이루어져야 하리라 한 말이 이것이라 하시고"(눅 24:44). 이 모든 말씀은 죄와 비참 아래 떨고 있는 죄인들, 구원과 구원자를 필요로 하는 자들에게 주어진 위로의 말씀이었습니다(행 3:24 참조).

약속하신 대로 그의 아들을 보내주신 하나님

하나님께서 약속하신 그 "여자의 후손"은 약속대로 여자에게서 태어나셨습니다. 신약성경은 아담과 아브라함과 모세와 다윗과 여러 선지자들에게 약속하셨던 바로 그 "여자의 후손"이 태어났다는 소식을 맨 처음부터 증거하고 있습니다(마 1-2장). 마태복음 1장은 아브라함으로부터 시작되는 언약의 계보를 기록한 후에, 약속된 그분께서 동정녀 마리아의 몸에서 태어나게 될 것을 예고하고 있습니다. 천사가 요셉에게 이르러서 그 아들에 관하여 증거하면서, 마리아가 성령으로 아이를 잉태하여 "아들을 낳으리니 이름을 예수라 하라 이는 그가 자기 백성을 저희 죄에서 구원할 자이심이라"(마 1:21)고 하셨습니다. 이 모든 일의 된 것은 "보라 처녀가 잉태하여 아들을 낳을 것이요 그 이름을 임마누엘이라 하리라"(사 7:14)고 예언했던 이사야의 예언을 성취하기 위함이었습니다(마 1:23).

사도 바울은 이것을 두고 "때가 차매 하나님이 그 아들을 보내사 여자에게서 나게 하시고 율법 아래 나게 하신 것은…"(갈 4:4)이라고 하셨습니다. "때가 차매"라고 하신 말씀에서 우리는 이것이 하나님의 커다란 구원의 계획 가운데 수행된 일임을 알게 됩니다. 하나님에게는 구원의 시간표와 구원의 계획이 있었습니다. 그 아들이 여자에게서 나신 것은 성부 하나님의 주권에 의해 창세 전에 작정된 일이요, 오래 전부터 약속된 일이요, 수천 년 동안 하나님의 백성들에 의해 고대되어온 사건입니다.

과연 그 아들은 "여자에게서" 나셨습니다. 그리스도께서 여인에게서 나셨다는 소식은 참으로 복음입니다. 이는 오래 전 우리의 시조 아담과 하와가 타락 후 처음으로 들었던 그 첫 복음에서 약속된 그대로였습니다. "내가 너로 여자와 원수가 되게 하고 너의 후손도 여자의 후손과 원수가 되게 하리니 여자의 후손은 네 머리를 상하게 할 것이요 너는 그의 발꿈치를 상하게 할 것이니라"(창 3:15)고 하신 말씀 그대로, 그리고 "보라 처녀가 잉태하여 아들을 낳으리니 그 이름을 임마누엘이라 하리라"(사 7:14)고 하신 말씀 그대로, 그리스도는 과연 성령의 권능으로 잉태되어 동정녀 마리아에게 나셨습니다. 하나님의 아들이신 그리스도께서는 성령의 사역으로 동정녀 마리아의 살과 피로부터 참된 인성을 취하심으로써 사람이 되셨으나 죄는 없으신 분입니다. 그리스도의 성육신과 동정녀 탄생은 우리의 신앙고백에 있어서 매우 핵심적인 조항 가운데 하나입니다(소요리문답 제22문, 하이델베르크 요리문답 제35문). 예수님께서 성령으로 잉태되어 여인에게서 나시지 않았다면, 우리는 그가 우리에게 약속된 "그 구원자"인 것을 확신할 수 없었을 것입니다. 그랬다면 우리는 우리의 구원을 확신할 수도 없었을 것입니다. 그러나 그리스도께서 성령으로 잉태되어 여인에게서 나심으로써, 우리는 복음 약속의 말씀들이 그리스도에게서 성취되고 있음을 확신할 수 있게 되었습니다. 우리는 하나님께서 그의 아들을 보내주신 것에서 우리의 구원을 찾고 위로를 얻습니다. 하나님께서는 죄와 비참 아래 있는 인생들이 스스로를 구원할 수 없음을 아시고 친히 나서 자기 팔로 스스로 구원을 베푸시며 여호와의 열심으로 죄인들을 구원하시는 일을 행하셨습니다(사 59:15-17).

하나님은 죄인들의 구원을 약속하신 자비하신 하나님입니다. 하나님은 죄인들을 찾으시는 하나님이십니다. 또한 하나님은 택하신 자들에게 찾아오셔서 복음의 약속의 말씀으로 위로하시는 하나님이십니다. 그리고 하나님은 약속하신 대로 그의 아들을 보내주셨습니다. 하나님께서는 자기 아들을 아끼지 아니하시고 우리 모든 사람을 위하여 내어주셨습니다(롬 8:32). 이는 우리를 향하신 하나님의 크신 사랑입니다. 하나님께서는 세상을 이처럼 사랑하셔서 독생자를 주셨습니다(요 3:16). 하나님이 우리를 사랑하셔서 우리에게 그의 아들을 보내주신 것이 복음입니다. 그러므로 우리는 이 복음을 거절할 하등의 이유가 없습니다. 타락한 죄인의 구원이 약속되었고, 약속대로 죄인의 구원자가 오시지 않았습니까? 죄인들에게 구원이 약속되었다는 이 복음보다 우리에게 위로가 되는 것은 없습니다. 그런데도 왜 이 위로를 마다하려 합니까? 이 위로를 우리의 위로로 삼고, 이 복음을 우리의 복음으로 삼고 살아갈 수 있는 우리 모두가 되기를 소원합니다.

자비하신 하나님 아버지, 하나님을 피하고 떨며 두려워하던 우리에게 찾아오셔서 아들에 관한 복음 약속의 말씀으로 우리를 위로하여 주시고 구원하여 주신 것을 감사드리옵나이다. 그리스도 안에서 발견된 우리들이오니, 이러한 구원을 주신 하나님께 감사하며 살아가게 하여 주시옵소서. 그러나 우리 가운데에는 아직 이 복음을 듣지 못한 자들이 많이 있으며 복음이 주는 달콤한 위로를 자신의 것으로 삼지 못한 이들도 많이 있사오니, 이들에게도 복음을 들려주시고, 이들이 복음을 들을 때에 아무도 이것을 마다하지 말게 하여 주시옵소서. 이 복음 사역에 우리와 우리 교회가 귀히 쓰임 받게 하여 주시옵소서. 예수님의 이름으로 기도하옵나이다. 아멘.

벨직 신앙고백 제18조

하나님의 아들의 성육신

그러므로 우리는 하나님께서 정하신 때에 그의 유일하고 영원하신 아들을 세상에 보내셨을 때에, 거룩한 선지자들의 입으로 일찍이 조상들과 맺으신 약속을 성취하셨음을 고백합니다. 그 아들은 복된 동정녀 마리아의 태에서 남자의 관여 없이 성령의 권능으로 잉태되시어, "종의 형체"를 취하시고 "사람의 모양"으로 나셨으며(빌 2:7), 실제로 사람의 모든 연약함을 가진 참된 인성을 취하셨지만, 죄는 없으셨습니다. 그리스도께서는 참 사람이 되시기 위해서 육체와 관련된 인성만 취하신 것이 아니라, 인간의 실제 영혼도 취하셨습니다. 사람은 육체와 함께 영혼도 잃었기에, 그리스도께서는 그 둘(몸과 영혼)을 구원하시기 위해 그 둘을 취하셔야 했습니다.

그러므로 우리는 그리스도가 그의 모친으로부터 인간의 몸을 취하신 것을 부인하는 재세례파의 이단 사설(이단적 가르침)에 반대하여, 그리스도께서 자녀들의 "혈과 육을 가지신"(히 2:14) 분으로서 육신으로는 다윗의 몸의 열매이시며(롬 1:3), 육신을 따라서는 다윗의 자손으로 나셨으며(행 2:30), 동정녀 마리아의 태의 열매이며(눅 1:42), 여자에게서 나셨고(갈 4:4), 다윗의 씨이며(딤후 2:8), 이새의 뿌리이며(롬 15:12), 유다 지파에서 나오셨고(히 7:14), 육체로 하면 유대인의 자손이요(롬 9:5), 아브라함의 씨로서 아브라함의 자손으로 나셨으며 모든 면에서 그의 형제들과 같이 되셨지만 죄는 없으신 분이심을 고백합니다(히 2:16,17, 히 4:15). 그러므로 그리스도께서는 참으로 우리의 임마누엘Immanuel, 곧 "우리와 함께 계시는 하나님"이십니다.

독생자를 보내주신 하나님

16 하나님이 세상을 이처럼 사랑하사 독생자를 주셨으니 이는 저를 믿는 자마다 멸망치 않고 영생을 얻게 하려 하심이니라

요한복음 3장 16절

복음의 큰 줄거리를 알아야 한다

성경의 복음은 큰 줄거리(스토리)를 가지고 있습니다. 복음의 줄거리는 크게 네 가지로 말할 수 있는데, 첫째는 하나님의 창조이고, 둘째는 인간의 타락이며, 셋째는 하나님의 구원이요, 넷째는 하나님의 심판(최후 심판)입니다. 이 복음의 큰 줄거리 이해해야 우리가 복음을 바로 이해할 수 있고 그리스도를 바로 믿을 수 있습니다. 우리가 복음을 전할 때에도 복음을 잘 설명하려면, 복음의 큰 줄거리를 설명할 수 있어야 합니다. 그래야 사람들이 복음의 논리를 바로 이해할 수 있고, 복음이 주는 위로를 달콤한 위로로 받을 수 있으며, 복음이 제시하는 그리스도를 굳게 믿을 수 있습니다.

복음의 첫 번째 줄거리는 하나님의 창조입니다. 하나님의 창조는 복음의 출입문입니다. 창조에 대해 알지 못하는 사람은 복음을 알지 못하는 사람입니다. 창조는 하나님이 계신 것과, 인간이 하나님의 피조물인 것을 우리에게

말해줍니다. 하나님의 창조를 알기 전까지 우리는 아무것도 모르는 사람들입니다. 벨직 신앙고백은 하나님의 창조와 섭리에 대해서 12-13조에서 다루었습니다.

복음의 두 번째 줄거리는 인간의 타락입니다. 벨직 신앙고백은 14조와 15조에서 이 주제를 다루고 있습니다. 하나님께서는 온 인류를 대표하고 있던 아담에게 선악을 알게 하는 나무의 열매는 먹지 말라고 명령하셨습니다. 이 명령을 어기고 그 실과를 먹는 날에는 반드시 죽을 것이라고 하셨습니다. 그러나 우리의 시조 아담은 그것을 먹고 말았습니다! 아담은 하나님의 명령을 어기고 범죄함으로 하나님과의 언약을 깨뜨렸으며, 아담의 범죄로 인해 온 인류는 아담과 함께 타락하여 하나님의 저주와 온갖 비참과 사망의 절망적인 상태에 빠지고 말았습니다. 인간의 이러한 죄와 비참의 상태를 모르고서는 결코 복음을 이해할 수 없습니다.

복음의 세 번째 줄거리는 죄인들을 구원하시는 하나님의 구원입니다. 하나님께서는 모든 사람을 비참 아래 내버려두신 것이 아니라 그의 주권적인 뜻을 따라, 순전히 은혜로 구원하실 자들을 택하여 주셨고(벨직 신앙고백 제16조), 택하신 자들에게 찾아오셔서 구원을 약속해주셨습니다(제17조). 하나님은 뱀을 저주하시면서, 여자의 후손을 보내어서 사탄의 모든 권세를 깨뜨리실 것에 대해 선포하셨습니다(창 3:15). 하나님은 한 구원자를 보내주실 것과 그를 통한 구원을 약속해 주신 것입니다. 하나님께서는 약속하신 대로 구원자이신 그리스도를 보내주셨고 그를 통해 구원의 일을 이루셨습니다.

복음의 네 번째 줄거리는 하나님의 심판입니다. 벨직 신앙고백은 맨 마지막 조항인 37조에서 이 주제를 다루고 있습니다. 하나님께서 정하신 심판의 날 곧 세상 끝날이 되면, 그리스도께서는 올라가셨던 모습 그대로 위대한 영광과 위엄을 가지고 가시적으로 하늘로부터 오셔서 모든 사람들을 그의 재판정에 소환하여 심판하실 것입니다. 그날에 하나님의 택하심을 받고 부르심을 받아 구원을 받은 자들은 사람이 눈으로 보지 못하고 귀로도 듣지 못하고 마음으로도 생각하지 못하던 영광스러운 복락과 영생을 누리며 영원토록 찬송하게 될 것이고, 복음을 농담으로 여기고 거절하여 그리스도를 영접하지 못한 자들은 하나님의 공의의 심판을 견디지 못하고 영원한 형벌과 사망의 처소인 지옥에서 슬피 울며 이를 갈게 될 것입니다. 이것이 하나님의 심판입니다.

복음을 바르게 이해하려면 복음의 이러한 큰 줄거리, 곧 창조와 타락과 구원과 최후 심판에 대해서 바르게 알아야 합니다. 이것을 알지 못하는 것은 복음을 알지 못하는 것입니다. 이 복음을 자신의 복음으로 받아들이지 않는 사람에게는 구원 받을 수 있는 길이 없습니다.

그리스도의 성육신은 하나님의 약속의 성취이다

우리는 복음의 이러한 큰 줄거리들 중에서도 특별히 구원에 관한 내용을 잘 알아야 합니다. 복음의 모든 내용이 중요하지만, 우리의 구원과 구원자에 대하여 바르고 깊이 있게 아는 것이 중요합니다. 벨직 신앙고백은 16조에서부터 하나님의 구원의 스토리를 다루고 있습니다. 16조는 하나님께서 구원하실 자들을 은혜로 택해주신 것에 관한 진술이고, 17조는 택하신 자들에게 구원자를 약속하신 것에 관한 진술이며, 18조는 하나님께서 약속대로 우리의 구원자, 곧 그리스도를 보내주신 것에 관한 진술입니다. 벨직 신앙고백 18조는 이렇게 시작됩니다. "그러므로 우리는 하나님께서 정하신 때에 그의 유일하고 영원하신 아들을 세상에 보내셨을 때에, 거룩한 선지자들의 입으로 일찍이 조상들과 맺으신 약속을 성취하셨음을 고백합니다."

하나님께서는 그가 정하신 때에 약속하신 대로 그의 아들을 보내주셨습니다. 구원자가 이 세상에 오신 것은 하나님의 약속의 성취였습니다. 구약 시대에는 아직 그리스도가 오지 않으셨습니다. 구약 시대는 약속의 시대였습니다. 하나님의 약속은 성취를 예고하고 있었고 하나님의 약속을 믿고 바라보았던 구약의 성도들은 약속의 성취를 기다리고 있었습니다.

하나님께서는 구약 시대 내내 여러 부분과 여러 모양으로 구원자, 곧 "여자의 후손"을 보내주실 것을 약속해주셨습니다. 하나님께서는 복음 약속의 말씀으로 택하신 자기 백성들을 위로하시기 위하여 시대마다 선지자들을 일으키셔서 그 선지자들의 입을 통해 위로의 복음이 증거되도록 하셨습니다. 구약 시대에는 약속된 구원자는 아직 오시지 않았지만 구약의 성도들에게도 여전히 복음이 주어졌기 때문에 그들은 선지자들이 전해준 복음 약속을 믿음으로써 그 복음이 제시하는 그리스도로 말미암아 구원을 얻을 수 있었습니다. 이런 점에서 구약의 성도들은 신약의 성도들과 똑같은 믿음으로 똑같은 구원을 받았습니다.

그러므로 선지자들이 전한 복음과 사도들이 전한 복음은 같은 복음이었습니다. 이것을 두고 베드로 사도는 이렇게 잘 증거하였습니다. "이 구원에 대하여는 너희에게 임할 은혜를 예언하던 선지자들이 연구하고 부지런히 살펴서 자기 속에 계신 그리스도의 영이 그 받으실 고난과 후에 얻으실 영광을 미리 증거하여 어느 시, 어떠한 때를 지시하시는지 상고하니라. 이 섬긴 바가 자기를 위한 것이 아니요 너희를 위한 것임이 계시로 알게 되었으니 이것은 하늘로부터 보내신 성령을 힘입어 복음을 전하는 자들로 이제 너희에게 고한 것이요 천사들도 살펴보기를 원하는 것이니라"(벧전 1:10-12). 구약의 선지자들은 복음 약속(위로의 말씀)을 먼저 받아서 기록하였고 또한 그 말씀을 자세히 연구하고 살폈습니다. 선지자들은 자신들이 전한 약속의 말씀이 어느 시, 어떠한 때에 성취될 것인지를 고대하며 상고하였습니다. 베드로 사도는 구약의 선지자들이 고대해왔던 때는 구약의 성도들의 때에 이루어질 일이 아니라 신약의 성도들의 때에 될 일이었다고 말합니다. 선지자들이 전한 복음과 사도들이 전한 복음은 같은 복음이었습니다. 선지자들이나 사도들은 모두 성령을 힘입어서 같은 복음을 전파하고 증거하였고, 그 복음은 천사들도 살펴보기를 원하는 고귀한 복음이었습니다.

하나님께서는 약속하신 대로 구원자를 보내주셨습니다. 하나님의 약속이 성취된 것입니다. 구약성경은 거듭거듭 그가 "사람 구원자"로 오실 것을 약속하였습니다. 그가 여자의 후손으로 오실 것과(창 3:15), 아브라함의 씨로 오실 것과(창 22:18), 모세와 같은 선지자로 오실 것과(신 18:15), 그는 하나님의 아들이신 것과(시 2:7,12), 처녀가 잉태하여 아들을 낳을 것이요 그 이름은 임마누엘이라 하실 것과(사 7:14), 베들레헴에서 태어나실 것과(미 5:2), 고난받는 종으로 오실 것과(사 53장), 다윗의 자손으로 오실 것과(렘 23:5, 33:15), 영원한 권세를 가지고 망하지 아니할 나라를 세우실 것이(단 7:13-14) 약속되었습니다.

그리스도는 예언되고 약속된 대로 베들레헴에서 나셨고(마 2:1), 동정녀에게서 나셨고(마 1:18-25), 베들레헴에서 나셨으며(마 2:1), 아브라함과 다윗의 자손으로 오셨습니다(마 1:1). 드디어 오랫동안 약속된 여자의 후손이 오신 것입니다. 하나님의 아들의 성육신은 성부 하나님께서 영원하신 독생자를 보내주신 사건입니다. "하나님이 세상을 이처럼 사랑하사 독생자를 주셨으니 이는 누구든지 저를 믿는 자마다 멸망치 않고 영생을 얻게 하려 하심이니라"(요 3:16). "하나님의 사랑이 우리에게 이렇게 나타난 바 되었으니 하나님이 자기의 독생자를 세상에 보내심은 저로 말미암아 우리를 살리려 하심이니라"(요일 4:9; 롬 8:32 참조).

참된 인성을 취하시어 사람으로 나신 그리스도

그리스도는 성령으로 동정녀 마리아에게 잉태되어 참된 인성을 취하셔서 사람으로 나셨으며 모든 면에서 우리와 같이 되셨지만 죄는 없으셨습니다.

그 아들은 복된 동정녀 마리아의 태에서 남자의 관여 없이 성령의 권능으로 잉태되시어, "종의 형체"를 취하시고 "사람의 모양"으로 나셨으며(빌 2:7), 실제로 사람의 모든 연약함을 가진 참된 인성을 취하셨지만, 죄는 없으셨습니다.

하나님의 아들의 성육신은 하나님께서 사람이 되신 것입니다. 성육신成肉身, incarnation이라는 말은 성자 하나님께서 우리의 인성人性, human nature을 입으셨다는 말입니다. 그리스도께서는 "우리를 위하여" 사람이 되신 분입니다. 그리스도는 자기 백성을 저희 죄에서 완전하게 구원하기 위하여 사람이 되셨습니다(마 1:21). 그래서 예수님께서는 실제 아기로 태어나셨습니다. 이 세상에 우리의 구주로 오실 때에, 예수님은 남자를 알지 못하는 동정녀 마리아에게서 성령님의 능력과 역사로 잉태되어 베들레헴 마구간에서 아기 예수로 태어나셨습니다(눅 1:35; 마 1:20 참조). 벨직 신앙고백 제18조는 구약의 모든 약속이 신약에서 어떻게 성취되었는지를 잘 간추려서 설명하고 있습니다.

그리스도께서 자녀들의 "혈과 육을 가지신"(히 2:14) 분으로서 육신으로는 다윗의 몸의 열매이시며(롬 1:3), 육신을 따라서는 다윗의 자손으로 나셨으며(행 2:30), 동정녀 마리아의 태의 열매이며(눅 1:42), 여자에게서 나셨고(갈 4:4), 다윗의 씨이며(딤후 2:8), 이새의 뿌리이며(롬 15:12), 유다 지파에서 나오셨고(히 7:14), 육체로 하면 유대인의 자손이요(롬 9:5), 아브라함의 씨로서 아브라함의 자손으로 나셨으며 모든 면에서 그의 형제들과 같이 되셨지만 죄는 없으신 분이심을 고백합니다(히 2:16,17, 히 4:15).

그리스도는 완전한 인성을 취하셨습니다. 그리스도께서는 우리의 속죄를 이루시고 우리의 중보자가 되시려고 육신을 입고 참 사람이 되셨습니다. "그분은 성령으로 잉태하사, 동정녀 마리아에게서 나셨다"라는 말은 예수님이 인성人性과 인성의 모든 연약함에 참여하셨다는 사실과 그분에게는 죄가 없으시다는 사실을 모두 강조합니다. 예수님은 인성의 모든 연약함에 참여하셨습니다. 인성을 입으신 예수 그리스도께서는 피곤함을 느꼈으며, 목말라하셨고, 우시고 신음하셨으며, 배고픔을 느끼셨습니다. 주님은 이 모든 것을 경험하셨습니다.

그리스도께서는 인간의 영혼도 취하셨습니다. 벨직 신앙고백 제18조는 이렇게 고백합니다.

그리스도께서는 참 사람이 되시기 위해서 육체와 관련된 인성만 취하신 것이 아니라, 인간의 실제 영혼도 취하셨습니다. 사람은 육체와 함께 영혼도 잃었기에, 그리스도께서는 그 둘(몸과 영혼)을 구원하시기 위해 그 둘을 취하셔야 했습니다.

예수님께서 십자가 상에서 "아버지여, 내 영혼을 아버지 손에 부탁하나이다."(눅 23:46)라고 부르짖으셨을 때, 예수님은 자신의 영혼을 부탁하신 것입니다. 이 기도를 하신 예수님께서는 "다 이루었다."고 말씀하신 후 머리를 숙이시고 영혼이 돌아가셨습니다(요 19:30). 그러므로 그리스도는 완전한 인성을 취하신 참 사람이십니다.

그리스도는 모든 면에서 우리와 같이 되셨으나(히 2:17) 죄는 없으셨습니다(히 4:15). "우리에게 있는 대제사장은… 모든 일에 우리와 한결같이 시험을 받은 자로되 죄는 없으시니라."(히 4:15)고 하셨습니다(벧전 2:22; 요일 3:5 참조). 이에 대하여 웨스트민스터 소요리문답 제22문은 "하나님의 아들이신 그리스도께서는 참 몸과 지각 있는 영혼을 취하사 성령의 권능으로 동정녀 마리아에게 잉태되어 탄생하심으로 사람이 되셨으나 죄는 없으십니다."라고 잘 요약하여 가르칩니다. 하나님의 아들의 성육신은 기독교의 근본적인 교리입니다. 그리스도의 성육신을 알지 못하는 사람은 그리스도를 알지 못하는 사람입니다. 그리스도의 성육신은 우리의 구원에 있어서 근본적이고 결정적인 사건이요 큰 기쁨의 좋은 소식입니다(눅 2:10).

독생자를 보내주신 하나님께 대한 우리의 합당한 반응

하나님께서는 참으로 많은 일을 행하셨고, 지금도 많은 일들을 행하고 계십니다. 그런데 하나님께서 하신 일들 가운데 가장 크고 놀라운 일은 "하나님께서 이 세상에, 죄인된 우리에게 그의 영원하신 독생자를 보내신 일"입니다. 하나님께서는 왜 독생자를 보내셨습니까? 하나님께서는 택하신 자들을 구원하시기 위하여 독생자를 보내주셨습니다. "하나님이 세상을 이처럼 사랑하사 독생자를 주셨으니 이는 저를 믿는 자마다 멸망치 않고 영생을 얻게 하려 하심이니라"(요 3:16). 죄인들로 하여금 멸망하지 않고 구원을 얻고 영생을 얻게 하시려고 독생자를 보내주신 일은 하나님께서 하신 일들 가운데 가장 크고 놀랍고 신비한 일입니다. 하나님께서 사람이 되시다니, 이것이 얼마나 놀랍고 신비한 일입니까? 죄 없으신 하나님의 아들께서 죄인들을 위하여 대신 고난 받으시고 대신 순종하심으로 구속을 성취하시다니, 이것이 얼마나 놀랍고 신비한 일입니까? 그렇다면 우리를 위하여 이 크고 놀라운 구원의 일을 행하여 주신 하나님께 우리는 어떻게 반응해야 하겠습니까?

첫째, 그리스도를 믿어야 합니다. 오래 전부터 약속되었던 우리의 구원자가 오셨으니, 그분을 나의 구원자로 믿고 영접하는 것이 마땅합니다. 약속대로 아들을 보내주셨으니 아들을 믿고 영접해야 합니다. 예수님이 어떤 분이신지, 그가 우리를 위하여 행하신 일들이 무엇인지를 바로 알고 바로 믿어 영생을 얻으십시오. 성부 하나님께서 우리를 위하여 행하신 가장 큰 일은 독생자를 우리에게 보내주신 것이고, 우리가 이 땅에서 할 수 있는 가장 큰 일은 보내주신 독생자를 바로 알고 믿고 영접하여 영생을 얻는 일입니다.

둘째, 독생자를 보내주신 하나님을 찬송하고 하나님께 감사해야 합니다. 하나님께서는 우리에게 구원자를 보내주시겠다는 약속을 그대로 지키신 신실하신 하나님이십니다. 그러므로 우리는 신실하신 하나님을 찬양하며 하나님께 감사해야 합니다. 하나님께서 우리에게 놀라운 약속을 해주신 것이나 약속대로 구원자를 보내주신 것은 모두 우리를 사랑하시는 하나님의 사랑 때문에 그렇게 하신 것입니다. 약속대로 독생자를 보내주시고 우리를 구원하여 주신 하나님의 그 사랑을 찬송하며 일평생 깊이 감사해야 합니다.

셋째, 우리는 이 복음을 아직도 알지 못하는 사람들에게 이 복음을 증거하여 사람들을 구원해야 합니다. 이것이 진정한 이웃 사랑입니다. 복음을 증거하는 일은 모든 신자들에게 주어진 책임입니다. 하나님께서는 복음을 전하는 자들을 심히 귀하게 보십니다. 하나님께서는 구원을 약속하는 복음의 말씀을 전파하기 위하여 산을 넘는 자들의 발이 아름답다고 하셨습니다(사 52:7). 신약 시대의 모든 성도들과 교회들도 복음을 들고 산을 넘는 아름다운 발을 가져야 합니다. 사도 바울은 "누구든지 주의 이름을 부르는 자는 구원을 얻으리라. 그런즉 저희가 믿지 아니하는 이를 어찌 부르리요. 듣지도 못한 이를 어찌 믿으리요. 전파하는 자가 없이 어찌 들으리요. 보내심을 받지 아니하였으면 어찌 전파하리요. 기록된 바 아름답도다 좋은 소식을 전하는 자들의 발이여 함과 같으니라."(롬 10:13-15)고 하였습니다. 바로 이것이 교회가 집중해서 해야 하는 일입니다. 교회는 단순히 사람들의 육적인 필요를 채워주는 일을 주 목적으로 삼는 곳이 아닙니다. 물론 교회는 우리의 도움을 필요로 하는 이들의 육적인 필요를 채워주고 그들을 돌아보는 일도 해야 합니다. 그러나 교회는 하나님께서 택하신 자들을 찾아다니면서 그들을 구원하는 일을 그 주된 목적으로 삼아야 합니다. 교회는 그들을 영원한 가난과 궁핍에서 건져내어 부요하게 하는 일을 더 우선하고 더 중시해야 합니다.

하나님께서 그의 영원하신 독생자를 우리에게 보내주시는 크고 놀라운 일을 행하여 주셨으니, 이 그리스도를 바로 알고 바로 믿고 그를 영접합시다. 약속에 신실하신 하나님을 찬송하고 우리에게 독생자를 보내주신 아버지의 사랑에 감사합시다. 또한 아직도 그리스도의 위로의 복음을 잘 알지 못하는 자들에게 이 복음을 부지런히 증거합시다. 이것이 독생자를 보내주신 하나님께 대한 합당한 반응입니다.

하나님 아버지, 감사합니다. 약속하신대로 우리의 구원자이신 그리스도를 보내주신 것을 감사합니다. 약속하신 그대로 우리에게 그리스도를 보내주셨으니, 이 복음을 듣는 모든 자들이 그리스도를 구원자로 영접하는 믿음의 자리로 나아가게 하여 주시옵소서. 하나님의 신실하심과 사랑을 찬송하게 하여 주시고, 우리의 발이 복음을 들고 산을 넘는 아름다운 발이 되게 하여 주시옵소서. 예수님의 이름으로 기도하옵나이다. 아멘.

벨직 신앙고백 제19조

그리스도의
한 위격 속의 두 본성

　　이러한 수태로 하나님의 아들의 위격이 인성과 분리될 수 없이 연합되고 결합하였기 때문에, 하나님의 아들이 둘이 있거나 두 위격이 있는 것이 아니라, 두 본성이 각각의 독특한 속성을 가진 상태로 단 하나의 위격 속에 연합되었다는 것을 우리는 믿습니다. 따라서 그리스도의 신성은 시작한 날도 없고 생명의 끝도 없이(히 7:3) 자존하신 그대로 항상 계셨으며, 하늘과 땅에 충만합니다. 그리스도의 인성은 그 자체의 고유한 속성을 잃지 않았으며, 피조물의 속성을 계속 가지며, 시작한 날을 가지며, 유한한 성질을 가지며, 참 육신에 따르는 모든 것을 가집니다. 비록 그리스도는 그의 부활로 인성에 불멸성을 주었음에도 불구하고, 우리의 구원과 부활이 그의 몸의 실재에 의존하기 때문에, 그의 인성의 실재를 바꾸지 않으셨습니다.

　　그러나 이 두 본성은 한 위격에 매우 밀접하게 연합되어 있어서 그의 죽음으로도 분리되지 않습니다. 그러므로 그가 죽으실 때, 그의 아버지의 손에 부탁한 것은 그의 육신에서 떠난 참된 인간의 영이었습니다. 동시에 그의 신성은 무덤에 누워 있을 때조차도 항상 그의 인성과 연합된 채로 있었으며,

그의 신성은-비록 그것(그리스도의 신성)이 얼마 동안 그렇게 분명하게 나타나지 않았을지라도-그가 유아였던 때 그 안에 있었던 것과 똑같이 그분 안에 항상 있었습니다. 이런 이유로 우리는 그리스도를 참 하나님과 참 사람으로 고백합니다. 그리스도는 그의 권능으로 죽음을 정복하시기 위해 참 하나님이시며, 육신의 연약함을 따라 우리를 위해 죽으시기 위해 참 사람이십니다.

참 하나님이요 참 사람이신 그리스도

6 그는 근본 하나님의 본체시나 하나님과 동등됨을 취할 것으로 여기지 아니하시고 7 오히려 자기를 비워 종의 형체를 가져 사람들과 같이 되었고 8 사람의 모양으로 나타나셨으매 자기를 낮추시고 죽기까지 복종하셨으니 곧 십자가에 죽으심이라 9 이러므로 하나님이 그를 지극히 높여 모든 이름 위에 뛰어난 이름을 주사 10 하늘에 있는 자들과 땅에 있는 자들과 땅 아래 있는 자들로 모든 무릎을 예수의 이름에 꿇게 하시고 11 모든 입으로 예수 그리스도를 주라 시인하여 하나님 아버지께 영광을 돌리게 하셨느니라

빌립보서 2장 6-11절

앞서 벨직 신앙고백 제17조에서는 구약의 성도들에게 구원자가 약속되었다는 것에 대해서 살펴보았고, 제18조에서는 약속에 신실하신 하나님께서 약속대로 우리에게 유일하고 영원하신 독생자를 보내주셔서 그리스도께서 이 땅에 사람으로 오신 성육신에 대해서 살펴보았습니다. 이제 벨직 신앙고백 제19조는 그리스도가 어떤 분이신지에 대해서 가르치고 있습니다. 그리스도인들은 우리가 믿는 예수님이 어떤 분이신지를 바로 알아야 합니다.

그래야 예수님을 바로 믿을 수 있습니다. 우리가 예수님에 대해서 바로 알기 위해서는 크게 두 가지를 알아야 합니다. 첫째는 예수님이 누구신지를 알아야 합니다. 이것을 가리켜서 보통 "예수님의 위격person"이라고 말합니다. 우리는 예수님이 어떤 분이신지, 예수님의 정체identity를 잘 알아야 합니다. 둘째는 예수님이 하신 일이 무엇인지를 알아야 합니다. 이것을 가리켜서는 "예수님의 사역works"이라고 말합니다. 우리가 예수님의 사역을 잘 알아야 하는 이유는, 예수님께서 하신 일은 모두 우리의 구원을 위한 일이었기 때문입니다. 예수님을 믿는다고 하는 것은 예수님의 이름만을 두고, 예수님에 대한 아무런 내용이나 알맹이도 없이 그냥 "나는 예수님을 믿는다."라고 말하는 것이 아닙니다. 우리가 예수님을 믿는다고 할 때에는 예수님의 위격과 사역에 대한 내용을 가지고 예수님을 믿는 것입니다. 그것이 예수님을 믿는 것이고 예수님의 이름을 믿는 것입니다. 그러므로 우리는 예수님이 어떤 분이시며 예수님이 우리를 위하여 어떤 일을 행하셨는지를 바로 알고 예수님을 믿어야 합니다.

벨직 신앙고백 제19조는 그리스도의 위격에 대한 조항입니다. 그리스도는 어떤 분이십니까? 만일 사람들이 우리에게 "그리스도는 누구시냐? 예수님은 어떤 분이신가?" 하고 묻는다면, 우리는 "그리스도는 참 하나님이시요 참 사람이신 분으로 우리의 구원자이십니다."라고 대답할 수 있습니다. 이것이 벨직 신앙고백 제19조의 핵심적인 내용입니다. 우리는 이것을 그리스도의 신인양성일위神人兩性一位 교리라고도 부릅니다. 신인양성일위란, 그리스도께서 한 위격(일위)에 신성과 인성의 두 본성(양성)을 모두 가지시는 분이라는 뜻입니다. 벨직 신앙고백 제19조의 내용은 크게 세 부분으로 나누어서 공부할 수 있습니다. 첫째는 그리스도의 신성과 인성의 결합에 관한 내용이고, 둘째는 그리스도의 신성과 인성의 고유한 속성에 관한 내용이고, 셋째는 그리스도의 신인양성일위의 상태의 지속성에 관한 내용입니다. 우리는 이 세 가지를 "연합성"과 "독특성"과 "지속성"이라는 단어로 편리하게 요약하여 기억할 수 있습니다.

그리스도의 신성과 인성은 한 위격 속에서 연합되고 결합되었다

첫째는 연합성입니다. 그리스도는 한 위격 안에 두 본성을 가지신 분으로, 신성과 인성이 그리스도의 위격 안에서 연합되어 한 분이 되십니다. 벨직 신앙고백 제19조는 이렇게 시작됩니다. "이러한 수태로 하나님의 아들의 위격이 인성과 분리될 수 없이 연합되고 결합하였기 때문에 … 두 본성이… 단 하나의 위격 속에 연합되었다는 것을 우리는 믿습니다." 그리스도의 신성과 인성은 분리될 수 없이 연합되고 결합되어 있습니다. 따라서 하나님의 아들이 둘이 있거나 두 위격이 있는 것이 아니라, 그리스도의 신성과 인성, 두 본성이 한 위격 안에 연합되어 있는 것입니다. 이것이 신인양성일위의 연합성입니다. 우리는 "위격person"이라는 단어를 삼위일체 교리를 배울 때에 이미 공부했습니다. 위격이란 "이성적인 인격성을 가진 완전한 실체"를 말합니다. 예수님이 "내가 너희에게 이르노니"라고 말씀하실 때, 예수님이 자신을 "나I"라고 부르셨습니다. 예수님은 자신을 가리켜 "내가"라고 하실 때에 그의 인성만을 가리키시는 것도 아니고 그의 신성만을 가리키시는 것도 아닙니다. 예수님의 신성과 인성은 한 위격 안에서 연합되었기에, 예수님은 한 분이십니다. 우리도 다 한 사람 한 사람 독립적인 인격성을 가집니다. 하지만 예수님의 위격은 우리의 인격과는 매우 다릅니다. 우리는 인성만을 가지고 있지만, 그리스도는 신성과 인성을 모두 가지십니다. 그리스도의 신성과 인성은 예수님 안에서 하나로 완전히 연합되고 결합되었습니다. 벨직 신앙고백은 이를 두고 "하나님의 아들의 위격이 인성과 분리될 수 없이 연합되고 결합하였다"고 하였습니다. 그리스도의 신성과 인성은 나누어지거나 분리됨이 없이, 또한 서로 혼합되거나 변질됨도 없이 연합되고 결합하였습니다. 이것을 우리는 위격적 연합hypostatic union이라고 부릅니다.

교회사에는 그리스도의 위격에 대해 비성경적이고 이단적인 주장을 했던 사람들이 많이 있었습니다. 5세기의 유티케스Eutyches라는 사람은 그리스도의 신성과 인성이 결합되어(보다 정확히 말하자면 그리스도의 인성이 신성에 흡수되어) 신성도 인성도 아닌 "제3의 본성"을 이루셨다는 비성경적인 주장을 했습니다. 그의 주장에 따르면 그리스도는 결국 사람도 아니고 하나님도 아닌 어떤 존재가 되는 것입니다. 5세기의 네스토리우스Nestorius는 그리스도의 신성과 인성이 완전히 구분되고 분리된다고 주장하였습니다. 그러나 이러한 주장들은 모두 비성경적인 주장입니다. 만일 신성과 인성이 완전히 구분되고 분리된다면 그리스도께서 십자가에서 죽임을 당하실 때, 그의 신성은 아무렇지도 않게 그 십자가에서 빠져나가셔서 고통과 형벌과 죽음을 겪지 않으시고 십자가에서 형벌 당하신 것은 그의 인성으로만 당하신 것이었다는 식의 주장이 나오게 됩니다. 하나님의 아들이 십자가에서 달리신 것입니다. 예수님께서 "내가 너희를 위하여 목숨을 버리노라"고 하셨을 때, 예수님께서 신성과 인성을 구분해서 말씀하신 것이 아닙니다. 그리스도는 신성과 인성이 한 위격 안에서 하나로 연합되고 결합되신 한 분이십니다. 벨직 신앙고백 19조는 그리스도의 양성은 혼합되거나 변하지 않으면서도, 그 둘은 결코 나누어지거나 분리되지 않는 방식으로 연합되었다는 칼케돈 공의회의 결정을 확인해주고 있습니다. 칼케돈 신경은 "그리스도의 두 본성은 혼합됨이 없이unconfusedly 변함이 없이unchangeably, 나누어짐이 없이indivisibly, 분리됨이 없이inseparably 존재합니다."라고 고백합니다.

그리스도의 신성과 인성은 각각의 고유한 속성(독특성)을 잃지 않는다

둘째는 독특성(또는 고유성)입니다. 그리스도는 신성도 가지시고 인성도 가지고 계시는데, 그 두 본성은 각각의 독특한 속성을 유지합니다. 그리스도 께서는 신성과 인성, 그 각각의 고유한 속성을 잃지 않으셨습니다. 그래서 그리스도는 참 하나님이면서 참 사람이신 우리의 구원자이십니다. 그리스도는 본래 하나님의 아들, 곧 제2위 하나님으로서 신성만을 가지고 계셨는데, 인성을 취하심으로써 완전한 인성을 함께 가지게 되셨습니다. 그러면서도 그리스도는 그의 성육신에서 그의 신성과 인성, 그 어느 것도 포기하지 않으셨습니다. "그는 근본 하나님의 본체시나 하나님과 동등됨을 취할 것으로 여기지 아니하시고, 오히려 자기를 비워 종의 형체를 가져 사람들과 같이 되었고 사람의 모양으로 나타나셨"(빌 2:6-8)다고 하셨습니다. 그리스도는 그의 성육신에서 종의 형체(인성)를 취하심으로써 자기를 비우셨습니다(ἑαυτὸν ἐκένωσεν μορφὴν δούλου λαβών). 자기를 비우셨다는 것은 그의 신성을 버리시고 인성만을 가지셔서 순전히 사람이기만 하셨다는 뜻이 아니라, 그리스도께서 도저히 취하실 수 없는 어떤 것을 취하심으로써 자기를 아무 것도 아닌 자처럼 낮추셨다는 뜻입니다. 창조주이신 하나님께서 피조물인 사람이 되심으로써 자기를 심히 낮추셨다는 말입니다. 그리스도는 그의 각 본성의 고유한 속성을 모두 충만하게 지니고 계십니다.

우선 그리스도는 참된 신성을 가지신 참 하나님이십니다. 그리스도는 하나님으로서의 고유한 속성을 그대로 가지고 계셨습니다. 벨직 신앙고백은 그리스도의 신성에 관하여 이렇게 고백합니다. "그리스도의 신성은 시작한 날도 없고 생명의 끝도 없이(히 7:3) 자존하신 그대로 항상 계셨으며, 하늘과 땅에 충만합니다." 그는 영원부터 자존하신 그대로 항상 계셨으며(요 1:1), 그는 창세 전부터 아버지의 품속에 있는 독생하신 하나님이십니다(요 1:18). 예수님께서 어떤 영광을 가지고 계셨는지는 예수님이 십자가에 달리시기 전에 하셨던 기도를 읽어보면 알 수 있습니다. "아버지여 창세 전에 내가 아버지와 함께 가졌던 영화로써 지금도 아버지와 함께 나를 영화롭게 하옵소서"(요 17:5). 그리스도께서는 그의 지상 생애에서 그의 신성의 능력을 충만하게 드러내셨습니다. 그리스도께서는 수많은 기적을 행하시는 중에 그의 신성의 능력을 밝히 드러내셨습니다. 예수님은 물을 포도주로 바꾸셨고(요 2:1-10), 오병이어로 오천 명을 배불리 먹이신 후에 남은 것이 열 두 광주리도 넘도록 하셨으며(요 6:1-14), 파도를 꾸짖어 잠잠하게 하셨고(마 8:23-27), 보지 못하는 자들의 눈을 열어 보게 하셨고(막 8:22-26), 듣지 못하는 자들의 귀를 열어 듣게 하셨으며(막 7:31-37), 죽은 나사로를 일으키셨으며(요 11:1-44), 귀신을 쫓아내셨습니다(마 8:28-34). 예수님은 사람들의 비밀한 생각도 꿰뚫어 아셨으며(마 9:4; 눅 6:8), 니고데모가 무화과나무 아래 있던 것도 아셨으며(요 1:48), 자기를 배반하여 팔 자가 누군지도 처음부터 아셨으며(요 6:64), 자기의 때가 가까이 온 것도 아셨습니다(요 13:1). 참으로 그리스도의 신성의 영광은 하늘과 땅에 충만하였고 지금도 충만합니다. 물론 그의 신성이 그렇게 분명하게 나타나지 않았던 때도 있었습니다. 벨직 신앙고백 제19조가 말한 대로, 그리스도의 유아 때에 그의 신성은 분명하게 나타나지 않았습니다. 하지만 그때에도 여전히 그의 신성은 그분 안에 항상 충만하게 있었습니다. 그러므로 예수님은 참 하나님이십니다. 사도 바울은 그리스도의 하나님 되심을 이렇게 선포했습니다. "조상들도 저희 것이요 육신으로 하면 그리스도가 저희에게서 나셨으니 저는 만물 위에 계셔 세세에 찬양을 받으실 하나님이시니라"(롬 9:5; 딛 2:13 참조).

또한 그리스도는 참된 인성을 가지신 참 사람이십니다. 그리스도는 인간으로서의 고유한 속성을 그대로 가지고 계셨습니다. 벨직 신앙고백은 이렇게 말합니다. "그리스도의 인성은 그 자체의 고유한 속성을 잃지 않았으며, 그 피조물의 속성을 계속 가지며, 시작한 날을 가지며, 유한한 성질을 가지며, 참 육신에 따르는 모든 것을 가집니다. 비록 그리스도는 그의 부활로 인성에 불멸성을 주었음에도 불구하고, 우리의 구원과 부활이 그의 몸의 실재에 의존하기 때문에, 그의 인성의 실재를 바꾸지 않으셨습니다."

그리스도의 인성은 시작한 날이 있고, 피조물의 속성을 가지며, 그것은 유한한 성질을 가지며, 참 육신에 따르는 모든 것(속성)을 가집니다. 예수님은 그의 육신으로는 다윗의 혈통에서 나시되(롬 1:3), 갓난아기로 태어나셨으며(눅 2:7), 그 키가 자라셨으며(눅 2:52), 배고픔(마 21:18)과 목마름(요 4:7)과 피곤함(막 4:38)을 느끼셨습니다. 예수님은 나사로의 무덤 앞에서 우셨으며(요 11:35), 십자가의 모든 고통을 느끼셨습니다.

예수님은 인간의 몸뿐만 아니라 이성적인 영혼을 가지셨습니다. 따라서 우리는 예수님이 인간의 육체만을 취하셨고, 영혼의 자리에 그의 신성을 채워 넣으셨다고 하는 아폴리나리우스의 이단적인 주장을 배격합니다. 우리는 이미 벨직 신앙고백 제18조에서 "그리스도께서는 참 사람이 되시기 위해서 육체와 관련된 인성만 취하신 것이 아니라, 인간의 실제 영혼도 취하셨"다는 사실을 살펴보았습니다. 예수님께서 십자가에서 "아버지여 내 영혼을 아버지 손에 부탁하나이다"(눅 23:46)라고 부르짖으셨을 때, 예수님은 자신의 영혼을 부탁하신 것입니다. 이 기도를 하신 예수님께서는 "다 이루었다"고 말씀하신 후 머리를 숙이시고 영혼이 돌아가셨습니다(요 19:30). 그리스도는 완전한 인성을 취하신 참 사람이시지만, 죄는 없으신 분입니다.

그러므로 벨직 신앙고백은 아타나시우스신경의 고백을 계승합니다. 아타나시우스 신경은 그리스도를 이렇게 소개합니다. "또 그분(그리스도)은 아버지의 실체에서 나오시고, 창세 전에 출생하셨으니 하나님이시고, 자기 모친의 실체에서 나오시고 세상에서 태어났으니 사람이십니다. 완전한 하나님 이시고, 이성적 영혼과 인간의 육이 공존하시니 완전한 사람이십니다."(아타나시우스신경, 31-32절).

그리스도의 위격적 연합은 계속되며 지속된다

셋째는 지속성입니다. 그리스도의 위격적 연합은 그의 성육신 이후 계속되며 지속됩니다. 그리스도의 두 본성, 즉 그의 인성과 신성은 절대로 서로 분리되거나 따로 나뉘지 않으며 그 연합은 지속됩니다. 그리스도의 신성과 인성의 위격적 연합은 그리스도의 죽음과 부활 이후에도 계속되며 지속됩니다. 그래서 벨직 신앙고백 제19조는 이렇게 가르칩니다. "그러나 이 두 본성은 한 위격에 매우 밀접하게 연합되어 있어서 그의 죽음으로도 분리되지 않습니다. 그러므로 그가 죽으실 때, 그의 아버지의 손에 부탁한 것은 그의 육신에서 떠난 참된 인간의 영이었습니다. 동시에 그의 신성은 무덤에 누워 있을 때조차도 항상 그의 인성과 연합된 채로 있었으며, 그의 신성은 -비록 그것(그리스도의 신성)이 얼마 동안 그렇게 분명하게 나타나지 않았을지라도- 그가 유아였던 때 그 안에 있었던 것과 똑같이 그분 안에 항상 있었습니다."

그리스도는 부활하실 때에도 여전히 몸을 가지고 부활하셨습니다. 물론 예수님의 부활체는 지금 우리의 몸과는 다른, 영화로운 몸입니다. 하지만 그리스도는 부활하실 때에도 그의 인성의 실재를 유지하셨으며, 그리스도의 부활의 몸은 지금 하늘에 계시며, 장차 영광 중에 이 땅에 재림하실 것입니다. 그러면서도 그리스도는 그의 신성과 위엄과 은혜와 성령으로는 여전히 우리와 함께 하십니다.

어떻게 지금 그리스도의 몸은 하늘에 계시며 그리스도의 신성은 우리와 함께 계실 수 있는지에 대해서 하이델베르크 요리문답은 이렇게 대답합니다. "신성은 아무 곳에도 갇히지 않고 어디나 계십니다. 그러므로 신성은 그가 취하신 인성을 초월함이 분명하며, 그러나 동시에 인성 안에 거하고 인격적으로 결합되어 있습니다"(48문의 답). 그리스도는 참 사람이시면서 또한 참 하나님이시기 때문에, 그는 하나님의 모든 신성神性의 속성을 가집니다.

예수 그리스도의 신성神性과 인성人性이 한 위격에 연합되어 존재하며 활동하는 신비를 우리는 완전히 이해할 수 없습니다. 우리는 인간의 몸과 영혼이 한 인격으로 연합되어 존재하며 활동하는 것도 다 이해하지 못합니다. 하지만 우리는 인간이 영육의 연합체인 것을 믿습니다. 마찬가지로 우리는 그리스도의 신성이 그의 인성과 연합되고 결합되어 있음을 믿으며, 또한 그의 신성이 그의 인성에 매여 있지 않고 초월하시는 것도 믿습니다.

그리스도의 위격적 연합이 우리에게 가져다주는 위로

그리스도께서 참 하나님이시요 참 사람이시라는 사실은 우리에게 복음입니다. 벨직 신앙고백 제19조는 "그는 그의 능력으로 죽음을 정복하시기 위해 참 하나님이시며"라고 고백합니다. 그리스도는 그의 권능으로 죽음을 정복하시기 위하여 참 하나님이셔야 했습니다. 그리스도는 그의 신성의 권능으로 하나님의 진노의 짐을 그의 인성에 짊어지시고도 침몰되지 않고, 오히려 의와 생명을 획득하여 우리에게 돌려주실 수 있으셨습니다(하이델베르크 요리문답 제17문답). 신성의 능력을 지니신 분이 아니라면, 하나님의 진노를 감당할 수 없습니다. 그러므로 우리는 우리의 중보자와 구원자이신 그리스도께서 참 하나님이신 것을 인해 참으로 안심하며 감사해야 합니다.

또한 벨직 신앙고백 19조는 "(그리스도는) 육신의 연약함을 따라 우리를 위해 죽으시기 위해 참 사람이십니다."라고 고백합니다. 그리스도께서 죄가 없으신 참 사람이셔야 했던 이유는, "하나님의 의는 죄 지은 인간이 죗값 치르기를 요구하나, 누구든지 죄인인 사람으로서는 다른 사람을 위해 값을 치를 수 없기 때문입니다"(하이델베르크 요리문답 제16문의 답). 다시 말하자면 그리스도는 하나님의 공의를 만족하게 하여 우리를 죄에서 구원하시기 위하여 참 사람이면서 의로우신 분이어야 했습니다. 그러므로 그리스도가 참된 인성을 가지신 참 사람으로 우리에게서 나셨다는 소식은 죄인된 인생들에게 복음이 아닐 수 없습니다. 우리는 우리의 중보자와 구원자이신 그리스도께서 참 사람이신 것을 인해 또한 안심하며 감사해야 합니다. "이런 이유로 우리는 그리스도를 참 하나님과 참 사람으로 고백합니다."

기독교의 핵심은 그리스도입니다. 기독교의 핵심은 그리스도가 누구신가 하는 질문에 어떻게 답하느냐에 달려있습니다. 그리스도가 참 하나님이시자 참 사람이시라는 사실에 우리의 구원이 달려 있습니다. 그리스도께서 하나님으로서 사람이 되신 것이 복음의 핵심입니다. 참 하나님으로서 인성을 취하여 참 사람이 되신 우리의 구원자 그리스도를 찬양합시다.

근본 하나님의 본체이시지만 하나님과 동등됨을 취할 것으로 여기지 아니하시고 오히려 자기를 비워 종의 형체를 가지시고 죽기까지 순종하심으로 우리가 받아야 할 모든 하나님의 진노와 저주를 대신 받으시고 죽임을 당하신 주님. 그의 신성의 능력으로 사망의 권세를 이기신 그리스도의 위격과 사역에 대하여 더 잘 알아가고 더욱 굳게 믿게 하여 주시옵소서. 그리스도를 우리의 유일한 구원자와 중보자로 더욱 굳게 붙들고 살아가게 하여 주시옵소서. 예수님의 이름으로 기도하옵나이다. 아멘.

벨직 신앙고백 제20조

그리스도 안에 나타난 하나님의 공의와 자비

우리는 완전히 자비롭고 의로우신 하나님께서 그의 아들을 보내사 불순종이 저질러졌던 그 본성(인성)을 취하게 하시어, 그로 하여금 그 동일한 본성으로 속상贖償(속죄, 배상)하게 하시고 가장 쓰라린 고통과 죽음으로써 죄의 형벌을 받도록 하신 것을 믿습니다. 그리하여 하나님께서는 우리의 죄악을 담당하신 그의 아들을 향하여서는 그의 공의를 나타내셨고, 죄를 범하여 저주 받아 마땅한 우리에게는 그의 선하심과 자비를 부어주셨으니, 곧 그의 망극하고 완전한 사랑으로 그의 아들을 우리에게 주시어 죽음에 내어주시고 또한 우리의 의롭다 하심을 위하여 그를 다시 살리시어 우리가 그분으로 말미암아 죽지 않고 영생을 얻게 하셨습니다.

공의와 자비의 하나님

> 8 우리가 아직 죄인 되었을 때에 그리스도께서 우리를 위하여 죽으심으로 하나님께서 우리에게 대한 자기의 사랑을 확증하셨느니라
>
> 로마서 5장 8절

하나님은 공의와 자비의 하나님이시다

벨직 신앙고백 제20조의 제목은 [그리스도 안에 나타난 하나님의 공의와 자비]입니다. 하나님의 공의와 자비는 하나님의 본질적이고도 중요한 두 속성입니다. 그렇기 때문에 하나님의 공의와 자비는 그리스도 안에서만 아니라 하나님의 하시는 모든 일에서 다 드러납니다.

하나님의 공의는 일반은총의 영역에서도 잘 나타납니다. 공의는 하나님의 본성적인 속성으로서, 하나님의 공의는 하나님의 하시는 모든 일에서 잘 드러납니다. 하나님은 모든 죄에 대하여 분노하시며 악인들을 공의로 심판하십니다. 하나님께서는 하나님을 거슬러 대적하고 하나님의 법에서 떠난 모든 죄와 죄인들에 대하여 분노하시며 저주와 사망과 영원한 지옥 형벌을 가하십니다. 단순히 지옥의 형벌로만 벌하시는 것이 아니라, 금생의 세상 역사 가운데에서도 하나님은 통상적으로 일반섭리를 통해 악인들이 심판을

받도록 하십니다. 물론 못된 짓을 하고도 교묘하게 법망을 피하거나 처벌을 받지 않는 사람들도 있고, 악한 폭군이나 독재자 같은 악한 정권들도 권세를 잡고 얼마 동안 흥왕하기도 하지만, 결국에는 양심과 법과 역사의 심판을 받습니다. 하나님은 선인들에게는 복을 주시고 사랑해 주시고 흥왕케 하시지만, 악인들에게는 분노하시고 저주하시고 풀과 같이 쇠하게 하십니다. 그러므로 하나님의 공의는 어떤 면에서 보면 참으로 좋은 것입니다. 사람들은 하나님의 공의를 두렵고 무서운 것으로만 생각하는 경향이 있는데, 사실은 반드시 그렇게만 생각할 필요는 없습니다. 참된 공의가 없는 이 세상을 살아가는 곤고한 하나님의 백성들에게 있어서 하나님의 공의는 오히려 반가운 소식이 됩니다. 하나님의 공의를 생각할 때에 하나님의 뜻을 따라 계속 해서 믿음을 지키고 선을 행하고자 하는 우리의 선한 의지가 격려를 받아 꺾이지 않을 수 있습니다. 하나님의 공의는 신자들의 선행을 격려하며 신자들의 소망을 북돋아줍니다.

하나님의 자비 역시 일반은총의 영역에서 많이 드러납니다. 하나님께서는 악인과 선인에게 해를 비춰게 하시고, 의로운 자와 불의한 자에게 동일하게 비를 내려주십니다(마 5:45). 하나님을 믿지 않는 사람들에게도 먹을 것과 마실 것과 입을 것을 주십니다. 하나님은 사람에게만 자비를 베푸시는 것이 아니라, 땅의 짐승들과 공중의 새들과 그 새끼들도 먹이시고 길러주시며, 들풀에게도 양분을 공급하시고 아름다운 꽃을 피우게 하십니다(마 6:26-30). 하나님은 자비와 긍휼이 참으로 풍성하신 분입니다. 하나님은 참으로 자애로운 분입니다. 세상의 역사를 살펴보아도 하나님이 얼마나 자비하신 분이신지를 알 수 있습니다. 인간이 넘치는 악을 짓고 살아도 하나님은 이 세상을 진멸하지 않으시고 자비를 베풀어주십니다. 또한 이스라엘의 역사를 살펴보아도 하나님의 자비가 잘 드러납니다. 하나님께서 아브라함과 이삭과 야곱을 택하시고, 이스라엘 백성들을 선민으로 삼으셔서 애굽에서 구출하여 주신 것을 보면 하나님의 자비가 얼마나 큰가 하는 것을 볼 수 있습니다. 이처럼 하나님은 공의와 자비의 하나님이십니다.

그리스도 안에 나타난 하나님의 공의와 자비

벨직 신앙고백 제20조는 하나님의 공의와 자비가 "그리스도 안에서" 가장 잘 나타나고 드러난다고 말씀합니다. 벨직 신앙고백 제20조가 그리스도에 관해서 이야기하던 중에 갑자기 하나님의 공의와 자비에 대하여 언급하는 이유는 무엇입니까? 왜냐하면 하나님의 공의와 자비는 우리가 그리스도의 복음을 이해하는 데 있어서 매우 중요한 내용이 되기 때문입니다. 하나님의 공의와 자비를 이해하지 못하면 우리는 복음의 논리를 이해할 수 없습니다. 그리스도께서 왜 이 땅에 오셔야 했고, 그리스도께서 왜 죽으시고 부활하셔야 했는지, 우리가 왜 예수님을 믿어야만 구원을 받을 수 있는지, 그 복음의 논리를 이해하기 위해서는 하나님의 공의와 자비에 대해서 잘 알아야 합니다. 특별히 그리스도 안에 나타난 하나님의 공의와 자비를 잘 알아야 합니다. 하나님의 공의와 자비가 가장 극명하게 드러나는 곳은 그리스도 안이기 때문입니다.

벨직 신앙고백 제20조는 먼저 하나님의 공의를 말합니다. 하나님의 공의는 모든 죄와 죄인들에게 죗값을 치를 것, 곧 저주와 형벌을 요구합니다. 죄에 대하여 죗값을 요구하시는 것, 그것이 하나님의 공의입니다. 우리는 하나님의 저주와 지옥 형벌을 받아 마땅한 자들이었습니다(20조). 하지만 자비하신 하나님께서 그 저주를 우리에게 부으신 것이 아니라 하나님의 아들이신 그리스도에게 담당시키시고 그를 죽음에 내어주셨습니다. 이것이 하나님의 자비입니다. 그래서 벨직 신앙고백 제20조는 하나님의 공의를 말한 뒤에 곧 바로 하나님의 자비를 말하고 있습니다.

하나님의 공의는 죄인이 죗값을 치를 것을 요구하고, 하나님의 자비는 죄인들의 죄를 용서하고 구원할 것을 요구합니다. 하나님의 공의도 만족되고 하나님의 자비도 만족되어야 하겠는데, 이것이 어떻게 가능하겠습니까? 하나님의 공의와 자비는 어디에서 모두 만족될 수 있겠습니까? 하나님의 공의와 하나님의 자비는 하나님의 아들 예수 그리스도의 십자가에서 완전한 만족을 봅니다. 하나님께서는 그리스도의 십자가에서 하나님의 공의도 만족되게 하시고, 하나님의 자비도 만족되게 하셨습니다. 그러므로 우리는 그리스도 안에 나타난 하나님의 공의와 자비에 대하여 잘 알아야 합니다. 하나님의 공의와 하나님의 자비 사이의 관계를 잘 이해할 때에, 우리는 복음의 논리를 잘 이해할 수 있게 됩니다. 그래서 벨직 신앙고백 제20조는 복음의 핵심적인 내용인 그리스도의 사역을 소개하기 전에 먼저 하나님의 공의와 자비에 대해서 다루고 있는 것입니다.

하나님의 공의는 인간이 하나님 앞에서 죄인이라고 선언합니다. 하나님의 공의는 죄 지은 인간에게 죗값을 요구하십니다. 그리고 하나님의 의는 만족되어야 하기에, "우리는 우리 스스로든 아니면 다른 이에 의해서든 죗값을 완전히 치러야" 했습니다(하이델베르크 요리문답 제12문답). 그런데 문제는, 우리 스스로는 하나님의 의를 만족시킬 수 없으며, 그 어떤 사람이나 피조물도 우리 대신 하나님의 영원한 진노의 짐을 감당할 수 없다는 데 있습니다(하이델베르크 요리문답 제13-14문답). 그리하여 하나님께서는 인간의 무능과 비참을 아시고, 죄 없으신 그의 영원하신 독생자, 하나님의 품속에 독생하신 하나님이신 그리스도를 우리에게 보내시기로 작정하시고, 그분께서 친히 우리를 대신하여 하나님의 공의의 요구를 만족하게 하시기 위하여 우리의 모든 죄짐을 그에게 담당시키시고, 그를 죽음에 내어주신 것입니다.

하나님께서 그의 독생자를 죽음에 내어주셨다는 사실은 하나님의 준엄한 공의의 표현입니다. 하나님의 아들이 인간의 죄를 대신 담당하게 되었다고 해서 죄에 대한 하나님의 공의의 요구를 유야무야시킬 수는 없었습니다. 그리스도께서는 하나님의 아들이시라도 죄인들을 대신하여 하나님의 진노의 형벌과 저주의 죽음을 당하셔야 했습니다. 하나님은 그의 아들의 죽음에서 자신의 공의를 온 세상에 나타내시고 선포하신 동시에, 우리를 위하여 그리스도를 죽음에 내어주신 바로 거기에서 망극하신 하나님의 자비와 사랑을 또한 확증하고 확정하여 주셨습니다(롬 5:8). 하나님께서는 독생자를 죽음에 내어주심으로써 그가 우리를 얼마나 사랑하시는지를 보여주신 것입니다. 그리하여 가장 잘 어울리지 않을 것처럼 보이는 하나님의 이 두 속성인 하나님의 공의와 하나님의 자비가 바로 그리스도 안에서 만나서 입 맞추게 되었습니다. 그리스도의 십자가에서 하나님의 공의도 만족되고 하나님의 자비도 만족되었습니다. 그리스도의 십자가에서 하나님의 공의도 확증되었고 하나님의 자비도 확증되었습니다. 참으로 기이하고 신비하고 놀라운 일이 일어난 것입니다. 그러므로 그리스도 안에 나타난 하나님의 공의와 자비를 이해하지 못하고서는 복음의 논리를 이해할 수 없는 것입니다.

하나님의 공의와 자비가 그리스도 안에서 만족되었다

하나님의 공의와 자비는 그리스도 안에서 만족되었습니다. 도르트신경의 둘째 교리는 그리스도의 속죄 사역을 다루면서 제일 먼저 하나님의 자비와 공의를 이야기하는 것으로 시작합니다.

제1조 하나님의 공의가 요구하는 형벌. 하나님은 가장 자비로우실 뿐 아니라 가장 공의로우십니다. (하나님이 말씀에서 자신을 계시하신 대로의)

하나님의 공의는 우리가 하나님의 무한하신 위엄을 거슬러 범한 죄가 영혼과 몸 둘 다에서 현세의 형벌로만 아니라 내세의 형벌로도 처벌되기를 요구합니다. 하나님의 공의가 만족되지 않는 한, 이 형벌을 우리는 결코 피할 수 없습니다.

하나님의 무한하신 위엄을 거슬러 범죄한 우리는 금생에서의 형벌뿐 아니라 내세에서의 영원한 형벌을 피할 수 없었던 자들이었습니다. 하나님께서는 "선악을 알게 하는 나무의 실과는 먹지 말라 네가 먹는 날에는 정녕 죽으리라"(창 2:17)고 하셨고, "죄의 삯은 사망"(롬 6:23)이라고 하셨으니, 모든 인생은 우리의 몸과 영혼의 최고의 형벌, 곧 영원한 사망과 지옥 형벌을 받아야 했습니다. 하나님은 공의의 하나님이기 때문입니다.

그러나 하나님은 공의의 하나님만이 아니라 또한 자비의 하나님이십니다. 도르트신경 둘째 교리의 제2조는 하나님의 자비에 대해서 이렇게 말씀합니다.

제2조 독생자께서 하나님의 의를 만족시키심. 우리 스스로는 이것(공의의 요구)을 만족시킬 수 없고 하나님의 진노에서 스스로를 구할 수 없습니다. 그래서 하나님은 무한한 자비로 자기 독생자를 우리의 보증으로 주셔서, 십자가에서 우리를 위해, 그리고 우리를 대신해 죄와 저주가 되게 하심으로 자신의 공의를 만족시키시기를 기뻐하셨습니다.

우리는 우리의 죗값을 지불함에 있어서 전적으로 무능하기에, 하나님의 공의를 만족시킬 수 없습니다. 그래서 하나님께서는 그의 무한한 자비로써 그의 독생자를 우리의 중보자와 구속자로 보내셨고, 그리스도께서는 우리를 위하여 그리고 우리를 대신하여 십자가에서 우리의 죄를 담당하시고 저주를 받으심으로써 우리 대신 하나님의 공의를 만족시키셨습니다(고후 5:21; 갈 3:13). 그것이 그리스도의 구속^{atonement}, 또는 그리스도의 속상贖償, satisfaction입니다. 하나님께서 우리를 이처럼 사랑하셔서 독생자를 주셨고, 그리스도께서는 우리를 위해 그리고 우리를 대신하여 하나님의 공의를 만족시키셨다는 이 소식이 바로 복음입니다. 성부 하나님께서는 인간이 스스로 하나님의 공의를 만족시킬 수 없고 하나님의 진노에서 스스로를 구할 수 없음을 잘 아시고, 그의 무한한 자비로 그의 독생자를 우리에게 내어주셔서 그로 하여금 우리가 치러야 했던 죗값을 대신 치르게 하심으로써 자신의 공의를 만족시키시기를 기뻐하셨습니다. "나의 의로운 종이 자기 지식으로 많은 사람을 의롭게 하며 또 그들의 죄악을 친히 담당하리라"(사 53:11). 그리하여 예수님은 자신을 많은 사람의 대속물로 내어주셨습니다. "인자가 온 것은 섬김을 받으려 함이 아니라 도리어 섬기려 하고 자기 목숨을 많은 사람의 대속물로 주려 함이니라"(마 20:28).

그리스도께서는 왜 이렇게 엄청난 희생을 하셔야만 했습니까? 그것은 하나님의 위대한 사랑으로만 설명될 수 있습니다. "우리가 아직 죄인되었을 때에 그리스도께서 우리를 위하여 죽으심으로 하나님께서 우리에게 대한 자기의 사랑을 확증하셨느니라"(롬 5:8). 그리스도를 바라볼 때 우리는 하나님의 자비의 극치를 보게 됩니다.

하나님의 공의와 자비를 날마다 경험하라

우리는 그리스도 안에 나타난 하나님의 공의와 사랑을 날마다 인식하고 묵상하고 경험해야 합니다. 그리스도 안에 나타난 하나님의 자비와 공의는 단순히 옛적에 그리스도 안에서 잠깐 계시되었다가 사라진 어떤 것이 아닙니다. 우리는 하나님의 자비와 공의를 말로만 듣고 마는 것이 아닙니다. 모든 그리스도인들은 날마다 그리스도 안에서 하나님의 공의와 자비를 실제적으로 경험하고 느낄 수 있습니다.

우리의 죄와 비참이 실제적인 것처럼, 하나님의 공의는 매우 실제적인 것입니다. 우리는 그리스도의 십자가를 생각할 때에 하나님께서 공의의 하나님이신 것을 늘 기억해야 합니다. 하나님은 모든 죄에 대하여 쉬지 않고 분노하시고 죗값 치를 것을 요구하십니다. 하나님의 공의의 심판을 피할 수 있는 죄인은 아무도 없습니다. 하나님은 무한히 의로우신 분이십니다. 이 세상에는 참된 공의가 없고 의로운 자도 없습니다. 하나님께서는 죄에 대하여 반드시 형벌하시는 분이십니다. 그러므로 모든 인생들은 그리스도 안에 나타난 하나님의 공의를 두려워해야 합니다. 동시에 하나님의 공의는 우리에게 큰 위로이기도 합니다. 우리가 살고 있는 사회도 공의를 필요로 합니다. 공의가 무너지면, 이 세상은 곧 무질서와 대혼란에 빠지고 말 것입니다. 한 나라의 정의가 무너지면, 백성들은 분노하고 절망하게 되지 않겠습니까? 모든 사람은 공의를 필요로 하고, 모든 사회는 공의에 근거하지 않으면 올바로 설 수 없습니다. 하지만 이 세상에는 완전한 공의가 없습니다. 사람들은 참된 공의가 없는 세상에서 살고 있습니다. 그래서 사람들은 "과연 정의와 공의는 어디에 있는가? 정의란 무엇인가?" 하고 끊임없이 물으며 탄식합니다. 참된 공의는 어디에 있습니까?

모든 정의와 공의는 하나님의 것입니다. 그리스도인들은 이 세상에 사는 동안 여러 악을 만날 때에도 하나님의 공의를 생각하며 큰 힘을 얻습니다. 하나님의 공의가 없다면 신자들의 선한 의지는 많이 꺾였을 것입니다. 많은 사람들은 하나님의 공의를 우습게 여깁니다. 말라기 시대의 사람들처럼, 사람들은 "공의의 하나님이 어디 계시냐?"고 묻습니다(말 2:17). 하지만 우리는 하나님의 공의를 두려워해야 할 뿐만 아니라, 하나님의 공의를 신뢰하고 하나님의 공의를 인하여 깊이 감사해야 합니다.

또한 우리는 그리스도를 바라볼 때에 하나님의 자비를 생각하며 날마다 감사해야 합니다. 우리는 하나님의 자비 때문에 살고 있습니다. 하나님의 자비와 사랑은 크고 위대합니다. 하나님의 자비는 우리가 아직 죄인 되었을 때에 하나님께서 자기 아들을 내어주신 사랑입니다. "하나님의 사랑이 우리에게 이렇게 나타난바 되었으니 하나님이 자기의 독생자를 세상에 보내심은 저로 말미암아 우리를 살리려 하심이니라"(요일 4:9). 하나님의 자비는 단순히 우리를 마음으로만 사랑하고 마는 것이 아닙니다. 말로만 하는 사랑도 아닙니다. 내가 힘들고 어려울 때 내 곁에서 내 손을 잡아주는 정도의 사랑도 아닙니다. 나의 짐의 일부분만을 대신 짊어지는 정도의 사랑도 아닙니다. 하나님의 자비는 우리의 모든 죄와 비참을 대신 짊어지고 담당하신 사랑이고, 우리가 받아야 하는 모든 형벌을 대신 받으신 사랑이고, 독생자를 내어주신 사랑이고, 자기 자신을 대속물로 내어주신 사랑입니다.

그러므로 그리스도인들은 그리스도의 십자가를 생각할 때에 그 누구보다 하나님의 공의의 엄중함과 자비의 풍성함을 인식하고 경험해야 합니다. 무엇보다 먼저 우리를 위하여 아들을 죽음에 내어주신 하나님의 공의를 인식하고 묵상하며 경험할 수 있어야 합니다. 또한 우리를 위하여 아들을 내어주신 하나님의 자비를 날마다 새롭게 느끼며 경험해야 합니다. 우리 대신 우리의 죄짐을 담당하신 그리스도와 우리를 용서하신 하나님의 자비를 생각하면서 하나님께 "아바 아버지"라고 부르면서 나아갈 수 있는 담력과 큰 확신을 가질 수 있어야 합니다. 하나님의 공의와 자비는 지금도 날마다 그리스도 안에서 확증되고 확인되고 있습니다.

그러므로 그리스도를 바라봅시다. 그리스도의 십자가를 생각합시다. 그리스도 안에 나타난 하나님의 공의와 자비를 바라봅시다. 그리스도는 하나님의 공의와 자비를 가장 현저하게 드러내시는 분이십니다. 하나님의 공의와 자비는 결코 상충되거나 모순되지 않으며, 그리스도 안에서 오히려 아름답게 조화를 이룹니다. 하나님은 공의를 행하며 동시에 구원을 베푸는 분이십니다. 이사야 선지자는 이렇게 말했습니다. "너희는 고하며 진술하고 또 피차 상의하여 보라 이 일을 이전부터 보인 자가 누구냐 예로부터 고한 자가 누구냐 나 여호와가 아니냐 나 외에 다른 신이 없나니 나는 공의를 행하며 구원을 베푸는 하나님이라 나 외에 다른 이가 없느니라"(사 45:21). 하나님 앞에 나아갈 때마다 자신이 죄인으로서 의로우시고 거룩하신 하나님 앞에 서게 되었다는 사실을 생각하며 두려움과 떨림을 가집시다. 그리스도를 바라보면서 날 위하여 죽임을 당하신 그리스도의 자비로 인해 감사합시다.

하나님 아버지, 하나님께서 자비의 하나님이시며 공의의 하나님이신 것을 인하여 감사를 드립니다. 하나님의 영원한 진노와 저주와 지옥 형벌을 피할 수 없었던 우리였지만, 하나님께서는 또한 자비하셔서 하나님의 독생자 우리 주 예수 그리스도를 보내주시고 우리를 위하여 아들을 죽음에 내어주셔서 하나님의 공의를 만족시키시고, 우리는 하나님의 망극하신 사랑을 따라 그리스도를 믿는 믿음으로 구원을 받게 해주신 것을 감사합니다. 모든 인생들이 하나님의 공의와 자비가 입 맞추는 그리스도의 십자가로 나아와 죄 짐을 벗고, 그리스도 안에서 참된 안식과 위로를 얻게 하여 주시옵소서. 예수님의 이름으로 기도하옵나이다. 아멘.

벨직 신앙고백 제21조

그리스도의 속죄

우리는 예수 그리스도가 멜기세덱의 반차를 따라 맹세로 확증되신 영원한 대제사장이신 것을 믿으며(히 7:1,17,21), 또한 그는 선지자들이 미리 예언한 바와 같이 우리 죄를 깨끗이 씻기 위하여 친히 십자가 나무에 달려 자신을 드리고 그의 보배로운 피를 쏟으심으로 그의 완전한 속상(속죄, 배상)으로 성부의 진노를 진정시키기 위하여 우리를 대신하여 자신을 성부 앞에 드리신 것을 믿습니다(벧전 2:24). 성경에 기록된 대로, 하나님의 아들에게 임한 징계를 인하여 우리는 평화를 누리게 되었으며, 그가 채찍에 맞음으로 우리는 나음을 입었습니다(사 53:5). 그는 마치 도수장으로 끌려가는 어린양과 같았으며(사 53:7), 그는 범죄자 중 하나로 헤아림을 받으셨으니(사 53:12), 비록 본디오 빌라도는 처음에 그를 무죄로 선언하였지만, 결국 빌라도에 의해 범죄자로 정죄를 받았습니다. 그는 취하지 아니한 것도 물어주게 되었습니다(시 69:4). 그는 의인으로서 불의한 자를 대신하여 죽으셨으며(벧전 3:18), 우리의 죄악을 인하여 몸과 영혼에 끔찍한 형벌을 받아 고통을 겪으셨고, 그의 땀은 땅에 떨어지는 핏방울같이 되었습니다(눅 22:44). 그는 "나의 하나님, 나의 하나님, 어찌하여 나를 버리셨나이까?"(마 27:46)라고 부르짖었습니다. 그는 이 모든 것을 우리의 죄 사함을 위하여 참으셨습니다.

그러므로 우리는 사도 바울과 함께 "그리스도와 그의 십자가에 못 박히신 것 외에는 아무 것도 알지 아니하기로 작정하였음이라"(고전 2:2)고 말하는 것이 마땅합니다. 우리는 우리 주 그리스도 예수를 아는 지식이 가장 고상함을 인하여 모든 것을 해로 여깁니다(빌 3:8). 우리는 그의 상처에서 모든 위로를 발견하기에, "거룩하게 된 자들을 영원히 온전하게"(히 10:14) 하신 (그리스도의) 이 유일한 단번의 제사 외에 하나님과 화목하게 할 다른 어떤 방법을 찾거나 고안할 필요가 없습니다. 바로 이것이 하나님의 천사가 그를 "예수" 곧 구주Saviour라고 부른 이유이니 이는 "그가 자기 백성을 저희 죄에서 구원할 자"이기(마 1:21) 때문입니다.

그리스도의 속죄

> 11 그리스도께서 장래 좋은 일의 대제사장으로 오사 손으로 짓지 아니한 곧 이 창조에 속하지 아니한 더 크고 온전한 장막으로 말미암아 12 염소와 송아지의 피로 아니하고 오직 자기 피로 영원한 속죄를 이루사 단번에 성소에 들어가셨느니라
>
> 히브리서 9장 11-12절

벨직 신앙고백 제21조는 참 하나님이요 참 사람이신 예수 그리스도께서 우리를 구원하시려고 우리 가운데 오셔서 행하신 일, 곧 그리스도의 사역에 관해서 다루고 있습니다. 그리스도께서 우리를 위하여 행하신 일을 단 한마디로 요약하자면 그것은 "속죄 atonement" 또는 "대속"입니다. 그리스도의 속죄 사역은 여러 말로 표현될 수 있고 설명될 수 있습니다. "속상 satisfaction", 또는 "구속 redemption", 또는 "화목 reconciliation" 등은 속죄 사역을 설명하는 표현들입니다. 존 머레이 John Murray는 속죄를 "공의의 충족"이라는 말로 정의하였습니다.[39] 하나님의 공의를 만족하게 하셨다는 뜻입니다. 그리스도의

---

39) 존 머레이, 「구속」, 장호준 옮김 (서울: 복있는사람, 2011), 116.

속죄 사역은 한 마디로 "하나님의 공의의 충족"입니다. 하나님의 공의는 우리의 죄를 미워하고 심판합니다. 하지만 하나님은 또한 자비하셔서 그리스도를 보내주셨고, 그리스도께서는 속죄 사역으로 하나님의 공의를 만족하게 하셨습니다.

그리스도의 속죄 사역은 단번에 이루어지고 완료된 그리스도의 사역입니다. 물론 그리스도의 모든 사역이 다 끝난 것은 아닙니다. 그리스도께서는 지금도 선지자와 제사장과 왕으로서 우리를 위하여 하나님 보좌 우편에서 일하고 계시며, 장차 세상을 심판하기 위하여 다시 오실 것입니다. 하지만 그리스도의 속죄 사역 자체는 완성되고 완료되었습니다. 벨직 신앙고백 제21조는 그리스도의 속죄 사역에 대하여 크게 3가지를 가르칩니다. 첫째, 그리스도께서는 어떻게 우리의 죄를 속죄하셔서 하나님의 공의를 만족시키셨는가 하는 것을 가르칩니다. 둘째, 그리스도의 죽음이 우리를 위한 대속의 죽음이었다는 것을 우리는 어떻게 확신할 수 있는지를 가르칩니다. 셋째, 우리는 그리스도와 그의 속죄 사역에 대해 어떤 태도를 가져야 하는가를 가르칩니다.

그리스도께서는 속죄의 사역을 어떻게 이루셨는가?

그렇다면 첫째로, 그리스도께서는 어떻게 우리의 죄를 속죄하시고 하나님의 공의를 만족시키셨습니까? 벨직 신앙고백 제21조는 이를 크게 두 가지로 설명합니다. 1) 그리스도께서는 우리의 대제사장이 되심으로 하나님의 공의를 충족시키셨습니다. 그리고 2) 그리스도께서는 우리를 위하여 친히 속죄제물이 되셔서 자신을 드림으로 성부의 진노를 진정시키고 하나님의 공의를 충족시키셨습니다. 그리스도께서는 우리의 대제사장이 되심과 동시에 속죄 제물이 되어 자신을 드리심으로 속죄 사역을 이루셨습니다.

먼저 벨직 신앙고백은 그리스도께서 멜기세덱의 반차를 따른 영원한 대제사장이라고 하였습니다. 멜기세덱은 그리스도의 모형으로 구약에 등장하는 인물입니다(창 14장, 시 110편). 멜기세덱은 신비에 싸인 인물입니다. 멜기세덱에 관하여는 성경의 기록이 매우 적어서 멜기세덱의 정체에 대해서 규명하려고 해도 알 수가 없습니다. 그래서 히브리서 기자도 "멜기세덱에 관하여는 우리가 할 말이 많으나 너희의 듣는 것이 둔하므로 해석하기 어려우니라"(히 5:11)고 하였습니다. 멜기세덱은 욥과 같이 우리가 잘 알지 못하지만 경건한 신앙을 받아가진 인물로, 살렘의 왕이자 동시에 하나님의 제사장의 사역을 행했던 인물로 여겨집니다.

히브리서 7장은 멜기세덱에 대하여 증거하기를, 그는 지극히 높으신 하나님의 제사장이요, 또한 의의 왕이요 살렘 왕 곧 평화의 왕인데, 부모에 대해서나 족보에 대해서 알려진 바가 없고, 시작한 날이나 죽은 날에 대해서 알려진 바가 없어서, 그런 점에서 하나님의 아들과 방불하여 항상 제사장으로 있는 자라고 하였습니다(히 7:1-3). 예수님도 평강의 왕이시요(사 9:6), 그리스도도 공의의 왕이십니다(계 19:11). 그래서 멜기세덱은 여러 면에서 하나님의 아들이신 그리스도의 모형이 된다는 것입니다. 다윗은 시편 110:4에서 장차 오실 메시아에 대해 예언하면서, "여호와는 맹세하고 변치 아니하시리라 이르시기를 너는 멜기세덱의 반차를 좇아 영원한 제사장이라 하셨도다."라고 하였습니다. 그리스도는 멜기세덱의 반차를 따라 맹세로 확증되신 영원한 대제사장이신 것을 우리는 믿습니다.

그리스도는 아론의 반차를 따른 제사장들보다도 위대하고 멜기세덱보다도 위대하신 대제사장, 곧 "큰 대제사장"이십니다(히 4:14). 그리스도는 사람에 불과한 제사장이 아니라, 참 하나님이요 참 사람이신 대제사장이십니다. 사람 제사장들은 자기 죄를 위해서도 제사해야 했던 죄인 제사장들이었지만, 그리스도는 죄가 없으신 완전히 거룩하신 제사장이십니다. 구약의 제사장들은 옛 언약의 제사장들이었지만, 그리스도는 새 언약의 제사장, 곧 더 나은 언약의 중보자 제사장이십니다(히 9:15; 히 8:6 참고). 그들은 짐승과 짐승의 피로 제사를 드렸지만, 그리스도는 자신의 피로 제사를 드렸습니다(히 9:12). 그들의 제사는 반복되어야 했지만, 그리스도의 제사는 단번에 드린 영원한 속죄를 이루는 제사였습니다(히 9:26). 그들은 아론의 반차를 따르는 자들이었으나 그리스도는 멜기세덱의 반차를 따르는 제사장이십니다(히 6:20, 7:1). 또한 그리스도는 멜기세덱처럼 제사장이면서 동시에 왕이신 분이었습니다.

구약의 모든 제사장들은 장차 오실 영원한 대제사장이신 그리스도를 가리키는 모형이었고, 그리스도는 그 원형이셨습니다. 히브리서는 이것을 잘 요약하고 있습니다. "그리스도께서 장래 좋은 일의 대제사장으로 오사 손으로 짓지 아니한 곧 이 창조에 속하지 아니한 더 크고 온전한 장막으로 말미암아 염소와 송아지의 피로 아니하고 오직 자기 피로 영원한 속죄를 이루사 단번에 성소에 들어가셨느니라"(히 9:11-12). 제사장이 하는 가장 중요한 일은 제사를 드리는 일입니다. 그리스도께서도 대제사장으로서 제사를 드리셨는데, 그는 그 제사를 단번에 드렸고, 그 제사는 영원한 제사였습니다. "예수 그리스도의 몸을 단번에 드리심으로 말미암아 우리가 거룩함을 얻었노라."(히 10:10)고 하였습니다. 그는 그의 제사에서 자기 자신을 속죄 제물, 화목 제물로 드리셨습니다. 그래서 자기 피로 영원한 속죄를 이루셨다고 하였습니다.

그리스도께서는 친히 제물이 되시어 자기 자신을 드리심으로써 하나님의 공의를 충족시키셨습니다. 예수님께서는 "인자의 온 것은 섬김을 받으려 함이 아니라 도리어 섬기려 하고 자기 목숨을 많은 사람의 대속물로 주려 함이니라"(막 10:45)고 하셨습니다. "그리스도께서... 우리를 위하여 자신을 버리사 향기로운 제물과 희생 제물로(생축으로) 하나님께 드리셨느니라"(엡 5:2)고 하셨습니다. "날마다 제사 드리는 것같이 할 필요가 없으니 이는 저가 단번에 자기를 드려 이루셨음이니라"(히 7:27; 히 9:12; 10:10; 롬 6:10; 벧전 3:18 참조). 이것을 가리켜서 "그리스도의 피로" 우리를 구원하셨다고 말하기도 하고, 그리스도의 죽으심으로 우리를 구원하셨다고 말하기도 합니다. 이것이 그리스도께서 속죄를 이루신 방식입니다.

그리스도의 죽음은 우리를 위한 대속의 죽음이었다

둘째, 그렇다면 우리는 그리스도의 죽음이 우리를 위한 대속의 죽음이었다는 사실을 어떻게 믿고 확신할 수 있습니까? 그리스도께서 우리의 구원자라는 사실을 어떻게 확신할 수 있습니까? 하나님께서 이것을 확인해 주셨기 때문에 우리는 그것을 믿고 확신할 수 있습니다. 구약성경은 여러 곳에서 장차 오실 그분이 어떤 분이실 것을 예언하였습니다. 그래서 벨직 신앙고백 제21조는 여러 성경을 인용하여, 예수 그리스도께서 바로 약속된 그분이시고, 그리스도의 죽음이 바로 약속된 대속의 죽음이었음을 입증하고 있습니다.

이것과 관련하여 벨직 신앙고백이 제일 먼저 인용하는 구절은 이사야 53:5입니다. "그가 찔림은 우리의 허물을 인함이요 그가 상함은 우리의 죄악을 인함이라 그가 징계를 받음으로 우리가 평화를 누리고 그가 채찍에 맞음으로 우리가 나음을 입었도다"(사 53:5). 구약성경에서 이미 그렇게 예언하였다는 것을 지금 말하고 있는 것입니다. 여호와의 종, 우리의 구원자가 오셔서 우리를 구속하시기 위하여 우리를 대신하여 찔리고, 우리의 죄를 인하여 상하고, 우리의 평화를 위하여 그가 징계를 받고, 우리를 낫게 하시기 위하여 그가 채찍에 맞을 것이 이미 예고되어 있었습니다. 그는 우리 대신 찔림을 당하시고 채찍을 맞으심으로 우리에게 평화를 가져다주시고 우리를 낫게 해주신 아름다운 구주이십니다.

또한 이사야 53:7을 인용합니다. 그는 마치 도수장으로 끌려가는 어린양과 같았습니다. 그는 도수장으로 끌려가는 양과 같이 끌려가셨으며, 털 깎는 자 앞의 양과 같이 잠잠하여 그 입을 열지 않았습니다(사 53:7). 그는 곤욕과 심문을 당하실 때에도, 어떤 불평이나 원망도 하지 않으시고 잠잠하셨습니다(사 53:8). 예수님께서는 구약성경의 예언처럼 바로 그렇게 끌려가서 재판을 받으시고, 잠잠히 십자가를 지셨습니다.

또한 이사야 53:12을 인용합니다. 그는 범죄자 중의 하나로 헤아림을 받으셨습니다(사 53:12). 예언하신 그대로 예수님께서는 본디오 빌라도에 의해 범죄자로 정죄를 받았습니다. 빌라도는 처음에는 예수님을 무죄로 선언하였습니다. 하지만 결국 이사야서의 말씀처럼 범죄자 중 하나로 헤아림을 받으셨습니다. 이러한 말씀들이 의미하는 것은 무엇입니까? 그리스도의 고난과 죽음은 실패도 아니고 돌발적인 사고도 아니고, 하나님께서 처음부터 작정하셨고 오래 전부터 예고하신 구원의 큰일이었음을 의미합니다.

또한 시편 69:4을 인용합니다. 다윗은 장차 그리스도가 오셔서 당하실 고난을 시로 예언하면서 이렇게 말했습니다. "무고히 나를 미워하는 자가 내 머리털보다 많고 무리히 내 원수가 되어 나를 끊으려 하는 자가 강하였으니 내가 취하지 아니한 것도 물어주게 되었나이다"(시 69:4). 예수님은 아무 것도 빼앗거나 취하지 않으셨지만, 취하지 아니한 것도 물어주게 되었습니다. 그리스도의 고난과 죽음을 보면 그것을 잘 알 수 있습니다. 그리스도는 자신이 훔치거나 빼앗지 않은 것을 물어주고 배상하셨습니다. 그가 배상할 하등의 책임이 없는 것을 그가 물어내고 배상하셨다는 말입니다. 베드로전서 3:18도 그것을 말씀합니다. "그리스도께서도 한 번 죄를 위하여 죽으사 의인으로서 불의한 자를 대신하셨으니 이는 우리를 하나님 앞으로 인도하려 하심이라"(벧전 3:18). 그는 우리의 죄악을 인하여 몸과 영혼에 끔찍한 형벌을 받아 고통을 겪으셨습니다. 그가 겟세마네 동산에서 큰 고통 중에 기도하시면서 땀을 핏방울처럼 쏟으셨습니다(눅 22:44). 또한 그는 십자가에 달려 죽으실 때에 이렇게 부르짖으셨습니다. "나의 하나님, 나의 하나님, 어찌하여 나를 버리셨나이까?"(마 27:46). 성부로부터 친히 저주와 버림을 당하시면서 그가 당하신 고통, 그것은 인간이 결코 다 알 수 없는 하나님의 고통입니다. 그리스도께서는 이 모든 것을 우리의 죄 사함을 위하여 참으셨습니다(히 12:2). 이처럼 신구약의 모든 성경이 그리스도께서 속죄의 사역을 이루신 것을 증거하며 확증하고 있습니다.

우리는 그리스도의 상처에서 모든 위로를 발견한다

셋째, 그렇다면 우리는 그리스도와 그의 속죄 사역에 대하여 어떤 태도를 가져야 하겠습니까? 이에 대해 벨직 신앙고백 제21조는 신약성경의 세 구절을 인용합니다.

1) 우리는 그리스도와 그의 십자가의 못 박히신 것 외에는 아무 것도 알지 않기로 작정해야 합니다. 이는 고린도전서 2:2의 인용입니다. "내가 너희 중에서 예수 그리스도와 그의 십자가에 못 박히신 것 외에는 아무것도 알지 아니하기로 작정하음이라"(고전 2:2). 우리도 사도 바울처럼 그리스도와 그의 십자가에 못 박히신 것을 가장 귀히 여겨서 이것 외에는 아무 것도 알지 아니하기로 작정해야 합니다. 그리스도를 아는 것이 가장 중요한 지식입니다.

2) 우리는 우리 주 그리스도 예수를 아는 지식을 가장 고상하게 여겨야 합니다. 이는 빌립보서 3:7-8의 인용입니다. "그러나 무엇이든지 내게 유익하던 것을 내가 그리스도를 위하여 다 해로 여길 뿐더러 또한 모든 것을 해

로 여김은 내 주 그리스도 예수를 아는 지식이 가장 고상함을 인함이라. 내가 그를 위하여 모든 것을 잃어버리고 배설물로 여김은 그리스도를 얻고"(빌 3:7-8). 주 예수 그리스도를 아는 지식이 가장 고상합니다. 우리는 이런 말씀들의 의미를 잘 알아야 합니다. 예수님을 믿어 천국을 가지게 되었으니 무조건 다 무가치하고, 다 의미 없고, 다 헛되고, 이 세상의 모든 것들을 다 버리고 살아야 한다는 것이 아닙니다. 그리스도를 알고 나니, 그리스도의 속죄 사역을 생각하니, 이전에 우리가 자랑거리로 삼았던 것들은 이제 아무것도 아니라는 말입니다. 그리스도를 얻고 복음을 드러내는 일을 위해서라면, 그것들을 잃어버린다 해도 전혀 아까운 것으로 여기지 않는다는 것입니다(빌 3:7-8). 그리스도에 비교할 때 나머지는 아무것도 아닙니다.

3) 우리는 그리스도의 상처에서 우리의 모든 위로를 발견해야 합니다. 왜냐하면 "저가 한 제물로 거룩하게 된(또는 거룩하게 되는) 자들을 영원히 온전케 하셨"기 때문입니다(히 10:14). 우리는 그리스도의 상하심에서 우리의 치료와 나음, 곧 죄 사함과 영원한 생명을 발견합니다. 그러므로 우리는 이 유일한 단번의 제사와 제물 되신 그리스도만을 의지하여야 하며, 그 외에 하나님과 화목하게 될 다른 방법을 찾거나 고안할 필요가 없습니다.

그러므로 우리의 마음은 그리스도와 그의 십자가의 제사를 향해야 합니다. 말씀과 성례도 우리의 믿음을 우리의 구원의 유일한 근거가 되는 것, 곧 예수 그리스도의 십자가의 제사로 향하게 합니다(하이델베르크 요리문답 제66문답 참조). 하이델베르크 요리문답 제67문답은 이렇습니다. "67문. 그러면 말씀과 성례 이 둘은 우리의 믿음을 우리의 구원의 유일한 근거가 되는 것, 곧 예수 그리스도의 십자가의 제사로 향하도록 하기 위한 것입니까? 답. 참으로 그렇습니다. 우리의 모든 구원이 그리스도가 우리를 위해 십자가 위에서 이루신 단번의 제사에 있다는 것을 성령께서는 복음으로 가르치고 성례로 확증하십니다."

그러므로 우리는 그리스도만을 자랑해야 합니다. 여러분에게는 자랑할 것이 많이 있습니까? 우리의 건강, 재물, 가문, 지식, 권력, 이런 것들을 자랑하겠습니까? 우리의 이전 모든 자랑거리들은 그리스도와 그의 십자가의 제사에 비하면 아무것도 아닙니다. 우리는 이전에 신뢰하고 자랑하던 것들에 대한 신뢰와 자랑을 거둬들여야 합니다. 바울은 이전 것들을 그리스도를 위하여 다 해로 여기고 배설물과 같이 여긴다고 했습니다. 바울은 그리스도를 만나기 전에 육체를 따라서 자랑하고 신뢰할 만한 것을 많이 가지고 있었습니다(빌 3:4). 그는 팔일 만에 할례를 받았습니다. 그는 선민 이스라엘 백성이었으며, 유대인으로서의 혈통적 순수성과 정통성을 가지고 있는 베냐민 지파였습니다. 그는 율법으로는 바리새인이었습니다. 그는 당대 최고의 율법학자 가말리엘의 문하에서 배운, 정통 율법학자였습니다. 그는 교회를 핍박할 정도로 종교적인 열심을 가지고 있었습니다. 그는 율법의 의로는 흠이 없는 자였습니다. 게다가 그는 나면서부터 로마 시민이었습니다. 바울은 이 모든 것들을 자신의 자랑과 신뢰로 삼고 얼마든지 살아갈 수 있었습니다. "그러나"(빌 3:7) 바울은 이전의 모든 자랑과 신뢰를 버렸습니다. 왜냐하면 바울은 자신이 그리스도 안에서 발견한 것들이 이전의 그 모든 것들과는 비교할 수 없이 크고 영광스럽고 고귀한 것임을 깨달았기 때문입니다.

그러므로 그분은 예수 곧 자기 백성을 저희 죄에서 구원하실 우리의 구주이십니다. 우리가 이런 구주를 만났으니, 그리스도만을 바라보십시오. 그리스도의 피 밖에 없습니다. 그리스도만 자랑하십시오. 그리스도와 그의 속죄의 은혜만을 의지하십시오. 우리의 속죄는 그리스도께서 단번에 드리신 영원한 제사에만 있습니다. 우리는 그의 상처에서 모든 위로를 발견해야 합니다. 그리스도를 아는 지식이 가장 고상합니다. 우리에게 그리스도를 아는 이 고상한 지식이 없다면, 우리는 거지입니다. 그리스도 없이 살면서도 부유하다 생각하며 안심하고 있습니까? 그런 것들은 그리스도와 비교하면 아무것도 아닙니다. 그리스도가 없다면 아무것도 가지지 않은 것입니다. 그리스도의 속죄 사역은 값비싼 그리스도의 피로 이루어진 것이지만, 그 속죄의 은혜는 우리에게 값없이 거저 주어지는 것이니, 그리스도께 나아오십시오. 그리스도를 위하여 모든 것을 오히려 해로 여기고, 그리스도를 아는 지식을 가장 고상한 것으로 여기며, 그의 상처에서만 우리의 위로를 발견하는 복된 우리 모두가 되기를 소원합니다.

　그리스도께서 채찍에 맞으심으로 우리가 나음을 입었고 그가 징계를 받음으로 우리가 평화를 누리게 되었다고 말씀하신 주님. 취하지 아니하신 것을 물어내시면서, 의인으로서 우리를 위하여 우리를 대신하여 죗값을 치르시고 속죄 사역을 이루신 주님. 우리가 그리스도의 상처에서만 우리의 위로를 발견하기에 그리스도와 그의 십자가에 못박히신 것만을 알고 자랑하기를 소원합니다. 그리스도에 비하면 나머지 모든 것들은 아무것도 아니요 배설물과 같을 뿐임을 알게 하여 주시고, 그리스도만을 바라보며, 그리스도의 피만을 의지하며 살아가는 우리가 되게 하여 주시옵소서. 우리 구주 예수 그리스도의 이름으로 기도하옵나이다. 아멘.

벨직 신앙고백 제22조

그리스도를 믿음으로 말미암는 우리의 칭의

우리는 이 큰 비밀에 대한 참 지식을 얻도록 성령님께서 우리 마음속에 참된 믿음을 일으키심을 믿습니다. 이 믿음은 예수 그리스도를 그의 모든 공로와 함께 받아들이고, 그를 자신의 것으로 삼으며, 그분 외에 어떤 것도 구하지 않습니다. 왜냐하면 우리의 구원에 필요한 모든 것은 예수 그리스도 안에 있지 않든지, 아니면 예수 그리스도 안에 모두 있어서 믿음으로 그를 소유한 사람이 완전한 구원을 소유하게 되든지 어느 하나가 필연적으로 따라오기 때문입니다. 그러므로 그리스도는 충분하지 않으며 그분 외에 또 다른 어떤 것이 필요하다고 주장하는 것이 극악한 신성모독이 되는 것은, 그러한 주장이 그리스도가 절반의 구주에 불과하다는 결론에 이르기 때문입니다.

그러므로 우리는 바울과 함께, 우리가 의롭다 하심을 얻는 것은 율법의 행위에 있지 않고 오직 믿음으로만 된다고 말하는 것이 당연합니다(롬 3:28). 그러나 좀 더 정확히 말하자면 우리는 믿음 그 자체가 우리를 의롭게 한다고 말하는 것은 아닙니다. 왜냐하면 믿음이란 오직 우리가 그리스도를 우리의 의로 받아들일 수 있는 방편(수단)means일 뿐이기 때문입니다. 그러므로 예수 그리스도는 우리의 의義이십니다. 그분은 우리를 위하여 그리고 우리를 대신하여 그가 이루신 모든 거룩한 사역들과 그의 모든 공로를 우리에게 입혀 주십니다. 그러나 믿음은 방편(수단)입니다. 믿음은 우리가 그리스도와 교제하며 그의 모든 은덕을 우리의 것으로 받아들일 수 있게 합니다. 그리스도의 은덕들이 우리의 것이 될 때, 그것은 우리의 죄 문제를 해결하기에 충분합니다.

오직 믿음으로 말미암는 우리의 칭의

> 21 이제는 율법 외에 하나님의 한 의가 나타났으니 율법과 선지자들에게 증거를 받은 것이라 22 곧 예수 그리스도를 믿음으로 말미암아 모든 믿는 자에게 미치는 하나님의 의니 차별이 없느니라
>
> 로마서 3장 21-22절

벨직 신앙고백은 앞선 16조부터 21조에서 아담과 함께 범죄하고 타락하여 전적으로 부패한 죄인이 구원을 받을 수 있었던 기초와 근거에 대해서 가르쳤습니다. 죄인의 구원은 하나님의 영원불변하신 작정과 호의에 근거한 선택에서부터 출발합니다(제16조). 하나님께서는 순전히 은혜로 택하신 자들을 구원하실 것을 선언하시고 약속하시면서, 그 구원의 일을 위해 아들을 보내 주시겠다는 복음 약속을 주셨으며(제17조), 마침내 약속대로 성부 하나님께서는 독생자를 보내셨고 하나님의 아들이신 그리스도께서는 육신이 되어 우리 가운데 거하셨습니다(제18조). 벨직 신앙고백은 성육신하신 그리스도께서 어떤 분이신지에 대해서 계속 가르치고 있습니다. 성육신하신 그리스도께서 어떤 분이신지를 아는 것은 우리의 구원에 있어서 결정적인 것입니다. 이어지는 19조에서는 그리스도께서는 하나의 위격 속에 두 본성을 가

지고 계시는, 참 하나님이요 참 사람이신 우리의 구주이신 것을 가르쳤습니다(제19조). 성부 하나님께서 그의 독생자를 우리에게 실제로 보내셔서 그에게 우리의 죄악을 담당시키셨다는 사실에서 우리는 하나님의 공의와 함께 우리에게 쏟아 부어주신 그의 선하심과 자비하심을 보게 됩니다(제20조). 그리스도께서 오셔서 행하신 일은 "속죄atonement" 또는 "구속redemption"이라는 한마디 말로 요약될 수 있습니다. 그는 의인으로서 불의한 자를 대신하여 죽으신 십자가의 제사로써 우리의 영원한 대제사장이 되어 주셨습니다(제21조).

벨직 신앙고백 22조부터 26조까지는 그리스도께서 성취하신 구속이 어떻게 실제로 우리에게 적용될 수 있는지를 가르칩니다. 기독론에 이어서 이제부터 본격적인 구원론이 펼쳐집니다. 벨직 신앙고백이 핵심적으로 강조하고 있는 구원론은 이신칭의 교리와 그리스도의 의, 그리고 신자의 성화와 선행의 교리입니다. 특별히 22조는 "그리스도를 믿음으로 말미암는 우리의 칭의"라는 제목으로 이신칭의 교리를 다루고 있습니다.

성령께서 우리 마음속에 일으키신 믿음

먼저 벨직 신앙고백은 믿음이 우리에게 어떻게 주어지는지에 대해서 이렇게 설명하고 있습니다. 우리는 이 큰 비밀에 대한 참 지식을 얻도록 성령님께서 우리 마음속에 참된 믿음을 일으키심을 믿습니다. 믿음은 성령님이 우리 마음속에 일으키시는 것으로, 하나님의 전적 은혜의 선물입니다. 참된 믿음은 그 기원이 하나님입니다. 믿음은 하나님의 특별한 선물입니다. "여러분은 그 은혜로 믿음을 통하여 구원을 받았으니, 이것은 여러분에게서 나온 것이 아니라 하나님의 선물입니다"(엡 2:8, 새번역).

성령님께서 우리에게 믿음을 선물로 주신 것은, 우리로 하여금 복음의 큰 비밀을 바로 깨달아 알고 믿을 수 있게 하시기 위함입니다. 모든 구원의 진리들을 담고 있는 성경의 복음은 자연인natural man으로서는 결코 스스로 알 수 없는 "큰 비밀"입니다. 복음은 인간이 파악할 수 없는 큰 소식이요, 인간이 스스로 이해할 수 없는 비밀한 소식입니다. 하나님께서는 이 큰 비밀을 모든 선지자들과 "말씀의 목격자"(요일 1:1)들인 사도들을 통하여 기록되게 하셨습니다.

기록된 하나님의 말씀인 신구약성경은 하나님과 구원에 대한 큰 비밀을 담고 있습니다. 성경이 사람의 언어로 기록되어 있음에도 불구하고 그것이 여전히 "큰 비밀"이라고 불리는 것은, 그것을 읽는 모든 사람들이 말씀의 참뜻을 바로 알고 깨닫는 것이 아니기 때문입니다. 그래서 성경은 여러 곳에서 복음을 비밀이라고 불렀습니다. "대답하여 가라사대 천국의 비밀을 아는 것이 너희에게는 허락되었으나 저희에게는 아니되었나니"(마 13:11). "나의 복음과 예수 그리스도를 전파함은 영세 전부터 감추었다가 이제는 나타내신 바 되었으며 영원하신 하나님의 명을 좇아 선지자들의 글로 말미암아 모든 민족으로 믿어 순종케 하시려고 알게 하신바 그 비밀의 계시를 좇아 된 것이니 이 복음으로 너희를 능히 견고케 하실 지혜로우신 하나님께 예수 그리스도로 말미암아 영광이 세세무궁토록 있을지어다 아멘"(롬 16:25-27). "내가 너희와 라오디게아에 있는 자들과 무릇 내 육신의 얼굴을 보지 못한 자들을 위하여 어떻게 힘쓰는 것을 너희가 알기를 원하노니 이는 저희로 마음에 위안을 받고 사랑 안에서 연합하여 원만한 이해의 모든 부요에 이르러 하나님의 비밀인 그리스도를 깨닫게 하려 함이라 그 안에는 지혜와 지식의 모든 보화가 감추어 있느니라"(골 2:1-3). 그러므로 누구든지 성령으로가 아니고서는 이 복음의 큰 비밀에 관하여 보아도 보지 못하고 들어도 듣지 못하며 깨닫지 못합니다(마 13:13; 렘 5:21 참조). 성령으로가 아니고서는 아무도 이 큰 비밀에 대한 참 지식에 이를 수 없습니다.

이 "큰 비밀"에 대한 참 지식을 얻을 수 있으려면 우리 마음속에 먼저 참된 믿음이 일어나야 합니다. 이 믿음이 없이는 우리는 성경의 어느 한 부분에서도 참 지식에 이를 수 없습니다. 성령님께서는 구원을 얻는 자들이 성경 말씀을 읽고 말씀의 설교를 들을 때에 그들의 마음속에 참된 믿음을 일으키셔서 말씀을 이해하고 깨달으며 그 모든 것을 진리로 여기도록 하십니다. 하나님의 말씀은 성령님께서 우리 안에 참된 믿음을 일으키시기 위하여 사용하시는 방도요 수단입니다. 하나님의 영이시며 그리스도의 영이신 성령님께서는 "말씀의 낭독, 특별히 설교를 효력있는 방도로 사용하시어 죄인을 설복하고 회개시키며, 거룩함과 위로로 그들을 세워, 믿음으로 구원에 이르게 합니다"(웨스트민스터 소요리문답 제89문의 답). 하이델베르크 요리문답 21문답이 이것을 잘 요약하고 있습니다. 오직 "참된 믿음은 하나님께서 그의 말씀에서 우리에게 계시하신 모든 것이 진리라고 여기는 확실한 지식이며, 동시에 성령께서 복음으로써 내 마음속에 일으키신 굳은 신뢰입니다. 곧 순전히 은혜로, 오직 그리스도의 공로 때문에 하나님께서 죄 사함과 영원한 의로움과 구원을 다른 사람뿐 아니라 나에게도 주심을 믿는 것입니다." 이것은 전적 하나님의 은혜로만 되는 일입니다. 모든 것이 은혜입니다. 우리가 복음을 믿을 수 있게 된 것도 하나님의 은혜요, 의롭다 하심을 받게 되는 것도 하나님의 은혜입니다.

이 믿음은 단순히 머리와 지성으로만 하나님이 존재하신다는 것을 인정하는 차가운 지식이 아니라, 하나님을 나의 하나님으로 받아들이고, 하나님을 신뢰하고 의지하며, 하나님을 경외하며, 하나님을 사랑하며, 하나님을 바라며, 하나님을 찾는 믿음입니다. 참된 믿음은 복음을 나의 복음으로 받아들여서 그리스도를 자신의 주와 구주로 영접하는 것이요, 그리스도로 옷 입

는 것이요, 그리스도와 함께 죽고 그리스도와 함께 다시 사는 것입니다.[40]

"이신칭의" 교리를 부인하는 것은 엄청난 신성모독이다

그러므로 우리는 의롭다 하심을 얻기 위하여 예수 그리스도와 그의 공로를 "믿음으로" 받아들이는 것 외에 다른 어떤 것도 찾지 않습니다. 이것이 "이신칭의" 또는 "오직 믿음"의 교리의 핵심입니다. 벨직 신앙고백 22항은 "이신칭의"의 교리를 부인하는 것을 가리켜 엄청난 신성모독이라고 불렀습니다. 왜냐하면 우리의 구원에 필요한 모든 것은 예수 그리스도 안에 있지 않든지, 아니면 예수 그리스도 안에 모두 있어서 믿음으로 그를 소유한 사람이 완전한 구원을 소유하게 되든지 어느 하나가 필연적으로 따라오기 때문입니다. 우리는 하나님께서 죄인을 의롭다고 선언하실 때에, "그리스도 예수 안에 있는 구속으로 말미암아 하나님의 은혜로 값없이 의롭다 하심을 얻는" 것임을 믿습니다(롬 3:24).

우리가 하나님 앞에서 의롭다 하심을 얻기 위해서는, 우리에게 완전한 의가 필요합니다. 그 완전한 의만이 우리를 구원할 수 있는 의입니다. 분명한 것은 우리 안에서는 그러한 의를 발견할 수 없다는 사실입니다. 인간에게는 그런 의가 없습니다. 의인은 없나니 하나도 없기 때문입니다(롬 3:10). 우리의 그 어떤 행위나 공로도 이러한 의를 만들어낼 수 없습니다. "율법의 행위로 그의 앞에 의롭다 하심을 얻을 육체가 없나니"(롬 3:20)라고 하셨고, "만일 아브라함이 행위로써 의롭다 하심을 얻었으면 자랑할 것이 있으려니와 하나님 앞에서는 없느니라"(롬 4:2)고 하셨습니다. 하지만 우리에게는 완전한 의가 필요합니다. 이 의는 우리의 지난 모든 죄를 씻을 수 있는 의여야 하고, 동

---

40) 바빙크, 「개혁교의학 개요」, 535-536.

시에 우리를 하나님과 화목하게 하며 우리에게 영원한 생명을 가져다 줄 수 있는 의여야 합니다. 이러한 완전한 의는 오직 그리스도의 의뿐입니다.

성경은 예수 그리스도가 우리의 의라고 분명하게 선언합니다. "너희는 하나님께로부터 나서 그리스도 예수 안에 있고 예수는 하나님께로서 나와서 우리에게 지혜와 의로움과 거룩함과 구속함이 되셨으니"(고전 1:30)라고 하셨습니다. 벨직 신앙고백 제22조도 "예수 그리스도만이 우리의 의義"라고 분명하게 선언합니다. 우리가 의롭다 하심을 받을 수 있는 유일한 근거는 그리스도의 의입니다.

우리에게는 하나님 앞에 내세울 만한 것이 하나도 없습니다. 이사야 선지자는 "대저 우리는 다 부정한 자 같아서 우리의 의는 다 더러운 옷 같으며 우리는 다 쇠패함이 잎사귀 같으므로 우리의 죄악이 바람같이 우리를 몰아 가나이다"(사 64:6)라고 하였습니다(사 57:12 참조). 그러나 하나님께서는 가련한 인생들을 향하여 이렇게 선언하십니다. "나의 의는 영원히 있겠고 나의 구원은 세세에 미치리라"(사 51:8b). 그래서 우리는 그 의를 하나님에게서만 찾으며 그리스도에게서만 찾습니다. 우리에게는 하나님의 의가 필요하며, 그리스도는 바로 그 의義가 되십니다. "하나님이 죄를 알지도 못하신 자로 우리를 대신하여 죄를 삼으신 것은 우리로 하여금 저의 안에서 하나님의 의가 되게 하려 하심이니라."(고후 5:21)고 하셨습니다. 그래서 우리는 그리스도께 나아갑니다. 우리는 그리스도를 믿음으로 그리스도의 의를 옷 입고, 그의 의를 힘입어 하나님 앞에서 의롭다 하심을 받습니다. 모든 사람이 죄를 범하였으매 하나님의 영광에 이르지 못하였지만(롬 3:10,23), "이제는 율법 외에 하나님의 한 의가 나타났으니 율법과 선지자들에게 증거를 받은 것이라 곧 예수 그리스도를 믿음으로 말미암아 모든 믿는 자에게 미치는 하나님의 의니 차별이 없느니라."(롬 3:21-22)고 하셨습니다. 우리가 하나님 앞에서 의롭다 하심을 받을 수 있는 유일한 길은 "예수 그리스도를 믿음으로 말미암아 모든 믿는 자에게 미치는 하나님의 의"를 받는 것입니다. 사도 바울은 이렇게 말했습니다. "내가 가진 의는 율법에서 난 것이 아니요 오직 그리스도를 믿음으로 말미암은 것이니 곧 믿음으로 하나님께로서 난 의라"(빌 3:9b). 이것이 이신칭의입니다.

그러므로 "이 믿음은 예수 그리스도를 그의 모든 공로와 함께 받아들이고, 그를 자신의 것으로 삼으며, 그분 외에 어떤 것도 구하지 않습니다. 왜냐하면 우리의 구원에 필요한 모든 것은 예수 그리스도 안에 있지 않든지, 아니면 예수 그리스도 안에 모두 있어서 믿음으로 그를 소유한 사람이 완전한 구원을 소유하게 되든지 어느 하나가 필연적으로 따라오기 때문입니다. 그러므로 그리스도는 충분하지 않으며 그분 외에 또 다른 어떤 것이 필요하다고 주장하는 것이 극악한 신성모독이 되는 것은, 그러한 주장이 그리스도가 절반의 구주에 불과하다는 결론에 이르기 때문입니다."

우리를 의롭다 하시는 분은 하나님이시다

마지막으로 벨직 신앙고백 제22조는 믿음 그 자체가 우리를 의롭게 하는 것이 아니라는 점을 부연하여 설명하고 있습니다. 물론 우리가 의롭다 하심을 얻는 것은 율법의 행위에 있지 않고 오직 믿음으로만 되는 것이 분명합니다(롬 3:28). 하지만 이신칭의 교리에 관해서 우리가 한 가지 잊지 말아야 할 것이 있습니다. 그것은 우리를 의롭다 하시는 분은 하나님이시라는 사실입니다. "누가 능히 하나님의 택하신 자들을 송사(고소)하리요 의롭다 하신 이는 하나님이시니"(롬 8:33)라고 하셨습니다. 하나님께서는 예수님을 믿는 자들을 "의롭다"고 선언하시며, 그리스도의 의를 보시고 죄인들을 의롭다고 간주해 주십니다. 우리가 그리스도를 믿는 일이 먼저 있고 그 후에 하나님께서 우리를 의롭다고 하시는 것은 사실입니다. 그러나 정확히 말하자면 믿음 그 자체가 우리를 의롭게 하는 것은 아닙니다. 왜냐하면 믿음이란 오직 우리가 그리스도를 우리의 의로 받아들일 수 있는 방편일 뿐이기 때문입니다. 의롭다 하시는 이는 하나님이십니다.

우리의 의는 오직 그리스도 한 분뿐입니다. 믿음은 우리의 의가 되시는 그리스도를 우리가 믿음으로 붙들어서 그리스도의 의를 힘입도록 주신 은혜의 선물이자 방편입니다. 믿음은 칭의의 수단입니다. 우리는 믿음으로 우리의 의가 되시는 그리스도의 의를 받을 뿐입니다. 믿음은 그리스도의 구속의 모든 공효를 받아들이고, 그리스도를 우리의 소유로 삼을 수 있게 만들어줍니다. 그래서 칼빈은 믿음을 "영혼의 손"이라고 불렀습니다. 그레샴 메이첸John Gresham Machen, 1886-1937 박사는 믿음이란 그리스도의 손에서 선물을 받는 것이라고 하였습니다.

우리의 칭의는 삼위일체 하나님의 행위입니다. 그리스도를 우리의 구원자로 보내주신 분은 성부 하나님이십니다. 우리를 위하여 구속의 모든 사역을 성취하시고 우리를 위하여 의를 마련하여 주신 분은 성자 하나님이신 그리스도이십니다. 그리스도의 의는 우리의 모든 죄를 용서하고 우리에게 무죄를 선언하기에 충분합니다. 또한 우리를 그리스도와 신비하게 연합시켜 주셔서 그리스도의 의를 힘입을 수 있도록(구속 적용) 역사하시면서 우리의 마음에 믿음을 일으켜주신 분은 성령님이십니다. 우리가 그 믿음으로 그리스도의 의, 곧 그리스도의 모든 은덕과 공로를 우리의 것으로 삼아 하나님 앞에 설 때에, 성부 하나님께서는 우리를 의롭다고 선언해 주십니다.

하나님께서는 그리스도와 그의 모든 은덕을 우리의 것으로 삼을 수 있도록 우리에게 믿음을 주셨습니다. 우리는 그 큰 선물을 그저 믿음으로, 값없이 받을 뿐입니다. 선물을 받은 자가 "이 선물을 내가 내 손으로 받아서 내 것이 되었으니, 내가 이 선물을 받아 누릴 수 있게 된 것은 내 손의 공로이다."라고 말할 수 있겠습니까? 결코 그럴 수 없습니다. 우리가 믿음으로 그리스도의 의를 받았다고 해서 믿음 자체가 우리를 의롭게 만들어주었다고 할 수는 없습니다. 게다가 값없이 주시는 선물을 받아들일 수 있는 "손"인 믿음 역시 하나님의 선물로 우리에게 주어진 것이 아닙니까? 그렇기 때문에 우리를 의롭다 하시는 것은 믿음 자체가 아닙니다. 믿음 자체가 우리의 의가 아니며 우리의 의는 오직 그리스도 한 분뿐이며, 하나님께서는 그리스도와 그의 의를 보시고 우리를 의롭다고 선언하십니다. 이 모든 것이 하나님의 은혜입니다. 복음 약속도 하나님의 은혜이고, 우리의 구원자이신 그리스도와 그의 대속 공로도 하나님의 은혜이고, 믿음도 은혜이고, 우리를 의롭다고 선언하신 것도 하나님의 은혜로 된 것입니다. 하지만 하나님께서는 그 모든 것을 우리에게 값없이 주시기 위한 방편으로 "믿음"을 주셨습니다.

그러므로 우리에게 이토록 보배로운 믿음을 주신 하나님을 찬양합시다. 믿음은 지극히 보배로운 믿음입니다(벧후 1:1). 믿음은 방편(수단)입니다. 믿음은 우리가 그리스도와 교제하며 그의 모든 은덕을 우리의 것으로 받아들일 수 있게 합니다. 믿음은 그리스도에게 나아가게 하여, 그리스도의 의를 힘입게 만들어줍니다. 믿음은 그리스도와 우리를 신비롭고 단단하게 연합시켜주고, 그의 모든 혜택을 받을 수 있도록 만들어줍니다. 그리스도와 그리스도의 모든 복락과 혜택들을 붙잡을 수 있는 유일한 방도가 있다면 그것은 "오직 믿음으로by faith alone"입니다. 이렇게 보배로운 믿음을 주신 하나님께 감사합시다. 하나님께서는 "오직 믿음으로만" 우리가 의롭다 하심을 받게 하셨습니다. 하나님께서 이러한 방식으로 우리를 구원하신 것은 누구든지 우리의 구원에 대하여 하나님 앞에서 아무 것도 자랑하지 않고 오직 하나님만 자랑하고 그리스도와 그의 십자가만을 자랑하게 하시기 위함일 것입니다 (롬 4:2; 고전 1:29; 빌 3:3). 믿음으로 순전히 은혜로 의롭다 하심을 얻게 해주신 하나님을 찬양합시다.

우리의 모든 감사와 찬송을 받으시기에 홀로 합당하신 영광의 하나님 아버지, 우둔하고 어리석어 하나님의 구원의 큰 비밀을 알 수 없었던 저희들에게 보배로운 믿음을 일으켜 주셔서 하나님과 하나님의 구원에 대한 참된 지식을 얻고 참된 믿음으로 그리스도와 그의 모든 은덕에 참여할 수 있는 복된 인생으로 삼아주시오니 참으로 감사드리옵나이다. 우리가 그리스도를 믿을 때에, 그리스도를 보시사 죄인을 향해 의롭다 선언해 주시고 우리를 하나님의 자녀로 받아주신 하나님을 찬양하옵나이다. 사람이 의롭다 하심을 얻는 것은 율법의 행위에서나 사람의 공로에 의해서가 아니라 그리스도 안에 나타난 하나님의 의, 곧 예수 그리스도를 믿음으로 말미암는 하나님의 의를 나의 의로 삼는 것 외에 다른 길이 없음을 굳게 믿고 붙들게 하여 주시옵소서. 그리스도를 절반의 구주로 만드는 신성모독의 죄에 빠지지 말게 하여 주시옵소서. 예수님의 이름으로 기도하옵나이다. 아멘.

벨직 신앙고백 제23조

죄인들을 의롭다 하심

우리는, "일한 것이 없이 하나님께 의로 여기심을 받는 사람의 복"(롬 4:6, 시 32:1)에 대하여 선언한 다윗과 바울이 우리에게 가르치는 것처럼, 우리의 복이 예수 그리스도로 말미암은 우리의 죄 용서에 있다는 것과, 하나님 앞에서의 우리의 의가 거기에 있다는 것을 믿습니다. 사도는 또한 우리가 그리스도 예수 안에 있는 구속으로 말미암아 하나님의 은혜로 값없이 의롭다 하심을 얻은 자 되었다고(롬 3:24) 말합니다. 그러므로 우리는 모든 영광을 하나님께 돌리며, 우리 자신을 겸손히 낮추며, 우리 자신을 있는 그대로 인식하면서, 영원히 견고한 이 기초를 붙듭니다. 우리는 우리 자신이나 우리의 공로에 대하여 어떤 것도 주장하지 않으며, 오직 십자가에 못 박히신 예수 그리스도의 순종만을 의지하고 신뢰합니다. 우리가 그분을 믿을 때에 그분의 순종은 우리의 것이 됩니다.

이것은 우리의 모든 죄악을 가리기에 충분하며, 하나님께 가까이 나아갈 때에 두려움과 공포와 불안으로부터 우리의 양심을 벗어나게 하고 우리를 담대하게 만들기에 충분하기에, 우리는 무화과 잎으로 자신을 가렸던 우리 시조 아담과 하와가 했던 것처럼 떨며 숨지 않습니다. 만일 우리가 아무리 적게라도 우리 자신이나 다른 어떤 피조물에 의지하여 하나님 앞에 나타나야 한다면 화 있을진저 우리는 (지옥에) 삼켜질 것입니다. 그러므로 누구든지 다윗과 함께 이렇게 말하는 것이 마땅합니다. "여호와여…… 주의 종에게 심판을 행하지 마소서! 주의 목전에는 의로운 인생이 하나도 없나이다."(시 143:2).

죄인들을 의롭다 하시는 은혜

> 6 일한 것이 없이 하나님께 의로 여기심을 받는 사람의 행복에 대하여 다윗의 말한바 7 그 불법을 사하심을 받고 그 죄를 가리우심을 받는 자는 복이 있고 8 주께서 그 죄를 인정치 아니하실 사람은 복이 있도다 함과 같으니라
>
> 로마서 4장 6-8절

벨직 신앙고백 제23조는 죄인들을 의롭다 하시는 하나님의 은혜에 대한 조항입니다. 우리를 의롭다 하시는 분은 하나님이십니다(롬 8:33). 하지만 하나님은 아무런 근거 없이 우리를 의롭다 하시는 분이 아닙니다. 하나님께서는 그리스도의 십자가의 제사와 그리스도의 의에 근거하여 우리를 의롭다 하십니다. 우리가 하나님 앞에서 의롭다 하심을 받을 수 있는 유일한 근거는 그리스도의 십자가의 제사와 그리스도의 의뿐입니다(벨직 신앙고백 제21조).

우리가 그리스도의 의에 참예할 수 있고 그리스도의 의를 옷 입을 수 있는 것은 오직 우리가 그리스도를 믿을 때에만 가능하게 되는 일입니다. 우리는 그리스도를 믿는 믿음으로 그리스도의 의를 힘입어 의롭다 하심을 받을 수 있게 됩니다. 그래서 벨직 신앙고백 제22조는 하나님 앞에서 의롭다 하심을 받을 수 있는 참된 믿음에 관한 내용을 다루었습니다. 하나님께서는 예

수님을 믿는 자들만을 "의롭다"고 선언하십니다. 물론 믿음 그 자체가 우리를 의롭게 만들어 주는 것은 아닙니다. 믿음은 칭의의 수단입니다. 우리의 의롭다 하심의 근거는 그리스도이시지만, 그리스도를 믿지 않는다면 아무도 의롭다 하심을 받을 수 없습니다. 하나님께서는 그리스도와 그의 모든 은덕을 우리의 것으로 삼을 수 있도록 우리에게 믿음을 주셨습니다. 그리스도를 믿을 때에만 그의 공로가 우리의 공로가 되고 그의 의가 우리의 의가 됩니다. 그러므로 이 믿음은 지극히 보배로운 믿음입니다(벧후 1:1). 믿음은 우리로 하여금 그리스도를 신비하고도 강력하게 붙잡을 수 있게 만들어주며, 그리스도를 우리와 연합시켜 줍니다. 하나님께서는 은혜로 구원하실 자들에게 믿음을 일으켜 주셔서 우리를 그리스도의 의에 참여하게 하심으로써 의롭다 하심을 얻게 하십니다. 비록 믿음 그 자체가 우리를 의롭게 하는 것은 아닐지라도, 그리스도를 믿음으로만 우리가 그리스도의 모든 은덕과 공로를 우리의 소유로 삼을 수 있기 때문에 믿음은 보배로운 것입니다.

벨직 신앙고백 제23조는 우리가 믿음으로 의롭다 함을 받을 때에 우리가 받게 되는 복의 내용을 크게 세 가지로 가르칩니다. 첫 번째 복은 예수 그리스도로 말미암는 우리의 죄 용서(사죄)이고, 두 번째 복은 우리가 그리스도로 말미암아 하나님 앞에서 의롭다 하심(칭의)을 받는 것입니다. 이것을 사죄와 칭의라는 말로 요약할 수 있습니다. 세 번째 복은 사죄와 칭의의 은혜를 입은 결과로 우리에게 주어지는 복인데, 그것은 바로 하나님과의 화목(화친)입니다. 우리가 사죄와 칭의의 은혜를 받게 되면, 그 은혜는 우리로 하여금 우리 시조 아담과 하와가 무화과 잎으로 자기의 수치를 가리면서 불안과 공포와 두려움에 떨며 숨었던 것과 달리 하나님 앞으로 담대히 나아갈 수 있게 만들어줍니다. 우리는 이것을 "하나님과의 화목"이라고 부릅니다.

그러므로 벨직 신앙고백 제23조에 따르면 우리가 예수님을 믿을 때에 하나님으로부터 받게 되는 복은 크게 세 가지로 요약됩니다. 첫째는 사죄의 복이고, 둘째는 칭의의 복이며, 셋째는 화목의 복입니다. 사죄와 칭의와 화목, 이것이 우리 신자들이 예수님을 믿을 때에 받게 되는 복의 가장 주요한 내용입니다. 이 복에 관하여 바로 아는 것은 매우 중요합니다.

사죄의 복

하늘 아래에서 일어나는 가장 놀라운 기적이 있다면 그것은 무엇이겠습니까? 죽은 자가 살아나는 것이겠습니까? 아니면 태양을 멈추게 하는 일이겠습니까? 바다가 갈라지는 일이겠습니까? 물론 그런 일들이 우리 눈앞에서 일어난다면 그것 역시 매우 놀랄만한 사건이 될 것입니다. 하지만 하늘 아래에서 일어나는 가장 놀라운 기적은 단언컨대 더러운 죄인이 거룩하시고 의로우신 하나님 앞에서 의인이 되는 것입니다. 죄인이 의인이 되는 것은 죽은 자가 살아나는 것보다 훨씬 더 놀라운 기적입니다. 가장 불가능한 일이 일어난 것입니다. 더군다나 죄인이 아무 일도 하지 않고, 땀 흘리거나 공로를 세우지도 않았는데도, 의로우신 하나님 앞에서 죄인이 의롭다 하심을 받게 되었다면 더욱 그러합니다.

그래서 사도 바울은 "일한 것이 없이 하나님께 의로 여기심을 받는 사람의 행복에 대하여 다윗의 말한 바 그 불법을 사하심을 받고 그 죄를 가리우심을 받는 자는 복이 있고 주께서 그 죄를 인정치 아니하실 사람은 복이 있도다 함과 같으니라"(롬 4:6-8)고 하였습니다. 이것은 시편 32편 말씀을 인용한 것입니다. 다윗은 시편 32편에서 "허물의 사함을 얻고 그 죄의 가리움을 받은 자는 복이 있도다"(시 32:1)라고 하였습니다. 어떻게 죄인이 의인이 될 수 있다는 말입니까? 어떻게 죄인의 허물이 용서되고 그 죄가 가려질 수 있다는 말입니까? 심지어 그 죄인이 아무것도 하지 않았고, 아무 공로도 없고,

땀 흘리지도 않았고, 노력하지도 않았는데 말입니다. 이것은 너무나 놀라운 일입니다. 다윗은 자신이 하나님 앞에 죄를 토설하지 않았을 때에 그의 뼈가 여름 가뭄에 마름 같이 아주 쇠하게 되었다고 고백하면서 굉장히 고통스러웠던 시간을 회상하며 탄식하는 것으로 시편 32편을 시작했습니다. 그러나 시편 32편은 "너희 의인들아 여호와를 기뻐하고 즐거워할지어다. 마음이 정직한 너희들아 다 즐거이 외칠지어다"(시 32:11)라고 하며 기쁨과 즐거움으로 끝나고 있습니다. 죄인으로 시작했다가 의인으로 끝나는 것입니다. 그 사이에 도대체 무슨 일이 벌어진 것입니까? 그 사이에서 죄 사함, 죄 용서가 일어난 것입니다. 다윗은 죄로 인한 고통 가운데에서 죄 사함의 은혜를 경험한 후에, 사죄의 은혜를 경험한 사람이 제일 복 있는 사람이라고 고백하였습니다.

그러므로 만일 사람들이 우리에게 "당신은 그리스도인으로 살면서 하나님께 받은 가장 큰 복이 무엇입니까?"라고 묻는다면, 우리는 올바른 대답을 할 수 있어야 합니다. 사람들은 예수님을 믿는다고 하면서도 예수님을 믿고 받는 복, 그리스도 안에서 받는 복의 경중을 잘 구별하여 말할 줄을 모릅니다. 예수님을 믿고 병 고침을 받거나 부자가 되거나 좋은 학교에 진학하거나 명예를 얻거나 하는 이런 것들을 신자들의 주요한 복으로 대답하지 말아야 합니다. 물론 그 모든 것들도 하나님께서 우리에게 주시는 복들입니다. 하지만 우리는 그런 것들을 신자가 받는 주된 복으로 생각하지 말아야 합니다. 만일 그렇다면 부자가 되지 않았으면 복을 못 받은 것입니까? 병 고침을 받지 못하고 일찍 죽으면 복을 못 받은 것입니까? 부자가 되지 못하고 병 고침을 받지 못하면 우리가 예수님을 저버릴 것입니까? 그렇지 않습니다. 우리는 이미 그리스도 안에서 가장 큰 복을 받은 사람들입니다. 그러므로 우리는 우리의 가장 큰 복이 무엇이냐는 질문에 대해 주저 없이 이렇게 대답할 수 있어야 합니다. "나는 예수님을 믿고 나의 죄가 사함을 받았습니다! 이것이 내가 받은 가장 큰 복입니다!"

만일 우리가 죄 사함을 받지 못했더라면 어떻게 될 뻔했습니까? 우리의 죄를 다 어디에서 어떻게 해결한다는 말입니까? 죄 사함은 죄인들에게 가장 중요하고 우선되는 문제입니다. 예수님께서 가버나움의 한 집에 머물고 계셨을 때에, 많은 사람들이 그 집으로 몰려들었습니다. 그때, 사람들이 한 중풍병자를 침상에 누워있는 채로 메어와서는 그 집의 지붕에 틈을 내고 그 틈으로 그 중풍병자를 달아내렸습니다. 그때 예수님께서는 그 중풍병자에게 "소자야, 네 죄 사함을 받았느리라"(막 2:5)고 말씀하셨습니다. 그때 사람들이 마음으로 생각하기를, "이 사람이 누구이기에 이렇게 참람된 말을 하는가? 하나님 한 분 외에 죄를 사하실 수 있는 권세가 또 누구에게 있는가?"(막 2:6-7)라고 하였습니다. 그때 예수님께서는 그들의 생각을 아시고 이렇게 말씀하셨습니다. "내가 이 중풍병자에게 네 죄 사함을 받았느니라 하는 말과 일어나 네 상을 들고 걸어가라고 하는 말이 어느 것이 쉽겠느냐? 그러나 인자가 땅에서 죄를 사하는 권세가 있는 줄을 너희로 알게 하려 하노라"(막 2:8-10). 그리고는 "내가 네게 이르노니 일어나 네 상을 가지고 집으로 가라"(막 2:11)고 하셨습니다. 그러자 그곳에 모인 모든 사람들이 다 놀라 영광을 하나님께 돌리며 말하기를 "우리가 이런 일을 도무지 보지 못하였다"고 하였습니다(막 2:12).

예수님께서는 이 이적을 통해서 죄 사함의 권세가 예수님 자신에게 있음을 알게 하셨습니다. 예수님에게만 죄를 사하실 수 있는 권세가 있습니다. 예수님을 믿고 예수님에게 나아오는 자들만이 그리스도의 죽으심에 연합하여 하나님 앞에서 죄 사함을 얻을 수 있습니다. 다른 곳에서는 죄 사함을 얻을 수 있는 길이 없습니다. 죄 문제를 해결받기 전까지 인생은 아무것도 아니다. 죄 사함이 없는 우리의 삶은 다 헛됩니다. 죄는 우리를 영원한 사망과 지옥 형벌로 이끄는 원수입니다. 죄 사함을 못 받았다면 그는 아무런 복도 받지 못한 것과 같습니다. 그러므로 누군가 우리에게 예수님을 믿고 받은 가장 큰 복이 무엇이냐고 물어볼 때 우리는 주저 없이 사죄의 복이라고 대답해야 할 것입니다.

칭의의 복

두 번째는 칭의의 복입니다. 칭의는 우리를 하나님 앞에서 의로운 자로 단번에 받아주시는 하나님의 은혜의 행위입니다. 칭의는 하나님이 하시는 행위이며, 우리는 칭의의 은혜를 받을 뿐입니다. 재판장이 법정에서 재판할 때에 법정에 소환된 사람은 재판장 앞에 서고 재판장은 선언합니다. 그때 재판장이 피고를 향해서 "무죄!"라고 또는 "의롭다!"라고 선언하면 그는 사면이 되는 것입니다. 칭의는 죄인들을 향하여 의롭다고 선언하시는 하나님의 은혜로운 행위입니다. 하나님께서는 누구를 의롭다고 선언해 주십니까? 죄인이 그리스도를 믿을 때 그들에게 그렇게 선언해 주십니다. 그리스도의 의와 순종에 근거해서 죄인들을 의로운 자로 받아주시고 간주해 주시고 의롭다고 선언해 주시는 것입니다. 우리에게는 의가 없습니다. 인간은 자신을 하나님 앞에서 의로운 자로 만들 수 있는 것을 아무것도 가지고 있지 않습니다. 그래서 벨직 신앙고백 제23조는 끝부분에서 이렇게 말합니다. 만일 우리가 아무리 적게라도 우리 자신이나 다른 어떤 피조물에 의지하여 하나님 앞에 나타나야 한다면 화 있을진저 우리는 (지옥에) 삼켜질 것입니다.

만일 하나님께서 우리에게 의롭다 하시는 복을 주실 때에, 99.9%는 그리스도의 의를 의지하고 0.1%는 우리의 의를 가지고 오라고 말씀하신다면 화 있을진저 우리는 지옥에 삼켜질 것입니다. 왜냐하면 우리에게는 의가 전혀 없기 때문입니다.

그렇다면 우리는 어떻게 하나님 앞에서 의롭다 하심을 얻을 수 있습니까? 벨직 신앙고백 제23조는 이렇게 말합니다. "사도는 또한 우리가 그리스도 예수 안에 있는 구속으로 말미암아 하나님의 은혜로 값없이 의롭다 하심을 얻은 자 되었다고(롬 3:24) 말합니다." 우리가 의롭다 하심을 얻게 되는 것은 그리스도 예수 안에 있는 구속으로 말미암아 하나님의 은혜로 값없이 되는 것입니다. 그러므로 우리는 그리스도의 구속과 그리스도의 의, 또는 그리스도의 순종에 우리 구원의 모든 근거를 둡니다. 이 의는 오직 예수 그리스도 안에 있는 것이고 예수 그리스도에게서 우리에게 전가되는 의입니다. 이 의는 인간에게 내재하는 의가 아닙니다. 이 의는 인간의 행위로 만들어내는 의도 아닙니다. 하나님 앞에서 하나님의 의의 기준을 만족시킬 수 있는 것은 그리스도의 순종과 그리스도의 의뿐입니다.

그러므로 우리는 아무것도 자랑하지 말고 오직 하나님께만 영광을 돌리며 우리 자신을 늘 겸손히 낮추고 우리 자신의 모습을 있는 그대로 인식하면서 영원히 견고한 기초이신 그리스도만 붙잡아야 합니다. 우리는 우리 자신이나 우리의 공로에 대하여 어떤 것도 주장하지 말고, 오직 십자가에 못박히신 예수 그리스도의 순종만을 의지하고 신뢰해야 합니다. 그러므로 우리는 이 영원히 견고한 기초이신 그리스도만을 붙듭니다. 우리가 그리스도를 믿을 때 그분의 의가 우리의 의가 되고 우리가 그를 믿을 때 그분의 순종이 우리의 순종이 됩니다. 칭의의 복은 우리가 예수님을 믿을 때에 받게 되는 두 번째 중요한 복입니다.

화목의 복

세 번째는 화목의 복입니다. 벨직 신앙고백 제23조의 두 번째 단락이 그것을 말합니다.

이것은 우리의 모든 죄악을 가리기에 충분하며, 하나님께 가까이 나아갈 때에 두려움과 공포와 불안으로부터 우리의 양심을 벗어나게 하고 우리를 담대하게 만들기에 충분하기에, 우리는 무화과 잎으로 자신을 가렸던 우리 시조 아담과 하와가 했던 것처럼 떨며 숨지 않습니다.

그리스도의 의와 그의 순종은 우리의 모든 죄악을 가리기에 충분합니다. 그리스도의 의는 우리가 하나님께 가까이 나아갈 때 두려움과 공포와 불안으로부터 우리의 양심이 벗어나게 하고 우리를 담대하게 만들기에 충분합니다. 따라서 우리는 나뭇잎으로 자신을 가렸던 우리 시조 아담과 하와가 했던 것과 달리 떨며 숨지 않을 수 있습니다. 우리는 담대히 하나님의 은혜의 보좌 앞으로 나아갈 담력을 얻었습니다. 하나님과 원수된 것이 깨어지고 하나님과의 화목에 이르게 되었습니다. 이것이 화목의 복입니다.

하나님과의 화목은 사죄와 칭의의 은혜를 받은 사람들에게 일어나는 실질적인 변화입니다. 하나님과의 화목은 단순히 법정적이고 형식적이고 이름뿐인 변화가 아닙니다. 죄 사함도 실질적인 변화요, 의롭다 하심도 실질적인 변화인 것처럼, 하나님과의 화목 역시 실질적인 변화입니다. 그리스도의 의와 그의 순종을 의지하고 신뢰하게 될 때 그것은 우리의 모든 죄악을 실제로 가리기에 충분하며 우리의 모든 양심을 두려움과 공포와 불안으로부터 해방시켜주기에 충분합니다. 우리는 예수님을 믿을 때에 이것을 경험합니다. 더 나아가 우리는 하나님께 가까이 나아갈 때에 담대함을 가지고 나아갈 수 있게 됩니다.

아무런 공로도 없고 노력도 하지 않은 우리가 순전히 은혜로 하나님 앞에서 죄 사함을 받고 의롭다 하심을 받고 하나님과 화목하게 되었으니 우리는 행복자입니다. 이보다 더 큰 복을 받은 사람이 지상에 없습니다. "일한 것이 없이 하나님께 의로 여기심을 받는 사람의 행복에 대하여 다윗의 말한 바, 그 불법을 사하심을 받고 그 죄를 가리우심을 받는 자는 복이 있고 주께서 그 죄를 인정치 아니하실 사람은 복이 있도다 함과 같으니라"(롬 4:6-8).

우리는 이 모든 복을 오직 믿음으로 받습니다. 하이델베르크 요리문답 제60문은 우리가 믿음으로 의롭다 하심을 얻는 것과 관련해서 이렇게 잘 묻고 대답하고 있습니다.

제60문. 당신은 어떻게 하나님 앞에서 의롭게 됩니까?

답. 오직 예수 그리스도에 대한 참된 믿음으로만 됩니다. 비록 내가 하나님의 모든 계명을 크게 어겼고 단 하나도 지키지 않았으며 여전히 모든 악으로 향하는 성향이 있다고 나의 양심이 고소하지만, 하나님께서는 나의 공로가 전혀 없이 순전히 은혜로 그리스도의 온전히 만족케 하심과 의로움과 거룩함을 선물로 주십니다. 하나님께서는 마치 나에게 죄가 전혀 없고 또한 내가 죄를 짓지 않은 것처럼, 실로 그리스도께서 나를 위해 이루신 모든 순종을 내가 직접 이룬 것처럼 여겨 주십니다. 오직 믿는 마음으로만 나는 이 선물을 받습니다.

그러므로 모든 신자는 극도로 겸손해야 하며, 우리가 의롭다 하심을 얻게 된 것에 대해서 하나님께만 모든 영광을 돌려야 합니다. 사죄와 칭의와 화목의 복, 이것이 신자가 받아 누리는 복의 진수입니다. 모든 신자들은 이 큰 복을 동일하게 받은 사람들입니다. 우리는 이 복을 인해 언제나 깊이 감사할 수 있어야 합니다. 아직 죄 사함의 큰 복을 자기의 것으로 삼지 못한 분이 있다면 하나님의 심판을 피하기 위하여 죄 사함의 은혜를 구하고 그리스도께로 나아오십시오. 그리스도에게만 죄를 사하는 권세가 있습니다. 죄 사함의 복은 예수님을 믿은 후에도 우리에게 계속해서 필요합니다. 우리는 날마다 죄를 짓고자 하는 성향을 가지고 있으며 실제로도 죄를 짓습니다. 그때에 우리는 그리스도의 죄 사함의 은혜를 의지하여 회개할 수 있습니다. 이것이 사죄의 복입니다. 또한 우리는 우리를 의롭다고 여겨주시는 칭의의 복과, 하나님의 은혜의 보좌 앞에 담대히 나아갈 수 있는 화목의 복을 예수님 안에서 받아 가지게 되었습니다. 저와 여러분이 다 이런 복을 받았습니다. 그러므로 이 복을 더 풍성히 알고 감사합시다. 이 복을 자랑하며 증거합시다. 우리의 자랑은 그리스도뿐입니다.

하나님 아버지, 예수님을 믿도록 우리를 이끄시고, 예수님을 믿을 때에 사죄와 칭의와 화목의 놀라운 복을 우리에게 값없이 주신 것을 감사하옵나이다. 우리는 일한 것이 없으며 하나님 앞에 죄만 지었을지라도 하나님께서는 우리를 죄 짓지 않은 자로 여겨 주시고, 우리는 순종하지 않았지만 완전한 순종을 하신 그리스도의 순종을 우리의 것으로 삼게 하여 주셔서 그리스도의 의를 힘입고 하나님 앞에 더 이상 떨지도 않고 두려워하지도 않고 담대히 기쁨으로 나아가서 하나님을 아바 아버지라고 부를 수 있는 이 복을 주신 것을 감사합니다. 이 복이 신자의 받은 복 가운데 가장 큰 복이고 이 복이 없으면 우리는 아무것도 아니라는 사실을 늘 생각하고 이 복을 자랑하고 이 복을 나누고 이 복에 대하여 증거하는 우리의 남은 삶이 되게 하여 주시옵소서. 예수님의 이름으로 기도하옵나이다. 아멘.

벨직 신앙고백 제24조

성도의 성화와 선행

우리는 하나님의 말씀을 듣는 것과 성령의 역사하심으로 우리 안에 생겨난 이 참된 믿음이 우리를 거듭나게 하며 새로운 피조물로 만들어, 우리로 하여금 새로운 삶을 살게 하고 죄의 종 된 데에서 우리를 해방시킨다는 것을 믿습니다. 그러므로 의롭다 함을 얻게 하는 이 믿음이 사람으로 하여금 경건하고 거룩한 삶을 사는 데 무관심하게 만든다는 것은 사실이 아닙니다. 오히려 정반대로 이 믿음은 믿는 자들 가운데에서 역사하므로, 이 믿음이 없이는 어떤 일도 하나님에 대한 사랑으로 전혀 행할 수 없으며, 단지 자기에 대한 사랑이나 정죄 받는 것에 대한 두려움으로 어떤 일을 행할 뿐입니다. 그러므로 이 거룩한 믿음이 사람 안에서 열매를 맺지 않는다는 것은 불가능합니다. 왜냐하면 우리는 공허한 믿음에 대해 말하고 있는 것이 아니라, 성경이 말하는 "사랑으로 역사하는 믿음"(갈 5:6)에 대해 말하고 있기 때문입니다. 이 믿음은 사람으로 하여금 하나님께서 그의 말씀에서 명령하신 일들로 움직이게 합니다. 믿음의 선한 뿌리에서 나오는 이 행위들은 모두 하나님의 은혜로 거룩하게 되기 때문에 하나님 보시기에 선하며 받으실 만합니다. 그러나 이러한 행위들은 우리의 칭의를 위한 것으로 간주되지 않습니다. 왜냐하면 우리가 어떤 선행을 하기 전에 우리는 이미 그리스도 안에서 믿음으로 말미암아 의롭다 하심을 받았기 때문입니다. 그렇지 않았다면 그 행위들은 선이 될 수 없었을 것입니다. 나무 자체가 좋지 않다면 그 나무의 열매도 좋을 수 없는 것처럼 말입니다.

그러므로 우리는 공로를 위해서 선을 행하는 것이 아닙니다. 우리가 어떤 공로를 세울 수 있겠습니까? 오히려 우리는 우리의 모든 선행에 대하여 하나님께 빚을 지고 있습니다. 하나님께서 우리에게 빚을 지고 계신 것이 아닙니다. 왜냐하면 "우리 안에서 자기의 기쁘신 뜻을 위하여 우리에게 소원을 두고 행하게 하시는"(빌 2:13) 이가 하나님이시기 때문입니다. 그러므로 기록된 말씀을 늘 마음에 간직합시다. "이와 같이 너희도 명령 받은 것을 다 행한 후에 이르기를 우리는 무익한 종이라. 우리가 하여야 할 일을 한 것뿐이니라"(눅 17:10). 동시에 우리는 하나님께서 선행에 상 주신다는 것을 부인하기를 원하지 않으니, 하나님께서 그의 선물들을 더하여 주시는 것은 그의 은혜에 의한 것입니다.

더구나 우리가 비록 선행을 한다고 해도 우리는 거기에 우리의 구원을 의존하지 않습니다. 왜냐하면 우리는 우리의 육신에 의해 오염되지 않고 징벌을 받기에 합당하지 않은 단 하나의 일도 할 수 없기 때문입니다. 비록 우리가 하나의 선행을 보일 수 있을지라도, 하나님께는 단 하나의 죄에 대한 기억으로 그것(선행)을 거절하기에 충분합니다. 따라서, 만일 그 선행들이 우리 구주의 고난과 죽음에 의지하지 않았다면, 우리는 언제나 어떤 확신도 없이 의심 중에 이리저리 흔들리게 될 것이며, 우리의 가련한 양심은 끊임없이 고통을 당할 것입니다.

성도의 성화와 선행

14 내 형제들아 만일 사람이 믿음이 있노라 하고 행함이 없으면 무슨 이익이 있으리요 그 믿음이 능히 자기를 구원하겠느냐

야고보서 2장 14절

벨직 신앙고백 제24조는 성도의 성화와 선행에 관해 다루는 조항입니다. 우리가 예수 그리도를 믿는 믿음을 가지고 하나님 앞에서 의롭다 하심을 받았다면, 그 이후에는 신자답게 거룩하게 살아가는 삶이 기다리고 있습니다. 우리가 거듭나서 예수님을 믿음으로 새 사람이 되었다고 해서 그것으로 우리의 구원이 완성되었다고 할 수는 없습니다. 우리는 의롭다 하심을 받았다고 해서 그 후에 아무런 일도 하지 않고 가만히 있다가 주님 앞에 서는 것이 아니라, 주님 앞에 설 때까지 열심히 주를 섬겨야 하고, 두렵고 떨림으로 자타의 구원을 이루어가야 합니다. 이것이 성도의 성화입니다. 그렇다고 해서 칭의 구원이 따로 있고 성화 구원이 따로 있고 영화 구원이 따로 있는 것은 아닙니다. 이것은 모두 다 한 세트이고 하나의 구원에 포함되어 있는 것입니다. 우리가 참된 믿음으로 칭의의 복(사죄와 칭의와 화목의 복)을 받는 것처럼, 또한 우리는 참된 믿음으로 성화의 복을 받습니다. 참된 믿음을 가

진 사람들은 그 믿음을 발휘해서 거룩하게 살아야 하며 순종의 삶을 살아야 합니다. 이것을 가리켜 우리 신앙고백은 "성화"라고도 부르고 "선행"이라고도 부릅니다. 벨직 신앙고백 제24조는 성도의 성화와 선행에 관한 성경의 가르침을 요약하고 있습니다. 성화와 선행은 우리의 신앙생활에서 매우 중요한 주제입니다. 우리가 예수님을 믿고 의롭다 하심을 받은 후부터 주님 앞에 설 때까지 우리의 삶은 "성화"라는 말로 함축된다고 해도 과언이 아니기 때문입니다. 그러므로 우리는 성화와 선행에 대하여 잘 알고 있어야 합니다. 벨직 신앙고백 제24조의 내용은 조금 길지만, 그 내용은 크게 세 가지로 요약될 수 있습니다.

참된 믿음은 참된 선행의 열매를 맺는다

첫째, 벨직 신앙고백 제24조는 참된 믿음은 역사하는 믿음이며, 참된 믿음은 반드시 선행의 열매를 맺는다는 것을 제일 먼저 말합니다. 우리가 선을 행할 수 있는 것은 우리에게 믿음이 주어졌기 때문입니다. 이 조항은 믿음이 어떻게 우리에게 주어졌는지 그 핵심을 잘 요약해서 가르쳐줍니다. 참된 믿음은 "하나님의 말씀을 듣는 것과 성령의 역사하심으로 우리 안에 생겨난" 믿음입니다. 하나님께서는 택함을 입은 자들에게 복음이 들려지게 하시고, 택자들이 복음의 말씀을 들을 때에 성령님께서 역사하셔서 우리 안에 참된 믿음이 생겨나게 하십니다. 그런데 우리가 받은 믿음은 공허한 믿음이 아니라 역사하는 믿음입니다. 이 참된 믿음은 우리를 거듭나게 해서 우리를 새 사람, 곧 새로운 피조물로 만들며, 우리로 하여금 새로운 삶을 살게 하고, 죄의 종 된 데에서 우리를 해방시킵니다. 참된 믿음은 사람으로 하여금 경건하고 거룩한 삶에 대해 냉담해지고 무관심해지게 만드는 것이 아니라, 오히려 정반대로 경건하고 거룩한 삶으로 나아가게 만들어줍니다. 참된 믿음은 성도로 하여금 하나님의 명령에 순종하여 하나님을 기쁘시게 하고자 하는 열망을 가지게 만들어줍니다. 이것이 참된 믿음의 작용입니다.

그러므로 참된 믿음을 가지고 있으면서 선행의 열매를 맺지 않는 것은 불가능합니다(벨직 신앙고백 제24조). 야고보 사도는 이렇게 말했습니다. "내 형제들아 만일 사람이 믿음이 있노라 하고 행함이 없으면 무슨 이익이 있으리요 그 믿음이 능히 자기를 구원하겠느냐?"(약 2:14). 믿음이 있노라 하고 행함이 없다면, 그 믿음은 죽은 것이며(약 2:26), 행함이 없는 믿음은 "헛것"입니다(약 2:20). 다시 말해서, 참된 믿음이 없이는 우리가 단 하나의 선행도 행할 수 없다는 뜻입니다. 그래서 하이델베르크 요리문답 제91문답은 선행을 이렇게 정의하였습니다. "그런데 선행이란 무엇입니까? 답. 참된 믿음으로 하나님의 율법을 따라서 그리고 그의 영광을 위하여 행한 것만을 선행이라 하며 우리 자신의 생각이나 사람의 계명에 근거한 것은 선행이 아닙니다." 참된 믿음으로 행한 것만 선행입니다. 참된 믿음은 반드시 행함(선행)의 열매를 맺게 되어 있습니다. 참된 믿음은 행함을 수반하는 믿음이며, 선행을 수반하는 믿음입니다. 이것이 곧 "믿음이 없이는 기쁘시게 못하나니"(히 11:6)라고 하신 말씀의 뜻이며, "믿음으로 좇아 하지 아니하는 모든 것이 죄니라"(롬 14:23)고 하신 말씀의 뜻입니다. 사람이 복음을 듣고 참된 믿음을 가지는 것이 중요한 이유가 바로 여기에 있습니다. 이 믿음을 가지게 되면, 사람이 바뀌고 생활이 바뀌게 되기 때문입니다.

선행은 칭의의 조건이 아니라 결과이다

선행을 칭의와 연관시켜서 설명하자면, 선행은 칭의의 결과로 주어지는 것이라고 할 수 있습니다. 선행은 결코 칭의의 조건이 될 수 없으며, 선행은 칭의의 결과입니다. 우리는 의롭다 하심을 받기 위하여 선행을 하는 것이 아니라, 오히려 우리가 의롭다 하심을 받았기 때문에 그 결과로 선을 행할 수 있게 된 것입니다. 선행은 칭의의 결과로 맺게 되는 열매입니다. 선행은 결코 우리가 하나님 앞에서 의롭다 하심을 받는 조건이 될 수 없습니다. 성경은 이미 아무도 자신의 행위로 의롭다 하심을 얻을 수 없다고 선언하였습니다. "그러므로 율법의 행위로 그의 앞에 의롭다 하심을 얻을 육체가 없나니 율법으로는 죄를 깨달음이니라"(롬 3:20). "사람이 의롭게 되는 것은 율법의 행위에서 난 것이 아니요 오직 예수 그리스도를 믿음으로 말미암는 줄을 아는 고로 우리도 그리스도 예수를 믿나니 이는 우리가 율법의 행위에서 아니고 그리스도를 믿음으로써 의롭다 하심을 얻으려 함이라. 율법의 행위로써는 의롭다 함을 얻을 육체가 없느니라"(갈 2:16). 우리가 예수님을 믿어야 하는 이유는, 자기의 행위로 의롭다 하심을 얻을 수 있는 사람이 아무도 없기 때문입니다.

마이클 호튼Michael Horton은 믿음과 칭의와 선행과의 관계를 이렇게 설명했습니다. "선행은... 칭의를 기초로 하는 믿음의 선물이다. 칭의를 위해 행위 없이 그리스도를 받는 믿음은 또한 성화에서 행위를 위해 그리스도를 받는다. 우리는 선행의 삶을 위해 오직 은혜로 오직 믿음을 통해 구원을 받는다(엡 2:8-10). 순서는 칭의가 먼저이고 그 다음이 선행이지, 선행이 먼저이고 그 다음이 칭의가 아니다. 성령은 자신의 말씀을 통해 믿음을 창조하시며, 믿음은 오직 그리스도께 매달리고, 이 믿음이 성령의 열매를 생산한다."[41] 참된 믿음으로 우리는 칭의의 복도 받고, 참된 믿음으로 우리는 성화의 복도 받습니다. 이것이 우리가 믿음으로 그리스도와 연합하여 받게 되는 "이중 유익"입니다. 칭의를 위해서는 믿음 외에 다른 어떤 것도 우리에게 요구되지 않습

---

41) 마이클 호튼, 「천국 가는 순례자를 위한 조직신학」, 박홍규 옮김 (서울: 부흥과개혁사, 2015), 429-430.

니다. 그러나 우리는 선행의 삶을 위해서 믿음으로 구원을 받았습니다. 이것이 믿음과 칭의와 선행(성화)의 관계입니다.

칼빈은 "믿음은 선행을 의에 이르게 하는 도구가 아니라"[42]고 하였습니다. 우리가 믿음으로 선을 행한다고 해서 우리가 하나님 앞에서 의롭다 하심을 받을 수 있게 되는 것이 아닙니다. 칼빈은 하나님 앞에서 우리의 행위가 받아들여지려면 행위를 하는 자가 먼저 의롭다 함을 얻어야 한다는 사실을 지적하면서, 이사야 1장을 인용하였습니다. 하나님께서는 이스라엘 백성들이 월삭과 안식일과 대회로 모여서 제사를 드리는 것을 책망하시면서 "헛된 제물을 다시 가져오지 말라. 분향은 나의 가증히 여기는 바요… 그것이 내게 무거운 짐이라 내가 지기에 곤비하였느니라"(사 1:13-14)라고 하셨습니다. 왜 그렇게 하신 것입니까? 제사는 하나님께서 이스라엘 백성들에게 요구하신 것이고, 예배 자체는 참으로 선한 일이 아닙니까? 하지만 하나님께서 그들의 예배를 심히 가증히 여기시고 책망하신 것은 이스라엘 백성들이 손에 피를 가득히 하고서 하나님께 나아와 예배하였기 때문이었습니다(사 1:15-17). 이처럼, 행위를 하는 자가 먼저 의롭다 함을 받지 못하면, 그 사람의 모든 행위는 하나님 앞에서 선행이 될 수 없습니다. 사람이 아무리 하나님 앞에서 선한 행실을 한다고 하더라도 그가 여전히 하나님과 원수된 상태에 머물러 있다면, 하나님은 그의 행위를 선행으로 간주하시지도 않으시며, 그것을 근거로 그를 의롭다고 하시지는 더더욱 않으십니다. 그러므로 우리는 선행이 칭의의 조건이 아니라 칭의의 결과라는 사실을 기억해야 합니다.

---

42) 칼빈, 「기독교강요」, III.xv.3.

성도의 선행은 결코 공로가 될 수 없다

둘째, 우리의 선행은 어떤 의미에서든지 우리의 공로가 될 수 없으며, 우리의 선행은 우리가 마땅히 하여야 할 일을 한 것뿐입니다. 벨직 신앙고백 제24조의 두 번째 단락이 바로 이것을 말하고 있습니다.

그러므로 우리는 공로를 위해서 선을 행하는 것이 아닙니다. 우리가 어떤 공로를 세울 수 있겠습니까? 오히려 우리는 우리의 모든 선행에 대하여 하나님께 빚을 지고 있습니다. 하나님께서 우리에게 빚을 지고 계신 것이 아닙니다.

선행은 성도가 마땅히 하여야 할 일입니다. 하나님께서 우리를 값없이 구원하여 주신 것은 우리로 하여금 선을 행하게 하시기 위함입니다. "우리는 그의 만드신 바라 그리스도 예수 안에서 선한 일을 위하여 지으심을 받은 자니 이 일은 하나님이 전에 예비하사 우리로 그 가운데서 행하게 하려 하심이니라"(엡 2:10). 그러므로 우리의 선행에 대하여 하나님께서 우리에게 빚을 지고 계신 것이 아니라 오히려 우리가 우리의 선행에 대해서 하나님께 큰 빚을 지고 있음을 기억해야 합니다. 하나님은 우리의 선행에 대하여 감지덕지해 하시는 분이 아닙니다. 우리는 착각하지 말아야 합니다. 우리는 하나님의 말씀에 순종하여 선을 행할 때에, 마치 우리가 하나님에게 큰 선심이라도 쓰는 것처럼 생각하는 경향이 있습니다. 마치 우리가 하나님을 위하여 큰 희생을 해서 대단한 일이라도 "해드린" 것처럼 생각하기 쉽다는 말입니다. 하지만 우리는 우리의 선행을 가지고 하나님과 사람 앞에서 은연중에라도 으스대려고 하거나 자랑하려고 하지 말아야 합니다. 왜냐하면 "우리 안에서 자기의 기쁘신 뜻을 위하여 우리에게 소원을 두고 행하게 하시는"(빌

2:13) 이는 하나님이시기 때문입니다. 참된 믿음을 주신 분도 하나님이시고, 선을 행하고자 하는 소원을 우리 안에 일으켜 주신 분도 하나님이시고, 선을 행할 수 있는 여건과 능력과 자원을 주신 분도 하나님이시기 때문에, 우리는 순전히 하나님의 은혜로 선을 행할 수 있게 된 것에 대하여 깊이 감사해야 합니다.

우리는 우리의 선행에 대하여 자랑할 것이 전혀 없습니다. 만일 우리가 선행의 삶을 살지 않았더라면 우리는 어떤 삶을 살았을까요? 우리는 무의미한 일들과 게으름으로 우리의 시간을 허송했을 것이며, 선 대신 악을 행하고 죄를 짓는 일에 바빴을 것이며, 열매 없는 삶을 살았을 것입니다. 그러나 이제 우리는 선을 행할 수 있게 되었으니 얼마나 감사한 일입니까? 그러므로 우리는 선을 행한 후에 하나님과 사람 앞에서 진심으로 그리고 겸손히 이와 같이 고백해야 합니다. "우리는 무익한 종입니다. 우리는 우리가 마땅히 하여야 할 일을 한 것뿐입니다"(눅 17:10).

더욱 감사한 것은, 하나님께서는 신자의 선행에 상을 주신다는 사실입니다. "동시에 우리는 하나님께서 선행에 상 주신다는 것을 부인하기를 원하지 않으니, 하나님께서 그의 선물들을 더하여 주시는 것은 그의 은혜에 의한 것입니다." 선을 행하게 하신 것만도 감사한데, 하나님께서는 그 위에 상을 주십니다. 벨직 신앙고백의 원문은 하나님의 상 주심을 "우리의 선행에 관을 씌워주시는 것"이라고 하였습니다. 이것이 "하나님께 나아가는 자는 반드시 그가 계신 것과 또한 그가 자기를 찾는 자들에게 상 주시는 이심을 믿어야 할지니라"(히 11:6)고 하신 말씀의 의미입니다. 하나님께서는 우리의 선행을 칭찬하시고 격려하시기 위하여 상을 주시는데, 하나님께서 이렇게 그의 선물들을 내려주시는 것은 그의 은혜에 의한 것입니다. 하나님의 상 주심은 은혜에 은혜를, 복에 복을 더하여 주시는 것입니다. 우리는 하나님의 이러한 상 주심을 중히 여겨야 합니다.

우리의 모든 선행은 예수 그리스도의 고난과 죽음만을 의지한다

셋째, 우리는 우리의 선행에 우리의 구원을 의존하지 않으며, 오히려 우리의 구주이신 예수 그리스도의 고난과 죽음만을 의지합니다. 벨직 신앙고백 제24조의 마지막 단락이 이것을 말합니다.

> 더구나 우리가 비록 선행을 한다고 해도 우리는 거기에 우리의 구원을 의존하지 않습니다… 만일 그 선행들이 우리 구주의 고난과 죽음에 의지하지 않았다면, 우리는 언제나 어떤 확신도 없이 의심 중에 이리저리 흔들리게 될 것이며, 우리의 가련한 양심은 끊임없이 고통을 당할 것입니다.

우리는 칭의뿐만 아니라 성화 역시 그리스도와의 연합으로 받는 구원의 은혜임을 믿습니다. 우리의 선행은 여전히 부족한 것투성이입니다. 왜냐하면 우리 자신이 여전히 부족하기 때문입니다. 우리가 아무리 거룩한 삶을 산다고 하더라도 지금 우리는 이 순종을 겨우 시작했을 뿐입니다. 또한 우리는 선만 행하는 것이 아니라 악도 행하기 때문에, 하나님은 단 하나의 죄만으로도 우리의 삶 전체를 거부하실 수 있습니다. 하지만 하나님께서는 그리스도를 보시고 우리의 순종을 선한 것으로 받아주시고 기뻐하십니다. 그러므로 우리는 철저하게 그리스도의 고난과 죽음에 의지하여 순종과 선행의 삶을 살아야 합니다. 우리의 선행이 하나님 앞에서 선행이 될 수 있는 것은 믿음 때문이 아니라 그리스도 때문이라는 사실을 명심해야 합니다.

그리스도께서 성취하신 구속을 의지하지 않는다면, 우리의 선행은 하나님께 조금도 받아들여질 수 없습니다. 구주의 고난과 죽음을 떠나서는 우리는 어디에서도 우리의 선행이 하나님을 기쁘시게 하는 것이 될 수 있다는 확신을 가질 수 없습니다. 우리의 선행의 유일한 터가 되시는 그리스도의 죽음이 아니었다면, 우리의 가련한 양심은 어떤 확신도 없이 늘 의심 중에 이리저리 흔들렸을 것이고 끊임없는 고통 가운데 있었을 것입니다. 그러므로 우리는 그리스도의 고난과 죽음을 믿는 믿음 안에서 우리의 칭의에 대해서만이 아니라 우리의 성화에 대한 확신을 가질 수 있게 되는 것입니다.

우리에게 참된 믿음이 있습니까? 그렇다면 우리에게 성화와 선행의 열매도 많이 있습니까? 우리에게 참된 믿음이 있다면 우리는 우리의 성화와 선행을 갈망해야 합니다. 참된 믿음은 공허한 믿음이 아니라 역사하는 믿음입니다. 우리는 선을 행할 수 있게 된 것에 대하여 깊이 감사하면서, 선을 행한 후에는 "나는 무익한 종입니다. 마땅히 하여야 할 일을 한 것뿐입니다."라고 겸손히 고백할 수 있어야 합니다. 우리의 선행은 그리스도의 고난과 죽음을 의지할 뿐이라는 사실을 기억하고, 오직 믿음으로 성화와 선행의 삶을 살아가야 합니다. 제2스위스 신앙고백은 참된 믿음에 대하여 이렇게 말했습니다. "우리는 허구적이며 텅 비어 있고 나태하며 죽어있는 믿음이 아니라 살아있으며 각성시키는 믿음에 대해 말한다. 이 믿음은 생명이신 그리스도를 붙잡고 살아나며, 살아있는 행위로써 살아있다는 것을 보여주기 때문에... 살아있는 믿음이라고 불린다."(제2스위스 신앙고백 제15장 "신자의 참된 칭의에 관하여" 중에서). 그러므로 하나님께서 성도의 선행을 기뻐하시며 상을 주실 것을 바라보면서, 그리스도의 고난과 죽음을 의지하여 우리가 하여야 할 일을 믿음으로 감당하며, 모든 영광은 하나님께 돌리는 우리 모두가 되기를 소원합니다.

하나님 아버지, 우리에게 역사하는 믿음, 살아있는 믿음을 주셨사오니, 우리의 믿음이 행함이 없는 죽은 믿음이 되지 말게 하여 주시고, 우리의 믿음을 더욱 굳세게 하여 주시옵소서. 모든 것을 행한 뒤에는 "나는 무익한 종이라. 마땅히 하여야 할 일을 한 것뿐이라." 하고 고백하며 모든 영광을 하나님께 돌리게 하여 주시옵소서. 우리의 남은 때 더욱 순종과 선행의 삶에 힘쓰게 하시고, 풍성한 성화와 선행의 열매를 맺게 하여 주시옵소서. 예수님의 이름으로 기도하옵나이다. 아멘.

벨직 신앙고백 제25조

율법의 성취

우리는 율법의 의식들과 상징들이 그리스도의 오심으로 종결되었으며 모든 그림자들이 끝나게 되었으므로 그것들의 사용은 그리스도인들 가운데에서 폐지되어야 한다는 것을 믿습니다. 그러한 것들은 예수 그리스도 안에서 성취되었으나, 그것들의 진리와 본질은 예수 그리스도 안에서 여전히 우리를 위하여 남아있습니다.

그리하여 우리는 하나님의 뜻을 따라 그리고 하나님의 영광을 위하여 복음에 대한 우리의 확신을 더욱 굳건히 하고 우리의 생활을 순전하게 세워 나가기 위하여 율법과 선지자들의 증언들을 계속해서 사용합니다.

율법의 성취

1 율법은 장차 오는 좋은 일의 그림자요 참 형상이 아니므로 해마다 늘 드리는바 같은 제사로는 나아오는 자들을 언제든지 온전케 할 수 없느니라

히브리서 10장 1절

벨직 신앙고백 제25조는 신자의 삶에서 구약의 율법이 어떤 위치를 가지는지를 다루고 있습니다. 성경은 복음에 대해 설명하면서, 우리가 하나님 앞에서 죄인이라는 사실과, 죄인된 우리는 "율법의 행위"로는 하나님 앞에서 의롭다 하심을 얻을 수 없다는 점을 반복하여 강조하고 있습니다. 예수님 당시 많은 유대인들은 율법을 행하는 것으로 하나님 앞에서 의롭다 하심을 얻을 수 있을 것이라 생각하였습니다. 그래서 사도들이 "믿음으로 말미암아 의롭다 하심을 받는다"는 복음을 전하였을 때에 사람들은 그 복음을 잘 믿으려 하지 않았습니다. 반면에 그리스도인들 중에서는 율법을 더 이상 필요 없는 것처럼 극단적으로 생각하는 사람들이 생겨났습니다. 그리하여 교회는 율법을 둘러싸고 많은 혼란을 겪어야 했습니다. 그러한 혼란은 그리스도인들 사이에서 지금도 여러 가지 모양으로 계속 되고 있습니다. 그러므로 우리는 율법의 역할과 위치에 대해 바른 이해를 가지고 있어야 합니다. 율법

은 구약성경에 기록되어 있으며, 그것은 여전히 성경의 중요한 한 부분으로 포함되어 있기 때문에 우리는 율법이 그리스도인들에게 어떤 의미를 가지는지 잘 알아야 합니다. 사람이 율법을 행함으로는 구원을 받을 수 없고 그리스도를 믿을 때에만 구원을 받을 수 있다면, 우리에게 있어서 율법의 용도와 필요가 무엇입니까? 벨직 신앙고백 제25조는 그리스도인들에게 있어서 율법이 어떤 의미를 가지고 있으며 어떤 위치를 차지하고 있는지를 다루고 있는 중요한 조항입니다. 율법에 관한 벨직 신앙고백 제25조의 교훈은 크게 네 가지로 요약될 수 있습니다.

구약의 의식들과 상징들의 외적 실천은 폐지되었다

첫째, 율법의 여러 의식들과 상징들은 그림자로서, 그것들의 실체이신 그리스도 안에서 성취되었기 때문에 그 외적인 실천이 폐지되었다는 것을 먼저 알아야 합니다. 구약성경에는 여러 의식과 상징에 관한 규례들이 있습니다. 예를 들면, 제사장과 제사에 관련된 규례라든지, 할례와 관련된 규례라든지, 절기에 관련된 규례라든지, 음식과 관련된 규례라든지, 그 외에도 정결에 관한 여러 규례와 의식이 있습니다. 구약의 이 모든 규례와 의식은 장차 오실 그리스도를 가리키는 그림자와 모형이며, 실체는 그리스도이십니다(히 10:1). 구약의 의식들과 상징들은 실체이신 그리스도 안에서 성취되었습니다.

제사 제도를 예로 들어보겠습니다. 구약의 성도들은 하나님을 예배하고 자신의 죄를 회개할 때에 제사를 드렸습니다. 그러나 짐승의 피 자체가 죄를 없이 할 수는 없었습니다. "황소와 염소의 피가 능히 죄를 없이 하지 못함이라"(히 10:4). 그렇다면 짐승 제사를 명령하고 있는 구약의 율법은 다 헛말이었다는 말입니까? 구약의 성도들은 모두 헛되이 제사를 드렸다는 말입니까? 그렇지 않습니다. 구약 시대에 드려진 짐승의 피의 제사는 장차 우리를 위하여 피 흘리실 그리스도의 십자가의 제사를 가리키고 있었습니다. 구약의 성도들은 소와 양의 피를 가지고 나아오라고 하신 하나님의 말씀을 믿음으로 제사를 드렸으며, 하나님께서는 장차 오실 여자의 후손이신 그리스도의 십자가의 제사에 근거하여 그들의 죄를 사하여 주셨습니다. 구약의 무수한 제사들은 장차 오실 약속된 메시아가 죄인들의 죄를 어떻게 해결하실 것인지를 끊임없이 가르치고 있었던 것입니다. 구약의 제사는 장차 있게 될 그리스도의 십자가의 제사를 향하도록 하는 의식이었고, 그 의식의 참된 성취는 그리스도에게서 이루어졌습니다. 구약성경이 약속promise이라면 신약성경은 성취fulfillment입니다. 하나님께서는 제사 제도를 통해서 구약의 성도들에게 이러한 사실을 각인시켜 주셨던 것입니다.

구약의 여러 의식과 상징은 그림자로서 실체이신 그리스도 안에서 성취되었기 때문에 그것의 외적인 실천은 폐지되었습니다. 그래서 신약의 그리스도인들은 더 이상 그것들을 사용하지 않습니다. 우리는 하나님을 예배할 때에 더 이상 양이나 소를 잡아서 죽이고 그 피를 제단에 뿌리는 짐승의 제사를 드리지 않습니다. 구약의 율법에 그것이 여전히 기록되어 있고 우리는 그것을 하나님의 말씀으로 받아들이고 있지만, 그 외적인 실천은 폐지된 것입니다. 그리하여 구약의 여러 의식들과 상징들의 외적인 실천은 이제 폐지되었습니다. "이것들은 장래 일의 그림자이나 몸은 그리스도의 것이니라"(골 2:17)고 하셨습니다. 히브리서 기자는 "율법은 장차 오는 좋은 일의 그림자요 참 형상이 아니므로 해마다 늘 드리는바 같은 제사로는 나아오는 자들을 언제든지 온전케 할 수 없느니라"(히 10:1)고 했습니다. 구약의 성도들은 모형과 그림자를 보았습니다. 그러나 이제 실체이신 그리스도께서 오셨으니, 그림자를 따라가는 대신 그리스도를 따라가면 되는 것입니다. 예수님께서는

"내가 율법이나 선지자나 폐하러 온 줄로 생각지 말라 폐하러 온 것이 아니요 완전케 하려 하려 함이로라"(마 5:17)고 하셨습니다. 제사의 중단은 율법을 폐하는 것이 아니라 오히려 율법과 선지자를 완전하게 하는 것이요, 성취하는 것이요, 그 충만한 의미를 드러내는 것이 됩니다. 구약의 여러 의식들과 상징들의 외적 실천은 폐지되었지만, 우리는 그것의 성취와 완성을 그리스도 안에서 발견하며 그리스도를 믿음으로 구원을 얻습니다.

율법의 의식들과 상징들의 진리와 본질은 여전히 그리스도 안에서 남아있다

둘째, 율법의 여러 의식과 상징은 그리스도 안에서 성취되었지만, 그 의식들과 상징들이 담고 있는 진리와 본질은 여전히 그리스도 안에서 우리를 위하여 남아있다는 사실을 기억해야 합니다.

제사 제도를 다시 예로 들어보겠습니다. 제사 제도 자체는 폐지되었지만, 제사 제도에 담긴 진리와 본질, 그 의미와 핵심 메시지는 그리스도 안에서 계속 발견됩니다. 그렇다면 제사 제도에 담긴 진리와 본질은 무엇입니까? 제사 제도의 진리와 본질은 죄의 전가와 대속의 원리에서 찾을 수 있습니다. 제사 제도에 담긴 진리와 본질은, 내가 죄를 지었지만, 내가 그 죗값을 치른다면 내가 죽어야 하겠기에, 나를 대신하여 누군가가 대신 죗값을 치르고 대신 죽임을 당해야 한다는 것입니다. 죄를 지은 사람이 흠 없는 소나 양을 가지고 제사장에게로 와서 그 짐승에게 안수할 때에 그의 죄가 그 짐승에게 전가되고, 어린 양이 그를 대신하여 죽임을 당하고 피를 흘릴 때에 그의 죄가 하나님 앞에서 사함을 받게 되도록 하신 것이 제사 제도의 진리와 본질입니다. 제사 제도는 우리의 죄가 대속의 피로 사함을 받아야 한다는 것과, 우리의 죄를 속할 수 있는 제사의 제물은 하나님의 말씀을 따라 드려진 흠 없는 제물의 피여야 한다는 것을 가르칩니다. 구약의 이스라엘 백성들은 천

년도 넘게 제사 제도를 통하여 복음의 이 중요한 원리를 배운 것입니다. 누군가가 우리의 죄를 대신 담당하고, 우리 대신 피 흘리고 죽임을 당해야 한다는 대속의 원리는 여전히 우리를 위하여 남아있습니다. 하나님께서는 제사장이 짐승의 피를 가지고 지성소에 들어가서 하나님과 죄인들을 화해시키는 제사 제도를 통해 하나님과 인간 사이에는 중보자가 필요하다는 것을 마치 시청각 자료를 보여주시듯이 보여주고 계신 것입니다.

물론 신약 시대를 살아가는 우리는 구약의 시민법judicial law이나 의식법ceremonial law을 문자적으로 지키지는 않습니다. 우리는 더 이상 안식년이나 희년과 같은 제도를 문자 그대로 지키지 않으며, 유월절이나 칠칠절이나 초막절과 같은 절기도 지키지 않으며, 절기를 지키기 위해 예루살렘 성전으로 올라가지도 않습니다. 우리는 음식에 관한 규례도 지키지 않습니다. 하지만 그런 의식과 제도가 담고 있는 진리와 본질은 여전히 우리를 위하여 남아있습니다. 우리는 율법에서 그 진리와 본질을 잘 찾아서, 율법의 근본 취지와 본래의 의도는 존중하고 살려서 오늘 우리의 삶에 적용해 나가야 합니다. 이러한 규례의 진리와 본질은 결국 그리스도와 그리스도 안에 있는 구속을 가리키는 것이며, 또한 우리가 하나님을 어떻게 사랑하고 섬기며 우리의 이웃을 어떻게 내 몸과 같이 사랑해야 하는 것인지에 관한 것입니다.

율법과 선지자들의 증언은 복음을 더욱 확신하게 만든다

셋째, 우리는 하나님의 뜻을 따라, 하나님의 영광을 위하여 복음에 대한 우리의 확신을 더욱 군건히 하고 우리의 생활을 순전하게 세워나가기 위하여 율법과 선지자들의 증언을 계속해서 사용해야 합니다. 프랑스 신앙고백도 이것을 동일하게 고백하고 있습니다. "더구나 우리는 삶의 올바른 질서와 복음의 약속들을 확인하기 위해서 율법과 예언자들의 도움을 받아야만 한다."(프랑스 신앙고백 제23조). 그렇다면 우리는 구약성경을 읽을 때 어떤 유익을 얻을 수 있습니까?

먼저 우리는 율법과 선지자들의 증언을 통해서 복음을 확신할 수 있게 되는 유익을 얻습니다. 우리는 율법을 통해 복음을 더 확신하게 됩니다. 율법은 불신자들에게는 죄를 드러내서 여전히 자신들이 죄인인 것을 확신시키고 깨닫게 합니다. 율법은 죄인들을 절망하게 만들어서 복음을 듣고 그리스도께로 나아갈 수 있도록 하는 몽학 선생의 역할을 합니다. 율법은 죄를 드러내고 선포하는 역할을 합니다. 우리는 그것을 가리켜서 율법의 신학적 용도 또는 복음적 용도라고 부릅니다. 율법의 이러한 역할은 신약 시대에도 계속 필요합니다. 믿지 않는 자들을 전도하려면 그들의 죄를 깨닫게 해야 하는데, 율법은 바로 그 일을 합니다. 하지만 율법은 죄를 드러내기는 하지만 치료책까지 주지는 않습니다. 율법은 불신자들의 죄를 깨닫게 해주고, 죄의 치료책인 복음을 갈망하며 그리스도를 향해 나아가도록 만들어주는 방식으로 불신자들에게 복음을 확신시킵니다. 따라서 율법과 복음을 서로 거스르고 반대되는 것으로 생각해서는 안 됩니다. 율법은 복음과 조화를 이룹니다. 율법과 복음은 일종의 협동 작업을 하고 있는 것입니다. 율법은 율법이 할 수 있는 일을 하고, 복음은 복음이 할 수 있는 일을 해서, 우리를 구원으로 인도합니다. 그러므로 율법은 믿지 않는 이들에게 복음을 전하고 그들에게 복음을 확신시키기 위하여 여전히 필요합니다.

또한 율법은 신자들에게도 복음을 확신시킵니다. 신자는 구약의 약속된 모든 의식들과 상징들, 그리고 선지자들이 약속하고 있는 모든 예언들과 시편의 말씀들이 그리스도를 가리키고 있다는 것을 끊임없이 확인할 수 있습니다. 하나님께서 약속하신 대로 여자의 후손으로 오시고 아브라함의 후손으로, 모세와 같은 선지자로, 다윗과 같은 왕으로 오신 분이 그리스도 외에 또 누가 있습니까? 멜기세덱의 반차를 좇아서, 동정녀의 몸에서 태어나신 분이 그리스도 외에 또 누가 있습니까? 고난 받는 종으로 오셔서 우리를 위하여 채찍에 맞으시고 도수장으로 끌려가는 양과 같이 잠잠하시고 부자의 묘실에 장사되신 분이 그리스도 외에 또 누가 있습니까? 이것을 우리는 어디에서 확신할 수 있습니까? 우리는 구약성경에서 그것을 계속 확신할 수 있습니다. 율법의 여러 의식과 상징뿐만 아니라 선지자들의 증언도 하나님의 구원을 약속하며 예언하고 있습니다. 그러므로 그러한 약속들이 그리스도 안에서 그대로 성취된 것을 볼 때에 우리는 복음이 참되다는 사실을 더욱 확신할 수 있게 됩니다. 약속이 없다면 성취를 어떻게 확신할 수 있겠습니까? 그러므로 우리는 복음을 더욱 확신하기 위하여서 여전히 율법과 선지자들의 증언에 귀를 기울여야 합니다. 우리가 그리스도를 아는 빛을 통해서 구약성경을 읽을 때에 우리는 복음을 더욱 바르고 깊이 있게 이해하고 확신하게 됩니다. 우리는 율법과 선지자들의 증언을 통해서 복음을 복음으로 확신할 수 있습니다. 구약성경은 불신자에게는 불신자대로 신자에게는 신자대로 복음을 확신시켜주는 일을 합니다. 우리는 구약의 여러 약속들과 의식들과 상징들을 볼 때에, 그리스도가 참으로 하나님께서 아담 때부터 약속하셨던 바로 그 구주이신 것을 더욱 확신할 수 있습니다. 신약에서 구약의 말씀들이 많이 인용되고 있는 것도 바로 이 때문입니다. 구약성경은 우리에게 더욱 복음을 확신하게 하기 위하여 주어졌습니다.

율법과 선지자들의 증언은 신자의 생활을 질서 있고 순전하게 만들어준다

넷째, 율법과 선지자들의 증언은 우리의 생활을 질서 있고 순전하게 만들어줍니다. 이것을 우리는 율법의 교육적인 용도 또는 교훈적인 용도라고 부릅니다. 칼빈은 이것을 "율법의 제3의 용도 the third use of the law"라고 불렀습니다. 우리는 율법과 선지자들의 증언을 통해서 우리의 생활을 질서 있게 유지해 나가는 데 큰 도움을 얻습니다. 그러므로 신약의 성도들은 의식법이나 시민법을 문자적으로 지키지 않는다 할지라도 거기에 담긴 진리와 본질을 깨닫고 거기에서 삶의 중요한 원리들을 배워야 합니다. 뿐만 아니라 율법에는 의식과 상징만 있는 것이 아니라 하나님의 영속적인 도덕법들도 많이 기록되어 있다는 것을 알아야 합니다. 오늘날 교회 안에는 도덕법까지도 폐지되었다고 하며 율법폐기론antinomianism을 주장하는 사람들이 있습니다. 그들은 그리스도께서 율법의 완성이요 마침이요 성취가 되셨으니(롬 10:4) 이제 더 이상 율법이 필요 없다고 주장합니다. 이제 복음이 왔으니 율법을 운운하는 사람은 율법주의자이며 그런 사람은 복음 안에서 자유하지 못한 자라고 말합니다. 심지어 우리의 모든 죄는 그리스도 안에서 사함을 받았으니 죄를 지어도 더 이상 회개할 필요도 없다고까지 주장하는 사람들도 있습니다. 하지만 그런 주장을 하는 사람들은 성경을 완전히 오해하는 사람들이고 특별히 율법의 의미를 바로 깨닫지 못한 사람들입니다. 하나님의 계명에 따라 살고자 하는 것은 율법주의가 아닙니다. 그리스도인이 율법에서 하나님의 기쁘신 뜻을 찾아서 그것을 삶에서 실천하고자 하는 것은 구원을 얻기 위함이 아니라 구원 받은 성도로서 마땅히 맺어야 하는 성화와 선행의 열매를 맺고자 하는 것입니다.

우리는 율법과 선지자들의 증언을 통해서 하나님께서 우리의 삶에 바라시는 바가 무엇인지, 교회와 가정에서 이웃들과의 관계에서 어떻게 처신하고 어떻게 행동해야 하는지 끊임없이 배워야 합니다. 우리는 구원을 얻기 위해서가 아니라 하나님의 기뻐하시는 바가 무엇이고 미워하시는 바는 무엇인지를 알아서 우리를 구원하신 하나님을 기쁘시게 하고 그분만을 영화롭게 하기 위하여 율법과 선지자들의 증언에 귀 기울여서 순종의 삶을 계속 살아가야 합니다. 그러므로 우리는 복음을 더욱 확신하고 또한 우리의 생활을 순전하고 질서 있게 세워나가기 위하여 율법과 선지자, 곧 구약성경 전체를 계속 사용해야 합니다.

우리는 우리의 신앙생활에서 차지하고 있는 율법의 역할과 위치를 간과하지 말아야 합니다. 율법에 관한 내용들은 우리에게 더 이상 필요없다고 생각하는 반율법적인 태도를 가지지 말아야 합니다. 우리는 신약성경뿐만 아니라 구약성경 전체를 부지런히 읽고 공부하여 신구약성경 전체에 대한 체계적이고 원만한 이해를 가질 수 있어야 합니다. 설교자들도 설교할 때에 신약과 구약의 균형을 가지는 것이 필요합니다. 우리는 율법의 의식과 상징에 담겨져 있는 진리와 본질을 유심히 살펴서 하나님께서 이 말씀을 통해 무엇을 원하시는지를 찾아서 우리의 실제 삶에 적용시키려는 노력을 기울여야 합니다. 특별히 우리는 십계명을 포함한 율법의 내용들을 통해 하나님이 우리에게 명령하시는 바가 무엇인지, 하나님의 언약 백성된 우리가 마땅히 행해야 할 바가 무엇인지를 끊임없이 교훈 받아야 합니다. 그리고 그것을 우리 개인과 가정과 교회와 사회에 어떻게 적용시켜야 할지를 그리스도인으로서 진지하게 고민해야 합니다. 그리고 그것이 우리의 실제 삶에 반영되고 실천될 수 있도록 해야 합니다.

무엇보다 우리는 구약의 율법과 시편과 선지자들의 증언들 속에서 그리스도를 발견하고 그리스도를 높여야 합니다. 구약의 율법과 선지자들이 가르친 것은 단순한 윤리와 도덕이 아니었습니다. 단순한 사회 개혁도 아니었습니다. 그들의 모든 증언은 그리스도를 발견하게 하고 그리스도를 통한 구원의 원리를 나타내기 위한 것이었습니다. 그래서 주님께서는 온 율법과 선지자들과 시편이 다 그를 가리켜 기록되었다고 하셨던 것입니다. "또 이르시되 내가 너희와 함께 있을 때에 너희에게 말한바 곧 모세의 율법과 선지자의 글과 시편에 나를 가리켜 기록된 모든 것이 이루어져야 하리라 한 말이 이것이라 하시고"(눅 24:44). 우리는 이 예수님의 말씀의 뜻을 기억하고 구약의 모든 말씀을 통해서 그리스도를 높여야 합니다. 하나님의 말씀에 나타난 그리스도와 그의 의에 기초해서 우리의 삶을 세워나가려고 하는 노력을 다해야 합니다. 그리스도를 높이는 것, 이것이 율법과 복음에 대한 바른 이해를 가진 그리스도인들이 가져야 할 태도입니다. 율법에 대한 균형 있는 이해를 가지고 우리의 삶에 그것을 잘 적용시키고 또 그리스도를 높일 수 있는 우리 모두가 되기를 소원합니다.

하나님 아버지 감사합니다. 율법의 여러 의식들과 상징들을 통하여 장차 오실 그리스도가 어떤 분이실 것을 예표하여 주시고 바라보게 하셔서 우리가 복음을 더욱 확신할 수 있게 하여 주신 것을 감사드리옵나이다. 그리스도께서 구약의 모든 약속대로 우리 구원자와 중보자로 오셔서 우리를 위한 모든 구원의 일들을 이루신 것을 또한 감사드리옵나이다. 구약의 성도들에게 주셨던 율법이 오늘 우리 신자의 삶에 어떤 의미를 가지고 있으며 어떤 위치에 있는지, 율법의 진리와 본질이 어떻게 신자의 삶에 적용되어야 하는지를 가르쳐 주셨사오니, 우리의 남은 때 신약성경과 구약성경의 모든 말씀들을 더욱 잘 배우고 바르게 알아서 우리의 삶에 잘 적용시키게 하여 주시고, 이로써 율법과 선지자들이 가리키는바 그리스도를 높이며 살아가는 저희들이 되게 하여 주옵소서. 예수님의 이름으로 기도하옵나이다. 아멘.

벨직 신앙고백 제26조
그리스도의 중보

우리는 유일한 중보자이시며 대언자이신 "의로우신 예수 그리스도"를 통하지 않고서는 하나님께 나아갈 수 없음을 믿습니다. 그리스도는 신성과 인성이 함께 연합된 사람이 되셔서 사람인 우리가 결코 나아갈 수 없었던 하나님의 위엄 앞에 가까이 나아갈 수 있게 하셨습니다. 그러나 성부께서 자신과 우리 사이에 세우신 이 중보자는 결코 그의 위엄으로 우리를 두렵게 함으로써 우리의 상상을 따라 다른 중보자를 찾게 하지 않으십니다. 왜냐하면 하늘에나 땅 위의 피조물들 중에 예수 그리스도보다 우리를 더 사랑하는 분은 없기 때문입니다. 그는 근본 하나님의 본체이시나, 우리를 위해 종의 형체와 사람의 모양을 취하심으로 자기를 비우셨고(빌 2:6-7), 범사에 그의 형제들과 같이 되셨습니다(히 2:17). 만일 우리가 다른 중보자를 찾아야 했다고 생각해 보십시오. 우리가 그의 원수 되었을 때조차도 우리를 위해 생명을 버리신 그분보다 우리를 더 사랑하는 분이 또 어디에 있겠습니까(롬 5:8,10)? 또는 우리가 (그러한) 권세와 능력을 갖춘 이를 찾아야 했다고 생각해 보십시오. 하늘과 땅의 모든 권세를 가지고 성부 하나님 우편에 앉아계신 그분 외에 누가 더 있겠습니까(마 28:18)? 또한 하나님의 가장 사랑하시는 아들보다 하나님께서 더 기도를 들어주실 이가 누구이겠습니까?

그러므로 성인들saints을 중재자로 높이는 관습이 실제로는 그들을 불명예스럽게 만드는 것이 되는 것은, 그러한 관습이 믿음을 다른 곳에 두고 있기 때문입니다. 성인들은, 그들의 글에서 밝히고 있는 것처럼, 결코 그것(그런 관습)을 요청하지 않았으며 오히려 자신들의 의무에 따라 그것을 끊임없이 거절했습니다. 우리는 (기도할 때에) 우리의 자격 없음을 따지지 말아야 합니다. 왜냐하면, 문제는 우리가 얼마나 우리 자신의 존귀함에 근거하여 기도를 드리느냐 하는 것이 아니라, 예수 그리스도의 탁월함과 존귀함에 근거해서만 기도를 드리느냐 하는 것에 있기 때문입니다. 그분의 의는 오직 믿음으로 말미암아 우리의 것이 됩니다.

그러므로 사도는 우리가 이 어리석은 두려움, 아니 이 불신앙을 제거하기를 원하여, 우리에게 예수 그리스도가 "범사에 형제들과 같이 되심이 마땅하도다. 이는 하나님의 일에 자비하고 신실한 대제사장이 되어 백성의 죄를 속량하려 하심이라."(히 2:17)라고 말한 것은 다 이유가 있습니다. 왜냐하면 그는 시험을 받으시고 고난을 당하셨기 때문에 시험 받는 자들을 능히 도우실 수 있기 때문입니다. 더 나아가, 사도는 우리가 그분에게 나아가도록 더 격려하기 위해서 "그러므로 우리에게 큰 대제사장이 계시니 승천하신 이 곧 하나님의 아들 예수시라. 우리가 믿는 도리를 굳게 잡을지어다. 우리에게 있는 대제사장은 우리의 연약함을 동정하지 못하실 이가 아니요, 모든 일에 우리와 똑같이 시험을 받으신 이로되 죄는 없으시니라. 그러므로 우리는 긍휼하심을 받고 때를 따라 돕는 은혜를 얻기 위하여 은혜의 보좌 앞에 담대히 나아갈 것이니라."(히 4:14-16)고 말했습니다. 또한 동일한 사도는 "우리가 예수의 피를 힘입어 성소에 들어갈 담력을 얻었나니…… 참 마음과 온전한 믿음으로 하나님께 나아가자."(히 10:19,22)라고 하였고, 또한 "예수는 영원히 계시므로 그 제사장 직분도 갈리지 아니하느니라. 그러므로 자기를 힘입어 하나님께 나아가는 자들을 온전히 구원하실 수 있으니, 이는 그가 항상 살아계셔서 그들을 위하여 간구하심이라."(히 7:24-25)고 하였습니다. 그리스도께서도 친히 선언하시기를 "내가 곧 길이요 진리요 생명이니 나로 말미암지 않고는 아버지께로 올 자가 없느니라."(요 14:6)고 하셨으니, 우리에게 무엇이 더 필요합니까? 그런데도 우리가 다른 대언자를 찾아야 할 이유가 있습니까? 하나님께서는 그의 아들을 우리의 대언자로 우리에게 주시기를 기뻐하셨으니, 결코 찾을 수 없는 다른 대언자를 찾으려고 그분을 떠나지 맙시다. 그런 대언자는 아무리 찾아도 결코 찾을 수 없을 것입니다. 왜냐하면 우리가 죄인들임을 매우 잘 아시는 하나님께서 우리에게 그의 아들을 주셨기 때문입니다.

    그러므로 우리는 주님께서 가르쳐 주신 기도에서 배운 대로 그리스도의 명령을 따라서 우리가 예수님의 이름으로 아버지께 구한 모든 것을 얻을 것을 확신하면서, 우리의 유일한 중보자이신 그리스도를 통하여 하늘에 계신 아버지를 부릅니다.

그리스도의 중보와 성도의 기도

> 24 지금까지는 너희가 내 이름으로 아무 것도 구하지 아니하였으나 구하라 그리하면 받으리니 너희 기쁨이 충만하리라
>
> 요한복음 16장 24절

벨직 신앙고백 제26조는 성도들이 그리스도의 중보자 되심에 의지해서 하나님의 은혜의 보좌 앞으로 나아가서 기도할 수 있게 된 것에 대해서 다루고 있습니다. 벨직 신앙고백은 웨스트민스터 대·소요리문답이나 하이델베르크 요리문답처럼 주님께서 가르쳐 주신 기도를 세밀하게 다루는 부분은 별도로 없고, 다만 구원론을 다루는 단락의 맨 마지막 조항인 26조에서 기도에 관한 주제를 다룹니다. 우리의 신앙생활에 있어서 기도는 참으로 중요한 부분입니다. 벨직 신앙고백 제26조는 기도에 관해서 크게 세 가지 교훈을 주고 있습니다.

우리는 오직 그리스도를 통해서만 하나님께 나아가 기도할 수 있다

첫째, 우리는 우리의 유일한 중보자이며 중재자이신 의로우신 예수 그리스도를 통해서만 하나님께 나아가 기도할 수 있습니다. 벨직 신앙고백 제

26조는 이렇게 시작됩니다. "우리는 유일한 중보자이시며 대언자이신 '의로우신 예수 그리스도'를 통하지 않고서는 하나님께 나아갈 수 없음을 믿습니다." 벨직 신앙고백 제26조는 기도를 "하나님께 나아가는 것"으로 표현하고 있습니다. 하나님의 은혜의 보좌 앞으로 나아가 아뢰는 것이 기도입니다.

우리가 하나님께 나아가 무언가를 아뢸 수 있는 것은 우리의 유일한 중보자이자 대언자이신 "의로우신 예수 그리스도"를 통해서만 가능합니다. 누군가 하나님께 나아갈 수 있다면 그것은 놀라운 특권입니다. 아무나 거룩하신 하나님 앞으로 나아갈 수 있는 것이 아니기 때문입니다. 우리가 하나님께 나아갈 뿐만 아니라 하나님께 아뢰기까지 할 수 있다면 그것은 더더욱 놀라운 특권입니다. 아무나 엄위하신 하나님께 아뢸 수 있는 것은 아니기 때문입니다. 신자들은 바로 그러한 놀라운 특권을 예외 없이 다 받아가진 사람들입니다. 신자들이 하늘의 하나님께 나아가 무언가를 아뢸 수 있는 것은 우리의 유일한 중보자이며 대언자이신 의로우신 예수 그리스도와 그의 중보 사역을 힘입음으로써만 가능한 일입니다. 하나님은 사람들이 허공을 향하여 아무렇게나 부르짖는 기도에 모두 다 응답해 주시는 분이 아닙니다. 하나님께서는 유일한 중보자이신 예수 그리스도의 대속 공로를 힘입고 그리스도의 이름으로 기도하는 자들의 기도만을 받으시고 들으십니다. 그러므로 우리는 그리스도에 대한 믿음이 없이는 하나님께 감히 다가갈 수 없습니다.

우리는 우리의 기도에 있어서도 그리스도께서 우리의 유일한 중보자와 대언자이심을 믿습니다. 하나님과 우리 사이의 유일한 중보자는 그리스도 한 분뿐입니다. "하나님은 한 분이시요 또 하나님과 사람 사이에 중보도 한 분이시니 곧 사람이신 그리스도 예수라"(딤전 2:5)고 하셨습니다. 그러므로 우리는 다른 모든 중보자와 대언자를 거절합니다. 가톨릭교회에서는 소위 전구자轉求者라고 불리는 마리아나 사도들이나 다른 성인聖人들의 중보를 가르칩니다. 하지만 성경은 우리의 중보자는 그리스도 한 분이신 것을 분명하게 가르치고 있습니다. 사도들은 자신들에게 중보를 요청할 것을 어디에서도 가르치지 않았습니다. 오히려 사도 요한은 "내가 곧 길이요 진리요 생명이니 나로 말미암지 않고는 아버지께로 올 자가 아무도 없느니라"(요 14:6)고 하신 주님의 말씀을 우리에게 똑똑하게 전해 주었습니다.

예수님 외에 다른 중보자와 대언자는 필요없습니다. 예수님의 중보와 대언만으로 우리는 충분하기 때문입니다. 사람들이 기도에 있어서 그리스도 외에 다른 중보자 또는 전구자를 찾는 이유는 자신들이 하나님께 직접 나아가기에 심히 부족하다고 느끼기 때문에 자신들보다 좀 더 나은 사도들과 성인들을 통해서 우리의 기도가 하나님께 전달되기를 바라는 마음이 있기 때문입니다. 하지만 벨직 신앙고백 제26조가 가르치는 것처럼 우리는 하나님께 기도할 때에 우리의 자격 없음을 따지지 말아야 합니다. 우리가 하나님께 기도로 나아갈 수 있는 근거는 우리 자신의 존귀함이 아니라 오직 예수 그리스도의 탁월함과 존귀함에만 있기 때문입니다. 예수님과 같은 분은 아무도 없습니다. 자격(하나님의 독생자) 면을 보아도 그렇고, 능력(전능하신 하나님) 면을 보아도 그렇습니다. 기도자인 우리는 하나님 앞에서 언제나 초라할 뿐입니다. 우리는 하나님 앞에서 마치 "불에서 꺼낸 그슬린 나무"(슥 3:2)와도 같으며 우리의 옷은 더러운 누더기와 같습니다(사 64:6; 슥 3:4). 하지만 우리가 그리스도를 믿을 때에 그리스도의 의가 우리에게 입혀져서 우리는 그리스도의 의의 옷을 입고 하나님께 나아가 아뢸 수 있게 됩니다. 그러므로 우리는 그리스도 외에 다른 중보자와 대언자를 찾지 말아야 합니다.

그리스도는 우리를 위하여 성부 하나님께 간구하시는 대언자이시다

둘째, 우리는 그리스도께서 우리를 위하여 친히 성부 하나님께 아뢰며 지금도 우리를 위하여 간구하시는 대언자이심을 믿습니다. "예수는 영원히 계시므로 그 제사장 직분도 갈리지 아니하느니라. 그러므로 자기를 힘입어 하나님께 나아가는 자들을 온전히 구원하실 수 있으니, 이는 그가 항상 살아 계셔서 그들을 위하여 간구하심이라."(히 7:24-25)고 하였습니다.

그리스도께서 놀라운 중보자와 대언자가 되신다고 할 때 우리는 단순히 중보자로서의 그의 자격이나 능력을 추상적으로만 이야기하는 것이 아닙니다. 그리스도께서는 실제로 우리의 대언자로서 지금도 우리를 위하여 간구하고 계시는 분이시라는 점에서 그는 우리의 기도에 있어서 위대한 중보자와 대언자가 되십니다. 따라서 우리는 다른 대언자를 찾을 이유가 전혀 없습니다. "나의 자녀들아 내가 이것을 너희에게 씀은 너희로 죄를 범치 않게 하려 함이라 만일 누가 죄를 범하면 아버지 앞에서 우리에게 대언자가 있으니 곧 의로우신 예수 그리스도시라"(요일 2:1)고 하셨고, "누가 정죄하리요 죽으실 뿐 아니라 다시 살아나신 이는 그리스도 예수시니 그는 하나님 우편에 계신 자요 우리를 위하여 간구하시는 자시니라"(롬 8:34)고 하셨습니다. 하나님의 영원한 아들이신 그리스도께서 하늘의 성소에서 성부 하나님께 우리를 위하여 간구하시고 대언하시는 것보다 더 강력한 것이 무엇이겠습니까? 하나님의 가장 사랑하시는 아들보다 하나님께서 더 기도를 들어주실 이가 누구이겠습니까?

우리에게 그리스도와 같은 중보자와 대언자가 계시다는 사실은 참으로 다행스러운 일이고 우리에게 큰 위로가 됩니다. 왜냐하면 우리는 하나님 앞에서 말을 할 줄 모르는 어린 아이와 같기 때문입니다. 하나님께서 모세를 부르시고 바로에게 가라고 명령하셨을 때에, 모세는 "주여 나는 본래 말에 능치 못한 자라 주께서 주의 종에게 명하신 후에도 그러하니 나는 입이 뻣뻣하고 혀가 둔한 자니이다."(출 4:10)라고 하였습니다. 하나님께서 예레미야 선지자를 부르셨을 때에도 예레미야는 이렇게 고백했습니다. "슬프도소이다 주 여호와여 보소서 나는 아이라 말할 줄을 알지 못하나이다"(렘 1:6). 하나님께서 할 말을 친히 그들의 입에 두시어서 그 말을 이스라엘 백성들에게 전하라고 하셨는데도, 모세나 예레미야는 그것이 너무 어려울 것 같다고, 자신은 말할 줄을 알지 못한다고 고백하였습니다. 모세나 예레미야가 그렇게 고백하였다면 하물며 우리이겠습니까! 우리들도 말을 잘 할 줄 모릅니다. 우리는 사람 앞에서도, 사람에게도 말을 할 줄을 모릅니다. 우리는 어눌합니다. 말에 실수도 많습니다. 때로 우리의 의도나 마음과는 전혀 다른 말이 나가기도 하고, 상대방에게 상처가 되고 실례가 되는 말을 하기도 합니다. 오죽하면 야고보 사도는 말에 실수가 없는 자를 가리켜 온전한 사람이라고 하였겠습니까(약 3:2)? 이처럼 우리는 사람에게도 말을 잘 할 줄 모르는 어눌한 자들입니다.

하물며 우리가 하나님께 무언가를 아뢰어야 한다고 할 때에, 우리가 무슨 말을 해야 하는지 어떻게 알겠습니까? 우리는 우리가 마땅히 구해야 할 것이 무엇인지도 잘 모릅니다. 또한 그것을 어떻게 아뢰어야 하는지도 잘 모릅니다. 하지만 우리에게는 완전한 대언자가 계십니다. 그분은 우리 주 예수 그리스도입니다. 그리스도께서는 우리의 필요가 무엇인지 가장 잘 아시고 우리를 위하여 아버지께 친히 간구하십니다. 이것이 우리에게 얼마나 큰 위로인지요! 그리스도께서는 우리가 어떻게 기도해야 하는지를 잘 아시는 분입니다. 그래서 예수님은 "너희는 이렇게 기도하라"(마 6:9; 눅 11:2 참조)고 하시면서 우리에게 기도하는 법도 가르쳐 주셨습니다. 또한 주님께서는 우리가 기도할 수 있도록 우리에게 보혜사 성령님을 보내주셨습니다. 성령님께서는 우리가 마땅히 구해야 할 것을 우리에게 일깨워주시고 생각나게 하심으로 기도를 계속 가르쳐주시며 우리 안에서 말할 수 없는 탄식으로 우리를 위하여 친히 간구하십니다. 그리스도께서 우리의 대언자로 계시고 성령님께서 우리의 보혜사로 계시니 우리는 언제든지 하나님께 나아가 안심하고 기도할 수 있습니다.

우리는 기도 응답의 확신을 가지고 기도할 수 있다

셋째, 우리는 하나님께 기도할 때에 기도 응답의 확신을 가지고 기도할 수 있습니다. 귀도 드 브레는 벨직 신앙고백 제26조를 이렇게 끝맺고 있습니다.

그러므로 우리는 주님께서 가르쳐 주신 기도에서 배운 대로 그리스도의 명령을 따라서 우리가 예수님의 이름으로 아버지께 구한 모든 것을 얻을 것을 확신하면서, 우리의 유일한 중보자이신 그리스도를 통하여 하늘에 계신 아버지를 부릅니다.

기도 응답의 확신, 이것이 신자의 기도와 불신자의 기도의 큰 차이입니다. 불신자들도 기도하지만 그들에게는 기도 응답의 확신은 없습니다. 그들은 많은 말로 기도하고 정성을 다하여 열심히 기도하면 자신의 기도가 신들에게 상달될 것으로 기대합니다. 때로는 많은 예물을 가지고 와서 신들에게 바치면 그 정성에 탄복한 신들이 크게 응답할 것으로 기대합니다. 하지만 거기에는 기도 응답의 확신은 없습니다.

그러나 신자의 기도에는 기도 응답의 확신이 있습니다. 기도의 본질은 기도의 대상자를 감동시키는 데 있는 것이 아닙니다. 우리가 하나님께 기도할 수 있는 것은 우리에게 기도할 수 있는 어떤 자격이 있기 때문도 아닙니다. 우리는 우리 자신의 존귀함에 근거하여 기도하는 것이 전혀 아니라, 오직 그리스도의 탁월하심과 존귀하심과 그의 권위에 근거해서만 기도할 수 있습니다. 이것이 기도입니다. 우리는 기도할 때에 우리의 기도를 중재하시는 그리스도께서 하나님의 아들이신 것을 알고 믿기 때문에 기도 응답의 큰 확신과 담대함을 가지고 기도할 수 있습니다. 하나님의 아들이신 그리스도께서 우리의 대언자가 되셔서 우리와 하나님 사이를 중재하시며 우리에게 이렇게 말씀하십니다. "내 이름으로 무엇이든지 구하라. 그러면 내가 시행하리라!"(요 14:13-14; 요 15:16 참조).

그러므로 우리는 기도할 때에 "예수님의 이름으로" 기도합니다. 예수님의 이름으로 기도하라는 것은, 예수님의 이름을 기계적으로 우리의 기도의 맨 끝에 덧붙이기만 하면 된다는 것이 아니라 예수님의 인격과 구속 사역에 근거하여 기도하라는 뜻입니다. 새뮤얼 밀러는 "우리가 믿는 위대하신 대제사장의 공로와 중보 사역을 언급하지 않는 기도는 온전한 그리스도인의 기도라고 말할 수 없다."[43]고 하였습니다. 예수 그리스도의 이름으로 기도하는 것은 단순히 "예수님의 이름으로 기도합니다."라는 말로 기도를 마치는 것 이상의 의미가 있습니다. 웨스트민스터 대요리문답 180문은 이것을 우리에게 가르쳐 줍니다. "그리스도의 이름으로 기도한다는 것은 무슨 뜻입니까? 답. 그리스도의 이름으로 기도하는 것은 그의 명령에 순종하고 그의 약속들을 신뢰하며 그의 공로를 힘입어 긍휼을 간구하는 것입니다. 이것은 단순히 그의 이름을 말하는 것만이 아니고, 기도할 때 실제로 그리스도와 그의 중보를 통해 기도할 용기를 얻고, 기도할 담력과 힘을 얻으며, 기도의 응답에 대한 소망을 품고 기도하는 것입니다."

예수님은 "너희가 내 이름으로 무엇을 구하든지 내가 시행하리니… 내

---

43) Samuel Miller, *Thoughts on Public Prayer* (Philadelphia: Presbyterian Board of Publication, 1849), 53-54; 존 파이퍼, 존 맥아더, R. C. 스프로울, 「기도는 예배다」, 조계광 옮김 (서울: 생명의말씀사, 2014), 393에서 재인용.

이름으로 무엇이든지 내게 구하면 내가 시행하리라"(요 14:13-14)라고 확언하시면서 제자들에게 기도의 응답을 약속하셨습니다. "무엇을 구하든지"라고 하신 말씀에는 우리가 우리의 구원을 위하여, 그리고 우리의 소명을 이루는 데에 우리가 필요하다고 느끼며 구하는 것은 무엇이든지, 그것이 영적인 것이든 육적인 것이든, 개인을 위한 것이든 가정과 교회와 사회를 위한 것이든, 하나님의 선하신 뜻을 따라 시행하시겠다는 약속입니다. 그러므로 기도는 큰 능력이고 도움입니다. 우리는 하나님의 도우심을 기도라고 하는 은혜의 방도를 통해서 우리의 것으로 받습니다. 우리는 믿음으로 그리스도를 붙잡고 그리스도의 의를 우리의 것으로 받는 것처럼 우리는 기도로 하나님의 도우심과 능력을 우리의 것으로 받습니다.

예수님께서는 "내 이름으로 무엇을 구하든지… 내 이름으로 무엇이든지 내게 구하면"(요 14:13-14)이라고 두 번이나 "내 이름으로" 구하라고 하셨습니다. 이는 예수 그리스도의 인격과 사역에 근거하여 기도하라는 말씀입니다. 이는 또한 그리스도의 뜻 안에서 구하라는 말씀입니다. 그리스도의 뜻에 반대되는 어떤 것을 우리가 구한다면 그것은 그리스도의 이름으로 기도하는 것이 아니라 그리스도의 이름을 "빙자해서" 기도하는 것이 됩니다. 누군가 여러분이 전혀 원하지 않고 명하지도 않은 어떤 일을 여러분의 이름으로 사람들에게 이야기하고 다니고 어떤 일을 벌인다면, 그것은 여러분의 이름으로 하는 것이 아니라, 여러분의 이름을 사칭하여 자기의 일을 하는 것이 될 것입니다. 기도는 그리스도의 이름을 빙자하여 우리의 뜻을 따라 구하는 것이 아니라, 그리스도의 이름으로, 그리스도의 뜻을 따라 구하는 것입니다. 그러므로 우리는 주님께서 가르쳐 주신 기도에서 배운 대로 그리스도의 명령을 따라서 우리가 예수님의 이름으로 아버지께 기도할 뿐입니다.

또한 "내 이름으로 기도하라"고 하신 것은 "그리스도를 위하여" 기도하라는 명령입니다. 우리가 기도하고 바라는 것은 우리를 위하는 것이 아니라 그리스도를 위하여 하는 것이어야 합니다. 우리는 왜 기도합니까? 우리를 위해서입니까, 그리스도를 위해서입니까? 우리는 이미 우리 인생의 목적을 분명히 한 사람들입니다. 우리는 끊임없이 우리 자신을 위하고자 하는 마음을 내려놓은 사람들입니다. 우리가 추구하는 모든 것의 궁극적인 목적은 우리가 살든지 죽든지 우리의 삶에서 그리스도가 높아지고 존귀히 되기를 바라는 것이어야 합니다. 우리가 예수님의 이름으로 기도할 때 우리는 기도의 방향을 잃지 않게 됩니다. 우리가 기도하는 것은 하나님의 뜻이 이루어지기를 위하여 기도하는 것이고, 아버지의 이름이 거룩히 여김을 받으시기 위하여 기도하는 것이고, 하나님의 나라와 그의 의를 위하여 기도하는 것입니다. 그러므로 우리는 그리스도의 이름으로 기도하며, 그리스도를 위하여 기도해야 합니다.

기도는 하나님께서 성도들에게 큰 은혜와 자비와 긍휼로 베풀어주신 특권입니다(단 9:18). 기도할 때마다 우리의 유일한 중보자이자 대언자이신 그리스도를 생각하고 그리스도의 이름만을 의지하여 하나님께 나아갑시다. 지금도 하나님 우편에서 우리를 위하여 친히 간구하고 계시는 그리스도를 바라봅시다. 우리의 기도를 들으시고 응답하시는 하나님께 우리의 모든 짐을 맡기고, 아무 것도 염려하지 말고 우리의 구할 것을 감사함으로 하나님께 아룁시다(빌 4:6). 하나님께서는 우리의 기도를 들으시고 응답하실 수 있는 유일하신 분입니다. 하나님은 우리의 기도를 들으시며 응답해 주시기를 기뻐하시는 자비의 하나님이실 뿐만 아니라, 능히 응답하실 수 있는 전능의 하나님이십니다. "그러므로 우리가 긍휼하심을 받고 때를 따라 돕는 은혜를 얻기 위하여 은혜의 보좌 앞에 담대히 나아갈 것이니라"(히 4:16)고 하셨으니, 기도 응답의 큰 확신과 담력을 가지고, 시시로 하나님 앞에 나아가 기도합시다.

하나님 아버지, 하나님의 아들이신 그리스도를 우리의 중보자와 대언자로 허락해 주심을 감사드립니다. 우리는 의로우신 그리스도의 중보 사역과 대언 사역이 없이는 의로우신 하나님 앞에 결단코 나아갈 수 없고 아버지께 아뢸 수 없음을 고백합니다. 우리는 불에서 꺼낸 그슬린 나무토막 같은 자들이고 우리의 옷은 더러운 누더기와 같기에, 우리는 우리의 대언자이신 그리스도의 의를 의지하여, 그리스도의 의의 옷을 입고, 그리스도의 이름으로 하나님께 나아가 아뢸 뿐이오니, 하나님의 아드님 그리스도를 보시사 우리의 기도를 들으시고 응답하여 주시옵소서. 이 귀한 은혜의 방도인 기도를 부지런히 사용하지 않았던 것을 용서하여 주시고, 저희들이 기도 응답의 큰 확신을 가지고 그리스도께서 가르쳐 주신 기도에서 배운 대로 그리스도의 명령을 따라 예수님의 이름으로 기도하는 개인과 가정과 교회가 되게 하여 주시옵소서. 예수님의 이름으로 기도하옵나이다. 아멘.

벨직 신앙고백 제27조
거룩한 보편적 교회

　　　　　　우리는 하나의 보편적 또는 우주적 교회를 믿고 고백합니다. 이 교회는 예수 그리스도 안에서 그들의 완전한 구원을 기다리면서 그리스도의 피로 씻음을 받고 성령의 거룩하게 하심과 인치심을 받은 참된 그리스도인들의 거룩한 회중이요 모임입니다.

　이 교회는 세상의 처음부터 있었고 끝날까지 있을 것인데, 이는 그리스도께서 백성 없이 계실 수 없는 영원한 왕이시기 때문입니다. 이 거룩한 교회는 비록 잠시 동안 사람의 눈에는 매우 작아서 마치 소멸된 것처럼 보일 수도 있지만, 온 세상의 분노에도 굴하지 않고 하나님에 의해 보존됩니다. 예를 들면, 아합의 학정 동안에도 주님께서는 바알에게 무릎 꿇지 않은 칠천 명을 친히 보존하셨습니다(왕상 19:18).

　그러므로 이 거룩한 교회는 어떤 특정한 지역이나 특정한 사람들에게 국한되거나 묶이거나 제한되지 않으며, 오히려 온 세계에 퍼져 있고 흩어져 있으며, 그러면서도 이 교회는 여전히 믿음의 능력으로 동일하신 한 분 성령 안에서 한 마음과 한 뜻으로 연결되고 연합되어 있습니다.

하나의 거룩하고 보편적인 교회를 믿습니다

²³ 교회는 그의 몸이니 만물 안에서 만물을 충만케 하시는 자의 충만이니라

에베소서 1장 23절

벨직 신앙고백의 제27조부터 36조까지는 교회에 대한 조항입니다. 이는 벨직 신앙고백이 교회론을 얼마나 중요하게 생각하고 있는지를 보여줍니다. 벨직 신앙고백 제27조는 교회가 무엇인지를 가르치고 있습니다. 물론 우리가 구원을 받는 것은 하나님과 우리 각 사람 사이에서 개별적으로 일어나는 일입니다. 우리가 구원을 받는 것은 집단으로 받는 것이 아니라 개별적으로 받는 것입니다. 성령님께서는 복음을 듣는 자 한 사람 한 사람 안에서 역사하셔서, 믿는 자들을 개별적으로 구원하십니다. 하지만, 그렇다고 해서 우리가 혼자서 단독으로, 그 누구의 도움 없이, 이 세상의 어떤 외적인 방편의 도움 없이 구원을 받는 것으로 생각해서는 안 됩니다. 우리는 혼자서 복음을 알게 된 것이 아니고, 다른 사람들의 도움 없이 스스로 믿음을 가지게 된 것도 아닙니다.

우리는 지상의 교회를 통해서 복음을 듣게 되었고 믿음을 가지게 되었습니다. 우리가 복음을 듣고 예수님을 믿기 훨씬 전에 누군가 성경을 번역하

였고, 누군가 복음을 전하기 위하여 선교사가 되어 이 땅에 왔으며, 누군가 교회를 세우기 위하여 피땀 흘려 희생하고 수고했으며, 누군가 우리를 교회로 인도해 주었고, 누군가 그 교회의 강단에서 복음의 말씀을 설교하였습니다. 우리가 믿는 부모님에게서 태어나서 복음을 듣게 되었다고 해도 그것은 당연한 일이 아닙니다. 하나님께서는 또한 우리의 부모님에게 복음이 들려지게 하시기 위하여 수많은 사람들을 사용하셨습니다. 한 사람의 그리스도인이 있기까지 교회사 전체가 필요했다고 해도 과언이 아닙니다. 우리는 혼자서 예수님을 믿고 구원을 받을 수 없습니다. 구원 경험은 개인적인 것이지만, 혼자서 구원을 얻을 수는 없습니다. 그래서 칼빈은, "우리가 그리스도로 말미암아 부여된 영원한 구원과 복의 동참자가 되는 것은 복음을 믿음으로 말미암는다. 그러나 우리에게는 무지와 게으름에다 경망된 천성이 더하여져 있기 때문에 외적인 도움이 필요하다."[44]라고 했습니다. 칼빈은 말하기를, 하나님께서는 신자들에게 이러한 외적인 도움을 허락하셨는데, 하나님께서는 이 보화를 교회에 맡기셨다고 했습니다. 그래서 교회의 목사와 교사들을 통해서 복음의 말씀이 선포되게 하셨고, 사람들이 복음을 듣고 한 사람 한 사람씩 구원을 받도록 하셨고, 또 성례들을 제정하셔서 우리의 믿음이 자라고 단단해지게 하셨습니다. 하나님께서는 이러한 보화와도 같은 은혜의 주된 방도들을 교회에 맡겨두셨습니다. 칼빈은 "하나님이 아버지가 되시는 자들에게는 교회가 또한 어머니가 된다."라고 했던 교부 키프리아누스Cyprianus의 유명한 말을 [기독교강요]에서 인용했습니다.[45] 그러므로 모든 신자들에게는 교회가 필요하고 교회의 품이 필요합니다.

---

44) 칼빈, 「기독교강요」, IV.i.1
45) 칼빈, 「기독교강요」, IV.i.1

벨직 신앙고백 제27조는 교회에 대하여 크게 세 가지 진리를 가르칩니다. 보통 교회의 속성을 말할 때에는 "하나의 교회(교회의 통일성), 보편적 교회(교회의 보편성), 거룩한 교회(교회의 거룩성), 사도적 교회(교회의 사도성)"를 말합니다. 그러나 벨직 신앙고백 제27조는 먼저 교회의 통일성과 보편성에 관한 신앙을 하나로 묶어서 고백하고, 두 번째로 교회의 거룩성에 관한 신앙을 고백하며, 세 번째로는 교회의 머리되신 그리스도께서 교회를 이 악한 세상 가운데에서 보존하시고 다스리심을 믿는다고 고백합니다.

우리는 하나의 보편적이고 우주적인 공교회를 믿습니다

첫째, 우리는 하나의 보편적인(또는 우주적인) 공교회를 믿습니다. 먼저 우리는 교회의 하나됨을 믿습니다. 지상에는 여러 교회들이 있습니다. 성경에도 여러 지역 교회들이 등장합니다. 우리나라에도 역시 많은 지역 교회들이 있습니다. 이렇게 많은 교회들이 있음에도 불구하고 우리는 교회가 하나라는 것을 믿습니다. 우리는 교회가 무엇인지 그 정의를 먼저 분명히 해야 합니다. 교회는 그리스도의 피로 씻음을 받아 하나님의 자녀와 백성이 된 참된 그리스도인들의 거룩한 회중이요 모임입니다. 이것을 하나님의 택하심과 연관시켜서 말하자면, 교회는 "하나님께서 택하시고 부르신 자들의 총회 assembly"라고도 할 수 있습니다. 한 마디로 교회는 하나님의 백성입니다. 하나님의 교회는 둘이 아니라 하나입니다. 하나님은 두 백성을 가지시는 왕이 아니라, 한 백성을 가지시는 왕입니다. 그러므로 교회는 하나의 교회입니다. 그 하나의 교회의 지체된 각 개인들, 각 가정들, 각 지역 교회들의 수는 굉장히 많고 다양합니다. 과거에도 수많은 신자들과 믿는 가정들과 지역 교회들이 존재했고, 지금도 많이 존재하고 있으며, 앞으로도 계속해서 존재할 것입니다. 그들은 다양합니다. 그들 간에는 크고 작은 교리상의 차이도 있고, 부르는 찬송가도 조금씩 다르고, 교회의 정치 체제나 직분이나 예배와 같은 질서에 있어서도 약간씩 차이가 있고, 외형에 있어서도 차이가 있습니다. 큰 교회도 있고 작은 교회도 있습니다. 교회는 다양성을 가지고 있습니다. 교회의 다양성을 어느 정도까지 인정할 수 있는가 하는 문제에 대해서는 29조에서 참된 교회의 표지에 관하여 다룰 때에 좀 더 살펴보겠습니다. 그러나 교회는 그 정의상 하나요 한 몸입니다. 교회의 다양성은 한 몸의 지체됨의 차원에서 고려되어야 합니다. 한 몸의 지체가 많다고 해서 몸이 여러 개라고 할 수 없고 한 몸이라고 부르는 것처럼, 교회는 많은 지체를 가진 한 몸입니다. 교회는 그 정의상 하나입니다. "몸은 하나인데 많은 지체가 있고 몸의 지체가 많으나 한 몸임과 같이 그리스도도 그러하니라"(고전 12:12)고 하셨고, "우리가 한 몸에 많은 지체를 가졌으나 모든 지체가 같은 직분을 가진 것이 아니니 이와 같이 우리 많은 사람이 그리스도 안에서 한 몸이 되어 서로 지체가 되었느니라"(롬 12:4-5)고 하셨습니다. 교회는 모두 하나님의 백성입니다. 하나님의 백성은 그 종자가 하나입니다. 교회는 그리스도의 피로 죄 씻음을 받고 성령으로 거듭난 종자들, 곧 하나님께로서 난 자들이기 때문에 하나의 거룩한 족속이요 하나의 교회입니다. 벨직 신앙고백 제27조는 교회의 하나됨을 이렇게 표현하였습니다.

그러므로 이 거룩한 교회는 어떤 특정한 지역이나 특정한 사람들에게 국한되거나 묶이거나 제한되지 않으며, 오히려 온 세계에 퍼져 있고 흩어져 있으며, 그러면서도 이 교회는 여전히 믿음의 능력으로 동일하신 한 분 성령 안에서 한 마음과 한 뜻으로 연결되고 연합되어 있습니다.

교회의 하나됨은 매우 신비하고 영광스러운 것입니다. 교회는 그리스도와 연합된 자들입니다. 그리스도 안에서 믿는 자들이 모두 하나가 된다는 것은 참으로 신비한 일입니다. 구약과 신약의 모든 성도들, 과거와 현재와 미래의 모든 성도들, 모든 지역에 흩어져 있는 성도들이 모두 그리스도 안에서, 한 성령 안에서 한 믿음과 한 마음과 한 뜻과 한 사랑과 한 소망으로 서로 연결되고 연합되어 있다는 사실 역시 매우 신비하고 영광스러운 일입니다. 교회는 지역뿐만 아니라 시대도 넘어섭니다. 이것이 교회의 보편성 또는 우주성입니다. 그러므로 모든 시대에 존재했던 모든 성도들은 다 하나의 보편적 공교회입니다. 교회를 설명할 때에 소위 "보이는 교회 visible church"와 "보이지 않는 교회 invisible church"로 구분하여 설명하기도 하지만, 그것은 사람의 눈으로 보기에 그렇다는 것이지 하나님이 보실 때에는 오직 하나의 교회만 있습니다. 두 개의 교회가 있는 것이 아니라, 오직 하나의 교회만 있을 뿐입니다. 교회는 그리스도의 한 몸이며, 교회는 하나의 교회입니다. 웨스트민스터 신앙고백 제25장 1항은 교회의 보편성에 대하여 이렇게 가르칩니다. "눈에 보이지 않는 보편적 교회는 교회의 머리이신 그리스도 아래서 하나가 되도록 모였고, 모이고 있으며, 모이게 될 모든 택함 받은 사람들로 구성된다. 이 교회는 그리스도의 신부요, 몸이며, 만물 안에서 만물을 충만케 하시는 그분의 충만이다(엡 1:10,22-23, 5:23,27,32; 골 1:18)." 이 교회는 세상의 처음부터 있었고 끝날까지 있을 것입니다.

그러므로 우리는 교회를 "보편 교회, 우주적 교회, 공교회"라고 부릅니다. 보편 교회, 우주적 교회, 공교회는 모두 같은 말입니다. 우리가 사도신경에서 "거룩한 공회를 믿습니다"라고 고백할 때에, 공회라는 말은 "공교회 Catholic Church"를 의미합니다. 천주교회는 이 교회의 중요한 속성들 중 "보편성 catholicity"을 의미하는 "가톨릭"이라는 말을 사용하여, 천주교회만을 참된 공교회라고 믿고 주장합니다. 바꾸어 말하면, 가톨릭교회에 속하지 않은 교회들은 참된 교회가 아니라는 것입니다. 하지만 원래 이 말은 교회의 "공교회성, 보편성"을 의미합니다. 우리는 교회의 보편성(공교회성)을 그렇게 좁고 주관적인 의미로 사용해서는 안 됩니다.

우리는 공교회성을 생각하고, 보편교회의 한 지체로서 우리가 서 있음을 늘 생각해야 합니다. 우리는 교회의 공교회성을 생각하여, 개교회 이기주의로 나가서는 안 됩니다. 지나치게 분리주의, 분파주의로 나가는 것은 좋지 않습니다. 물론 분리주의를 주장하는 분들의 중심에도 바른 교회를 세우고자 하는 열정이 있다는 것을 우리는 압니다. 하지만 자칫 잘못하면 자기 교회, 자기 교파 외에는 참 교회가 없다는 자가당착의 오류에 빠지기 쉽습니다. 우리는 보편적인 교회를 믿습니다. 그렇다고 해서 십자가만 달고 있으면 모두 다 교회요 우리의 형제라는 것은 아닙니다. 우리는 교회의 공교회성에 대한 분명한 기준을 가지고 있어야 합니다. 여기에 대해서는 벨직 신앙고백 제29조에서 좀 더 자세히 살펴보게 될 것입니다.

우리는 지상의 여러 교회들과 한 몸이라는 의식을 늘 간직해야 합니다. 개교회들은 서로 협력하고 돌아보아야 합니다. 특별히 한국교회 안에 있는 개혁교회들이 보편교회로서 선한 사업에 서로 협력하고 돌아볼 수 있어야 합니다. 우리가 속한 노회나 총회 안에 있는 연약한 교회들을 돕고 격려하고 위로하기도 해야 합니다. 주일학교 교육이나 신학교 사역을 위해서, 교회 개척이나 전도나 선교를 위해서 협력할 때에도 교회의 보편성과 공교회성, 그리고 교회의 하나됨을 깊이 인식할 수 있어야 합니다.

우리는 거룩한 교회를 믿습니다

둘째, 우리는 교회의 거룩성을 믿습니다. 벨직 신앙고백 제27조는 교회를 "거룩한 교회"라고 반복해서 가르치고 있습니다.

> 이 교회는... 그리스도의 피로 씻음을 받고 성령의 거룩하게 하심과 인치심을 받은 참된 그리스도인들의 거룩한 회중이요 모임입니다... 이 거룩한 교회는... 온 세상의 분노에도 굴하지 않고 하나님에 의해 보존됩니다...그러므로 이 거룩한 교회는 어떤 특정한 지역이나 특정한 사람들에게 국한되거나 묶이거나 제한되지 않으며...

교회는 세상의 그 어떤 모임이나 단체와는 완전히 구별되는 거룩한 모임입니다. 교회는 예수 그리스도 안에서 그들의 완전한 구원을 기다리면서 그리스도의 피로 씻음을 받고 성령의 거룩하게 하심과 인치심을 받은 참된 그리스도인들의 거룩한 회중이요 모임입니다.

교회의 거룩성을 믿는다는 것은 지상교회에 아무런 흠이나 죄가 없음을 주장하는 것은 아닙니다. 성도가 성령의 거룩하게 하심을 받았지만 성도에게 죄가 없다고 말하지 않는 것처럼, 교회의 거룩성은 지상교회에 아무런 죄가 없다는 뜻이 아닙니다. 교회의 거룩성이란, 교회가 세상에 속하지 않고 하나님께 속하였으며, 하나님을 예배하도록 구별된 자들임을 의미합니다. 교회는 하나님께 속한 자들이며, 하나님을 섬기고 예배하도록 구별된 거룩한 백성, 곧 성민聖民입니다(출 19:6; 사 62:12). 하나님은 우리를 그리스도의 피로 씻어 주셨고, 성령을 보내주셔서 거룩하게 하셨습니다. 하나님께서는 성도들이 더 이상 죄 가운데 사는 것을 원치 않으십니다. 하나님은 우리를 죄에서 건져 구원하여 주셔서, 더 이상 죄의 종으로 살지 않게 하셨습니다. 우리에게 성령님을 보내어 주셨고, 우리를 거듭나게 하셔서, 그리스도 안에 있는 자들이 새 사람과 새로운 피조물로 살도록 해주셨습니다. 성령님을 우리 속에 두어 죄를 미워하고 하나님을 사랑하며 여호와의 법을 즐거워하며 살게 하셨습니다(겔 36:26-27). 그리하여 우리는 죄에 대하여 "아니오(No)"라고 말할 수 있게 되었습니다. 거룩의 영이신 성령님께서는 그리스도의 피로 이루신 구속을 우리에게 적용시켜 주셔서 실제로 우리의 죄가 씻음을 받을 수 있게 해주실 뿐만 아니라, 우리로 하여금 거룩을 추구하며 열망하게 하시어 이제부터는 마음을 다하여 즐거이 그리고 신속히 주를 위해 살게 하십니다. 하나님께서는 우리를 거룩으로 부르셨고, 거룩으로 나아갈 수 있게 해주셨습니다. 그래서 우리는 세상의 불신자들과는 확연하게 구별되는 다른 사람들이 되었습니다. 이것이 교회의 거룩성입니다.

그러므로 우리는 교회를 생각할 때에 교회의 거룩성을 생각하고 교회를 귀히 여겨야 합니다. 교회의 거룩성을 훼손하고 하나님의 거룩성을 침범하는 것을 하나님은 미워하십니다. 교회는 단순히 사람들의 모임이 아닙니다. 교회는 하나님의 거룩한 백성들의 모임입니다. 교회는 다릅니다. 교회에는 이 세상의 어떤 단체나 모임과는 확연히 구분되는 그 무엇이 있습니다. 교회는 그리스도로 옷을 입은 자들이요, 성도는 그리스도 예수 안에서 구원함을 받아 거룩하여진 자들입니다(고전 1:2). 하나님께서는 거룩한 날에 거룩한 행사들이 교회 안에서 이루어지도록 하셨고, 성도들이 이 세상에서 거룩하게 살기를 바라십니다. 그러므로 교회는 거룩성을 상실하여 세속화되지 않도록 주의해야 합니다. 교회는 세상을 닮아가야 하는 자들이 아니라 거룩하신 하나님을 닮아가야 하는 자들입니다.

우리는 그리스도께서 교회를 보존하심을 믿습니다

셋째, 교회는 이 세상에서 일시적으로 매우 작게 보이고 소멸된 것처럼 보일 수 있지만, 교회는 하나님의 특별하신 섭리와 돌보심에 의해서 보존됩니다. 교회는 온 세상의 분노에 굴하지 않고 영원한 왕에 의해 보존됩니다. 교회는 외적으로 볼 때 매우 미약하고 초라하게 보입니다. 그러나 이 거룩한 교회는 영원한 왕이신 그리스도에 의해 보존됩니다. 하나님께서 아합의 학정 동안에도 바알에게 무릎 꿇지 않은 칠천 인을 남겨두셨던 것처럼 말입니다(왕상 19:18). 벨직 신앙고백서를 작성한 귀도 드 브레도 교회가 극심한 핍박을 받고 있던 때를 살았습니다. 귀도 드 브레 자신도 개혁신앙을 받아들여 그리스도인이 되고 설교자가 된 이후에는 일평생 망명 생활을 거듭했으며 비밀리에 지하교회를 돌아보는 일을 감당해야 했습니다. 그는 이 신앙고백서를 작성할 때에 자신의 목숨을 이미 내놓았으며, 자신이 얼마나 더 펠리페 2세의 박해와 추격을 피할 수 있을지 장담할 수 없었습니다. 그러나 그때 귀도 드 브레는 엘리야 시대에 바알에게 무릎 꿇지 아니한 칠천 인을 남겨두신 하나님을 생각했습니다.

교회는 하나님의 특별한 돌보심 가운데 있습니다. 이스라엘 백성들이 애굽 땅 고센에 거할 때에 그들은 애굽 왕 바로의 학정으로 인하여 소멸될 것처럼 보였지만, 여전히 하나님의 특별한 보호하심을 받았습니다. 엘리야 선지자가 활동했던 시대도 어둡고 절망적인 시대였지만(왕상 21:25), 그러한 사악하고 어두운 시대에도 하나님께서는 교회를 위하여 엘리야와 같은 사람을 일으켜 주셨습니다. 그런 영적 암흑 속에서도 이렇게 밝은 빛을 비추는 하나님의 사람이 나올 수 있었다는 것은 하나님의 전적 은혜라고밖에는 말할 수 없습니다. 하나님께서는 모든 시대, 모든 교회들을 이렇게 보호하시고 사랑하셔서, 시대마다 하나님의 종들을 일으켜 주셨습니다. 그의 종들을 일으키셔서 진리의 빛을 꺼트리지 않고 보존해 나가시는 하나님의 은혜에 우리는 감사해야 합니다.

교회의 영광과 아름다움을 늘 생각합시다. "교회는 그의 몸이니 만물 안에서 만물을 충만케 하시는 자의 충만이니라"(엡 1:23)고 하셨습니다. 그리스도는 만물 안에서 만물을 충만하게 하시는 분입니다. 하나님이 창조하신 만물은 하나님께서 자신의 영광을 나타내시는 "일반계시의 극장"입니다. 그리고 교회는 만물을 충만하게 채우시는 그리스도의 영광으로 가장 충만한 곳입니다. 이런 의미에서 교회는 하나님의 "특별계시의 극장"입니다. 하나님과 우리 주 예수 그리스도의 영광을 가장 충만하고 찬란하게 나타내시는 곳이 교회라는 말입니다. 우리는 신비롭게 그 교회에 속하여 교회의 지체로 살게 된 것을 인해서 감사해야 합니다. 강퍅하고 무지하고 게으르고 경망된 천성을 가진 우리에게 교회의 품bosom이 없었더라면 어쩔 뻔했습니까? 교회의 하나됨, 교회의 보편성, 교회의 거룩성을 바르고 깊게 인식합시다. 그리스도의 충만으로서의 교회의 영광을 밝히 보고, 그리스도의 영광을 더욱 밝히 드러내는 우리 교회가 되기를 소원합니다.

하나님 아버지, 우리를 신비롭게 그리스도와 연합되게 하시고, 모든 성도들이 모든 시대와 지역을 뛰어 넘어 한 믿음과 한 성령으로, 신비롭고 강력하게 연결되고 연합되어 그리스도의 한 몸의 지체들이 되게 하신 것을 감사합니다. 교회의 거룩성을 생각하고 교회를 귀히 여기게 하여 주시고, 늘 교회의 품에 의지하여 살아가게 하여 주시옵소서. 우리가 온 세상의 분노와 학정 가운데에서도 교회로서 바로 설 수 있도록, 교회를 보존하여 주시고 은혜로 다스려 주시옵소서. 예수님의 이름으로 기도하옵나이다. 아멘.

벨직 신앙고백 제28조

교인의 의무

우리는 이 거룩한 총회와 회중이 구원 받은 자들의 모임이며 그것을 떠나서는 구원이 없기 때문에, 사람들이 어떤 지위나 상태에 있든지 혼자 있는 것으로 만족하여 교회를 떠나지 말아야 함을 믿습니다. 오히려 모든 사람들은 교회의 가르침과 권징에 복종하며 예수님의 멍에를 자신의 목에 메고 하나님께서 각자에게 한 몸의 지체로서 주신 은사들을 따라 서로를 세우기 위하여 봉사함으로써 교회의 하나됨을 유지하면서, 교회에 가입하고 연합할 의무를 가집니다.

이러한 연합(하나됨)을 보다 효과적으로 보존하기 위하여, 모든 신자들은 하나님의 말씀에 따라, 하나님께서 교회를 세우신 곳이라면 어디에서든지 그러한 모임에 가입하기 위하여 교회에 속하지 않은 자들로부터 자신을 분리시킬 의무를 가집니다. 위정자들이나 군주의 칙령이 이를 금지하고 죽음이나 육체적 형벌을 가한다고 할지라도 신자들은 이 의무를 수행해야 합니다. 그러므로 교회에서 떠나거나 교회에 가입하지 않는 사람은 모두 하나님의 법에 반대되는 행동을 하는 것입니다.

교인의 의무

19 때에 스데반의 일로 일어난 환난을 인하여 흩어진 자들이 베니게와 구브로와 안디옥까지 이르러 도를 유대인에게만 전하는데 20 그 중에 구브로와 구레네 몇 사람이 안디옥에 이르러 헬라인에게도 말하여 주 예수를 전파하니 21 주의 손이 그들과 함께 하시매 수다한 사람이 믿고 주께 돌아오더라 22 예루살렘 교회가 이 사람들의 소문을 듣고 바나바를 안디옥까지 보내니 23 저가 이르러 하나님의 은혜를 보고 기뻐하여 모든 사람에게 굳은 마음으로 주께 붙어 있으라 권하니 24 바나바는 착한 사람이요 성령과 믿음이 충만한 자라 이에 큰 무리가 주께 더하더라 25 바나바가 사울을 찾으러 다소에 가서 26 만나매 안디옥에 데리고 와서 둘이 교회에 일 년간 모여 있어 큰 무리를 가르쳤고 제자들이 안디옥에서 비로소 그리스도인이라 일컬음을 받게 되었더라

사도행전 11장 19-26절

교회 가입의 의무

벨직 신앙고백 제28조는 교인의 의무에 관하여 다루고 있습니다. 교회는 그리스도의 몸이며 하나의 교회이므로, 모든 성도들은 지상에서 교회에

가입할 의무를 가집니다. 사람은 무엇이 되면 거기에 따르는 의무를 가지게 됩니다. 부모가 되면 자녀를 양육해야 하는 의무를 가지게 되고, 선생님이 되면 학생들을 가르쳐야 하는 의무를 가집니다. 목사는 목양의 의무를 가집니다. 우리는 우리에게 맡겨진 의무를 감당할 때에 억지로, 짜증을 내며, 겨우겨우, 사랑 없이가 아니라 즐거이, 기꺼이, 사랑으로, 자원함으로 감당해야 합니다. 교인으로 사는 것도 마찬가지입니다. 교인이 되면 교인의 의무를 잘 감당해야 합니다.

벨직 신앙고백 제28조는 교인의 가장 첫 번째 의무를 교회 가입의 의무라고 명시하고 있습니다. "교인"이란 "교회의 회원member"이라는 뜻입니다. 우리가 예수님을 믿어 구원을 받았다고 한다면, 그 사람은 제일 먼저 지역 교회에 가입해야 합니다. 아무 교회든지 상관없이 가입하라는 것은 아닙니다. 참된 교회의 표지가 분명한 교회에 가입해서 그곳에서 교인으로서 신앙생활해야 합니다. 그러므로 교인의 가장 첫 번째 의무는 지역 교회에 가입하는 것입니다. 벨직 신앙고백 제28조는 신자가 교회에 가입해야 하는 이유를 다음과 같이 설명합니다.

> 우리는 이 거룩한 총회와 회중이 구원 받은 자들의 모임이며 그것을 떠나서는 구원이 없기 때문에, 사람들이 어떤 지위나 상태에 있든지 혼자 있는 것으로 만족하여 교회를 떠나지 말아야 함을 믿습니다.

교회는 구원 받은 자들의 모임이기 때문에 신자는 교회에 가입해야 합니다. 교회는 하나의 교회이며, 교회는 그리스도의 피로 씻음을 받아 하나님의 자녀와 백성된 참된 그리스도인들의 거룩한 모임입니다. 그러므로 교회가 시대마다 지역마다 구원 받은 백성들의 거룩한 모임을 가질 때에, 그러한 회집에 구원 받은 성도들이 가입하는 것은 당연합니다. 또한 "교회를 떠나서는 구원이 없기 때문에" 신자는 교회에 가입해야 합니다. 가톨릭교회는 "교회 밖에서는 구원이 없다."는 말을 "가톨릭교회 밖에서는 구원이 없다."는 뜻으로 사용하는데, 그것은 교회의 보편성catholicity을 매우 자의적으로 해석한 말입니다. "교회를 떠나서는 구원이 없다"는 말은, 보편교회가 지상에서 시대마다 지역마다 거룩한 모임과 회집의 형태로 드러나기 때문에, 성도들이 통상적으로 그러한 모임과 회집을 떠나서 복음을 듣고 구원을 받거나 양육을 받는 경우가 없다는 말입니다. 그렇다고 해서 보이는 교회에 가입할 수 없는 특수한 상황에서는 믿는 성도들이 전혀 있을 수 없다는 말은 아닙니다. 그러나 통상적으로 지역 교회의 회집을 저버리고 홀로 구원을 받는 경우는 없습니다.

오늘날 "나는 특정한 지역 교회에 가입하지는 않았지만 나는 여전히 그리스도를 믿으며 여전히 신자다." 하고 생각하는 사람들이 많아지고 있습니다. 이들은 지역 교회에 가입하지는 않고, 이곳저곳의 교회의 예배에만 참여하면서 자신을 여전히 "교인"이라고 믿습니다. 더 심한 경우는 아예 교회에 가지도 않고 공예배에 참여하지도 않으면서, 자신을 여전히 좋은 교인으로 생각하는 사람들도 많아지고 있습니다. 이렇게 교회에 '안 나가'면서도 자신을 교인이라고 주장하는 이들을 가리켜서 풍자적으로 "가나안 성도"라고 부르기도 합니다. 한국 교회 안에 이런 "가나안 성도"들이 100만 명도 넘게 있다는 통계가 있습니다. 요즈음에는 또 다른 유형의 성도들이 등장하고 있습니다. 이들은 코로나 사태로 인해, 교회에 가입하지도 않고 심지어 기존에 속해 있던 교회를 떠나서 유튜브로 신앙생활을 하는 "유튜브 성도"들입니다. 이들은 소위 인기 있는 설교자들의 유튜브 설교를 들으면서 일종의 "설교 서평(또는 설교 쇼핑)"을 하는 교인들입니다. 이들은 개교회에 속하지 않고,

교인으로서의 의무도 감당하지 않으면서, 유튜브 영상을 듣는 것으로 신앙생활을 이어가고 있습니다. 물론 지금 많은 교인들이 코로나19라는 특수한 상황으로 인해 현장 예배에 참석하지 못하고 오랜 기간 동안 영상으로 예배에 참여하고 있는 것이 사실입니다. 하지만 한 지역 교회에 가입하여 교인의 의무를 수행하면서 일시적으로 영상을 통해 예배에 참여하는 것과, 지역 교회에 가입하지 않은 채 "유튜브 성도"로 지내는 것은 전혀 다른 이야기입니다. 교인의 의무는 다하지 않으면서 교인으로 지내려는 사람들이 많아지고 있는 것은 서글픈 일인 동시에 매우 위험한 일입니다. 이런 이들은 굳이 한 지역 교회에 가입하여 교인으로 지내는 것보다, 교회에 가입하지 않거나 심지어 교회를 떠나서 혼자 있는 것으로 만족하려고 합니다. 한 지역 교회에 가입하여 교인의 의무를 감당하면서 신앙생활을 하려고 하면 많은 희생이 요구되고 사람들과의 관계 속에서 어려움도 겪게 될 것이니, 차라리 혼자서 유튜브를 보면서 신앙생활하는 것이 더 낫겠다고 생각하는 것입니다. 하지만 이러한 태도들은 교회가 무엇이며 교인이 된다는 것이 무엇을 의미하는지를 바르게 알지 못하는 데에서 나온 잘못된 태도입니다. 성도들은 그리스도의 몸인 교회에 연결되고 연합된 자이기 때문에, 무엇보다 지역 교회에 가입할 의무를 가집니다.

교회 가입의 절차

그렇다면 우리는 어떤 절차를 거쳐서 교회에 가입해야 합니까? 아무나 교회에 들어와서 "나도 이 교회의 교인으로 가입하고 이 교회의 교인이 되겠소!"라고 하면 자동적으로 교회의 회원이 될 수 있는 것은 아닙니다. 오늘날 교회를 무슨 식당쯤으로 생각하고, 교인이 되는 것을 식당의 손님이 되는 것쯤으로 생각하는 사람들이 많이 있습니다. 사람들은 자기가 원하면 언제든지 그 교회의 교인이 될 수 있을 것이라고 생각합니다. 그러나 전혀 그렇지 않습니다. 한 교회의 회원이 되는 것, 지역 교회의 교인이 되는 것은 참으로 엄중한 일입니다. 아무나 그 교회의 교인이 될 수 있는 것은 아닙니다. 교회의 교인이 되려면 거기에는 한 가지 조건이 있습니다. 교인 되는 단 하나의 조건이 있다면 그것은 무엇입니까? 누구든지 한 지역 교회의 교인이 되고자 한다면 그는 그리스도를 참되게 믿는 자라야 합니다. 이것이 교인 되는 유일한 조건입니다. 교회는 "그리스도의 피로 씻음을 받고 성령의 거룩하게 하심과 인치심을 받은 참된 그리스도인들의 거룩한 회중이요 모임"(벨직 신앙고백 제27조)이라고 했으니, 교회의 회원이 되고자 한다면 그는 참으로 거듭나, 참된 믿음으로 그리스도와 연합되어 그의 모든 은덕에 참여하는 자여야 합니다. 그리스도를 믿음으로 사죄와 칭의와 화목과 성화의 은혜를 받은 자여야 하며, 그 믿음을 온 교회 앞에 고백하는 표로 세례를 받은 자여야 합니다. 교회는 한 사람을 교인으로 가입 받을 때에, 그 사람이 그리스도를 참되게 믿는 자인지를 잘 확인해야 합니다. 그리고 그러한 사람이 한 지역 교회에 속하여 교인으로 살기를 소원하고 서약할 때에, 교회는 그 사람에게 세례를 베풀고 그를 그 교회의 교인(정회원, 정교인)으로 받아들이게 되는 것입니다. 이것은 매우 엄중한 일입니다.

또한 여러 가지 이유로 한 사람이 한 지역 교회에 속하여 신앙생활을 하다가 다른 교회의 교인으로 이명移名하게 되는 경우도 있습니다. 그럴 경우, 교회의 목사나 당회는 그 성도가 어떤 사유로 이전의 교회에서 떠나오게 되었는지, 또는 그 성도가 실제로 이전 교회에서 신앙생활을 하였는지 등의 여부를 확인하여야 하며, 또 일정 기간 그 성도가 가입하고자 하는 교회에서 교인으로서의 기본적인 의무를 잘 이행하고 있는지를 살펴보아야 합니다. 그 후에 그 교인이 교회에 가입하고자 하면 교인 서약을 함으로써 교회는 그 성도를 교회의 교인으로 받아들일 수 있습니다. 교회의 교인으로 받아들여진 사람은 교인으로서의 모든 권리를 가지며 또한 교인에게 요구되는 의무와 책임을 수행해야 합니다. 우리 교회도 이런 교회 가입 절차를 따라, (타교인의 교회 가입의 시기에 대해서는 교회마다 조금씩 기준이 다를 수 있겠지만), 최소 6개월 동안은 그 성도가 교인으로서의 기본적인 의무를 이행하는지를 살핀 후에, 가입 여부를 당회에서 결정하고, 전체 교인 앞에서의 교인서약을 통해 교회의 정회원으로 받고 있습니다. 이것이 교회 가입의 절차입니다.

교인이 되었으면 교인의 의무를 다해야 한다

한 사람이 지역 교회에 가입하여 그 교회의 회원 곧 교인이 되면 그것으로 다 끝나는 것이 아닙니다. 이제부터 그는 교인의 의무를 가집니다. 벨직 신앙고백 제28조는 교인의 의무를 매우 아름답게 요약하고 있습니다.

모든 사람들은 교회의 가르침과 권징에 복종하며 예수님의 멍에를 자신의 목에 메고 하나님께서 각자에게 한 몸의 지체로서 주신 은사들을 따라 서로를 세우기 위하여 봉사함으로써 교회의 하나됨을 유지하면서, 교회에 가입하고 연합할 의무를 가집니다.

이는 교인의 의무에 대한 참으로 훌륭한 정의입니다. "성도들이 서로를 세우기 위하여 하나님께서 우리 각자에게 주신 은사들을 따라 예수님께서 우리 목에 메어 주신 멍에를 메고 봉사하는 것", 바로 이것이 교인의 의무입니다. 아무에게나 이런 의무가 주어지는 것이 아닙니다. 한 교회의 교인으로 사는 것은 의무이기 이전에 고귀한 특권이요 큰 복입니다.

장로교 헌법에 따르면, 교인의 권리로는 성찬에 참여할 권리와 공동의회의 회원권과 교인으로서의 모든 청구권과 영적 보호를 받을 권리가 있으며, 교인의 의무로는 공예배에 참여할 의무와, 헌상의 의무, 전도의 의무, 봉사의 의무, 그리고 교회 치리에 복종할 의무가 있습니다. 교인의 가장 기본적인 의무는 함께 예배할 의무입니다. 한 교회의 교인이라고 하면서 예배에 참여하지 않는 것은 마치 한 학교의 학생이라고 하면서 수업에 들어오지 않는 것과 같습니다. 물론 지금은 코로나라고 하는 예외적인 상황으로 인해 모든 성도들이 다 함께 예배당에 모여서 예배하지는 못하고 있습니다. 비록 우리가 다 함께 한 자리에 모여서 예배하지 못한다 하더라도, 현장 예배에 참여하지 못하는 교인들은 영상으로라도 예배에 잘 참여해야 합니다. 예배 시간이 되었지만 영상으로도 예배에 참여하지 않고 있는 교인이 있다면, 그는 교인의 의무를 저버리는 것입니다. 영상으로 예배에 참여하더라도 예배 시간을 잘 지켜서 함께 예배해야 합니다. 물론 이전처럼 예배당에서 예배할 수 있는 상황이 된다면 모든 교인들은 매주일 오전과 오후에 하나님을 예배하기 위해서 예배당에 모여 함께 예배해야 합니다.

성례에 참여하는 것도 교인의 중요한 의무입니다. 올해(2020년) 우리는 코로나 사태로 인해서 1년 가까이 성찬식과 세례식을 갖지 못하고 있습니다. 이렇게 예외적인 상황에서도 우리는 성례의 의미를 이전보다 더 깊이 새기고, 성례가 나타내는바 은혜언약의 내용들을 더욱 깊이 묵상해야 합니다. 또한 성경과 교리를 공부하는 것도 교인의 중요한 의무입니다. 교인이 성경과 교리를 공부해야 하는 것은 우리가 더욱 바르게 잘 믿고 또 서로를 더욱 잘 세울 수 있기 위함입니다. 하나님과 하나님의 뜻을 바르게 알지 못하면 좋은 교인 노릇을 할 수 없습니다. 하나님의 뜻도 알지도 못하면서 어떻게 좋은 교인으로 살 수 있겠습니까?

또한 모든 교인은 주일 성수의 의무가 있습니다. 교인이라면 예배와 안식의 날인 주일을 거룩하게 지켜야 합니다. 우리 교회는 특별히 주일성수의 회복을 위해 오랫동안 기도하며 힘쓰고 있습니다. 주일은 "주님의 날the Lord's Day"이요 "그리스도인의 안식일Christian Sabbath"입니다. 그래서 이 날은 모든 성도들이 안식하되 다른 날에 할 수 있는 세상일과 오락들은 쉬고, 공적으로나 사적으로 하나님을 예배하고, 또한 불가피한 일과 자비를 베푸는 일을 해야 합니다.

또한 헌상의 의무가 있습니다. 특별히 십일조는 교인의 중요한 의무입니다. 모세가 율법에서 십일조에 대한 명령을 받기 전에도 아브라함이나 야곱은 십분의 일을 하나님께 드렸습니다. 하나님께서는 모세에게 율법을 주시면서 이스라엘의 모든 지파가 십일조를 하도록 분명하게 명령하셨고 십일조가 레위인들의 기업이 되도록 하셨습니다(민 18장). 레위 지파에 속한 레위인들과 제사장들은 땅을 분배를 받지 않았고, 성막이나 성전에서 하나님을 섬기는 일에 전적으로 헌신하면서 하나님을 기업으로 삼고 살도록 하셨습니다. 레위 지파의 생계는 나머지 지파들이 하나님께 드린 십일조로 유지되었습니다. 레위 지파는 각 지파로부터 받은 십일조의 십일조를 여호와께 드리고 그 나머지로 살았습니다. 또한 하나님께서는 이와 별도로 이스라엘 백성들에게 매 3년째에는 구제를 위한 십일조를 드리도록 하셨습니다(신 14:28-29). 신약 시대의 성도들은 의식법이나 시민법에 속하는 율법을 문자 그대로 지키지는 않지만, 율법의 진리와 본질은 그대로 이어 받아서 십일조와 헌상의 의무를 계속 수행해야 할 것을 가르칩니다(고전 16장, 고후 8-9장; 벨직 신앙고백 제25조). 신약의 성도들은 삶 전체를 거룩한 산 제사로 하나님께 드리라는 명령을 받습니다(롬 12:1). 그리하여 신약의 성도들도 하나님을 예배하고 하나님의 말씀을 보존하고 전파하는 교회와 복음 전도자들을 위하여, 또는 구제의 일을 위하여 십일조를 포함한 헌상을 하였습니다. 사도 바울은 자비량하지 않았느냐고 말하지만, 사도 바울이 항상 자비량했던 것은 아니고 고린도와 같은 선교지에 가서 사역하는 동안 자비량했던 것이며, 많은 경우 안디옥 교회나 빌립보 교회 같은 교회들로부터 쓸 것을 공급 받아서 사역을 감당했다는 것을 알아야 합니다. 그래서 장로교 헌법에서도 십일조를 가장 기본적인 교인의 의무로 정하고 있습니다.

또한 교인들은 서로를 세우고 교회를 세우기 위하여 봉사해야 합니다. 우리는 교회의 유익을 구하고 다른 이들의 유익을 구해야 할 의무가 있습니다. 내가 어떻게 말하고 행동하고 처신하는 것이 다른 이들에게 유익이 되고 교회에 덕이 되겠는지를 생각하고 각자의 은사를 따라 봉사해야 합니다. 또한 교인들은 교회의 가르침과 권징에 복종할 의무를 가집니다. "너희를 인도하는 자들에게 순종하고 복종하라"(히 13:7)고 하셨습니다. 교회의 권징에 대해서는 벨직 신앙고백 제32조에서 좀 더 살펴보도록 하겠습니다.

그러므로 모든 교인들은 예배와 성례, 주일성수와 가정예배, 헌상과 교리교육, 개인 경건의 실천, 교회의 치리와 권징에 대한 복종 등과 같은 교인의 기본적인 의무들을 잘 지켜야 합니다. 교회는 직분자를 선출하거나 임명할 때에 적어도 이러한 기본적인 교인의 의무들을 잘 지키는 자들을 세워야 합니다. 직분자라고 하면서 어린 학생들도 지키는 주일도 지키지 않고 공예배나 기도회에도 자주 빠지고 십일조 생활도 하지 않는다면, 어떻게 양떼들의 본이 될 수 있겠습니까? 교회의 직분자들은 특별히 교인의 의무를 충성스럽게 이행해야 합니다.

어떤 어려움이 있다 할지라도 교회에 속한 교인으로 살아야 한다

그러므로 우리는 교인권을 소중히 여겨야 하며, 교인이 되었을 때에 교인에게 주어지는 의무들을 성실히 수행해야 합니다. 우리는 서로를 세우기 위하여 주님께서 우리의 목에 메어주신 멍에를 질 때에 그 멍에를 지역 교회에서 져야 합니다. 존 머레이 목사님은 자신을 "무형교회"에 속한 것으로만 만족하고 그것으로만 위안을 받으려고 하지 말라고 했습니다. 그는 이렇게 말합니다. "신약성경 어디에서 우리는 구체적이고 실제적인 방식으로 교제를 수행하는 제도로서의 '무형교회'를 발견하는가?"[46] 우리는 무형교회에서는 구체적이고 실제적인 방식으로 성도들과 교제를 나누면서 서로를 세워나갈 수 없습니다. 우리는 보이는 교회 곧 지역 교회에서만 실제적인 성도의 교제를 나누면서 서로를 세워나갈 수 있습니다. 우리는 안 보이게(무형으로) 신앙생활하는 사람들이 아니라, 보이게(유형으로) 신앙생활하는 사람들입니다.

그러므로 우리는 어떤 어려움이 있어도 교회의 회원이어야 하고, 교회의 회원이 되고자 해야 합니다. 왜냐하면 교회는 본질상 공동체 곧 회집이기 때문입니다. 모든 교인들은 교회의 하나됨을 잘 지키고 보존하기 위하여, "하나님의 말씀에 따라, 하나님께서 교회를 세우신 곳이라면 어디에서든지 그러한 모임에 가입하기 위하여 교회에 속하지 않은 자들로부터 자신을 분리시킬 의무를 가집니다. 위정자들이나 군주의 칙령이 이를 금지하고 죽음이나 육체적 형벌을 가한다고 할지라도 신자들은 이 의무를 수행해야 합니다"(벨직 신앙고백 제28조).

우리의 신앙의 선진들은 전쟁이나 핍박 중에서도 교회에 속하여 신앙생활을 하기 위하여 애를 썼습니다. 교회로 모이고 교회에 가입하는 것을 위정자들이 금지하고 죽음이나 형벌로 위협할지라도 우리는 교인이 되고자 해야 합니다. 하나님께서는 우리가 혼자가 아니라 함께 모여서 교회의 품 안에

---

46) 존 머레이, 「존 머레이 조직신학」(제1권), 박문재 옮김 (고양: 크리스챤다이제스트, 2008), 240.

서 신앙생활하게 하셨기 때문입니다.

　사람이 결혼을 하면 혼인신고를 하고 한 집에 함께 살면서 서로 사랑을 하고 서로를 세워줍니다. 아주 특별하고 예외적인 경우에 일시적으로 떨어져 지낼 수는 있지만, 통상적으로는 늘 한 집에 살면서 같이 식사하고, 같이 자고, 함께 가정을 일굽니다. 물론 거기에는 불편함도 따르고 희생도 요구될 것입니다. 어떻게 보면 혼자 사는 것이 편할 수도 있을 것입니다. 하지만 하나님께서 뜻이 계셔서 한 가정을 이루게 하셨다면, 한 식구로 살면서 희로애락을 같이 하고, 각자에게 맡겨진 일을 하면서 서로를 돕는 것이 보통입니다. 가족들은 어떤 어려움이 있어도 흩어지지 않으려고 애를 쓸 것입니다. 가족이 흩어지는 것보다 더 큰 비극이 어디에 있습니까? 교회는 그보다 더 중요한 하나님의 가족이요 형제요 하나님의 집입니다. 우리는 그리스도와 결혼하였고, 그리스도 안에서 한 몸의 지체입니다. 한 지역 교회의 교인으로 살아가는 데에는 인간적으로 여러 불편과 희생이 뒤따를 수 있습니다. 하지만 우리는 어떤 어려움이 있어도 교회에 가입하여 교인으로 살고자 해야 합니다. 이것이 교인의 의무이자 특권이고 행복입니다. 우리 모두 좋은 교인으로 살다가 죽을 수 있기를, 우리의 자녀들이 대대로 교회를 든든히 세우고 교회를 잘 지켜나갈 수 있기를 소원합니다.

　하나님 아버지, 감사합니다. 우리를 그리스도의 몸인 교회로 가입하게 하셔서 각자에게 주신 은사를 따라 주님께서 우리 목에 메어주신 멍에를 메고 서로를 세우고 봉사하며 복음을 빛내면서 살아갈 수 있는 크신 은혜를 베풀어주신 것을 감사합니다. 우리를 그리스도의 몸인 교회의 지체가 되게 하셨사오니, 복된 교인으로 살고 죽게 하여 주시옵소서. 세상의 왕들이나 군주의 칙령이 이를 금지하고 죽음이나 형벌로 위협할지라도, 우리는 교회의 복된 한 교인으로 살게 하여 주시옵소서. 교회를 붙들어주시고, 교회에 속한 모든 성도들이 교인의 의무를 충성스럽게 감당할 수 있게 하여 주시옵소서. 예수님의 이름으로 기도하옵나이다. 아멘.

벨직 신앙고백 제29조

참된 교회와
거짓 교회의 표지들

우리는 부지런히 그리고 매우 신중하게 하나님의 말씀을 가지고 참된 교회가 무엇인지 분별해야 함을 믿습니다. 왜냐하면 오늘날 세상의 모든 종파들sects이 스스로를 교회라고 주장하고 있기 때문입니다. 우리는 여기에서 교회 안에 선한 자들과 섞여 있는 위선자들의 무리에 관하여 말하고 있는 것이 아닙니다. 비록 그들은 몸으로는 교회 안에 있지만 그럼에도 불구하고 교회의 지체는 아닙니다. 우리는 스스로를 교회라고 부르는 모든 종파들부터 구별되어야 하는 참된 교회의 몸과 교제에 관하여 말하고 있습니다.

참된 교회는 다음과 같은 표지들에 의해 알 수 있습니다. 교회는 복음의 순수한 설교를 합니다. 교회는 그리스도께서 제정하신 대로 성례를 순수하게 집행합니다. 교회는 죄를 교정하고 벌하기 위해 교회의 권징을 시행합니다. 요약하자면, 참된 교회는 순수한 하나님의 말씀에 따라 다스리며, 하나님의 말씀에 반대되는 모든 것을 거부하고, 예수 그리스도만을 유일한 머리로 모십니다. 우리는 이러한 표지들로써 참된 교회인지의 여부를 알아보고 확신할 수 있으며, 그것으로부터 분리할 권리를 가진 사람은 아무도 없습니다.

그 교회에 속할 수 있는 사람들에 관해서는, 우리는 그들에게 그리스도인의 고유한 표지들이 있는지를 통해 알아볼 수 있으니, 곧 그들에게 믿음이 있는지, 그들이 예수 그리스도를 유일하신 한 분 구주로 영접하였는지, 그들이 죄를 피하고 의를 추구하는 것이 있는지, 그들이 좌로나 우로나 치우치지 않고 참되신 하나님과 그들의 이웃을 사랑하는 것이 있는지, 그들이 육신과 육신의 일을 십자가에 못 박는 것이 있는지를 보면 됩니다. 비록 그들 안에 여전히 큰 연약함이 남아 있을지라도, 그들은 끊임없이 주 예수의 피와 고난과 죽음과 순종에 호소하면서, 그리스도를 믿는 믿음으로 그리스도 안에서 죄 사함을 받으며, 일평생 성령을 좇아 그것에 대항하여 싸웁니다.

거짓 교회는 이러하니, 거짓 교회는 하나님의 말씀보다도 교회 자체나 교회의 제도들에 더 많은 권위를 돌리며, 그리스도의 멍에에 복종하기를 원하지 않습니다. 거짓 교회는 그리스도께서 말씀에서 명하신 대로 성례를 집행하지 않으며, 오히려 자신들이 좋아하는 대로 성례에 무언가를 더하거나 제합니다. 또한 거짓 교회는 예수 그리스도보다 사람들 위에 기초를 두며, 하나님의 말씀에 따라 거룩한 삶을 살고 죄와 탐욕과 우상 숭배를 인하여 거짓 교회를 책망하는 사람들을 핍박합니다.

이러한 두 교회는 쉽게 알아볼 수 있으며, 따라서 서로 쉽게 구별됩니다.

교회와 신자의 표지들

> 20 너희는 사도들과 선지자들의 터 위에 세우심을 입은 자라 그리스도 예수께서 친히 모퉁이 돌이 되셨느니라
>
> 에베소서 2장 20절

이제까지 우리는 교회가 무엇인지에 대해서 살펴보았고(벨직 신앙고백 제27조), 모든 신자는 지역 교회에 가입하여 교인으로 살아갈 의무를 가진다는 것을 살펴보았습니다(28조). 그러나 지상에는 수많은 교회들이 있고 그들은 저마다 참 교회임을 자처하기 때문에, 우리는 어떤 교회가 참 교회이고 어떤 교회가 거짓 교회인지를 분별해야 할 필요가 있습니다. 벨직 신앙고백 제29조는 우리가 참 교회와 거짓 교회를 어떻게 분별할 수 있는지에 관하여 가르치고 있습니다.

우리는 부지런히, 매우 신중하게, 그리고 하나님의 말씀으로 참 교회를 분별해야 합니다. 왜냐하면 세상의 여러 종파들sects, 곧 불건전한 사이비 또는 이단 종파들도 다 자신들을 가리켜서 "교회"라고 부르고 있기 때문입니다. 또한 개신교회 안에는 여러 교파와 교회들이 있고, 그들 중에는 건전하지 못한 교파들도 많이 있습니다. 정통 교회임을 자처하는 교회들 중에서도 매우 정치집단화된 교회들도 있고, 목사 개인을 우상화하는 교회들도 있고,

신비주의에 빠진 교회들도 있습니다. 이들은 모두 자신들을 가리켜 "교회"라고 부르기 때문에 우리는 하나님의 말씀을 가지고 부지런히, 그리고 매우 신중하게, 참된 교회가 무엇인지를 분별해야 합니다. 우리가 참된 교회를 잘 분별할 수 있어야, 그 교회에 가입하여 교인이 되고, 교회의 머리되신 그리스도의 은혜의 통치를 잘 받으며, 그리스도의 장성한 분량에 이르도록 자라가고, 그리스도의 몸 된 교회를 세우고, 복음을 증거하는 일에 봉사할 수 있게 됩니다. 그러므로 참된 교회가 무엇인지를 분별하는 것은 반드시 필요합니다.

벨직 신앙고백 제29조는 이러한 논의를 시작하면서 이렇게 말합니다.

우리는 여기에서 교회 안에 선한 자들과 섞여 있는 위선자들의 무리에 관하여 말하고 있는 것이 아닙니다… 우리는 스스로를 교회라고 부르는 모든 종파들부터 구별되어야 하는 참된 교회의 몸과 교제에 관하여 말하고 있습니다.

참 교회와 거짓 교회를 분별하자고 할 때, 보이는 교회 안에 참 그리스도인들과 함께 섞여 있는 위선자들을 두고 말하는 것이 아니라는 말입니다. 보이는 교회 안에는 거듭나지 못한 사람들도 있습니다. 우리는 교회에 어떻게 그런 사람들이 있느냐고 하며 이상하게 생각하지 말아야 합니다. 교회 안에는 참 그리스도인이 아닌 위선자들이 많이 있습니다. 우리는 지상에서 그런 사람들을 다 파악할 수는 없습니다. 벨직 신앙고백 제29조는 그런 위선자들을 분별하자고 말하는 것이 아닙니다. 여기에서 말하는 것은 스스로를 교회라고 부르는 모든 불건전한 사이비나 이단 종파들과 구별되는 참 교회가 무엇인지를 잘 알아야 한다는 것입니다.

벨직 신앙고백 제29조는 참 교회를 분별하기 위하여 세 종류의 표지들을 제시합니다. 첫째는 참 교회의 표지에 대한 것이며, 둘째는 참 교회에 가입하여 속할 수 있는 사람들인 참 그리스도인의 표지에 대한 것이며, 셋째는 거짓 교회의 표지들에 대한 것입니다. 이러한 표지들을 아는 것은 우리의 신앙생활에서 매우 중요합니다.

참 교회의 세 가지 표지 - 말씀, 성례, 권징

첫째, 우리는 참 교회의 표지들이 무엇인지를 잘 알고 있어야 합니다. 주님께서 원하시는 좋은 교회는, 무엇보다 교회의 표지가 분명한 교회입니다. "표지標識, mark"의 사전적 의미는 "어떤 사물을 다른 것과 구별하게 하는 표시나 특징"입니다. 그러므로 교회의 표지라고 하는 것은 교회를 지상의 다른 어떤 단체와 구별시켜주는, 교회를 진정으로 교회되게 만들어주는 특징들과 요소들을 의미합니다. 통상적으로 교회의 세 가지 표지는 "말씀, 성례, 권징"으로 요약됩니다. 벨직 신앙고백 제29조 역시 참 교회의 세 가지 표지를 이렇게 설명합니다.

> 교회는 복음의 순수한 설교를 합니다. 교회는 그리스도께서 제정하신 대로 성례를 순수하게 집행합니다. 교회는 죄를 교정하고 벌하기 위해 교회의 권징을 시행합니다.

복음의 순수한 설교, 성례의 순수한 시행, 권징의 올바른 시행, 곧 말씀, 성례, 권징, 이 세 가지는 서로 긴밀하게 연결되어 있고, 어느 것 하나 중요하지 않은 것이 없습니다.

교회의 첫 번째 표지는, 복음의 순수한 설교입니다. 복음의 순수한 설교는 성도에게 가장 복된 은혜의 방도이면서 동시에 가장 중요한 교회의 표지입니다. 하나님의 말씀이 바르고 정확하게, 사도들이 전하여준 그대로 선포되고 가르쳐질 때, 그리고 성도들이 그 말씀을 경청할 때, 그 위에 참된 교회가 세워질 수 있습니다. 특별히 바른 신앙고백을 교회의 교리 표준으로 삼는 것이 매우 중요합니다. 이것이 사도들과 선지자들의 터 위에 세워지는 교회입니다. "너희는 사도들과 선지자들의 터 위에 세우심을 입은 자라 그리스도 예수께서 친히 모퉁이 돌이 되셨느니라."(엡 2:20)고 하셨습니다. 칼빈은 말하기를 "참 교회의 기둥과 터는 인물의 계승이 아니라 말씀의 계승에 있다."고 하였습니다.[47] 그러므로 우리는 먼저 바른 신앙고백에 기초한 설교가 있는지를 살펴보아야 합니다(마 16:13-18).

교회의 두 번째 표지는 하나님의 말씀과 복음 약속을 눈에 보이는 형태로 나타내 보여주는 예식인 성례를 순수하게 시행하는 것입니다. 성례는 말씀과 함께 은혜의 주요한 방편입니다. 오늘날 교회에서 가장 소홀히 여겨지고 있는 부분 가운데 하나가 바로 이 성례입니다. 설교를 통해서 사도적 복음이 선포되었다면, 성례를 통해서는 복음이 제시하는바 그리스도와 그의 십자가의 제사로 성도들의 마음이 계속 향하고 거기에 머무를 수 있게 해야 합니다. 성례를 신실하게 시행하는 교회가 교회의 표지가 분명한, 좋은 교회입니다.

교회의 세 번째 표지는, 죄를 교정하고 벌하기 위해 교회의 권징을 시행하는 것입니다. 교회는 교회의 부패와 불순을 막고 교회의 하나됨을 지키기 위해서 권징을 바르게 시행해야 합니다. 권징이란 선한 것을 권하고 악한 것을 징계하는 것을 의미합니다. 교회의 순결을 유지하고 교회가 교회의 본래 모습에서 이탈하지 않도록 늘 훈계하고, 필요하면 징계와 책벌을 해서 교회가

---

47) 칼빈, 「기독교강요」, IV.ii.3.

부패하지 않고 더러워지지 않고 깨지지 않도록 해야 합니다. 권징이 바로 시행되지 못하면, 그 교회는 얼마 못가서 변질되어 무질서해지고 맙니다.

참된 그리스도인의 세 가지 표지 - 믿음, 회개, 사랑

벨직 신앙고백 제29조는 참된 교회의 표지를 다룬 뒤에, 그러한 교회에 가입할 수 있는 사람들에 대해서 말합니다. 한 마디로, 교회에 속할 수 있는 사람들은 참 그리스도인들입니다. 그렇다면 우리는 참 그리스도인을 무엇으로 알아보고 교회의 회원으로 받아들일 수 있습니까? 벨직 신앙고백 제29조는 참 그리스도인의 표지를 세 가지로 요약해 줍니다.

첫째는 믿음입니다. 참 그리스도인들에게는 예수 그리스도를 유일하신 주와 구주로 알고 그를 영접하는 참된 믿음이 있습니다. 이 믿음이 없으면, 그는 비록 몸으로는 교회 안에 머물러 있다 하더라도, 그는 아직 교회의 참된 지체는 아닙니다. 참 그리스도인이 되는 유일한 조건은 예수님을 믿는 믿음입니다. "가로되 주 예수를 믿으라 그리하면 너와 네 집이 구원을 얻으리라."(행 16:31)고 하셨고, "네가 만일 네 입으로 예수를 주로 시인하며 또 하나님께서 그를 죽은 자 가운데서 살리신 것을 네 마음에 믿으면 구원을 얻으리니"(롬 10:9)라고 하셨습니다. 그리스도의 피와 고난과 죽음과 순종에 끊임없이 호소하고 그것을 의지하는 믿음, 그리스도를 주와 구주로 영접하는 믿음을 가지고 있다면 그는 참된 그리스도인인 것이 분명합니다.

둘째는 회개입니다. 참 그리스도인들은 죄를 미워하고 피하며 의를 추구합니다. 진정으로 거듭난 신자는 죄를 미워하고 죄와 싸웁니다. 우리는 예수님을 믿기 전에는 죄를 깨닫지도 못했고 죄와 싸우지도 못했습니다. 이전에는 이러한 전투를 수행할 수 있는 능력이 없었습니다. 그러나 거듭나서 새 마음과 새 영을 받아가진 신자는 자기의 죄를 한탄하고 부끄럽게 여기기 시작합니다. 그는 자신이 그리스도를 알기 전에 지었던 옛 죄는 물론이고, 자기 안에 여전히 남아있는 죄를 깨닫고 회개하며 죄에 대항하여 싸우기 시작합니다. 참된 회개의 삶을 살기 시작하는 것입니다. 이것이 참된 그리스도인의 특징입니다. 참 그리스도인들은 육신과 육신의 일을 십자가에 못 박으며, 일평생 자기 안에 남아있는 큰 연약함(남아있는 죄성)에 대항하여 싸웁니다(갈 5:24; 롬 6:11). 그러므로 자기 죄를 깨닫지도 못하고 부끄러워하지도 않는 사람, 죄와 싸우지 않는 사람, 회개하지 않는 사람은 그리스도인이라고 말할 수 없습니다.

셋째는 사랑입니다. 참 그리스도인들은 좌로나 우로나 치우치지 않고, 참되신 하나님을 사랑하고 이웃을 내 몸과 같이 사랑합니다. 그리스도를 믿는 사람은 그리스도 안에서 나를 사랑하신 하나님을 믿는 사람입니다. 그리스도를 믿는 참 그리스도인이라면, 그는 그리스도 안에 나타난 하나님의 사랑을 깨달은 사람입니다. 그런 사람이 어떻게 그 아들을 보내주신 하나님을 사랑하지 않을 수 있겠습니까? 그리스도를 믿고 구원을 받은 사람이라면 죄인 중에 괴수와도 같은 자신을 사랑하여주신 하나님을 사랑하지 않을 수 없고, 같은 구원을 받은 형제들을 사랑하지 않을 수 없습니다. 또한 그는 아직도 이 구원을 받지 못한 이웃들을 긍휼히 여기며 그들을 구원으로 이끌기 위하여 사랑하지 않을 수 없습니다. 이 사랑이 없는 사람은 그리스도를 참되게 믿는 사람이라고 할 수 없습니다. "누구든지 하나님을 사랑하노라 하고 그 형제를 미워하면 이는 거짓말하는 자니 보는 바 그 형제를 사랑하지 아니하는 자가 보지 못하는 바 하나님을 사랑할 수가 없느니라"(요일 4:20)고 하셨습니다.

그러므로 참 그리스도인의 표지는 믿음과 회개와 사랑입니다. 그리스도를 믿는 믿음, 죄를 피하고 의를 추구하는 것, 하나님을 사랑하고 이웃을 사랑하는 사랑이 우리에게 있는지 우리 자신을 살펴봅시다. 이것이 참 그리스도인의 대표적인 표지입니다. 이 표지가 분명하면 분명할수록 좋은 그리스도인입니다. 비록 우리가 여전히 모자라고 연약할지라도, "끊임없이 주 예수의 피와 고난과 죽음과 순종에 호소하면서, 그리스도를 믿는 믿음으로, 그리스도 안에서 죄 사함을 받으며, 일평생 성령을 좇아 그것(죄)에 대항하여 싸우는" 그 사람이 참 그리스도인입니다.

거짓 교회의 세 가지 표지 - 복음의 왜곡, 성례의 훼손, 참 교회를 핍박함

벨직 신앙고백 제29조는 마지막으로 거짓 교회의 표지에 대해서 다룹니다. 거짓 교회 역시 세 가지 표지를 가집니다. 첫째, 거짓 교회는 복음을 바르게 설교하지 않습니다. 그들은 하나님의 말씀보다 교회 자체나 교회의 제도와 전통, 사람의 가르침과 계명 같은 것들을 더 권위 있게 여깁니다. 불건전한 사이비, 이단 종파들이 하나같이 그런 특징을 가집니다. 그들에게는 순전한 말씀이 없습니다. 거기에는 바른 교리, 바른 설교가 없습니다. 대신 그 자리에는 왜곡된 가르침들이 자리잡고 있습니다. 참 교회와 거짓 교회는 여기에서 다 갈립니다. 말씀이 바르게 선포되고 바른 교리가 가르쳐진다면, 성례를 말씀대로 집행하지 않을 이유가 없습니다. 말씀이 바르게 선포된다면 경건한 성도들과 참된 교회를 핍박하지 않을 것입니다. 이 모든 오류들은 하나님의 말씀을 바르게 가르치지 않는 데에서 생겨난 것들입니다. 그러므로 우리는 말씀을 바르게 가르치고 설교하는 일이 얼마나 중요한 일인지를 알아야 합니다.

거짓 교회들은 대개 건전한 신앙고백을 가지고 있지 않습니다. 입으로는 "오직 성경"을 이야기하지만 성경을 다 자기 마음대로 자의적으로 해석합니다. 복음을 왜곡하는 것입니다. 또는 형식적으로는 건전한 신앙고백을 가지고 있다고 주장하면서도 그 내용에 대해서는 무지합니다. 거짓 교회들은 바른 신앙고백을 가르치거나 배우지도 않고 존중하지도 않습니다. 거짓 교회들은 교리 표준이 매우 빈약하거나 불분명합니다. 주님께서 사도들과 선지자들의 터 위에 교회를 세우신다고 하셨는데, 그런 터가 없이 교회 자체를 더 중시하거나 교회의 제도나 전통, 어떤 사람이나 사람의 가르침에 기초하는 교회는 전형적인 거짓 교회입니다.

둘째, 성례의 훼손입니다. 거짓 교회는 그리스도께서 말씀에서 명하신 대로 성례를 집행하지 않으며, 오히려 자신들이 좋아하는 대로 성례에 무언가를 더하거나 제합니다. 성례의 훼손은 교회의 건강에 치명적입니다. 세례를 훼손하면 교회의 교인권이 무질서해지고, 교인권이 무질서해지면 교회의 직분이 무질서해집니다. 거듭나지 못한 사람들이 교회의 직분자가 되면 교회는 무질서하게 되며, 교회의 본질과 정체성을 잃게 됩니다. 성찬도 마찬가지입니다. 누구든지 주의 떡이나 잔을 합당치 않게 먹고 마시는 자는 주의 몸과 피를 범하는 죄가 있다고 하셨고, 주의 몸을 분변하지 못하고 먹고 마시는 자는 자기의 죄를 먹고 마시는 것이라고 하셨습니다(고전 11:27,29). 믿음을 확인하지 않고 누구나 성찬을 받게 한다든지, 가정에서 사적으로 성찬식을 거행하는 것은 주님께서 명하신 대로 성례를 시행하지 않는 것입니다. 성례에 대해서는 33-35조에서 좀 더 자세히 살펴볼 것입니다.

셋째, 거짓 교회는 참 교회를 핍박합니다. "거짓 교회는... 하나님의 말씀에 따라 거룩한 삶을 살고 죄와 탐욕과 우상 숭배를 인하여 거짓 교회를 책망하는 사람들을 핍박합니다." 거짓 교회는 참되게 믿는 사람들을 핍박하는 특징을 가집니다. 귀도 드 브레가 벨직 신앙고백을 작성할 때, 벨기에의 개혁교회 성도들은 그 누구보다 하나님의 말씀에 따라 거룩한 삶을 살았습니다. 그들은 교회 안의 죄와 탐욕과 우상 숭배를 책망하면서, 하나님께로 돌아가고 말씀으로 돌아가자고 촉구하였습니다. 하지만 당시 가톨릭교회는 이들을 핍박하였고 잡아서 옥에 가두었으며 많은 성도들을 죽였습니다. 참 교회가 거짓 교회의 핍박을 받은 것입니다(마 5:12).

교회라고 하는 이름을 가지고 있으면서도 하나님의 말씀에 따라 살고자 하는 성도들을 비난하고 핍박하는 것은 거짓 교회가 하는 일입니다. 그렇다고 해서 핍박을 받는 모든 교회들이 다 참 교회가 되는 것은 아닙니다. 이단에 속한 자들은 거짓 교리와 악한 행실을 가르치다가 비난을 받기도 하고 핍박을 받기도 하고 여러 가지 어려움을 당하곤 합니다. 이단자들이 비난과 핍박을 받는 것은 그들이 참 교회이기 때문이 아니라 거짓 교회이기 때문입니다. 죄를 짓고 옥에 갇히는 것은 핍박이 아닙니다. 의를 위하여 고난을 당하는 것이어야 합니다(마 5:10).

이제 참 교회와 거짓 교회를 분별할 수 있겠습니까? "이러한 두 교회는 쉽게 알아볼 수 있으며, 따라서 서로 쉽게 구별됩니다." 그러므로 우리는 참 교회와 거짓 교회를 분별할 수 있는 바른 안목을 가져야 합니다. 이 세상에는 교회라는 이름은 가졌으나 실상은 사탄의 회요 거짓 교회가 많이 있기 때문입니다. 우리가 눈으로 보기에 건물이 크고 좋고, 사람들이 많이 모인다고 해서 그것이 그 교회를 참 교회로 만드는 것은 아닙니다. 교회의 표지가 분명한 교회가 좋은 교회입니다. 참된 교회의 세 가지 표지인 복음의 순수한 설교와 성례의 순수한 집행과 권징의 바른 시행이 분명하게 드러날수록 좋은 교회입니다. 우리는 참 교회에 속하여 참 그리스도인으로 살고자 해야 합니다. 또한 참 그리스도인의 세 가지 표지인 믿음과 회개와 사랑이 우리 속에서 날마다 분명하게 드러나야 합니다. 우리 각자가 이런 표지를 분명히 간직하는 교인이 되기를 갈망해야 합니다. 주님께서는 "교회다운 교회"가 어디에 있는지, "신자다운 신자"가 어디에 있는지를 오늘도 찾고 계십니다. 우리 교회가 참 교회의 표지를 분명히 하면서 세워져가는 좋은 교회가 되게 해달라고, 우리 자신이 참 그리스도인의 표지를 분명히 하고 나아가는 좋은 그리스도인이 되게 해달라고, 하나님의 은혜를 구하며 기도합시다. 이 땅의 거짓 교회들은 약화시켜 주시기를, 참 교회는 부흥시켜 주시기를, 우리를 그 일에 사용하여 주시기를 위하여 기도합시다.

하나님 아버지, 감사합니다. 우리를 이 땅에서 선지자들과 사도들의 터 위에 세우신 교회의 한 지체가 되게 해주신 것을 감사합니다. 몸으로만 교회에 속한 것으로 만족하지 말게 하시고, 참 그리스도인의 표지가 우리에게서 날마다 분명해지는 것으로 만족하게 하여 주시옵소서. 우리의 믿음은 더욱 굳세어지게 하여 주시고, 날마다 부지런히 회개하게 하여 주시고, 우리의 사랑이 더욱 뜨겁게 하여 주시옵소서. 우리 교회의 강단에서 선포되는 말씀이 갈수록 복음의 순수한 설교가 되게 하여 주시고, 성례가 바르게 시행되게 하시고, 권징이 질서있게 잘 시행되는 교회가 되게 하여 주시옵소서. 거짓 교회들을 주님께서 막아주시고 약화시켜 주시고 그들을 흩어주시옵소서. 예수님의 이름으로 기도하옵나이다. 아멘.

벨직 신앙고백 제30조

교회의 정치

우리는 이 참된 교회가 우리 주님이 그의 말씀에서 가르치신 영적인 질서에 따라 다스려져야 함을 믿습니다. 교회에는 하나님의 말씀을 설교하고 성례를 집행하는 사역자들 또는 목사들이 있어야 합니다. 또한 목사들과 함께 교회의 회의를 구성하는 장로들과 집사들이 있어야 합니다. 이러한 방식으로 참된 신앙이 보존되고, 참된 교리가 전파되며, 또한 악한 자들이 영적 방법으로 권징을 받고 억제되며, 또한 가난한 사람들과 모든 고난 받는 사람들이 그들의 필요에 따라 도움과 위로를 받습니다. 사도 바울이 디모데에게 전하여 준 기준에 따라 신실한 사람들이 선출된다면 이를 통해 교회 안의 모든 일이 품위 있고 질서 있게 행해질 것입니다.

교회의 정치

²⁸ 너희는 자기를 위하여 또는 온 양떼를 위하여 삼가라 성령이 저들 가운데 너희로 감독자를 삼고 하나님이 자기 피로 사신 교회를 치게 하셨느니라

사도행전 20장 28절

정치란 무엇인가?

벨직 신앙고백 제30조의 제목은 "교회의 정치The Government of the Church" 입니다. 우리는 신앙고백에서 말하는 "교회 정치"라는 말이 무엇을 의미하는지 잘 알아야 합니다. 동서고금을 막론하고 사람들은 정치에 관심이 많습니다. 세상의 정치인들은 권력을 잡기 위한 목적으로 정치를 이용하는 경우들이 많고, 그로 인해 정치가 왜곡되고 남용되는 것이 사실이기 때문에, 정치인들에게 실망한 많은 사람들이 정치를 부정적으로 생각하는 경향이 있습니다. 하지만 정치는 우리의 삶에 꼭 필요한 것입니다. 정치는 나쁘게 하면 한없이 나쁜 것이 되지만, 좋게 하면 참으로 좋은 것이 됩니다. 우리는 그리스도인으로서 교회 정치에 대해서만이 아니라, 이 세상의 시민으로서 세속 정치에 대해서도 어느 정도의 이해와 안목을 가지는 것이 필요합니다.

정치政治란 무엇입니까? 정치란 "나라를 다스리는 일"입니다. "정사 정

政" 자는 "법法, 법규法規, 규칙規則"이라는 뜻을 가지기도 합니다. 따라서 정치란 "법으로 나라를 다스리는 것"을 의미합니다. 정치는 권력을 잡고 권력을 휘두르는 것에 목적에 있는 것이 아니라, 잘 다스리는 것에 목적이 있습니다. 좋은 정치는 좋은 법을 가지고 그 법에 따른 통치, 곧 법치를 잘 하는 것입니다. 그렇다면 좋은 정치를 하기 위해 우리가 기준으로 삼아야 하는 법을 어떻게 정해야 하는지를 알아야 합니다. 일반적으로 국가나 사회가 법을 정할 때에는, 모든 시대, 모든 사람들이 보편적으로 지켜야 하는 도덕법 또는 자연법의 큰 틀 안에서 각 나라나 사회의 형편과 목적에 맞도록 법과 규칙을 정하게 됩니다. 법은 나라마다 다르고 지역마다 다르고 모임마다 다 다릅니다. 아무리 작은 단체라고 하더라도 거기에는 법과 규칙(회칙)이 있습니다. 그 법과 규칙을 정할 수 있는 권한은 전적으로 그 회원들에게 있습니다. 그 회會의 외부에 있는 사람이 아니라 그 회의 내부에 있는 회원들이 법과 규칙을 정합니다. 그리고 사람들은 주로 다수결로 법과 규칙을 정합니다. 규칙의 중요성에 따라서, 과반수의 찬성으로 정하느냐, 2/3 이상의 찬성으로 정하느냐, 만장일치의 찬성으로 정하느냐 하는 정도의 차이가 있기는 하지만, 회원들의 의견을 모아서 법을 정한다는 점은 공통입니다. 왜냐하면 그 회會의 주인이 회원들이고 그 모임의 주권主權이 회원들에게 있기 때문입니다.

또한 모든 국가나 단체는 다스리는 자들을 필요로 합니다. 그래서 국가에도 통치자가 있고, 사회에도 지도자들이 있습니다. 아무리 작은 단체라도 그 모임을 대표하고 다스리는 사람들이 있습니다. 회기마다 모임의 장長이 세워지게 되는데, 회장이 그 모임을 잘 다스리기 위해서는 기존에 세워진 법을 잘 지켜야 하고, 또 회원들의 상당수가 반대하는 무리한 법을 만들고자 하지 말아야 합니다. 그것이 법치이고 좋은 정치입니다. 이를 위해 지도자는 무엇보다 회원들의 민의를 잘 살펴야 합니다. 회원들의 뜻과 생각을 기민하게 살피고, 그들과 대화하고 소통해야 합니다. 또한 어떤 모임이나 단체든지 잘 다스리려면 그 회원들이 편안하게 그 모임에 참여하고 하나로 화합하여 그 모임의 본래 목적을 잘 수행할 수 있게 만들어 주어야 합니다. 다스리는 자들은 회원들을 기본적으로 사랑하고 존중해야 합니다. 그 모임을 해산시키거나 두 동강이를 내려고 하는 목적이 아닌 다음에야, 그 모임을 다스리는 사람은 회원들의 생각과 뜻民意을 잘 살펴서 그 모임을 운영하고 다스려야 합니다. 자기가 대표나 회장이 되었다고 해서 독단적으로 모든 일을 운영하려고 해서는 안 됩니다. 자기와 뜻이 좀 다르고 생각이 좀 맞지 않는 사람이 있다고 하더라도 그 회會의 하나됨을 유지하기 위해서 노력해야 하고, 회원들의 뜻과 생각을 모두 존중하고 나가야 합니다. 그것이 덕치이고 좋은 정치입니다. 그렇지 않으면 그 모임의 하나됨은 깨어지고 맙니다.

    한 나라의 정치도 그러합니다. 국가의 주권은 국민에게 있습니다. 주권재민主權在民입니다. 그러므로 그 나라의 법을 정할 수 있는 권한도 국민에게 있으며 국민에게서 나옵니다. 그래서 우리나라도 모든 법의 근간이 되는 헌법을 수정하려면 국민 투표를 해야 합니다. 우리나라의 헌법 개정은 국회나 대통령이 개정안을 발의하면 국회에서 2/3 이상의 찬성과, 전 국민 과반수의 투표와 투표자 과반수의 찬성을 얻어야만 가능하게 되어 있습니다. 대부분의 민주주의 국가들은 대의 민주주의 체제를 채택합니다. 국민들은 자신들을 대표하는 대표자들을 선출해서 대표에 의해 국민의 의사가 반영되도록 국회의원을 선출하고, 국회의원들은 국회에서 법을 만듭니다. 비록 국회의원들에게 입법의 권한이 주어져 있기는 하지만, 국회의원들이라고 해서 함부로 법을 만들 수 있는 것은 아닙니다. 그들은 국민의 대표자로서 국민의 뜻을 잘 받들고 헤아려서 법을 만들어야 합니다. 왜냐하면 엄밀한 의미에서 법을 제정할 수 있는 최종적인 권한은 그 나라의 구성원들인 국민에게 있기 때문입니다. 그래서 대의 정치가 잘 이루어지려면, 정치인들이 국민들의 뜻을 잘 살피고 그 뜻을 잘 받들어서 법을 만들어야 하고, 또 그 법에 따른 통치를 잘 해야 합니다. 법이 세워져 있으면 위정자들은 그 법을 존중하고 법을 잘 지켜야 합니다. 그것이 좋은 정치입니다. 또한 정치인들은 국민들의 민의를 기민하게 살펴서 온 국민이 화합할 수 있도록 덕 있게 정치를 해야 합니다. 그래야 그 나라가 평안한 가운데에서 발전할 수 있고, 국민들도 화합을 이룰 수 있습니다. 이것이 일반적인 의미에서의 세상 정치입니다.

참된 교회는 말씀에서 가르치신 영적 질서에 따라 다스려져야 한다

그렇다면 교회의 정치는 어떻습니까? 교회에도 정치가 필요하며 교회는 잘 다스려져야 합니다. 교회 역시 부족함이 많은 사람들이 모인 곳이기 때문에 잘 다스려지지 않으면 무질서하게 되기 때문입니다. 하나님은 무질서의 하나님이 아니라 질서의 하나님이십니다. "하나님은 어지러움의 하나님이 아니시요 오직 화평의 하나님이시니라"(고전 14:33)고 하셨습니다. 그렇다면 교회는 누구의 뜻에 따라 다스려져야 하는가 하는 문제가 남습니다. 이를 위해 우리는 다음과 같은 질문들을 던질 수 있습니다. "교회의 법과 질서는 어떻게 정해지는 것입니까? 교회의 법을 만들 수 있는 권한은 누구에게 있습니까? 교회의 주권은 누구에게 있습니까?" 이 질문에 답하기에 앞서서 우리가 한 가지 명심할 것이 있습니다. 그것은 교회 정치와 세상 정치는 근본적으로 다르다는 사실입니다. 교회 정치와 세상 정치와의 차이점은 무엇입니까? 세상 정치에서는 기본적으로 백성들의 민의를 모아서 다수결로 법을 만들고 집행하는 반면, 교회 정치에서는 (비록 교회가 사람들로 구성되어 있지만) 교인들의 뜻과 의견을 모아서 다수결로 법을 만들고 자의대로 집행할 수 없다는 점에서 큰 차이를 가집니다. 교회는 교인들이 자의대로 할 수 있는 곳이 아닙니다. 세상의 모든 단체들은 회원들이 법과 규칙을 정합니다. 하지만 교회에서는 교인들이 교회의 법과 규칙을 정할 수 없습니다. 교인들이 원한다고 해서 모든 것을 할 수 없다는 말입니다. 교회는 교인들의 의견, 또는 다수 교인들의 의견에 의해서 다스려져야 하는 곳이 아닙니다.

그렇다면 교회는 누구의 뜻에 따라 다스려져야 합니까? 교회는 교회의 머리이신 그리스도의 뜻에 따라 다스려져야 합니다. 교회의 주권은 그리스도에게 있습니다. 교회는 교인들의 교회도 아니고 장로들의 교회도 아니고 목사들의 교회도 아닙니다. 교회는 그리스도의 교회입니다. 많은 사람들이 장로교회를 "장로들의 교회"로 오해하곤 합니다. 정말 그러합니까? 교회가 장로들의 교회입니까? 아니면 교회는 목사들의 교회입니까? 이런 말들은 다 터무니없는 말입니다. 교회는 누구의 교회입니까? 교회는 그리스도의 교회입니다. 교회의 머리는 그리스도이십니다. 교회의 왕은 그리스도이십니다. 교회의 주인은 그리스도이십니다. 그러므로 교회는 그리스도의 법을 따라 다스려져야 하는 곳입니다.

교회에도 법이 필요하고 질서가 필요합니다. 왜냐하면 교회는 여러 다양한 사람들로 구성되어 있기 때문입니다. 교인들은 모두 여전히 부족함이 많으며 생각도 서로 다 다릅니다. 생각이 다른 교인들이 모여 있는 교회는 무엇으로 다스려져야 합니까? 많은 사람들은 교회 정치를 일종의 민주주의 정치 체제로 생각하는 경향이 있습니다. 하지만 교회를 그렇게 생각하는 것은 교회를 심각하게 오해하는 것입니다. 존 머레이 목사님은 이렇게 말했습니다. "장로들은 단지 회원들 전체의 파송된 대표자들이며, 따라서 파송, 즉 회원들 전체의 뜻과 허용에 의해서 권위를 행사하는 것으로 인식되고 있다… 그러나 장로들을 회원 전체의 파송된 대표자들로 간주하는 이러한 사고 경향은 기본적으로 잘못된 것이다. 그들을 감독자로 삼으신 분은 성령이시며, 그들은 교회의 머리에 의해 파송된다. 장로들에 의하여 수행되는 치리는 그리스도로부터의 파송에 의한 것이며 장로들은 그리스도에게 책임을 진다는 것을 인정하는 것은 회원 전체와 장로들의 의무이다."[48] 그러므로 교회는 순수한 민주주의가 아닙니다. 어떤 의미에서는 목사와 장로가 교인들을 대표하고 있는 것이 맞지만, 그렇다고 해서 목사와 장로가 교인들의 뜻을 대변해서 교회 안에서 대의 민주주의를 실현하도록 세워진 것은 아닙니다. 교회를 치리하는 이들(목사와 장로)은 교회를 다스리시는 그리스도의 종으로서 그리스도의 뜻에 순종하여 교회를 다스리기 위해 세워진 사람들입니다.

교회의 주권은 그리스도에게 있고 그리스도에게서 나옵니다. 그러므로 교회의 법과 질서는 교인들이 정하는 것이 아니라 교회의 주인이신 그리스도께서 정하시는 것입니다. 그래서 벨직 신앙고백 제30조는 교회의 정치를 이야기하면서 제일 먼저 이렇게 말한 것입니다. "우리는 이 참된 교회가 우리 주님이 그의 말씀에서 가르치신 영적인 질서에 따라 다스려져야 함을 믿습니다." 교회는 주님께서 그의 말씀에서 가르치신 영적인 질서에 따라 다스려져야 합니다. 그것이 좋은 교회 정치입니다. 참된 교회는 주님의 말씀에서 가르치신 영적인 질서에 따라 다스려져야 합니다.

교회 정치를 위해서는 직분자들이 필요하다

교회가 영적 질서에 따라 다스려지기 위해서는 직분자들이 필요합니다. 그리스도께서는 교회의 직분자들을 통하여 그의 교회를 다스리십니다. 그리하여 성령님께서는 직분자들을 부르시고 세우시며, 직분자들에게 그 직임을 잘 감당할 수 있도록 은사를 주십니다. 성령님께서는 직분자들의 다양

---

48) 머레이, 「존 머레이 조직신학」(제1권), 265.

한 활동을 통해서 진리가 보존되게 하시며, 바른 교리가 전파되게 하십니다. 이 일을 위하여 목사를 세우셔서 목사의 설교와 가르치는 사역을 통해서 진리가 보존되게 하십니다. 그러므로 목사는 복음을 설교하고 참된 교리를 가르치는 일을 우선으로 해야 합니다.

또한 주님께서는 목사와 함께 장로를 세우셔서 교회의 회의를 구성하게 하시며, 교회의 질서가 유지되게 하십니다. 그리스도께서는 특별히 목사와 장로들에게 교회의 치리권을 위임하여 주셔서, 양들을 돌아보며 목양하게 하시고, 교회 안에서 누룩과도 같은 악한 사상이 일어나거나 어떤 악한 자들의 악행이 교회의 순결과 하나됨과 질서를 깨뜨리지 못하도록 막도록 하십니다. 교회 안에서 악한 자들이 준동하지 못하도록 그들을 치리하고 판단하고 권징하고 제어하는 일을 하게 하십니다. 목사와 장로는 이 다스림의 직무를 맡은 자들입니다. 그래서 사도 바울은 목사와 장로를 가리켜서 "감독"이라고 불렀습니다. "너희는 자기를 위하여 또는 온 양떼를 위하여 삼가라 성령이 저들 가운데 너희로 감독자를 삼고 하나님이 자기 피로 사신 교회를 치게 하셨느니라"(행 20:28)고 하셨습니다. 교회를 "치게" 하셨다는 말은 "다스리게 하셨다, 목양하게 하셨다, 돌보게 하셨다"는 말로 다양하게 번역됩니다(요 21:16, 벧전 5:2, 계 12:5 참조). 이들의 통치는 영적 통치입니다. 교회 정치는 영적인 방법을 사용합니다. 교회는 사법적인 힘이나 물리적인 방법을 사용하지 않습니다. 말로 권하고 회개를 촉구하고, 그래도 돌이키지 않으면 성찬의 상을 받지 못하도록 하며, 최후에는 출교하는 절차를 가집니다.

또한 그리스도께서는 교회에 집사들을 세우셔서 교회 안에 가난한 사람들과 모든 고난 받는 사람들이 그들의 필요에 따라 도움과 위로를 받을 수 있게 하셨습니다. 교회의 직분자들은 권세를 부리고 군림하기 위하여 있는 사람들이 아니라, 그리스도의 종으로서 섬기고 봉사하기 위하여 있는 자들입니다. 직분자들은 그리스도의 다스리심이 지역 교회에 잘 임할 수 있도록, 그리하여 그 교회에서 영적 질서가 잘 세워질 수 있도록 그리스도의 종으로 부름 받은 자들입니다.

그러므로 교회의 직분자들이 교회를 잘 다스리기 위해서는 교회의 질서 (법)order가 무엇인지를 먼저 잘 알아야 합니다. 왜냐하면 직분자들은 자기의 생각대로가 아니라 그리스도께서 명령하신 말씀대로 양들을 치고 다스리는 일을 하도록 부름 받은 자들이기 때문입니다. 직분자들은 그리스도께서 명령하신 말씀대로 교회를 어떻게 다스려야 하는지를 잘 알아야 합니다. 다스려야 할 사람이 법을 모르면 법치를 하지 못하고 좋은 정치를 할 수 없습니다. 그러므로 교회의 직분자들은 하나님의 집인 교회에서 마땅히 행해야 할 바가 무엇인지, 교회의 영적 질서가 무엇인지를 잘 알아야 합니다(딤전 3:15). 누군가는 그것을 잘 알아야 그 질서를 유지하고, 그 질서가 유지되어야 진리가 보존되고 바른 교리가 전파되지 않겠습니까?

그래서 벨직 신앙고백 제30조는 직분자들의 봉사와 섬김을 다음과 같이 요약합니다. "이러한 방식으로 참된 신앙이 보존되고, 참된 교리가 전파되며, 또한 악한 자들이 영적 방법으로 권징을 받고 억제되며, 또한 가난한 사람들과 모든 고난 받는 사람들이 그들의 필요에 따라 도움과 위로를 받습니다." 직분자들의 봉사를 통해서 교회에서 참된 신앙이 보존되고 참된 교리가 전파되며 악한 자들이 영적 방법으로 벌을 받고 제지될 수 있고, 또한 가난한 사람들과 모든 고난 받는 사람들이 각자의 필요에 따라 도움과 위로를 받을 수 있게 됩니다. 직분자들은 바로 이런 일을 하도록 부름을 받은 사람들입니다. 이것이 교회의 직분자들의 임무입니다.

교회 안의 모든 일은 품위 있고 질서 있게 이루어져야 한다

성경적 기준에 따라 신실한 사람들이 선출되면 교회 안의 모든 일은 품위 있고 질서 있게 행해질 것입니다. 사도 바울은 디모데와 디도에게 보내는 편지에서 감독과 집사의 직분을 맡을 수 있는 자들의 기준에 대해서 매우 구체적으로 교훈해 주었습니다(딤전 3:1-13; 딛 1:5-9). 그만큼 직분자를 바로 세우는 일이 중요하기 때문입니다. 성경적 기준을 따라 신실한 사람들을 직분자로 세우는 일은 참으로 중요한 일입니다. 왜냐하면 결국 교회의 중요한 일들을 실행에 옮기는 사람들은 직분자들이기 때문입니다. 예배를 인도하는 일이나, 설교하는 일이나, 바른 교리를 가르치는 일이나, 권징하는 일이나, 교회의 재정을 집행하는 일이나, 교회의 회의를 통해 중요한 결정을 하는 일 등, 교회 안에서 이루어지는 모든 일들은 결국 사람이 하고 직분자들이 합니다. 그러므로 교회는 신실한 사람들을 직분자로 세워야 합니다. 직분자를 잘못 세우면 그 교회는 큰 혼란을 피할 수 없습니다. 하지만 성경적 기준에 따라 신실한 사람들이 선출되면 교회 안의 모든 일은 품위 있고 질서 있게 행해질 것입니다. 직분자 선출의 과정은 이어지는 벨직 신앙고백 제31조에서 좀 더 자세히 살펴보게 될 것입니다.

그러므로 우리는 교회가 잘 다스려지기를 위해서 기도해야 합니다. 교회가 잘 다스려지고 교회의 질서가 잘 유지될 때에 참 교회의 표지도 잘 유지될 수 있습니다. 교회의 질서가 잘 유지되어야 교회의 표지가 잘 유지되고, 그 속에서 성도들이 참 그리스도인의 표지를 더욱 분명히 하면서 잘 양육될 수 있습니다. 우리 교회도 머리 되시고 왕 되신 그리스도의 은혜의 통치를 잘 받게 해달라고 기도해야 합니다. 교회의 정치를 민주주의로 알고 교회에서 교인들의 뜻만 맞으면 아무 것이나 할 수 있는 것으로 생각하지 말아야 합니다. 우리가 참 교회라면, 우리는 그리스도의 뜻에 맞도록 모든 일을 해야 합니다. 교회의 모든 회원들은 교회를 향하신 그리스도의 뜻을 바로 알아야 합니다. 무엇보다 교회의 직분자들이 교회의 법과 질서에 대해서 잘 알고 교회의 치리에 수종들 때에 교회는 든든히 설 수 있습니다. 그리스도께서는 교회를 다스리실 때에 직분자들을 통해서 다스리신다고 하셨으니, 우리 가운데 신실한 직분자들이 계속 세워져서, 우리 교회를 통해서 진리가 보존되고, 바른 교리가 계속 전파되며, 권징이 잘 시행되고, 가난하고 곤고한 성도들이 도움과 위로를 받는 일이 계속 이루어질 수 있기를 소원합니다. 우리 교회와 이 땅의 모든 교회들 가운데 신실한 직분자들을 계속 세워주셔서 교회 안의 모든 일들이 품위 있고 질서 있게 이루어지기를 소원합니다.

하나님 아버지, 교회를 사람들의 손에 맡겨두지 않으시고, 머리 되신 그리스도께서 친히 다스려주심을 감사드리옵나이다. 우리 가운데 신실한 직분자들이 성경적인 기준을 따라서 끊임없이 세워져서, 교회 안에서 이루어지는 모든 일이 품위 있고 질서 있게 행해지게 하여 주시옵소서. 그리하여 우리 교회를 통하여 바른 진리가 보존되고, 바른 교리가 전파되고, 악한 자들의 악행은 권징 받고, 연약하고 고난 받는 성도들이 도움과 위로를 받음으로써, 우리에게서 참된 교회의 표지가 흐려지지 않고 날마다 분명해지게 하여 주시옵소서. 교회의 머리이시며 왕이시며 선한 목자이신 그리스도께서 우리를 친히 은혜로 다스려 주시옵소서. 예수님의 이름으로 기도하옵나이다. 아멘.

벨직 신앙고백 제31조

교회의 직분자들

우리는 하나님의 말씀의 사역자들과 장로들과 집사들이, 하나님의 말씀이 가르치는 대로 교회의 적법한 선거를 통해 기도 가운데에서 그리고 선한 질서를 따라 그들의 직분에 선출되어야 한다는 것을 믿습니다. 그러므로 모든 사람은 부적절한 방법으로 (그 과정에) 개입하지 않도록 주의해야 하며, 오히려 하나님의 부르심을 받을 때까지 기다려야 합니다. 그렇게 함으로써 그는 자신의 부르심에 대한 확실한 증거를 가지고 그 부르심이 진정으로 주님께로부터 온 것인지를 확신할 수 있어야 합니다.

말씀의 사역자들에 관해서는, 그들이 어떤 위치에 있든지 그들은 모두 동등한 권세와 권위를 가집니다. 왜냐하면 그들은 모두 온 세상의 유일한 감독이시자 교회의 유일한 머리이신 예수 그리스도의 종들이기 때문입니다. 우리는 하나님의 이 거룩한 질서가 훼손되거나 멸시 받지 않도록, 모든 사람이 말씀의 사역자들과 교회의 장로들을 그들이 맡은 사역을 인하여 특별히 존경해야 하며 가능한 한 원망이나 논쟁이나 다툼 없이 그들과 화목해야 할 것을 가르칩니다.

교회의 직분자들

12 형제들아 우리가 너희에게 구하노니 너희 가운데서 수고하고 주 안에서 너희를 다스리며 권하는 자들을 너희가 알고 13 저의 역사로 말미암아 사랑 안에서 가장 귀히 여기며 너희끼리 화목하라

데살로니가전서 5장 12-13절

교회는 직분자를 매우 신중하게 세워야 한다

교회는 직분자를 세우는 일을 매우 신중하게 해야 합니다. 교회의 일에 있어서 직분자의 중요성은 아무리 강조해도 지나치지 않습니다. 왜냐하면 그리스도께서는 교회의 직분자들을 통하여 그의 교회를 다스리시기 때문입니다. 그러므로 교회는 성경의 기준을 따라서 신실한 자들을 교회의 직분자로 세워야 합니다. 그렇게 될 때에 교회의 모든 일들이 품위 있고 질서 있게 이루어질 수 있습니다. 직분자들이 잘못 세워지면 교회는 품위를 잃어버리고 무질서하게 되고 말 것입니다. 교회의 모든 일들은 결국 직분자들에 의해 수행되기 때문입니다. 교회가 영적 질서에 따라 다스려지기 위해서는 신실한 직분자들이 필요합니다. 그렇다면 교회는 직분자를 세울 때에 어떤 원리를 따라서, 그리고 어떤 과정을 거쳐서 세워야 합니까? 벨직 신앙고백 제31

조는 바로 이러한 주제를 다루고 있습니다.

직분자의 선출과 관련하여 먼저 우리가 가장 중요하게 알아야 할 사실이 있습니다. 그것은, 직분자를 세우는 일은 사람의 일이 아니라 기본적으로 하나님의 일이라는 사실입니다. 물론 직분자를 세우는 것은 교회이고, 직분자를 선출하는 것은 교인들입니다. 따라서 그것은 사람의 일이라고 생각할 수도 있습니다. 하지만 교회가 직분자를 세우는 것은 교인들이 자의로 마음에 드는 사람을 세우는 것이 아니라, 그 교회에 직분자를 세우고자 하시는 하나님의 뜻을 찾는 행위입니다. 그러므로 우리는 한 사람이 교회의 직분자로 세워지거나, 한 교회가 누군가를 직분자로 세우는 것은 기본적으로 하나님께서 그의 종을 교회의 직분자로 세우시는 일에 교회가 수종 드는 과정으로 이해해야 합니다. 벨직 신앙고백 제31조는 하나님께서 한 사람을 교회의 직분자로 세우실 때에 어떤 과정을 통해서 세우시는지, 그리고 직분자로 세움을 받는 자들은 어떤 태도를 가져야 하는지에 대해서 잘 가르치고 있습니다.

직분자의 임직은 그리스도의 부르심으로 되는 것이다

첫째, 교회의 직분자가 되는 것은 하나님의 부르심으로 되는 것입니다. 벨직 신앙고백 제31조는 이렇게 말합니다.

그러므로 모든 사람은... 하나님의 부르심을 받을 때까지 기다려야 합니다. 그렇게 함으로써 그는 자신의 부르심에 대한 확실한 증거를 가지고 그 부르심이 진정으로 주님께로부터 온 것인지를 확신할 수 있어야 합니다.

직분자의 임직은 교회의 머리이신 그리스도의 부르심으로 되는 것입니다. 교회의 직분자가 되는 것은 자원봉사로 되는 것도 아니고, 모집으로 되는 것도 아니고, 일방적인 임명으로 되는 것도 아니고, 돈으로 살 수 있는 것도 아닙니다. 교회의 직분자가 되는 것은 교회의 머리이신 그리스도의 부르심으로만 됩니다(행 20:28). 하나님께서 선지자들을 부르신 것처럼, 또는 예수님께서 제자들을 택하시고 친히 부르신 것처럼, 교회의 직분자가 되는 것은 교회의 머리이신 그리스도의 부르심으로 되는 것입니다.

그리스도의 부르심은 두 가지로 드러납니다. 첫째는 내적 부르심internal calling이고 둘째는 외적 부르심external calling입니다. 직분자들은 하나님께서 자신을 직분자로 부르심을 내적으로뿐만 아니라 외적으로 확인해야 합니다. 내적 부르심은 하나님께서 자신을 그 직분으로 부르시는 것을 느끼고 그 일을 소원하는 소명감을 보고 확인할 수 있습니다. 우리 안에 그 직분에 대한 강한 소원과 사모함이 있어야 합니다. "너희 안에서 행하시는 이는 하나님이시니 자기의 기쁘신 뜻을 위하여 너희로 소원을 두고 행하게 하시나니"(빌 2:13). "미쁘다 이 말이여 사람이 감독의 직분을 얻으려 하면 선한 일을 사모한다 함이로다"(딤전 3:1)라고도 하셨습니다. 또한 내적 부르심은 그 사람에게 주어진 은사를 보고 확인할 수 있습니다. 주님께서는 한 사람을 직분자로 부르시면 그 직분에 필요한 은사를 주십니다. 목사로 부르신 자들에게는 목사에게 필요한 은사를 주시고, 장로로 부르신 자들에게는 장로의 은사를 주십니다. 직분자 자신도 자신을 돌아보며 자신의 은사를 확인해야 하고, 교회도 직분을 맡기고자 하는 자의 은사를 객관적으로 살피며 확인해야 합니다. 무엇보다 직분자들에게는 참된 믿음이 있어야 합니다. 모든 직분자들은 먼저 자신에게 참된 믿음이 있는지를 확인해야 합니다.

또한 외적 부르심을 확인해야 합니다. 외적 부르심은 교회의 부르심입니다. 우리는 교회 안에서의 추천과 투표를 통해서 외적 부르심을 확인할 수 있습니다. 목사에 대한 외적 부르심은 목회자 후보생 때부터 시작된다고 할 수 있습니다. 그리고 신학 수련과 목회 수련의 과정을 거친 후에 최종적으로는 청빙의 과정을 거쳐서 한 교회의 목사로 임직하게 됩니다. 이러한 일련의 과정을 통해 목사의 외적 부르심을 확인할 수 있습니다. 장로님이나 집사님의 외적 부르심을 확인할 수 있는 것도 교회 안에서의 추천과 투표입니다. 이러한 추천과 투표는 교회를 통한 부르심, 곧 하나님의 외적 부르심의 한 부분입니다. 추천의 방법은 교회의 형편에 따라 다양하게 이루어질 수 있습니다. 제직회나 공동의회나 구역장 회의에서 직분자 후보 추천을 받을 수도 있고, 당회가 단독으로 추천할 수도 있고, 교회가 목사에게 추천권을 위임해서 목사가 추천할 수도 있습니다. 어떤 방식을 취하든지 교회 안에서 직분자를 가장 잘 추천할 수 있는 방법을 정하여 추천하면 됩니다. 또한 추천을 받았다고 하더라도 후보자에 대한 검증을 통해서 성경적인 기준에 적합하지 않은 사람이 최종 후보가 되지 않도록 해야 합니다. 교회는 직분자의 인격과 신앙과 은사를 종합적으로 판단하여 그를 직분자 후보로 추천해야 합니다.

교회는 성경적인 질서를 따라 합법적인 선거로 직분자를 선출해야 한다

또한 교회는 기도하는 가운데 성경적인 질서를 따라 합법적인 선거로 직분자를 선출하여 세워야 합니다. 교회는 그리스도께서 어떤 사람을 직분자로 세우시기를 원하시는지를 찾되, 성경적인 기준과 질서를 따라, 합법적인 선거를 통해서, 기도 가운데 잘 찾아서 그런 사람을 직분자로 선출해야 합니다.

교회의 직분자들은 적법한 절차를 통해서 선출되어야 합니다. 가룟 유다가 죽고 열한 사도만 남게 되었을 때에 열한 사도는 모여서 맛디아를 뽑았습니다(행 1:23-26). 그들은 사도의 직분을 맡을 자를 세우고자 할 때에 그 직분을 맡기에 합당한 자가 누구일지를 최대한 찾았습니다. 그래서 그들은 그

직임에 대한 바른 이해를 바탕으로, 누가 그 직임에 합당하겠는지 사람으로서 할 수 있는 대로 찾아서 추천했습니다. 직분자들을 선출할 때에 사람으로서는 할 수 있는 대로 꼼꼼하게 분별해야 합니다. 사도들도 후보자를 추천할 때 일정한 기준을 가지고 있었습니다. 그들은 요한의 세례로부터 시작하여 예수님의 부활과 승천까지의 모든 일들을 함께 하며 목격한 자들 중에서 자신들과 함께 그리스도의 부활의 증인이 될 수 있는 사람이 누구일지를 기도하면서 찾았습니다(행 1:21-22). 그래서 그 기준에 맞겠다고 여겨지는 두 사람을 최종 추천했는데, 그 두 사람이 유스도라고도 하는 요셉과 맛디아였습니다. 사도들은 그 두 사람을 놓고 제비를 뽑았습니다(행 1:23-26). 제비를 뽑았다고 하신 사도행전 1:26을 직역하면 "그들(열한 사도)이 그들(두 사람)을 위하여 조각(제비, 표)들을 주었는데, 그 표가 맛디아에게 떨어졌다. 그래서 맛디아가 열한 사도의 수에 더해졌다."입니다. 우리는 이 제비뽑기의 방식이 정확하게 어떻게 이루어졌는지 모릅니다. 아마도 우리가 지금 알고 있는 제비뽑기와 투표의 중간 방식으로 이루어졌을 가능성이 높을 것으로 생각됩니다. 또한 예루살렘 교회가 일곱 집사를 택할 때에도 모든 성도들이 일곱 사람을 뽑아서(선택해서) choose, select 사도들 앞에 세웠고, 사도들은 기도하고 그들에게 안수했습니다(행 6:5-6). 교인들의 뜻을 묻는 일종의 투표를 통해서 직분자를 세운 것입니다.

어떤 분들은 오늘날 직분자 선출과 관련해서 교회 안에서 많은 갈등과 부작용이 일어나고 있다는 이유로, 직분자를 세울 때에 선거가 아니라 제비뽑기로 할 것을 주장하기도 합니다. 물론 제비뽑기가 구약 시대에 사용된 방법인 것은 사실입니다. 구약 시대에는 제사장들이 우림과 둠밈을 사용하여 하나님의 뜻을 묻거나(레 8:8) 제비를 뽑아서 하나님의 뜻을 물었습니다(수 14:2). 그러나 이러한 방법들은 하나님의 성경 계시가 완성되기 이전에 하나님의 뜻을 찾기 위해 한시적으로 사용되었던 것으로, 신약 시대의 교회가 이를 사용하는 것은 적절해 보이지 않습니다.

오늘날에는 우림과 둠밈이나 제비뽑기 대신 교회의 회의를 통해서 하나님의 뜻을 찾습니다. 왜냐하면 이제는 성경의 계시가 완성되어 신앙생활에 필요한 모든 하나님의 뜻이 밝히 계시되었기 때문입니다. 그래서 성도들은 성경에 밝히 나타난 뜻과 큰 원칙에 근거하여 기독교인의 사리분별Christian prudence을 가지고 판단하면서, 회의나 투표와 같은 절차를 통해서 직분자를 세우기도 하고 교회의 일들을 결정하기도 합니다. 그러므로 우리는 당회나 노회에서 구약의 방법인 우림과 둠밈이나 제비뽑기로 하나님의 뜻을 찾으려고 하지 않고 회의나 투표를 통해서 하나님의 뜻을 찾습니다. 사람이 제비를 뽑지만 모든 것을 결정하시는 분은 하나님이시라고 고백할 수 있다면(잠 16:33), 교인들이 하나님의 말씀을 따라 회의하고 투표하여 직분자를 선출하지만 직분자를 세우시는 분은 하나님이라고도 말할 수 있습니다.

또한 교회는 직분자를 선출하기 전에 그리스도의 뜻을 찾으며 기도해야 합니다. 벨직 신앙고백 제31조 역시 기도를 직분자 선출에서의 중요한 요소로 꼽고 있습니다. 사도들과 초대교회 성도들은 직분자들을 세울 때에 금식하고 기도하면서 뽑았습니다(행 1:23-24, 6:2-6, 13:2-3, 14:23). 예수님께서도 열두 제자를 세우실 때에 산으로 올라가셔서 밤이 맞도록 기도하신 후에 제자들을 부르셨습니다(눅 6:12-13). 우리는 우리 교회에 가장 필요하고 그리스도의 뜻에 맞는 사람이 직분자로 선출되게 해주시기를 기도해야 합니다.

직분자는 선출 과정에 부적절한 방법으로 개입하지 말아야 한다

또한 그 누구도 직분자 선출 과정에 부적절한 방법으로 개입하거나 간섭하거나 나서지 말고 기다려야 합니다. 그들은 모두 하나님의 부르심을 받고 세우심을 받을 때까지 기다려야 합니다. 기다림이야말로 모든 직분자들에게 요구되는 태도입니다. 직분자는 하나님께서 세우시는 것이기 때문입니다. 교회의 직분자들은 성도들의 허락으로 되는 것이 아니라 그리스도의 허락과 파송으로 세워지는 자들입니다. 그러므로 직분자가 선출되기까지 그 누구도 그 과정에 부당하게 개입하지 말아야 합니다. 성령님께서 성도들의 회의와 투표 과정을 통해서 하나님의 뜻을 나타내시고 확인시켜 주시며 그들을 직분자로 세우실 때까지 겸손히 기다려야 합니다.

교인들은 직분자를 선출할 때에 그 선출 과정에 부당하게 개입하지 말아야 합니다. 특별히 자기 자신이 직분자로 임명되기 위해서 부당한 방법을 사용하지 말아야 합니다. 예를 들어, 어떤 사람이 목사가 되고 싶다고 해서 적법한 과정을 거치지도 않고, 마땅히 받아야 하는 교회의 추천이나 신학 수련이나 목회 수련의 과정도 없이, 돈을 내고 목사 안수를 받는다면 그것은 부당한 임직이 됩니다. 또는 어떤 사람이 교회의 직분을 얻기 위하여 교회 안에서 선거 운동을 한다면 그것도 부당한 선거 개입입니다. 세상에서도 부당 선거 개입은 중범죄입니다. 그것은 보기에도 아주 흉합니다. 부당 선거 개입은 민주주의 체제를 모독하고 민의를 왜곡하는 것입니다. 선거에 부당 개입하거나 선거를 조작하는 사람들은 대개 정상적으로 하면 선출이 안 될 가능성이 높은 사람들입니다. 많은 사람들이 지지하고 표를 준다면 선거에 부당 개입할 필요가 없습니다.

교회 안에서 직분을 얻기 위하여 선거 운동을 하는 것은 부당한 선거 개입입니다. 세상에서는 적당한 범위에서 하는 선거 운동은 합법입니다. 그러나 교회에서의 선거 운동은 모두 불법입니다. 왜냐하면 벨직 신앙고백 제30조에서 이미 공부한 대로, 이 세상 정치와 교회 정치는 근본적으로 그 원리가 다르기 때문입니다. 이 세상 정치는 사람들의 뜻을 따라서, 사람들의 마음을 얻어서 하는 정치입니다. 하지만 교회 정치는 근본적으로 교회의 머리 되신 그리스도의 뜻을 성경에서 찾고 그 뜻을 받들고 그 뜻에 복종하는 정치입니다. 그러므로 우리는 교회 안에서 직분자가 되고자 할 때에 사람들이 세상의 정치판에서 보통으로 사용하는 그런 방법을 사용하지 말아야 합니다. 선거 운동은 결국 자기 자신을 뽑아달라는 것인데, 그러한 운동 자체가 하나님의 부르심과 세우심을 기다리지 않고 선거에 개입하는 것입니다. 세상에서는 자기가 선거에서 당선되기 위하여 상대방을 악의적으로 비방하고 허위 사실을 유포하는 등의 술수를 부리지만, 교회에서의 직분자 선출에서는 "상대방"이나 "경쟁자"가 없습니다. 우리는 그리스도께서 세우시고자 하는 사람을 찾기만 하면 되는 것입니다. 만일 교회에서 직분자를 세울 때에 세상 정치판에서 사용하는 방법을 사용한다면, 교회는 직분자 선출을 할 때마다 두 쪽, 세 쪽으로 분열되고 말 것입니다.

직분자의 선출의 중요한 원리는 기다림입니다. 그래서 벨직 신앙고백 제31조는 "그러므로 모든 사람은... 하나님의 부르심을 받을 때까지 기다려야 합니다."라고 가르치고 있습니다. 그렇게 할 때에 교회는 그리스도께서 과연 누구를 교회의 직분자로 세워주셨는지를 보다 분명하게 확신할 수 있으며, 직분자로 세워지게 되는 자들 역시 그리스도께서 자신을 정말로 부르신 것이 맞다는 것을 더욱 확신할 수 있게 됩니다. 그러므로 우리는 기다릴 줄 알아야 합니다. 그렇게 할 때에 교회의 직분이 보호되고 교회의 거룩한 질서가 잘 유지될 수 있습니다.

직분자들은 모두 그리스도의 종이며, 교회는 직분자들을 귀히 여겨야 한다

이러한 절차를 거쳐서 세워진 직분자들은 모두 그리스도의 종입니다. 목사를 포함한 모든 직분자들은 그리스도의 종이라는 점에서 공통입니다. 특별히 말씀의 사역자인 목사들은 동등한 권능과 권위를 가집니다. 이 권위는 복음의 말씀을 전파할 권능과 권위를 말합니다(고전 1:17). 성경은 교황으로부터 하향식으로 권위가 내려온다고 하는 교권주의를 가르치지 않습니다. 물론 교회의 직분에는 그리스도께서 주시는 권세와 권위가 주어집니다. 그러나 그것이 교권주의나 파벌주의로 전락해서는 안 됩니다. 우리는 모두 그리스도의 종들이므로 우열을 나누거나 등급을 매기거나 서열을 두지 않습니다. 그렇다고 해서 당회나 노회나 총회에 주어진 정당한 역할과 권위를 부정해서도 안 됩니다. 모두 가르치는 자가 될 수 없고, 모두 목사가 될 수는 없습니다. 만인제사장설을 앞세워서 모두 동등하다고 하면서, 아무나 교회의 일들을 감당할 수 있다는 식의 극단주의로 나가서는 안 됩니다.

그러므로 교회는 모든 직분자들을 귀히 여기되, 특별히 말씀의 설교자들과 교회의 장로들을 존경해야 합니다. 가능한 한 불평이나 논쟁이나 다툼 없이 그들과 화목해야 합니다. "형제들아 우리가 너희에게 구하노니 너희 가운데서 수고하고 주 안에서 너희를 다스리며 권하는 자들을 너희가 알고 저의 역사로 말미암아 사랑 안에서 가장 귀히 여기며 너희끼리 화목하라."(살전 5:12-13)고 하셨고, "잘 다스리는 장로들을 배나 존경할 자로 알되 말씀과 가르침에 수고하는 이들을 더할 것이니라."(딤전 5:17)고 하셨습니다. 우리는 모든 사람을 귀히 여겨야 합니다. 믿는 그리스도인들은 서로를 존경할 자로 알고 사랑할 자로 알아야 합니다. 하지만 특별히 직분을 맡은 자들, 교회를 다스리기 위하여 세움을 받은 장로님들을 배나 존경하고, 특별히 말씀과 가르침에 수고하는 이들을 더할 것이라고 하셨습니다. 다스리는 권위를 받은 자를 무시하고 멸시하고 반발하고 불평하고 원망하고 논쟁하고 싸우는 교회는 참으로 복이 없는 교회입니다. 벨직 신앙고백 제31조는 "우리는 하나님의 이 거룩한 질서가 훼손되거나 멸시 받지 않도록, 모든 사람이 말씀의 사역자들과 교회의 장로들을 그들이 맡은 사역을 인하여 특별히 존경해야" 한다고 가르칩니다. 직분자들이 맡은 사역과 직임을 인하여 그들을 귀히 여기고 존경함으로써, 이들이 교회를 잘 돌아보고 잘 다스릴 수 있게 해야 합니다.

우리는 이 거룩한 질서가 훼손되거나 멸시 받지 않도록 해야 합니다. 교회의 거룩한 질서는 언제 훼손되고 멸시를 받게 됩니까? 직분자 선출의 과정이 비성경적으로 이루어져서 신실하지 못한 자들이 직분자로 선출될 때, 그리고 직분자로 세워진 이들이 자신들의 직임을 신실하게 감당하지 못할 때입니다. 직분자를 세우는 일이 무질서하게 될 때, 교회 안에서도 이 거룩한 질서는 훼손되거나 멸시를 받고 교회 밖에서도 복음은 조롱거리가 되어 전도의 문을 막게 됩니다. 우리는 교회를 위하여 기도할 때마다, 이 땅의 교회들에 신실한 직분자들을 계속해서 세워주시기를, 그리고 이미 세워주신 직분자들이 그리스도의 충성스러운 종들로 일할 수 있게 해주시기를 위하여 기도해야 합니다.

교회를 은혜로 다스리시는 주님. 교회에 직분자들을 세우시되, 하나님의 뜻에 맞는 직분자들이 선출될 수 있도록 성경적 기준과 질서를 알려주신 것을 감사드리옵나이다. 우리 교회뿐만 아니라 이 땅의 모든 교회들이 하나님의 부르심과 세우심을 확인하며 기다리는 가운데 신실한 직분자를 계속해서 세워가게 하여 주시옵소서. 그리하여 교회의 거룩한 질서가 잘 지켜지고 복음이 빛나게 하여 주시옵소서. 우리 가운데 이미 세워주신 직분자들을 귀히 여기고 존경할 자로 알아서, 원망이나 불평이나 논쟁이나 다툼이 없이 서로 화목한 가운데 각자의 직임을 수행하고 주님을 섬길 수 있는 저희들이 되게 하여 주시옵소서. 예수님의 이름으로 기도하옵나이다. 아멘.

벨직 신앙고백 제32조

교회의 질서와 권징

또한 우리는 교회를 다스리는 자들이 몸 된 교회를 유지하기 위해서 특정한 질서(규례)를 제정하고 세우는 것이 유익하고 좋은 것이지만, (그것은) 항상 우리의 유일한 주인이신 그리스도께서 우리를 위하여 제정하신 것에서 벗어나지 않도록 주의해야 함을 믿습니다. 그러므로 우리는 하나님을 섬김에 있어서 어떤 방식으로든 양심을 속박하고 강제하는, 사람들에게 부과되는 모든 인간적인 고안들과 규범들을 배격합니다. 우리는 오직 화합과 일치를 유지하고 증진시키며 모든 것이 하나님께 복종하여 나가도록 하는 데에 적절한 것만을 받아들입니다. 이 목적을 위해서 하나님의 말씀에 따른 권징과 출교黜敎가 요구됩니다.

교회의 질서와 권징

> 14 내가 속히 네게 가기를 바라나 이것을 네게 쓰는 것은 15 만일 내가 지체하면 너로 하나님의 집에서 어떻게 행하여야 할 것을 알게 하려 함이니 이 집은 살아 계신 하나님의 교회요 진리의 기둥과 터이니라
>
> 디모데전서 3장 14-15절

벨직 신앙고백 제32조는 교회의 질서와 권징에 관한 성경의 가르침을 크게 세 가지로 요약하여 가르칩니다. 첫째는 그리스도의 몸 된 교회를 잘 다스리고 유지하기 위해서 교회에는 일정한 질서(규례)가 필요하다는 것이고, 둘째는 교회의 모든 질서는 전적으로 성경에 근거해야 하며 그 외에 인간의 고안과 규범으로 사람들의 양심을 속박하거나 강제해서는 안 된다는 것이며, 셋째는 교회의 질서 유지를 위해서는 권징과 출교가 필요하다는 것입니다.

하나님의 집인 교회에는 질서가 필요하다

그리스도의 교회는 교회를 잘 다스리고 유지하기 위해서 언제나 성경적인 법과 질서를 필요로 합니다. 사도 바울은 디모데에게 편지하면서 이렇게

말했습니다. "내가 속히 네게 가기를 바라나 이것[디모데전서]을 네게 쓰는 것은 만일 내가 지체하면 너로 하나님의 집에서 어떻게 행하여야 할 것을 알게 하려 함이니 이 집은 살아계신 하나님의 교회요 진리의 기둥과 터이니라"(딤전 3:14-15). 우리는 하나님의 집인 교회에서 어떻게 행하여야 하는지를 잘 알고서 신앙생활을 해야 합니다.

필립 멜랑히톤Philipp Melanchthon, 1497-1560은 이렇게 말했습니다. "교회 안에서 가장 아름다운 질서가 유지되어야 하는 것은 합리적인(합당한, 마땅한) 일이다."[49] 모든 일에 질서가 필요하지만 가장 질서가 잘 유지되어야 하는 곳은 교회여야 합니다. 왜냐하면 교회는 질서의 하나님께서 통치하시는 곳이기 때문입니다. 교회에서 어떻게 행해야 하는지를 말해주는 것이 "교회 질서Church Order" 또는 "교회법Church Law"입니다. 교회가 질서를 잘 유지하려면 모든 교인들이 교회의 질서가 무엇인지를 잘 알고 있어야 하고, 특별히 직분자들이 교회의 질서를 잘 알고 있어야 합니다. 하나님께서는 직분자들을 세우셔서 그들이 먼저 그 질서를 잘 알고 교회의 질서를 잘 유지해 나가도록 하셨습니다.

모든 것에는 원칙과 질서가 있어야 합니다. 질서가 지켜지지 않으면 무엇이든지 무질서하게 되고 위험하게 됩니다. 특별히 교회 안에서 행해지는 모든 것은 성경에 근거한 원칙과 질서를 따라 처리되어야 합니다. 오늘날 많은 교회들은 교리 표준은 매우 중요한 것으로 여기면서도 관리 표준(교회 정치, 예배 모범, 권징 조례), 곧 교회의 질서에 대해서는 매우 소홀히 여기는 경향이 있습니다. 하지만 교회의 질서가 약화되고 무시되면 교회는 금방 무질서하게 되고, 교회가 무질서에 빠지게 되면 교회는 바른 신앙고백과 교리표준

---

49) 필립 멜란히톤, 「신학총론」, 이승구 옮김 (고양: 크리스챤다이제스트, 2000), 454.

을 가지고 있다고 하더라도 교회의 사명을 온전히 수행할 수 없게 됩니다. 그러므로 우리는 교리와 함께 교회 질서를 매우 소중히 여기고 잘 지켜야 합니다. 지금 우리에게 주어져 있는 교회의 질서는 신조나 신앙고백이나 요리문답들처럼 교회의 긴 역사를 통해서 다듬어지고 확립되어 온 것입니다. 성령님께서는 무엇이 바른 교리인가 하는 것뿐만 아니라 어떤 것이 과연 성경적인 교회의 질서가 되는지를 진리로 가르치시고 섭리로 인도하셨습니다.

교회의 질서는 교회의 소중한 유산이다

기독교회는 긴 역사를 통해 수많은 시행착오를 겪어오면서, 과연 어떤 것이 성경적인 교회의 질서가 되는지에 대한 성령님의 가르치심과 인도하심을 받아왔습니다. 성령님께서는 교회에 목사와 교사들을 세워주시고 그들로 하여금 하나님의 말씀인 성경을 부지런히 살피고 연구하여 어떤 것이 바른 신앙 실천인지를 찾아서 그것을 교회의 질서와 법으로 제정하게 하셨습니다. 경건하고 학식 있는 목사님들이 성령의 조명 아래에서 성경과 신학을 많이 공부한 후, 성경이 교회의 질서와 법도에 대해서 가르치는 바를 찾아서 정리하고 간추린 것이 교회의 법과 질서입니다. 그러므로 우리 시대의 교회들은 역사적 정통 개혁교회가 받아들이고 실천해온 교회 질서를 매우 존중해야 합니다.

16-17세기의 종교개혁자들은 신앙고백이나 요리문답과 같은 교리 표준들을 확정짓는 일만 한 것이 아니라, 언제나 신앙고백과 함께 교회 질서 Church Order를 작성하여 이를 엄격하게 지키도록 하였습니다. 종교개혁자들은 신학의 개혁만이 아니라 교회의 개혁을 추구한 자들이었습니다. 칼빈은 스트라스부르크에서 제네바로 돌아가게 되었을 때에 그 조건으로, 자신이 이전에 제시하였던 교회 개혁안을 다시 받아들일 것을 요구하였습니다.

1541년 9월 13일(화요일)에 제네바에 도착한 칼빈은 그 당일에 [교회법령]의 초안을 소의회에 제출할 정도로 그의 의지는 단호했습니다. 칼빈은 1541년 9월 16일에 파렐Farel에게 쓴 편지에서도 교회의 헌법과 규율이 하나님의 말씀의 규정과 초대교회의 모범을 따라야 할 것이라고 주장하였습니다. 칼빈은 교회법을 서면으로 작성하자고 요구하였으며, 칼빈의 이러한 소원과 강력한 요청은 제네바 의회에 의해 받아들여졌습니다. 제네바 의회는 그러한 법령의 초안을 검토하고 수정하는 일을 칼빈을 포함한 5명의 목사들(칼빈, 비레, 베르나르, 마르, 샹페로)과 6명의 시의원에게 맡겼으며, 칼빈은 이 일을 주도해 나갔습니다. 그로부터 2주 후에 칼빈을 중심으로 하는 이 위원회는 법령의 초안을 소의회에 제출했고, 소의회를 통과한 [교회법령]은 대의회와 시민 총회를 거쳐서 1542년 1월 2일에 최종적으로 비준, 채택되었습니다. 칼빈이 제네바 의회에 제출한 [교회 질서The Ecclesiastical Ordinances]는 이후 유럽과 아메리카에서 대부분의 개혁교회의 헌법과 규율의 근간이 되었습니다.

스코틀랜드의 종교개혁을 이끌었던 존 낙스John Knox 역시 1560년에 교회법의 일종인 [제1치리서The First Book of Discipline]의 작성을 주도하였으며, 그 이후 1578년에 앤드류 멜빌Andrew Melville이 [제2치리서The Second Book of Discipline]를 작성하여 장로교회 헌법의 기틀을 마련하였습니다. 하이델베르크 요리문답을 작성하게 한 프레드리히 3세도 하이델베르크 요리문답을 [교회법]의 일부로 포함시켜서 교회의 질서를 확립하였으며, 도르트 총회도 국제회의를 마친 후에 네덜란드 교회의 질서를 위해 [도르트 교회질서]를 제정하였습니다. 웨스트민스터 총회 역시 [웨스트민스터 신앙고백]과 함께 [예배모범]과 [장로교 교회 정치]를 제정하여, 공예배의 요소들이나 성례의 집행이나, 주일성수나, 결혼식과 환자의 심방과 성도의 장례식이나, 금식과 감사일이나, 시편찬송 등에 대한 규정들을 제시하였습니다. 또한 장로교 교회 정치와 교직자들의 직무에 관하여, 특별히 목사의 안수에 관하여 상세한 규정을 주었습니다. 이 모든 것은 종교개혁자들이 교회의 질서에 대하여 얼마나 많은 관심을 가지고 있었는지, 그리고 그들이 교회에 대하여 얼마나 바르고 정확한 이해와 통찰을 가지고 있었는지를 보여줍니다.

교회의 질서를 세우는 일은 매우 실제적이면서 중요한 일입니다. 종교개혁은 교리와 신학만의 개혁이 아니라 교회의 실천의 개혁이기도 하다는 점을 기억해야 합니다. 진리의 기둥과 터인 교회가 세상에서 교회의 정체와 표지를 잘 유지해 나가며 진리를 잘 보존하고 드높이는 교회가 되기 위해서는 진리의 정당한 표현과 실천이 요구됩니다. 그러므로 교회의 신앙고백도 교회의 헌법의 일부로서 잘 지켜져야 하고, 예배 모범과 교회 정치와 권징 조례들도 교회의 헌법의 일부로서 잘 지켜져야 합니다.

사회와 국가에서도 바른 법을 세우는 일이 중요합니다. 하나의 악법으로 인해 다수의 선량한 시민들이 피해를 입는 경우가 많기 때문입니다. 마찬가지로, 교회 안에서도 성경적인 법과 질서가 세워지고 확립되어야 합니다. 교회에 바르고 성경적인 질서가 확립될 때에야, 비로소 교회는 하나됨과 화평함을 유지할 수 있습니다. 바울 사도가 "하나님은 무질서의 하나님이 아니시요, 오직 화평의 하나님이시니라."(고전 14:33, 개역개정)라고 말한 것은 바로 이러한 교회의 질서 문제를 가리키고 있는 것입니다. 사도 바울은 "모든 것을 품위 있게(εὐσχημόνως, decently, 적절하게) 하고 질서 있게(질서를 따라, κατὰ τάξιν) 하라."(고전 14:40, 개역개정)고 하였습니다. 교회는 무질서하게 되도록 세워진 것이 아니라 질서 있게 되도록 세워진 것입니다.

교회의 질서는 철저히 성경에 근거해야 한다

또한 교회의 질서는 철저히 성경에 근거해야 합니다. 교회에는 언제나 바른 질서, 곧 성경적인 질서가 필요합니다. 교회의 법과 질서를 제정하는 것은 좋은 일이지만, 그것은 언제나 성경에서 벗어나지 않아야 하며, 항상 성경에 기초해야 합니다. 벨직 신앙고백 제32조도 이렇게 가르칩니다.

> 우리는 교회를 다스리는 자들이 몸 된 교회를 유지하기 위해서 특정한 질서(규례)를 제정하고 세우는 것이 유익하고 좋은 것이지만, (그것은) 항상 우리의 유일한 주인이신 그리스도께서 우리를 위하여 제정하신 것에서 벗어나지 않도록 주의해야 함을 믿습니다.

"기록한 말씀 밖에 넘어가지 말라."(고전 4:6)고 하셨습니다. 우리는 하나님의 말씀에 맞지 않는 법을 거부할 양심의 자유를 가지고 있습니다. 교황이나 교회 회의에 의해서 제정된 교리와 규칙들이라고 하더라도 성경에 근거한 것이 아니라면 우리는 그것을 얼마든지 거부할 수 있습니다. 교회의 법과 질서의 작은 부분이 비뚤어지게 되면 그것은 결국 교회를 찌르는 칼이 되어 돌아오게 되며, 하나님의 영광을 가리고, 전도의 문을 크게 가로막게 되는 치명적인 결과를 초래하게 됩니다.

교회의 질서는 교회 안의 전 영역에서 행해지는 일들을 다루는 것으로, 교회 질서에 포함되는 내용으로는 크게 네 가지를 꼽을 수 있습니다. 첫째는 교회의 직분office과 직분자office bearers에 관한 질서이며, 둘째는 교회의 회의에 관한 질서이고, 셋째는 교회의 예배와 성례와 기타 예식에 관한 질서이며, 마지막으로 넷째는 교회의 권징에 관한 질서입니다.

첫째, 직분과 직분자에 대한 질서가 있습니다. 직분 질서는 교회의 질서들 중에서 실제로 가장 우선되고 중요한 질서라고 할 수 있습니다. 왜냐하면 교회의 회의나 예배나 권징에 관한 질서들은 결국 직분자들에 의해서 다 수행되기 때문입니다. 그러므로 교회는 기도하는 가운데 성경적인 기준을 따라 합법적인 선거를 통하여 신실한 사람들을 직분자로 세우는 일에 만전을 기해야 합니다(벨직 신앙고백 제31조, 행 6,14장, 엡 4장, 딤전 3장, 딛 1장 참조). 교회는 직분자를 바로 세워야 하고, 신실한 일꾼들을 계속해서 길러내야 합니다. 교회의 직분에 관한 질서에는, 성경적인 직분의 종류, 목사의 자격과 청빙과 임직의 과정, 목사의 의무와 직무, 목사에 대한 개교회의 의무, 목사의 은퇴나 휴직, 목회자 후보생의 선발과 양성과 후원, 장로나 집사와 같은 교회의 직분자들의 자격과 선택 기준, 직분자들의 임기 등 교회의 직분과 관련한 매우 실제적이고도 다양한 지침들이 포함됩니다. 교회에는 직분과 직분자에 대한 바른 원칙과 질서가 확립되어 있어야 합니다. 성경적인 기준에 따른 합당한 자격을 갖추지 않은 사람이 직분자로 세워지지 않도록 조심해야 합니다. 왜냐하면 교회의 하나됨과 화평을 깨뜨리는 가장 주요한 원인 가운데 하나는 교회가 직분자에 대한 성경의 기준을 따르지 않고 신실하지 못한 사람들을 직분자로 세우는 데에서 기인하기 때문입니다.

주님께서는 하나님의 말씀과 성령으로 그의 교회를 통치하시나, 주님께서는 또한 말씀과 성령의 통치가 지상의 교회들에서 잘 실현되도록 수종 드는 직분자들을 세우십니다. 주님께서는 사도들에게 이 거룩한 직무를 맡기셨고(요 21:15-17), 사도들은 이 직무를 "충성된 사람들에게 부탁"(딤후 2:2)하였습니다. 그러므로 교회는 성경이 제시하고 있는 직분자의 기준에 따른 합당한 자격을 갖추지 않은 사람이 직분자로 세워지지 않도록 조심해야 합니다. 특별히 말씀의 사역자들을 세우는 일에 있어서 교회는 신중해야 합니다. 교회는 목사의 내적 소명과 외적 소명을 확인하고, 그들의 신학 수련과 목회 수련을 돕고, 그들의 말씀 사역을 위해 기도해야 합니다.

둘째, 교회의 회의會議에 관한 질서가 있습니다. 회의 질서는, 교회가 가지는 다양한 회의의 종류들(공동의회, 제직회, 당회, 노회, 대회, 총회 등)과 그 각각의 회의들의 책임과 권한과 상호관계를 다룹니다. 당회나 노회나 총회는 어떤 원리에 의해서 구성할 것인지, 각 회의 책임과 권한은 무엇인지, 개교회의 제직회나 공동의회는 얼마나 자주 모여야 하는지, 회의의 회원들의 자격, 의장과 서기의 의무, 당회가 없는 교회의 회의 운영, 회의록 작성과 보고, 각 회의의 정기적인 회집과 시기, 노회들 간의 교류와 회집, 노회나 총회 내의 위원회(상비부)의 역할, 다른 교회(총회)들과의 교류 등에 관한 지침들이 포함됩니다. 장로교 헌법에서 교회의 직분과 회의에 관한 질서는 통상적으로 "교회 정치church government"로 분류됩니다.

셋째, 예배에 관한 질서가 있습니다. 벨직 신앙고백 제32조는 예배의 질서가 혼잡하게 되지 말아야 한다는 점을 강조하면서 "그러므로 우리는 하나님을 섬김(예배함)에 있어서 어떤 방식으로든 양심을 속박하고 강제하는, 사람들에게 부과되는 모든 인간적인 고안들과 규범들을 배격"한다고 하였습니다. 교회의 예배에 관한 질서에는, 예배와 성찬 및 여러 예식들을 집례하거나 참여하는 직분자와 교인의 자격을 확정하기 위한 교인서약, 예배와 예배의 요소들(기도, 찬송, 성경 낭독과 설교, 헌상 등)에 관한 지침들, 세례(유아세례 포함)에 관한 지침들, 성찬 참여자의 자격과 성찬 시행의 횟수, 결혼식과 장례식의 인도와 설교에 관한 지침, 교리문답 설교에 대한 지침, 교회의 신앙교육에 대한 지침들이 포함됩니다. 장로교 헌법에서 교회의 예배와 성례 및 기타 예식에 관한 질서는 "예배 지침" 또는 "예배 모범directory for worship"으로 분류됩니다. 우리는 하나님께 드리는 예배에 있어서 일체의 인간적인 고안이나 규범들을 배격합니다(하이델베르크 요리문답 제96문답 참조).

넷째, 교회의 권징을 시행함에 있어서도 질서가 필요합니다. 벨직 신앙고백 제32조는 권징에 관하여 이렇게 가르칩니다. "우리는 오직 화합과 일치를 유지하고 증진시키며 모든 것이 하나님께 복종하여 나가도록 하는 데에 적절한 것만을 받아들입니다. 이 목적을 위해서 하나님의 말씀에 따른 권징과 출교黜敎가 요구됩니다."

교회의 권징과 치리에 관한 질서에는, 권징의 정의와 목적, 권징을 받아야 할 죄의 성격, 권징의 절차, 징계의 내용과 수위(수찬 정지, 출교 등), 치리를 위한 교회의 재판, 시벌과 해벌, 직분자의 권징(정직, 면직 등), 다른 교회로의 이명 등에 관한 지침들이 포함됩니다. 장로교 헌법에서는 교회의 권징에 관한 질서를 "권징 조례church discipline"라는 제목으로 다룹니다.

교회의 질서 유지를 위해서 권징과 출교가 필요하다

특별히 교회에서 권징이 필요한 것은 교회의 화합과 일치를 유지하고 증진시키고 교회의 성결을 파수하기 위함이며, 그렇게 함으로써 교회 안의 모든 일이 하나님께 복종하는 것이 되게 하기 위함입니다. 교회 안에 어떤 오류나 악행이 발생하여 온 덩이에 누룩처럼 퍼지게 될 때에 그것을 방치하면 그 공동체 전체가 타격을 입고 부풀게 될 것입니다. 그래서 주님께서는 교회의 순결을 지키도록, 그리고 하나님의 영광을 나타내도록 교회 안에서 권징이 시행되게 하셨습니다. 하이델베르크 요리문답 제85문답은 교회의 권징에 관하여 이렇게 가르칩니다. "그리스도의 명령에 따라, 그리스도인의 이름을 가진 자가 교리나 생활에서 그리스도인답지 않을 경우, 먼저 형제로서 거듭 권고할 것입니다. 그렇지만 자신의 오류나 악행에서 돌이키기를 거부한다면, 그 사실을 교회 곧 치리회治理會에 보고해야 합니다. 그들이 교회의 권고를 듣고도 돌이키지 않으면, 성례에 참여함을 금하여 성도의 사귐 밖에 두어야 하며, 하나님께서도 친히 그들을 그리스도의 나라에서 제외시킬 것입니다. 그러나 그들이 참으로 돌이키기를 약속하고 증명한다면, 그들을 그리스도의 지체肢體와 교회의 회원으로 다시 받아들입니다." 바른 치리와 재판과 권징의 절차를 따르지 않을 때, 교회는 큰 혼란과 무질서에 빠지고 말 것입니다. 그러므로 우리는 오직 조화와 일치를 보존하고 증진시키며 모든 사람이 하나님께 순종하고 나가도록 하는 것에 적합한 것만을 받아들여야 하며, 바른 권징과, 필요하다면 출교의 방법까지도 사용해야 합니다.

모든 것을 질서 있게, 품위 있고 적절하게 하되, 특별히 교회를 세워나가는 일을 함에 있어서는 더욱 그리 해야 합니다. 진리의 기둥과 터인 교회가 세상에서 교회의 정체와 표지를 잘 유지하면서, 교회의 하나됨을 지키고 진리를 잘 보존하고 드높이며 하나님을 올바로 예배하는 교회가 되기 위해서는 바른 교리와 신앙고백을 견지해야 할 뿐만 아니라, 성경적인 가르침을 따라 제정된 교회 정치와 예배 모범과 권징 조례와 같은 교회 질서를 존중하고 잘 지켜야 합니다. 그러한 교회는 세월이 지나고 세대가 바뀌어도 흔들림 없이 견고하게 서서 복음을 빛내는 교회로 굳게 설 수 있을 것입니다.

하나님 아버지, 하나님의 집이요 진리의 기둥과 터인 교회에서 어떻게 행해야 할 것인지를 성경을 통하여 알려주시고, 또한 성령의 가르치심과 인도하심을 받은 신앙의 선진들을 통하여 교회의 질서로 제정하여 주신 것을 감사합니다. 귀한 신앙의 유산으로 주신 교회의 질서를 우리가 더욱 바르게 알고 이것을 귀히 여기고 존중하며 잘 지킬 수 있게 하여 주시옵소서. 우리 교회에서 아름다운 질서가 잘 유지되게 하여 주시고, 이 질서가 우리 세대에서 그치는 것이 아니라 오고 오는 세대에도 계속해서 유지되고 확립되고 실천되게 하여 주시옵소서. 예수님의 이름으로 기도하옵나이다. 아멘.

벨직 신앙고백 제33조

성례

우리는 우리의 선하신 하나님께서 우리의 미숙함과 연약함을 아시고 우리를 위해 성례를 제정하셨음을 믿습니다. 이는 성례로써 그의 약속을 우리 안에 인쳐주시고, 우리를 향하신 하나님의 선하신 뜻과 은혜를 보증해 주시고, 우리의 믿음을 자라게 하시고 굳세게 하시기 위함입니다. 하나님께서는 복음의 말씀에 이것(성례)들을 더하여 주셔서 하나님께서 우리에게 그의 말씀으로 깨닫게 하신 것들과 우리 심령 안에서 내적으로 행하신 일들을 우리의 외적 감각들에 보다 더 잘 드러내시며, 하나님께서 우리에게 전해주신 구원을 우리 안에서 확신시켜 주십니다.

성례는 내적이며 보이지 않는 것들에 대한 보이는 표와 인이며, 하나님께서는 성례를 사용하시어 성령의 능력으로 우리 속에 역사하십니다. 따라서 성례는 우리를 속이고 기만하는 공허하고 무의미한 상징이 아닙니다. 왜냐하면 성례가 담고 있는 진리는 예수 그리스도이시며, 그분이 없이는 성례는 아무 것도 아니기 때문입니다. 또한 우리는 우리 주 그리스도께서 우리를 위하여 제정하신 성례의 수(數)에도 만족하니, 성례는 오직 두 가지, 곧 세례와 예수 그리스도의 성만찬입니다.

성례의 목적과 중요성

18 예수께서 나아와 일러 가라사대 하늘과 땅의 모든 권세를 내게 주셨으니 19 그러므로 너희는 가서 모든 족속으로 제자를 삼아 아버지와 아들과 성령의 이름으로 세례를 주고 20 내가 너희에게 분부한 모든 것을 가르쳐 지키게 하라 볼지어다 내가 세상 끝날까지 너희와 항상 함께 있으리라 하시니라

마태복음 28장 18-20절

은혜의 방도들을 사용하시는 성령님

벨직 신앙고백 제33조는 성례에 대한 성경의 가르침을 잘 요약하고 있습니다. 성례는 말씀과 함께 우리에게 주어진 주요한 은혜의 방도means of grace 입니다. 하나님께서는 은혜의 방도들을 사용하여 사람들을 구원하시기를 기뻐하셨습니다. 하나님께서는 사람들을 구원하실 때에 아무런 수단이나 방편 없이 직접 우리와 대면하시지 않으셨습니다. 만약에 그렇게 하셨다고 한다면 우리가 하나님을 직접 대면했어야 할 것인데, 그랬다면 우리 중에 영광의 하나님을 뵌 후에 살아남은 자가 아무도 없었을 것입니다. 그래서 하나님께서는 우리와 말씀으로 만나 주셨습니다. 하나님께서는 그의 말씀을 방

도(수단)로 삼으셔서 우리를 만나주십니다.

하나님께서 사용하시는 가장 주된 은혜의 방도 primary means of grace는 하나님의 말씀입니다. 하나님께서는 선지자들과 사도들을 통해서 우리에게 말씀해 주셨습니다. 우리는 하나님과 불목한 상태에 있었기 때문에, 우리에게 중보자가 필요했고, 또한 그 중보자를 우리에게 알려주는 복음의 말씀이 필요했습니다. 성령님께서는 한 죄인을 구원하실 때에, 복음의 말씀을 전하는 설교자들의 말씀의 사역을 통해서 복음의 말씀을 듣게 하시고 믿게 하셨습니다. 하나님께서 우리에게 먼저 찾아오셔서 말씀해 주시지 않았다면, 우리는 하나님에 대해서 알지 못했을 것입니다. 만일 하나님께서 구약의 선지자들을 통해서 장차 어떤 메시아가 오실 것이라고 말씀하여 주시지 않았다면, 예수님께서 지상에 오셨을 때 아무도 예수님을 그리스도로 알아보는 자가 없었을 것이며 유대인들 중에 메시아를 기다리는 자도 없었을 것입니다. 구약의 선지자들을 통하여 그렇게 많은 말씀을 해주셨어도 많은 유대인들이 예수님을 배척하고 예수님을 못 박기까지 하지 않았습니까? 그러므로 하나님의 말씀은 우리의 구원을 위해 필수적인 것입니다.

하나님은 "말씀하시는 하나님"이십니다. 예수님께서도 이 땅의 공생애 사역의 많은 부분을 말씀하시는 일, 즉 천국 복음을 전하시는 일을 주로 하셨으며, 또한 사도들에게도 이 말씀을 맡기셔서 복음을 선포하게 하셨습니다. 주님께서는 교회의 전체 역사를 통해 말씀의 교사들과 설교자들과 전도자들을 일으켜 주셔서 이 땅에 복음이 선포되게 하셨습니다. 성령님께서는 선포된 말씀을 사용하셔서 말씀을 듣는 사람들을 설복하고 회개시키며, 거룩함과 위로로써 세우시며, 그들의 영혼을 일깨우시고 믿음을 일으켜주셔서 믿고 구원을 얻도록 하십니다. 그러므로 말씀은 꼭 필요하며, 말씀은 가장 중요한 은혜의 방도입니다. 그렇다면 말씀만으로도 우리의 구원을 위하여 충분한 은혜의 방도가 될 수 있을 것으로 보이는데, 하나님께서는 왜 말씀에 더하여 성례를 주신 것입니까?

우리의 우둔함과 연약함을 인하여 제정된 성례

벨직 신앙고백 제33조는 우리에게 하나님의 말씀 외에 또 다른 은혜의 방도인 성례가 필요하게 된 이유를 이렇게 설명합니다. "우리는 우리의 선하신 하나님께서 우리의 미숙함과 연약함을 아시고 우리를 위해 성례를 제정하셨음을 믿습니다." 성례는 우리의 미숙함(우둔함)과 연약함 때문에 우리를 위해 제정된 것입니다. 칼빈은 제네바 요리문답 314문답에서 이렇게 가르쳤습니다. "하나님께서 성례를 말씀에 첨가하신 것은 우리의 연약함을 도와주시기 위해서이다. 만일 우리가 천사들처럼 영적인 본성을 가지고 있다면 하나님과 그분의 은혜들을 바로 볼 수 있지만 그러나 우리가 육의 몸으로 둘러싸여 있는 고로 하나님께서는 천상적이고 영적인 은혜들을 우리에게 제시하시기 위해서 외적인 표시들을 사용하실 필요가 있으신 것이다." 성례는 전적으로 우리의 연약함을 돕기 위하여 주어진 것입니다. 하나님의 말씀이 부족해서가 아니라, 우리가 그 복음을 받아들이고 이 세상에서 복음을 확신하면서 살아가는 데 있어서 연약하기 때문에 성례가 주어진 것입니다.

성례는 은혜언약의 표와 인인데, 은혜언약이 우리에게 약속하고 있는 것은 구원입니다. 하나님께서는 복음에서 구원을 약속해 주셨고, 우리는 복음을 듣고 믿을 때에 구원을 얻게 됩니다. 우리는 복음을 통해서 그리스도와 연합될 수 있고, 하나님의 자녀가 될 수 있습니다. 심지어 성례가 없이도 우리는 죄 사함을 받을 수 있고 그리스도와 연합될 수도 있습니다. 그렇다면 우리에게는 여전히 성례가 필요합니까? 예, 우리에게는 여전히 성례가 필요합니다. 왜냐하면 우둔하고 연약한 인생은 복음을 귀로 듣고 복음 약속을 믿는다 하더라도, 그 믿는 내용을 계속해서 확인하고 확증할 필요가 있기 때문입니다. 눈에 보이는 성례가 없다면, 시간이 흘러감에 따라서 우리가 믿는 복음 약속의 내용들이 우리 안에서 희미해지게 되고 복음 약속에 대한 확신도 약해지고 흔들리게 될 것이 분명합니다. 왜냐하면 우리는 우둔하고 연약하기 때문입니다.

우리의 연약함을 아시는 하나님께서는 복음에서 약속하신 것들의 표와 인, 곧 언약의 표징들을 전부터 많이 주셨습니다. 노아와 언약을 맺으시고는 무지개를 언약의 표로 주셨고(창 9:17), 아브라함에게는 할례를 언약의 표로 주셨으며(창 17:11; 롬 4:11), 유월절에는 무교병과 쓴 나물과 포도주와 양을 먹게 하셨습니다(출 13:9). 길갈에 세워진 요단 강의 열 두 돌이나 에발 산에 세워진 돌판도 그와 같은 기념물들이었습니다. 하나님께서 이런 것들을 주신 것은 말씀으로 선포된 언약의 내용들을 잊어버리지 않고 그 내용을 확신하게 하시기 위함입니다. 하나님께서 때때로 선지자들에게 환상을 보여주신 것도 같은 맥락에서 이해될 수 있습니다. 하나님께서는 그들이 받은 말씀의 내용을 눈으로 인상 깊게 보고 그것을 마음에 새길 수 있게 하신 것입니다. 예수님께서 성례를 제정하신 이유도 바로 여기에 있습니다. 말씀만으로도 훌륭하지만, 우리가 연약하기 때문에 우리가 말씀을 통해 듣고 받은 복음 약속의 내용을 계속해서 확신하고 붙들 수 있게 하시려고 성례를 제정하신 것입니다.

성례의 단순성과 보편성

만일 하나님께서 말씀만을 허락하시고 성례를 제정하여 주시지 않았더라면 어떻게 되었을까요? 아마도 우리는 복음 약속의 내용을 임의로 보이는 형상이나 상징으로 만들어냈을 것입니다. 우리는 연약해서 눈에 보이지 않는 것들을 잘 확신하지 못하여 자꾸만 보이는 것을 요구하고, 보이는 것에서 힘과 확신을 얻으려고 합니다. 우리의 연약함을 잘 아시는 하나님께서는 은혜언약의 보이는 표와 인으로서의 성례를 인간의 손에 맡기지 않으셨습니다. 만일 사람들이 지역마다 또는 시대마다 성례를 자의로 만들어야 했다면, 인간이 임의로 만든 "사설 성례"들이 이곳저곳에서 무질서하게 일어나서 교회는 아주 무질서하고 혼란하게 되었을 것입니다. 또한 그러한 "사설 성례"들은 복음의 핵심, 곧 그리스도와 그의 은덕을 온전히 드러내지 못하는 불완전한 성례들이 되었을 것이 분명합니다. 교회들마다 제각각의 성례를 시행하게 된다면 그리스도의 교회의 공교회성, 통일성, 하나됨은 무너지게 될 것이고, 성도의 교제도 온전히 이루어지지 못하게 될 것입니다. 그리하여 우리의 연약함을 아시는 주님께서는 친히 성례를 제정해 주셔서, 참된 교회라면 동서고금을 막론하고 똑같은 성례를 가지게 하셨습니다.

뿐만 아니라, 성례는 단순성을 가집니다. 주님께서는 누구나, 어디에서나, 어느 시대에나 물과 포도주와 떡을 가지고 성례를 거행할 수 있도록 하셨습니다. 주님께서는 어디에나 있는 물, 어느 시대에나 있는 빵과 포도주가 복음의 충만한 의미를 잘 담아내는 은혜언약의 표와 인이 되게 하셨습니다. 이는 참으로 하나님의 크신 지혜와 자비이며 놀라운 섭리입니다.

그리하여 참된 그리스도의 교회가 세워진 곳이라면 어디에서나 동일한 복음 약속의 내용들이 동일한 성례로 확증되고 인쳐지게 하셨고, 이런 일을 통해서 우리의 믿음이 강화될 수 있게 하셨습니다. 주님께서는 우리의 우둔함과 연약함을 아시고 성례를 친히 제정해 주셨습니다. 바로 이런 이유 때문에, 성례는 은혜의 방도인 동시에 참된 교회의 표지가 되기도 합니다. 주님도 한 분이시요 믿음도 하나요 세례도 하나입니다(엡 4:5). 그러므로 스스로를 교회라고 하면서도 이 성례를 훼손하고 교회의 머리되신 그리스도께서 우리를 위하여 제정해 주신 성례를 훼손하거나 시행하지 않는다면 그들은 참된 교회라고 말할 수 없습니다.

성례의 세 가지 목적

벨직 신앙고백 제33조는 성례의 목적을 좀 더 구체적으로 세 가지로 요약하여 가르치고 있습니다.

이는 성례로써 그의 약속을 우리 안에 인쳐주시고, 우리를 향하신 하나님의 선하신 뜻과 은혜를 보증해 주시고, 우리의 믿음을 자라게 하시고 굳세게 하시기 위함입니다.

첫째로, 주님께서는 우리가 받은 구원의 확실함을 인치시고 보증해 주시기 위하여 성례를 제정해 주셨습니다. 성례는 눈에 보이지 않는 실체를 눈에 보이도록 드러내 보여주는 것으로, 성례는 하나님의 언약을 인쳐 주면서 동시에 보증합니다. 세례는 그리스도의 피로 우리의 죄가 씻겨진 것과 그리스도와 우리가 연합되었음을 보여주는 하나의 표와 인인 것이지, 성례가 그리스도와 우리를 자동적으로 혹은 신비하게 연합하게 해주는 것은 아닙니다. "세례는 하나의 표시입니다(벧전 3:21). 오직 그리스도의 피만이 죄 씻음을 받는 길입니다. 믿음으로 그것을 받아 그 피가 우리의 죄로부터 구원합니다(요일 1:17; 벧전 1:18-19; 엡 1:7)"(사무엘 루터포드의 요리문답 제423문). 그러므로 성례보다 그리스도를 믿는 믿음이 중요합니다. 그럼에도 불구하고 우리가 성례를 행해야 하는 것은, 주님께서 우리에게 성례를 시행하라고 명령하셨기 때문이며, 또한 성례는 우리가 그리스도를 믿음으로 구원을 받았다는 사실을 끊임없이 우리에게 상기시키고 확인시키는 표와 인이 되기 때문입니다.

둘째로, 성례는 우리를 향하신 하나님의 선하신 뜻과 은혜를 보증해주시기 위하여 제정되었습니다. 우리는 성례에 참여할 때마다 하나님께서 우리를 향해서 가지고 계시는 선하시고 자비하신 뜻과 은혜가 얼마나 확실하고 실제적인 것인지를 다시 한 번 확인하고 거듭거듭 확신할 수 있습니다. 성례에서 우리는 우리를 구원의 대상자들로 택하여 주시고 우리를 위하여 독생자를 내어주신 하나님 아버지의 사랑을 생각합니다. 성례에서 우리는 우리의 죄를 씻어주신 그리스도의 보혈의 능력을 생각하며 그리스도께서 나를 얼마나 사랑하셨는지를 생각하게 됩니다. 성례에서 우리는 성령님께서 우리 안에 부어주신 놀라운 은혜의 역사들을 거듭 확인하며 확증 받게 됩니다.

셋째로, 주님께서는 우리의 믿음을 자라게 하시고 굳세게 하시기 위하여 성례를 제정하여 주셨습니다. 하나님께서 그의 복음에서 우리에게 약속하신 것들은 지금 우리의 눈에는 보이지 않는 것들입니다. 지금 우리는 하나님도, 영생도, 천국도 눈으로 보지는 못합니다. 하지만 복음이 약속하는 것들은 지금 당장 우리의 눈에 보이지 않는다 하더라도 크고 놀라운 것들입니다. 사람들은 믿는다고 말하면서도 보이지 않는 것을 가치 없게 여기고 보이는 것만 중하게 여기곤 합니다. 인간에게는 이러한 고질적인 연약함과 불신앙이 있습니다. 그러므로 우리의 믿음은 끊임없이 자라야 하며 점점 굳세져야 합니다. 하나님께서는 이런 우리의 연약을 아시고 이 복음의 실체를 우리에게 보여주시기 위하여 성찬을 제정하여 주셨습니다.

하나님께서는 복음의 말씀에 성례를 더하여 주심으로써, 하나님께서 우리에게 그의 말씀으로 깨닫게 하신 것들과 우리의 심령 안에서 내적으로 행하신 일들, 이 두 가지를 우리의 외적 감각들에 보다 더 잘 드러내시며 하나님께서 우리에게 가져다주신 구원을 우리 안에서 거듭 믿고 확신하게 하십니다. 그래서 칼빈은 제네바 요리문답 310문답에서 이렇게 말했습니다. "성례란 하나님의 은혜를 외적으로 증거하는 것으로서 이 외적인 표시를 통해 하나님께서는 우리에게 영적인 은혜들을 제시해 주신다. 이렇게 하시는 것은 하나님께서 우리의 마음속에 당신의 약속들을 보다 강력하게 새겨 넣으시기 위한 것이며, 우리로 하여금 이 약속들에 대해서 더 큰 확신을 갖도록 만드시기 위한 것이다."

성례에 참여할 때에 가져야 할 세 가지 태도

그렇다면 우리는 성례에 참여할 때에 어떤 태도를 가져야 합니까?

첫째, 우리는 성례에 참여할 때에 성령님을 의지해야 합니다. "하나님께서는 성례를 사용하시어 성령의 능력으로 우리 속에 역사하십니다." 성례가 우리에게 유익이 될 수 있는 것은 성령의 능력을 통해서 가능한 것입니다. 성례는 자동적으로 신자들에게 믿음을 불러일으키거나 신자의 믿음을 굳세게 하는 것이 아닙니다. 성령께서 성례를 통해서 우리 안에서 역사해 주셔야 됩니다. 우리가 거듭나서 참된 믿음을 가지고 있다고 해서 모든 성경 말씀이 읽을 때마다 다 이해가 되고 모든 설교가 다 깨달아지는 것이 아니라, 성령님께서 매번 우리의 마음을 부드럽게 해주시고 밝혀주셔서 그 말씀이 이해되게 하시고 그 말씀을 더욱 굳게 믿을 수 있도록 우리 안에서 역사해주실 때에만 말씀이 우리에게 유익하게 됩니다. 성례도 마찬가지입니다. 우리가 단순히 성찬의 떡과 잔을 받아먹고 마시며 또 세례의 물 뿌림을 받는다고 해서 그것이 자동적으로 어떤 신비한 힘을 발휘해서 신자의 믿음이 강화되는 것이 아닙니다. 매번의 성례에서 성령님께서 그의 능력으로 말씀과 함께 그 성례를 사용하셔서 우리 안에 믿음을 굳세게 하시는 일을 하실 때에만 이 성례가 우리에게 유익하게 됩니다. 따라서 우리는 성례에 참여할 때 전적으로 성령님의 은혜를 의지하면서 기도 가운데 나와야 합니다.

둘째, 성례에서 우리는 예수 그리스도를 바라보아야 합니다. "왜냐하면 성례가 담고 있는 진리는 예수 그리스도이시며, 그분이 없이는 성례는 아무 것도 아니기 때문입니다." 우리는 성례들이 담고 있는 이 진리는 예수 그리스도이심을 알고 성례에서 그리스도를 바라보아야 합니다. 세례와 성찬이 우리에게 나타내려고 하는 것은 그리스도와 그리스도의 십자가의 제사입니다. 성례의 진리는 예수 그리스도이며, 그분이 없이는 성례는 아무것도 아닙니다. 그러므로 우리는 성례에서 예수 그리스도가 어떤 분이신 것과 우리를 위하여 행하신 일이 무엇인지를 바라보아야 합니다.

셋째, 우리는 성례의 수에도 만족해야 합니다. "우리는 우리 주 그리스도께서 우리를 위하여 제정하신 성례의 수數에도 만족하니, 성례는 오직 두 가지, 곧 세례와 예수 그리스도의 성만찬입니다." 성례는 오직 두 가지, 곧 세례와 성찬뿐입니다. 우리 믿음을 굳세게 하시기 위해서 왜 좀 더 많은 성례를 제정하여 주시지 않았을까 하고 묻지 말고, 주님께서 제정하여 주신 두 성례로 만족해야 합니다. 왜냐하면 하나님께서는 이 두 성례로 충분하다고 판단하셨기 때문입니다. 하나님의 지혜는 우리의 지혜보다 훨씬 더 크고 높습니다. 하나님께서는 이 두 성례로 보편 교회의 하나됨을 확인하게 하셨고, 신자의 믿음을 굳세게 하고 계십니다. 하나님께서 이 두 성례로 만족하시는데, 우리가 왜 그것으로 만족하지 못합니까?

성례는 참된 교회의 표지이면서 동시에 중요한 은혜의 방편이며, 우리가 성례를 통해 받게 되는 은혜와 유익은 심히 큽니다. 성례는 우리를 속이고 기만하는 공허하고 무의미한 상징이 아닙니다. 우리는 성례를 통해 삼위 하나님에 대한 진정한 지식을 배양하고 강화하고 증진시키며, 그 풍부한 은혜를 누릴 수 있습니다. 사람의 눈으로 볼 때에는, 성례는 유치하고 어리석게 보일 것입니다. 사람의 눈으로 본다면 하나님의 말씀 역시 어리석게 보일 것입니다. 하나님의 말씀에는 아무런 능력도 없는 것처럼 보입니다. 성례도 마찬가지입니다. 성례 역시 매우 유치하고 어리석은 것처럼 보일 수 있습니다. 그렇다면 성례가 어떻게 우리의 믿음을 굳세게 할 수 있다는 말입니까? 오직 성령의 능력으로 가능하게 됩니다. 그러므로 우리는 성령님을 의지하면서, 믿음으로 성례에 참여해야 합니다. 우리는 성례에서 그리스도와 그리스도의 십자가의 제사를 바라보아야 합니다. 그러므로 성례를 소중히 여깁시다. 우리의 주이신 그리스도께서 세우신 두 성례, 즉 세례와 성찬으로 만족합시다. 우리를 위하여 친히 성례를 제정하여 주신 주님께 감사드립시다. 성례를 사용하셔서 우리의 믿음을 더욱 굳세게 하시는 성령님의 능력을 의지하면서, 믿음과 감사함과 부지런함으로 성례에 참여합시다.

우리의 우둔함과 연약함을 아시고 복음의 말씀과 함께 성례를 제정하여 주신 하나님, 그리스도께서 제정하신 성례를 통해 보편 교회의 모든 성도들이 한 믿음을 가진 한 몸의 지체인 것을 확인하게 하신 것을 감사합니다. 매우 단순한 성례의 요소들을 통하여 그리스도와 그의 십자가의 제사를 충만하게 나타내주신 하나님. 말씀과 함께 성례를 통해서 우리가 늘 그리스도를 향하도록 해주시고 성례를 통하여 우리의 믿음이 더욱 자라고 굳세어지게 하여 주시옵소서. 우리에게 주신 이 성례를 귀히 여기게 하여 주시옵소서. 우리가 성경을 읽을 때마다 성령을 의지하며 기도하는 것처럼 성례에 참여할 때에도 성령을 의지하여 기도하게 하시고, 성경을 읽을 때에 그리스도를 바라보듯이 성례에서도 성례의 진리가 되시는 예수 그리스도를 바라보게 해주시옵소서. 예수님의 이름으로 기도하옵나이다. 아멘.

벨직 신앙고백 제34조
세례

우리는 율법의 마침이 되시는 예수 그리스도께서 그의 보혈을 흘리심으로써 사람이 자기의 죄에 대한 속죄나 속상을 위하여 흘려야 했거나 흘리고자 했던 일체의 다른 피흘림을 끝마치신 것을 믿고 고백합니다. 그리스도께서는 피와 함께 이루어진 할례를 폐지하시고 그 자리에 세례의 성례를 제정하셨습니다. 세례로써 우리는 하나님의 교회에 받아들여지며 다른 모든 사람들과 이방 종교들로부터 구별되며, 이로써 우리는 전적으로 하나님께 속하며 그분의 표와 인을 지니게 됩니다. 또한 세례는 우리의 은혜로우신 아버지가 되시는 하나님께서 영원토록 우리의 하나님이 되심을 우리에게 증거합니다. 그리하여 그리스도께서는 자기에게 속한 모든 자들에게 "아버지와 아들과 성령의 이름으로"(마 28:19) 순수한 물로 세례 받을 것을 명령하셨습니다.

하나님께서 세례에서 우리에게 나타내 보이시는 것은, 마치 물이 우리에게 부어질 때에 몸의 더러운 것을 씻어내듯이, 그리고 세례에서 물이 세례 받는 자들에게 뿌려질 때에 세례 받는 자들의 몸에서 물이 보이듯이, 그리스도의 피 역시 성령의 능력으로 (신자의) 영혼 안에서 내적으로 동일한 일을 한다는 것입니다. 곧 그리스도의 보혈은 (신자의) 영혼을 죄로부터 씻어 정결하게 하며, 우리를 하나님의 진노의 자식에서 하나님의 자녀로 변화시킵니다. 이런 일은 물이라는 물질에 의해 일어나는 것이 아니라 하나님의 아들의 보배로운 피의 뿌림으로 일어납니다. 그분은 우리가 파라오 곧 사탄의 폭정에서 벗어나 영적인 가나안 땅에 들어가기 위하여 반드시 건너야 하는 우리의 홍해이십니다(고전 10:1-2). 그러므로 목사는 그들의 직무와 관련하여 우리에게 눈에 보이는 성례(세례)를 베풀어주지만, 우리 주님께서는 그 성례가 표시하고 있는 바로 그것을 주시니, 곧 보이지 않는 은사들과 은혜들입니다. 그리스도께서는 모든 더러움과 불의로부터 우리의 영혼을 씻어 깨끗하고 정결하게 하시며, 우리의 마음을 새롭게 하시고 모든 위로로 채우시며, 아버지의 선하심을 참으로 확신시켜 주시며, 옛 사람과 그 행위는 벗겨주시고 새 사람을 입게 하십니다.

이같은 이유로 우리는, 누구든지 영생에 이르기를 갈망하는 사람은 오직 한 번 세례를 받아야 한다고 믿습니다. 세례를 반복해서 받지 말아야 하는 것은 우리가 두 번 거듭날 수 없기 때문입니다. 하지만 세례는 물이 우리에게 부어지고 우리가 이를 받는 순간에만 유익한 것이 아니라 우리의 전 생애를 통하여 유익합니다. 이러한 이유로 우리는, 한 번 받은 세례로 만족하지 않으며, 더 나아가 신자의 자녀들의 세례(유아세례)를 정죄하는 재세례파의 오류를 배격합니다. 우리는, 이스라엘에서 어린아이들이 우리의 자녀들에게 주어진 동일한 약속에 근거하여 할례를 받았던 것처럼, 우리의 자녀들도 세례를 받아 언약의 표로 인침을 받아야 한다고 믿습니다. 참으로 그리스도께서는 어른들을 위해서 뿐만 아니라 신자의 자녀들의 죄를 씻으시기 위하여 그의 보혈을 흘려주셨습니다. 그러므로 주님께서 율법에서 명령하시기를 자녀들이 태어나면 예수 그리스도의 성례였던 어린양을 바치도록 하심으로써 그리스도의 고난과 죽으심의 성례가 곧바로 그들에게 주어져야 한다고 하신 것처럼, 어린아이들은 그리스도께서 그들을 위하여 행하신 것을 나타내는 표와 성례를 받아야 합니다. 더 나아가 할례가 유대인들을 위하여 행했던 것을 세례는 우리의 자녀들을 위하여 행합니다. 바로 이런 이유로 사도 바울은 세례를 가리켜 "그리스도의 할례"라고 불렀습니다.

세례의 의미와 목적

> 18 또 가라사대 너희는 온 천하에 다니며 만민에게 복음을 전파하라 16 믿고 세례를 받는 사람은 구원을 얻을 것이요 믿지 않는 사람은 정죄를 받으리라
>
> 마가복음 16장 15-16절

벨직 신앙고백 제34조는 세례에 대한 성경의 가르침을 다루고 있습니다. 세례는 예수님께서 친히 제정하신 신약의 성례입니다. 부활하신 예수님께서는 제자들에게 세례를 명령하시면서 말씀하시기를 "하늘과 땅의 모든 권세를 내게 주셨으니 그러므로 너희는 가서 모든 족속으로 제자를 삼아 아버지와 아들과 성령의 이름으로 세례를 주고 내가 너희에게 분부한 모든 것을 가르쳐 지키게 하라 볼지어다 내가 세상 끝날까지 너희와 항상 함께 있으리라."(마 28:18-20)고 하셨고, 또한 "너희는 온 천하에 다니며 만민에게 복음을 전파하라. 믿고 세례를 받는 사람은 구원을 얻을 것이요 믿지 않는 사람은 정죄를 받으리라."(마 16:15-16)고도 하셨습니다. 그리스도를 믿는 자들에게는 공통으로 세례를 받을 것을 명령하신 것입니다. 세례가 왜 그렇게 중요합니까? 세례에는 무슨 의미가 담겨 있습니까? 세례가 우리에게 주어진 목적과 세례에서 우리가 얻게 되는 유익은 무엇입니까? 세례는 누구에게 베풀

어져야 합니까? 벨직 신앙고백 제34조는 이런 질문들에 대한 성경의 답변을 잘 요약해 주고 있습니다.

세례의 의미

세례는 우리가 죄인으로서 그리스도의 피로 죄 씻음 받은 것을 나타내 보여주는, 눈에 보이는 표와 인입니다. 이것이 세례에 담겨있는 가장 중요한 의미입니다. 따라서 세례는 그리스도의 피와 관련이 깊습니다. 귀도 드 브레는 벨직 신앙고백 제34조에서 "그리스도의 피(또는 보혈)"라는 용어를 다섯 차례나 사용하면서 세례가 그리스도의 피와 얼마나 밀접한 관계에 있는지를 강조하였습니다. 벨직 신앙고백 제34조는 세례에 대한 신앙고백을 시작하면서 그리스도의 피에 대해서 제일 먼저 언급하고 있습니다.

우리는 율법의 마침이 되시는 예수 그리스도께서 그의 보혈을 흘리심으로써 사람이 자기의 죄에 대한 속죄나 속상을 위하여 흘려야 했거나 흘리고자 했던 일체의 다른 피흘림을 끝마치신 것을 믿고 고백합니다.

우리에게는 왜 씻는 예식이 필요합니까? 우리는 우리의 몸에 무언가 더러운 것이 있을 때 물로 씻습니다. 세례는 우리가 더러운 죄인인 것을 깨닫고 우리의 죄를 씻음 받는 것과 관련이 있는 예식입니다. 물로 씻는다는 것은 정결하게 됨을 상징하는 것입니다. 세례는 우리가 하나님 앞에서 죄인인 것과, 우리가 하나님의 은혜로 죄 씻음을 받아서 정결하게 되는 것을 나타내고 상징하는 예식입니다. 그렇다면 우리는 무엇으로 죄 씻음을 받아 정결하게 될 수 있습니까? 우리는 물로 정결하게 될 수 있습니까? 그렇지는 않습니다.

물은 우리의 몸을 씻어줄 수는 있지만 우리의 영혼은 씻어주지 못합니다. 물은 우리의 영혼의 죄를 씻어주시는 그리스도의 피와 하나님의 용서의 은혜에 대한 하나의 표^{sign}입니다. "물은 예수 그리스도의 부활하심으로 말미암아 이제 너희를 구원하는 표니 곧 세례라."(벧전 3:21)고 하셨습니다. 물은 그리스도의 피로써 우리의 죄가 씻음을 받았다는 것을 나타내주는 하나의 표입니다.

세례는 죄 씻음을 나타내는 하나의 표입니다. "죄 씻음"이라는 말은 아주 간단한 말처럼 들리지만, 이 말에는 복음의 핵심이 담겨져 있습니다. 누구든지 세례에 담긴 "죄 씻음"의 의미를 깨달았다면 그는 이미 복음의 핵심을 깨달은 사람이라고 할 수 있습니다. 복음이 선포될 때에 자신이 더러운 죄인인 것과, 그리스도와 그의 십자가의 제사로 자신의 죗값이 대신 치러진 것과, 그리스도를 믿을 때에 그의 죽으심에 연합해서 죄에 대하여 죽음으로써 죄의 용서를 받게 된 것과, 하나님 앞에서 의롭다 하심을 받고 하나님과 화목하게 된 것, 이 모든 것이 "죄 씻음"이라는 말에 다 함축되어 있습니다.

그러므로 세례는 자신이 흉악한 죄인임을 인정하는 자, 자신의 죄가 그리스도의 피로만 죄 씻음을 받을 수 있음을 알고 믿는 자, 그리스도께서 우리의 구주이신 것을 믿는 자, 그리스도께서 우리를 대신하여 십자가에서 하나님의 진노의 형벌을 받으셨음을 알고 믿는 자, 참된 믿음으로만 그리스도의 십자가의 제사의 은덕을 힘입어 죄 씻음 받을 수 있음을 깨닫고 그리스도께 나아오는 자들을 위하여 주어진 성례입니다. 또한 세례는 자신이 이미 그리스도의 피로써 죄 씻음을 받았음을 고백하고 감사하면서 이를 확인하고 확신하며 이를 하나님과 사람 앞에서 고백하고 선포하도록 주어진 성례입니다.

세례는 은혜 언약의 표와 인입니다. 하나님께서는 물로 씻는 이 외적 예식에서 우리를 향하여 "너희는 그리스도의 피로 죄 씻음을 받아 깨끗하여

졌다."고 거듭 말씀해 주십니다. 세례는 우리의 죄가 그리스도의 보혈로 씻겨졌음을 눈에 보이는 요소인 물과 물을 뿌리는 행위로 표시함으로써, 우리의 죄 씻음을 더욱 확신하게 만들어주는 예식입니다. 세례는 매우 평범하고 단순한 요소인 물을 붓거나 뿌리는 방식으로 복음의 핵심, 곧 그리스도와 그리스도의 피로 말미암아 죄 사함을 받는다고 하는 복음의 핵심을 매우 충만하게 우리에게 나타내 보여줍니다. 세례에는 이렇게 중요한 의미들이 담겨져 있기 때문에, 세례는 참으로 중요한 것입니다. 그렇다고 해서 세례식 자체에 어떤 신비한 힘이 있는 것은 아닙니다. 성령님께서 말씀과 함께 그의 능력으로 세례의 예식을 사용해 주셔서 복음의 정수를 나타내 보여주시고 우리의 믿는 바를 더 확실하게 해주실 때에만 세례는 우리에게 유익될 수 있습니다.

예수님께서는 이 씻는 예식인 세례를 교회의 성례로 제정하시면서, "아버지와 아들과 성령의 이름으로 세례를 주라."(마 28:19)고 명령하셨습니다. 성부, 성자, 성령, 삼위일체 하나님을 바로 알고 믿는 참된 믿음을 가진 자만이 세례를 받을 수 있습니다. 그러므로 그리스도가 누구시며 그리스도의 피가 무엇을 의미하는지를 알지 못하는 사람은 참된 믿음을 가지지 못한 사람이므로 세례를 받을 수 없으며, 아무리 세례의 물로 씻는다고 하더라도 죄 사함을 받지 못합니다.

세례의 목적

그렇다면 세례의 목적은 무엇입니까? 물론 모든 성례는 신자의 믿음을 굳세게 하기 위한 것입니다. 그러나 벨직 신앙고백 제34조는 세례의 목적에 대하여 좀 더 구체적으로 이렇게 고백합니다.

세례로써 우리는 하나님의 교회에 받아들여지며 다른 모든 사람들과 이방 종교들로부터 구별되며, 이로써 우리는 전적으로 하나님께 속하며 그분의 표와 인을 지니게 됩니다. 또한 세례는 우리의 은혜로우신 아버지가 되시는 하나님께서 영원토록 우리의 하나님이 되심을 우리에게 증거합니다.

세례는 교회의 지체들을 나머지 사람들과 분리시키고 구별시킴으로써 신자들을 교회와 연결시키고 연합시키기 위한 것이며, 또한 은혜로우신 아버지 하나님께서 영원토록 우리의 하나님이 되심을 우리에게 증거해 주기 위한 것입니다.

세례는 믿는 자들이 하나님께 속하였음을 나타내는 표와 인입니다. 그러므로 세례는 모든 믿는 자들에게 요구됩니다. 그리스도께서 제자들에게 세례를 주라고 하셨고, 모든 믿는 자들은 세례를 받으라고 하셨습니다. 사도행전에서 사도들이 복음을 전할 때에 많은 사람들이 회개하고 그리스도를 믿음과 동시에 모두 세례를 받았습니다(행 2:41, 8:12,36, 9:18, 10:47-48, 16:15,33, 18:8, 19:5). 세례는 신자가 불신자들과 구별되는 자들이라는 것을 나타내는 하나의 표지mark입니다. 복음을 듣고 믿는 자들에게는 세례를 베풀어 주님의 교회에 받아들임으로써, 그들을 나머지 모든 사람들과 분리시키도록 하신 것입니다.

동시에 우리는 세례에서 성도의 하나됨을 확인하고 누리며 즐거워할 수 있습니다. 세례에서 우리는 우리의 믿음도 하나이며 세례도 하나라고 하신 말씀(엡 4:5)을 생각하며, 우리 모두가 같은 세례를 받음으로 우리가 하나가 되어 전적으로 하나님께 속한 자들이 되었고 한 교회의 지체가 되었음을 확인합니다. 또한 세례는 우리의 은혜로우신 아버지이신 하나님께서 영원토록 우리의 하나님이 되신 것을 우리에게 증거하면서 믿음의 큰 담력과 확신을 가져다줍니다.

무엇보다 세례는 그리스도께서 우리에게 가져다주시는 것의 실체를 바라보게 하시기 위해서 주어졌습니다. 목사는 눈에 보이는 예식인 세례를 베풀어주지만, 주님께서는 세례가 상징하고 표시하는 바로 그 실체를 우리에게 주십니다. 그것은 보이지 않는 은사들과 은혜들인데, 벨직 신앙고백 제34조는 그것을 이렇게 요약합니다.

> 그리스도께서는 모든 더러움과 불의로부터 우리의 영혼을 씻어 깨끗하고 정결하게 하시며, 우리의 마음을 새롭게 하시고 모든 위로로 채우시며, 아버지의 선하심을 참으로 확신시켜 주시며, 옛 사람과 그 행위는 벗겨주시고 새 사람을 입게 하십니다.

하나님께서는 세례에서 그리스도의 피가 우리의 모든 더러움과 불의를 씻으신다는 사실과, 그리스도께서 우리의 마음을 새롭게 하시고 모든 위로로 채워주신다는 사실과, 하나님께서 우리의 선하신 아버지가 되신다는 사실과, 우리로 하여금 옛 사람과 그 행위는 벗어버리게 하시고 새 사람을 입게 하신다는 사실을 우리에게 바라보고 확신하게 하십니다. 이것이 우리가 그리스도를 믿을 때에 그리스도로부터 받는 유익들이고, 세례가 나타내고자 하는 실체입니다. 세례는 바로 이런 것들을 우리에게 다시 상기시키고 확신시켜 줌으로써 우리의 믿음을 굳세게 합니다. 그러므로 우리는 세례에서 많은 위로를 받습니다. 세례는 우리의 일생에서 단 한 번 받는 것이지만 세례의 유익은 우리의 일평생 지속됩니다. 교회에서 세례식이 거행될 때마다 우리는 이러한 세례의 의미들을 모든 성도들과 함께 새롭게 되새기고 거듭 확신하며 소망하게 됩니다. 그러므로 세례식은 자주 있으면 있을수록 좋습니다. 설교가 복음을 귀에 들리도록 선포하는 것이라면 세례는 복음을 눈에 보이도록 선포하는 것입니다.

세례의 대상

모든 믿는 자들은 세례를 받아야 합니다. 벨직 신앙고백 제34조는 고린도전서 10:1-2의 말씀을 인용하면서, 과거에 이스라엘 백성들이 애굽의 압제에서 벗어서 가나안 땅에 들어가기 위하여 홍해를 건넜던 것을 세례에 빗대어 설명하고 있습니다.

> 이런 일은 물이라는 물질에 의해 일어나는 것이 아니라 하나님의 아들의 보배로운 피의 뿌림으로 일어납니다. 그분은 우리가 파라오 곧 사탄의 폭정에서 벗어나 영적인 가나안 땅에 들어가기 위하여 반드시 건너야 하는 우리의 홍해이십니다(고전 10:1-2).

그리스도는 우리의 홍해이십니다. 이는 이스라엘 백성들이 약속의 땅인 가나안에 들어가기 위하여 홍해를 건넜던 것처럼 모든 그리스도인들은 그리스도를 믿음으로 영적인 가나안 땅에 들어가기 위하여 세례를 받아야 한다는 말입니다.

벨직 신앙고백 제34조는 세례에 대한 조항을 마무리하면서 유아세례의 정당성과 필요성에 대하여 다음과 같이 가르칩니다.

> 우리는, 이스라엘에서 어린아이들이 우리의 자녀들에게 주어진 동일한 약속에 근거하여 할례를 받았던 것처럼, 우리의 자녀들도 세례를

받아 언약의 표로 인침을 받아야 한다고 믿습니다. 참으로 그리스도께서는 어른들을 위해서 뿐만 아니라 신자의 자녀들의 죄를 씻으시기 위하여 그의 보혈을 흘려주셨습니다. 그러므로 주님께서 율법에서 명령하시기를 자녀들이 태어나면 예수 그리스도의 성례였던 어린양을 바치도록 하심으로써 그리스도의 고난과 죽으심의 성례가 곧바로 그들에게 주어져야 한다고 하신 것처럼, 어린아이들은 그리스도께서 그들을 위하여 행하신 것을 나타내는 표와 성례를 받아야 합니다. 더 나아가 할례가 유대인들을 위하여 행했던 것을 세례는 우리의 자녀들을 위하여 행합니다. 바로 이런 이유로 사도 바울은 세례를 가리켜 "그리스도의 할례"라고 불렀습니다.

귀도 드 브레는 신약의 세례는 구약의 할례를 대신하여 주어진 성례라는 점을 강조하였습니다. 이것은 세례의 신학적인 의미 또는 유아세례의 신학적 정당성과 관련하여 매우 중요한 내용입니다. 우리는 할례와 세례와의 관계를 잘 알아야 합니다. 구약의 할례는 언약의 표로 주어진 것이었습니다. 모든 이스라엘의 가정에 남자아이가 태어나면 그 아이는 언약 백성으로 태어난 것을 나타내는 표로 태어난 지 8일째 되는 날에 할례를 받아야 했습니다. 그 유아에게 하나님을 아는 지식이 생기거나 믿음이 있어서 그렇게 한 것이 아니라, 하나님의 언약에 근거하여 할례를 행한 것입니다.

신약의 성도들에게는 할례 대신 세례가 주어졌습니다. 그리스도께서는 피와 함께 이루어진 할례를 폐지하시고 그 자리에 세례를 제정하여 주셨습니다. 신약성경은 성인成人들의 세례에 대해서 많은 본을 보여주기 때문에, 사람들은 성인들의 세례에 대해서는 아무런 이의를 제기하지 않고 당연한 것으로 받아들이고 있습니다. 하지만 유아세례와 관련해서는 의견이 분분

합니다. 유아세례의 신학적 정당성은 어디에 있습니까? 이 질문에 제대로 답할 수 있기 위해서는, 성경이 구약의 할례를 대신하여 신약의 세례가 주어졌음을 가르치고 있다는 점에서부터 출발해야 합니다. 사도 바울은 세례를 가리켜 "그리스도의 할례"(골 2:11)라고까지 하였습니다.

그렇다면 구약의 할례와 신약의 세례가 어떤 점에서 통한다는 것입니까? 구약의 할례나 신약의 세례는 모두 은혜언약의 표와 인이 된다는 점에서 그들은 서로 연속선상에 있습니다. 구약의 할례나 그리스도의 세례는 모두 그리스도의 피 흘리심과 우리의 죄 사함을 나타낸다는 점에서 서로 연속선상에 있습니다. 이스라엘 백성들이 하나님의 언약에 근거하여 성인들과 유아들에게 할례를 베풀었던 것처럼, 신약의 성도들도 성인들과 그 자녀들에게 세례를 베풀어서 우리가 하나님께 속한 언약 백성이 된 표지를 삼아야 합니다. 또한 주님께서는 그의 율법에서 명령하시기를 자녀들이 태어나면 어린양을 바치도록 하셨는데(레 12:6), 어린양은 그리스도의 대속의 고난과 죽으심을 나타내는 "예수 그리스도의 성례"였다는 점에서 신약의 세례와 연결됩니다. 그러므로 신약 시대를 살아가는 신자의 자녀들에게도 그리스도의 성례인 세례가 베풀어져야 하는 것이 마땅합니다. 우리는 언약에 근거해서 세례를 우리의 언약의 자녀(유아)들에게 베풀어야 합니다.

웨스트민스터 신앙고백 역시 유아세례의 정당성을 옹호하면서 이렇게 가르칩니다.

> 그리스도께 대한 믿음과 순종을 실제로 고백하는 사람들뿐만 아니라(막 16:15,16; 행 8:37,38), 부모가 다 믿거나 아니면 한 쪽이 믿는 가정의 유아들도 세례를 받을 수 있다(창 17:7,9; 갈 3:9,14; 골 2:11-12; 행 2:38-39; 롬 4:11,12; 고전 7:14; 마 28:19; 막 10:13-16; 눅 18:15)(웨스트민스터 신앙고백

28장 4항).

하이델베르크 요리문답 제74문답도 유아세례를 시행해야 할 것을 가르치면서 구약의 할례와 신약의 세례의 연속성에 대해 언급합니다.

제74문: 유아들도 세례를 받아야 합니까?
답: 그렇습니다. 그것은 유아들도 어른들과 마찬가지로 하나님의 언약과 교회에 속하였고, 또한 어른들 못지않게 유아들에게도 그리스도의 피에 의한 속죄와 믿음을 일으키시는 성령이 약속되었기 때문입니다. 그러므로 유아들도 언약의 표인 세례를 통하여 그리스도의 교회에 연합되고 불신자의 자녀와 구별되어야 합니다. 이런 일이 구약에서는 할례를 통하여 이루어졌으나 신약에서는 그 대신 세례가 제정되었습니다.

하나님께서는 신자의 자녀를 매우 특별하게 여기십니다. 자녀는 여호와의 주신 선물이요 언약의 자손입니다(시 127:3). 하나님은 아브라함을 부르시고 그와 언약을 맺으실 때에 아브라함 자신만을 생각하신 것이 아니라 아브라함의 후손들도 그 언약에 포함시키셨습니다. "내가 내 언약을 나와 너와 네 대대 후손의 사이에 세워서 영원한 언약을 삼고 너와 네 후손의 하나님이 되리라."(창 17:7)고 하셨습니다. 이스라엘 백성들에게 할례를 제정하실 때에 난 지 팔일밖에 되지 않은 유아에게 할례를 베풀도록 하신 것은, 하나님께서 유아들을 언약에 포함시키셨음을 알 수 있습니다(창 17:12). 구약 시대에 유아들에게 할례를 베푼 것은, 이스라엘 백성들의 유아들이 하나님의 은혜의 언약을 다 이해하고 믿었기 때문에 그 믿음의 표로서 그들에게 할례를 베푼 것이 아닙니다. 그들이 믿는 부모에게서 태어남으로써 하나님의 언약 안에 포함되어 있음을 선언하는 것입니다. 그러므로 오늘 우리의 자녀들에게도 세례를 베풂으로써 그들이 하나님의 언약의 백성인 것을 표시해 주어야 합니다. 세례는 믿는 자들을 위해 주어진 예식이요, 언약 공동체를 위해 주신 거룩한 예식입니다.

세례는 무엇입니까? 세례는 씻는 예식으로, 세례는 죄 씻음을 나타내는 하나의 표입니다. 누구든지 자신이 죄인인 것을 깨달은 자, 그리스도의 피로만 죄 씻음을 받을 수 있음을 복음으로 듣고 믿는 자들은 세례의 자리로 나아와야 합니다. 그러므로 세례에서 우리는 우리가 죄인인 것을 생각해야 합니다. 또한 우리는 세례에서 그리스도의 피를 믿는 마음으로 바라보아야 합니다. 우리는 세례에서 성부와 성자와 성령의 구원의 은혜를 생각하고 우리가 그리스도의 피로 말미암아 우리의 영혼의 모든 더러운 것에서 씻음 받은 것을 생각하며, 또한 우리가 파라오 곧 사탄의 폭정에서 해방된 것을 생각하며 풍성한 위로를 누릴 수 있습니다. 우리는 세례라고 하는 단순하고도 거룩한 예식을 통해서 복음의 이러한 충만한 내용들을 거듭 확증 받을 수 있습니다. 그러므로 자신이 죄인인 것과 그리스도의 피로만 죄 씻음을 받을 수 있음을 믿으면서도 아직 세례를 받지 못한 자가 있다면 속히 나아와 세례를 받고 교회의 일원으로 살아가십시오. 세례에서 그리스도께서 우리에게 주시는 풍성한 위로를 누리고, 여러분의 믿음을 온 세상을 향해 선포하십시오. 또한 우리의 자녀들이 언약의 자녀인 것을 생각하여 그들에게 언약의 표와 인인 세례를 베풀어주십시오. 하나님께서 우리와 우리의 자녀들에게 세례를 통해서 주시는 복과 은혜를 계속하여 공급해 주시기를 기도합니다.

하나님 아버지, 감사합니다. 그리스도의 피로만 우리의 죄가 씻음을 받을 수 있다는 복음의 핵심을 가장 평범하고 단순한 요소인 물을 가지고, 또한 물을 뿌리는 가장 평범하고 단순한 행위를 통해서 나타내 보여주심을 감사드립니다. 성령님께서 성령의 권능으로 이 은혜언약의 표와 인인 세례를 우리 가운데 사용하여 주셔서, 우리의 연약한 믿음과 감사와 확신과 소망을 날로 굳세게 하여 주시옵소서. 이 세례를 귀히 여기고 부지런히 행할 수 있게 하여 주시옵소서. 세례식이 우리의 일평생 위로가 되게 하여 주시고, 세례를 통해서 베풀어주시는 은혜가 이 교회에서 끊어지지 않게 하여 주시옵소서. 이를 위하여 이 강단에서 복음이 더욱 분명하게 선포되게 하여 주시옵소서. 예수님의 이름으로 기도하옵나이다. 아멘.

벨직 신앙고백 제35조

성만찬

우리는 우리의 구주 예수 그리스도께서 이미 중생하여 하나님의 권속 곧 그의 교회로 접붙여진 자들을 기르시고 유지시키시기 위하여 성만찬의 성례를 제정해 주셨음을 믿고 고백합니다. 중생한 자들은 그들 안에 두 생명을 가지는데, 하나는 육신적이며 현세적인 생명으로서 그들은 첫 번째 출생의 순간부터 이 생명을 가지며 이는 모든 사람에게 공통으로 주어지는 것입니다. 다른 하나는 영적이며 천상적인 생명으로, 이는 두 번째 출생에서 그들에게 주어지는 것입니다. 이 생명은 복음의 말씀을 통하여 그리스도의 몸과의 교통 가운데 오는 것으로, 이는 하나님의 택하신 자들에게만 공통입니다.

지상에서의 육신 생명을 유지하게 하시기 위하여 하나님께서는 적절한 지상의 물질적인 떡을 우리에게 주셨습니다. 이 떡은, 모든 사람들에게 생명이 공통으로 주어지는 것처럼, 모든 사람들에게 공통으로 주어집니다. 그러나 신자들이 가진 영적이며 천상적인 생명을 유지해 나가게 하시기 위하여 하나님께서는 하늘로서 내려오신 산 떡이 되시는 예수 그리스도를 보내셨습니다. 그리하여 신자들이 그를 먹을 때 곧 믿음으로 그리스도를 합당하게 영적으로 영접할 때, 그리스도께서는 신자들의 영적 생명을 자라게 하시고 강하게 해주십니다.

이 영적이며 천상적인 떡을 보여주시기 위하여 오신 그리스도께서는 눈에 보이는 이 땅의 떡을 그의 몸을 나타내는 성례로, 포도주는 그의 피를 나타내는 성례로 제정하셨습니다. 우리의 손으로 떡과 포도주를 받아서 그것을 우리의 입으로 먹고 마심으로 우리의 생명이 유지되는 것이 참된 것처럼, 그리스도께서는 우리가 우리의 영적 생명을 위하여 우리의 유일한 구세주이신 그리스도의 참된 몸과 참된 피를 우리 영혼 안으로 받아들이는 것이 참되다는 것을 확실하게 증거해 주시기 위하여 성찬을 제정해 주셨습니다. 우리는 이것들을 우리의 영혼의 손과 입인 믿음으로 받습니다.

그러므로 예수 그리스도께서 우리에게 이 성찬식을 결코 헛되이 명하지 않으신 것이 확실합니다. 비록 그리스도께서 우리 안에서 어떤 방식으로 행하시는지는, 마치 성령님의 역사하심이 감추어져 있고 이해불가한 것처럼 우리의 이해를 초월하지만, 그리스도께서는 이 거룩한 표들로써 나타내 보여주시는 모든 것을 우리에게 행하여 주십니다. 하지만 우리가 먹는 것이 그리스도의 참된 몸이고 우리가 마시는 것이 그의 참된 피라고 말하는 것은 잘못이 아닙니다. 다만 우리가 그리스도를 먹는 방식은 입으로가 아니라 성령으로 그리고 믿음으로입니다. 비록 그리스도께서는 언제나 하늘에 계신 성부 하나님의 우편에 앉아계시지만, 그렇다고 해서 그분은 우리가 믿음으로 그리스도에게 참여하게 하시는 일을 결코 멈추지 않으십니다.

이 만찬은 영혼의 식탁으로, 거기에서 그리스도께서는 그의 모든 은덕과 함께 자기 자신을 우리에게 주십니다. 이 식탁에서 그분은 우리로 하여금 그의 고난과 죽으심의 공로만큼이나 그분 자신을 즐거워하게 하시며, 그리스도께서는 그의 몸을 주어 먹게 하심으로 우리의 가련하고 곤고한 영혼을 먹이시고 강하게 하시고 위로하시며, 그의 피를 마시게 하심으로 그들을 소생시키시고 새롭게 하십니다.

더 나아가, 비록 성례는 성례가 상징하고 있는 것들과 연결되어 있기는 하지만, 모든 사람이 그 둘 다를 받는 것은 아닙니다. 악한 자들은 성례를 받을 때에 그것은 자신들의 정죄를 위한 것이 될 뿐 성례의 진리는 받지 못합니다. 마치 유다와 마술사 시몬 두 사람이 참으로 이 성례를 받았지만 성례가 나타내는바 그리스도는 받지 못한 것처럼 말입니다. 그분은 오직 신자들에게만 주어집니다.

끝으로 우리는 이 거룩한 성례를 겸손함과 경외심으로 받되, 하나님의 백성들이 함께 모인 곳에서, 우리 구주이신 그리스도의 죽으심을 엄숙히 기념하고 감사하면서, 그리고 우리의 믿음과 기독교의 신앙을 고백하면서 받아야 합니다. 그러므로 누구든지 자기 자신을 살피지 않고서 이 예식에 참여하지 말아야 합니다. 그런 자들은 이 떡을 먹고 이 잔을 마심으로써 결국 자신들에게 임할 심판을 먹고 마시는 것이 되기 때문입니다.

요컨대 우리는 이 거룩한 예식을 행함으로써, 하나님과 이웃을 뜨겁게 사랑하도록 감화를 받습니다. 그러므로 우리는 사람들이 성례에 덧붙이거나 성례를 혼잡하게 만든 모든 조잡한 생각들과 정죄 받을 고안들을 성례의 모독으로 여기고 배격합니다. 우리는 그리스도와 사도들이 우리에게 가르쳐준 규례에 만족하며, 그들이 성례에 대하여 알려준 그대로 우리도 성례에 대하여 말할 뿐입니다.

성만찬의 의미와 목적

23 내가 너희에게 전한 것은 주께 받은 것이니 곧 주 예수께서 잡히시던 밤에 떡을 가지사 24 축사하시고 떼어 가라사대 이것은 너희를 위하는 내 몸이니 이것을 행하여 나를 기념하라 하시고 25 식후에 또한 이와 같이 잔을 가지시고 가라사대 이 잔은 내 피로 세운 새 언약이니 이것을 행하여 마실 때마다 나를 기념하라 하셨으니 26 너희가 이 떡을 먹으며 이 잔을 마실 때마다 주의 죽으심을 오실 때까지 전하는 것이니라 27 그러므로 누구든지 주의 떡이나 잔을 합당치 않게 먹고 마시는 자는 주의 몸과 피를 범하는 죄가 있느니라 28 사람이 자기를 살피고 그 후에야 이 떡을 먹고 이 잔을 마실지니 29 주의 몸을 분변치 못하고 먹고 마시는 자는 자기의 죄를 먹고 마시는 것이니라

고린도전서 11장 23-29절

성만찬은 신자들의 유익을 위하여 제정되었다

벨직 신앙고백 제35조는 성만찬에 관한 신앙고백입니다. 세례와 성찬은 하나님의 자녀된 우리의 유익을 위하여 주님께서 제정해 주신 거룩한 예식입니다. 세례와 성찬은 잘 어울리는 한 쌍입니다. 한 죄인이 그리스도를 믿을

때에 그리스도와 연합해서 그의 것이 되었다는 것을 표시하고 인치는 것이 세례라고 한다면, 성찬은 이미 거듭나서 하나님의 자녀가 되고 교회에 접붙여진 자들을 먹이고 기르고 유지시키기 위하여 있는 성례입니다. 하나님께서는 가련하고 곤고한 죄인의 죄를 씻어주신 후에 그를 하나님의 자녀로 삼아주십니다. 그리고 그 죄인에게 "너는 이제 하나님의 자녀요 권속이다!" 하고 선언하십니다. 그러한 선언의 표와 인으로 주신 것이 바로 세례입니다. 또한 하나님께서 우리를 그의 자녀와 권속으로 삼으신 후에 우리를 하나님의 집으로 데리고 가셔서 먹이시고 돌보시고 기르시는데, 그러한 아버지의 양육과 돌보심을 보여주는 예식이 성찬입니다.

벨직 신앙고백 제35조는 성찬의 의미에 대해서 설명하기 위하여 먼저, 거듭난 자들에게 두 종류의 생명이 있다는 사실을 말합니다. 하나는 육신적이고 현세적인 생명입니다. 이 생명은 지상에 태어난 모든 사람들이 가지고 있는 생명입니다. 이것은 인간의 첫 번째 출생으로 가지게 되는 생명입니다. 하지만 거듭난 자들에게는 두 번째 출생을 통해서 얻게 된 영적이며 천상적인 생명도 있습니다. 이 영적 생명은 모든 사람에게 주어지는 것은 아닙니다. 이 생명은 성령님께서 우리에게 가져다주시는 것으로, 그리스도와 연합하여 그리스도의 생명에 연결될 때에만 주어지는 생명입니다. 이 생명은 복음의 말씀을 통해서 주어지며, 이 생명은 오직 택하신 자들에게만 주어집니다. 그러므로 거듭난 신자는 누구든지 두 생명을 가지게 됩니다. 또한 이 두 생명은 모두 양식을 필요로 한다는 점도 공통입니다. 우리는 두 생명과 두 양식 모두 전적으로 하나님께 의존하며 하나님께로부터 받습니다.

하지만 이 두 생명은 그 성격과 종류가 다릅니다. 하나는 육신적이고 일시적이고 현세적인 생명이고, 다른 하나는 영적이고 영원하고 천상적인 생명입니다. 또 이 두 생명은 필요로 하는 양식도 다릅니다. 육신 생명을 유지하려면 물질적인 떡(빵)이 필요합니다. 사람들은 누구나 일용할 양식을 필요로 합니다. 반면에, 영적 생명을 유지하기 위해서는 영적이고 천상적인 양식이 필요합니다. 그렇다면 우리의 영적 양식은 무엇입니까? 우리의 영적 양식은 "하늘로서 내려온 산 떡"(요 6:51)이 되시는 예수 그리스도이십니다. 우리가 믿음으로 그리스도를 영접할 때 그리스도를 양식 삼는 것이 됩니다. 그리스도를 양식 삼을 때에 우리의 영적 생명은 유지되며 강하게 됩니다.

성찬은 그리스도와 그의 은덕을 나타내 보여주는 표와 인이다

성찬은 떡과 포도주를 가지고 우리의 참된 양식이 되시고 참된 음료가 되시는 그리스도의 몸과 피를 나타내 보여주는 예식입니다. 그러므로 성찬의 떡과 포도주는 하나의 표^{sign}입니다. 성찬의 떡과 포도주 자체가 우리의 영적 양식이 되는 것은 아닙니다. 성찬의 떡과 포도주는 하늘로서 내려오신 산 떡이 되시고 신령한 음료가 되시는 예수 그리스도를 나타내 보여주는 하나의 표와 인입니다. 벨직 신앙고백 제35조는 이렇게 가르칩니다.

> 이 영적이며 천상적인 떡을 보여주시기 위하여 오신 그리스도께서는 눈에 보이는 이 땅의 떡을 그의 몸을 나타내는 성례로, 포도주는 그의 피를 나타내는 성례로 제정하셨습니다. 우리의 손으로 떡과 포도주를 받아서 그것을 우리의 입으로 먹고 마심으로 우리의 생명이 유지되는 것이 참된 것처럼, 그리스도께서는 우리가 우리의 영적 생명을 위하여 우리의 유일한 구세주이신 그리스도의 참된 몸과 참된 피를 우리 영혼 안으로 받아들이는 것이 참되다는 것을 확실하게 증거해 주시기 위하여 성찬을 제정해 주셨습니다. 우리는 이것들을 우리의 영혼의 손과 입인 믿음으로 받습니다.

우리가 그리스도의 몸과 피를 먹고 마신다고 했을 때, 그것은 우리의 입으로 먹고 마시는 것이 아닙니다. 그리스도의 몸과 피를 먹고 마신다는 것은 우리가 그리스도를 우리의 유일한 구세주로 믿고 영접한다는 말이며, 그리스도의 몸과 피가 나타내는바 그리스도의 고난과 죽음의 공로를 우리 영혼으로 받아들인다는 말입니다. 우리가 성찬식에서 성찬의 떡과 포도주를 먹고 마실 때, 하나님께서는 우리가 그리스도를 양식 삼은 자들임을 확증해 주십니다. 그리스도인은 하늘로서 내려오신 산 떡이 되시는 예수님을 우리의 영적 생명을 위한 양식 삼는 자들입니다. 예수님께서는 "내가 곧 생명의 떡이로라... 나는 하늘로서 내려온 산 떡이니 사람이 이 떡을 먹으면 영생하리라 나의 줄 떡은 곧 세상의 생명을 위한 내 살이로라 하시니라."(요 6:48,51)고 하셨고, "내 살은 참된 양식이요 내 피는 참된 음료로다...이것은 하늘로서 내려온 떡이니... 이 떡을 먹는 자는 영원히 살리라."(요 6:54-58)고도 하셨습니다. 이런 말씀들은 모두 우리가 그리스도를 믿음으로 그분을 영접함으로 그리스도를 양식 삼고 영원한 생명을 얻는다는 진리를 담고 있습니다. 성찬은 바로 이 진리를 우리에게 거듭 확인시켜주는 예식입니다.

성찬은 헛되지 않으며 그리스도께서는 성찬에서 실제로 역사하신다

성찬은 헛된 예식이 아닙니다. 그리스도께서는 성찬에서 떡과 포도주를 사용하셔서 실제로 역사하십니다. 주님께서 성찬의 두 요소인 떡과 포도주를 가지고 성찬의 상에서 어떻게 역사하시는지 우리는 다 이해할 수 없습니다. 벨직 신앙고백 제35조는 이렇게 말합니다.

그러므로 예수 그리스도께서 우리에게 이 성찬식을 결코 헛되이 명하지 않으신 것이 확실합니다. 비록 그리스도께서 우리 안에서 어떤 방식으로 행하시는지는, 마치 성령님의 역사하심이 감추어져 있고 이해 불가한 것처럼, 우리의 이해를 초월하지만, 그리스도께서는 이 거룩한 표들로써 나타내 보여주시는 모든 것을 우리에게 행하여 주십니다.

그리스도께서는 성찬의 거룩한 표들이 나타내 보여주고자 하는 모든 실체를 실제로 우리에게 가져다주십니다. 그리스도께서는 그리스도의 십자가의 제사로 이루신 모든 혜택들을 우리에게 가져다주십니다. 우리가 성찬에 참여했기 때문에 우리에게 그러한 혜택들을 주시는 것은 아닙니다. 그리스도께서는 그리스도를 믿는 자들에게 그러한 혜택들을 이미 주셨고, 그러한 혜택들을 주시는 분이 바로 그리스도 자신이신 것을 성찬식에서 우리에게 다시 한 번 확인시키시며 확신시켜 주신다는 말입니다.

그렇다고 해서 성찬식이 단순한 하나의 상징에 불과한 것이고 상징 외에 다른 아무 의미가 없는 것이라고 생각해서는 안 됩니다. 성찬은 성찬이 상징하고 있는 것들과 연결되어 있습니다. 성찬에서 그리스도께서는 우리가 다 이해할 수 없는 신비한 방식으로 성찬의 자리에 임재하시면서 역사하십니다. 그러므로 성찬식을 행할 때에, 우리가 그리스도의 참된 몸을 먹고 그리스도의 참된 피를 마신다고 말하는 것은 잘못된 것이 아닙니다. 우리는 그리스도를 참으로 양식 삼습니다. 우리가 입으로 그리스도를 먹고 마시는 것은 아니지만, 우리는 성령으로 그리고 믿음으로 그리스도를 우리의 양식 삼으며 그리스도와 실제로 교제합니다. 그리스도께서는 언제나 하늘에 계신 하나님 아버지의 우편에 앉아계시지만, 그렇다고 해서 우리가 그리스도와 교제하지 못하는 것은 아닙니다. 그리스도께서는 우리가 믿음으로 그리스도와 교제하게 하시는 일을 결코 멈추지 않으십니다.

성찬은 우리를 강하게 하고 위로하며 소생시키는 영혼의 만찬이다

벨직 신앙고백 제35조는 성찬을 "만찬banquet, 연회, 잔치, 향연"이라고 부릅니다. "이 만찬은 영혼의 식탁으로, 거기에서 그리스도께서는 그의 모든 은덕과 함께 자기 자신을 우리에게 주십니다." 진실로 성찬은 우리 영혼의 식탁입니다. 성찬은 영적인 식탁으로, 거기에서 그리스도께서는 그의 모든 은덕과 함께 자신을 우리에게 주십니다. 그리스도께서는 성찬식을 통해서 그의 모든 은덕과 함께 자기 자신을 우리에게 주신 분이심을 우리에게 나타내보여주시고 확인시켜 주십니다. 우리는 그리스도께서 우리의 죄를 담당하시려고 십자가의 죽음을 당하신 것을 복음을 들음으로써 잘 알고 있지만, 성찬의 떡과 잔을 먹음으로써 우리가 그리스도의 죽음에 연합된 자임을 더욱 확신할 수 있게 됩니다.

그러므로 우리는 성찬에서 그리스도를 인하여 즐거워해야 합니다. 벨직 신앙고백 제35조는 이를 다음과 같이 아름답게 고백합니다.

이 식탁에서 그분은 우리로 하여금 그의 고난과 죽으심의 공로만큼이나 그분 자신을 즐거워하게 하시며, 그리스도께서는 그의 몸을 주어 먹게 하심으로 우리의 가련하고 곤고한 영혼을 먹이시고 강하게 하시고 위로하시며, 그의 피를 마시게 하심으로 그들을 소생시키시고 새롭게 하십니다.

우리는 성찬에서 그리스도의 고난과 죽으심의 공로만큼이나 그리스도, 바로 그분을 즐거워해야 합니다. 왜냐하면 우리의 생명이 바로 우리를 대신하여 십자가에서 살 찢고 피 흘리신 그리스도에게서 왔기 때문입니다. 그리스도께서는 그의 몸을 우리에게 주어 먹게 하심으로 우리의 가련하고 곤고한 영혼을 먹이시고 강하게 하시고 위로하십니다. 그의 피를 마시게 하심으로 우리를 소생시키시고 새롭게 하십니다. 성찬은 신자들을 영적으로 먹이고 강하게 하고 위로하며 소생시키고 새롭게 하는 영혼의 만찬입니다.

우리는 이 거룩한 성찬을 어떻게 받아야 하는가?

그렇다면 우리는 이 거룩한 성찬을 어떻게 받아야 합니까? 우리는 겸손함과 경외심으로 성찬의 상에 나아와야 합니다. 우리는 우리가 죄인인 것과 그리스도의 대속의 죽음을 생각할 때에 결코 교만함이나 경박함으로 성찬의 상에 나올 수 없습니다. 우리는 결코 가벼운 마음으로 성찬의 자리에 나올 수 없습니다. 또한 성찬은 하나님의 백성들이 모인 곳, 곧 공적 예배의 자리에서 거행되어야 합니다(고전 11:33). 사도들과 초대교회 성도들은 떡을 떼기 위하여 함께 모이는 본을 우리에게 보여주고 있습니다(행 2:42, 20:7). 또한 우리는 그리스도의 죽으심을 기념(생각)하면서 성찬을 받아야 합니다. 주님께서는 "이것은 너희를 위하는 내 몸이니 이것을 행하여 나를 기념하라."(고전 11:24)고 하셨고, 또 잔을 가지시고는 "이 잔은 내 피로 세우는 새 언약이니 이것을 행하여 마실 때마다 나를 기념하라."(고전 11:25)고 하셨습니다. 또한 감사하면서 성찬의 상으로 나아와야 합니다. 성찬은 감사의 예식이라는 의미에서 "유카리스트"Eucharist("감사하다"라는 뜻의 헬라어 동사 "유카리스테오(εὐχαριστέω)"에서 파생됨)라고 부르기도 합니다. 우리는 독생자를 보내주신 성부 하나님의 은혜에 감사하고, 우리를 위하여 십자가에 달려 죽으신 예수 그리스도의 은혜에 감사하며, 우리를 그리스도의 생명에 연결시켜 주신 성령님께 감사하면서 성찬의 떡과 잔을 받아야 합니다.

무엇보다 우리는 믿음으로 성찬에 참여해야 합니다. 성찬은 믿는 자들에게만 유익을 주며 그리스도께서는 믿는 자들에게만 주어지는 것입니다. 우리가 믿음으로 성찬에 참여할 때에만 우리는 성찬을 공허한 예식으로가 아니라 성찬이 상징하고 있는 성찬의 진리(또는 본질)를 함께 받아 유익을 얻게 됩니다. 벨직 신앙고백 제35조는 이렇게 말합니다.

> 더 나아가, 비록 성례는 성례가 상징하고 있는 것들과 연결되어 있기는 하지만, 모든 사람이 그 둘 다를 받는 것은 아닙니다. 악한 자들은 성례를 받을 때에 그것은 자신들의 정죄를 위한 것이 될 뿐 성례의 진리는 받지 못합니다. 마치 유다와 마술사 시몬 두 사람이 참으로 이 성례를 받았지만 성례가 나타내는바 그리스도는 받지 못한 것처럼 말입니다. 그분은 오직 신자들에게만 주어집니다.

성찬이 나타내고자 하는 본질과 진리는 그리스도입니다. 성찬의 떡과 잔을 받는 모든 사람들이 성찬이 나타내는바 그리스도와 그의 은덕을 받는 것은 아닙니다. 악인들도 성찬의 떡과 잔을 받아 먹고 마실 수 있지만 그것이 그들을 유익하게 하지는 못합니다. 오히려 그렇게 함으로써 그들은 자신들에게 임할 심판을 먹고 마시게 될 뿐입니다. 가롯 유다는 첫 번째 성찬에서 예수님께로부터 직접 떡을 받아 먹었지만, 곧 나가서 예수님을 배반하였습니다. 마술사 시몬도 세례를 받았지만 (행 8장), 세례의 진리가 되시는 그리스도는 받지 못했습니다. 그리스도는 오직 믿는 자들에게만 주어집니다. 그러므로 누구든지 자기 자신을 살피지 않고서 성찬에 참여하지 말아야 합니다. 오직 믿음으로 받아야 합니다. 믿음은 성찬을 받는 손이요 먹는 입입니다.

요컨대 우리는 이 거룩한 예식을 행함으로써, 하나님과 이웃을 뜨겁게 사랑하도록 감화를 받습니다. 성찬에서 우리는 하나님의 사랑을 생각하게 됩니다. 성찬은 하나님의 사랑을 증거하는 사랑의 상입니다. 우리는 성찬에서 그의 아들을 내어주시기까지 우리를 사랑하신 하나님의 사랑을 다시 한 번 생각하고 기념하게 됩니다. "나를 기념하라"고 하신 것은 그리스도를 생각하라는 것이고, 그리스도를 내어주신 하나님의 사랑을 생각하라는 것입니다. 그리스도는 하나님의 사랑의 절정을 계시해 주시는 분이시며, 하나님의 사랑을 확증하여 나타내 보여주시는 분이십니다. 그 그리스도를 기념하는 것이 성찬 예식입니다. 그러므로 우리는 성찬에서 하나님의 사랑을 다시 한 번 생각하고 하나님을 더욱 뜨겁게 사랑하도록 감화를 받습니다.

또한 이 큰 사랑을 받은 우리는 하나님을 뜨겁게 사랑할 뿐만 아니라 이웃을 더욱 뜨겁게 사랑하도록 감화를 받습니다. 하나님을 사랑하는 사람은 형제를 사랑하게 되어 있습니다(요일 4:11). 우리는 한 피 받아 한 몸 이룬 성도들, 하나님의 권속이요 믿음의 형제된 이들과 함께 성찬의 상에 참여할 때 서로를 더욱 뜨겁게 사랑하고자 하는 마음을 새롭게 가져야 합니다. 참된 그리스도인에게 회개의 표지가 반드시 있어야 하듯이, 참된 그리스도인들에게는 사랑이 반드시 그 표지로 드러나야 합니다(요일 5:1).

오늘날 우리 시대의 교회와 초대교회 또는 종교개혁 시대의 교회 사이에 가장 큰 차이가 있다면 그것은 아마도 성찬에 관한 태도일 것입니다. 우리 신앙의 선진들은 성찬의 의미와 유익과 올바른 방식에 관하여 많은 토론과 연구를 하였고 방대한 설교와 저술을 남겼으며, 또 그들은 실제로 부지런히 성찬을 시행했습니다. 한 마디로 그들은 성찬을 사랑했습니다. 그러나 오늘 우리 시대의 그리스도인들은 그들만큼 성찬을 그렇게 중요하게 여기는 것처럼 보이지 않습니다. 성찬에 대한 감사가 별로 없고, 성찬을 기다리지도 않습니다. 그러나 이것은 성찬에 대한 합당한 태도가 아닙니다. 말씀도 중요하지만 성례도 중요한 은혜의 방도 means이자 교회의 표지 mark입니다. 그래서 개혁교회의 예배에는 언제나 두 개의 상이 있어 왔습니다. 하나는 설교의 상, 곧 강단입니다. 개혁교회의 예배의 중심에는 언제나 말씀의 강단과 함께 성찬의 상이 있습니다. 그러므로 교회는 성찬을 소홀히 여겨서는 안 됩니다.

성찬은 이토록 고귀하고 아름답고 사랑스러운 것이므로 우리는 성례를 소홀히 하거나 변질시키거나 모독하는 인간의 모든 조잡한 생각들과 정죄 받을 고안들을 모두 배격합니다. 또한 우리는 그리스도와 사도들이 우리에게 가르쳐 준 성례의 규정에 만족하며, 그들이 성례에 대하여 알려준 그대로 우리도 성례에 대하여 말합니다. 성찬이 교회에서 소홀히 여김을 받는다는 것은 교회에서 그리스도의 죽음이 강력하게 선포되지 못하고 있다는 뜻이 되며 그리스도의 죽음의 중심성이 쇠퇴하고 있음을 뜻합니다. 성찬은 세례와 함께 교회의 예식 중에 가장 귀중하고 영광스러운 복음 예식입니다. 그러므로 성찬을 더욱 사랑합시다. 성찬을 바르고 신실하게 또 부지런히 시행합시다. 언제나 감사함과 믿음으로 이 성찬의 상에 나아가서 그리스도 그분을 인하여 즐거워하는 우리 모두가 되기를 소원합니다.

거룩하신 하나님 아버지, 우리의 연약함을 아시고 우리의 유익을 위하여 성찬을 제정하여 주신 것을 감사합니다. 성찬에 참여할 때마다 그리스도의 고난과 죽으심으로 이루신 그 공로를 기억하며 겸손함과 경외함과 감사함으로, 그리고 믿음으로 성찬을 받게 하여 주시옵소서. 성찬을 받을 때에 독생자를 보내주신 하나님의 사랑을 밝히 보게 하여 주시고, 우리의 영혼이 하나님과 이웃에 대한 사랑으로 뜨거워지게 하여 주시옵소서. 성례를 소홀히 하고 변질시키고 모독하는 것을 다 배격하게 하시고, 성례를 귀히 여기는 저희가 되게 하여 주시옵소서. 예수님의 이름으로 기도하옵나이다. 아멘.

벨직 신앙고백 제36조

국가의 정부

우리는 인간의 타락을 인하여 은혜로우신 하나님께서 왕과 군주와 공직자들을 세우셨음을 믿습니다. 하나님께서는 세상이 법과 정책에 의해 다스려짐으로써 인간의 불법이 억제되고 인간의 만사가 선한 질서에 따라 수행되기를 원하십니다. 이 목적을 위하여 하나님께서는 정부의 손에 칼을 두셔서 악인을 벌하고 선을 보호하게 하셨습니다.

그러므로 정부에게 맡겨진 과업은 공공 영역을 돌보고 감독하는 것에만 국한되는 것이 아니라 모든 우상숭배와 적그리스도의 거짓 예배를 제거하고 무너뜨림으로써 교회의 사역을 보호하는 것과 교회가 예수 그리스도의 나라를 확장시키고 복음의 설교를 만방에 전파함으로써 마침내 하나님께서 요구하신 것처럼 하나님 자신이 만민에게 높임을 받으시고 경배를 받으시게 하는 것까지 포함합니다.

더 나아가 모든 사람은 자신의 신분이나 형편이나 지위와 관계없이 정부에 복종해야 하며, 세금을 납부해야 하며, 공직자들을 귀히 여기며 존경해야 하며 하나님의 말씀에 어긋나지 않는 한 모든 일에 있어서 그들에게 순종해야 합니다. 또한 하나님께서 그들의 모든 길을 인도해 주셔서 우리가 모든 경건과 단정한 중에 고요하고 평안하게 생활할 수 있도록 그들을 위하여 기도해야 합니다(딤전 2:2).

이 문제와 관련해서 우리는 재세례파와 무정부주의자들을 비롯하여 일반적으로 국가의 권위와 공직자들을 무시하거나 재산의 공유를 앞세우면서 하나님께서 인간에게 세워주신 도덕 질서를 변질시킴으로써 공의를 전복시키려는 모든 자들을 배격합니다.

교회와 국가

> 1 각 사람은 위에 있는 권세들에게 굴복하라 권세는 하나님께로 나지 않음이 없나니 모든 권세는 다 하나님의 정하신 바라 2 그러므로 권세를 거스리는 자는 하나님의 명을 거스림이니 거스리는 자들은 심판을 자취하리라
>
> 로마서 13장 1-2절

벨직 신앙고백 제36조는 국가의 정부에 관한 조항입니다. 이 조항은 국가는 왜 필요하며, 국가의 통치는 무엇이며, 국가와 교회와의 관계는 무엇인지를 다룹니다. 그리스도인들은 두 개의 시민권을 가지고 있습니다. 첫 번째 시민권은 세상 나라의 시민권입니다. 우리가 일반적으로 국가 또는 정부라고 할 때에는 지상의 국가, 곧 세속 정부를 말합니다. 이 땅에 태어난 사람들은 누구나 어느 한 국가에 속해 있어서 그 나라의 국적을 가집니다. 국적이 없는 사람은 없습니다. 그들의 국적은 다 다르고 경우에 따라서는 이중 국적을 유지하는 사람들도 있지만, 그들이 가진 시민권은 이 땅의 시민권이라는 점에서 하나입니다. 그런데 그리스도인들에게는 두 번째 시민권이 있습니다. 두 번째 시민권은 하늘의 시민권(또는 하나님 나라의 시민권)입니다. 이 하늘의 시민권은 아무에게나 주어진 것은 아니고 오직 택하심을 받고 거듭나

서 하나님의 자녀가 된 그리스도인들에게만 주어집니다. 그리스도인들은 이 두 시민권을 가진 사람들로서, 이 세상에 사는 동안에 좋은 시민으로 살면서 동시에 신실한 천국 백성으로 살아야 합니다. "나는 이제 천국의 백성이 되었으니 이 땅에서 세상의 시민으로 사는 것은 별로 중요하지 않고 하나님 나라의 시민으로만 잘 살면 된다."고 생각해서도 안 되고, "지금은 이 땅에 살고 있으니 세상의 시민으로 사는 것이 더 중요하고, 천국 백성으로 사는 것은 나중의 일이다." 하고 생각해서도 안 됩니다. 우리는 지금 이 세상에서 천국 백성이면서 동시에 한 나라의 시민이기 때문에 천국 백성답게 이 땅의 시민으로 살아야 합니다. 이를 위해 우리는 국가의 정부가 무엇인지, 정부의 역할과 정부가 존재하는 목적은 무엇인지, 그리고 교회와 국가는 어떤 관계에 있는지에 대해서 바로 알 필요가 있습니다.

국가의 역할과 존재 목적

지상에는 국가가 세워져 있고 국가를 통치하는 정부政府, government 가 있습니다. 정부란 입법, 사법, 행정의 삼권을 포함하는 통치 기구를 통틀어 이르는 말입니다. 정부는 국가 정치 또는 통치 기구를 의미하기도 합니다. 교회에도 교회 정치가 있듯이 국가에도 국가 정치가 있습니다. 교회 정치와 국가 정치는 그 성격도 서로 다르고 그 목적도 서로 다르고 그 대상도 서로 다릅니다. 그러면서도 동시에 하나님께서는 우리 신자들을 교회 정치와 국가 정치의 다스림 아래에서 살도록 하셨기 때문에, 우리는 이 두 정치의 관계에 대해서 바른 이해를 가지고 있어야 합니다.

국가는 언제부터 생겨난 것입니까? 아담과 하와가 처음에 창조되었을 때에는 국가라기보다는 가정 제도가 있었습니다. 그때는 가정이 곧 국가였고 국가가 곧 가정이었습니다. 그러나 인류가 번성하고 사회가 복잡해지면서,

가족 또는 부족 공동체는 국가적 형태를 띠게 되었고, 그 국가에는 자연스럽게 왕과 군주와 귀족 등에 의해서 이루어지는 일정한 통치의 형태와 조직이 생겨나게 되었습니다. 오늘날에는 대다수의 나라들은 대의 민주주의 정치 체제를 채택하여 국가의 정부를 조직하고 있습니다. 자유 민주주의 정치 체제는 대의 정치의 한 형태로서, 시민들의 투표와 위임으로 세워진 위정자들과 공직자들이 시민들의 다양한 자유를 보장하되, 법에 의한 통치를 시행하며, 권력(입법, 사법, 행정)을 적절하게 분리하면서(분권) 상호 견제하여 부패를 막고, 사유 재산을 인정하는 정치 체제입니다.

벨직 신앙고백 제36조는 국가의 정부는 인간의 타락을 인하여 주어진 것이라고 가르칩니다. "우리는 인간의 타락을 인하여 은혜로우신 하나님께서 왕과 군주와 공직자들을 세우셨음을 믿습니다." 다시 말하면 국가의 정부는 인간 사회의 질서를 위한 것입니다. 교회에만 질서가 필요한 것이 아니라 사회와 국가에도 질서가 필요합니다. 인간은 타락한 존재이기 때문에, 인간의 불법과 무법함이 아무런 제약을 받지 않는다면 인간은 어디까지 악을 행하게 될지 모릅니다. 예를 들어, 만일 교통질서가 지켜지지 않는데도 아무런 벌금이나 제재가 없다고 한다면, 사람들은 아무도 교통질서를 잘 지키지 않아서 도로는 하루아침에 엉망이 되고 말 것입니다. 국가의 정부가 하나님께서 주신 칼의 권세를 가지고 불법적이고 못된 행태들을 제재하고 벌하고 선을 장려하지 않는다면, 인간 사회는 얼마나 무질서해지고 원칙 없는 사회가 되겠습니까? 지금도 죄를 짓지 못하도록 감시하는 법과 제도와 정책의 장치들이 우리 사회에 수없이 많이 있지만, 범죄는 끊이지 않고 있습니다. 그런데 국가가 없고 공권력도 없다면, 이 사회의 공공질서가 잘 유지될 수 있겠습니까? 교회만으로 사람들이 교회의 도덕적 통제를 잘 따라서 사회의 질서를 유지할 수 있겠습니까? 이는 불가능합니다. 우리는 인간이 타락한 죄인들이라는 엄연한 현실을 받아들여야 합니다. 그래서 우리에게는 국가의 정부가 필요합니다.

하나님께서는 인간의 타락과 악함을 아시고, 인간의 불법이 억제되고 인간의 만사가 선한 질서에 따라 수행되기를 원하셔서, 이 세상에 왕과 군주와 공직자들을 세우셨습니다. 그리고 그 정부와 공직자들의 손에 칼을 주셔서 악인을 벌하고 선을 보호하게 하셨습니다. 칼이라는 공권력이 없이 그냥 말로만 제재를 가한다면 사람들은 공권력을 아주 우습게 생각할 것입니다. 그래서 칼을 주신 것입니다. 칼은 두려운 것입니다. 하나님께서는 위정자들과 공직자들의 손에 칼을 주셔서 그 칼을 정당하고 적절하게 사용하도록 하셨습니다. 웨스트민스터 신앙고백 제23장 1항도 이렇게 고백합니다. "온 세계의 가장 높으신 주이시며 왕이신 하나님께서는 그 자신의 영광과 공공의 선을 위하여 국가의 위정자들을 자기 아래, 백성들 위에 임명하셨다. 그리고 이 목적을 위해 그들에게 칼의 권세를 주셔서 선한 사람들은 보호하고 격려하며, 악을 행하는 자들은 벌하도록 하셨다(롬 13:1-4; 벧전 2:13,14)."

이 칼은 자기 멋대로 휘두르도록 주신 칼이 아니고, 공정하고 질서 있고 섬세하게 사용하도록 주신 칼입니다. 칼의 권세를 가지고 있는 자들이 부패하게 되면 이 칼을 마구 휘두르며 칼의 권세를 남용하는 사람이 되고 맙니다. 하나님께서는 권력을 남용하는 부패한 공직자들과 악한 독재자들을 특별히 엄하게 다스리십니다. 역사를 보면 하나님께서 그런 부패한 통치자들을 그대로 버려두지 않으시고 반드시 심판하신 것을 알 수 있습니다.

국가의 정부에게 주어진 과업은 단순히 공공 영역을 돌보고 감독하기 위함만이 아니라, 모든 우상숭배와 적그리스도의 거짓 예배를 제거하고 교회와 교회의 사역을 보호하기 위함입니다. 하지만 대부분의 위정자들은 이 원리, 곧 국가가 교회와 교회의 사역과 하나님 나라의 확장과 하나님의 영광을 위하여 존재한다는 원리를 온전히 이해하지 못합니다. 하나님을 떠나서는 인생의 목적을 알지 못하듯이, 하나님을 떠나서는 국가 정부의 목적이 무엇인지 알지 못합니다. 본래 국가는 공공 영역에서 악을 제어하고 선을 보호하며 교회와 교회의 사역을 보호해야 하는 의무를 가집니다. 국가의 본래의 역할과 기능은 이런 것이지만, 역사를 보면 국가는 교회와 교회의 일들을 오해하고 미워하고 핍박하는 경우가 더 많았습니다. 이는 예수님께서 말씀하신 대로입니다. "너희가 세상에 속하였으면 세상이 자기의 것을 사랑할 터이나 너희는 세상에 속한 자가 아니요 도리어 세상에서 나의 택함을 입은 자인 고로 세상이 너희를 미워하느니라"(요 15:19). 하지만 사실은 국가는 교회를 미워하거나 핍박할 권리를 가지지 않습니다. 오히려 제대로 된 국가라면 우상숭배와 거짓 예배는 제거하고 무너뜨리는 일에 앞장서고 교회와 교회의 일들은 보호하고 증진시켜야 합니다. 그리하여 만방에 복음이 전파되고 하나님의 나라가 확장되어 만민이 하나님의 이름에 영광을 돌리도록 해야 합니다. 국가의 위정자들과 공직자들은 자신들에게 주어진 권세가 하나님께로부터 온 것임을 알고 겸손히 자신들의 직무를 수행해야 합니다.

위정자들의 권위를 인정하고 그들에게 순종하고 그들을 위해 기도하라

또한 그리스도인들은 이 지상의 시민으로 사는 동안, 우리가 속해 있는 국가의 정부에 순종하고 시민으로서의 의무를 다해야 합니다. 왜냐하면 모든 권세는 하나님께서 주신 것이기 때문입니다. "각 사람은 위에 있는 권세들에게 굴복하라 권세는 하나님께로 나지 않음이 없나니 모든 권세는 다 하나님의 정하신 바라 그러므로 권세를 거스리는 자는 하나님의 명을 거스림이니 거스리는 자들은 심판을 자취하리라"(롬 13:1-2)고 하셨습니다. 지극히 높으신 하나님께서는 인간 나라를 다스리시며 자기의 뜻대로 그것을 누구에게든지 주시며 또 지극히 천한 자로 그 위에 세우시는 분이십니다(단 4:17,25). 하나님께서 현재의 위정자들과 공직자들에게 권위를 주시고 그들을 세우셨습니다. 그러므로 그리스도인들은 "인간에 세운 모든 제도를 주를 위하여 순복하되 혹은 위에 있는 왕이나 혹은 악행하는 자를 징벌하고 선행하는 자를 포장하기 위하여 그의 보낸 방백에게"(벧전 2:13-14) 해야 합니다.

그래서 벨직 신앙고백 제36조는 "모든 사람은 자신의 신분이나 형편이나 지위와 관계없이 정부에 복종해야 하며, 세금을 납부해야 하며, 공직자들을 귀히 여기며 존경해야 하며 하나님의 말씀에 어긋나지 않는 한 모든 일에 있어서 그들에게 순종해야 합니다."라고 명시합니다. 그리스도인들은 좋은 시민으로 살아가기 위해서 세금도 납부해야 합니다. 국가는 국민의 세금으로 공공 영역에서 악을 제어하고 선을 보호하는 데 필요한 재원을 마련하여 국가와 사회의 질서를 안정적으로 유지해 나갈 수 있습니다. 그러므로 우리는 국가의 정부와 공직자들을 귀히 여기고 그들의 권위를 존중하면서 그들의 정당한 요구와 법 집행에 순종해야 합니다. 권세를 거스르는 자는 하나님의 명을 거스르는 것이요 심판을 자취하는 것이라고 하셨습니다(롬 13:1-2). 물론 우리는 정부가 하나님의 말씀에 위배되는 것을 요구할 때에 거기에는 순종할 수 없고 순응해서도 안 됩니다. 하지만 그리스도인들은 정부의 불법적이고 비성경적인 요구를 거부할 때조차도, 불평과 욕설과 폭력과 불법적인 방식으로 하지 말아야 합니다.

페르시아 제국에서 다리오 왕 외에 어느 신에게나 사람에게나 무엇을 구하면 사자굴에 던져 넣겠다는 악법이 세워졌을 때에, 다니엘은 이에 굴하지 않고 기도하였지만 불평하거나 악으로 대항하지 않았습니다. 페르시아 제국의 아하수에로 왕이 하만의 거짓 모함과 선동을 받아서 바사 제국의 모든 유다인들을 한 날에 멸할 조서를 선포하였을 때에도, 에스더와 모르드개는 금식하며 기도하면서 진실을 밝히고 하나님의 살아계심과 공의를 보여주기 위하여 끝까지 선을 행하였습니다. 유다의 선지자들은 바벨론이 유다 나라를 침공할 때에도, 하나님께서 교회를 징계하시기 위하여 악한 왕을 세워 매를 때리시는 것이니 바벨론 왕 느부갓네살에게 대항하지 말고 그를 섬기라고 하였습니다(렘 27:8). 또한 우리는 사도들과 초대교회 성도들이 보여주었던 모범을 기억해야 합니다. 그들은 로마 황제의 부당한 핍박이나 요구에 대하여 욕설이나 폭력으로 맞서지 않고 오히려 그들을 위하여 기도했고, 핍박을 피해 다니다가 때로 옥에 갇히고 심지어 죽는 자리에 처하기도 하였습니다. 그러나 그들은 핍박하는 자를 위하여 기도했고, 인내했고, 힘으로 맞서지 않았습니다. 선으로 악을 이기라고 하셨습니다(롬 12:21). 그 다음은 하나님의 손에 맡길 뿐입니다. 교회는 국가 정치에 간섭해서는 안 되며, 비상한 경우에도 겸손히 탄원의 방식으로 하는 것이 좋습니다(웨스트민스터 신앙고백 제31장 5항).

또한 벨직 신앙고백 제36조는 그리스도인들이 국가의 정부와 공직자들을 위하여 기도하라고 하셨습니다.

> 또한 하나님께서 그들의 모든 길을 인도해 주셔서 우리가 모든 경건과 단정한 중에 고요하고 평안하게 생활할 수 있도록 그들을 위하여 기도해야 합니다(딤전 2:2).

위정자들과 공직자들이 통치를 잘 할 때만 그들을 위하여 기도하는 것이 아니라 그들이 잘못할 때에도 우리는 더욱 그들을 위해서 기도해야 합니다. 우리가 우리의 자녀들을 위해서 기도할 때에도 우리의 자녀들이 모든 면에서 잘 할 때에만 기도하는 것이 아니라 자녀들이 곁길로 가고 부모의 속을 썩일 때에 그들을 위해서 더 기도하듯이, 국가의 위정자들과 공직자들이 일을 잘 할 때뿐만 아니라 그들이 국민들의 속을 썩이고 근심시킬 때에도 우리는 그들을 위해서 기도해야 합니다. 완벽한 통치를 하는 왕이나 대통령이나 국회의원들은 이 세상에는 없습니다. 얼마나 덜 부패했느냐 얼마나 더 부패했느냐의 차이일 뿐입니다. 그들이 우리를 실망시킬 때, 심지어 그들이 교회를 핍박하고 탄압할 때에도 우리는 그들을 위해서 기도해야 합니다. "너희를 핍박하는 자를 축복하라 축복하고 저주하지 말라"(롬 12:14)고 하셨고, "너희 원수를 사랑하며 너희를 핍박하는 자를 위하여 기도하라"(마 5:44)고 하셨습니다(딤전 2:1-2 참조).

교회에 복음이 주어졌다면 국가에는 칼이 주어졌다

교회 정치와 국가 정치는 그 통치의 성격이나 영역이 다릅니다. 국가에는 칼이 있고 교회에는 복음이 있습니다. 우리는 교회의 정치를 칼로 하려고 하지 말아야 하며, 반대로 국가의 정치를 복음으로 하려고 하지도 말아야 합니다. 교회 정치는 복음으로 해야 하고 교회 정치 원리를 따라야 합니다. 교회는 복음을 전하는 곳이어야 합니다. 교회에서 정치를 하려고 해서도 안 되고 교회가 정치집단화 되어서도 안 됩니다. 반면에 국가 정치는 칼, 곧 공권력을 가지고 해야 하고, 동시에 법과 정책들을 따라야 합니다. 이 둘 사이의 균형이 늘 필요합니다.

그러므로 우리는 국가의 권위와 공직자들을 무시하는 재세례파나 무정부주의자들의 주장을 배격합니다. 교회의 통치와 하나님의 법만을 인정하고 정부의 통치와 국가의 법은 따르지 않으려는 것은 권세를 주신 하나님을 거스르는 일입니다. 또한 우리는 재산의 공유를 앞세우면서 하나님께서 인간에게 세워주신 도덕 질서를 변질시킴으로써 공의를 전복시키려는 모든 자들을 배격합니다. 이 세상에는 하나님께서 세워주신 도덕 질서와 공의가 있습니다. 사람들은 이러한 도덕 질서를 보편적인 상식 수준에서 받아들입니다. 살인하거나 간음하거나 도적질하거나 거짓말하거나 이웃의 소유를 탐내는 것을 선으로 여기는 사회는 없습니다. 그러므로 우리는 선한 도덕 질서를 변질시키고 공의를 전복시키는 법과 정책과 사상과 운동과 단체를 모두 배격합니다. 동시에 우리는 이 땅에 하나님의 말씀에 위배되는 법과 정책들이 세워지지 않도록 시민으로서 최선의 노력을 기울여야 합니다. 왜냐하면 그런 법과 정책들은 반사회적이고 반인륜적인 것일 뿐만 아니라, 결국 하나님을 대항하고 거스르는 것이 되기 때문입니다. 지금 우리나라에도 포괄적 차별금지법과 같은 법안들이 상정되어 있는데, 정상적인 국회의원이라면 이런 법들을 만들지 말아야 합니다. 바른 위정자라면 하나님이 내신 선한 도덕 질서를 변질시키고 공의를 전복시키는 것을 배격해야 합니다.

만일 우리가 위정자와 공직자로 세워져서 직접 정치 행위에 참여하게 되었다면 겸손함과 두려움으로 우리에게 주어진 권세를 사용하여 악을 제어하고 선을 보호하는 일에 힘써야 합니다. 또한 모든 그리스도인들은 시민으로서 투표권을 잘 행사하여 선한 질서를 지지하고 앞세우는 정당과 정치인을 세워야 하고, 그들을 통해 건전한 법과 정책이 잘 세워져서 선한 질서와 공의가 전복되지 않도록 해야 합니다. 우리는 위에 있는 권세를 존경하고 순복하되 끝까지 선을 행하며, 시민으로서의 우리의 의무를 다하며, 이 나라의 정치가 바르게 되도록 기도해야 합니다. 그래서 우리가 모든 경건과 단정함 가운데 고요하고 평안하게 신앙생활 하면서 우리를 통해 복음이 만방에 전파되고 하나님의 나라가 확장되며 하나님의 이름이 높임을 받으시게 되기를 기도해야 합니다.

하나님 아버지, 인간의 타락을 아시고 이 세상이 극도의 무질서와 불법 가운데 내버려지지 않게 하시려고 국가의 정부와 위정자들과 공직자들을 세워주심을 감사드립니다. 이 세상의 나라들과 위정자들이 하나님의 선한 도덕 질서들을 존중히 여기고 잘 유지하면서 악을 제어하고 선을 보호하며 교회와 교회의 일들을 보호하게 하여 주시옵소서. 하나님께서 정부와 위정자들의 모든 길을 인도하여 주셔서 지상의 성도들이 경건과 단정함 가운데 고요하고 평안하게 복음을 전할 수 있게 하여 주시옵소서. 믿는 자들 가운데 위정자와 공직자들로 세워진 자들이 있다면 하나님이 주신 칼의 권세를 겸손히, 바르게 사용하게 하여 주시옵소서. 우리나라를 긍휼히 여겨주시옵소서. 이 나라에 선한 정치가 꽃피게 하시고, 선한 법과 정책들이 많이 세워질 수 있게 하여 주시옵소서. 악한 법들과 정책들과 세력들은 약화되고, 교회와 교회의 일들은 흥왕하게 하여 주시옵소서. 예수님의 이름으로 기도하옵나이다. 아멘.

벨직 신앙고백 제37조

최후 심판

마지막으로 우리는 하나님의 말씀대로 주님께서 정하신 때가 이르고(그때는 모든 피조물들에게는 감추어져 있지만) 택함 받은 자의 수가 차게 되면, 우리 주 예수 그리스도께서 큰 영광과 위엄 가운데 승천하셨던 것처럼, 하늘로부터 이 세상에 눈에 보이게 강림하실 것을 믿습니다. 이는 그가 자신을 산 자와 죽은 자를 심판하는 심판주로 선언하시기 위함이며 이 옛 세상을 불과 화염으로 태워 정결하게 하시기 위함입니다.

그때에는 모든 인류, 곧 세상의 처음부터 끝날까지 존재했던 남녀노소 모두가 위대하신 재판장 앞에 서게 될 것입니다. 그들은 "천사장의 소리와 하나님의 나팔 소리로"(살전 4:16) 그곳에 소집될 것입니다. 그때에는 이전에 죽은 자들은 모두 땅에서 일으킴을 받게 될 것이며, 그들의 영혼은 그들이 살았을 때의 몸과 하나로 연합될 것입니다. 그때까지 살아있는 자들은 다른 이들처럼 죽지 않고, 대신 그들은 "순식간에" 썩을 것에서 썩지 않을 것으로 변화될 것입니다. 그때에 책들이 펼쳐질 것이며, 죽은 자들은 이 땅 위에서 선악 간에 행한 것들을 따라 심판을 받게 될 것입니다. 진실로 모든 사람들은 그들이 했던 모든 무익한 말들, 곧 세상이 단순히 농담으로 여기는 말들에 대해서도 해명하게 될 것입니다. 그리고 모든 사람들의 비밀과 위선들이 만인 앞에 공개적으로 드러나게 될 것입니다.

그러므로 이 심판에 대한 생각은 악하고 불경건한 자들에게는 두렵고 떨리는 것이 되는 것이 당연합니다. 하지만 그것이 택함 받은 의인들에게는 매우 즐겁고 큰 위로가 되는 것은, 그때 그들의 구원이 완성될 것이기 때문입니다. 그때에 그들은 그들의 수고와 그들이 겪었던 모든 고난의 열매들을 받게 될 것이며, 그들의 결백이 만천하에 알려질 것이며, 하나님께서 악인들에게 가져다주실 무서운 보복을 보게 될 것인데, 악인들은 모두 이 세상에서 무죄한 자들 위에 군림하며 박해하고 괴롭혔던 자들입니다. 악인들은 그들 자신의 양심의 증거로 유죄 판결을 받게 될 것이고, 불멸하게 되어 "악한 자들과 악한 천사들을 위하여 예비된 영원한 불 속에서" 고통 받게 될 것입니다.

반면에, 택함 받은 성도들은 영광과 존귀로 관을 쓰게 될 것입니다. 하나님의 아들께서는 성부 하나님과 그의 택함 받은 거룩한 천사들 앞에서 그들의 이름을 인정해 주실 것이며, 그들의 눈에서는 모든 눈물이 씻겨질 것이며, 이 세상에서 있을 때 많은 재판관과 통치자들에 의해 이단이자 사악한 것으로 정죄 받은 성도들의 주장이 그때에는 하나님의 아들의 주장으로 인정될 것입니다. 또한 주님께서는 성도들로 하여금 사람의 마음으로는 도저히 상상할 수 없었던 놀라운 영광을 은혜의 상급으로 얻게 하실 것입니다. 그러므로 우리는 우리 주 예수 그리스도 안에서 하나님의 약속을 충만하게 누리고자 이 큰 날을 간절한 마음으로 고대합니다. 아멘.

주 예수여, 오시옵소서(계 22:20).

주님의 재림과 최후 심판

3 먼저 이것을 알지니 말세에 기롱하는 자들이 와서 자기의 정욕을 좇아 행하며 기롱하여 4 가로되 주의 강림하신다는 약속이 어디 있느뇨 조상들이 잔 후로부터 만물이 처음 창조할 때와 같이 그냥 있다 하니 5 이는 하늘이 옛적부터 있는 것과 땅이 물에서 나와 물로 성립한 것도 하나님의 말씀으로 된 것을 저희가 부러 잊으려 함이로다 6 이로 말미암아 그때 세상은 물의 넘침으로 멸망하였으되 7 이제 하늘과 땅은 그 동일한 말씀으로 불사르기 위하여 간수하신바 되어 경건치 아니한 사람들의 심판과 멸망의 날까지 보존하여 두신 것이니라

베드로후서 3장 3-7절

우리는 이제 벨직 신앙고백의 맨 마지막 조항에 이르게 되었습니다. 그동안 우리는 벨직 신앙고백서가 기독교 신앙의 중요한 교리들을 매우 잘 요약하고 있다는 것을 확인할 수 있었습니다. 벨직 신앙고백은 기독교 교리의 큰 일곱 주제인 신학서론, 신론, 인간론, 기독론, 구원론, 교회론, 그리고 종말론을 아름답게 진술하고 있습니다. 벨직 신앙고백 제37조의 제목은 "최후 심판"으로, 종말론에 관한 내용들을 다루고 있으며, 그 내용은 크게 세 가지입

니다. 첫째는 종말(마지막 날)이 있을 것이라는 사실이고, 둘째는 그리스도의 재림이 있을 것이라는 사실이며, 셋째는 최후 심판이 있을 것이라는 사실입니다. 성경은 역사의 마지막에 종말과 재림과 심판이 있을 것을 말씀합니다. 역사에는 종말이 있을 것이고, 그 종말에는 그리스도의 재림이 있을 것이고, 재림하신 주님께서는 세상을 심판하실 것입니다.

종말이 있다

역사에는 시작도 있고 끝도 있습니다. 벨직 신앙고백 제37조는 "마지막으로 우리는 하나님의 말씀대로 주님께서 정하신 때가 이르고(그때는 모든 피조물들에게는 감추어져 있지만) 택함 받은 자의 수가 차게 되면..."이라는 말로 시작합니다. 성경의 역사관은 순환론적 역사관이 아니라 직선적인 역사관입니다. 세상에는 순환론적 역사관을 가진 사람들이 상당히 많이 있습니다. 불교의 윤회 사상도 순환론적 역사관의 한 유형입니다. 순환론적 역사관은 역사를 끝없이 돌고 반복되는 것으로 설명합니다. 하지만 순환론적 역사관은 역사의 시작에 대해서는 침묵합니다. 순환론적 역사관을 따르는 사람들은 역사가 어느 시점에 우연히 시작된 것으로 상정할 뿐입니다. 또한 순환론적 역사관은 역사의 끝에 대해서도 침묵합니다.

그러나 하나님께서는 역사가 분명한 시작과 끝을 가진 직선적인 역사임을 처음부터 말씀해 주셨습니다. 성경은 "태초에"(창 1:1)라는 말로 시작되는데, 태초란 "시작beginning"을 의미합니다. 성경은 창조를 역사의 시작으로 명확하게 증거합니다. 그리고 창조로 시작된 역사는 분명한 끝, 곧 종말을 가진다고 말합니다. 이 세상과 이 세상의 역사는 반드시 끝이 있습니다. 예수님께서는 제자들에게 "나를 보내신 아버지께서 이끌지 아니하시면 아무도 내게 올 수 없으니 오는 그를 내가 마지막 날에 다시 살리리라."(요 6:44)고 하셨고, 또한 "나를 저버리고 내 말을 받지 아니하는 자를 심판할 이가 있으니 곧 내가 한 그 말이 마지막 날에 그를 심판하리라."(요 12:48)고 하셨습니다.

또한 성경은 이 세상과 이 세상의 역사에는 반드시 목적이 있다고 가르칩니다. 그래서 기독교 역사관은 목적론적 역사관입니다. 순환론적 역사관에서는 역사의 의미와 목적을 찾을 수 없습니다. 순환론적 역사관에 따르면 세상의 모든 것은 그저 끝없이 돌고 돌 뿐이기 때문에, 거기에는 수많은 우연들과 무의미함들만이 있을 뿐입니다. 역사를 이끌어가는 주인도 없고 역사의 시작도 없고 창조주도 없는데, 역사에 무슨 의미와 목적이 있겠습니까? 만일 역사에 목적이 없다면 모든 일들은 우연의 연속일 뿐이고 아무런 의미도 찾을 수 없게 됩니다. 목적이 없어지면 선과 악의 구별도 모호해집니다. 만일 목적이 없다면 사람이 무엇을 기준으로 어떻게 살아야 하는지도 알지 못하게 됩니다. 어떻게 사는 것이 의미있게 사는 것이고 어떻게 사는 것이 사람답게 잘 사는 것입니까? 우리는 왜 거짓말하지 말아야 합니까? 왜 살인하지 말아야 합니까? 왜 간음하지 말아야 합니까? "참으로 이것이 그러하다."라고 말해줄 수 있는 사람이 도대체 누구입니까? 순환론적 역사관은 삶의 의미와 목적과 기준에 대해 아무것도 말해주지 못합니다.

하지만 성경은 역사에는 반드시 목적과 의미가 있다고 가르칩니다. 이 목적은 하나님이 세우신 하나님의 목적이며, 따라서 이 목적은 반드시 성취되는 목적입니다. 이것은 인간이 세우는 목적이나 꿈같은 것이 아닙니다. 하나님의 목적은 하나님이 반드시 성취하시기 위해서 친히 세우신 목적입니다. 하나님은 이 목적을 위해 세상을 창조하셨고, 이 목적이 완성될 때에 이 세상의 역사를 종결하십니다. 하나님의 목적은 죄인들의 구원과 하나님의 영광으로 요약됩니다. 하나님께서는 구원하시기로 택하신 자들의 수가 다 차고 그가 창조하신 세상이 그 구원 역사의 무대로서의 역할과 사명을 다 하였을 때를 역사의 종말로 삼으십니다. 그 때와 시기는 오직 하나님만 아시며 우리는 알지 못합니다. 다만 택함 받은 자의 수가 차게 되는 바로 그때가 역사의 종말이 될 것입니다.

재림이 있다

종말에는 그리스도의 재림이 있습니다. 종말에는 부활하신 그리스도께서 다시 오실 것입니다. 그리스도인들은 그리스도의 재림을 믿는 자들입니다. 지금 하나님 보좌 우편에 앉아계신 주님께서는 하늘로부터 산 자와 죽은 자를 심판하러 오실 것입니다. 부활하신 예수님께서 하늘로 올리우실 때에 그 모습을 바라보던 제자들을 향해 천사들이 "너희 가운데서 하늘로 올리우신 이 예수는 하늘로 가심을 본 그대로 오시리라"(행 1:11)고 하였습니다. 또한 "볼지어다 구름을 타고 오시리라"(계 1:7)고 하셨고, "주께서 호령과 천사장의 소리와 하나님의 나팔소리로 친히 하늘로부터 강림하시리니"(살전 4:16)라고 하셨습니다. 예수님께서는 근심하던 제자들에게 이렇게 말씀하셨습니다. "너희는 마음에 근심하지 말라 하나님을 믿으니 또 나를 믿으라 내 아버지 집에 거할 곳이 많도다 내가 너희를 위하여 처소를 예비하러 가노니 가서 너희를 위하여 처소를 예비하면 내가 다시 와서 너희를 내게로 영접하여 나 있는 곳에 너희도 있게 하리라"(요 14:1-3).

그러므로 그리스도의 재림을 믿지 않고 이를 준비하지 않는 사람은 참된 그리스도인이라고 말할 수 없습니다. 모든 신실한 성도들은 그리스도께서 하늘로부터 다시 오실 것을 기다리며 믿었습니다. 세상 사람들은 그리스도의 재림이나 심판을 믿으려고 하지 않습니다. 그들은 "주의 강림하신다는 약속이 어디 있느뇨 조상들이 잔 후로부터 만물이 처음 창조할 때와 같이 그냥 있다"(벧후 3:4)고 하며 재림 신앙을 조롱합니다. 그러나 주님께서 다시

오시겠다고 약속하셨기에 우리는 그리스도의 재림을 믿습니다. 기독교 신앙은 그리스도의 재림을 믿는 신앙입니다.

주님께서는 요한계시록의 맨 마지막이자 성경의 맨 마지막을 끝맺으시면서 이렇게 말씀하셨습니다. "내가 진실로 속히 오리라"(계 22:20). 예수님께서는 이 말씀을 요한계시록 22장에서만 3번이나 말씀하셨습니다(7,12,20절). 우리는 그리스도께서 언제 다시 오실는지, 그 날과 그 시는 알지 못합니다(행 1:7; 마 25:13). 그 날은 도적 같이 올 것이기 때문입니다(살전 5:1-3). 하지만 주님께서는 이 세상 역사의 끝에 반드시 다시 오실 것입니다. 이 세상의 역사는 그리스도의 재림과 함께 종결되고 완성될 것입니다. 우리는 역사를 중요한 네 시기로 나누어 생각할 수 있습니다. 역사의 시작인 창조, 역사의 가장 비극인 인간의 타락, 역사의 중심인 그리스도의 초림, 그리고 역사의 정점인 그리스도의 재림과 심판이 바로 그것입니다. 그리스도의 재림과 심판은 역사의 마지막 퍼즐입니다. 그리스도의 재림은 우리 구원의 최종 완성과 성취를 우리에게 가져다주는 구원의 사건입니다. 이 세상의 역사는 반드시 끝이 있고, 그 세상 끝날에 주님께서 하늘로부터 눈에 보이게 다시 오실 것입니다.

심판이 있다

재림하신 그리스도께서는 이 세상을 심판하실 것입니다. 벨직 신앙고백 제37조는 이렇게 설명합니다.

> 이는 그가 자신을 산 자와 죽은 자를 심판하는 심판주로 선언하시기 위함이며 이 옛 세상을 불과 화염으로 태워 정결하게 하시기 위함입니다.

그리스도께서는 이 세상의 악과 악인들 곧 쭉정이를 모아 불에 태우고 알곡은 곡간 안에 들이실 것입니다. 이것이 최후 심판입니다. 하나님께서는 이 세상의 악을 방치하지 않으시고 심판하실 것입니다. 그리스도께서는 다시 오셔서 이 세상의 모든 악과 악인들의 모든 악행들을 심판하실 것입니다 (살후 1:7-9).

주의 재림과 심판의 때가 되면, 이 세상과 세상에 있는 것들은 다 불타고 무너지게 될 것입니다. 지금 우리가 보고 있는 하늘과 땅은 다 무너지고 완전히 새롭고 영광스러운 하늘과 새 땅이 임하게 될 것입니다. "이제 하늘과 땅은 그 동일한 말씀으로 불사르기 위하여 간수하신 바 되어 경건치 아니한 사람들의 심판과 멸망의 날까지 보존하여 두신 것이니라... 그날에는 하늘이 큰 소리로 떠나가고 체질이 뜨거운 불에 풀어지고 땅과 그 중에 있는 모든 일이 드러날 것"(벧후 3:7,10)이라고 하셨습니다. 이 세상의 모든 것은 다 무너지고 지나갈 것입니다. 이 땅의 나라들도 다 무너질 것이고, 이 세상과 그 형적은 다 지나갈 것입니다(고전 7:31). 그러므로 그리스도의 재림과 심판을 믿는 사람들은 이 세상에 대한 모든 헛된 기대와 쓸데없는 교만과 무익한 자랑을 그쳐야 합니다. 심판 때에 이 세상이 우리를 위해서 해줄 수 있는 것은 아무 것도 없습니다. 세상에 모든 기대를 걸고 사는 것이야말로 정말 불쌍한 것이고 위험한 것이고 미친 것입니다. 그런 사람들은 어리석은 부자와 같습니다(눅 12:16-21).

많은 사람들이 최후 심판을 믿지 않습니다. 노아 시대의 사람들도 심판을 믿지 않았습니다. 그들은 "홍수가 어디에 있느냐? 노아는 미쳤다. 노아는 인생을 허비한다."고 말하면서, 먹고 마시고 사고팔고 시집가고 장가들고 하는 여기에 정신을 다 팔고, 자신들의 영혼을 돌보지 않고, 홍수 심판을 준비하지 않았습니다. 그러다가 방주의 문이 닫히고 홍수가 일어났을 때에 그들은 모두 아무런 대책 없이 멸망을 받았습니다. 최후 심판은 노아 홍수와는 비교할 수 없이 혹독한 것이 될 것이며, 그것은 최종적인 심판이 될 것입니다.

하나님께서는 심판을 위해서 모든 인류를 그의 재판정에 소환하실 것입니다. 그때에는 모든 인류, 곧 세상의 처음부터 끝날까지 존재했던 남녀노소 모두가 위대하신 재판장 앞에 서게 될 것입니다. 그들은 "천사장의 소리와 하나님의 나팔 소리로"(살전 4:16) 그곳에 소집될 것입니다. 이전에 살다가 죽었던 모든 자들은 최후 심판을 위해 모두 부활하게 될 것입니다. 모든 사람들이 다 복된 영생을 누리기 위하여 부활하는 것이 아니라 어떤 이는 심판과 영원한 저주와 형벌을 받기 위한 부활을 하게 될 것입니다. "무덤 속에 있는 자가 다 그의 음성을 들을 때가 오나니 선한 일을 행한 자는 생명의 부활로, 악한 일을 행한 자는 심판의 부활로 나오리라."(요 5:28-29)고 하셨습니다. 그리고 그때까지 살아있는 자들은 죽지 않고 "순식간에" 썩지 않을 것으로 변화되어 하나님의 심판대 앞에 서서 그들이 행한 선악 간에 심판을 받게 될 것입니다(살전 4:15-18). 이것이 역사의 위대한 마무리입니다.

재림하신 그리스도께서는 특별히 모든 악인들을 심판하실 것입니다. 그리스도께서는 다시 오셔서 이 세상의 모든 악과, 악인들의 모든 불의하고 비열하고 더러운 악행들을 심판하실 것입니다. "주 예수께서 저의 능력의 천사들과 함께 하늘로부터 불꽃 중에 나타나실 때에 하나님을 모르는 자들과 우리 주 예수의 복음을 복종치 않는 자들에게 형벌을 주시리니 이런 자들이 주의 얼굴과 그의 힘의 영광을 떠나 영원한 멸망의 형벌을 받으리로다"(살후 1:7-9). 그날에 주님께서는 사람들의 모든 숨은 생각을 드러내시고(고전 4:5), 사람들의 모든 말을 심판하실 것입니다(마 12:36; 유 1:15).

진실로 모든 사람들은 그들이 했던 모든 무익한 말들, 곧 세상이 단순히 농담으로 여기는 말들에 대해서도 해명하게 될 것입니다. 그리고 모든 사람들의 비밀과 위선들이 만인 앞에 공개적으로 드러나게 될 것입니다.

불신자들뿐만 아니라 신자들도 하나님의 심판대에 설 것입니다. 하지만 신자들의 심판은 죗값을 치르기 위한 형벌적인 심판이 아니라 이 세상에서의 자신의 삶을 하나님 앞에서 결산하고 보고하는 차원에서의 심판입니다. 물론 신자들의 죄와 위선과 게으름과 불충과 불경건도 다 드러나게 될 것입니다. 그러나 심판장이신 그리스도께서는 곧바로 그가 십자가에서 성취하신 구속의 공로에 근거하여 우리에게 용서와 무죄를 선언하여 주실 것입니다. 무엇보다 신자들의 심판에는 불신자들의 심판에 없는 일이 일어날 것인데, 그것은 신자들의 감추어진 선행들이 모두 드러나게 되는 일입니다. 신자들이 남몰래 주와 복음을 위하여 흘렸던 땀과 눈물, 그들이 가지고 있었던 선한 중심들, 그들이 돌보았던 많은 가난한 사람들이 그 재판의 자리에서 그들의 선행을 증언해 줄 것입니다. 주님께서는 그러한 선행에 대하여 칭찬하시고 상 주실 것입니다. 이러한 최후 심판의 날을 생각하면, 지금 당장 사람들이 우리를 알아주지 않고 인정하지 않는 것에 대해서 아무런 서운함도 가지지 않을 수 있습니다. 우리는 주님의 판단과 칭찬을 바라보기 때문입니다.

이 날은 두려움과 큰 위로와 영광의 날이다

종말과 재림과 심판으로 신자들에게 큰 위로와 소망을 가져다줍니다. 왜냐하면 종말과 재림과 심판의 날에 그들의 구원이 완성될 것이기 때문입니다. 벨직 신앙고백 제37조는 이렇게 고백합니다.

그때에 그들은 그들의 수고와 그들이 겪었던 모든 고난의 열매들을 받게 될 것이며, 그들의 결백이 만천하에 알려질 것이며, 하나님께서 악인들에게 가져다주실 무서운 보복을 보게 될 것인데, 악인들은 모두 이 세상에서 무죄한 자들 위에 군림하며 박해하고 괴롭혔던 자들입니다.

그리스도께서는 그의 심판으로 이 세상을 허무시고 악인들에게 보복하실 것이기 때문에 이 날은 악인들에게는 두려움의 날입니다. 하지만 성도들은 이 땅에서 겪었던 모든 수고와 고난의 열매들을 받게 되고 성도들의 결백이 만천하에 알려지게 될 것이기 때문에, 그리스도의 재림과 심판은 신자들에게는 말할 수 없는 위로와 기쁨의 날이 될 것입니다.

하이델베르크 요리문답 52문은, 그리스도인들은 그리스도의 재림과 심판의 날을 이렇게 고대한다고 하였습니다. "전에 나를 대신하여 하나님의 심판대 앞에 서시사 내게 임한 모든 저주를 제거하신 바로 그분이 심판자로서 하늘로부터 오시기를 머리 들어 기다립니다. 그가 그의 모든 원수들, 곧 나의 원수들은 영원한 멸망으로 형벌하실 것이며, 나는 그의 택함을 받은 모든 사람들과 함께 하늘의 기쁨과 영광 가운데 그에게로 이끌어 들이실 것입니다." 죄인인 나를 대신하여 하나님의 심판대 앞에 서서서 나에게 임한 모든 저주를 제거해 주신 바로 그분께서 심판자로서 하늘로부터 임하셔서 우리를 하늘의 영원한 기쁨과 영광 가운데 그에게로 이끌어 들이시고, 모든 악인들은 영원한 멸망으로 형벌하실 것을 우리는 머리 들어 기다립니다. 그리스도께서 재림하시면, 그리스도 안에서 잠자는 자들을 생명의 부활로 일으키시고, 완전히 새롭고 영광스러운 새 하늘과 새 땅을 가져다주실 것입니다. 그러므로 종말 신앙, 재림 신앙을 가지는 것은 신자들에게 매우 중요한 문제입니다. 이것을 확신하지 못한다면, 우리는 우리의 선행과 성화의 투쟁에서 지치게 됩니다. 그러나 그리스도께서 반드시 다시 오실 것과, 그가 오셔서 온 세상을 선악 간에 심판하실 것과, 그에게 속한 자들을 하늘의 기쁨과 영광 가운데로 인도하실 것을 믿고 확신할 때, 우리는 여러 가지 시험을 능히 이기고 견딜 수 있으며, 큰 소망과 위로 가운데 다시 힘을 얻을 수 있습니다. 종말과 재림과 심판은 공연한 위협이나 공갈이 아닙니다. 종말과 재림과 심판은 역사 가운데 반드시 있을 것입니다.

또한 이 날은 하나님의 영광이 온 세상에 충만하게 드러나는 영광의 날이 될 것입니다. 주님께서는 호령과 천사장의 소리와 하나님의 나팔소리와 함께 하늘로부터 큰 영광 가운데 강림하실 것입니다(마 16:27, 25:31; 행 1:11; 살전 4:16). 그리스도께서 다시 오실 때에는 모든 권세와 영광과 나라를 가지고 오셔서, 영광의 보좌에 앉아서 만민을 심판하실 것입니다(단 7:13-14; 계 11:15). 그날에 모든 성도들이 그를 찬송하며 모든 영광을 그에게 돌릴 것이며(빌 2:10-11, 살후 1:10), 그때에 온 우주가 그리스도의 나라가 되어 그에게 완전히 복종하게 될 것이며, 그리스도께서 그 나라를 아버지께 다시 올려 드리실 것입니다(고전 15:24). 그날에 하늘에 있는 자들과 땅에 있는 자들과 땅 아래 있는 자들로 모든 무릎을 예수의 이름에 꿇게 하시고 모든 입으로 예수 그리스도를 주라 시인하여 하나님 아버지께 영광을 돌리게 하실 것입니다(빌 2:10-11).

벨직 신앙고백의 작성자인 귀도 드 브레는 극심한 박해의 시기에 이 고백서를 작성하였습니다. 그가 벨직 신앙고백의 마지막 조항인 최후 심판의 조항을 작성할 때, 그의 마음은 남달랐을 것입니다. 그는 자신이 주와 복음을 위하여 하는 모든 수고가 결코 헛되지 않다는 것을 잘 알고 있었습니다. 귀도 드 브레는 최후 심판 날에 그리스도께서 성도들에게 영광과 존귀로 관을 씌워주시고 우리의 눈에서 모든 눈물을 씻어주시고, 이 세상에서 많은 재판관과 통치자들에 의해 이단이자 사악한 것으로 정죄 받은 성도들의 주장이 그때에는 하나님의 아들의 주장으로 인정될 것을 잘 알고 있었습니다. 그래서 그는 어떤 형편을 당해도 낙심하지 않았고 절망하지 않았습니다. 종말과 그리스도의 재림과 최후 심판에 대한 확고한 믿음이 있었기 때문입니다. 그날은 그리스도의 주되심과 구주되심을 알지 못하고 믿지 않는 자들에게는 무서운 심판의 날이 될 것이고 택함 받은 신자들에게는 큰 위로와 기쁨의 날이 될 것입니다. 우리는 그리스도의 재림과 심판을 맞을 준비가 되어 있습니까? 우리는 주님의 재림과 부활과 심판을 머리 들어 고대하며 기다리고 있습니까? 종말과 재림과 부활과 심판의 날은 점점 가까워지고 있습니다. 그리스도께서 우리들을 그에게로 이끌어 들이실 복된 종말과 재림과 부활과 심판의 큰 날을 우리 모두 머리 들어 기다립시다. 아멘. 주 예수여, 오시옵소서(계 22:20).

하나님 아버지, 감사합니다. 선하신 뜻과 목적을 따라 이 세상을 창조하시고 이 역사를 시작하신 하나님께서, 하나님의 선한 목적을 다 이루시고 택하신 자들의 수가 차기까지 일하신 후에, 종말과 재림과 심판의 큰 날로 역사를 완성하실 것을 믿습니다. 이 세상과 그 형적은 다 지나간다고 하셨사오니, 이 세상에 삶의 목적을 두고 살았던 우리의 어리석음을 버리게 하여 주시옵소서. 모든 감추어진 선을 드러내시고 상 주시며 모든 악을 두려운 보복으로 형벌하실 위대한 심판주가 계심을 기억하고, 이 땅에서 우리가 주와 복음을 위하여 겪었던 모든 고난의 열매를 받으며, 성도들의 결백과 하나님의 영광이 만천하에 드러나게 될 그 날을 머리 들어 기다리며 살게 하여 주시옵소서. 예수님의 이름으로 기도하옵나이다. 아멘.

개혁교회 교리교육과 설교를 위한
벨직 신앙고백 해설

부록 1

벨직 신앙고백서 전문(全文)

벨직 신앙고백서

벨직 신앙고백 제1조
유일하신 한 분 하나님만 계심

우리 모두는 오직 단일하고 영적인 존재이신 한 분 하나님, 곧 영원하고 불가해하며 보이지 않고 불변하며 무한하고 전능하며 완전히 지혜롭고 공의로우며 선하고 모든 선이 흘러나오는 원천이신 하나님이 계신 것을 마음으로 믿고 입으로 고백합니다.

벨직 신앙고백 제2조
우리가 하나님을 알 수 있는 방편들

우리는 두 가지 방편으로 하나님을 알 수 있는데, 첫째는 우주의 창조와 보존과 통치를 통해서입니다. 이는 사도 바울이 로마서 1장 20절에서 말하는 것처럼, 우주는 한 권의 아름다운 책과 같이 우리 눈앞에 있고, 그 안에 있는 모든 크고 작은 피조물들은 우리로 하여금 하나님의 보이지 않는 것들, 곧 그의 영원한 능력과 신성을 생각하게 만들어주는 활자와도 같아서 이 모든 것들은 사람들을 정죄하고 핑계할 수 없도록 하기에 충분하기 때문입니다. 둘째, 하나님은 하나님의 영광과 우리의 구원을 위하여 금생에서 우리에게 필요한 만큼 그의 거룩하고 신적인 말씀을 통해 더욱 분명하게 자신을 알리십니다.

벨직 신앙고백 제3조

기록된 하나님의 말씀

이 하나님의 말씀은, 베드로가 말하는 것처럼 "사람의 뜻으로" 주어지거나 전달된 것이 아니라 "오직 성령의 감동하심을 입은 사람들이 하나님께 받아 말한" 것임을 우리는 고백합니다. 그 후에 하나님은 우리와 우리의 구원을 위한 특별한 돌보심으로써 그의 종들, 곧 선지자들과 사도들을 명하셔서 이 계시된 말씀을 기록하도록 하셨으며, 하나님께서도 친히 자신의 손가락으로 율법의 두 돌판을 기록하셨습니다. 그러므로 우리는 그러한 기록들을 거룩하고 신적인 성경이라고 부릅니다.

● 벨직 신앙고백 제4조

정경

우리는 성경이 두 부분, 즉 구약과 신약으로 되어 있으며 이것들이 정경이라는 사실에 그 어떤 이의도 있을 수 없다고 믿습니다. 하나님의 교회에서 이 책들의 목록은 다음과 같습니다:

구약성경으로는 모세오경인 창세기, 출애굽기, 레위기, 민수기, 신명기와; 여호수아, 사사기, 룻기, 사무엘상하, 열왕기상하, 역대상하, 에스라, 느헤미야, 에스더; 욥기, 다윗의 시편과 솔로몬의 세 책인 잠언, 전도서, 아가; 네 권의 대선지서인 이사야, 예레미야(예레미야 애가 포함), 에스겔, 다니엘; 그리고 나머지 열 두 권의 소선지서인 호세아, 요엘, 아모스, 오바댜, 요나, 미가, 나훔, 하박국, 스바냐, 학개, 스가랴, 말라기입니다.

신약성경으로는 사복음서인 마태복음, 마가복음, 누가복음, 요한복음과; 사도행전과; 바울의 열 네 서신인 로마서, 고린도전후서, 갈라디아서, 에베소서, 빌립보서, 골로새서, 데살로니가전후서, 디모데전후서, 디도서, 빌레몬서, 그리고 히브리서; 다른 사도들의 일곱 서신인 야고보서, 베드로전후서, 요한1,2,3서, 유다서; 그리고 요한계시록입니다.

벨직 신앙고백 제5조
성경의 권위

우리는 이 모든 책들을, 그리고 오직 이 책들만을 우리의 믿음을 규정짓고 세우고 굳세게 하는 거룩한 정경으로 받아들입니다. 우리가 이 책들에 담겨진 모든 것을 아무 의심 없이 믿는 것은, 교회가 그것들을 정경으로 받아들이고 승인하기 때문이라기보다는, 무엇보다 이 책들이 하나님에게서 온 것임을 성령님께서 우리 마음에 증거하시기 때문이며, 또한 이 책들 스스로가 하나님에게서 온 것을 입증하고 있기 때문입니다. 맹인이라도 이 책들에서 예언된 것들이 성취되는 것을 볼 수 있습니다.

벨직 신앙고백 제6조
정경과 외경의 차이점

우리는 이 거룩한 책들을 외경들, 즉 에스드라3,4서, 토빗서, 유딧서, 지혜서, 집회서(시락서), 바룩서; 에스더서의 부록, 풀무불 속의 세 청년의 노래, 수산나; 벨과 용, 므낫세의 기도, 마카비서 상하와 구별합니다. 교회는 정경에 일치하는 한에서만 이 책들을 읽고 거기에서 교훈을 얻을 수 있습니다. 그러나 외경은 우리가 그 증거를 토대로 믿음이나 기독교 신앙의 내용을 확증할만한 그 어떤 권위나 효력을 가지고 있지 않습니다. 또한 이 외경은 거룩한 책들의 권위를 손상시키는 데 사용될 수는 더더욱 없습니다.

벨직 신앙고백 제7조

성경의 완전성과 충족성

우리는 이 성경이 하나님의 뜻을 완전하게 담고 있고, 사람이 구원을 받기 위해 믿어야 할 모든 것을 그 속에서 충분히 가르치고 있다고 믿습니다. 성경에는 하나님께서 우리에게 요구하시는 섬김service의 모든 방식이 매우 길고 상세히 기록되어 있기 때문에, 누구라도-사도 바울이 말한 것처럼, 사도나 심지어 하늘로부터 온 천사라고 할지라도- 성경이 우리에게 이미 가르친 것과 다르게 가르쳐서는 안 됩니다(갈 1:8). 하나님의 말씀에 무엇이든 가감하는 것을 금지하신 사실은(신 12:32; 계 22:18-19) 성경의 가르침이 모든 면에서 완전하고 완성된 것임을 분명하게 입증합니다.

그러므로 우리는 사람의 글들을 -그 저자들이 얼마나 거룩한 자들이었는지와 관계없이- 신성한 성경과 동등한 것으로 생각하면 안 되며, 관습이나 다수성majority이나 고대성age이나, 시대와 사람의 계승이나, 공회나 교령decrees이나 공적 결정들을 하나님의 진리 위에 두지 말아야 합니다. 왜냐하면 진리는 모든 것 위에 있으며, 모든 사람은 본성상 거짓되며 입김보다 가볍기 때문입니다(시 62:9). 그러므로 우리는 사도들이 우리에게 가르친 대로, 이 무오한 규범에 일치하지 않는 모든 것들을 전심으로 거절합니다. 사도들은 "영들이 하나님께 속하였나 분별하라"(요일 4:1)고 하였고, "누구든지 이 교훈을 가지지 않고 너희에게 나아가거든 그를 집에 들이지도 말고 인사도 하지 말라"(요이 1:10)고 하였습니다.

벨직 신앙고백 제8조
삼위일체 하나님

우리는 이 진리되는 하나님의 말씀에 따라 하나의 단일 본질 one single essence이신 한 분 하나님을 믿으며, 그 안에는 삼위의 고유한 incommunicable(공유할 수 없는) 특성에 따라 실제로, 참으로, 그리고 영원히 구별되는 세 위격, 곧 성부와 성자와 성령이 계신 것을 믿습니다. 성부는 보이는 것과 보이지 않는 만물의 원인과 근원과 시초이십니다. 성자는 말씀과 지혜이시며, 성부의 형상이십니다. 성령은 성부와 성자로부터 나오시는 영원한 능력이자 권능이십니다. 그럼에도 불구하고 이러한 구별이 하나님을 세 분으로 나누는 것은 아닙니다. 왜냐하면 성경은 성부와 성자와 성령이 각자의 특징들로 구별되는 실재subsistence를 가지시나, 이 삼위는 그러한 방식으로 유일한 한 분 하나님이신 것을 우리에게 가르치기 때문입니다.

그러므로 성부는 성자가 아니고, 성자는 성부가 아니며, 마찬가지로 성령은 성부나 성자가 아니신 것이 분명합니다. 비록 이 삼위는 구분은 되지만, 나누어지거나 뒤섞이거나 혼합되지는 않습니다. 왜냐하면 성부는 육신을 취하지 않으셨고 성령도 육신을 취하지 않으셨으며, 오직 성자만이 육신을 취하셨기 때문입니다. 성부는 성자가 없이 계신 적이 없고, 성령이 없이 계신 적도 없었으니, 이는 삼위 모두가 하나의 동일한 본질 속에서 영원히 동등하시기 때문입니다. 또한 여기에는 (삼위 간의) 처음 되거나 나중 됨이 있을 수도 없으니, 이는 삼위 모두가 진리와 능력과 선하심과 자비하심에 있어서 하나이시기 때문입니다.

벨직 신앙고백 제9조

삼위일체 교리에 대한 성경의 증거

우리는 이 모든 것을 성경의 증거를 통해서 알 뿐만 아니라, 삼위의 활동을 통해서, 특별히 우리 안에서 감지할 수 있는 삼위의 활동을 통해서 압니다. 이 거룩한 삼위일체 하나님을 믿도록 우리를 가르치는 성경의 증거들은 구약성경에도 많은 곳에 기록되어 있지만, 이를 일일이 열거하는 것은 불필요하며, 다만 신중하게 몇 구절을 선택하자면 다음과 같습니다.

하나님께서는 창세기에서 이렇게 말씀하십니다. "우리의 형상을 따라 우리의 모양대로 우리가 사람을 만들자." 그리하여 "하나님이 자기 형상, 곧 하나님의 형상대로 사람을 창조하시되 남자와 여자를 창조"하셨습니다(창 1:26-27), 또한 "보라, 이 사람이 선악을 아는 일에 우리 중 하나 같이 되었으니"(창 3:22)라고 말씀하십니다. 하나님께서 "우리의 형상을 따라 우리가 사람을 만들자"라고 하신 말씀을 볼 때 하나님의 신격Deity(본체) 안에 복수plurality의 위격이 계시다는 것이 드러나며, 그 후에 "하나님이 창조하셨다"고 하신 말씀을 볼 때 하나님이 한 분이신 것이 드러납니다.

하나님은 여기에서 얼마나 많은 위격들이 있는지 말씀하지 않으신 것이 사실이나, 구약에서 우리에게 어느 정도 뚜렷하지 않던 것이 신약에서 매우 뚜렷하게 되었습니다. 왜냐하면 우리 주님께서 요단강에서 세례를 받으실 때, "이는 내 사랑하는 아들이요"(마 3:17)라는 성부의 음성이 들렸으며, 성자는 물에서 올라오셨고, 성령은 비둘기 같은 형상으로 나타나셨기 때문입니다. 그리하여 그리스도께서는 모든 믿는 자들에게 "아버지와 아들과 성령의 이름으로"(마 28:19) 세례를 베풀라고 명령하셨습니다. 누가복음에서는 천사

가브리엘이 우리 주님의 모친 마리아에게 "성령이 네게 임하시고 지극히 높으신 이의 능력이 너를 덮으시리니, 이러므로 나실 바 거룩한 자는 하나님의 아들이라 일컬어지리라."(눅 1:35)고 말했습니다. 또한 성경 다른 곳에서는 "주 예수 그리스도의 은혜와 하나님의 사랑과 성령의 교통하심이 너희 무리와 함께 있을지어다."(고후 13:13)라고 말씀하였습니다. 이 모든 성경 구절들에서 우리는 하나의 유일한 신적 본질 안에 세 위격이 있다는 것에 관하여 충분히 가르침을 받습니다.

비록 이 교리가 모든 인간의 이해를 훨씬 넘어선다 하더라도, 지금 우리는 장차 하늘에서 이것을 충만하게 알고 누리게 될 것을 기다리면서, 말씀에 근거하여 이 교리를 믿습니다. 더 나아가 우리는 우리와 관계하여 이 삼위의 특별한 사역들과 활동들에 주목해야 합니다. 성부는 그의 능력으로 인해 우리의 창조주로 불리고, 성자는 그의 피로 인해 우리의 구주와 구속주로 불리며, 성령은 우리의 마음에 거하심으로 인해 우리를 거룩하게 하시는 분our Sanctifier으로 불립니다. 이 거룩한 삼위일체 교리는 사도 시대부터 오늘날까지 참 교회에서 늘 유지되어 왔으며, 유대인들, 무슬림들, 그리고 경건한 교부들에 의해 정당하게 정죄된 마르시온, 마니, 프락세아스, 사벨리우스, 사모사타의 바울, 아리우스 등과 같은 거짓 그리스도인들과 이단들을 논박하여 왔습니다. 그러므로 이 교리 안에서 우리는 세 가지 보편 신조ecumenical creeds, 곧 사도신경, 니케아 신경, 그리고 아타나시우스 신경뿐만 아니라, 고대 교부들이 이 신조들과 일치하여 결정한 것들을 기꺼이 받아들입니다.

벨직 신앙고백 제10조

그리스도의 신성

우리는 예수 그리스도께서 그의 신성을 따라 영원히 나신 하나님의 독생자이신 것과, 지음을 받거나 창조된 분이 -만일 그렇다면 그는 피조물이 되시기에- 아니신 것을 믿습니다. 그는 성부와 동일 본질이시며, 동일하게 영원하며, 성부의 본체의 형상이시며, 하나님의 영광의 광채이시며(히 1:3), 모든 것에서 성부와 동등하십니다.

그리스도께서는 우리의 본성을 취하신 때에 비로소 하나님의 아들이 되신 것이 아니라 영원에서부터 하나님의 아들이시니, 다음의 (성경의) 증거들이 서로 연결되어 이 진리를 우리에게 가르치고 있습니다. 모세는 "하나님이 천지를 창조하시니라."(창 1:1)고 말하고 있고, 요한은 말씀 곧 그가 하나님이라고 불렀던 그 말씀으로 말미암아 만물이 창조되었다고 말합니다(요 1:1-3). 사도는 "하나님이 그의 아들로 말미암아 모든 세계를 지으셨다"(히 1:2)라고 하며, 또한 만물이 다 그리스도로 말미암아 창조되었다고 말합니다(골 1:16). 그러므로 하나님, 말씀, 아들, 예수 그리스도라고 불리는 그분은 만물이 그분에 의해 창조되었던 그때 이미 존재하고 계셨음이 분명합니다. 그러므로 선지자 미가는 그리스도의 근본은 "상고부터"라고 말합니다(미 5:2). 또한 사도는, 이 아들은 "시작한 날도 없고 생명의 끝도 없다"(히 7:3)고 말합니다. 따라서 그분은 우리가 간구하고 예배하며 섬기는 전능하신 하나님, 곧 참되고 영원하신 하나님이십니다.

벨직 신앙고백 제11조

성령님, 참되고 영원하신 하나님

우리는 성령님께서 영원히 성부와 성자로부터 나오신다는 것을 또한 믿고 고백합니다. 그분은 지음을 받거나 창조되거나 나시지 않았으며, 다만 성부와 성자로부터 나오시는 분입니다. (삼위의) 순서에 있어서는, 성령님은 성경이 우리에게 가르치는 것처럼 삼위일체의 세 번째 위격으로서, 성부와 성자와 함께 하나의 동일한 본질과 위엄과 영광을 가지신, 참되고 영원한 하나님이십니다.

벨직 신앙고백 제12조

만물의 창조

우리는 성부께서 보시기에 좋으신 때에, 아무것도 없는 중에서 하늘과 땅과 모든 피조물들을 말씀으로 곧 그의 아드님으로 말미암아 창조하신 것과, 모든 피조물에게 그 존재와 형태와 모양을 주시고, 또한 다양한 기능을 주셔서 그들의 창조주를 섬길 수 있도록 하신 것을 믿습니다. 또한 하나님께서는 지금도 그의 영원한 섭리와 무한한 능력을 따라 모든 피조물을 계속 붙드시고 다스리심으로, 만물은 사람을 섬기도록 하시고 사람은 하나님을 섬기도록 하시는 것을 우리는 믿습니다.

하나님께서는 또한 천사들을 선하게 창조하셔서, 그들이 하나님의 사자 使者, messengers들이 되도록, 또한 택하신 자들을 섬기도록 하셨습니다. 그 천사들 중 일부는 하나님께서 그들을 창조하실 때에 주신 그 고귀한 지위에서 영원한 파멸로 떨어졌지만, 나머지 천사들은 하나님의 은혜로 그들의 처음 지위를 계속 유지하며 그 지위에 머물러 있습니다. 마귀들과 악령들은 심히 부패하여 하나님과 모든 선한 것들의 원수가 되었습니다. 그들은 그들의 전력을 다해서 악한 계략으로 교회와 교회의 모든 지체들을 다 무너뜨리고 변질시키기 위하여 마치 강도들처럼 숨어 기다리고 있습니다. 이런 이유로 그들은 자신들의 악을 인하여 영벌을 선고 받아 날마다 끔찍한 고통을 기다립니다.

그러므로 우리는 영들과 천사들의 존재를 부정하는 사두개인의 오류를 거부하며, 또한 마귀들은 창조된 것이 아니라 그들의 독자적인 기원을 가지며 부패된 적이 없이 그들의 본성상 악하다고 말하는 마니교의 오류를 혐오합니다.

벨직 신앙고백 제13조
하나님의 섭리

우리는 이 선하신 하나님께서 만물을 창조하신 후에 만물을 운명이나 우연에 맡겨두지 않으시고 그의 거룩하신 뜻대로 그들을 인도하시고 다스리시는 것과, 그의 명령이 없이는 이 세상에서 어떤 일도 일어나지 않는다는 것을 믿습니다. 하지만 하나님은 일어나는 죄의 조성자 author가 아니시며, 죄에 대한 책임을 져야 할 분도 아니십니다. 하나님의 권능과 선하심은 너무나도 위대하고 측량할 수 없기에, 하나님은 가장 탁월하고 정의롭게 그의 사역을 미리 정하시고 시행하시며, 심지어 마귀와 악인들이 불의하게 행할 때도 그러하십니다. 우리는 사람의 이해를 초월하여 일하시는 하나님의 역사에 대하여 부당한 호기심을 가지고 우리의 능력이 허락하는 이상으로 묻기를 원치 않습니다. 다만 우리는 모든 겸손과 경외심으로 우리에게 감추어져 있는 하나님의 의로우신 판단을 찬송할 뿐이며, 하나님이 그의 말씀에서 우리에게 보여주시는 것들만을 배우고 말씀의 경계 밖으로 넘어가지 않는 그리스도의 제자가 되는 것으로 만족합니다.

이 교리는 우리에게 말할 수 없는 위로를 주는데, 이는 이 교리가 어떤 일도 우리에게 우연히 일어날 수 없고 오직 우리의 은혜로우신 하늘 아버지의 명령으로만 일어난다는 것을 우리에게 가르치기 때문입니다. 하나님은 자애로운 아버지의 돌보심으로 우리를 감찰하시되, 그의 주권 아래 만물을 보존하시어, 우리의 머리털 하나도(그가 다 세어두셨기에), 또는 참새 한 마리도 우리 아버지의 뜻이 없이는 떨어지지 않도록 하십니다(마 10:29-30). 우리는 하나님께서 마귀들과 우리의 모든 원수를 통제하시므로 하나님의 허락과 뜻이 없이는 그들이 결코 우리를 해할 수 없다는 것을 알기에, 이러한 생각으로 우리는 안식을 얻습니다.

이런 이유로 우리는 하나님께서 어떤 일에도 관여하지 않으시고 모든 것을 우연에 맡기신다고 주장하는 에피쿠로스주의자의 가증스러운 오류를 거부합니다.

벨직 신앙고백 제14조

인간의 창조와 타락

우리는 하나님이 사람을 땅의 흙으로부터 창조하신 것과, 그의 형상과 모양을 따라 사람을 선하고 의롭고 거룩하게 만드시고 조성하셔서 그들의 의지가 모든 면에서 하나님의 뜻을 따를 수 있게 하신 것을 믿습니다. 그러나 그들은 이 고귀한 지위에 있을 때 그것을 깨닫지 못하고 자신의 탁월함을 인식하지도 못했습니다. 오히려 그들은 마귀의 말에 귀를 기울임으로써 고의로 자신을 죄에 굴복시켰고, 그 결과 사망과 저주에 굴복 당했습니다. 그들은 그들이 받은 생명의 계명을 범하였고, 그 죄로 인해 참된 생명이신 하나님과 분리되었으며, 그들의 전 본성whole nature은 부패하게 되었습니다. 그리하여 사람은 몸과 영혼의 사망에 처해졌으며, 사악하게 되고 비뚤어지게 되었으며, 모든 면에서 부패하게 되어, 그들이 하나님께로부터 받았던 모든 탁월한 선물들을 잃어버렸고, 다만 변명할 수 없을 만큼의 흔적만을 간직하게 되었습니다. "빛이 어둠에 비취되 어둠이 깨닫지 못하더라"(요 1:5)라고 하신 말씀처럼, 우리 안에 있는 빛은 모두 어둠으로 변했습니다. 여기에서 요한은 인류를 "어둠"이라고 불렀습니다.

그러므로 우리는 인간의 자유 의지에 관하여 이와 반대되게 가르치는 모든 가르침을 거절합니다. 왜냐하면 인간은 죄의 종이고, 하늘로부터 받지 않으면 아무 것도 할 수 없기 때문입니다(요 3:27). 그리스도께서 말씀하시기를 "나를 보내신 아버지께서 이끌지 아니하시면 아무도 내게 올 수 없다"(요 6:44)고 하셨으니, 누가 감히 스스로 선을 행할 수 있다고 뽐낼 수 있겠습니까? "육신의 생각은 하나님과 원수가 된다"(롬 8:7)는 사실을 안다면, 도대체 누가 자기의 의지를 자랑할 수 있겠습니까? "육에 속한 사람은 하나님의 성령의 은사를 받지 않는다"(고전 2:14)는 사실을 생각한다면, 누가 자기의 지식에 대해 말할 수 있겠습니까? 우리 스스로는 우리 자신에 관해서 어떤 것도 생각할 수 없으며 "우리의 만족은 오직 하나님으로부터 난다"(고후 3:5)는 말씀을 안다면 누가 감히 한 생각이라도 주장할 수 있겠습니까? 그러므로 우리 안에서 역사하시는 하나님께서 자기의 기쁘신 뜻을 따라 우리로 하여금 소원을 두고 행하게 하신다고(빌 2:13) 하였던 사도의 말씀은 마땅히 확고하고 변함없이 세워져야 합니다. 왜냐하면 그리스도께서 "나를 떠나서는 너희가 아무 것도 할 수 없음이라"(요 15:5)고 우리에게 가르치신 것 같이, 그리스도께서 역사하시지 않는 한 하나님의 지식과 뜻에 일치하는 어떤 지식이나 뜻도 있을 수 없기 때문입니다.

벨직 신앙고백 제15조
인간의 원죄 原罪

우리는 아담의 불순종에 의해 원죄가 전 인류에게 확산되었음을 믿습니다. 원죄는 인간의 전全 본성의 타락이자 모태 속의 유아들까지 오염시키는 유전적인 부패이며 인간 안에서 온갖 종류의 죄를 산출하는 뿌리입니다. 그러므로 원죄는 하나님이 보시기에 심히 사악하고 거대하여 인류를 정죄하기에 충분하며, 원죄는 없어지지 않으며, 심지어 세례로도 근절되지 않는데, 이는 죄가 오염된 샘으로부터 솟아오르는 물처럼 끊임없이 흘러나오는 것을 보면 알 수 있습니다. 그럼에도 불구하고 원죄는 하나님의 자녀에게는 정죄를 위해 전가되지 않고, 그들은 하나님의 은혜와 자비로 용서를 받습니다. 이 말은 신자들을 (죄 가운데에서) 평안하게 잠들게 하기 위한 것이 아니라, 이러한 부패함을 깨달아 이 사망의 몸으로부터 자유하게 되기를 갈망하며 자주 탄식하게 하기 위한 것입니다. 따라서 우리는 죄를 단지 모방의 문제라고 말하는 펠라기우스주의자들의 오류를 거부합니다.

벨직 신앙고백 제16조
하나님의 선택

우리는 첫 사람 아담의 범죄로 인하여 아담의 모든 후손이 영벌과 파멸에 빠졌을 때, 하나님께서 자신의 모습, 곧 그의 자비하심과 공의로우심을 나타내셨음을 믿습니다. 하나님의 자비하심은 하나님께서 사람의 행위(공로)를 고려하지 않으시고, 오직 그의 영원불변하신 작정과 그의 순전한 호의로, 우리 주 예수 그리스도 안에서 선택되고 뽑힌 자들을 멸망으로부터 구출하시고 구원하심에 있습니다. 하나님의 공의로우심은 다른 이들을 그들이 스스로 빠져든 파멸과 타락 가운데 내버려두시는 데에 있습니다.

벨직 신앙고백 제17조
타락한 사람의 구원

우리는 우리의 선하신 하나님께서 사람이 스스로를 육적, 영적 죽음에 빠뜨리고 자신들을 완전히 비참하게 만든 것을 보시며, 그의 놀라운 지혜와 선하심으로 친히 그들을 찾기 시작하신 것을 믿습니다. 비록 사람들은 떨며 하나님에게서 도망하였지만, 하나님께서는 그들에게 뱀의 머리를 깨뜨리고 사람을 복되게 할 그의 아들을 주실 것이라고 하시면서 그 아들이 여인에게서 태어날 것(창 3:15; 갈 4:4)이라고 약속하심으로 그들을 위로하셨습니다.

벨직 신앙고백 제18조
하나님의 아들의 성육신

그러므로 우리는 하나님께서 정하신 때에 그의 유일하고 영원하신 아들을 세상에 보내셨을 때에, 거룩한 선지자들의 입으로 일찍이 조상들과 맺으신 약속을 성취하셨음을 고백합니다. 그 아들은 복된 동정녀 마리아의 태에서 남자의 관여 없이 성령의 권능으로 잉태되시어, "종의 형체"를 취하시고 "사람의 모양"으로 나셨으며(빌 2:7), 실제로 사람의 모든 연약함을 가진 참된 인성을 취하셨지만, 죄는 없으셨습니다. 그리스도께서는 참 사람이 되시기 위해서 육체와 관련된 인성만 취하신 것이 아니라, 인간의 실제 영혼도 취하셨습니다. 사람은 육체와 함께 영혼도 잃었기에, 그리스도께서는 그 둘(몸과 영혼)을 구원하시기 위해 그 둘을 취하셔야 했습니다.

그러므로 우리는 그리스도가 그의 모친으로부터 인간의 몸을 취하신 것을 부인하는 재세례파의 이단 사설(이단적 가르침)에 반대하여, 그리스도께서 자녀들의 "혈과 육을 가지신"(히 2:14) 분으로서 육신으로는 다윗의 몸의 열매이시며(롬 1:3), 육신을 따라서는 다윗의 자손으로 나셨으며(행 2:30), 동정녀 마리아의 태의 열매이며(눅 1:42), 여자에게서 나셨고(갈 4:4), 다윗의 씨이며(딤후 2:8), 이새의 뿌리이며(롬 15:12), 유다 지파에서 나오셨고(히 7:14), 육체로 하면 유대인의 자손이요(롬 9:5), 아브라함의 씨로서 아브라함의 자손으로 나셨으며 모든 면에서 그의 형제들과 같이 되셨지만 죄는 없으신 분이심을 고백합니다(히 2:16,17, 히 4:15). 그러므로 그리스도께서는 참으로 우리의 임마누엘Immanuel, 곧 "우리와 함께 계시는 하나님"이십니다.

벨직 신앙고백 제19조
그리스도의 한 위격 속의 두 본성

이러한 수태로 하나님의 아들의 위격이 인성과 분리될 수 없이 연합되고 결합하였기 때문에, 하나님의 아들이 둘이 있거나 두 위격이 있는 것이 아니라, 두 본성이 각각의 독특한 속성을 가진 상태로 단 하나의 위격 속에 연합되었다는 것을 우리는 믿습니다. 따라서 그리스도의 신성은 시작한 날도 없고 생명의 끝도 없이(히 7:3) 자존하신 그대로 항상 계셨으며, 하늘과 땅에 충만합니다. 그리스도의 인성은 그 자체의 고유한 속성을 잃지 않았으며, 피조물의 속성을 계속 가지며, 시작한 날을 가지며, 유한한 성질을 가지며, 참 육신에 따르는 모든 것을 가집니다. 비록 그리스도는 그의 부활로 인성에 불멸성을 주었음에도 불구하고, 우리의 구원과 부활이 그의 몸의 실재에 의존하기 때문에, 그의 인성의 실재를 바꾸지 않으셨습니다.

그러나 이 두 본성은 한 위격에 매우 밀접하게 연합되어 있어서 그의 죽음으로도 분리되지 않습니다. 그러므로 그가 죽으실 때, 그의 아버지의 손에 부탁한 것은 그의 육신에서 떠난 참된 인간의 영이었습니다. 동시에 그의 신성은 무덤에 누워 있을 때조차도 항상 그의 인성과 연합된 채로 있었으며, 그의 신성은-비록 그것(그리스도의 신성)이 얼마 동안 그렇게 분명하게 나타나지 않았을지라도-그가 유아였던 때 그 안에 있었던 것과 똑같이 그분 안에 항상 있었습니다. 이런 이유로 우리는 그리스도를 참 하나님과 참 사람으로 고백합니다. 그리스도는 그의 권능으로 죽음을 정복하시기 위해 참 하나님이시며, 육신의 연약함을 따라 우리를 위해 죽으시기 위해 참 사람이십니다.

벨직 신앙고백 제20조
그리스도 안에 나타난 하나님의 공의와 자비

우리는 완전히 자비롭고 의로우신 하나님께서 그의 아들을 보내사 불순종이 저질러졌던 그 본성(인성)을 취하게 하시어, 그로 하여금 그 동일한 본성으로 속상贖償(속죄, 배상)하게 하시고 가장 쓰라린 고통과 죽음으로써 죄의 형벌을 받도록 하신 것을 믿습니다. 그리하여 하나님께서는 우리의 죄악을 담당하신 그의 아들을 향하여서는 그의 공의를 나타내셨고, 죄를 범하여 저주 받아 마땅한 우리에게는 그의 선하심과 자비를 부어주셨으니, 곧 그의 망극하고 완전한 사랑으로 그의 아들을 우리에게 주시어 죽음에 내어주시고 또한 우리의 의롭다 하심을 위하여 그를 다시 살리시어 우리가 그분으로 말미암아 죽지 않고 영생을 얻게 하셨습니다.

벨직 신앙고백 제21조
그리스도의 속죄

우리는 예수 그리스도가 멜기세덱의 반차를 따라 맹세로 확증되신 영원한 대제사장이신 것을 믿으며(히 7:1,17,21), 또한 그는 선지자들이 미리 예언한 바와 같이 우리 죄를 깨끗이 씻기 위하여 친히 십자가 나무에 달려 자신을 드리고 그의 보배로운 피를 쏟으심으로 그의 완전한 속상(속죄, 배상)으로 성부의 진노를 진정시키기 위하여 우리를 대신하여 자신을 성부 앞에 드리신 것을 믿습니다(벧전 2:24). 성경에 기록된 대로, 하나님의 아들에게 임한 징계를 인하여 우리는 평화를 누리게 되었으며, 그가 채찍에 맞음으로 우리는 나음을 입었습니다(사 53:5). 그는 마치 도수장으로 끌려가는 어린양과 같았으며(사 53:7), 그는 범죄자 중 하나로 헤아림을 받으셨으니(사 53:12), 비록 본디오 빌라도는 처음에 그를 무죄로 선언하였지만, 결국 빌라도에 의해 범죄자로 정죄를 받았습니다. 그는 취하지 아니한 것도 물어주게 되었습니다

(시 69:4). 그는 의인으로서 불의한 자를 대신하여 죽으셨으며(벧전 3:18), 우리의 죄악을 인하여 몸과 영혼에 끔찍한 형벌을 받아 고통을 겪으셨고, 그의 땀은 땅에 떨어지는 핏방울같이 되었습니다(눅 22:44). 그는 "나의 하나님, 나의 하나님, 어찌하여 나를 버리셨나이까?"(마 27:46)라고 부르짖었습니다. 그는 이 모든 것을 우리의 죄 사함을 위하여 참으셨습니다.

그러므로 우리는 사도 바울과 함께 "그리스도와 그의 십자가에 못 박히신 것 외에는 아무 것도 알지 아니하기로 작정하였음이라"(고전 2:2)고 말하는 것이 마땅합니다. 우리는 우리 주 그리스도 예수를 아는 지식이 가장 고상함을 인하여 모든 것을 해로 여깁니다(빌 3:8). 우리는 그의 상처에서 모든 위로를 발견하기에, "거룩하게 된 자들을 영원히 온전하게"(히 10:14) 하신 (그리스도의) 이 유일한 단번의 제사 외에 하나님과 화목하게 할 다른 어떤 방법을 찾거나 고안할 필요가 없습니다. 바로 이것이 하나님의 천사가 그를 "예수" 곧 구주Saviour라고 부른 이유이니 이는 "그가 자기 백성을 저희 죄에서 구원할 자"이기(마 1:21) 때문입니다.

벨직 신앙고백 제22조
그리스도를 믿음으로 말미암는 우리의 칭의

우리는 이 큰 비밀에 대한 참 지식을 얻도록 성령님께서 우리 마음속에 참된 믿음을 일으키심을 믿습니다. 이 믿음은 예수 그리스도를 그의 모든 공로와 함께 받아들이고, 그를 자신의 것으로 삼으며, 그분 외에 어떤 것도 구하지 않습니다. 왜냐하면 우리의 구원에 필요한 모든 것은 예수 그리스도 안에 있지 않든지, 아니면 예수 그리스도 안에 모두 있어서 믿음으로 그를 소유한 사람이 완전한 구원을 소유하게 되든지 어느 하나가 필연적으로 따라오기 때문입니다. 그러므로 그리스도는 충분하지 않으며 그분 외에 또 다른 어떤 것이 필요하다고 주장하는 것이 극악한 신성모독이 되는 것은, 그러한 주장이 그리스도가 절반의 구주에 불과하다는 결론에 이르기 때문입니다.

그러므로 우리는 바울과 함께, 우리가 의롭다 하심을 얻는 것은 율법의 행위에 있지 않고 오직 믿음으로만 된다고 말하는 것이 당연합니다(롬 3:28). 그러나 좀 더 정확히 말하자면 우리는 믿음 그 자체가 우리를 의롭게 한다고 말하는 것은 아닙니다. 왜냐하면 믿음이란 오직 우리가 그리스도를 우리의 의로 받아들일 수 있는 방편(수단)means일 뿐이기 때문입니다. 그러므로 예수 그리스도는 우리의 의義이십니다. 그분은 우리를 위하여 그리고 우리를 대신하여 그가 이루신 모든 거룩한 사역들과 그의 모든 공로를 우리에게 입혀 주십니다. 그러나 믿음은 방편(수단)입니다. 믿음은 우리가 그리스도와 교제하며 그의 모든 은덕을 우리의 것으로 받아들일 수 있게 합니다. 그리스도의 은덕들이 우리의 것이 될 때, 그것은 우리의 죄 문제를 해결하기에 충분합니다.

벨직 신앙고백 제23조

죄인들을 의롭다 하심

우리는, "일한 것이 없이 하나님께 의로 여기심을 받는 사람의 복"(롬 4:6, 시 32:1)에 대하여 선언한 다윗과 바울이 우리에게 가르치는 것처럼, 우리의 복이 예수 그리스도로 말미암은 우리의 죄 용서에 있다는 것과, 하나님 앞에서의 우리의 의가 거기에 있다는 것을 믿습니다. 사도는 또한 우리가 그리스도 예수 안에 있는 구속으로 말미암아 하나님의 은혜로 값없이 의롭다 하심을 얻은 자 되었다고(롬 3:24) 말합니다. 그러므로 우리는 모든 영광을 하나님께 돌리며, 우리 자신을 겸손히 낮추며, 우리 자신을 있는 그대로 인식하면서, 영원히 견고한 이 기초를 붙듭니다. 우리는 우리 자신이나 우리의 공로에 대하여 어떤 것도 주장하지 않으며, 오직 십자가에 못 박히신 예수 그리스도의 순종만을 의지하고 신뢰합니다. 우리가 그분을 믿을 때에 그분의 순종은 우리의 것이 됩니다.

이것은 우리의 모든 죄악을 가리기에 충분하며, 하나님께 가까이 나아갈 때에 두려움과 공포와 불안으로부터 우리의 양심을 벗어나게 하고 우리를 담대하게 만들기에 충분하기에, 우리는 무화과 잎으로 자신을 가렸던 우리 시조 아담과 하와가 했던 것처럼 떨며 숨지 않습니다. 만일 우리가 아무리 적게라도 우리 자신이나 다른 어떤 피조물에 의지하여 하나님 앞에 나타나야 한다면 화 있을진저 우리는 (지옥에) 삼켜질 것입니다. 그러므로 누구든지 다윗과 함께 이렇게 말하는 것이 마땅합니다. "여호와여...... 주의 종에게 심판을 행하지 마소서! 주의 목전에는 의로운 인생이 하나도 없나이다."(시 143:2).

● 벨직 신앙고백 제24조

성도의 성화와 선행

우리는 하나님의 말씀을 듣는 것과 성령의 역사하심으로 우리 안에 생겨난 이 참된 믿음이 우리를 거듭나게 하며 새로운 피조물로 만들어, 우리로 하여금 새로운 삶을 살게 하고 죄의 종 된 데에서 우리를 해방시킨다는 것을 믿습니다. 그러므로 의롭다 함을 얻게 하는 이 믿음이 사람으로 하여금 경건하고 거룩한 삶을 사는 데 무관심하게 만든다는 것은 사실이 아닙니다. 오히려 정반대로 이 믿음은 믿는 자들 가운데에서 역사하므로, 이 믿음이 없이는 어떤 일도 하나님에 대한 사랑으로 전혀 행할 수 없으며, 단지 자기에 대한 사랑이나 정죄 받는 것에 대한 두려움으로 어떤 일을 행할 뿐입니다. 그러므로 이 거룩한 믿음이 사람 안에서 열매를 맺지 않는다는 것은 불가능합니다. 왜냐하면 우리는 공허한 믿음에 대해 말하고 있는 것이 아니라, 성경이 말하는 "사랑으로 역사하는 믿음"(갈 5:6)에 대해 말하고 있기 때문입니다. 이 믿음은 사람으로 하여금 하나님께서 그의 말씀에서 명령하신 일들로 움직이게 합니다. 믿음의 선한 뿌리에서 나오는 이 행위들은 모두 하나님의 은혜로 거룩하게 되기 때문에 하나님 보시기에 선하며 받으실 만합니다. 그러나 이러한 행위들은 우리의 칭의를 위한 것으로 간주되지 않습니다. 왜냐하면 우리가 어떤 선행을 하기 전에 우리는 이미 그리스도 안에서 믿음으로 말미암아 의롭다 하심을 받았기 때문입니다. 그렇지 않았다면 그 행위들은 선이 될 수 없었을 것입니다. 나무 자체가 좋지 않다면 그 나무의 열매도 좋을 수 없는 것처럼 말입니다.

그러므로 우리는 공로를 위해서 선을 행하는 것이 아닙니다. 우리가 어떤 공로를 세울 수 있겠습니까? 오히려 우리는 우리의 모든 선행에 대하여 하나님께 빚을 지고 있습니다. 하나님께서 우리에게 빚을 지고 계신 것이 아닙니다. 왜냐하면 "우리 안에서 자기의 기쁘신 뜻을 위하여 우리에게 소원을 두고 행하게 하시는"(빌 2:13) 이가 하나님이시기 때문입니다. 그러므로 기록된 말씀을 늘 마음에 간직합시다. "이와 같이 너희도 명령 받은 것을 다 행한 후에 이르기를 우리는 무익한 종이라. 우리가 하여야 할 일을 한 것뿐이니라"(눅 17:10). 동시에 우리는 하나님께서 선행에 상 주신다는 것을 부인하기를 원하지 않으니, 하나님께서 그의 선물들을 더하여 주시는 것은 그의 은혜에 의한 것입니다.

더구나 우리가 비록 선행을 한다고 해도 우리는 거기에 우리의 구원을 의존하지 않습니다. 왜냐하면 우리는 우리의 육신에 의해 오염되지 않고 징벌을 받기에 합당하지 않은 단 하나의 일도 할 수 없기 때문입니다. 비록 우리가 하나의 선행을 보일 수 있을지라도, 하나님께서는 단 하나의 죄에 대한 기억으로 그것(선행)을 거절하기에 충분합니다. 따라서, 만일 그 선행들이 우리 구주의 고난과 죽음에 의지하지 않았다면, 우리는 언제나 어떤 확신도 없이 의심 중에 이리저리 흔들리게 될 것이며, 우리의 가련한 양심은 끊임없이 고통을 당할 것입니다.

● 벨직 신앙고백 제25조

율법의 성취

우리는 율법의 의식들과 상징들이 그리스도의 오심으로 종결되었으며 모든 그림자들이 끝나게 되었으므로 그것들의 사용은 그리스도인들 가운데에서 폐지되어야 한다는 것을 믿습니다. 그러한 것들은 예수 그리스도 안에서 성취되었으나, 그것들의 진리와 본질은 예수 그리스도 안에서 여전히 우리를 위하여 남아있습니다.

그리하여 우리는 하나님의 뜻을 따라 그리고 하나님의 영광을 위하여 복음에 대한 우리의 확신을 더욱 굳건히 하고 우리의 생활을 순전하게 세워 나가기 위하여 율법과 선지자들의 증언들을 계속해서 사용합니다.

● 벨직 신앙고백 제26조

그리스도의 중보

우리는 유일한 중보자이시며 대언자이신 "의로우신 예수 그리스도"를 통하지 않고서는 하나님께 나아갈 수 없음을 믿습니다. 그리스도는 신성과 인성이 함께 연합된 사람이 되셔서 사람인 우리가 결코 나아갈 수 없었던 하나님의 위엄 앞에 가까이 나아갈 수 있게 하셨습니다. 그러나 성부께서 자신과 우리 사이에 세우신 이 중보자는 결코 그의 위엄으로 우리를 두렵게 함으로써 우리의 상상을 따라 다른 중보자를 찾게 하지 않으십니다. 왜냐하면 하늘에나 땅 위의 피조물들 중에 예수 그리스도보다 우리를 더 사랑하는 분은 없기 때문입니다. 그는 근본 하나님의 본체이시나, 우리를 위해 종의 형체와 사람의 모양을 취하심으로 자기를 비우셨고(빌 2:6-7), 범사에 그의 형제들과 같이 되셨습니다(히 2:17). 만일 우리가 다른 중보자를 찾아야 했다고 생각해 보십시오. 우리가 그의 원수 되었을 때조차도 우리를 위해 생명을 버리신 그분보다 우리를 더 사랑하는 분이 또 어디에 있겠습니까(롬 5:8,10)? 또는 우리가 (그러한) 권세와 능력을 갖춘 이를 찾아야 했다고 생각해 보십시오. 하늘과 땅의 모든 권세를 가지고 성부 하나님 우편에 앉아계신 그분 외에 누가 더 있겠습니까(마 28:18)? 또한 하나님의 가장 사랑하시는 아들보다 하나님께서 더 기도를 들어주실 이가 누구이겠습니까?

그러므로 성인들saints을 중재자로 높이는 관습이 실제로는 그들을 불명예스럽게 만드는 것이 되는 것은, 그러한 관습이 믿음을 다른 곳에 두고 있기 때문입니다. 성인들은, 그들의 글에서 밝히고 있는 것처럼, 결코 그것(그런 관습)을 요청하지 않았으며 오히려 자신들의 의무에 따라 그것을 끊임없이 거절했습니다. 우리는 (기도할 때에) 우리의 자격 없음을 따지지 말아야 합니다. 왜냐하면, 문제는 우리가 얼마나 우리 자신의 존귀함에 근거하여 기도를 드리느냐 하는 것이 아니라, 예수 그리스도의 탁월함과 존귀함에 근거해서만 기도를 드리느냐 하는 것에 있기 때문입니다. 그분의 의는 오직 믿음으로 말미암아 우리의 것이 됩니다.

그러므로 사도는 우리가 이 어리석은 두려움, 아니 이 불신앙을 제거하기를 원하여, 우리에게 예수 그리스도가 "범사에 형제들과 같이 되심이 마땅하도다. 이는 하나님의 일에 자비하고 신실한 대제사장이 되어 백성의 죄를 속량하려 하심이라."(히 2:17)라고 말한 것은 다 이유가 있습니다. 왜냐하면 그는 시험을 받으시고 고난을 당하셨기 때문에 시험 받는 자들을 능히 도우실 수 있기 때문입니다. 더 나아가, 사도는 우리가 그분에게 나아가도록 더 격려하기 위해서 "그러므로 우리에게 큰 대제사장이 계시니 승천하신 이 곧 하나님의 아들 예수시라. 우리가 믿는 도리를 굳게 잡을지어다. 우리에게 있는 대제사장은 우리의 연약함을 동정하지 못하실 이가 아니요, 모든 일에 우리와 똑같이 시험을 받으신 이로되 죄는 없으시니라. 그러므로 우리는 긍휼하심을 받고 때를 따라 돕는 은혜를 얻기 위하여 은혜의 보좌 앞에 담대히 나아갈 것이니라."(히 4:14-16)고 말했습니다. 또한 동일한 사도는 "우리가 예수의 피를 힘입어 성소에 들어갈 담력을 얻었나니...... 참 마음과 온전한 믿음으로 하나님께 나아가자."(히 10:19,22)라고 하였고, 또한 "예수는 영원히 계시므로 그 제사장 직분도 갈리지 아니하느니라. 그러므로 자기를 힘입어 하나님께 나아가는 자들을 온전히 구원하실 수 있으니, 이는 그가 항상 살아계셔서 그들을 위하여 간구하심이라."(히 7:24-25)고 하였습니다. 그리스도께서도 친히 선언하시기를 "내가 곧 길이요 진리요 생명이니 나로 말미암지 않고는 아버지께로 올 자가 없느니라."(요 14:6)고 하셨으니, 우리에게 무엇이 더 필요합니까? 그런데도 우리가 다른 대언자를 찾아야 할 이유가 있습니까? 하나님께서는 그의 아들을 우리의 대언자로 우리에게 주시기를 기뻐하셨으니, 결코 찾을 수 없는 다른 대언자를 찾으려고 그분을 떠나지 맙시다. 그런 대언자는 아무리 찾아도 결코 찾을 수 없을 것입니다. 왜냐하면 우리가 죄인들임을 매우 잘 아시는 하나님께서 우리에게 그의 아들을 주셨기 때문입니다.

그러므로 우리는 주님께서 가르쳐 주신 기도에서 배운 대로 그리스도의 명령을 따라서 우리가 예수님의 이름으로 아버지께 구한 모든 것을 얻을 것을 확신하면서, 우리의 유일한 중보자이신 그리스도를 통하여 하늘에 계신 아버지를 부릅니다.

벨직 신앙고백 제27조
거룩한 보편적 교회

우리는 하나의 보편적 또는 우주적 교회를 믿고 고백합니다. 이 교회는 예수 그리스도 안에서 그들의 완전한 구원을 기다리면서 그리스도의 피로 씻음을 받고 성령의 거룩하게 하심과 인치심을 받은 참된 그리스도인들의 거룩한 회중이요 모임입니다.

이 교회는 세상의 처음부터 있었고 끝날까지 있을 것인데, 이는 그리스도께서 백성 없이 계실 수 없는 영원한 왕이시기 때문입니다. 이 거룩한 교회는 비록 잠시 동안 사람의 눈에는 매우 작아서 마치 소멸된 것처럼 보일 수도 있지만, 온 세상의 분노에도 굴하지 않고 하나님에 의해 보존됩니다. 예를 들면, 아합의 학정 동안에도 주님께서는 바알에게 무릎 꿇지 않은 칠천 명을 친히 보존하셨습니다(왕상 19:18).

그러므로 이 거룩한 교회는 어떤 특정한 지역이나 특정한 사람들에게 국한되거나 묶이거나 제한되지 않으며, 오히려 온 세계에 퍼져 있고 흩어져 있으며, 그러면서도 이 교회는 여전히 믿음의 능력으로 동일하신 한 분 성령 안에서 한 마음과 한 뜻으로 연결되고 연합되어 있습니다.

벨직 신앙고백 제28조

교인의 의무

우리는 이 거룩한 총회와 회중이 구원 받은 자들의 모임이며 그것을 떠나서는 구원이 없기 때문에, 사람들이 어떤 지위나 상태에 있든지 혼자 있는 것으로 만족하여 교회를 떠나지 말아야 함을 믿습니다. 오히려 모든 사람들은 교회의 가르침과 권징에 복종하며 예수님의 멍에를 자신의 목에 메고 하나님께서 각자에게 한 몸의 지체로서 주신 은사들을 따라 서로를 세우기 위하여 봉사함으로써 교회의 하나됨을 유지하면서, 교회에 가입하고 연합할 의무를 가집니다.

이러한 연합(하나됨)을 보다 효과적으로 보존하기 위하여, 모든 신자들은 하나님의 말씀에 따라, 하나님께서 교회를 세우신 곳이라면 어디에서든지 그러한 모임에 가입하기 위하여 교회에 속하지 않은 자들로부터 자신을 분리시킬 의무를 가집니다. 위정자들이나 군주의 칙령이 이를 금지하고 죽음이나 육체적 형벌을 가한다고 할지라도 신자들은 이 의무를 수행해야 합니다. 그러므로 교회에서 떠나거나 교회에 가입하지 않는 사람은 모두 하나님의 법에 반대되는 행동을 하는 것입니다.

벨직 신앙고백 제29조

참된 교회와 거짓 교회의 표지들

우리는 부지런히 그리고 매우 신중하게 하나님의 말씀을 가지고 참된 교회가 무엇인지 분별해야 함을 믿습니다. 왜냐하면 오늘날 세상의 모든 종파들sects이 스스로를 교회라고 주장하고 있기 때문입니다. 우리는 여기에서 교회 안에 선한 자들과 섞여 있는 위선자들의 무리에 관하여 말하고 있는 것이 아닙니다. 비록 그들은 몸으로는 교회 안에 있지만 그럼에도 불구하고 교회의 지체는 아닙니다. 우리는 스스로를 교회라고 부르는 모든 종파들부터 구별되어야 하는 참된 교회의 몸과 교제에 관하여 말하고 있습니다.

참된 교회는 다음과 같은 표지들에 의해 알 수 있습니다. 교회는 복음의 순수한 설교를 합니다. 교회는 그리스도께서 제정하신 대로 성례를 순수하게 집행합니다. 교회는 죄를 교정하고 벌하기 위해 교회의 권징을 시행합니다. 요약하자면, 참된 교회는 순수한 하나님의 말씀에 따라 다스리며, 하나님의 말씀에 반대되는 모든 것을 거부하고, 예수 그리스도만을 유일한 머리로 모십니다. 우리는 이러한 표지들로써 참된 교회인지의 여부를 알아보고 확신할 수 있으며, 그것으로부터 분리할 권리를 가진 사람은 아무도 없습니다.

그 교회에 속할 수 있는 사람들에 관해서는, 우리는 그들에게 그리스도인의 고유한 표지들이 있는지를 통해 알아볼 수 있으니, 곧 그들에게 믿음이 있는지, 그들이 예수 그리스도를 유일하신 한 분 구주로 영접하였는지, 그들이 죄를 피하고 의를 추구하는 것이 있는지, 그들이 좌로나 우로나 치우치지 않고 참되신 하나님과 그들의 이웃을 사랑하는 것이 있는지, 그들이 육신과 육신의 일을 십자가에 못 박는 것이 있는지를 보면 됩니다. 비록 그들 안에 여전히 큰 연약함이 남아 있을지라도, 그들은 끊임없이 주 예수의 피와 고난과 죽음과 순종에 호소하면서, 그리스도를 믿는 믿음으로 그리스도 안에서 죄 사함을 받으며, 일평생 성령을 좇아 그것에 대항하여 싸웁니다.

거짓 교회는 이러하니, 거짓 교회는 하나님의 말씀보다도 교회 자체나 교회의 제도들에 더 많은 권위를 돌리며, 그리스도의 멍에에 복종하기를 원하지 않습니다. 거짓 교회는 그리스도께서 말씀에서 명하신 대로 성례를 집행하지 않으며, 오히려 자신들이 좋아하는 대로 성례에 무언가를 더하거나 제합니다. 또한 거짓 교회는 예수 그리스도보다 사람들 위에 기초를 두며, 하나님의 말씀에 따라 거룩한 삶을 살고 죄와 탐욕과 우상 숭배를 인하여 거짓 교회를 책망하는 사람들을 핍박합니다.

이러한 두 교회는 쉽게 알아볼 수 있으며, 따라서 서로 쉽게 구별됩니다.

벨직 신앙고백 제30조
교회의 정치

우리는 이 참된 교회가 우리 주님이 그의 말씀에서 가르치신 영적인 질서에 따라 다스려져야 함을 믿습니다. 교회에는 하나님의 말씀을 설교하고 성례를 집행하는 사역자들 또는 목사들이 있어야 합니다. 또한 목사들과 함께 교회의 회의를 구성하는 장로들과 집사들이 있어야 합니다. 이러한 방식으로 참된 신앙이 보존되고, 참된 교리가 전파되며, 또한 악한 자들이 영적 방법으로 권징을 받고 억제되며, 또한 가난한 사람들과 모든 고난 받는 사람들이 그들의 필요에 따라 도움과 위로를 받습니다. 사도 바울이 디모데에게 전하여 준 기준에 따라 신실한 사람들이 선출된다면 이를 통해 교회 안의 모든 일이 품위 있고 질서 있게 행해질 것입니다.

벨직 신앙고백 제31조
교회의 직분자들

우리는 하나님의 말씀의 사역자들과 장로들과 집사들이, 하나님의 말씀이 가르치는 대로 교회의 적법한 선거를 통해 기도 가운데에서 그리고 선한 질서를 따라 그들의 직분에 선출되어야 한다는 것을 믿습니다. 그러므로 모든 사람은 부적절한 방법으로 (그 과정에) 개입하지 않도록 주의해야 하며, 오히려 하나님의 부르심을 받을 때까지 기다려야 합니다. 그렇게 함으로써 그는 자신의 부르심에 대한 확실한 증거를 가지고 그 부르심이 진정으로 주님께로부터 온 것인지를 확신할 수 있어야 합니다.

말씀의 사역자들에 관해서는, 그들이 어떤 위치에 있든지 그들은 모두 동등한 권세와 권위를 가집니다. 왜냐하면 그들은 모두 온 세상의 유일한 감독이시자 교회의 유일한 머리이신 예수 그리스도의 종들이기 때문입니다. 우리는 하나님의 이 거룩한 질서가 훼손되거나 멸시 받지 않도록, 모든 사람이 말씀의 사역자들과 교회의 장로들을 그들이 맡은 사역을 인하여 특별히 존경해야 하며 가능한 한 원망이나 논쟁이나 다툼 없이 그들과 화목해야 할 것을 가르칩니다.

벨직 신앙고백 제32조
교회의 질서와 권징

또한 우리는 교회를 다스리는 자들이 몸 된 교회를 유지하기 위해서 특정한 질서(규례)를 제정하고 세우는 것이 유익하고 좋은 것이지만, (그것은) 항상 우리의 유일한 주인이신 그리스도께서 우리를 위하여 제정하신 것에서 벗어나지 않도록 주의해야 함을 믿습니다. 그러므로 우리는 하나님을 섬김에 있어서 어떤 방식으로든 양심을 속박하고 강제하는, 사람들에게 부과되는 모든 인간적인 고안들과 규범들을 배격합니다. 우리는 오직 화합과 일치를 유지하고 증진시키며 모든 것이 하나님께 복종하여 나가도록 하는 데에 적절한 것만을 받아들입니다. 이 목적을 위해서 하나님의 말씀에 따른 권징과 출교黜敎가 요구됩니다.

벨직 신앙고백 제33조
성례

우리는 우리의 선하신 하나님께서 우리의 미숙함과 연약함을 아시고 우리를 위해 성례를 제정하셨음을 믿습니다. 이는 성례로써 그의 약속을 우리 안에 인쳐주시고, 우리를 향하신 하나님의 선하신 뜻과 은혜를 보증해 주시고, 우리의 믿음을 자라게 하시고 굳세게 하시기 위함입니다. 하나님께서는 복음의 말씀에 이것(성례)들을 더하여 주셔서 하나님께서 우리에게 그의 말씀으로 깨닫게 하신 것들과 우리 심령 안에서 내적으로 행하신 일들을 우리의 외적 감각들에 보다 더 잘 드러내시며, 하나님께서 우리에게 전해주신 구원을 우리 안에서 확신시켜 주십니다.

성례는 내적이며 보이지 않는 것들에 대한 보이는 표와 인이며, 하나님께서는 성례를 사용하시어 성령의 능력으로 우리 속에 역사하십니다. 따라서 성례는 우리를 속이고 기만하는 공허하고 무의미한 상징이 아닙니다. 왜냐하면 성례가 담고 있는 진리는 예수 그리스도이시며, 그분이 없이는 성례는 아무 것도 아니기 때문입니다. 또한 우리는 우리 주 그리스도께서 우리를 위하여 제정하신 성례의 수(數)에도 만족하니, 성례는 오직 두 가지, 곧 세례와 예수 그리스도의 성만찬입니다.

벨직 신앙고백 제34조
세례

우리는 율법의 마침이 되시는 예수 그리스도께서 그의 보혈을 흘리심으로써 사람이 자기의 죄에 대한 속죄나 속상을 위하여 흘려야 했거나 흘리고자 했던 일체의 다른 피흘림을 끝마치신 것을 믿고 고백합니다. 그리스도께서는 피와 함께 이루어진 할례를 폐지하시고 그 자리에 세례의 성례를 제정하셨습니다. 세례로써 우리는 하나님의 교회에 받아들여지며 다른 모든 사람들과 이방 종교들로부터 구별되며, 이로써 우리는 전적으로 하나님께 속하며 그분의 표와 인을 지니게 됩니다. 또한 세례는 우리의 은혜로우신 아버지가 되시는 하나님께서 영원토록 우리의 하나님이 되심을 우리에게 증거합니다. 그리하여 그리스도께서는 자기에게 속한 모든 자들에게 "아버지와 아들과 성령의 이름으로"(마 28:19) 순수한 물로 세례 받을 것을 명령하셨습니다.

하나님께서 세례에서 우리에게 나타내 보이시는 것은, 마치 물이 우리에게 부어질 때에 몸의 더러운 것을 씻어내듯이, 그리고 세례에서 물이 세례 받는 자들에게 뿌려질 때에 세례 받는 자들의 몸에서 물이 보이듯이, 그리스도의 피 역시 성령의 능력으로 (신자의) 영혼 안에서 내적으로 동일한 일을 한다는 것입니다. 곧 그리스도의 보혈은 (신자의) 영혼을 죄로부터 씻어 정결하게 하며, 우리를 하나님의 진노의 자식에서 하나님의 자녀로 변화시킵니다. 이런 일은 물이라는 물질에 의해 일어나는 것이 아니라 하나님의 아들의 보배로운 피의 뿌림으로 일어납니다. 그분은 우리가 파라오 곧 사탄의 폭정에서 벗어나 영적인 가나안 땅에 들어가기 위하여 반드시 건너야 하는 우리의 홍해이십니다(고전 10:1-2). 그러므로 목사는 그들의 직무와 관련하여 우리에게 눈에 보이는 성례(세례)를 베풀어주지만, 우리 주님께서는 그 성례가 표시하고 있는 바로 그것을 주시니, 곧 보이지 않는 은사들과 은혜들입니다. 그리스도께서는 모든 더러움과 불의로부터 우리의 영혼을 씻어 깨끗하고 정결하게 하시며, 우리의 마음을 새롭게 하시고 모든 위로로 채우시며, 아버지의 선하심을 참으로 확신시켜 주시며, 옛 사람과 그 행위는 벗겨주시고 새 사람을 입게 하십니다.

이같은 이유로 우리는, 누구든지 영생에 이르기를 갈망하는 사람은 오직 한 번 세례를 받아야 한다고 믿습니다. 세례를 반복해서 받지 말아야 하는 것은 우리가 두 번 거듭날 수 없기 때문입니다. 하지만 세례는 물이 우리에게 부어지고 우리가 이를 받는 순간에만 유익한 것이 아니라 우리의 전 생애를 통하여 유익합니다. 이러한 이유로 우리는, 한 번 받은 세례로 만족하지 않으며, 더 나아가 신자의 자녀들의 세례(유아세례)를 정죄하는 재세례파의 오류를 배격합니다. 우리는, 이스라엘에서 어린아이들이 우리의 자녀들에게 주어진 동일한 약속에 근거하여 할례를 받았던 것처럼, 우리의 자녀들도 세례를 받아 언약의 표로 인침을 받아야 한다고 믿습니다. 참으로 그리스도께서는 어른들을 위해서 뿐만 아니라 신자의 자녀들의 죄를 씻으시기 위하여 그의 보혈을 흘려주셨습니다. 그러므로 주님께서 율법에서 명령하시기를 자녀들이 태어나면 예수 그리스도의 성례였던 어린양을 바치도록 하심으로써 그리스도의 고난과 죽으심의 성례가 곧바로 그들에게 주어져야 한다고 하신 것처럼, 어린아이들은 그리스도께서 그들을 위하여 행하신 것을 나타내는 표와 성례를 받아야 합니다. 더 나아가 할례가 유대인들을 위하여 행했던 것을 세례는 우리의 자녀들을 위하여 행합니다. 바로 이런 이유로 사도 바울은 세례를 가리켜 "그리스도의 할례"라고 불렀습니다.

● **벨직 신앙고백 제35조**

성만찬

우리는 우리의 구주 예수 그리스도께서 이미 중생하여 하나님의 권속 곧 그의 교회로 접붙여진 자들을 기르시고 유지시키시기 위하여 성만찬의 성례를 제정해 주셨음을 믿고 고백합니다. 중생한 자들은 그들 안에 두 생명을 가지는데, 하나는 육신적이며 현세적인 생명으로서 그들은 첫 번째 출생의 순간부터 이 생명을 가지며 이는 모든 사람에게 공통으로 주어지는 것입니다. 다른 하나는 영적이며 천상적인 생명으로, 이는 두 번째 출생에서 그들에게 주어지는 것입니다. 이 생명은 복음의 말씀을 통하여 그리스도의 몸과의 교통 가운데 오는 것으로, 이는 하나님의 택하신 자들에게만 공통입니다.

지상에서의 육신 생명을 유지하게 하시기 위하여 하나님께서는 적절한 지상의 물질적인 떡을 우리에게 주셨습니다. 이 떡은, 모든 사람들에게 생명이 공통으로 주어지는 것처럼, 모든 사람들에게 공통으로 주어집니다. 그러나 신자들이 가진 영적이며 천상적인 생명을 유지해 나가게 하시기 위하여 하나님께서는 하늘로서 내려오신 산 떡이 되시는 예수 그리스도를 보내셨습니다. 그리하여 신자들이 그를 먹을 때 곧 믿음으로 그리스도를 합당하게 영적으로 영접할 때, 그리스도께서는 신자들의 영적 생명을 자라게 하시고 강하게 해주십니다.

이 영적이며 천상적인 떡을 보여주시기 위하여 오신 그리스도께서는 눈에 보이는 이 땅의 떡을 그의 몸을 나타내는 성례로, 포도주는 그의 피를 나타내는 성례로 제정하셨습니다. 우리의 손으로 떡과 포도주를 받아서 그것을 우리의 입으로 먹고 마심으로 우리의 생명이 유지되는 것이 참된 것처럼,

그리스도께서는 우리가 우리의 영적 생명을 위하여 우리의 유일한 구세주이신 그리스도의 참된 몸과 참된 피를 우리 영혼 안으로 받아들이는 것이 참되다는 것을 확실하게 증거해 주시기 위하여 성찬을 제정해 주셨습니다. 우리는 이것들을 우리의 영혼의 손과 입인 믿음으로 받습니다.

그러므로 예수 그리스도께서 우리에게 이 성찬식을 결코 헛되이 명하지 않으신 것이 확실합니다. 비록 그리스도께서 우리 안에서 어떤 방식으로 행하시는지는, 마치 성령님의 역사하심이 감추어져 있고 이해불가한 것처럼 우리의 이해를 초월하지만, 그리스도께서는 이 거룩한 표들로써 나타내 보여주시는 모든 것을 우리에게 행하여 주십니다. 하지만 우리가 먹는 것이 그리스도의 참된 몸이고 우리가 마시는 것이 그의 참된 피라고 말하는 것은 잘못이 아닙니다. 다만 우리가 그리스도를 먹는 방식은 입으로가 아니라 성령으로 그리고 믿음으로입니다. 비록 그리스도께서는 언제나 하늘에 계신 성부 하나님의 우편에 앉아계시지만, 그렇다고 해서 그분은 우리가 믿음으로 그리스도에게 참여하게 하시는 일을 결코 멈추지 않으십니다.

이 만찬은 영혼의 식탁으로, 거기에서 그리스도께서는 그의 모든 은덕과 함께 자기 자신을 우리에게 주십니다. 이 식탁에서 그분은 우리로 하여금 그의 고난과 죽으심의 공로만큼이나 그분 자신을 즐거워하게 하시며, 그리스도께서는 그의 몸을 주어 먹게 하심으로 우리의 가련하고 곤고한 영혼을 먹이시고 강하게 하시고 위로하시며, 그의 피를 마시게 하심으로 그들을 소생시키시고 새롭게 하십니다.

더 나아가, 비록 성례는 성례가 상징하고 있는 것들과 연결되어 있기는 하지만, 모든 사람이 그 둘 다를 받는 것은 아닙니다. 악한 자들은 성례를 받을 때에 그것은 자신들의 정죄를 위한 것이 될 뿐 성례의 진리는 받지 못합니다. 마치 유다와 마술사 시몬 두 사람이 참으로 이 성례를 받았지만 성례가 나타내는바 그리스도는 받지 못한 것처럼 말입니다. 그분은 오직 신자들에게만 주어집니다.

끝으로 우리는 이 거룩한 성례를 겸손함과 경외심으로 받되, 하나님의 백성들이 함께 모인 곳에서, 우리 구주이신 그리스도의 죽으심을 엄숙히 기념하고 감사하면서, 그리고 우리의 믿음과 기독교의 신앙을 고백하면서 받아야 합니다. 그러므로 누구든지 자기 자신을 살피지 않고서 이 예식에 참여하지 말아야 합니다. 그런 자들은 이 떡을 먹고 이 잔을 마심으로써 결국 자신들에게 임할 심판을 먹고 마시는 것이 되기 때문입니다.

요컨대 우리는 이 거룩한 예식을 행함으로써, 하나님과 이웃을 뜨겁게 사랑하도록 감화를 받습니다. 그러므로 우리는 사람들이 성례에 덧붙이거나 성례를 혼잡하게 만든 모든 조잡한 생각들과 정죄 받을 고안들을 성례의 모독으로 여기고 배격합니다. 우리는 그리스도와 사도들이 우리에게 가르쳐 준 규례에 만족하며, 그들이 성례에 대하여 알려준 그대로 우리도 성례에 대하여 말할 뿐입니다.

벨직 신앙고백 제36조
국가의 정부

우리는 인간의 타락을 인하여 은혜로우신 하나님께서 왕과 군주와 공직자들을 세우셨음을 믿습니다. 하나님께서는 세상이 법과 정책에 의해 다스려짐으로써 인간의 불법이 억제되고 인간의 만사가 선한 질서에 따라 수행되기를 원하십니다. 이 목적을 위하여 하나님께서는 정부의 손에 칼을 두셔서 악인을 벌하고 선을 보호하게 하셨습니다.

그러므로 정부에게 맡겨진 과업은 공공 영역을 돌보고 감독하는 것에만 국한되는 것이 아니라 모든 우상숭배와 적그리스도의 거짓 예배를 제거하고 무너뜨림으로써 교회의 사역을 보호하는 것과 교회가 예수 그리스도의 나라를 확장시키고 복음의 설교를 만방에 전파함으로써 마침내 하나님께서 요구하신 것처럼 하나님 자신이 만민에게 높임을 받으시고 경배를 받으시게 하는 것까지 포함합니다.

더 나아가 모든 사람은 자신의 신분이나 형편이나 지위와 관계없이 정부에 복종해야 하며, 세금을 납부해야 하며, 공직자들을 귀히 여기며 존경해야 하며 하나님의 말씀에 어긋나지 않는 한 모든 일에 있어서 그들에게 순종해야 합니다. 또한 하나님께서 그들의 모든 길을 인도해 주셔서 우리가 모든 경건과 단정한 중에 고요하고 평안하게 생활할 수 있도록 그들을 위하여 기도해야 합니다(딤전 2:2).

이 문제와 관련해서 우리는 재세례파와 무정부주의자들을 비롯하여 일반적으로 국가의 권위와 공직자들을 무시하거나 재산의 공유를 앞세우면서 하나님께서 인간에게 세워주신 도덕 질서를 변질시킴으로써 공의를 전복시키려는 모든 자들을 배격합니다.

벨직 신앙고백 제37조

최후 심판

마지막으로 우리는 하나님의 말씀대로 주님께서 정하신 때가 이르고(그때는 모든 피조물들에게는 감추어져 있지만) 택함 받은 자의 수가 차게 되면, 우리 주 예수 그리스도께서 큰 영광과 위엄 가운데 승천하셨던 것처럼, 하늘로부터 이 세상에 눈에 보이게 강림하실 것을 믿습니다. 이는 그가 자신을 산 자와 죽은 자를 심판하는 심판주로 선언하시기 위함이며 이 옛 세상을 불과 화염으로 태워 정결하게 하시기 위함입니다.

그때에는 모든 인류, 곧 세상의 처음부터 끝날까지 존재했던 남녀노소 모두가 위대하신 재판장 앞에 서게 될 것입니다. 그들은 "천사장의 소리와 하나님의 나팔 소리로"(살전 4:16) 그곳에 소집될 것입니다. 그때에는 이전에 죽은 자들은 모두 땅에서 일으킴을 받게 될 것이며, 그들의 영혼은 그들이 살았을 때의 몸과 하나로 연합될 것입니다. 그때까지 살아있는 자들은 다른 이들처럼 죽지 않고, 대신 그들은 "순식간에" 썩을 것에서 썩지 않을 것으로 변화될 것입니다. 그때에 책들이 펼쳐질 것이며, 죽은 자들은 이 땅 위에서 선악 간에 행한 것들을 따라 심판을 받게 될 것입니다. 진실로 모든 사람들은 그들이 했던 모든 무익한 말들, 곧 세상이 단순히 농담으로 여기는 말들에 대해서도 해명하게 될 것입니다. 그리고 모든 사람들의 비밀과 위선들이 만인 앞에 공개적으로 드러나게 될 것입니다.

그러므로 이 심판에 대한 생각은 악하고 불경건한 자들에게는 두렵고 떨리는 것이 되는 것이 당연합니다. 하지만 그것이 택함 받은 의인들에게는 매우 즐겁고 큰 위로가 되는 것은, 그때 그들의 구원이 완성될 것이기 때문입니다. 그때에 그들은 그들의 수고와 그들이 겪었던 모든 고난의 열매들을 받게 될 것이며, 그들의 결백이 만천하에 알려질 것이며, 하나님께서 악인들에게 가져다주실 무서운 보복을 보게 될 것인데, 악인들은 모두 이 세상에서 무죄한 자들 위에 군림하며 박해하고 괴롭혔던 자들입니다. 악인들은 그들 자신의 양심의 증거로 유죄 판결을 받게 될 것이고, 불멸하게 되어 "악한 자들과 악한 천사들을 위하여 예비된 영원한 불 속에서" 고통 받게 될 것입니다.

반면에, 택함 받은 성도들은 영광과 존귀로 관을 쓰게 될 것입니다. 하나님의 아들께서는 성부 하나님과 그의 택함 받은 거룩한 천사들 앞에서 그들의 이름을 인정해 주실 것이며, 그들의 눈에서는 모든 눈물이 씻겨질 것이며, 이 세상에서 있을 때 많은 재판관과 통치자들에 의해 이단이자 사악한 것으로 정죄 받은 성도들의 주장이 그때에는 하나님의 아들의 주장으로 인정될 것입니다. 또한 주님께서는 성도들로 하여금 사람의 마음으로는 도저히 상상할 수 없었던 놀라운 영광을 은혜의 상급으로 얻게 하실 것입니다. 그러므로 우리는 우리 주 예수 그리스도 안에서 하나님의 약속을 충만하게 누리고자 이 큰 날을 간절한 마음으로 고대합니다. 아멘.

주 예수여, 오시옵소서(계 22:20).

개혁교회 교리교육과 설교를 위한
벨직 신앙고백 해설

부록 2

성구색인

CONFESSION DE FOY,

Faicte d'un commun accord par les
fideles qui conuersent és pays bas,
lesquels desirent viure selon la pu
reté de l'Euangile de nostre Sei-
gneur Iesus Christ.

I. PIER. III.
Soyez tousiours appareillez à respondre à cha-
cun qui vous demande raison de l'esperance qui est
en vous.

M. D. LXI.

성구색인

【창세기】
1장	183
1:1	80,100,191,195
	196,218,220,528
1:2	212
1:3	218,219,220
1:6	219
1:9	219
1:11	219
1:14	219
1:20	219
1:24	219
1:26	183,219
1:26-27	177,243
1:28	219
1:29	219
2장	110
2:7	243
2:17	246,279,318
2:19	244
3장	110,182
3:1-8	279
3:15	275,277,281
	285,290,293
3:22	177
6:5	258
9:6	248
9:17	479
12:1-3	282
14장	327
17:1	87
17:7	495,496
17:9	495
17:11	479
17:12	496
22:17-18	282
22:18	293
45:8	236
47:9	35
50장	55
50:20	236

【출애굽기】
3:14	197
4:10	390
13:9	479
19:6	405
20:3	83
29:29	200

【레위기】
6:22	200
8:8	453
12:6	495
16:32	200

【민수기】
18장	418
21장	283

【신명기】
4:39	84
6:4	170
6:4-5	84,167
7:6-7	267
7:7-8	269
12:32	153,155
14:2	267
14:28-29	418
18:15	282,293
32:4	88

【여호수아】
14:2	453

【사무엘상】
2:6-7	232
16:13	200,209

【사무엘하】
2:4	200

7:12-13	282	51:1	257	16:4	98
		51:4	258	16:33	454
		51:11	209		
【열왕기상】		53:1	80		
19:16	200	62:9	153	【전도서】	
19:18	397,407	69:4	323,330	3:11	235
21:25	407	90:2	85	7:29	244
		91:11	222	8:14	85
		93:1	230	8:17	85
【역대하】		97:1	230	9:1	85
19:7	88	100:5	89		
		102:25-27	86		
		103:20-22	222	【이사야】	
【욥기】		107:1	89	1장	365
1:12	224	110편	327	1:13-14	365
11:7-9	87	110:1-2	282	1:15-17	365
14:4	257	110:4	327	7:14	282,284,285,293
		115편	83	40:26	217
		119:18	104	40:28-31	87
【시편】		119:72	116	43:7	220
2:2	200	119:86	39	44:1	267
2:6	282	119:157	33,39,40	44:6	83,170
2:7	199,293	119:161	40	45:5	170
2:12	199,293	127:3	495	45:21	322
11:3	12	132:14	269	46:9	79,83,170
14:1	80	136:1	89	51:8	342
18:50	200	136:25	87	52:7	297
19:1	93,97	139:7	212	53:8	330
19:13	258	139:10	233	53:11	319
22편	50	143:2	348	53:12	323,330
32편	352	146:10	230	53장	293
32:1	347,351	147:9	233	53:5	282,323,329
32:11	352			53:7	282,323,330
33:6	219			55:8	236
33:9	219	【잠언】		55:11	122
33:11	231	1:7	88	57:12	342
34:7	222	9:10	88	59:15-17	285

61:1-3	200	6:6	73	3:17	178
62:12	405			5:10	433
64:6	342,389			5:12	433
		【요엘】		5:17	376
		2:28	209	5:17-18	113
		2:28-32	184	5:22	258
【예레미야】				5:28	258
1:6	391			5:44	522
5:21	339			5:45	314
6:16	27	【미가】		6:9	391
23:5	293	5:2	191,197,283,293	6:26-30	314
23:5-6	283			7:2	260
23:16	136			7:23	258
23:29	136	【나훔】		7:29	36
27-28장	150	1:7	89	8:23-27	306
27:8	151,521			8:28-34	306
28:2	151			9:4	306
28:3-4	151	【스가랴】		9:13	269
28:15-16	151	3:2	389	10:27	75
28:17	151	3:4	389	10:28	41,51
32:17	87	6:12-13	283	10:29	237
33:15	283,293			10:29-30	228
				10:29-31	51,229
		【말라기】		10:30	234
		2:17	320	10:32	51
【에스겔】				12:28	213
34:23-24	283			12:36	533
36:27	209	【마태복음】		12:36-37	258
36:26-27	406	1장	284	13:11	339
		1:1	293	13:13	339
		1:20	294	16:13-18	428
【다니엘】		2장	284	16:15	28,199
4:25	232	1:18-25	293	16:16	28,200,199
7:13-14	283,293,538	1:21	284,294,324	16:17-18	199
9:18	395	1:23	284	16:18	233
		2:1	293	16:27	530
		3:16	213	20:28	319
【호세아】		3:16-17	170,181,183		
6:3	73				

21:18	307	1:42	287,294	3:34	213
24:24	223	2:7	307	4:7	307
25:13	531	2:10	296	4:24	82
25:31	536	2:52	307	5:28-29	533
26:13	51	4:17-19	200	6:1-14	306
27:46	323,331	6:8	306	6:44	240,248,528
28:18	383	6:12-13	454	6:45	161
28:18-20	473,487	6:41-42	260	6:48	506
28:19	171,178,184	11:2	391	6:51	505,506
	210,483,490,495	12:16-21	532	6:54-58	506
28:19-20	167	16:22	222	6:64	306
28:20	233	17:10	360,367	8:58	197
		18:15	495	10:37-38	184
		20:42-44	282	11:1-44	306
【마가복음】		22:44	323,331	11:35	307
1:11	199	23:46	295,307	12:48	529
2:5	353	24:44	284,382	13:1	306
2:6-7	353	24:49	174,211	13:3	201
2:8-10	353			14:1-3	530
2:11	353			14:6	85,389
2:12	353	【요한복음】		14:9	90
4:38	307	1:1	174,196,198,	14:13-14	393,394
5:6-7	199		199,305	14:16	171,183,184,213
7:31-37	306	1:3	196	14:17	211
8:22-26	306	1:1-3	191,193,196	14:26	208,211
10:13-16	495	1:5	239	15:5	240,249
10:45	329	1:12	202	15:16	267,393
12:35-37	282	1:14	174,199	15:19	519
13:27	267	1:15	197	15:26	184,208
16:15	75,495	1:18	86,199,305	15:26-27	214
16:15-16	487	1:48	306	16:13	184
16:16	495	2:1-10	306	16:13-14	213
		3:5	212	16:14	211
		3:14	283	16:24	387
【누가복음】		3:16	269,286,289	16:28	201
1:1-4	112		293,296	17:3	69,73
1:35	178,213,294	3:27	240,248	17:5	197,306

19:30	295,307	11:19-26	411	4:6-8	349,351,357
20:28	198	13:2-3	454	4:11	476,495
20:31	200	14:23	454	4:12	495
21:15-17	467	16:15	491	5:7-8	273
21:16	443	16:31	429	5:8	313,317,319,383
21:25	101	16:33	491	5:10	383
		17:28	148	5:12	253,254
		18:5	200	5:18-19	256
【사도행전】		18:8	491	5:19	255
1:7	31	19:5	491	6:10	329
1:8	174,184,211	20:7	509	6:11	430
1;11	536	20:28	437,443,451	6:23	246,318
1:21-22	453	23:8	224	7:24	261
1:23-24	454			8:7	240,248
1:23-26	452,453			8:9	170,209
1:26	453	【로마서】		8:26	213
2:23	236	1:3	287,294,307	8:31	225
2:30	287,294	1:16	136	8:32	286,293
2:38-39	495	1:19	96	8:33	267,343,349
2:41	491	1:19-21	97	8:34	390
2:42	509	1:20	91	9:5	170,198,288
3:24	284	1:20-21	98		295,306
5:3-4	170,212	1:21	80, 97	10:4	380
5:42	200	1:21-23	81, 97	10:9	429
6:2-6	454	1:28	271	10:9-10	74
6:5-6	453	2:14-15	96	10:13-15	298
6:14	467	3:9	254	11:33	87
8장	510	3:9-12	241	12:1	418
8:12	491	3:10	341,342	12:3-13	213
8:36	491	3:10-12	245	12:4-5	402
8:37	495	3:20	341,364	13:1-2	515,519
8:38	495	3:21-22	337,342	13:1-4	518
9:6	327	3:23	245	14:23	363
9:18	491	3:24	341,347,355	15:12	287,294
9:22	200	3:28	343	16:25-27	339
9:31	213	4:2	341,346		
10:47-48	491	4:6	347		

【고린도전서】
1:2　　　　　　　406
1:17　　　　　　457
1:21　　　　　　 94
1:26-29　　　　 269
1:29　　　　　　346
1:30　　　　　　342
2:2　　　　　324,331
2:6-14　　　　　103
2:9-12　　　　　161
2:10-11　　　　 212
2:10-13　　　　 93
2:11　　　　94,170,209
2:13　　　　　　518
2:14　　　　240,248,518
3:16　　　　　　212
4:5　　　　　　 533
4:6　　　　　　 466
6:11　　　　　　213
7:14　　　　　　466
7:31　　　　　　495
8:4　　　　　　84,170
8:6　　　　　　　84
8:7　　　　　　 76,81
10:1-2　　　　484,493
10:4　　　　　　 28
11:13-14　　　　161
11:23-29　　　　503
11:24　　　　　 509
11:25　　　　　 509
11:27　　　　　 432
11:29　　　　　 432
12:3　　　　　209,213
12:4-31　　　　 213
12:11　　　　　 211
12:12　　　　　 402
14:1-33　　　　 213
14:26　　　　　 161
14:33　　　　　 440
14:40　　　　　 161
15:22　　　　　 255
15:24　　　　　 536
16장　　　　　　418

【고린도후서】
3:3　　　　　　 209
3:5　　　　　240,249
4:4　　　　　174,195
4:6　　　　　 90,195
5:21　　　　　319,342
8-9장　　　　　 418
13:13　　　171,178,181
　　　　　　　184,210

【갈라디아서】
1:7　　　　　　 164
1:7-9　　　　　 164
1:8　　　　　153,162
1:8-9　　　　　 160
1:11　　　　　　133
1:12　　　　　　133
2:16　　　　　　364
3:9　　　　　　 495
3:13　　　　　　319
3:14　　　　　　495
3:20　　　　　　170
4:4　　　　　275,280,284
　　　　　　　287,294
4:6　　　　　　 209
5:6　　　　　　 359
5:16　　　　　　214
5:19-21　　　　 246

5:22-23　　　　 213
5:24　　　　　　430
5:25　　　　　　214

【에베소서】
1:3　　　　　　 268
1:3-4　　　268,269,270
1:3-6　　　　　 265
1:6　　　　　　 270
1:7　　　　　　 478
1:10　　　　　　403
1:12　　　　　　270
1:14　　　　　　270
1:17　　　　　　137
1:17-19　　　　 137
1:22-23　　　　 403
1:23　　　　　399,408
2:1　　　　　　 268
2:8　　　　　　 338
2:8-10　　　　　364
2:10　　　　　　366
2:20　　　　　425,428
3:10　　　　　　 88
4장　　　　　　 467
4:5　　　　　　477,491
4:5-6　　　　　 171
4:7-12　　　　　213
5:2　　　　　　 329
5:23　　　　　　403
5:27　　　　　　403
5:32　　　　　　403
6:12　　　　　　223

【빌립보서】
2:6　　　　　　 175

2:6-7	383	2:2	160	1:1-2	183
2:6-8	305	2:13	268	1:2	191,196
2:6-11	301	2:13-14	270	1:3	87,191,194
2:7	287,294			1:8	198
2:13	240,249,360			1:14	222
	366,451	【디모데전서】		2:14	287,294
3:3	346	1:16	86	2:16	288,295
3:4	333	1:17	85	2:17	288,295,296
3:7	333	2:1-2	522		383,384
3:7-8	331,332	2:2	514,521	4:14	327
3:8	324	2:5	170,388	4:14-16	384
3:9	343	3장	467	4:15	288,295,296
4:6	395	3:1	451	4:16	395
		3:1-13	445	5:11	327
		3:14-15	461,462	6:20	328
【골로새서】		3:15	27,444	7장	327
1:15	174,195	5:17	457	7:1-3	327
1:16	191,196,218,221			7:1	323,328
1:18	403			7:3	84,192,197
2:1-3	339	【디모데후서】			299,305
2:11	495	1:13-14	143,151	7:14	287,294
2:11-12	495	2:2	467	7:17	323
2:17	375	2:8	287,294	7:21	323
		3:14-17	155	7:24-25	385,390
		3:15-17	160	7:27	329
【데살로니가전서】		3:16	131,132,133	8:6	328
1:4	267	4:2	75	9:11-12	325,328
1:9	83			9:12	328,329
2:13	133,139			9:14	212
4:16	525,530,536	【디도서】		9:15	328
5:1-3	531	1:5-9	445	9:26	328
5:12-13	449,457	1:9	152	10:1	373,374,375
		2:13	170,198,306	10:4	374
				10:10	328,329
【데살로니가후서】				10:14	324,332
1:7-9	533	【히브리서】		10:19	385
1:10	536	1:1	283	10:22	385

11:6	80,363,367
12:2	331
13:7	419
13:8	86

【야고보서】

1:17	86,89
2:14	361,363
2:20	363
2:26	363
3:2	391
3:6	258

【베드로전서】

1:10-12	292
1:11	170,209
1:18-19	478
2:7	28
2:9	267,268,270
2:10	268
2:13-14	520
2:22	296
2:24	323
3:15	75
3:18	323,329,330
3:21	478,489
4:10-11	213
5:2	443
5:8-9	223

【베드로후서】

1:1	345,350
1:10	273

1:19	133
1:21	107,110,113
	132-3,137,213
2:4	222
3:2	152
3:3-7	527
3:4	530
3:7	532
3:10	531

【요한일서】

1:1	111,174,199,339
1:3	111
1:17	478
2:1	390
2:22	199
3:5	296
4:1	154
4:2	170
4:9	269,293,321
4:11	511
4:15	199
4:20	430
5:1	511
5:7	133,137,214
5:20	198

【요한이서】

1:6	222
1:10	154

【유다서】

1:15	533

【요한계시록】

1:7	530
7:12	88
11:15	536
12:5	443
12:12	223
19:6	230
19:11	327
22:7	531
22:12	531
22:13	84
22:18-19	153
22:18-21	156,164
22:20	526,531,537,582

고려서원의 출판정신

고려서원은 지금까지 하나님의 은혜 가운데 한국 교회를 섬기기 위하여 꾸준히 노력해 왔습니다. 고려서원은 성경교육선교회의 회원들의 기도와 후원으로 운영되고 있으며, 이 땅에 하나님의 말씀이 바로 전파되기를 기도하면서, 성도들의 신앙 갱신과 성숙을 위한 책들을 출판하고 있습니다. 특별히 고려서원은 한국 교회에서 바른 예배의 회복, 주일 성수의 회복, 가정 예배의 회복, 교리교육의 회복, 개인 경건의 회복이 이루어지기를 기도하고 있습니다. 본서는 성경교육선교회의 설립 취지를 따라 개혁 신학에 입각하여 개혁주의 교리표준 문서들을 해설함으로써 설교자들을 돕고 성도들을 세우고자 하는 소원으로 출판되었습니다. 고려서원은 앞으로도 개혁 교회의 신조와 신앙고백과 요리문답들을 해설하는 책들을 계속 출판하고자 합니다. 본서를 읽는 모든 독자들의 마음눈이 열려서 "주의 법의 기이한 것을 보게"(시 119:18) 되는 은혜의 역사가 계속 일어나게 되기를 소원합니다.